西村天囚研究1

湯浅邦弘 著

近代人文学の形成

——西村天囚の生涯と業績——

汲古書院

前言

湯浅邦弘

古代中国の聖人孔子は、混乱する世相の中で「名を正さんか」と弟子たちに説いた。『論語』子路篇に記されるこの言葉は、その後、儒家の「正名《せいめい》思想」として展開していく。世の乱れは名の乱れに起因するから、名を正すことが政治の第一歩だという意味である。

諸子百家の時代、荀子は「名実論」を説き、名称と実態との対応を重視した。その「名」と「実」とについて専論した思想家たちは「名家」と呼ばれ、古代中国思想史の中では異色の形而上学を説いた。一方、現実の政治世界では、法家の「刑名」思想もある。この「刑」は「形」の意味で、戦功など目に見える成果と口先の名目とを厳しく対照し、たとえ貴族でも実績を上げない者は爵位を奪われ、平民でも突出した軍功をあげれば授爵できるとした。さらに時代が下り、宋代に朱子学を大成した朱熹は、この名を「名分」と捉え、それぞれの地位身分に応じた名分の確立が大切だと説いた。朱子学の「大義名分」論である。

説き方は様々であるが、要するに名実の乖離が混乱の元凶であり、名と実とを正しく対応させることが肝要だという共通認識があったのである。

こうした名と実との問題は、哲学的な議論ばかりではなく、広く歴史上の事象や人物について考える際にも、興味深い指標となる。例えば、日本の歴史を振り返るとき、実態以上に名声があがっている人物と、逆に、充分な実績があるにもかかわらず、その名声が正しく評価されていない人物とがいることに気づく。前者は、芝居や講談の中で名声を博し、実態を超えて人気を得るような場合であり、それもまた一つの歴史として認めてよいであろう。ただ後者については、そのままにしておくことはできず、それを歴史の淵から救い出し、正しく評価することこそ研究者に課せられた使命であろう。

西村天囚《にしむらてんしゅう》（一八六五～一九二四）を研究しようとするのは、まさにこのような使命を感ずるからである。天囚は慶応元年、大隅国種子島西之表《おおすみのくにたねがしまにしのおもて》（現在の鹿児島県西之表市）に生まれた。名は時彦《ときつね》、字は子駿《ししゅん》、号は天囚、後に碩園《せきえん》と称した。種子島は、薩摩藩主島津《しまづ》氏や島主の種子島氏の影響で篤学の風があり、天囚も、はじめ郷里の儒者前田豊山《まえだほうざん》に漢文を学んだ後に上京、明治十六年（一八八三）、東京大学に新設された古典講習科の漢書課に官費生《かんぴせい》として入学した。官費制度廃止による中退の後、「さざなみ新聞」「大阪公論」の記者を経て大阪朝日新聞に入社し、その文章力を活かして活躍した。明治三十七年（一九〇四）から始まった有名コラム「天声人語」は、当時主筆《しゅひつ》格であった天囚の命名によるとされる。論著は膨大な数にのぼり、初期の小説『屑屋《くずや》の籠《かご》』『奴隷世界』、取材・調査に基づく史伝『学界の偉人』『南島偉功伝』『懐徳堂考』などのほか、文学博士号の取得につながった『日本宋学史』がある。「宋学」とは、中国宋代の儒学、すなわち朱子学のことで、日本の江戸時代の学者たちが教学していたのは、主にこの宋学であった。

また天囚は、大阪で文学愛好家たちと「浪華《なにわ》文学会」を設立し、明治二十四年（一八九一）に機関誌『なにはがた』を創刊。ここに詩文を発表するとともに、大阪の先人たちの発掘・顕彰に努めた。明治四十二年（一九〇九）には、大阪府立図書館初代館長の今井貫一《いまいかんいち》らと「大阪人文会」を発足させ、四十四年からは文会「景社《けいしゃ》」を組織、関西の名だたる文人たちと文章鍛錬に励んだ。そして、大阪町人たちが創設した江戸時代の漢学塾「懐徳堂《かいとくどう》」に共感し、その顕彰復興運動を進めていく。その活動は、明治四十三年の懐徳堂記念会の創立、大正五年（一九一六）の懐徳堂再建、すなわち重建懐徳堂の開学となって結実した。同年からは京都帝国大学の講師としても教壇に立ち、明治・大正時代を代表するジャーナリスト・漢学者となった。

晩年は、漢籍の収集と研究に努め、また大正十年（一九二一）には、宮内省御用掛《ごようがかり》を拝命して再び上京。詔書の起草など皇室関係の職務に当たるとともに、島津家臨時編輯所長の重責を担った。種子島の西村家に大礼服《たいれいふく》姿の天囚の写真が残っている（**図1**）。この礼服は、明治時代に制定された最上位の正装で、宮内省や皇居での公式行事に備えるためのものである。大正十三年（一九二四）一月の御講書始では漢書進講の控として陪席したが、同年七月、肺炎に脳症を併発して急逝した。享年六十。

このように、天囚は、明治・大正時代の文人として大きな足跡を残している。しかし現在、文学史、ジャーナリズム史、漢学史のいずれにおいても充分な評価が得られていないように感じられる。それはなぜであろうか。

その原因として、以下の三つのことが考えられよう。第一は、享年六十での早逝である。当時の平均寿命からして決して短命ではなかったであろうが、逝去の年、すなわち大正十三年は、新聞記者としては第一線を退いていたものの、宮内

図１　大礼服姿の西村天囚

省御用掛や島津家歴史編纂所長などとして、まだまだ現役であった。創設間もない大東文化学院（大東文化大学の前身）にも出講し、翌年には、皇居において御講書始の大役を務める可能性もあった。郷里の種子島には、天囚の自筆草稿が数多く残されており、また新聞に掲載した記事を切り抜いてスクラップにし、そこに推敲を加えているものもある。これらを編集して刊行することを考えていたのであろう。天囚にとって六十歳での逝去は思いがけぬものであり、蓄積してきた膨大な業績をまとめる時間が突然失われてしまったのではなかろうか。

このことは、朝日新聞社時代の同僚で、後に京都帝国大学へ転出する内藤湖南（一八六六～一九三四）と比較すると明瞭である。湖南の人生には、京大退官後の隠棲時期があった。京都府相楽郡瓶原村《そうらくぐんみかのはらむら》（現・木津川市）の恭仁《くに》山荘で学問に専念したのである。実際には多くの来客もあり、すべての時間を執筆活動に使えたわけではないようであるが、それでも自身の業績をまとめ、補完させるための貴重な一時期を持てたと言えよう。天囚の人生には、こうした時期がなかったのである。

天囚と長く交流を続けた京都帝国大学教授狩野直喜《かのなおき》の回想によれば、天囚は東京に赴く際、いずれ時期を見て大阪に帰り、老後は大阪の吹田《すいた》あたりに家を建てて、悠々読書をして一生を終わりたいと述べていたという（狩野直喜「追憶談」、懐徳堂記念会『碩園先生追悼録』、一九二五年）。その人生設計は実現しなかった。

第二は、天囚が大学教授職に就かなかったことである。天囚は優れた漢文力を持ち、大正五年から大阪の懐徳堂と京都帝国大学に講師として出講したが、それは常勤の教授職ではなかった。当時は、民間の文人と大学教員との壁は今ほど高くはなかったようで、明治時代に天囚が結成した文人サークルには、さまざまな同人たちが集っていた。例えば、狩野直喜は後に『中国哲学史』を著し、漢学史を語る上では外せない学者となるが、天囚の創設した文人サークルに属し、天囚とは互いに文章添削をし合う仲でもあった。天囚には、その講義・講演に基づく多くの草稿類があり、特に『尚書』『論語』『楚辞』などの注釈書や研究書、さらには「清朝文派」「漢文体例概説」「漢文総説」などの草稿もあり、これらが概説書として刊行されていれば、狩野の『中国哲学史』と並ぶ名著となって、学界に裨益するところがきわめて大きかったと推測される。

もっとも、在野の郷土史家、民間企業の研究員など、大学の外で優れた業績をあげている人は今でも多い。何も大学教授だけで学術史が構成されているわけではない。しかし、正規の教授職に就いていれば、自身の研究室を持ち、多くの学生を抱え、著述を刊行し、さらには弟子たちによって、全集や著作集などが企画されていたかもしれない。天囚は、そうした環境に身を置くことがなかったのである。

ただ、天囚には懐徳堂という学校があり、これは自身の貢献もあって再建されたものである。大学ではなかったが、懐徳堂がそれに代わる役割を果たす可能性はなかったのであろうか。

そこで第三の理由としてあげられるのが、その懐徳堂の衰微である。江戸時代の中頃に大阪町人によって創設された漢学塾懐徳堂は約百四十年の歴史を刻んだ後、幕末維新の動乱を乗り切ることができず、明治二年（一九六九）に閉校となっていた。大阪に転居した天囚は、この懐徳堂に共感し、顕彰運動を展開する。大正五年（一九一六）に重建懐徳堂が開学し、大正十三年（一九二四）には、雑誌『懐徳』が創刊される。懐徳堂の運営は軌道に乗ったかに見えた。しかし、まさにその年、天囚が逝去したのである。

懐徳堂記念会はその翌年、すなわち大正十四年の『懐徳』第二号を特別号「碩園先生追悼録」として刊行した。また昭和十一年（一九三六）に天囚の遺文を編集して『碩園先生遺集』を刊行したが、それ以上の顕彰活動は続かなかった。大学に代わる役割を果たすはずだった懐徳堂自体が、天囚没後、衰微の道をたどったからである。後継者として天囚が期待していた武内義雄《たけうちよしお》は大正十二年に東北帝国大学教授に転出し、初代教授の松山直蔵《まつやまなおぞう》、講師の稲束猛《いなつかたけし》も昭和二年（一九二七）に亡くなった。後任教授となった財津愛象《たからづあいぞう》も昭和六年（一九三一）に逝去し、その後は教授不在が長く続いた。そして昭和二十年（一九四五）三月の大阪大空襲によって学舎が焼失、懐徳堂は拠点を失ってしまう。学校を支えてきた関西の政財界にも、もはや学舎を再興する余力はなかったのである。

このように、いくつもの要因が重なって、天囚の評価が十分に行われていないのではないかと思われる。もし天囚があと十年生きていたら、もし大学教授として多くの弟子を育てていたら、もし懐徳堂がその後も存続していたら、現況はかなり違っていたのではなかろうか。

本書では、旧来の伝統的漢学から近代の人文学へと日本の学術文化が大きく展開していく中で、西村天囚という人物が実は大きな役割を果たしたのではないかとの仮説のもと、それを追究する基盤として、その生涯と主要業績を明らかにしてみたい。

こうした構想を抱くに至った要因は以下の二点である。第一は、平成二十九年（二〇一七）から進めている種子島の資料調査によって、これまで知られていなかった天囚関係の新資料が次々に発見されたということである。天囚の旧蔵書「碩園記念文庫」は重建懐徳堂を経て、現在、大阪大学懐徳堂文庫の中に収められている。資料点数は一万点を超え、従来は、天囚関係の資料はこれがすべてであると考えられていた。ところが、種子島の西村家には約二千点の関係資料が残されており、また、島内や鹿児島にも関連資料が保管されていることが明らかになった。特におびただしい数の自筆草稿類は天囚の生の声を伝えるものとして重要である。これらを解読することにより、天囚の思想、漢文執筆の過程などを明らかにできる可能性が生じてきたのである。

また第二は、天囚が大正十三年に亡くなってから、ちょうど百年が経過するということである。ある対象を研究しようとする場合、それが千年前、二千年前など余りに遠いと新資料発見の可能性はほとんどない。また余りに近いと逆に見えなくなってしまうこともある。百年というのは、歴史研究を可能とする適度な期間であるとも言えよう。

そこで本書では、天囚の生涯と主要業績について、これまで知られていなかった新資料をも活用して、序章、本論全十一章、終章で分析することにしたい。

まず序章では、先行文献を参考にしながら、これまで明らかになっている天囚の生涯と著作を確認する。また、そこから導かれる研究の課題は何かについて整理してみたい。天囚の波乱に満ちた生涯と膨大な著作が確認されるとともに、まだ解明されていない課題も多いことに気づくであろう。

本論の第一章と第二章は、天囚の生涯ほぼ先般にわたる資料について解析する。第一章「遺墨に見る漢学の伝統」は、種子島での天囚の恩師前田豊山と天囚の書を取り上げる。書作品には、その人の思想や生涯が凝縮されている場合がある。種子島で発見された遺墨を解読し、豊山と天囚の思想、および漢学の伝統を明らかにする。

続く第二章「印章に刻まれた思想」も種子島の西村家で発見された天囚の旧蔵印約百顆を解読するものである。書の関防や落款として鈐印される印や蔵書印にも、その文人の理想や願いが刻まれていることがある。天囚はどうだったのか。また現在、大阪大学懐徳堂文庫の中に含まれている天囚旧蔵書には、すべて蔵書印が押されている。これとの関係も大いに注目される。

この二つの章で取り上げる書と印章は、これまでの西村天囚研究ではほとんど注目されていなかったものである。確かに、現在の人文系研究者の業績は、刊行された論文・著書によって把握されるべきであろう。しかし、日本人の漢文力が急速に低下していく以前において、文人、特に漢学者の教養とは、漢文を読むことに加えて、漢文を書くこと、さらには書画や篆刻など、その周辺の文化をも包括するものであった。よって、これらの書や印章も、天囚研究の大きな手がかりになると予測される。

以下第三章からは、おおむね時系列で配置する。注目するのは、特に天囚の後半生、ジャーナリストとしても、漢学者としても最も精彩を放っていた時期である。その中でも、四十四歳の時の壮挙である世界一周旅行については二つの章で検討したい。

第三章の「西洋近代文明と向き合った漢学者」と第四章「西村天囚『欧米遊覧記』と御船綱手「欧山米水帖」」である。明治四十三年（一九一〇）の世界一周旅行については、拙著『世界は縮まれり――西村天囚『欧米遊覧記』を読む――』（KADOKAWA、二〇二二年）でも詳しく分析したが、この第三章では、漢学者としての天囚が欧米諸国を巡る中で近代西洋文明とどのように向き合ったのかを探り、また第四章では、その旅行に同行した日本画家の御船《みふね》綱手《つなて》に注目し、帰国後に描いた「世界周遊実写　欧山米水帖」と天囚の『欧米遊覧記』とを対照して、この旅の実態を画帖と紀行の両面から探りたい。

種子島で発見された天囚の自筆草稿を取り上げるのが、第五章「大阪市公会堂壁記の成立」である。大正七年（一九一八）に竣工した大阪市中央公会堂の銅版壁記を対象とする。中之島公会堂として親しまれているこの建築物は、竣工・開業に際して、それを記念する大型の銅版が設置された。その銘文を起草したのが実は天囚であった。自筆草稿六種類が種子島に残されており、天囚が苦心の推敲を重ねながら完成形に近づいていった様子が分かる。また、その過程では、文会の同人たちに批評を仰ぎ、修正意見を柔軟に取り入れていたことも判明する。当時の文人たちの相互研鑽という観点からも注目されよう。

第六章「白虹事件と西村天囚」は、ジャーナリストとしての天囚を知るための大事件「白虹事件」を取り上げる。天囚は、大正五年（一九一六）以降は、懐徳堂や京都大学の教壇に立ち、新聞編集の第一線からは退いていたが、大正七年の「白虹事件」によって大阪朝日新聞が廃刊の危機に陥った際、現役復帰を要請され、その事後処理に当たった。天囚とこの事件との関わりを検討する。また、この事件の名の由来となった「白虹貫日」という四字熟語の意味を明らかにする。

第七章「鉄砲伝来紀功碑文の成立」は、再び新資料に基づく考察である。一五四三年の鉄砲伝来を記念する石碑が大正十年（一九二一）に種子島南端の門倉岬《かどくらみさき》に建立された。この漢文の撰者が天囚であることは知られていたが、その自筆草稿二種が新たに発見されたことにより、碑文の成立過程を分析することが可能となった。ここでは、漢文執筆における天囚の並々ならぬ情熱、そして郷里種子島への思いを明らかにする。

懐徳堂との関わりで注目されるのは、大正十一年（一九二二）の孔子祭である。同年は中国古代の孔子が亡くなってから二千四百年に当たるとして、全国の主要な漢学系教育機関で孔子祭が行われた。第八章「懐徳堂の孔子祭」では、懐徳堂や湯島聖堂で挙行された孔子祭と天囚との関わりを手がかりに、近代日本の学問と宗教の問題について考察する。

第九章「幻の御講書始」は、宮内省御用掛として東京に移転してからの天囚を取り上げる。大正十三年（一九二四）一月の御講書始で天囚は漢書進講の控として陪席した。これまでその実態は謎に包まれていたが、その講義草稿が種子島で発見された。これを基に、漢学者としての天囚を考察する。また、御講書始の歴史を振り返り、天囚がなぜ『詩経』の大雅仮楽篇を取り上げようとしたのかを検討する。

第十章「未完の大作『論語集釈』」も新発見資料に基づく考察である。天囚が『論語』の注釈書を企画していたことは知られていたが、その実態については不明であった。ところが、近年の調査により、上下二冊からなる未完の自筆草稿『論語集釈』が種子島で発見され、天囚が『楚辞』『尚書』とともに『論語』にも傾注し、その注釈書を書き進めていたことが判明したのである。この草稿を基に、天囚の経書注釈に対する基本的な立場を明らかにする。

最後の第十一章「近代文人の知のネットワーク」では、改めて天囚の知のネットワークを確認する。種子島、鹿児島、東京、大阪、京都、および中国と、国内外に関係者は多いが、そうしたネットワークが天囚の人柄と学識によって構築され、またそれらの人々に支えられて天囚の豊かな活動が実現していることを明らかにする。

その中でも、天囚が組織して牽引した文会は大きな意義を持っていたと推測される。終章「「文会」の変容と近代人文学の形成」では、旧来の漢学が近代の新たな人文学へと展開していく過程において、天囚と文会とが果たした役割について言及したい。

本書の全体的な特色としては、文献資料のみならず、新発見の書作品、印章、碑文、草稿なども対象とする点、小説家、ジャーナリスト、漢学者という枠にとらわれない分析という点をあげることができよう。

なお、各章の論考は、序章、第九章、第十一章、終章については書き下ろし、その他については以下のような初出誌掲載の論文を基に、さらに修訂を加えて定稿としたものである。

序章（書き下ろし）

第一章　遺墨に見る漢学の伝統――前田豊山・西村天囚の書――（『大阪大学文学研究科紀要』第六十三巻、二〇二三年二月）

第二章　小宇宙に込めた天囚の思い――種子島西村家所蔵西村天囚旧蔵印について――（『懐徳堂研究』第十二号、二〇二一年二月）

第三章　西洋近代文明と向き合った漢学者――西村天囚の「世界一周会」参加――（『大阪大学大学院文学研究科紀要』第六十巻、二〇二〇年三月）

第四章　西村天囚『欧米遊覧記』と御船綱手「欧山米水帖」――明治四十三年「世界一周会」の真実――（『大阪大学文学研究科紀要』第六十一巻、二〇二一年三月）
第五章　大阪市公会堂壁記の成立――近代文人の相互研鑽について――（『中国研究集刊』第六十九号、二〇二三年三月）
第六章　白虹事件と西村天囚（『懐徳』第九十二号、二〇二四年一月）
第七章　鉄砲伝来紀功碑文の成立（『国語教育論叢』第二十七号、二〇二〇年二月）
第八章　懐徳堂の孔子祭（『懐徳堂研究』第十四号、二〇二三年二月）
第九章　（書き下ろし）
第十章　西村天囚『論語集釈』（解説、大阪大学文学研究科、二〇二一年十一月）
第十一章　（書き下ろし）
終章　（書き下ろし）

各章の論述については大きな重複がないよう努めたが、ある程度の独立性にも考慮して、若干の記述の重複があることをお断りしておきたい。

また、本書で引用する資料の中には、今日の人権意識に照らして不適切な表現もあるが、西村天囚やその関係者が生きた時代の歴史的状況を正しく理解するためにも、原文のままとした。

但し、読者の便宜を図り、原文の旧漢字を現行字体に改め、難読の漢字にルビを付け、仮名遣いを現在の国語表記（現代仮名遣い）に改めた箇所がある。その他、原文の取り扱いについて別途説明がある場合には該当章で言及する。

目　次

近代人文学の形成

――西村天囚の生涯と業績――

西村天囚研究　第一巻

序　章　西村天囚の生涯と著作

一、西村天囚の生涯

西村天囚は大正十三年（一九二四）七月二十九日に東京で亡くなった。大阪の懐徳堂関係者は大きな衝撃を受け、直ちに天囚の追悼を企画した。翌年、『懐徳』第二号が「碩園先生追悼録」として刊行される。

その「追悼録」は懐徳堂教授松山直蔵の序文に続き、「碩園西村先生の略歴」および懐徳堂再建開学時の天囚の講演「懐徳堂の由来と将来」を収録する。さらに、天囚の「著述目録」と天囚が晩年特に収集に努めた『楚辞』関係書のリストを「旧蔵楚辞類書目」として掲載した。ここまでが「追悼録」の前半で、以下は「追悼本録」として、関係者五十六名の追悼文、および「故西村先生追悼祭並告別式記録」「碩園先生追悼録編輯日誌」が並ぶ。

逝去直後に企画・執筆されたものなので、まずはこの「碩園西村先生の略歴」（以下、「略歴」）に基づき、天囚の生涯を振り返ってみたい。この「略歴」の文責は未詳であるが、見開き二頁に簡潔に記されている。その改行に従って、便宜上①②などの通し番号を付けて以下に要約してみよう。

①慶応元年（一八六五）七月二十三日、鹿児島県熊毛郡北種子村西之表（現・鹿児島県西之表市）の士族西村城之助の長男として生まれる。

②慶応三年七月九日、三歳の時に父が亡くなり、以後はもっぱら慈母浅子に養育される。幼くして郷儒前田豊山に入門して漢学を学び、明治九年、種子島学校に入学。

③明治十三年四月、東京に出て、重野安繹、島田篁村に師事。東京大学古典講習科漢学課に入学。二十年に中途退学。

④明治二十二年五月、大阪朝日新聞の招聘に応じて入社。同二十五年、福島少佐の単騎遠征をウラジオストクに出迎えて取材、大阪朝日紙上に百余回にわたって連載。

⑤明治二十七年、朝鮮に東学党の乱が起こると京城に赴き、日韓清三国の関係を報道。

⑥明治三十年、東京朝日の主筆となる。

⑦明治三十一年冬、清国に出張、翌年帰国。

⑧明治三十二年冬、再び清国出張。在留二年余りで同三十五年春に帰国。これより性行一変。

⑨明治四十三年、欧米諸国を巡遊。

⑩大正五年、懐徳堂重建。懐徳堂理事・講師を兼務。これより前、大阪人文会の席上、旧懐徳堂の五井蘭洲の功績を顕彰し、大阪人士を感奮させ、これが契機となって、財団法人懐徳堂記念会が成立。

⑪大正五年九月、京都帝国大学文科大学講師を委嘱され、『楚辞』などを講義する。同九年三月まで。

⑫大正八年五月、大阪朝日新聞社を退社。三十二年の勤務中、『日本宋学史』『学界の偉人』『南島偉功伝』『懐徳堂考』『尾張敬公』などの著述あり。退社の後、『楚辞』『尚書』の研究に没頭。

⑬大正九年五月、文学博士の学位を授与され、同年六月、公爵島津家臨時編輯所編纂長となる。
⑭大正十年八月三十一日、宮内省御用掛（勅任待遇）を拝命し、その傍ら宮内省の同僚のために『論語』を、島津公爵令嗣忠秀に『孝経』『日本外史』を、島津公爵家職員のために『唐鑑《とうがん》』を講ずる。また、大東文化学院にも出講する。
⑮大正十二年九月二十日、正五位に叙せられ、十三年一月十日、御講書控を命ぜられる。
⑯大正十三年七月二十九日、危篤の報が天聴に達し、従四位に叙せられ、七月三十日さらに勲四等に叙し、瑞宝章を授与される。
⑰大正十三年七月三十日、逝去。享年六十歳。

この「略歴」を概観するだけでも、天囚の生涯が波乱に満ちたものであり、また天囚が縦横無尽の活躍をしたことが知られる。種子島から東京へ、そして大阪での約三十年間の活動、そして再び東京へ。また清国への計三度にわたる渡航、そして欧米諸国をめぐった世界一周旅行と、活動の範囲はきわめて広い。また、ジャーナリストとして、漢学者として多くの著作を残しているのが分かる。

語句について少し補足すると、②の「種子島学校」とは、明治時代の教育環境整備の一環として第七十三郷校内に設置された小学校のことで、ここで島内の六歳以上十四歳までの児童を教育した。初代校長は前田豊山。現在、同地にある西之表市立榕城《ようじょう》小学校の前身である。⑨の「欧米諸国を巡遊」は、朝日新聞社が主催した第二回「世界一周会」に特派員として同行したことを指す。民間人五十七名、百四日間の旅で欧米諸国を巡った。その紀行に『欧米遊覧記』がある。⑬の「公爵島津家臨時編輯所」とは、旧薩摩藩の島津家が明治十年代から始めていた修史事業を、明治三十年頃に本格化するために設立した歴史編纂所で、初代総裁を、薩摩出身の漢学者・官僚の小牧桜泉《こまきおうせん》が務め、その後を天囚が継いだ。

天囚が大正十年に任ぜられた⑭の「御用掛」とは、宮内省の命を受け、その学識を活かして皇室関係の文書起草などの用務をつかさどる職で、「勅任待遇」とは、天皇の勅旨によって任命する「勅任官」に並ぶ待遇という意味である。

島津公爵家職員に天囚が講じたとされる『唐鑑』とは、宋の范祖禹《はんそう》の撰で、唐の初代皇帝李淵《りえん》（高祖）から最後の皇帝哀帝（昭宣帝）までの史実の大綱を取り上げ、論断を加えた史評である。また、出講した「大東文化学院」とは、漢学振興の気運の中で、大正十二年二月に設立された大東文化協会が基盤となり、文部省の設置認可を受けて翌十三年に私立専門学校として開校した学校である。初代総裁に平沼騏一郎が就任した。現在の大東文化大学の前身である。

なお、細かなことではあるが、この「略歴」には明らかに誤記と思われる点があるので、それを指摘しておきたい。③で、「東京大学古典講習科漢学課」と記すが、これは「漢書課」が正しく、さらに正確に言えば、天囚が入学した明治十六年（一八八三）段階での名称は「古典講習科乙部」であり、翌年に甲部が国書課、乙部が漢書課と改称された。また中途退学の理由を記さないが、これは、古典講習科の存続自体が困難となり、官費（国費）制度が廃止されたことによる。古典講習科は官費枠と私費枠があり、天囚は官費枠で合格していたが、この制度がなくなったことにより、学費の支払いが発生して就学困難となったのが大きな理由である。

また、⑦の渡清を「三十一年冬、清国に出張、翌年帰国」とするが、これは正確に言うと、明治三十一年十二月から翌三十二年二月までである。

それに続く⑧の渡清を「明治三十二年冬、再び清国出張。在留二年余りで同三十五年春に帰国」とするが、これは、明治三十二年十一月に神戸出航後、三ヶ月音信不通、実は郷里種子島に帰っていたことが後で判明。翌三十三年一月二十四日上海着、南京、杭州を訪問後、年末に種子島に帰郷。翌三十四年四月に再び渡清、上海、南京に滞在。翌三十五年晩春に帰国、というのが実態であった。

また、⑮の「御講書控」の日を大正十三年一月十日とするが、正しくは一月十六日。これは、後述する吉田鋭雄《よしだはやお》「碩園西村先生年譜」も同じく誤記している。

そして、肝心の逝去日を⑰で「七月三十日」とするが、正しくは七月二十九日である。吉田鋭雄「碩園西村先生年譜」、内藤湖南「文学博士西村君墓表」、後醍院良正《ごだいいんよしまさ》『西村天囚伝』も同じく誤記しているが、三十日は天囚に勲四等瑞宝章が追贈された日であり、これと混同したものと思われる。

全体的には要領よくまとめられており、関係者の記憶が鮮明なうちに書かれたもので、大きな間違いはないと言える。ただ、この「略歴」に導かれ、さらに追求してみたい課題も浮上してくる。

第一は、天囚を育んだ種子島の教育環境である。天囚の父城之助は島を治めていた種子島家の上士で、若い頃、江戸に出て儒学者塩谷宕陰《しおのやとういん》に学び、鹿児島在勤時には重野安繹《しげのやすつぐ》、小牧桜泉らと親交があった。天囚はその父を早くに亡くし、父の友人でもあった郷里の儒者前田豊山に託され漢学を学んだ。まずは天囚の生まれ故郷種子島の学問的風土、特に前田豊山の学統については、天囚の学問の基軸を形成したものとして注目する必要があろう。この点について『懐徳』の「略歴」はほとんど言及していない。

第二は、重野安繹、島田篁村《しまだこうそん》らとの関係である。十六歳で東京に出て、師と仰いだのは、父や前田豊山の友人でもあった重野安繹である。**図1**はその頃の天囚の写真である。重野は当時を代表する漢学者、歴史学者であった。またその重野の勧めで天囚は島田篁村の双桂精舎《そうけいしょうしゃ》に通学し、経学、宋学に傾倒した。天囚の基本的な学問が宋学（朱子学）

図１　16歳の西村天囚（左）

であったのは、種子島での勉学に加えて、これら東京の碩学たちとの出会いが大きな影響を与えているであろう。また、天囚が官費生として入学した東京大学古典講習科の同期生、例えば瀧川亀太郎や市村瓚次郎との交流も重要であったと思われる。

第三は、文筆家としての活動とその変遷である。天囚は二十三歳の時に東京で風刺小説『屑屋《くずや》の籠《かご》』を刊行し、文壇にデビューした。その後も話題作を連発するかたわら、漢文での戯作を得意としていた。こうした小説家・戯作者としての一面は、初期の天囚を知る上で重要である。また、ジャーナリストとなってからは、格調の高い論説や評論、さらには各地を旅した紀行、それにともなう先人顕彰のための伝記などが特色となる。そして重厚な漢学研究、古典注釈書と幅広い。こうした変遷についても充分な目配りが必要であろう。

第四は、ジャーナリストとしての具体的な活動である。東大古典講習科を退学した天囚は、東京から関西に移る。滋賀の「さざ浪新聞」を経て、明治二十二年に大阪朝日に入社。その文才を活かして活躍した。右の略歴では④～⑧がそれに相当するが、きわめて簡略で、具体的な内容は分からない。それに関連して、天囚の清国出張も、その詳細や歴史的意義がどのようなものであり、また当時の清国文人たちとどのように交流したのかは、興味の持たれるところである。**図2**は、三十三歳頃の天囚で大阪朝日在籍時である。また、その編集室で撮影された写真（**図3**）もあり、撮影年月未詳であるが、机の上に電話機が見える。東京・大阪間の長距離電話が開通したのは明治三十二年（一八九九

図２　明治 29 年 33 歳の天囚

図３　大阪朝日編集室にて

図４　明治 33 年清国出張

九）であった。もう一枚は、明治三十三年（一九〇〇）十一月、清国出張の歳に撮影されたものである（図４）。

第五は、略歴⑨に記された欧米巡遊の詳細と意義である。天囚の生涯の中で、これはかなり異質な印象であり、これまであまり注目されてこなかった。しかし、民間人が国外に出ること自体が珍しかった時代にあって、世界一周旅行は驚異的な出来事であり、それが天囚に何らかの影響を与えと考えられる。この点については、すでに拙著『世界は縮まれり――西村天囚『欧米遊覧記』を読む――』（ＫＡＤＯＫＡＷＡ、二〇二二年）でも分析した。

第六は、晩年の漢学研究と蔵書である。天囚は中国古典の内、『楚辞』『尚書』などの研究に努めたとされ、

図５　書斎での執筆風景

特に『楚辞』のコレクションは貴重なものを含む。現在、大阪大学懐徳堂文庫の中で「楚辞百種」と総称されているのがそれである。ただ、その実態は必ずしも明らかになっていない。また膨大な蔵書の由来とその全容についても不明の点が多い。図５は書斎における天囚の執筆風景で、毛筆で書いていることが分かる。

第七は、「略歴」⑭の宮内省御用掛としての活動である。この「略歴」には記載がないものの、天囚は大正十三年一月の御講書始で漢書の控として陪席している。天皇・皇族方への進講は当時の学者にとっては至上の名誉であり、天囚も心して臨んでいたに違いない。ただその実態はこれまでまったく謎に包まれている。

また、これに関連して、大正十二年九月に発生した関東大震災との関係も注目される。天囚は被災したのか。また、この大災害は天囚の活動にどのような影響を与えたのだろうか。

以上のように課題を列挙してみて、改めて気づくのは、天囚を「小説家」「ジャーナリスト」あるいは「漢学者」という一枚の看板で理解することの難しさである。ある人物の評伝を書こうとする場合、その生涯を一言で表すキャッチフレーズが付けられる。しかし、天囚について、それはかなり難しい。天囚の初期小説やジャーナリストとしての活動は、重厚な漢学の教養に支えられているのであり、一方、漢学の才能もジャーナリストとしての活動の場があればこそ開花したとも言える。それらは表裏一体、密接な関係にあり、単にジャーナリズム史や漢学史の上からだけでは語り尽くせないのである。

それでは、『懐徳』第二号の「略歴」以外に、天囚の生涯をたどる試みはなかったのであろうか。そこで次に、吉田鋭雄「碩園西村先生年譜」（『懐徳』第七号、一九二九年）を取り上げてみよう。吉田は、明治三十八年（一九〇五）、速記の才能を買われて大阪朝日新聞社に入り、後、懐徳堂に書記として採用された。さらに講師、助教授と昇任し、大阪大空襲で懐徳堂学舎が焼失した後、教授に昇格している。天囚との関わりは長く、また最後の懐徳堂教授として、天囚への思いは強かったと推測される。この吉田作成の「年譜」は、『懐徳』第二号の「略歴」よりやや詳しく、一年ごとの年譜として天囚の生涯を記している。その序文によれば、内藤湖南が天囚の墓碑銘「文学博士西村君墓表」を撰文するのに際して資料提供を求め、それに応じて作成したものであるという。

基本的には『懐徳』の「略歴」の内容を包摂するものであり、「略歴」に記されていない主な情報としては以下のものがある。便宜上これも連番を付けて列挙してみる。

①明治十七年、東京大学古典講習科入学後、重野安繹の麗澤社《れいたくしゃ》、滄浪社《そうろうしゃ》の文会に参加し、重野安繹、小牧桜泉、中村敬宇、三島中洲、島田篁村らの批正を受ける。

②明治二十年、『屑屋の籠』『活髑髏』を執筆。これらにより文名が知られるようになる。

③明治二十一年、洋画家の山内《やまうち》愚僊《ぐせん》とともに東京を発ち、中山道を遊歴し、京都に入る。

④明治二十二年、二月、滋賀県の「さざなみ」新聞社に入り、六月「大阪公論社」に入る。大阪市南区北桃谷に居住し、弟の時輔《ときすけ》、山内愚僊と同居。渡邊《わたなべ》霞亭《かてい》、本吉《もとよし》欠伸《けっしん》らと同人集「桃谷小説」を刊行する。後、「大阪朝日新聞社」に転じ、初めは文芸、後に論説を担当する。

⑤明治二十四年、長野圭園、本吉欠伸、渡邊霞亭らと同人集「浪華潟（なにはがた）」を刊行。
⑥明治四十二年、今井貫一らと「大阪人文会」を創立。『日本宋学史』を刊行。「尾張敬公」を朝日新聞に連載。
⑦明治四十三年、大阪府立図書館において「五井蘭洲伝」を講演。懐徳堂師儒諸先生公祭の端緒となる。
⑧明治四十四年、籾山衣洲《もみやまいしゅう》らと「景社《けいしゃ》」文会を設立。『懐徳堂考』上下二巻刊行。懐徳堂師儒諸先生公祭挙行。
⑨大正二年、大阪朝日新聞社の総務局員となり、編集事務からは退く。
⑩大正五年、京都帝国大学文科大学講師を嘱託され、支那文学を講ずる。
⑪大正七年、朝日新聞社の変動により編輯顧問となる。
⑫大正十三年、七月二十九日肺炎により重篤、三十日没。

先に『懐徳』の「略歴」からは分かりづらい点を「課題」として指摘しておいたが、この「年譜」は、その内のいくつかに答える内容となっている。

例えば、①～③は天囚の初期の活動について言及している。①は重野安繹主宰の文会の人々との交流、②は小説家としてのデビュー、③は東京から関西への移動、④は天囚が大阪朝日新聞社に入る前の経歴である。

この内、山内愚僊、渡邊霞亭、本吉欠伸らとの関わりはその後も続くので、少し補足しておくと、まず、洋画家の山内愚僊（一八六六～一九二七）は江戸の生まれ。本名貞郎。高橋由一、五姓田芳柳、渡辺文三郎らに学び、明治二十二年（一八八九）、天囚と意気投合して関西に移り、翌二十三年、大阪朝日新聞に入社、挿絵を担当した。大阪の洋画界で活躍し、関西美術院を創立した。「愚僊（または愚仙）」という号は、天囚が付けたもので、何事にも駆け引きというものを知らず純朴な山内の性格に由来するという。

次に、大阪での最初の居住地桃谷《ももだに》で同人誌を刊行した渡邊霞亭（一八六四～一九二六）もジャーナリスト・演劇評論家で、山内愚僊とともに大阪朝日に入り連載小説を執筆した。また、小説家の本吉欠伸（一八六五～一八九七）は旧姓堺、本名は乙槌。社会主義者の堺利彦の兄にあたる。

天囚は東京を離れ、中山道で関西に向かう際、山内愚僊と旅をともにした。木曽路で戯作を蓄積し旅費に充てるが、俗謡、俚諺の漢訳は、徳川家定、家茂の侍講を務めた成島柳北《なるしまりゅうほく》（一八三七～一八八四）や、福島二本松藩の藩校敬学館の教授を務めたこともある服部誠一《はっとりせいいち》（一八四一～一九〇八）らが試みて以来、明治初期文壇の流行になっていた。

京都に到着し、柊屋《ひいらぎや》に投宿した天囚に、滋賀県知事中井桜洲《なかいおうしゅう》が面会を求め、自身が出資して創刊した大津の「さざ浪新聞」の主筆を依頼する。これがジャーナリストとしての天囚の第一歩であった。中井は、本名弘、元薩摩藩士で藩校造士館に学び、維新後は政治家として活躍した。「鹿鳴館」の名付け親としても知られる。中井が天囚を呼び寄せたのは、同郷の天囚の名を聞き及んでおり、その文才を高く評価していたからである。

⑤の「なにはがた」は、天囚が渡邊霞亭、本吉欠伸らと創刊した同人誌である。漢字表記にすると「浪華潟」または「難波潟」。かつての大阪は、上町台地の西側まで大きく海が入り込んでいた。その遠浅の海を言う。歌枕となり、百人一首にも入っている伊勢の「難波潟（なにはがた）短き葦の節の間も逢はでこの世を過ぐしてよとや」が有名である。

明治二十五年（一八九二）十月刊行の第十八号巻末には「浪華文学会員姓名」が「いろは」順で並んでいる。「磯野於兎介（秋渚）」を筆頭に、「西村時彦（天囚）」「渡邊勝（霞亭）」「堺利彦（枯川）」「木崎愛吉（好尚）」「本吉乙槌（欠伸）」「山内愚仙」など四十二人の名が確認される。活況を呈していたようで、末尾の浪華文学会の挨拶文に、会員から提出された原稿はいずれも長編で「編輯上の困難一方ならず」とあり、以後はなるべく二十頁以下の短編を提出願

図６　京都帝国大学出講

いたい旨が記されている。

また⑥～⑧は天囚と大阪の文人たちとの関わり、および懐徳堂の顕彰運動である。

⑩の京都大学への出講も、同年の重建懐徳堂開学とあわせ、天囚の教員としての活躍を示すものとして注目される。**図６**はその出講時に撮られた写真で、前列右端が天囚。その左、一人おいて内藤湖南、その左が狩野直喜である。

⑪の「朝日新聞社の変動」とは、大阪朝日新聞社が廃刊の危機に瀕した「白虹事件」のことである。編集実務の第一線を退いていた天囚は、この事後処理のため編集顧問として現役復帰を命じられた。なお、⑫で逝去日を誤っていることは前記の通りである。

次に、昭和女子大学近代文学研究室編『近代文学研究叢書』は、その第二十三巻（一九六五年）で五人の文学者を取り上げ、その内の一人が西村天囚となっている。

天囚の生涯を、「幼青年時代」「大阪朝日時代」「懐徳堂の再建」「晩年」の四期に分けて約十頁で記述する。注目されるのは、四分の一を「懐徳堂の再建」に充てて重視している点である。「天囚の後半生における大きな事業は懐徳堂の再建であった」と評価する。業績については、「小説と評論」「伝記」「紀行文・他」「漢学の研究など」に分けて解説し、また、「遺族と遺跡」を解説する点にも特色がある。執筆に際して参考にしたのは、「大阪公論」「大阪朝日新聞」「なにはがた」「しがらみ草紙」「早稲田文学」「堺利彦伝」「碩園先生追悼録」「村山龍平伝」などであるという。

そして、現在のところ西村天囚の伝記の決定版となっているのは、後醍院良正『西村天囚伝』である。『朝日新聞社史』の別冊として編纂されたもので、昭和四十二年（一九六七）の刊行、非売品である。上下二巻からなる大冊で、天囚の生涯が詳述されている。今、その全容を紹介する余裕はないが、目次を概観するだけでも参考になるので、以下に掲げてみよう。上段が上巻、下段が下巻である。

【上巻目次】

生地種子島
恩師前田豊山の人格
号「天囚」の由来
学を志して都へ上る
東京の世相
名声を博した「屑屋の籠」
老荘思想に託して

【下巻目次】

戦勝の年を迎えて
九州を巡遊
凱旋大観兵式を機に上京
柴野栗山と井上通女の業績
再び九州に旅立つ
「学界の偉人」を論述
資料収集に「九州巡礼」の旅

前田豊山上京、七十余日滞在
旧主の功績を讃える「南島偉功伝」
旅心うごき東北漫遊
渡清留学の希望かなう
北清事変起る
事変治まり杭州旅行へ
清国政府の法律改正
湖南とともに社説に光彩を添う
日露戦争の火蓋は切らる

「白虹事件」の収拾策に苦慮
楚辞研究に晩年を献ぐ
勅任待遇で宮内省御用掛となる
大震災と精神作興の詔書起草
発病から死去まで

著者の後醍院良正は、朝日新聞社の社会部次長や学芸部長を努めた後醍院盧山《ろさん》（本名正六《しょうろく》）の子である。盧山は明治二十六年（一八九三）、内藤湖南の推薦により、東京朝日新聞に入社。翌年、「台湾日報」に移り、三十八年（一九〇五）、天囚・湖南の推挙により、大阪朝日に入社した。台北駐在中に結婚したが、偶然にもその妻孝子は、天囚の夫人幸子の又従姉妹にあたる。そうした関係もあって、その子良正は、実子に恵まれなかった天囚にかわいがられ、幼少期には足かけ十二年にわたって大阪の西村宅で育てられた。良正は天囚を「おぢ様」と慕っていた。十歳頃から天囚に素読や習字を教えられ、また中学校に入ると、週三回、学校帰りに懐徳堂にも通った。幼少時の写真が種子島の西村家に残っている（図7）。後に天囚の書生も務め、朝日新聞社に入社。天囚没後に『西村天囚伝』を執筆することになったのである。

図７　幼少時の後醍院良正

こうした経緯があったから、後醍院の記す伝記は極めて詳細で、生活を共にした者ならではの具体的なエピソードも紹介されている。下巻の「友情と師弟愛」に見られるような天囚の人柄に関する記述も重要である。三歳の時に父を亡くし、母浅子に育てられた天囚は、生涯にわたって孝養に努めた。また生活に困窮した友人にはしばしば救いの手を差し伸べている。天囚は「六尺ゆかた」（『欧米遊覧記』）と言われるように体格が良かったが、その大柄な外形からは想像しにくい細やかな心遣いのできる人物であった。

以上、関係文献を紹介してきたが、これらから総合的に判断して、天囚の生涯は、次の五つに分けて考えるのがよいであろう。

（1）郷里種子島時代（慶応元年～明治十三年）
（2）上京と東京大学古典講習科時代（明治十三年～二十一年）
（3）朝日新聞社時代（明治二十二年～大正七年頃）
（4）懐徳堂顕彰運動時代（明治三十年頃～大正七年頃）
（5）晩年、東京での活動時代（大正八年～十三年）

この内の（3）と（4）は時期的には重複しているが、ジャーナリストとしての活躍と懐徳堂顕彰復興運動との二つを便宜上分けておいた方がよいと思われる。

いずれにしても、右の諸文献がそのすべてを解明しているかと言えば、そうではなく、まだ不十分な点もある。それは、後述するような天囚の自筆草稿によって知られる多くの実態である。近年の種子島での調査で明らかになった天囚関係資料の中には、後醍院良正でさえ知らなかったと思われるものもある。そうした新資料により、『西村天囚伝』など先行文献を補完できる余地は充分にあると言えよう。

二、西村天囚の著作

では、そうした草稿類を含めて、天囚の膨大な著述はどのように分類できるであろうか。『懐徳』第二号掲載の「碩園先生著述目録」によってその概要を確認してみたい。この「著述目録」には次のような序文が見える。

左に記載するところの目録は、西村家に現存せる遺著遺稿につきて、之を類次せしものなるが、聞くところに依れば、先生早年の旧稿散佚せしもの尠《すくな》からずと。されば是の録は未だ以て先生著述の全を尽くせるとは謂《い》うべからず。編者識す。

このように、西村家に現存していた遺著遺稿を基に分類配列したものであるという。また、散逸した旧稿もあるので、その全容を把握しているわけではないと断っている。

その上で、天囚の著作を十五に分類し、「撰著」「編著」「講義底稿」「遺稿」「論文」「講演」「伝記年譜」「雑著」「雑文」「小説」「随筆」「抄録」「研究資料」「目録索引」「日記」の順に該当する著作を列挙している。確かに、天囚の没後慌ただしく編纂されたものと見え、分類や配列にはやや疑問の残るところもあるが、まずはこれに従い、概要を確認してみたい。

以下、「著述目録」の記載順に従い、各著作には分類ごとに便宜上①②などの連番を付け、主なものについては簡潔に情報を補足してみよう。この情報とは、各著作の概要とともに、平成二十九年（二〇一七）から進めている種子島の調査で新たに発見された資料の情報も含む。なお、各著作名直後の（　）内は、「著述目録」が付けている注記である。

一、撰著

①南島偉功伝（明治三十二年六月刊行）
②日本宋学史（明治四十二年九月刊行）
③尾張敬公（明治四十三年三月名古屋開府三百年記念会刊行）
④懐徳堂考（上巻、明治四十三年三月、下巻、明治四十四年七月刊行）
⑤学界偉人（明治四十四年一月刊行）
⑥訳本琵琶記（大正二年六月）
⑦屈原賦説（未完）
⑧屈原伝考釈（未完）
⑨尚書異読（未完）
⑩尚書文義三巻初稿（未完）

⑪論語集釈自学而至泰伯第八章（未完）

①の『南島偉功伝』は、郷里種子島の島主種子島家の功績を明治三十二年（一八九九）にまとめたものである。特に、「鉄砲記」の項目を設け、一五四三年にポルトガル人の鉄砲を種子島氏が入手して国産化に成功したことを顕彰している。この書は天覧に達し、翌年、種子島氏第二十七代守時《もりとき》は男爵に叙せられた。天囚三十五歳の時の著作である。

②の『日本宋学史』は、日本に儒学（宋学、朱子学）が伝わって以降の歴史と重要人物について考察したもので、天囚が文学博士号を授与される主要業績となった。特に、日本における宋学の首倡として、薩南《さつなん》学派の僧桂庵玄樹《けいあんげんじゅ》と僧文之《ぶんし》、屋久島出身の如竹散人《じょちくさんじん》を詳述する。大阪朝日新聞の連載「宋学の首倡」「宋学考余録」を基にした業績で、四十五歳の時の著作である。後に朝日文庫の一冊として昭和二十六年（一九五一）に復刊された。天囚の弟子で懐徳堂講師になり、後に東北帝国大学に転出した武内義雄は、その復刊本の解題で、「我国程朱学《ていしゅがく》の沿革を精密に攻究して流麗な文章にかき表はされたもので、真に義理《ぎり》・考据《こうきょ》・詞章《ししょう》の三面を兼ね備へた名著である」と評している。「義理」とは義理学すなわち宋学（朱子学）、「考据」とは特に清朝で盛んになった考証学、「詞章」は詩文の意味で、この三者を兼ね備えているということである。

それまで中国思想史に対する立場は大きく二つに分かれていた。漢代に儒教が国家教学となって以降、儒者たちはその経書を尊重し、伝統的解釈を継承しつつ語句の意味を鮮明にしようと努めた。それは「訓詁学」と呼ばれ、その解釈は後に「古注」と総称された。しかし、この学問的態度は、伝統の継承にはよいとしても、思想的な活力に乏しいという弱点があった。その後、老荘思想や中国の民間信仰を母体とした「道教」、インドから伝来した「仏教」が隆盛すると、儒教の地位は相対的に低落する。

そこで宋代に儒教の復興を目指す思想的運動が起こる。北宋の程顥《ていこう》（明道）・程頤《ていい》（伊川）兄弟はその代表的学者で「二程子《にていし》」と呼ばれた。次の南宋時代にこれを集大成したのが朱熹であり、その学問は「宋学」「程朱学」「朱子学」などと呼ばれた。朱熹はそれまで尊重されてきた「五経」以上に「四書」を重視する。それによって孔子や孟子の思想を直接体得し、哲学として再生させようとしたのである。新たな解釈は、古注に対して「新注」と呼ばれ、特に道理を正し大義名分を重んじた。「義理学」と言われるのはそのためである。自ら学んで聖人に至ろうとする新儒学は思想的活力を取り戻す。しかし、その風潮は、時に精密な古典解釈を素通りして、その精神だけを求めようとする唯心論的傾向を生む。それを加速させたのが、次の明代の王陽明によって確立された「陽明学」である。自身の心がそのまま正しい天の理であるとし、実践行動を尊重する「心即理《しんそくり》」「知行合一《ちこうごういつ》」を唱えた。

これによって、経書解釈が大きく歪められたという危機感を抱いたのは、次の清朝の学者たちである。彼らは、朱子学・陽明学の弊害を乗り越えるため、今一度、古代のテキストを精密に考証しようと努めた。それが「清朝考証学」「考拠学」である。かつての遣隋使・遣唐使以来、日本に入ってきた儒学は主として宋学（朱子学）であったが、やがて考証学の手法も伝わってくる。

天囚は、この二つを兼修したということであろう。つまり訓詁学的要素と哲学的要素とをほどよく折中していたのである。加えて、学問は古典を読むことばかりではなく、自ら優れた詩文を書くことができるというのも重要であった。それが「詞章」である。天囚はこの三者を兼ね備えていたため、古典研究と詩文作成との両方に突出した才能を発揮していくことになるのである。

③の『尾張敬公《おわりけいこう》』は、天囚が明治四十三年（一九一〇）四月から七月までの世界一周旅行に出かける直前の同年三

月に、名古屋開府三百年記念として刊行されたもので、尾張徳川家の始祖徳川義直《とくがわよしなお》（家康の九男、敬公は諡号）を顕彰している。

④の『懐徳堂考』は、朝日新聞に連載していた懐徳堂の歴史を上下二冊にまとめたもの。天囚の懐徳堂顕彰運動の一環として刊行されたもので、現在でも、懐徳堂研究の最重要資料となっている著作である。

⑤の「学界偉人」、正しくは『学界乃偉人《がっかいのいじん》』は、九州を代表する儒者三浦梅園《みうらばいえん》、脇愚山《わきぐざん》、帆足万里《ほあしばんり》などを取り上げて、それぞれの事績と学問を明らかにする。大阪朝日新聞に連載した「南国記」「学界の偉人」などを基に編集して一書としたものである。

ここまでが天囚の主著と言えるものであろう。そこに共通するのは、中国古典学の研究に基づく先人の掘り起こしと顕彰という点であり、またそれを通じて国民道徳の鼓吹を意図していたという点であろう。種子島の西村家には天囚旧蔵印約百顆が残されているが、その中に、「文章載道」「文章報国」と刻んだ印がある。天囚にとって文章とは、単なる学術や文芸の道具ではなく、そこに正しい道を載せ、また国に報いるという大きな意義を持っていたのである。

このほか晩年に天囚が取り組んだ『楚辞』『尚書』『論語』に関する著作がある。いずれも「未完」とされている。この内、⑦の『屈原賦説』は、天囚が京都大学で学生に講じていた内容をまとめたもので、大正九年（一九二〇）五月の識語はあるものの未完で、現在は、大阪大学懐徳堂文庫の「楚辞百種」中の一つとなっているほか、『碩園先生遺集』の第五巻として活字翻刻の上、収録されている。⑧の『屈原伝考釈』も同様である。⑨と⑩の『尚書』関係注釈書の草稿は種子島で発見された。⑪の『論語集釈』も同様に、これまでその実態が知られていなかったが、種子島の調査で草稿二冊の実在が確認された。この目録の注記の通り、学而篇から泰伯篇までを記した未完の大作で、その影印本を湯浅邦弘解説・編集『論語集釈』（大阪大学文学研究科、二〇二一年）として刊行した。

二、編著

①赤穂義士実話（重野先生口演、門人西村時彦編述）

②今古歌話（西村時彦・磯野秋渚合編）（明治三十九年十月発行）

③儒文源委二巻（未完）

④同・附録二巻（未完）

⑤楚辞集説

⑥経子簡説

⑦同・補注

⑧天囚曲話

⑨芸文談資

①の「赤穂義士実話」は、東京大学入学後の編。天囚は、重野安繹の主宰する文会に参加して文章鍛錬に励んでいた。その頃、重野の口演に係る「赤穂義士実話」を編述したのである。

②で天囚との「合編」者となっている磯野秋渚《いそのしゅうしょ》（一八六二～一九三三）は、伊賀出身の漢詩人・書家で、大阪で小学校教員を務めていたが、明治二十四年（一八九一）、天囚が創刊した同人誌「なにはがた」に参加、後、大阪朝日新聞社に入り、天囚とともに関西文壇の中心的人物となった。

⑤の「楚辞集説」は天囚が大正五年（一九一六）から京都大学で講じた『楚辞』の講義に基づくもの。『楚辞』に関

しては他に「屈原賦説」「屈原伝考釈」などがある。⑥の「経子簡説」は天囚が重建懐徳堂で講じた経学と諸子学の講義である。

⑧⑨は種子島の西村家で、その草稿が発見された。⑨には、天囚が尊重した清朝の桐城派《とうじょうは》に関する「桐城派師友淵源考」が含まれる。桐城派とは、清朝に興った文章家の一派である。その名は、主唱者の方苞《ほうほう》をはじめ、みな安徽《あんき》省桐城の出身であることにちなむ。唐宋時代の古文を尊重し、質実で格調高い散文を理想とした。天囚と桐城派の関係については、陶徳民『日本における近代中国学の始まり――漢学の革新と同時代文化交渉――』（関西大学出版部、二〇一七年）が詳しい。同書は、明治大正期における桐城派の文章の影響について考察し、「西村の桐城派理解がおそらく近代日本漢文学界の桐城派理解の最高水準に達していた」と評価する。

三、講義底稿

①講案
②駢文引例
③文章本原
④清朝文派
⑤漢文体例概説三冊
⑥漢文総説草稿
⑦辞章論略三巻、同・補論一巻
⑧中庸解題稿

これらは天囚の講義ノート（草稿）である。この内、①②⑤⑥⑦は種子島の西村家で発見された。

四、遺稿

①碩園文稿
②碩園詩稿
③江漢遡洄録（明治三十一年）
④天囚遊草
⑤嘯傲遊草

①の「碩園文稿」と②の「碩園詩稿」は、天囚が自身の詩文草稿を順次まとめていたもので、没後、懐徳堂記念会編『碩園先生遺集』（一九三六年）に収められた。最初の「碩園文稿巻一」は明治十九年（一八八六）、天囚が東京大学在学中の二十二歳の時に、十七歳以降の作文二十一篇を収録したもの。最後となった「碩園文稿巻十三」は大正十二年（一九二三）、天囚五十九歳の時、同年の作文三十二篇を収録したものである。

③の「江漢遡洄録」は、明治三十年末から翌三十一年二月にかけて、清国に出張した際の紀行である。長江沿いに、漢口、金陵、上海を巡ったことが分かる。この出張は、日清戦争後の両国の関係悪化を受けて、天囚が親善使節の一員として抜擢されたものである。

なお、この③とともに、渡清の際の日記と思われる小型の手帳が種子島の西村家で発見された。表紙に『紀行 明治卅年』とあり、毎半葉十行の罫紙に記して仮綴じしたものである。墨筆により記されていて、かなり草卒な筆跡であるように見受けられる。旅行中に急いで書いたものであろう。これらの資料により、清国出張における天囚の動向を詳しく知ることができる。

五、論文

①天囚論文（明治二十七・八中所作）
②論文（新聞論説）（明治三十七年より三十八年）
③同（明治三十九年より四十年）
④大衡突論

新聞に掲載した天囚の論説類である。この内、②と③は種子島西村家で発見された。いずれも切り抜き帳に貼り付けられており、将来、単行本として刊行することを構想していたのではないかと推測される。

六、講演

①国民道徳の大本（明治四十四年）
②朱子学派の史学（同年）
③大阪の威厳（同年）
④懐徳堂の由来と将来（大正五年）

⑤教育勅語下賜三十年記念講演速記（大正八年）
⑥精神振作の詔書を捧読して（大正十二年）

①〜③は、明治四十四年（一九一一）、大阪朝日新聞社が主催した夏期巡回講演会の速記録で、同年刊行の『朝日講演集』に収録されている。①は明治四十四年七月二十六日、夏期巡回講演会第一班の第四回講演として、兵庫県豊岡の養源寺《ようげんじ》において実施されたもの。

これについては、種子島での資料調査により新事実が判明した。天囚の自筆で「国民道徳の大本　講演筆記」と表紙に題された草稿が発見されたのである。原稿用紙に墨筆されており、ところどころ朱で訂正が書き込まれている。本文は一行あきで記されているので、その行間を使って朱を入れることを前提に書かれたものであろう。そして、その朱筆の細かな修正をすべて反映させると、『朝日講演集』所収の講演録と見事に一致する。

ただ、この草稿によると、②の七月二十四日姫路での講演「朱子学派の史学」とこの豊岡での講演「国民道徳の大本」については速記者がついておらず、巡回講演会終了後、大阪に帰って「数旬」経ってから改めて速記者に「口授」したものであるという。「旬」は十日であるから、この口述筆記が行われたのは八月後半から九月頃のことではなかろうか。つまりこの草稿の墨筆は速記者による下書きで、そこに天囚が朱筆で訂正を加えたものと推測される。

③は、夏期巡回講演会の締めくくりとして、八月十八日、大阪中之島公会堂で開催された大講演会での講演である。この講演については、同名の草稿が種子島で発見された。講演内容を箇条書きしたもので、言わば講演の設計図にあたる草稿である。なお、この日の講演会には、天囚のほか、夏目漱石も登壇した。この講演は、天囚の思想を考える上で、きわめて重要な資料になると思われるので、別の機会に全文を取り上げて検討してみたい。

④の「懐徳堂の由来と将来」は、大正五年（一九一六）十月十五日、重建懐徳堂の開学記念式典での講演である。『懐徳』第二号に全文掲載されている。

⑤「教育勅語下賜三十年記念講演速記」は、大正九年（一九二〇）、教育勅語発布三十年に際して、十月二十七日、関西の実業家らによる「有隣会《ゆうりんかい》」などが主催し、大阪市内の高津《こうづ》小学校で記念講演会が開催された。天囚の講演を懐徳堂の吉田鋭雄が速記したものに基づき、「教育勅語下賜三十年記念文学博士西村時彦先生講演速記」として印刷され、同志に頒布された。この冊子は種子島の西村家で発見されたが、大阪大学懐徳堂文庫内の北山《ほくざん》文庫にも、同冊子が収蔵されている。全三十六ページ。内題には「教育勅語衍義《えんぎ》」とある。これも天囚の思想を表す重要資料なので、右の「大阪の威厳」講演にあわせて別途考察してみたい。

⑥の「精神振作の詔書を捧読して」は、大正十二年（一九二三）十一月に大正天皇の名のもとに発布された「国民精神作興ニ関スル詔書」に関する文書である。第一次世界大戦後の世相の乱れや同年九月の関東大震災によって疲弊した人々に向けて出された。この文書は宮内省御用掛であった天囚の起草による。

七、伝記年譜

①異彩アル学者
②亀門之二広
③亀門三女傑
④二洲先生年譜稿
⑤浪華画人略（朝日新聞所載）

⑥木村巽斎事略

天囚の著作の中で、「伝記」も「紀行」とともに大きな比重を占める。①〜③は大阪朝日新聞連載の原稿で、いずれも九州各地の学者を取り上げたものである。①は亀井南冥《かめいなんめい》、亀井昭陽《しょうよう》、原古處《はらこしょ》、吉田平陽《よしだへいよう》、村上佛山《むらかみぶつざん》を全四十五回で紹介し、②は亀井昭陽門下の広瀬淡窓《ひろせたんそう》、旭荘《きょくそう》兄弟を九回で取り上げ、③は亀井昭陽の長女少琴《しょうきん》と原古處の娘采蘋《さいひん》、高場乱《たかばおさむ》（元陽）の三人を四十七回の連載で伝える。

④の「二洲」は寛政の三博士の一人尾藤二洲《びとうじしゅう》。⑥の「木村巽斎」は江戸時代の大阪の文人として有名な木村蒹葭堂《きむらけんかどう》である。

この「伝記年譜」は天囚が力を入れた部分で、紀行と密接な関係にある。例えば、新聞連載の「北国物語」（北陸の史跡と温泉地）、「南国記」（四国）、「豊後路」（大分地方）、「九州巡礼」（久留米、福岡、唐津、多久、日田など九州各地）などの連載紀行であり、これらに基づいて執筆されたのが、①〜③である。これらは、天囚が明治三十八年から四十年頃にかけて旅行した際の紀行で、単なる観光旅行ではなく、漢学研究のための取材であった。昭和女子大学近代文学研究室編『近代文学研究叢書』第二十三巻は「筆致は簡卒で、学究的真摯さに溢れ、初期の豪放洒脱な風とやや趣をかえている」と評価している。

この内、②④⑤⑥の草稿は種子島西村家で発見された。また「九州巡礼」については、菰口治校注『九州の儒者たち——儒学の系譜を訪ねて——』（海鳥社・海鳥ブックス、一九九一年）が朝日新聞連載記事を基に復刊している。

八、雑著

①紀行八種
②福島中佐単騎遠征録（明治二十六年）
③征清戦記（明治二十七年征清戦報所載）
④天囚雑纂（随筆伝記紀行琵琶歌、明治三十五年七月より明治三十九年五月）
⑤笠鞋漫録（東北方面漫遊紀行）
⑥俚歌評註
⑦杭州紀行
⑧都の春風
⑨老媼物語
⑩北国物語
⑪薩摩琵琶武石浩玻
⑫郷語注
⑬芳烈公手写四書考

①の『紀行八種』は、天囚が明治二十年代に書いた主な紀行文「奥山羽水」（奥羽地方）、「雲の行方」（木曽地方）、「風流順礼」（厳島から山陽道）、「金剛山」「奈良巡」「観仏記」「春衫軽笻録」（大和・伏見・嵯峨野など）、「河内紀行」の八篇をまとめ、明治三十二年（一八九九）に刊行したものである。なお、号の「天囚」について、この「紀行八種」の中の「風流順礼」で、「天上の文星、人情の罪を得て、天之を縛するに五倫五常の縄を以てし、以て之を人界に囚

ふ、之を以て其号を天囚と云ふ」と説く。すなわち人は天の囚われ人という意味を表す。

②の『単騎遠征録』は、福島安正陸軍中佐（一八五二～一九一九、最終階級は陸軍大将）のシベリア単独遠征を取材し、朝日新聞に連載していた記事を、明治二十七年（一八九七）に単行本として刊行したものである。ベルリン公使館付陸軍武官の福島少佐（シベリア横断中に中佐に昇進）は、明治二十五年（一八九二）二月十一日、愛馬「凱旋《がいせん》」に騎乗してベルリンを出発。極寒、猛暑、病気、負傷と戦いながら、一年四ヶ月かけてシベリア単独横断を成し遂げ、貴重な情報をもたらした軍人として知られる。一万四千kmを踏破し、ウラジオストクに到着したのは、明治二十六年六月十二日であった。

その時、朝日新聞社は西村天囚を派遣して、独占取材に成功した。当時二十七歳の天囚は、神戸からウラジオストクに渡って待機した後、六月十日、現地在留の日本人総代二名とともに北郊のニコリスクまで福島中佐を出迎えた。天囚は福島中佐の旅を取材して「単騎遠征録」と題して朝日新聞に送稿した。その名文は好評を博し、連載は百二十回に及んだ。福島中佐の旅がロシア・清国の軍事機密に関わるものでもあったため、天囚は、「其の見聞するところ、軍機《ぐんき》に属する者多し。外間に洩《も》るるを許さず」「編録する所、十分の一に過ぎざる者は洵《まこと》に此を以てなり」と断っている。

⑨の「老媼《ろうおう》物語」は、幼き日の天囚が、その祖母平山優子（一八〇九～一八九四）から聴いた伝記をまとめたものである。種子島は古より文学が開けているが、まだ女性のための訓育書がなかったので、天囚は、優子の語る種子島の優れた女性の伝記をまとめてこの本にした。

⑪の「薩摩琵琶武石浩玻」は、飛行機墜落事故により死去した武石浩玻《たけいしこうは》を追悼して大正二年（一九一三）に作ったもの。同年、西村天囚作曲、永井重輝作譜『薩摩琵琶歌武石浩玻』（金尾文淵堂）として刊行された。武石は明治十七

年（一八八四）、茨城県那珂《なか》郡（現・ひたちなか市）出身。渡米して、初めライト飛行学校、後にグレン・カーチスの飛行技術学校に入った。飛行免許取得後の大正二年四月に帰国。五月四日、日本初の邦人操縦者による飛行会として、鳴尾《なるお》競馬場（現・兵庫県西宮市）で三回の周回飛行を行い、鳴尾から大阪城東練兵場へと飛行。さらに大阪・京都間の都市間連絡飛行に挑み、京都へと向かったが、深草《ふかくさ》練兵場に着陸の直前、機体の故障によって墜落、死亡したのである。天囚は、この薩摩琵琶歌を作るとともに、翌大正三年、「武石浩玻墓石銘」も撰している。

この他、紀行に漏れている大著として、『欧米遊覧記』がある。昭和女子大学近代文学研究室編『近代文学研究叢書』第二十三巻は、この書を天囚の紀行として書名をあげながら、内容については「各国の印象をスケッチするのが精一ぱいというような通信文である」とほとんど評価していない。しかし内容はきわめて興味深く、天囚の筆も冴え渡っている。また、この百四日間にわたる欧米視察が、漢学者としての天囚に大きな影響を与え、それが懐徳堂顕彰運動をさらに後押ししていったと思われる。この点の詳細については、拙著『世界は縮まれり――西村天囚『欧米遊覧記』を読む――』（ＫＡＤＯＫＡＷＡ、二〇二二年）で分析した。

なお、雑著または伝記に入るべき書として、明治二十四年（一八九一）刊行の『維新豪傑談』がある。天囚二十七歳の作で、幕末維新の豪傑十人について、「観音堂（梅田雲浜逸事）」「薩摩下（僧月照逸事）」「古壮士（木戸孝允）」など十章にまとめたものであるが、この目録からは漏れている。

九、雑文

①天囚襍文（明治二十七・八年所作）

②天囚雑文

③古英雄（筆すさび十種ノ一）
④山分衣（同）
⑤金陵勝概（同）
⑥凶人（同）
⑦桃山の記（明治二十五年二月桃谷小説所載）
⑧観楓の檄（同）
⑨初音（同）
⑩門司と博多
⑪佐賀より
⑫肥前肥後
⑬豊前豊後

ここには比較的初期の著作がまとめられている。「雑文」としているが、興味深い資料もある。⑤の「金陵勝概」は明治三十年〜三十一年、天囚が漢口に出張した際の紀行を、帰国後に博文館の雑誌『太陽』第四巻二十号（一八九八年十月）に寄稿したもの。この時の天囚の紀行「江漢遡洄録」（四の「遺稿」に前出、『碩園先生文集』巻三所収）とともに、清国出張時の紀行である。前記の通り、種子島での資料調査によって、この出張に天囚が携帯したと思われる日記が発見された。これら複数の資料により、清国出張の詳細が分かる。なお、「金陵」とは中国四大旧都の一つ南京の古名である。

十、小説

①屑屋の籠（明治二十年）
②奴隷世界（明治二十一年四月）
③居酒屋之娘（明治二十一年十二月）
④小夜物語（明治二十二年九月小説無尽蔵所載）
⑤鴛鴦（同）
⑥御身代（筆すさび十種ノ一）
⑦烈婦阿六（同）
⑧酔奴伝（同）
⑨天目山（明治二十四年四月浪花潟所載）
⑩鬼武蔵（同）
⑪烈婦お六伝（同）
⑫血刀之記（同）
⑬薩摩嵐（明治二十四年十二月）
⑭平家物語拾遺島内の巻（明治二十五年二月桃谷小説所載）
⑮二人道中
⑯天縁（大阪公論所載）

⑰無鏃箭（同）
⑱狐法師（同）
⑲浮浪人（同）
⑳深山木（同）
㉑美人譚（同）
㉒博奕等（同）
㉓女文王（同）
㉔乞丐児（同）

小説として二十四点があげられている。①の『屑屋の籠』は天囚の出世作である。二十三歳の時の作で、屑屋が集めた様々な廃品が雑談するという趣向である。それらは学生、官吏、商人、ジャーナリスト、漢学教師などの代弁者で、当時の社会、政治、教育、宗教を鋭く批判する風刺小説となっている。漢文体と口語体を折衷した文体にも特徴がある。

当時は、高名な士の序文、跋、あるいは校閲がないと出版は難しかった。名もなき一書生の持ち込んだ原稿はいくつもの出版社に体よく断られるが、博文堂《はくぶんどう》の原田庄左衛門《はらだしょうざえもん》が引き受け刊行したところ、優れた風刺小説として、矢野龍渓『経国美談』、坪内逍遥『当世書生気質』などと並ぶベストセラーになった。明治二十年（一八八七）五月に前編、翌二十一年五月に後編が刊行された。天囚はこの博文堂と長く交流を続け、関西在住を経て宮内省御用掛として再び上京した際には、病後の原田を大礼服姿のままで見舞った。原田はその際、天囚からお礼の言葉や見舞いの言葉をかけられ、思わず涙を催したという（大正十三年（一九二四）十一月二日付「東京朝日新聞」）。

同年、四十一歳の中江兆民が刊行した『三酔人経綸問答』は、南海先生、洋学紳士、豪傑君という三人の人物が酒席で議論する物語であり、近代日本の思想書として高く評価されている。ただ、異なる思想を持つ複数の人物が架空対談するという設定自体は、天囚の『屑屋の籠』も同様である。兆民は、岩倉具視の使節団に加わり、西洋文明に触れた経験があったので、西洋哲学の書に見られる「対話」の技法を応用したのかもしれないが、まだ海外への渡航経験のなかった天囚は、あるいは、中国古典から着想を得た可能性もある。

なぜなら、中国古典は、思想家の書き下ろしによるもの以外に、『論語』『孟子』『孫子』など著名な文献は、すべて会話、問答の形式で記されており、そうした伝統は、帝王学の傑作とされる唐代の『貞観政要』や朱熹と門人たちとの問答で構成される『朱子語類』などにも継承されていたからである。また、老荘思想の内の『荘子』に顕著であるが、架空の人物同士が哲学を平易に語り、世相を鋭く批判するという構成も、中国古典には古くから見られる手法であった。

ちなみに、『大漢和辞典』で知られる漢学者諸橋轍次《もろはしてつじ》（一八八三～一九八二）には『孔子・老子・釈迦「三聖会談」』という著があり、孔子・老子・釈迦の三人の聖人が架空対談するというものであった。これも類似した趣向であると言えようか。直接的な関係はないかもしれないが、天囚の『屑屋の籠』はこうした先進性も備える名著であった。また、天囚、兆民とも、それを厳格な哲学書として説くのではなく、笑いにまぶして平易に語ろうとした。福沢諭吉が欧米から持ち帰った「スピーチ」の文化が日本の言論界にも定着し始め、憲法制定や国会開設の気運とも相まって言文一致運動も盛んになっていた。天囚の小説も、こうした時代の雰囲気を見事にすくいあげるものであったと言えよう。

以来、天囚は多くの著書・記事を発表してきたが、漢文の教養を基盤とする格調高い文章と鋭い社会批評は、多くの読者を引きつけた。

その後も、博文堂から明治二十一年一月に『活髑髏』、同年四月に②『奴隷世界』を続いて刊行する。『活髑髏』は秋草の上に坐す髑髏と宇宙に迷う魂魄とに託して国運の衰退と社会の腐敗を嘆き、『奴隷世界』は政治社会の腐敗と西欧万能主義の奴隷根性を批判したものである。若き日の天囚は、重野安繹、島田篁村に師事して経学を学ぶ一方、『老子』『荘子』も愛読し、老荘的な社会諷刺を行ったのである。

③の『居酒屋の娘』も同年十二月刊行の政治小説。酒楼で、主人公を密告した友人と官吏とが密談しており、それを一人の芸妓が聞いたという設定で、居酒屋の娘さえ時勢を嘆いているという意味の題名である。

⑨〜⑪は「なにはがた」に掲載された歴史小説で、⑨の「天目山」は武田勝頼の最期を描いたもの。⑩の「鬼武蔵」では薩摩の猛将新納《にいろ》忠元《ただもと》を描き、⑪の「烈婦お六伝」は下野国那須郡の城主堀親良《ほりちかよし》の娘お六を烈女の誉れとして描き、⑫の「血刀之記」は西南の役に従軍して戦功をあげた薩摩の貴島清《きじまきよし》を取り上げ、その清廉潔白な気概を描いたものである。この目録には、明治二十一年刊行の小説『活髑髏』が漏れている。

なお、昭和女子大学近代文学研究室編『近代文学研究叢書』第二十三巻は、天囚の小説と評論について、「常に表裏一体をなし」「評論的小説、小説的評論とも見られる」と指摘している。以下、随筆、抄録、研究資料、目録索引、日記である。

十一、随筆

①小天地閣襍攷（壬子夏）

②戊午消夏録
③梧桐夜雨楼漫筆
④天囚菴茶話

十二、鈔録

①碩園襍記（大正戊申一月以降）
②小天地閣私記
③小天地閣襍記（戊申帰郷時）
④清田儋叟宋元資治通鑑評語
⑤荊川文編鈔録評語
⑥典礼文字
⑦臥読坐抄
⑧読書紀抄
⑨論文詩記
⑩時節手稿
⑪詩話中論文
⑫雋
⑬鷹犬具

⑭繅錦録

十三、研究資料

①資料雑綴七冊

②敬公資料

③宋学淵源研究

④屈原賦説資料

⑤先師行状資料

十四、目録索引

①家蔵楚辞書目

②選本目録

③小説伝奇目録

④弾詞小説目録

⑤曲目索引

十五、日記

①手帳数十冊

手帳が「数十冊」あったとされているが、現在、種子島の西村家に残る手帳は全十九冊である。西村家の仮整理番号に従って、その概要を記してみよう。サイズはいずれもポケットに入るような小型のもので、中には鉛筆を刺すホルダー付きのものもある。全十九冊の内、記載の年が分かるものが十三冊、残り六冊は不詳である。どのような筆記用具で記されているかなどの情報も加えて列記してみよう。

①明治二十六年四月六日～五月十七日　鉛筆
②明治二十八年三月　鉛筆
③明治三十一年十一月　鉛筆、一部、墨・朱墨
④明治三十九年十月　鉛筆、以下同様
⑤年不詳
⑥明治四十年五月
⑦明治四十年
⑧年不詳
⑨明治四十三年　世界一周会、鉛筆ごく一部万年筆
⑩明治四十三年　世界一周会、鉛筆ごく一部万年筆、末尾に柴田音吉洋服店広告
⑪明治四十三年　世界一周会、鉛筆ごく一部万年筆
⑫大正三年

⑬年不詳
⑭大正十一年日記、墨・朱墨・鉛筆、末尾に天皇・皇族方誕生日一覧表
⑮大正十二年日記、墨・朱墨・鉛筆、末尾に天皇・皇族方誕生日一覧表
⑯大正十三年日記　墨・朱墨・鉛筆、末尾に天皇・皇族方誕生日一覧表
⑰年不詳
⑱年不詳
⑲年不詳

この他、右の「四」と「九」で言及した清国出張の際の手帳は新たに発見されたものであり、この中には含まれない。これも加えれば、計二十冊ということになる。

なお、この「著述目録」分類では、どこに入れてよいか分からないが、天囚の趣味の一つであった狩猟に関する草稿も種子島で発見された。「狩猟史料」と題された草稿は、日本の古代から江戸時代までの狩猟に関する記事や和歌をまとめている。また「西洋狩猟及鷹匠」草稿は、西洋における狩猟と鷹匠の歴史を概説し、鷹匠の使う用語を、例えば、「チャスト＝一時に二羽の鷹を使用すること」「アイリー＝鷹の巣」などと対照させている。いずれも刊行されていれば、すぐれた狩猟史概説になっていたと思われる。種子島の西村家には、狩猟に向かう天囚の写真が多数残されている（図8）。

このように、『懐徳』二号掲載の「著述目録」は広範囲にわたる天囚の著作を分類整理している。多少の遺漏はあり、分類方法にもやや疑問の残る点もあるが、主要著作をほぼ取り上げていると言えよう。

図８　狩猟に出かける天囚

これに対して、天囚の著作を時系列で並べて見せるのは、昭和女子大学近代文学研究室編『近代文学研究叢書』第二十三巻である。まず天囚の業績について、「小説と評論」「伝記」「紀行文・他」「漢学の研究など」に分けて解説し、また「著作年表」において「大阪公論」や「大阪朝日」掲載の記事も含めて網羅的にリスト化する。また、その業績は二期に分けられるとし、前期はジャーナルな記事のほか小説、評論、伝記、紀行文などで明治二十年初期から三十年末まで、後期は明治四十年以降から晩年で、主として漢学研究としている。確かに、こうした捉え方の方が、天囚の著述の概要とその変遷を把握しやすいかもしれない。

このほか、天囚の著述を目録化したものとして、山本秀夫編『種子島・屋久島関係文献資料目録』（中央美術工芸社、一九六八年）がある。この「資料目録」は、前田豊山や西村天囚など、種子島、屋久島出身者の論著、関係資料を目録にしている。その筆頭に「西村天囚著」を取り上げ、「単行本」と「雑誌記載文」に分けて記載する。

「単行本」には未完の稿本や復刊も含めて計七十四冊があげられている。「雑誌記載文」は「大阪公論」や「大阪朝日」掲載の記事を各一点とし、また天囚撰文の碑文も加えているので、おびただしい数にのぼる。さらに「天囚関係資料」として他者の関係論著も掲載している。

このように、昭和女子大学近代文学研究室編『近代文学研究叢書』と山本秀夫編『種子島・屋久島関係文献資料目録』は、いずれも『懐徳』の「碩園先生著述目録」を補完するものとなっている。

ただそれでも、天囚関係資料の全容を把握しきれていなかったことが近年の調査で明らかになりつつある。まずは、平成十六年（二〇〇四）の宮内庁の調査である。天囚は晩年宮内省御用掛を拝命して東京に移り、勅語や詔書の起草に当たるかたわら、宮内省職員に中国古典を講じ、また大正十三年には御講書始の控を務めた。このように皇室との関わりがあったので、『昭和天皇実録』編纂作業の一環として宮内庁が種子島の西村家に残る資料を調査したのである。そのうち、天囚関係の書簡約五百通、書類、手帳など、皇室との関係が予測される資料については、宮内庁が一部目録を作成し、マイクロフィルムに収録している。

また、現在の西村家ご当主西村貞則氏とそのご家族が平成二十九年（二〇一七）に大阪大学を訪問され、筆者が懐徳堂文庫をご案内したことをきっかけに、種子島での文化財調査が開始された。その結果、天囚関係資料が、西村家および同地の種子島開発総合センター（通称鉄砲館）、さらには鹿児島市内の黎明館《れいめいかん》（現在の鹿児島県歴史・美術センター黎明館）に残っていることが明らかになった。未完の稿本、墨跡、印章、拓本など多数の資料が発見され、その調査は現在も続いているが、一応の成果として以下の報告・目録類が作成された。

・湯浅邦弘「小宇宙に込めた天囚の思い――種子島西村家所蔵西村天囚旧蔵印について――」（『懐徳堂研究』第十二

号、二〇二一年）

・竹田健二・湯浅邦弘・池田光子「西村家所蔵西村天囚関係資料暫定目録（遺著・書画類等）」（『懐徳堂研究』第十二号、二〇二一年）

・竹田健二「同・補訂（拓本類）」（『懐徳堂研究』第十三号、二〇二二年）

・竹田健二・湯浅邦弘・池田光子「旧西村家所蔵西村天囚関係資料目録――鉄砲館・黎明館に現存する資料について――」（『懐徳堂研究』第十四号、二〇二三年）

また種子島で発見された新資料と『懐徳』の「碩園先生著述目録」に記された著作との関係については大いに気になるところであるが、これについては、池田光子「種子島西村家所蔵西村天囚関係資料の整理状況と特徴について」（『懐徳』第八十九号、二〇一九年）、竹田健二「「碩園先生著述目録」と現存資料について」（『懐徳堂研究』第十二号、二〇二一年）がすでに分析を行った。「碩園先生著述目録」に名前がありながらこれまで確認されていなかった資料のいくつかが種子島に現存していたこと、また、「碩園記念文庫」として懐徳堂に入った旧蔵書は天囚資料のすべてではなかったことを明らかにしている。

さらに、懐徳堂記念会が昭和十一年（一九三六）に編纂した『碩園先生遺集』には、天囚が撰文した碑文や題辞なども数多く収録されている。また近年の調査により、この『遺集』にも入っていなかったものが他にもあることが判明した。その他、天囚が揮毫した多くの墨跡、講義・講演の草稿などの存在も確認された。

こうした現状も踏まえ、西村天囚研究の基礎資料は、以下のように整理できると思われる。

（1）　著作

①小説、評論

②伝記、紀行

③漢学研究

（2）　旧蔵書

①大阪大学懐徳堂文庫所収「碩園記念文庫」

②種子島に残る旧蔵書

（3）　懐徳堂関係資料

①懐徳堂記念会編『碩園先生遺集』

②「碩園先生追悼録」ほか『懐徳』掲載の関係記事など

（4）　その他

①草稿類

②遺墨、印章

③書簡、文書

④手帳、日記

⑤講義ノート、講演録

⑥拓本

おわりに

以上、この序章では、先行文献に導かれながら、天囚の生涯と著述について確認してきた。研究対象の大きさが改めて実感されるであろう。

なお、序章の中で一部触れたものもあるが、これまでにも天囚に関する優れた研究は公開されている。まず、天囚の生涯と学問に関わる覚書として、町田三郎『明治の漢学者たち』（研文出版、一九九八年）がある。この中で西村天囚が取り上げられており、その前後には、天囚との関わりが深い重野安繹、島田篁村、および東京大学古典講習科の人々についても説明されている。明治維新によって一旦衰退に向かった漢学が、その後、近代漢文学として再生していく中で、これら古典講習科の人々が大きな役割を果たしたと評価する。但し、天囚に関しては、「西村天囚覚書」という題名が示すとおり、基本的には先行文献を踏まえた概要の確認というのがその趣旨である。

また、日中文化交渉史という観点から西村天囚に注目するのは、陶徳民『明治の漢学者と中国――安繹・天囚・湖南の外交論策――』（関西大学出版部、二〇〇七年）、同『日本における近代中国学の始まり――漢学の革新と同時代文化交渉――』（関西大学出版部、二〇一七）である。近代日中関係史の中で、漢学者がどのような役割を果たしたのかを解明している。特に本書に関連して言えば、重野安繹、西村天囚が柔軟なバランス感覚を持って漢学の近代化に貢献したことを説く。同氏にはまた『重野安繹における外交・漢文と国史――大阪大学懐徳堂文庫西村天囚旧蔵写本三種――』（関西大学出版部、二〇一五年）があり、大阪大学に収蔵されている天囚の旧蔵書「碩園記念文庫」を活用し、天囚の師でもある重野安繹が幕末明治の激動期において洋学を受容しつつ漢学の革新を図っていたことを明らかにする。

さらに、竹田健二『市民大学の誕生――大坂学問所懐徳堂の再興――』（大阪大学出版会、二〇一〇年）は、懐徳堂記念会創立百周年事業の一環として刊行されたもので、懐徳堂の再興運動に天囚がどのような役割を果たしたのか、懐徳堂教授の子孫中井木菟麻呂との関係にも留意しながら詳細に追究している。

本書もこれらの成果の助けを借りて論述を進めることになるが、平成二十九年（二〇一七）以降、新たに発見された新資料も積極的に活用して考察を進めることとしたい。

【附記】 画像について

本書では、論述に関わる画像、写真などを掲載する場合がある。この序章でもすでに数枚の写真を掲げた。これらは、種子島の西村家に残る写真であり、掲載については西村家の許可を得ている。以下の各章でも同様である。また西村家所蔵写真以外の画像、写真などを掲載する場合には、該当章の附記で説明する。

第一章　遺墨に見る漢学の伝統
――前田豊山・西村天囚の書――

序　言

「文房」とは文人の書斎の意味で、そこで使用される道具類が文房具として尊重された。特に、筆、墨、硯、紙は「文房四宝」または「文房四侯」と呼ばれ、教養の代名詞ともなっていく。中国発祥のこの文化は日本にも導入され、明治・大正期の文人たちも、墨筆で原稿を執筆し、また書を揮毫した。

原稿類は、刊行されることもあり、そこから文人の思想を直接知ることができる。研究対象としてまず注目されるのは、こうした文献資料である。一方、書は文人の趣味であるとされることもあり、美術・書道以外の分野では、研究対象としては文献資料ほどには重視されない傾向にある。

しかし、文人が筆を執って書を記す場合、それが他人から揮毫を求められたものであれ、あるいは自発的に記したものであれ、そこには、文献資料からはうかがい知ることのできない、その人の理想や願い、あるいは人生そのものが投影されている可能性もある。またそれに付随して、関防や落款として鈐印された印にも、それらが凝縮されている場合もある。

ここでは、そうした観点から、前田豊山と西村天囚の書に注目したい。前田豊山（一八三二〜一九一三）は種子島（現在の鹿児島県西之表市）出身の漢学者。同地の教育と文化に多大な功績を残し、「種子島聖人」と呼ばれている。西村天囚（一八六五〜一九二四）はその豊山に学び、明治・大正期を代表するジャーナリスト・漢学者となった。

筆者は、平成二十九年（二〇一七）から、懐徳堂研究、西村天囚研究の一環として現地で文化財調査を続けているが、その過程で、豊山・天囚の遺墨が新たに発見された。それらを解読することによって、豊山・天囚の思想の一端を明らかにできるのではないかと感じている。[1]

前田豊山については、その遺文をまとめた『豊山遺稿』があるものの、まだまとまった研究書はない。また西村天囚についても、懐徳堂記念会編『碩園先生遺集』や後醍院良正『西村天囚伝』といった基礎資料はあるものの、日本漢学史や日本近代人文学史における意義を明らかにした研究はまだ見られない。まずは、こうした書作品を研究の突破口とすることにも一定の意味があろう。そこで以下では、前田豊山の書を三点（第一節〜第三節）、西村天囚の書を七点（第四節〜第十節）順次取り上げて考察する。

一、前田豊山「立誠」――種子島に尽くした誠――

この書は、種子島の前田豊山の旧家から発見された。縦三五・六×横七一cm。書は「立誠《りっせい》」（誠《まこと》を立つ）と読める（図1）。「誠」は漢学の重要概念で、『易経』には「君子は終日乾乾、……辞を脩めて其の誠を立つ（君子終日乾乾、……脩辞立其誠）」（乾卦、文言伝）とある。この場合は、為政者が外に文教を修め行い、内にその誠実を立てて功業となるの意であり、後の朱子学では、これを基にした「修辞立誠」の四字熟語として使われている。[2] それでは、豊山の書も、この「修辞立誠」を踏まえたものであろうか。

豊山は幼くして郷儒の平山西海《ひらやませいかい》と父の前田紫洲《ししゅう》の訓育を受け、十五歳で鹿児島に渡って宮内維清《みやうちこれきよ》のもとで程朱学を修めた。すなわち朱子学の学統に連なる漢学者であった。よって、この語についても当然朱子学を意識していたと思われる。明の胡広（一三七〇～一四一八）らが勅命を受けて編纂した『性理大全』には、「立誠而居敬」の句が見える。これも朱子学的な意味であろう。

図１　前田豊山「立誠」

実は、江戸時代の藩校や明治時代の学校で、この「立誠」を校名とした事例もある。山形藩の藩校は藩主水野氏が前任の浜松藩、唐津藩で設立した「経誼館」をそのまま校名に使っていたが、後に「立誠堂」と改称している。(3)

また、明治二年（一八六九）、京都市内に六十四の番組小学校が設立されたが、その中に「立誠」小学校があった。この校名について、京都市教育委員会編『閉校記念誌立誠――輝ける一二四年の歴史――』は、もともと下京第六番組小学校として開設された学校が明治七年に「三川学校」に改名され、さらに明治十年（一八七七）、「立誠小学校」に改称されたと記す。またその名の由来について、当時の京都府知事槇村正直が『論語』の一節にある「立誠而居敬」に基づき命名したもので、その意味は、「人に対して親切にして欺かぬこと」であると説明する。

ただ、出典を『論語』とするのは誤りであろう。『論語』には「誠」字は二例見えるが、顔淵篇の「誠に富を以てせずして、亦た祇《まさ》に異を以てす」、子路篇の「誠なるかな是の言」とも、「本当に」「実に」という意味の副詞的用法である。『論語』には「立誠」という熟語は見られない。立誠小学校の名が「立誠而居敬」に基づくのであれば、それは、『性理大全』によるということになる。

いずれにしても、旧藩校や小学校の校名にも使われるくらいであるから、「立誠」が朱子学の説く道徳的な意味合いで豊山にも理解されていた可能性は高い。

しかし、豊山は「人に対して親切にして欺かぬこと」という平板な意味でこの書を揮毫したのであろうか。若干の疑念も残るので、まず「誠」そのものについて振り返ってみたい。「誠」を核心的な思想とする古典は、『中庸』（もと『礼記』中庸篇）であり、「誠は天の道なり。之を誠にする者は人の道なり」（第二十章）とある。誠はいつわりのない本来のままのあり方（天の道）であり、誠であろうと努めるのは人として当然の道であるという意味。一方、「立」は「たつ」「たてる」の意で、『論語』為政篇に「三十にして立つ」とあるのが著名な用例であるが、これは自身が社会的に確立するという自動詞として使われている。いずれにしても、明確に「立誠」という二字熟語になったものは、不思議なことに古代文献にはあまり見られない。

そこで次に注目されるのが、前漢時代の政治家賈誼《かぎ》（紀元前二〇〇～紀元前一六八）が著したとされる『新書《しんじょ》』である。その輔佐篇に「秉義立誠、以翼上志、直議正辭、以持上行、批天下之患、匡諸侯之過」とある。

これは、君主の補佐役となるべき人について述べたもので、「義を秉《と》りて誠を立て、以て上の志を翼《たす》け、議を直にして辞を正し、以て上の行いを持し、天下の患いを批し、諸侯の過ちを匡《ただ》す」と読める。『易経』が述べるような為政者の功業としてではなく、王の輔臣の心得として「立誠」を説いたものである。正義を執り誠を立てることによって君主の意志が通るように手助けし、率直に議論して言葉を正すことによって君主の行動を支えるという。

もし、「立誠」書が、この賈誼の言葉のような意味を踏まえたものであったとすれば、それは前田豊山と種子島家との関係を意識するものであった可能性がある。豊山は、明治維新によって版籍奉還、廃藩置県が断行された際、島主種子島氏と島民との君臣関係が護持できるよう西郷隆盛に直談判したことで知られている。柳田桃太郎『種子島の人』（一九七五年）によると、それは次のような応酬であったという。

西郷が、「大義は決しとる。そげんこと今更でき申さん。種子島が反対なら、討つまでじゃ」と迫ったところ、豊山は毅然として、「これは心外、ただ君臣惜別よりのお願いで、種子島がこれに反するなど毛頭なし」と押し返し、西郷を説得したという。これにより、種子島氏はその後も存続が許され、島民との関係は継続されることになった。

豊山は、その後も種子島氏を擁護し、明治十九年（一八八六）には、まだ七歳と幼かった種子島家第二十七代守時《もりとき》の後見人となった。この守時の補佐役として、「立誠」の言葉を胸に刻んだとも推測され、それは、豊山が初代校長を務めた榕城《ようじょう》小学校に残る豊山の有名な書「人無信不立（人、信無くんば立たず）」にも通ずると言える。

それでは、この「立誠」書はいつ揮毫されたのであろうか。それは、「壬寅季春　豊山書」の落款から明らかである。「壬寅《じんいん》」（みずのえとら）は明治三十五年（一九〇二）、季春は陰暦三月。「季」はすえの意。この年は豊山七十一歳に当たる。

その前々年の明治三十三年、前田豊山と西村天囚の尽力により、種子島守時は華族に列せられ、男爵を授けられている。豊山の伝記と遺稿をまとめた森友諒編『豊山遺稿』（一九二六年）[4]によると、男爵になった守時は、豊山への感謝の意として、終身の顧問として待遇することとし、さらに伝家の刀剣を記念として寄贈しようとしたが、豊山がこれを固辞したので、子孫に至るまで、種子島家の紋章の使用を許すことにしたという。また、明治三十五年二月には、豊山の四十余年に及ぶ功績に対して、藍綬褒章が下賜された。この書を揮毫する一ヶ月前のことである。古稀を超え

図２　関防印

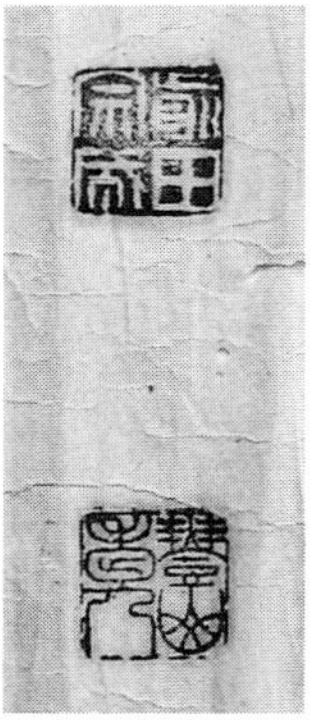

図３　落款印「前田宗成」

た豊山は、こうした人生の節目に当たり、改めて自身の人生を振り返ったのではなかろうか。豊山の人生と信条。それこそが「立誠」だったのであろう。

なお、印記について附言すると、右上の関防印（陽刻）は字のかすれがあって読み取りにくい（図2）。これについては他の豊山書に鈐印されたものがないか別途検討してみよう（本章第三節参照）。左下の落款印の内、上の陰刻は「前田宗成」。「宗成」は豊山の諱《いみな》（実名）。下の陽刻は「豊山老人」（図3）。豊山の字は士章、通称は譲蔵である。

二、「百事無能」――生涯を掛けた種子島氏授爵――

次に、種子島の西村家所蔵資料を取り上げたい。これも、前田豊山の書であり、令和元年（二〇一九）八月の資料調査で確認された。

冒頭の四字をとって「百事無能」書と呼んでおく（図4）。縦一四九・八×横四二cm。長文の書で、落款の説明も長いが、以下にそれぞれの原文、書き下し文、現代語訳の順に掲げてみよう。

【釈文】

百事無能愧犬豚、毎登丘隴易消魂、一封　鳳詔孤臣涙、亦是先人罔極恩

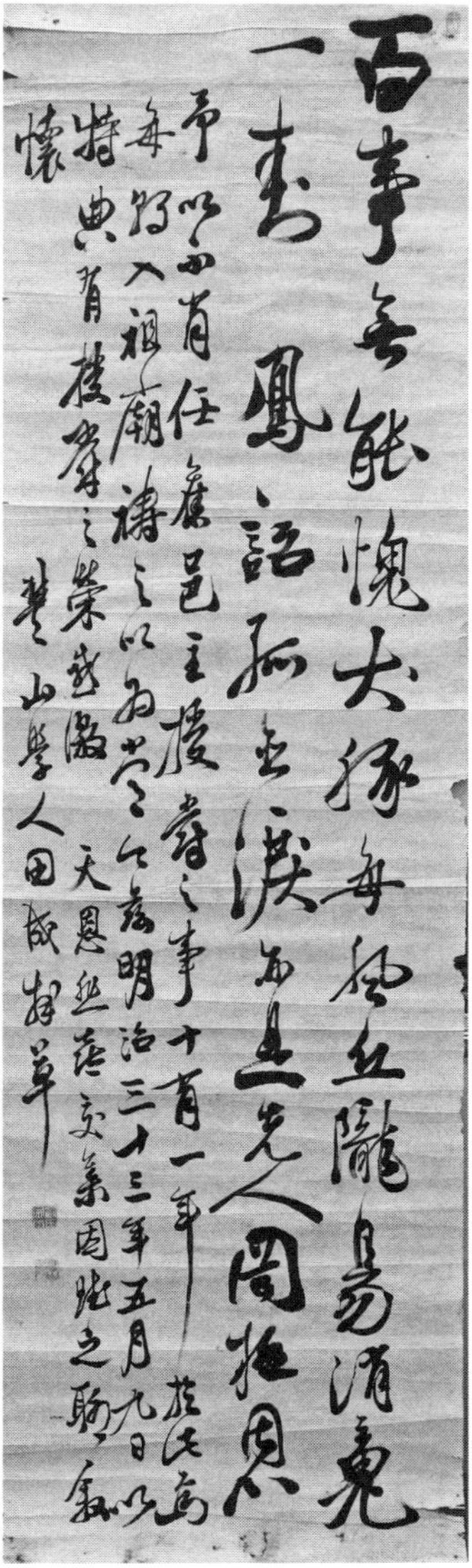
図４　前田豊山「百事無能」

【書き下し文】

百事無能　犬豚《けんとん》を愧《は》じ、毎《つね》に丘隴《きゆうろう》に登りて消魂《しようこん》を易《あらた》む。一封《いつぷう》の鳳詔《ほうしよう》　孤臣《こしん》涙す、亦《ま》た是れ先人罔極《せんじんもうきよく》の恩。

【現代語訳】

何事にも無能で役に立たないわが身を恥じ、丘の上の墳墓に登るたびに消魂の思いを重ねていた。（このたび）一通の（授爵の）詔勅に涙することとなったのも、先人の尽きることなき御恩である。

「丘隴」はおか、または墳墓の意。ここは、種子島氏の墓所(5)のことであろう。「消魂」とは、物事に深く感じて魂の身に添わぬように感ずること。豊山自身が種子島家の補佐役を務めながら、力不足で守時の授爵がなかなか実現しなかったという謙遜の気持ちと、授爵が実現した喜びとを語っていると思われる。「鳳詔」は天子の詔勅。その直前が一字分空いているのは、天皇に対する敬意を表す空格《くうかく》の礼である。「罔極」は、尽きることがないの意。

次に、落款には、この書を記すに至った経緯が説明されている。


【釈文】

予以不肖任舊邑主授爵之事、十有一年於此焉、毎朝入祖廟禱之、以爲常、今茲明治三十三年五月九日、以特典有授爵之榮、感激　天恩、悲喜交集、因賦之、聊叙懐　　豊山学人田成拝草

【書き下し文】

予《よ》不肖《ふしょう》を以て旧邑主《きゅうゆうしゅ》授爵の事に任じて、此に十有一年、毎朝祖廟《そびょう》に入りて之を禱《いの》り、以て常と為す。今茲《こんじ》明治三十三年五月九日、特典を以て授爵の栄有り。天恩《てんおん》に感激し、悲喜交集《ひきこうしゅう》す。因《よ》りて之を賦《ふ》し、聊《いささ》か懐《おも》いを叙《の》ぶ。

豊山学人田成拝草

【現代語訳】

私は不肖の身をもって、旧邑主（種子島氏）授爵のことを務めとし、ここに十一年、毎朝祖廟に参って祭り祈るのを常としていた。今年、明治三十三年五月九日、特典により授爵の栄誉があった。天皇の恩沢に感激し、悲喜の感情がこもごも込み上げてくる。よってこれを記し、いささかの思いを述べる。

ここに「十有一年」とあるのは重要である。種子島守時が男爵に叙せられたのは、明治三十三年（一九〇〇）。そこまで十一年とあるので、授爵の議が起こったのは十一年前の明治二十二年頃であると推測される。

明治二年（一八六九）の版籍奉還により、従来の公卿・諸侯の位は廃止され、「華族」となることが定められた。その華族に対する格付けとして爵位制度が検討され、様々な案を経た後、明治十七年（一八八四）、華族令が制定される。それぞれの華族の当主が「公爵」「侯爵」「伯爵」「子爵」「男爵」の五つの爵位に叙されたのである。

最上位の「公爵」は、公家の内の五摂家、武家では徳川家宗家、「国家に偉功ある者」として公家では三条家、岩倉家、武家では島津家宗家、毛利家などが相当するとされた。明治維新前の大名家はおおむね「子爵」相当となった。従って、種子島家のように島主ではありながら大名ではなかった者は当初この叙爵に該当していなかったのである。

しかし、種子島家は二十七代続く名家で、特に天文十二年（一五四三）の鉄砲伝来や日本初の甘藷の移植など日本の歴史と殖産に多大の功績を残していた。そこで、第二十七代守時の後見役でもあった前田豊山は、種子島家の授爵を悲願として行動を開始する。それが明治二十二年頃であったことがこの書から分かるのである。

その具体的な行動の一つとして、靖国神社における鉄砲展示もあげられよう。種子島氏の家系と事蹟を記した『種子島家譜』には、明治二十四年（一八九一）、種子島所蔵のポルトガル銃を前田豊山が東京に持参して、靖国神社の遊就館に陳列され、それが天覧に達したことが記されている。また、同年五月の土方久元宮内大臣から前田豊山宛書簡に、「天覧済ニ付及御返附」の旨が記載されている。

さらに明治三十二年、前田豊山は上京し、西村天囚宅に長期滞在して、この件を相談している。天囚が『南島偉功伝』を著し、種子島家を顕彰したのは、この年のことである。

そして、翌三十三年、明治天皇の特旨により、種子島守時は華族に列せられ、男爵を授けられた。『豊山遺稿』に

図5　関防印

図6　落款印「前田宗成」「豊山老人」

よれば、授爵の報を聞いた豊山は、感泣して「手の舞い足の踏む処を知らず」という喜びで、「本件の成功を期して朝夕祖先の霊を拝し加護を祈っていた」と周囲に語り、すぐに「書懐の一絶」を賦したという。それこそ、西村家で発見されたこの「百事無能」書だったのではなかろうか。十一年の歳月をかけてその夢が実現したとの思いが込み上げたのであろう。豊山の激情が表れた書である。

なお、「天恩」の前が空いているのは、本文の「鳳詔」の場合と同じく、空格の礼である。印記について附言すると、右上の関防印（図5）は、一部欠損があり正確には読み取れないが、「立誠」書と同様の印であると思われる。これについては次節で検討する。落款印（図6）は、「立誠」書と同じで、上が陰刻の「前田宗成」、下が陽刻の「豊山老人」である。

三、「暗香浮動」——ほのかに漂う梅香のように——

それでは、その豊山（図7）はどのような人柄だったのであろうか。『豊山遺稿』は、その性格について次のように説く。

・資性温厚篤実、身を処する頗《すこぶ》る謹厳、一日室内に端座して未だ嘗《かつ》て膝を崩さず。
・容貌温和、子弟家人の過失あるも循々《じゅんじゅん》之を戒飭《かいちょく》して善に帰せしめ、嘗て声色を励《はげ》まし叱責せず。故に以て其の怒容《どよう》を知るなし。
・子弟の先生を視る慈父の如く、畏敬する神の如し。

右の内、「循々」とは、次第を追っての意。『論語』子罕篇に「夫子は循循然として、善く人を導く（夫子循循然、善導人）」とあり、その何晏集解に「循循、有次序貌」と説く。ここでも、豊山が門弟や家族の過失に際して、決して威圧的にならず、順序よく一つ一つ戒め、善に導いていったことをいう。また、「戒飭」の語を、『豊山遺稿』は「戒飾」と記すが、字形の相似による誤植であろう。「戒飭」は、「戒勅」に同じく、いましめる、注意を与えるの意。『漢書』楊惲伝の「欲令戒飭」の顔師古注に「飭、與勅同」とある。

自己に厳しく他者に優しく、穏やかな性格であったことが知られる。子弟は慈父のように豊山を慕い、また神のように尊敬していたのである。

図７　前田豊山（『豊山遺稿』所収）

こうした豊山の性格をうかがわせる書が、同じく西村家に残されていた。

この書は「暗香浮動《あんこうふどう》」と読める（図8）。縦三四・五×横一〇五cm。「暗香浮動」とは、北宋の詩人林逋《りんぽ》（九六七〜一〇二八）の詩「山園小梅」の一句である。林逋、字は君復、諡は和靖。前後の句は、「疎影横斜《そえいおうしゃ》して水清浅《せいせん》、暗香浮動して月黄昏《こうこん》（疎影横斜水清浅、暗香浮動月黄昏）」。梅を詠んだ名句とされる。「梅枝のまばらな影があるいは横にあるいは斜め

図８　前田豊山「暗香浮動」

図９　関防印「与物爲春」

図10　落款印「前田宗成」「豊山島人」

に清らかな水に映り、梅花のほのかな香りがどこからともなく漂い夕暮れの空に月が出ている」の意。

また、南宋の文人姜夔《きょうき》（号は白石、一一五五？～一二二一？）は「乃ち之を名づけて曰く、暗香《あんこう》疎影《そえい》と（乃名之曰、暗香疎影）」（暗香序）と熟して使い、これも梅を表す。日本では、江戸時代の田能村竹田に「暗香疎影図」があり、大分市立美術館所蔵で国の重要文化財となっている。大分市ホームページの解説によれば、「谷間のうす暗い影の中で咲き誇る梅の馥郁《ふくいく》たる様を描いた」名作であるという。これらの元になっているのが林逋の詩なのである。

豊山はこの「暗香浮動」の四字をとって揮毫した。梅は、春の訪れを真っ先に知らせてくれる花である。ただ、右のホームページが解説するような「咲き誇る」花、「馥郁たる」香りを放つ花ではなかろう。梅は、林逋が詠ったように「疎影」であり、また香りもほのかであるからこそ、文人の共感を得たのである。豊山は、種子島聖人と称されるほど当地の教育文化に貢献したが、自身は控えめで目立つことを好まず、こうした梅のようにありたいと願っていたのではなかろうか。

その推測に関わるものとして、この書に鈐印された関防印（図9）を取り上げてみよう。実は、この書の関防印と落款印（図10）は、第一節・第二節で取り上げた豊山書のものと同じである。かすれや欠損で読み取れなかった関防印がここでは鮮明に見える。

それは、四字熟語で「与（與）物為春」と読める。これは、『荘子』徳充符篇に、孔子の言葉として記されるものである。

使之和豫通而不失於兌、使日夜無郤而與物爲春、是接而生時於心者也。是之謂才全。

（之をして和豫《わよ》せしめ、通じて兌（悦）びを失わず、日夜をして郤《げき》無からしめて、物と春を為す。是れ接《つ》ぎて時を心に生ずる者なり。是れを才全《まった》しと謂う）

意味は、「事象の変化を調和させ、いつでも楽しみの心を失わず、昼夜の別をなくして、万物とともに春のなごやかな気をなす。これが継続して四季を心の中に生み出す。才（生まれつき）のままでいられるというのは、このことである」というもの。豊山は優れた漢学者でありながら、皆とともに春のようになごやかでありたいと願ったのではなかろうか。豊山の人生観が表れていると推測される関防印である。この書の「暗香浮動」とも共鳴しているようで興味深い。

四、西村天囚「金陵懐古」——天囚が懐古したものとは——

この豊山の教えを受けたのが西村天囚である。天囚はどのような書を残しているだろうか。ここからは、天囚の書を取り上げてみよう。

まず、図11の書は令和四年（二〇二二）、高﨑彰氏所蔵資料として確認されたもので、同年七月、西之表市役所より筆者にその画像が送られてきた。高﨑彰氏の曾祖父は平山吉十郎と言い、天囚の母浅子と兄弟に当たる。吉十郎は、平山家から高﨑家の養子となった。高﨑家も種子島の有力な士族であり、その関係で天囚書を所蔵していたと考えられる。縦一七九×横九二cm。

この全文について、筆者の解読に基づき、その釈文、書き下し文、現代語訳、印記を順に掲げてみよう。

【釈文】

雪後登攀放寸眸、繞城江水向東流、雨花臺古臨桃葉、牛首山高對石頭、金粉銷殘六朝夢、滄桑閲盡一亭愁、聲々玉篴知何處、暮靄収時雁影浮

金陵懐古　天囚居士

【書き下し文】

雪後登攀《せつごとうはん》して寸眸《すんぼう》を放てば、城を繞《めぐ》りて江水《こうすい》東に向いて流る。雨花台《うかだい》古く桃葉《とうよう》に臨み、牛首山《ぎゅうしゅざん》高く石頭《せきとう》に対す。

金粉《きんぷん》銷残《しょうざん》す六朝《りくちょう》の夢、滄桑閲尽《そうそうえつじん》す一亭の愁《うれ》い。声々《せいせい》たる玉篴《ぎょくてき》何《いず》くの処《ところ》なるかを知らん、暮靄《ぼあい》収まる時　雁影《がんえい》浮ぶ。

【現代語訳】

雪の降った後、楼台に登って見渡すと、金陵城をめぐりながら江水（長江）が東に向かって流れている。雨花台は古く桃葉の渡しに臨み、牛首山は高く石頭城に対峙している。六朝の夢は消え果て、一亭の愁いも過ぎ去った。

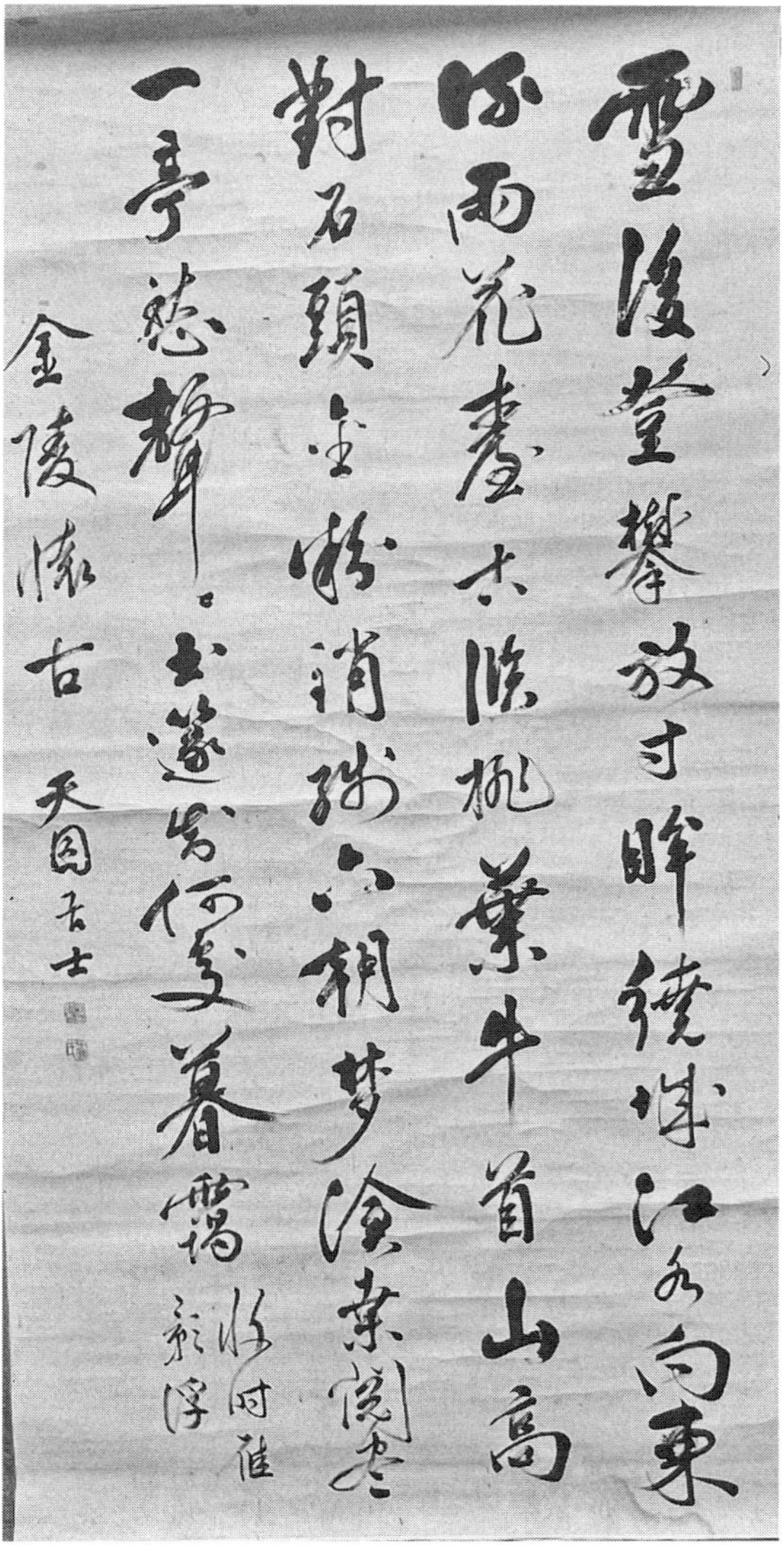

図 11　西村天囚「金陵懐古」

図12　関防印「松柏有本性」

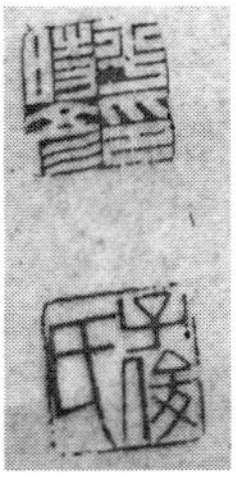

図13　落款印「平時彦印」「子俊氏」

図14　西村天囚愛用の朱肉つぼ

優雅な笛の音は今はどこにあろう、夕暮れの靄《もや》が収まると雁《かり》の影が浮かぶだけ。

【印記】

関防印（図12）は「松柏有本性」、落款印（図13）は上が陰刻の「平時彦印」、下が陽刻の「子俊氏」。種子島の西村家および種子島開発総合センター（鉄砲館）に保管されていた西村天囚旧蔵印約百顆については、すべての印の調査、写真撮影を経て、湯浅邦弘編集・解説『西村天囚旧蔵印』（大阪大学人文学研究科、二〇二三年）として公開した。その一覧表に付けた通し番号で示すと、「松柏有本性」は25番。「平時彦印」は21番。「子俊氏」は22番である。

以下、本章で掲げる西村天囚旧蔵印の印番号はすべてこの一覧表に基づく。この番号は、本書第二章「印章に刻まれた思想」の番号とも共通する。

また、鉄砲館には現在、この内の十一顆のほか、天囚が使用していた朱肉つぼも展示されている（図14）。立方体の木箱に石製の丸い朱肉つぼが入る仕掛けである。木箱は前蓋スライド式で、蓋には、「西泠印社 呉昌碩」と刻まれている。西泠印社《せいれいいんしゃ》は中国浙江省杭州にある篆刻専門の学術団体で、一九〇四年（明治三十七年）の創立。呉昌碩《ごしょうせき》は、その初代社長で中国を代表する書画家である。

さて、一見して明らかなように、この書は天囚の七言詩を揮毫したものである。その背景と内容について解説する。

簡潔に言えば、この詩は、明治三十年（一八九七）十二月から翌年二月にかけて、西村天囚が清国に出張し、武漢からの帰途、南京を訪れてかつての都「金陵《きんりょう》」を懐古した詩である。

当時三十二歳であった天囚は、日清戦争後の日中関係の悪化を受け、親善特使の一員として中国に派遣された[6]。当時の実力者張之洞《ちょうしどう》（一八三七～一九〇九）に漢口《かんこう》（湖北省武漢）で会合し、漢文の筆談によって日中友好の重要性を説いた。その際、張之洞が揮毫した書が天囚に寄贈され、その書が種子島の西村家に残っていることについては、注（1）前掲の拙稿「西村天囚の知のネットワーク――種子島西村家所蔵資料を中心として――」で述べた。

この漢口からの帰途、天囚は、同じく長江沿いの古都「金陵」を訪れている。金陵は江蘇省の省都南京の古名。呉・東晋・宋・斉・梁・陳の六朝が都を置いた。この地には古くから「王気《おうき》」すなわち新たな王者が出現する気があるとされ、戦国時代にこの地を治めていた楚の威王《いおう》は、石頭山《せきとうざん》（現・清涼山）に山城を築き、金を埋めて王気を静めようとした。新たな王の出現を恐れたためである。一説によれば、「金陵」という名はこの故事にちなむ。また中国を統一した秦の始皇帝も王気を抑えるため、この地に金宝を埋め、都の東北の鍾山《しょうざん》（現・紫金山《しきんざん》）を切り開き、城内を流れる秦淮河《しんわいが》を開削した。地中の王気を流し去ろうとしたのである。さらにその地名を「秣陵《まつりょう》」に改称して貶《おと》めた。秣はまぐさの意。その後、呉の孫権が都を置いた時には「建業」、その後「建康」と称されたが、古名の「金陵」が通称となっていた[7]。

六朝時代に都として繁栄を極めた後、次の統一王朝隋《ずい》によって金陵は徹底的に破壊され、唐代にはすでにかつての栄華はなく、詩人に懐古される対象となっていた。唐の李白はたびたび金陵を訪れて詩を詠み、劉禹錫《りゅううしゃく》も「金陵五題」の詩を残し、許渾《きょこん》も「金陵懐古」の詩で、「玉樹の歌残《ざん》して王気終《お》う（王樹歌残王気終）」と謡っている。こうして金陵はかつての六朝文化の栄光と没落を象徴する詩題となった。天囚はこれらの懐古詩を念頭に置きつつ、みずからも「金陵懐古」詩を作ったのである。

それでは、天囚はいつ金陵を訪問し、この詩を創作したのであろうか。書の落款には「金陵懐古　天囚居士」とのみあり、制作年月日などについての記載はない。但し、この時の天囚の紀行「江漢《こうかん》遡洄録《そかいろく》」（『碩園先生文集』巻三）が残されており、また帰国後、天囚は博文館の雑誌『太陽』に紀行「金陵勝概」を寄稿している（第四巻二十号、一八九八年十月）。さらに、種子島での資料調査によって、この出張に天囚が携帯したと思われる小型の日記が発見された。表紙には『紀行　明治卅年』とあり、毎半葉十行の罫紙に記して仮綴じしたものである。墨筆により記されていて、かなり草卒な筆跡であるように見受けられる。旅行中に急いで書いたものであろう。いずれにしても、これら複数の資料により、その月日を推測することができそうである。

天囚は明治三十年十二月七日に東京を出発して大阪に立ち寄った後、十日、「梅田停車場」（現・大阪駅）で上野理一・池辺三山ら朝日新聞社の幹部に見送られ、神戸港から薩摩丸で出航。長崎を経由して、十四日上海着。そこから長江を遡って二十四日、漢口着。二十五日から翌年一月十日にかけて張之洞ら要人と会談する。

その帰途は逆に長江を下り、一月十五日、雪の降る金陵に到着。旧知の永井禾原《かげん》（一八五二～一九一三）と邂逅する。禾原（名は久一郎）は尾張出身の漢詩人で永井荷風の父。当時、日本郵船上海支店長であった。翌十六日も大雪で、禾原は驢馬で明の初代皇帝朱元璋《しゅげんしょう》の墓「孝陵《こうりょう》」などを視察し、天囚は轎《かご》に乗って石頭城まで行くが、市内も見通せないほどの悪天候であった。十七日は雪が止んで晴れ、同宿していた禾原は上海に帰っていった。天囚は城内東北の丘の上に建つ三層の楼閣曠観亭《こうかんてい》に登り、玄武湖、鍾山、石頭などの名所を望んだという。前日までの降雪で、一面雪景色であったと思われる。金陵について、天囚は「江漢遡洄録」でこう評している。「金陵爲王者舊都六朝粉華之地、千古靡麗之場、雖麹爲茂草、而名區勝概遺蹟猶存」。

金陵は王者の旧都で六朝文化が栄え、千年の美麗を誇る地である。淡い黄色（王気）は茂る草色になってしまったものの、名勝の景観と遺蹟は今もなお存している、という意味であろう。

その後、十九日に金陵を出発して二月五日上海着。九日神戸着、十一日に帰京した。よって、この詩は明治三十一年（一八九八）一月十七日、南京の曠観亭に登って旧都金陵を懐古した時のものであると推測される。この書を実際に揮毫したのは帰国後であろう。

詩の主題は「金陵懐古」という落款に尽きているが、中国詩人の金陵懐古詩を踏まえ、金陵の地名などを織り込んでいるため、以下では、重要語句について簡潔に語注を加えてみよう。

この詩は、『碩園先生詩集』巻二には「登金陵曠觀亭」詩と題して収録されているが、詩句に若干の相違がある。

「雪後」は雪が降り、それが止んだ後の意。天囚の紀行「江漢遡洄録」によると、天囚が南京に入った明治三十一年一月十五日は雪で、翌十六日も大雪であったが、翌十七日は「雪霽」（雪がやんで晴れる）と記されている。「雪後」とはこのことをいう。

「登攀」は山または高いところによじ登る意。天囚は「金陵勝概」で、「曠観亭の下に至り、馬を下りて丘を登る」と記している。『碩園先生詩集』巻二では、ここを「登眺」に作る。旧金陵城内の東北側に鶏籠山《けいろうざん》という標高六十ｍほどの小山がある。ここには、鶏鳴寺など歴代の著名な寺院があり、また、明の欽天監《きんてんかん》の観象台に由来する北極閣という楼閣があった。その後ろに三層からなる「曠観亭」があり、ここに登ると金陵の雄大な景色を眺めることができ

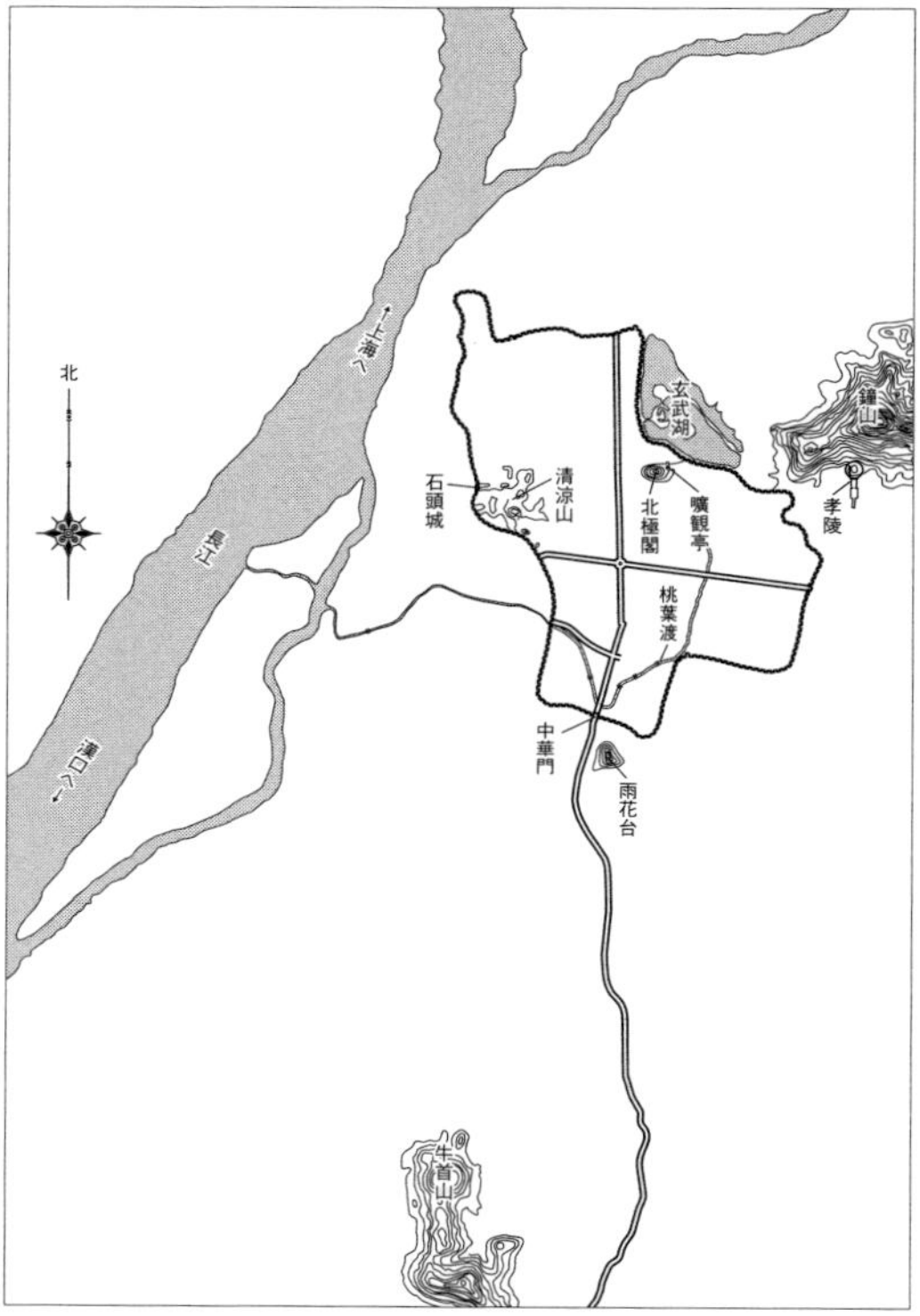

図15　金陵地図

る。高所に登って周囲を遠望し、思いにふける、昔を偲ぶというのは、漢詩の一つの定型的な表現である。

「寸眸」は眼。「放寸眸」は見晴らしの良い場所から周囲を広く眺める意。「放目」（見渡す）に同じ。「江漢遡洄録」によると、天囚は曠観亭から城壁越しに、北の玄武湖、東北の鍾山（標高四四八m）、西の石頭城（最高地点六十三m）を望んだという。この詩ではさらに、視線を南に移し、近景で南北の対になる雨花台と桃葉の渡しを詠み、さらに遠景で南北の対になる石頭城と牛首山を歌い込んでいることがわかる。天囚のダイナミックな視野の広がりを読み取ることができる。

この位置関係を、参考までに地図上に示してみよう[8]（図15）。

こうした金陵の景観については、多くの詩が残されているが、その詩に絵を添えた作品もある。一例として、明の朱之蕃が編纂した『金陵四十景図像詩詠』を取り上げてみよう。四十景の中から、ここでは、曠観亭のある「雞籠雲樹」（図16）、牛首山を描いた「牛首烟巒」（図17）、桃葉渡の流れの分かる「桃渡臨流」（図18）、雨花台の眺望を描いた「雨花閒眺」（図19）の四枚を掲げる。

図 17　牛首烟巒

図 16　雞籠雲樹

図 19　雨花閒眺

図 18　桃渡臨流

語注に戻り、「江水向東流」は長江の流れの様子を謡っている。金陵は長江沿いの古都で、長江が上流（西）から町の西北側をめぐるようにして東（上海方面）に向かって流れている。この句はそのことをいう。また長江の支流で南京市内を流れているのが秦の時代に掘削されたとされる秦淮河で、これに関わるのが、後述の「桃葉」である。なお、秦淮河は、全長一〇〇kmを超える川であるが、この内、金陵城内を流れる約五kmを、特に「内秦淮」または「十里秦淮」という。

「雨花」は旧城内南端「中華門」の南一kmほどのところにある標高六十mの高台の名。『輿地紀勝』に、「梁武帝時有法師、講經此處、感天雨花、故名」（南朝の梁の武帝の時、雲光法師がここでお経を講じたところ、天がその素晴らしさに感応し、花を雨のように降らしたのでその名がある）と名の由来を説明する。江南屈指の登覧の地とされる。雨花台には南宋の詩人陸游《りくゆう》が「江南第二泉」と評した泉もあり、明代初期の思想家方孝儒《ほうこうじゅ》（一三五七〜一四〇二）の墓があることでも知られる。天囚が登った曠観亭から望むと、この雨花台の下（手前）に次の「桃葉」の渡しが位置しているように見えたと思われる。

「桃葉」は秦淮河（内秦淮）の南岸にあった渡し場。東晋の書家王献之《おうけんし》（王羲之の父）の愛妾の名にちなむ。王献之は、秦淮河の急流を怖がる桃葉を心配して、この渡し場に出迎え、「桃葉又桃葉、渡江不用楫、但渡無所苦、我自迎接汝」という「桃葉の歌」を詠んだという。そうした故事のある名勝である。

「牛首」は南京の南十kmに位置する標高二四二mの山。もとの名は牛頭山。二つの峰が牛の角のように見えることからその名がある。多くの仏教遺跡があり名所となっている。天囚が登った曠観亭から遠望すると、この牛首山と次の石頭城とが相対しているように見えたと思われる。なお、ここを含めて南朝に多くの仏教寺院があったことについては、唐の杜牧《とぼく》が「江南春望」詩で「南朝四百八十寺、多少樓臺煙雨中」と詠んでいることからもわかる。

「石頭」は南京の西の山。標高六十三m。現・清涼山。『江寧府志』に「自江北而來、山皆無石、至此山始有石、故名」（長江の北からやってくると、山には露出した岩が見えない。ここに至ってはじめて石があるので、その名がある）と名の由来を説明する。三国時代の呉の孫権がこの山一帯に要塞を築き、「石頭城」と呼ばれるようになった。劉禹錫に「石頭城」詩がある。

「金粉」はきらびやかに美しく飾った様子。「六朝金粉」の熟語がある。

「銷殘」の「銷」はとける、ちる、つきる。「殘」はそこなう、ほろぼす。

「六朝夢」は六朝文化の華やかさとそのむなしさを夢の語で表したもの。関連して「六朝金粉」は六朝時代の文化の艶美なことをいう。また「六朝如夢鳥空啼」は六朝時代の文化を偲ぶ句。韋荘「臺城詩」に「江雨霏霏江草齊、六朝如夢鳥空啼、無情最是臺城栁、依舊烟籠十里堤」とある。今、金陵を過ぎると鳥の鳴き声ばかり空しく聞こえて、六朝の古を回想しても夢のようである、の意。

「滄桑」は滄海（あおうなばら）と桑田（くわばたけ）。「滄桑之変」は、滄海が桑田に転じてしまうように世の中の移り変わりの激しいこと（『神仙伝』七「麻姑」）。

「一亭愁」は金陵の南十里の地にあった新亭（労労亭《ろうろうてい》）での亡国や離別の哀しみ。永嘉の乱で西晋が滅亡した後、漢人の貴族たちは長江南岸の新亭（労労亭）[9]に集い、北の郷土を偲び嘆いたという（『世説新語』言語篇、『晋書』王導伝）。また、北に赴く旅人との送別の宴を催す場ともなり、離別の悲哀という詩題にもなった。初唐の王勃《おうぼつ》「江寧呉少府卓餞宴序」（『王子安集』巻八）に「臨別浦、枕離亭」（別れの浦に臨み、離《わか》れの亭に枕す）、「憶風景於新亭、俄傷万古」（風景を新亭に憶《おも》えば、俄《にわか》に万古《ばんこ》を傷《いた》む）とあり、李白「労労亭」は、「天下傷心処、労労送客亭」（天下傷心の処、労労客を送るの亭）と詠む。新亭（労労亭）は、亡国を懐古し、離別を哀しむ地として謡われるようになった。天因は、そうした故事を踏まえて「一亭愁」といい、それも「閲盡」した（時代を経て尽きた）と謡っている。

「聲〻」の「〻」は重文号。畳字「々」と同様。『碩園先生詩集』は「長聲」に作る。いずれにしても、次の「玉篴」の音が長く響き渡ることをいう。

「玉篴」は玉笛に同じ。りっぱなふえ。ここでは六朝時代の栄華の象徴として優雅な笛の音を取り上げ、今はそれも聞こえないと謡っている。李白「春夜洛城聞笛」に、「誰家玉笛暗飛聲（誰が家の玉笛ぞ暗に声を飛ばす）」。『碩園先生詩集』では、「長聲玉笛知何處」に作る。

「暮靄」は夕暮れのもや。杜牧「題揚州禅知寺詩」に「暮靄生深樹、斜陽下小樓」。この書では、ここに至って紙幅が尽き、以下「収時雁影浮」の五字を小字で二行に分けて書いている。「雁」は時を知る鳥で、隊列を組んで飛ぶことから礼を知る鳥であるともされる。また、北方に向かって去る鳥でもある。天囚もあるいは、新亭（労労亭）の故事を踏まえ、「雁」にそうしたイメージを重ねていたかもしれない。

このように、天囚の「金陵懐古」詩は、自ら高楼に登って金陵を眺め懐古した詩である。李白・劉禹錫など中国詩人の懐古詩を踏まえ、周辺の名所も織り込み、まるで歴史絵巻が展開するかのような優れた詩であると言えよう。

この金陵については、当時の日本の文人も多くの文を寄せている。天囚の一歳下で、朝日新聞の同僚でもあった内藤湖南（一八六六～一九七四）は、「万朝報《よろずちょうほう》」記者時代の明治三十二年（一八九九）、三ヶ月にわたって清国を旅行し、その見聞録を「游清紀程」と題して「万朝報」に連載した。後にそれを紀行『燕山楚水』（博文館、一九〇〇年）として刊行する。その中で金陵を訪れた時の印象を、「雄大なるは金陵の形勝なり」と述べている。天囚が「金陵懐古」詩を詠んだ場所、すなわち「曠観亭」も訪れており、鶏籠山の北極閣に登ると、清の康熙帝による「曠觀」の二字を記した石碑があったという。そしてここから金陵城内が一望でき、「曠觀」の名に違わないと感動している。

また、明治三十九年（一九〇六）～四十一年（一九〇八）に清国留学した中国哲学研究者の宇野哲人（一八七五～一九七四）も、その見聞録の『清国文明記』で金陵を訪れたことを記している。天囚や湖南と同じく鶏籠山の北極閣に登り、三層からなる「曠観亭」の最上階から金陵を眺め、その景観を「好絵画のよう」と述べている[10]。

天囚の金陵紀行や「金陵懐古」詩はこれらに先行するものである。直接的な影響関係は未詳であるが、当時の文人が金陵を訪れ、旧都に思いを寄せるという点では先駆的なものであったと言えよう。天囚は「金陵勝概」で、「清国に遊ぶ者、江を遡りて此を過ぎざるは稀なり」と述べている。

なお、西村家所蔵西村天囚旧蔵印の中には、「懐古」と刻んだ印がある（18番・図20）。「金陵懐古」詩との関係は未詳であるが、あるいはこの金陵訪問がきっかけになり制作されたものかもしれない。

そこから想像をたくましくすれば、天囚が江戸時代の懐徳堂に寄せた思いは、もともと「懐古」であった可能性もある。しかし、その後、天囚は大阪人文会、景社《けいしゃ》などの文人サークルを作って懐徳堂の顕彰に努め、その成果は明治四十三年（一九一〇）の懐徳堂記念会創設となって表れた。さらには、同年の世界一周旅行を経て、大正五年（一九一六）には懐徳堂の再興を果たした（重建懐徳堂開学）。よって、懐徳堂に対する天囚の思いと活動は、懐古→顕彰→復興へと展開していったのではないかと推測される。「金陵懐古」詩はそうした天囚の起点になったとも言えるのではなかろうか。

図20　「懐古」印

五、「君父師友」――前田豊山との記念碑――

次に取り上げるのは、種子島の前田家で発見された西村天囚の書で、「君父師友《くんぷしゆう》」とある（図

図21　西村天囚「君父師友」

21）。縦四一・五×横一四八・四cm。

「君父」とは主君と父親。「師友」とは先生と友人、または先生として尊敬するほどの友人という意味。つまり、「君父師友」とは、主君や父親の師であり友である人のことで、これは、天囚から見た前田豊山のことを言っていると推測される。

天囚は三歳の時に父の城之助が亡くなり、父の友人でもあった前田豊山に教育を託される。また前記のように豊山は種子島守時の補佐役も務めていた。つまり豊山は主君守時にとっても、天囚の父にとっても、すぐれた先生であり、友人であった。そうした意を込めて天囚から豊山に贈ったものではないかと考えられる。

ただ、種子島氏と豊山とは、言わば君臣の関係で、「友」ではないが、ここに「師友」と言うのはなぜだろうか。実は中国では古来、優れた臣下は王の師であり友であるという観念があった。例えば、『説苑』君道篇には次のようにある。

帝者之臣、其名臣也、其實師也。王者之臣、其名臣也、其實友也

（帝者の臣、其の名は臣なるも、其の実は師なり。王者の臣、其の名は臣なるも、其の実は友なり）

この文章は、馬王堆漢墓帛書『称』、『戦国策』燕策、『鶡冠子』博達篇などにも類似句が見える。単に君主の命令に従うだけでは真の臣下とは言えず、君主から師友として

仰がれるような人こそ本当の臣下だという意味である。天囚もこうした意味を込めて揮毫したのであろう。

なお、四字熟語としての「君父師友」の用例は、明の文人李夢陽《りぼうよう》の『空同集』に見える（盱江書院碑）。

では、天囚は、この書をいつどのような心境で書いたのであろうか。その手がかりは落款にある。そこに「明治己亥初冬」とあり、「己亥《きがい》」（つちのとい）は明治三十二年（一八八九）である。天囚は大阪朝日新聞の社員であったから長く大阪に居住していたが、明治二十九年からは東京朝日の主筆として一時的に上京していた。そして三十二年は、前田豊山（当時六十八歳）が四月に上京して二ヶ月余り滞在し、天囚はその間、恩師を温かく接待し、多くの名所古蹟を案内している。豊山が上京したのは観光のためではなく、長年の悲願となっていた種子島氏の授爵について天囚と相談するためである。天囚は同年、種子島家の功績をまとめて『南島偉功伝』を刊行する。この書は天覧に達し、翌年、守時は男爵の爵位を授けられる。その感激を記したのが、先の豊山「百事無能」書であった。つまり、明治三十二年とはきわめて重要な節目の年であり、この「君父師友」は豊山・天囚・種子島氏にとって記念碑とも言える書だったのである。

なお、次の行は「郷黨諸友正」のように見えるが未詳。署名は「天囚彦」。

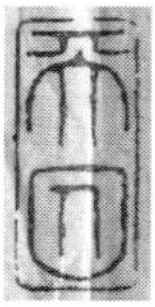
図22　関防印「天囚」

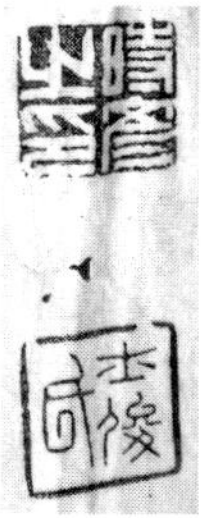
図23　落款印「時彦之印」「士俊氏」

右上の関防印（図22）は「天囚」、左下の落款印（図23）の内、上の陰刻は「時彦之印」、下の陽刻は「士俊氏」。子俊（または士俊、紫俊）は天囚の字。但し、いずれも、先に調査した天囚旧蔵印の中には見当たらない印である。

図24　西村天囚「長生殿裏春秋富」

六、「長生殿裏春秋富」――長寿と繁栄を祈って――

次にあげるのも西村天囚の書であるが、これは、種子島の長野家所蔵資料である（図24）。縦一三四×横二二・五㎝。令和三年（二〇二一）に長野家で確認され、西之表市から筆者に解読の依頼があった。長野家は代々種子島で庄屋を務めていた家柄とのことである。

書は、「長生殿裏春秋富」と読める。出典は、平安時代の歌人藤原公任《ふじわらのきんとう》の漢詩文集『和漢朗詠集』巻下の「祝」の部所収の慶滋保胤《よししげのやすたね》（平安時代中期の貴族、文人）の「天子萬年《てんしばんねん》」と題する詩で、全文は、「長生殿裏春秋富、不老門前日月遅」。

該当の漢文は「長生殿《ちょうせいでん》の裏《うち》には春秋富《と》めり」と読み、唐の玄宗皇帝が建てた離宮「長生殿」の中では、これからの歳月には余裕がある、つまり長寿繁栄する、の意。楊貴妃とのロマンスで知られる玄宗皇帝の万歳（繁栄と長寿）を祝った詩。めでたい言葉なので、祝いの席や書き初めに記されることもあった。

これに続く、「不老門前日月遅」は、「不老門《ふろうもん》の前には日月遅し」と読み、洛陽にあった漢の宮殿の「不老門」の前では歳月がゆったりと進むの意で、これも前句とともに長寿を祝う言葉である。

この書が長野家にあった理由は未詳である。落款にも「天囚書」の署名があるだけで、制作に関する情報は記載されていない。ただ書の内容から推測して、種子島または長野家で何か祝いや催しがあり、それに関わって天囚が揮毫したという可能性は考えられる。明確に揮毫を求められて寄贈する場合は、書に「贈〇〇」と相手の名を記したり、落款にその旨を明記したりすることも多いので、そうした記載のないこの書については、特定の個人に寄贈したという可能性は低いかもしれない。[11]

なお、こうした対句の漢文については、それを二幅に分けて、いわゆる「聯《れん》」（対聯《ついれん》）とする場合もある。ただその場合は、原則として落款は下の句に付けるので、この書が明確な対聯であった可能性は低いだろう。しかし、下の句の「不老門前日月遅」の書が別途あった可能性はある。

印について附言すると、右上の関防印（図25）は朱色がつぶれてよく見えないが、この形状からは、西村家所蔵の天囚旧蔵印には含まれないものであると推測される。

落款印は、上が陰刻の「平時彦印」（図26）、下が陽刻の「字曰士俊」（図27）。天囚旧蔵印の通し番号67と81に相当し、67の「平時彦印」は現在、西之表市の種子島開発総合センター（鉄砲館）で展示されている。

天囚が「平時彦印」を使用しているのは、西村家の出自に関わるからである。

図25　関防印

図26　落款印「平時彦印」

図27　落款印「字曰士俊」

天囚は、郷里種子島からの依頼により、大正十年（一九二一）、「鉄砲伝来紀功碑文」を撰文し、その冒頭に次のように記している。[12]筆者の理解に基づく書き下し文とともに掲げてみよう。

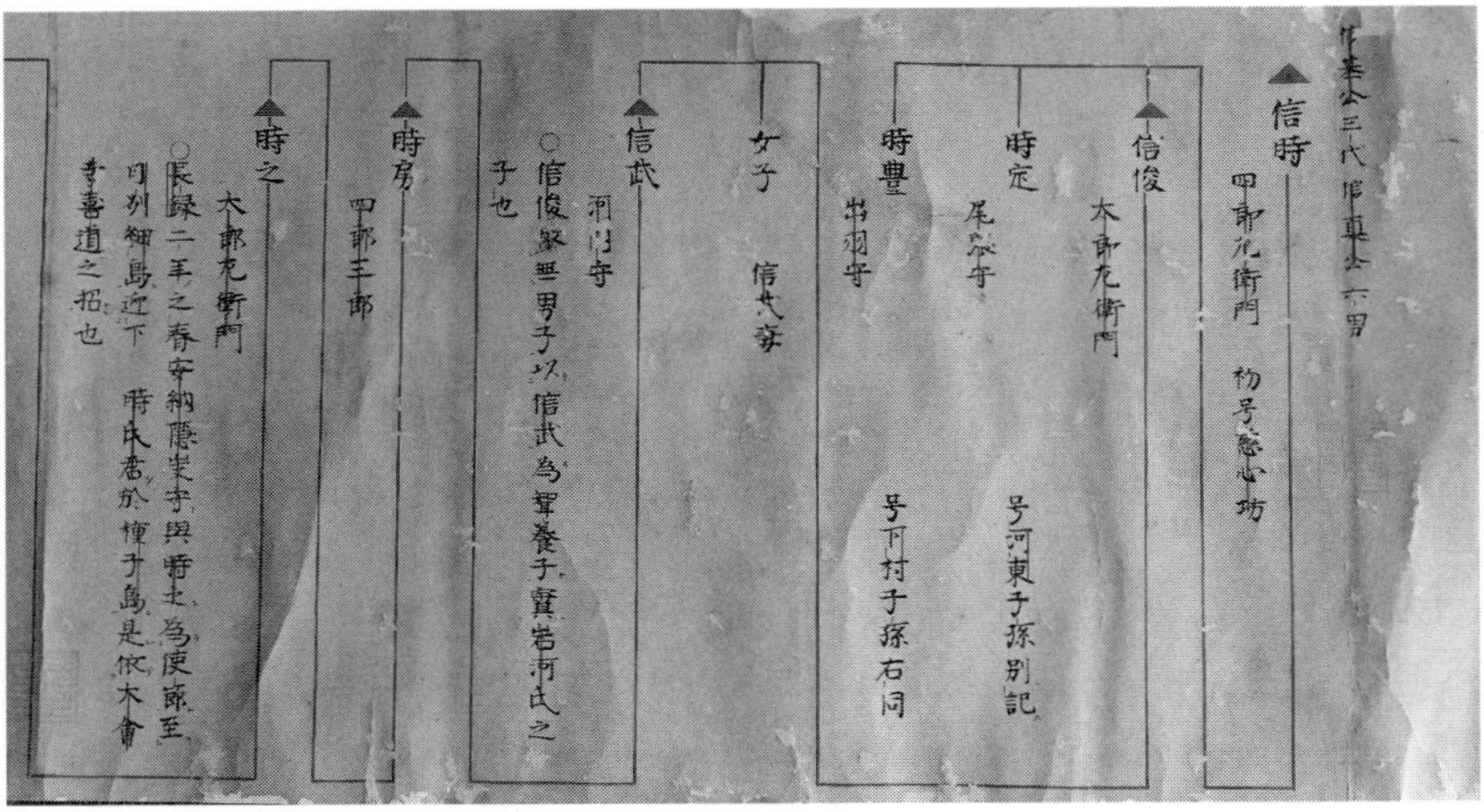

図 28　種子島西村家家系図（冒頭部）

【原文】

火器、古称鐵砲者、今所謂小銃也。其傳来我國在三百八十餘年前。實自我種子島氏始。種子島出左馬頭平行盛朝臣。其子信基公、鎌倉初、封南海十二島、世治于種子島。因以島氏。

【書き下し文】

火器、古《いにしえ》は鉄砲と称する者、今の所謂小銃なり。其の我が国に伝来するは三百八十余年前に在り。実に我が種子島氏より始まる。種子島は左馬頭《さまのかみ》平《たいらの》行盛《ゆきもり》朝臣《あそん》より出ず。其の子信基《のぶもと》公、鎌倉の初め、南海十二島に封ぜられ、世々種子島を治む。因りて島を以て氏とす。

種子島の祖とされる「左馬頭平行盛朝臣」とは、平行盛（?〜一一八五）である。平清盛の次男の平基盛の長男で、左馬頭は官名。朝廷保有の馬を管理する馬寮（左馬寮・右馬寮）の内、左馬寮の長。朝臣は、もともと天武天皇の時に制定された八色の姓の第二位。のち、五位以上の人の姓名に付ける敬称である。その子の信基が初めて種子島を統治し、種子島氏を名乗ったという。

また、この碑文には、その種子島信基の孫の信真に六子があり、季《すえ》の子の信時《のぶとき》が初めて西村姓を賜ってこの地を采《さい》邑《ゆう》としたことが記されている。種子島の西村家に伝わっている家系図（図28）にも、同様の記述が見られ、それを受けて天囚は、「平時彦印」と刻んだ印と、種子島氏の末裔であることにちなむ「左馬頭行盛裔」印（79）と「左馬頭行盛之裔」印（93）を持っていたと推測される。

七、「與君子游」――君子に感化される――

右の書で判読が困難だった関防印については、偶然にも別の資料で解読が可能となった。種子島開発総合センター（鉄砲館）所蔵の天囚書（ID8465）である（図29）。縦一三七×横三一・八cm。便宜上、冒頭の四字をとって「與君子游」書と呼んでおく。

まず、その印記について確認してみよう。

右上の関防印（図30）は明瞭に読み取ることができる。形状・印文も右の「長生殿裏春秋富」書に鈐印されていたものと同様で、「鉄砲権輿」。一字目は「金（かねへん）」に「夷」で「鐵」の異体字、二字目は「砲」、三字目は「權」（権の旧字体）、四字目は「輿」である。「権輿」とは、もともと、はかり（権）と物を乗せる台・こし（輿）で、物事を始めるときの基本となるものを意味し、そこから広く物事のはじめの意味となった。

この四字は、天囚の十三代前の先祖、西村織部丞時貫《おりべのじょうときつら》が天文十二年（一五四三）の鉄砲伝来に貢献したこと、すなわち西村家が日本における「鉄砲のはじめ」に関与しているという自負を込めた印だと思われる。[13] あるいは、そうした功績を評価した他者から寄贈されたものという可能性も考えられる。西村家所蔵天囚旧蔵印の中には含まれていな

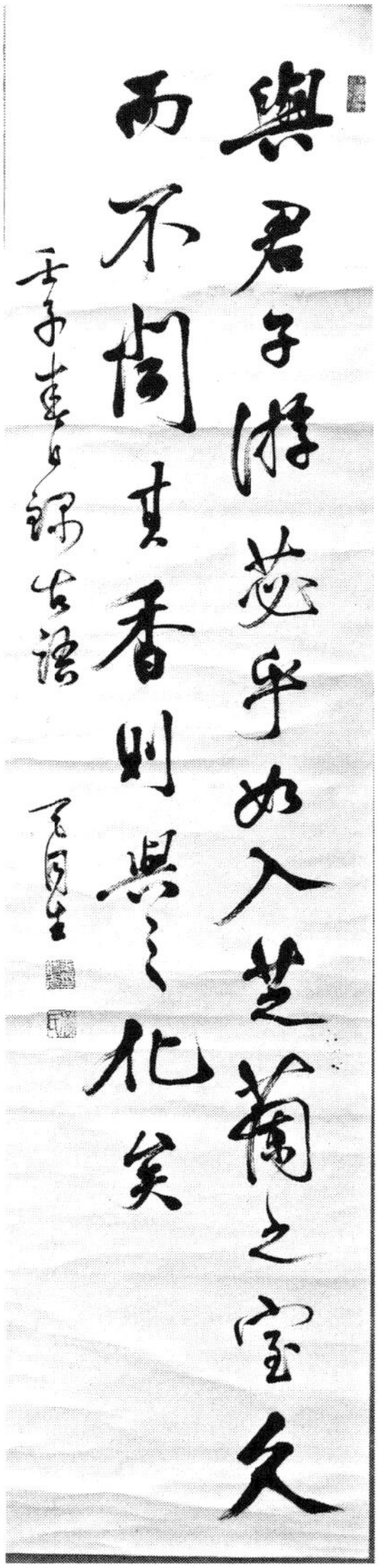
與君子游苾乎如入芝蘭之室久
而不聞其香則與之化矣

図 29　西村天囚「與君子游」

図 30　関防印「鉄砲權輿」

図31　落款印「平時彦印」「子俊氏印」

いが、天囚の関防印としてはふさわしく、天囚が使っていた可能性は高いと思われる。

実は、西村家所蔵の家系図にも、「時貫」の解説として次のような記載が見える。「天文十二年癸卯三月二十三日奉従　直時君守内城在軍功。……（鉄砲伝来の経緯、省略）……是我朝鐵炮之權輿乎」。ここに「鉄砲の権輿」と明記されている。この家系図は、天囚の父の時樹（城之助）が天保十年（一八四一）に生まれ、幼名を「菊千代」と称し、同十五年に家督を継いだとの記述で終わっているので、天保年間頃の作と考えられるが、鉄砲伝来と西村家に関する意識は、天囚も同様であったと思われる。

参考までに、西村家の家系図を基にその歴代当主をまとめてみると次のようになる。別名、生没年や享年が記されているものはそれらの情報も附記する。

初代　信時　四郎左衛門、初号慈心坊
二代　信俊　太郎左衛門
三代　信武　河内守
四代　時房　四郎三郎
五代　時之　太郎左衛門
六代　時俊　河内守
七代　時慶　太郎左衛門
八代　時弘　壱岐守。長享二年戊申（一四八八）生、天文十五年丙午（一五四六）九月二十八日没、五十九。
九代　時貫　織部丞。天文十二年癸卯（一五四三）十二月二十五日没。
十代　時安　織部丞、越前守、入道名意？　天文元年壬辰（一五三二）生、慶長四年己亥（一五九九）正月二十九日没、六十八。
十一代　時右　二郎四郎。永禄十一年戊辰（一五六八）生、天正十四年丙戌（一五八七）四月十六日没、十九。
十二代　時邑　讃三郎。天正六年戊辰（一五七八）生、慶長四年己亥（一五九九）十二月八日没。
十三代　時昌　越前、入道名意徳。慶長四年己亥（一五九九）二月五日生、寛文六年丙午（一五六六）九月二十五日没。
十四代　時孝　休四郎、織部。元和八年壬戌（一六二二）十月一日生。

十五代　時苗　初時英、源七、城之助、五郎左衛門、五左衛門、入道涼風。正保二年乙酉（一六四五）生、元文二年丁巳（一七三七）八月十六日没、九十三。
十六代　時之　初時之、中時盛、亦時之、童名菊千代、太郎左衛門、四郎左衛門、源五右衛門。延宝三年乙卯（一六七五）十一月二十三日生、寛延三年庚午（一七五〇）二月二十四日没、七十六。
十七代　時尙　初時民、童名千增、源太郎、五右衛門、万七、五郎左衛門、四郎左衛門、入道無適、元禄十三年庚辰（一七〇〇）七月十九日生。
十八代　時慈　後改時武、童名休四郎、休六、丈之助。享保十九年甲寅（一七三四）四月八日生、寛政十年戊午（一七九八）四月二十六日没。
十九代　時貫　時喜、時之、時邕、時現、菊袈裟、直之進、丈之助、四郎、城之助、四郎左衛門、涼風。天明三年癸卯（一七八三）正月十六日生、文政八年乙酉（一八二五）五月九日没。
二十代　時之　菊千代、城之助、源五右衛門。文化七年庚午（一八一〇）五月十日生、天保十四年癸卯（一八四三）六月十三日没。
二十一代　時□　菊千代。天保十二年辛丑（一八四一）十二月朔日生。

この内、第九代が鉄砲伝来に関与した時貫である。また、この系図の最後にある「時□」が天囚の父であり、系図の記載はここで終了しているが、天囚はその後の第二十二代となり、鉄砲伝来の時貫からは十三代後の子孫ということになる。

なお、この西村家家系図では最後の人名「時」とのみ記されていて、その下は空白となっている。幼名は「菊千代」と明記されているが、諱の「時樹」が定まる前に書かれたのであろう。天囚の父城之助すなわち時樹が亡くなるのは慶応三年（一八六七）、二十七歳の時であった（後醍院良正『西村天囚伝』）。そこから逆算すると、天保十二年に菊千代が生まれたとするこの家系図と合致する。

書の説明に戻り、落款は「壬子春日録古語　天囚生」。干支の「壬子《じんし》」（みずのえね）は、明治四十五年（一九一二）である。同年七月三十日、明治天皇の崩御により「大正」と改元されるが、ここには「春日」とあるので改元前の揮毫である。落款印（図31）は、上が陰刻の「平時彦印」、下が陽刻の「子俊氏」である。この二つの落款印は、西村天囚旧蔵印の21番と22番に合致する。

では、天囚が「録古語」（古語を録す）とした書の内容はどのようなものであろうか。また、この古語とは何か出典があるものなのか。この点について考察してみよう。

この書は『大戴礼記《だたいらいき》』曾子疾病《そうししっぺい》篇の一節を基にした言葉である。『大戴礼記』は、前漢時代の儒者戴徳《たいとく》が、古代の礼文献を編集した書。戴徳の甥である戴聖《たいせい》の記した『礼記』（小戴礼記、五経の一つ）と区別して、『大戴礼記』という。曾子疾病篇とは、孔子の弟子の曾参《そうしん》が重い病にかかった際、「君子《くんし》」について述べた言葉とされる。

但し、天囚書の記載と、『大戴礼記』の原文とには若干の相違がある。天囚書は、「與君子游、苾乎如入芝蘭之室、久而不聞其香、則與之化矣」であるが、『大戴礼記』の原文は、「與君子游、苾乎如入蘭芷之室、久而不聞、則與之化矣」で、「蘭芷」に作り、「其香」の二字がない。

一応、天囚書に基づいて訓読すると、「君子と游ぶは、苾乎《ひつこ》として芝蘭《しらん》の室《しつ》に入《い》るが如《ごと》し。久しくして其の香りを聞かざれば、則《すなわ》ち之と化す」となり、意味は、「立派な君子と交わり遊んでいると、香《かぐわ》しい香草の部屋に入るようだ。時が経ってその香りに気づかないようになれば、もう自分も同化されているのである」というもので、君子がその素晴らしい人徳によって他者を感化していくさまを説いたものである。

字句の微妙な相違はなぜ生じたのであろうか。そこで視野を拡大して古典を検索してみると、類似の語が、『孔子《こうし》家語《けご》』六本篇、『説苑』雑言篇にもあることに気づく。但しそこでは、いずれも孔子の言葉とされており、文言もやや異なっている。『孔子家語』は魏の王粛《おうしゅく》が編集した文献と伝えられるが、詳しい来歴が分からない。『説苑』は、前漢の劉向《りゅうきょう》が編集した故事・説話集。有名な言葉で、複数の文献に収録されていた。比較のため併記してみると次の通りである。【大】は『大戴礼記』、【孔】は『孔子家語』、【説】は『説苑』の略号とする。

【大】與君子游、苾乎如入蘭芷之室、久而不聞、　　則與之化矣
【孔】與善人居、　　如入芝蘭之室、久而不聞其香、即與之化矣
【説】與善人居、　　如入蘭芷之室、久而不聞其香、則與之化矣

従って、天囚の書は、『大戴礼記』を基本としながら、類似した『孔子家語』や『説苑』の句を交えた形になっている。署名の前に「録古語」とあるのは、正確に『大戴礼記』を引用したというよりは、中国古典の有名な古語をアレンジして採録したという意識であったと推測される。

ただ、今一つの重要な可能性として、この書が中国の百科全書「類書《るいしょ》」を経由したものであるということが考えられる。「類書」とは、先行する古典の中から名言名句を抽出し、いったん解体した後、「天」「雨」「山」「友」「夢」などの部門を立てて再編集したものである。もともとは歴代皇帝の閲覧のために編集されたもので、唐代の『芸文類《げいもんるい》聚《じゅう》』や宋代の『太平御覧《たいへいぎょらん》』などがその代表であるが、名言名句を集めている便利な百科全書として、後世の文人に活

用された。日本にも古くに入っており、日本の文人が中国の古典を読み、また引用する場合、実はこの類書に基づく場合があったことが指摘されている。

「類書」は、名言名句を再編集する際、原典の語句を意図的に修訂したり、省略したりする場合がある。また読者にその意味を分かりやすく提供するために見出し語を立てる場合がある。こうしたテキスト上の操作が、原典の文章を改変し、いわゆる故事成語を生み出す原因になったと考えられる。そのことについては拙著『故事成語の誕生と変容』（角川叢書、二〇一〇年）で具体的な成語をあげながら詳しく解説した。

この文について「類書」に記載がないか調べてみると、『芸文類聚』巻二十一人部五の「交友」に、「大戴禮曰、與君子遊、苾乎如入蘭芷之室、久而不聞其香、則與之化矣」と採録されており、天囚書と酷似していることが分かる。『芸文類聚』は、唐の高祖李淵の命を受け、欧陽詢ら十数人の学者によって編纂が進められ、武徳七年（六二四）に完成した。記事・文章の順番を整然と配列し、詩文の作成や検索・調査の便宜を図っている類書である。引用している古典は千四百種を超え、この内の大半は現在散佚しているため、古代典籍の遺文を知るための貴重な資料集となっている。日本にも早くに伝わり、よく読まれた。天囚書は、実はこれに基づいているのではなかろうか。

但し、『芸文類聚』が「蘭芷」とするのに対して、天囚書が「芝蘭」とするのはなぜであろうか。この点について手がかりとなるのは、懐徳堂文庫所蔵『芸文類聚』である。

まず、天囚と懐徳堂の関係について簡潔に振り返ってみよう。種子島出身の天囚は、東京大学に新設された古典講習科に官費生として入学するが、明治二十年（一八八九）、官費制度廃止により退学。東京から大阪に移り、明治二十三年（一八九〇）、大阪朝日新聞に入社する。漢文力を活かして数々の名文を執筆し、大阪の歴史や文化についても貴重な提言を発信して行く。

そうした中で、江戸時代の大阪にあった漢学塾「懐徳堂」に着目し、その顕彰を進めていくこととなる。天囚の主著が『日本宋学史』であることから分かるように、恩師の前田豊山も天囚も朱子学の学統に連なる漢学者であった。そしてまた懐徳堂も朱子学を基盤とする漢学塾として百四十年の歴史を刻んだ後、閉校となっていた。天囚はこの学校に共感したのである。

天囚の顕彰活動は明治四十三年（一九一〇）の懐徳堂記念会の誕生、大正五年（一九一六）の懐徳堂再建（重建懐徳堂開学）として結実した。蔵書は江戸時代の懐徳堂資料を継承したものと記念会が新たに購入したものとがあった。そして天囚が大正十三年（一九二四）に亡くなると、その旧蔵書が「碩園記念文庫」となって懐徳堂に入った。

こうして重建懐徳堂は蔵書を増やしつつ大阪の市民大学として新たな歴史を刻んでいくが、昭和二十年（一九四五）三月の大阪大空襲によって木造校舎が全焼。懐徳堂記念会は拠点を失った。ただ鉄筋コンクリート造りの書庫棟にあって災禍を免れた蔵書は、昭和二十四年（一九四九）、大阪大学に一括寄贈され、「懐徳堂文庫」約五万点となって現在に至っている。

従って、天囚が重建懐徳堂の教壇に立っていた時期、懐徳堂にも自身の書斎にも一定の蔵書はあった。重建懐徳堂所蔵本の『芸文類聚』テキストは、明の王元貞が校定した重刊本で、天囚が閲覧していた可能性も考えられる。そして、該当部の記載は、天囚書と同じく「芝蘭」となっているのである。

よって、この天囚書は、『大戴礼記』や『孔子家語』などの原典から直接引用したものではなく、実は類書の記載に基づくものであった可能性が高い。字句の異同を対照すると次のようになる。【芸】は『芸文類聚』、【懐】は懐徳堂文庫所蔵重刊本『芸文類聚』、【天】は西村天囚「與君子游」書の略号とする。

【大】　與君子游、苾乎如入蘭芷之室、久而不聞、　則與之化矣
【孔】　與善人居、　如入芝蘭之室、久而不聞其香、即與之化矣
【説】　與善人居、　如入蘭芷之室、久而不聞其香、則與之化矣
【芸】大戴禮曰、與君子遊、苾乎如入蘭芷之室、久而不聞其香、則與之化矣
【懐】大戴禮曰、與君子遊、苾乎如入芝蘭之室、久而不聞其香、則與之化矣
【天】（録古語）與君子游、苾乎如入芝蘭之室、久而不聞其香、則與之化矣

時系列で整理すると次のようになる。

『大戴礼記』曾子疾病篇の言葉
→ 採録（その際、『孔子家語』や『説苑』を参考にして「其香」の二字を加える）
『芸文類聚』交友の部（但し、テキストによって「蘭芷」「芝蘭」あり）
→ 出典を明記せず「録古語」として引用（重刊本『芸文類聚』に基づくか）
天囚書

天囚がこの書を「録古語」としたのは、中国古典に類似句が多く見られ、特定の古典を出典として明示するのがふさわしくないと判断したためであろう。実際には、天囚の書は『芸文類聚』を経由した文言であったと推測される。

図 34　『景社題名第三』

図 33　長尾雨山箱書（裏）署名部分

図 32　長尾雨山箱書（表）

図 36　印記「蘆中亭」

図 35　景社題名署名（拡大）

この書をいつどのような事情で天囚が揮毫したのかは未詳であるが、書の内容は、儒教における一つの理想を表している。孔子や孟子が活動した春秋戦国時代は、戦乱の続く周王朝の末期であった。軍事力に物を言わせて他国を侵略する強大国もあった。そうした世相の中で、儒家は何より大事なのは、為政者の人徳であると考えた。軍事力や刑罰などによって外側から人々を強制するのではなく、君子の文徳に人々が感化され、自ずから帰服してくるという世界を理想としたのである。そうした君子の姿を説くものの一つが、この『大戴礼記』『孔子家語』などに見られる「芝蘭之室」の譬えであった。朱子学の学統に連なる漢学者天囚も、これを理想として揮毫したのではなかろうか。

なお、この書幅は西村家所蔵資料ではなく、鉄砲館が平成十年（一九九八）に鹿児島在住のコレクターから購入したものであるという。先の落款印からしても、真筆であることは確実であるが、鉄砲館がこれを天囚書と判断して購入した最大の理由は、長尾雨山《ながおうざん》の箱書が備わっていたからであろう。

箱書は表に「西村碩園博士書古語」とあり（図32）、蓋の内側に「其友長尾甲観因署」とある（図33）。「長尾甲」とは、高松出身の漢学者・書家・画家・篆刻家である長尾雨山（一八六四～一九四二）（甲は名、雨山は号）で、天囚とは東京大学古典講習科の同級生である。また天囚が大阪で結成した文人サークル「景社」の同人でもあった(14)。

西村家で発見された「景社題名」（図34）という同人の寄せ書きに「長尾甲」の名が見える（図35）。天囚より一歳年上の同輩・友人で、書画に詳しかったことから、鑑定を依頼され署名したものと推測される。「景社題名」の署名とこの箱書の署名とは、よく似ており、特に「長」字の右下へのハライや「毛」の横画の続き工合は特徴的である。署名の後の印は雨山の居所の名「蘆中亭《ろちゅうてい》」である（図36）。

また、雨山はこの箱に「西村碩園博士」と記している。天囚が文学博士の称号を得るのは、大正九年（一九二〇）。この鑑定・箱書が備わったのは、大正十三年（一九二四）七月に天囚が亡くなって以降、雨山が亡くなる昭和十七年（一九四二）までの間ということになろう。

八、「仁道不遐」――「類書」を経由した揮毫――

鉄砲館が「與君子游」書を購入した際、実はセットでもう一点、天囚の書幅を購入している（ID8466）。次に、この書について検討してみよう。冒頭の四字をとって「仁道不遐」書と呼んでおく（図37）。縦一一七・四×横三七・

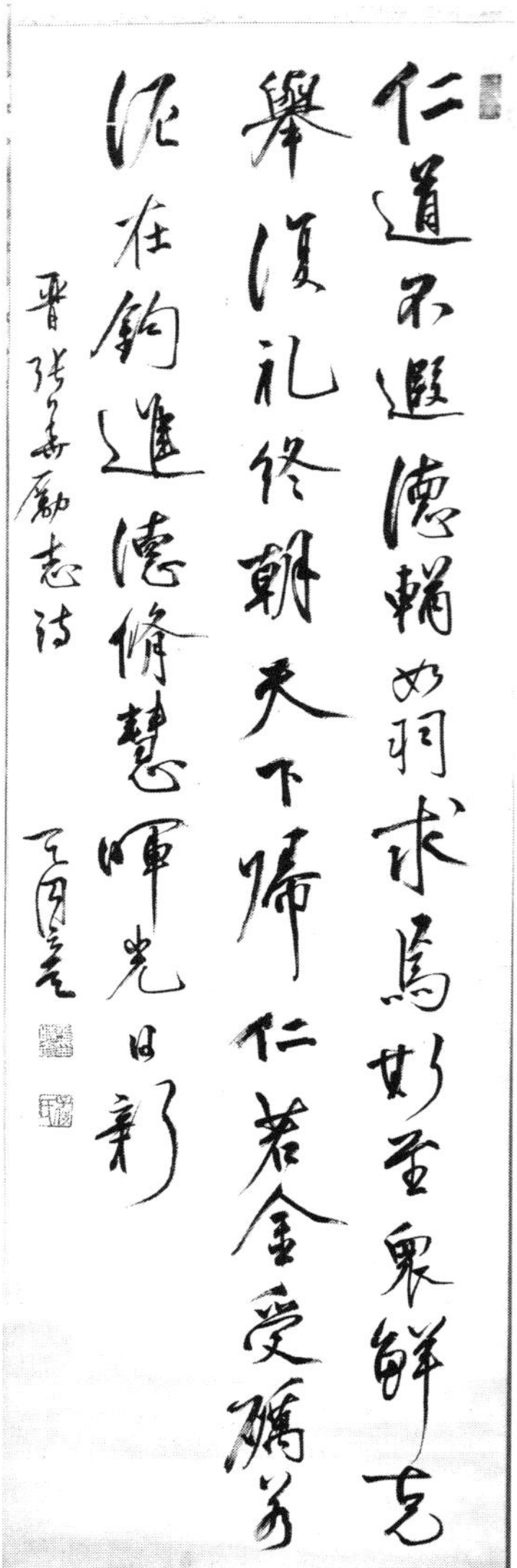

図 37　西村天囚「仁道不遐」

一cm。

作品の成立時期は未詳であるが、落款に「晋張華勵志詩　天囚彦」とある。関防印「鉄砲権輿」と落款印「平時彦印」「子俊氏」は、「與君子游」書と全く同じである。作品の成立も同時期の可能性がある。

書は天囚が明記している通り、西晋の文人張華《ちょうか》（二三二～三〇〇）の「励志《れいし》」という詩の一節を記したものである。張華は博学で、中国の奇聞・伝説を集めた『博物志』の著者としても知られる。

この「励志」とは、自身の意志を励ますという意味で、『文選《もんぜん》』巻十九に「勧励」詩の一つとして収録されている。『文選』は南北朝時代の梁の昭明太子蕭統《しょうとう》の編による中国詩文選集。『文選』に記された張華の励志詩は、全九節から成る長文の詩であるが、不思議なことに天囚書は、この内の第三節の一部十六字と第九節の一部二十四字をつなげたものとなっている。

天囚書の全文は、「仁道不遐、徳輶如羽。求焉斯至、衆鮮克舉」「復礼終朝、天下帰仁。若金受礪、若泥在鈞、進徳

脩慧、暉光日新」。但し、「慧」字は、「励志」の原文では「業」である。

「励志」詩の二つの部分を組み合わせた形になっていて、訓読すると、前半は、「仁の道は遐《とお》からず、徳の輶《かろ》きこと羽《はね》の如《ごと》し。焉《これ》を求むれば斯《ここ》に至るも、衆は克《よ》く挙《あ》ぐること鮮《すくな》し」。後半は、「礼に復《かえ》ること終朝《しゅうちょう》ならば、天下仁《じん》に帰《き》せん。金《かね》の礪《といし》を受くるが若《ごと》く、泥の鈞《ろくろ》に在《あ》るが若し。徳を進め慧を脩《おさ》むれば、暉光《きこう》日びに新たならん」となる。

おおよその意味は、「仁の道は遠くにあるわけではなく、徳は羽のように軽く身につけることができる。求めればすぐに得られるものであるが、大衆で、それをよく取り上げることのできる者は少ない」。「礼を踏み行うこと終日であれば、天下の人々はその人徳に帰服するであろう。金属が砥石にあてられて鋭くなるように、土がろくろによって器になるように。人徳を進め学業（智慧）を修めれば、輝きは日々に新たになるであろう」。

前半後半とも、自己修養による「人徳」形成の大切さを説いているので、意味的にはつながっている。それにしても、天囚はなぜ長文の詩の中からこの二つの部分を抽出して接続させたのであろうか。

長い詩の異なる部分をつなげたことについては、先の「與君子游」書と同じく、中国の百科全書「類書」との関わりが想定される。『芸文類聚』巻二十三人部七の「鑒誡」に次のように励志詩が引かれている。

晉張華勵志詩曰、仁道不遐、徳輶如羽、求焉斯至、衆鮮克擧、復禮終朝、天下歸仁、若金受礪、若泥在鈞、進徳修業、暉光日新。

すなわち、張華「励志」詩の第三節と第九節を接合させており、天囚書と見事に合致しているのである。天囚はもちろん『文選』所収の張華の詩は知っていたであろうが、同時に、『芸文類聚』の採録が適切な分量であるとも感じていたのであろう。この書は、天囚が『文選』から直接引用したものではなく、類書の記載に基づいて揮毫したものと推測される。

　但し、『芸文類聚』では「進徳修業」となっていて、天囚書が「進徳修慧」としているのは疑問である。そこで、先の「與君子游」書の場合と同じように、懐徳堂文庫本の『重刊芸文類聚』を確認してみよう。すると、引用範囲も同一で、該当部も天囚書と同じく「進徳修慧」となっているのである。従って、この書は、『文選』を基に記したものではなく、実は天囚の見た類書、具体的に言えば、重刊本の『芸文類聚』に基づくものであった可能性が高い。この関係を図示してみよう。

張華「励志」詩

↓ 収録

『文選』巻十九の「勧励」詩（全九節から成る長文の詩）

↓ 節略の上、「晋張華励志詩」として採録

唐、『芸文類聚』鑒誡の部（但し、テキストによって「修業」「修慧」あり）

↓ 「晋張華勵志詩」として記す（重刊本『芸文類聚』に基づくか）

天囚書

従来の中国思想史や文学史では、「類書」を正面から取り上げる研究は少なかった。なぜなら、類書は第一次資料ではなく、一次資料を基に採録したダイジェストであり、詩文の作成や出典の検索には便利であっても、あくまで二次資料だと考えられてきたからである。しかし、拙著『故事成語の誕生と変容』で考察したように、中国の主要な故事成語が「類書」を経由することによって成立したり、意味・表現を変容させたりしている場合もあった。またこの天囚書に見られるように、文人が揮毫する際にも実は類書の記載に基づくことがあったのである。「類書」の資料的価値とそれが与えた影響については再認識する必要があろう。

九、「人生無根蔕」――退職の年に示す気概――

次に、令和元年（二〇一九）の資料調査において、西村家で発見された天囚書を取り上げてみよう。長文なので、便宜上、冒頭の五字をとって「人生無根蔕」書と呼んでおく（図38）。縦一二八・九×横四一・五cm。

この書の出典は陶淵明「雑詩」其一である。陶淵明（三六五～四二七）は、中国六朝時代を代表する詩人。「帰去来辞」で有名な田園詩人である。漢文は次のように読める。

人生無根蔕、飄如陌上塵、分散逐風轉、此已非常身、落地爲兄弟、何必骨肉親、得歡當作樂、斗酒聚比鄰、盛年不重來、一日難再晨、及時當勉勵、歳月不待人

人生は根蔕《こんたい》無く、飄《ひょう》として陌上《はくじょう》の塵《ちり》の如《ごと》し。分散し風を逐《お》いて転じ、此れ已《すで》に常の身に非《あら》ず。地に落ちて兄弟《けいてい》と

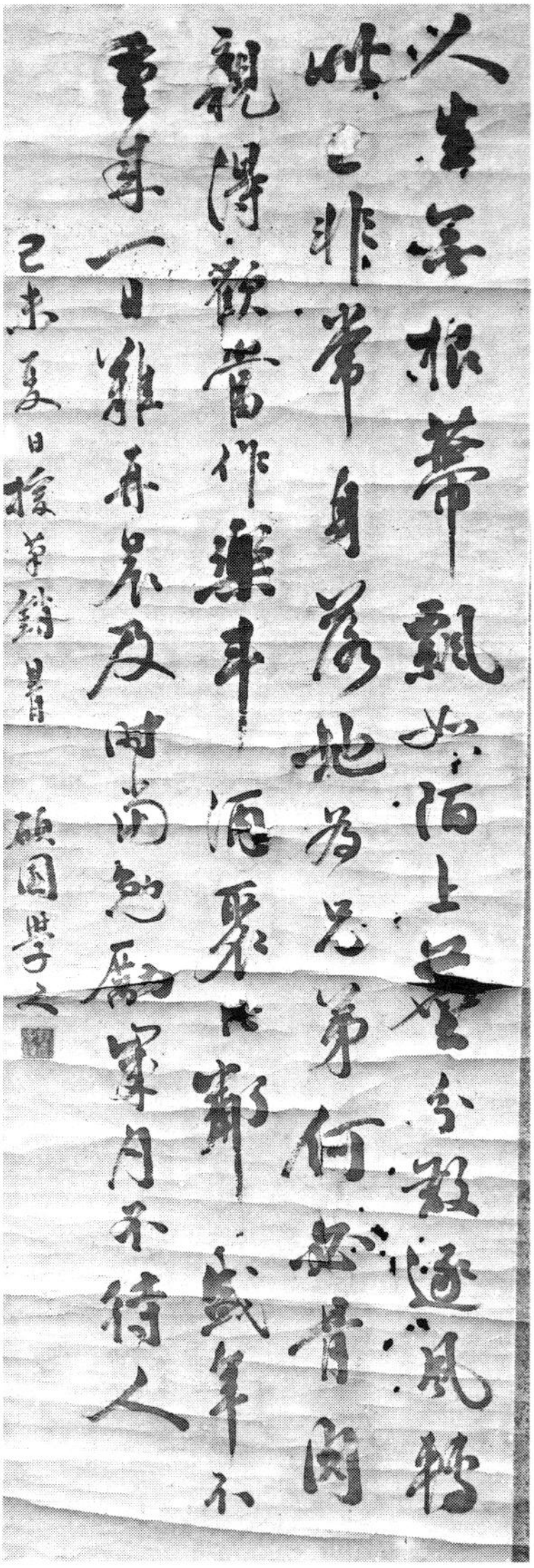

図38　西村天囚「人生無根蔕」

為《な》る、何ぞ必ずしも骨肉《こつにく》の親《しん》のみならん。歓《かん》を得ては当《まさ》に楽しみを作《な》すべし、斗酒比隣《としゅひりん》を聚《あつ》めよ。盛年《せいねん》重ねて来《きた》らず、一日《いちじつ》再び晨《あした》なり難《がた》し。時に及んで当に勉励《べんれい》すべし、歳月は人を待たず。

天囚書の字句は陶淵明「雑詩」と同じで、おおよその意味は、「人間の生命には、木の根や蔕《へた》のようなよりどころがなく、飄々と舞い上がる路上の塵のようなもの。分散して風に吹き飛ばされて、この身はもとの姿をとどめることができない。この世に生まれ出て、みな兄弟のようなもの。どうして肉親だけと親しもうか。うれしい時は楽しめばよい、酒をたっぷり用意して近隣の仲間を集めよう。元気盛んな年頃は二度とはやってこないし、一日に二度目の朝はない。その時々にせいぜい務め励もう。歳月は人を待ってはくれないのだから」というものである。

では、天囚はこの書をいつどのような心境で揮毫したのであろうか。そこで重要な手がかりとなるのが、落款の

「己未《きび》夏日」「銷暑《しょうしょ》」である。「己未」（つちのとひつじ）は大正八年（一九一九）。「銷暑」は暑さをしのぐ。この年の一月、天囚は三十年勤務により朝日新聞社から表彰され、同年十二月に退社している。

この陶淵明の詩は、末尾の四句「盛年重ねて来らず、一日再び晨なり難し。時に及んで当に勉励すべし、歳月は人を待たず」が後に一人歩きし、年少者に向かって勉学を奨励する詩として理解されていくが、それは詩の原義に反している。その直前に「うれしい時は楽しめばよい、酒をたっぷり用意して近隣の仲間を集めよう」とある通り、人生の楽しみと大切さを謳ったものである。

天囚はこの詩を自身の退職の年に記した。詩の原義を正しく踏まえ、さらに人生を謳歌しようという気概を込めて書いたと考えられる。年少者への教訓として揮毫したものではなく、また自身の引退をかみしめるような枯れた内容の詩でもない。大正八年は、天囚の悲願であった懐徳堂が大阪に再建されてから三年目に当たる。天囚はその懐徳堂の教壇にも立ち、京都帝国大学にも出講して熱弁を振るっていた。また、天囚が文学博士の学位を授けられ、島津家臨時編輯所長に就任したのは、翌大正九年であった。益々意気盛んであったと言えよう。

なお、署名は「碩園學人」（図39）、その下の落款印は「村彦子俊」（陰刻）（天囚旧蔵印07）である。「学人」とは、学芸を学ぶ人の意味。前田豊山も「豊山学人」と署名する場合があった。

図39　署名と落款印

十、「蓬生麻中不扶而直」――天囚の絶筆か――

最後にもう一点、同じく令和元年の調査において西村家で発見された天囚書を取り上げる（図40）。縦一二九・七×横三三・二㎝。

書は「蓬生麻中不扶而直」とあり、出典は『荀子』勧学篇である。

漢文は、「蓬《ほう》、麻中《まちゆう》に生ずれば、扶《たす》けずして直《なお》し」と読む。「蓬（つる草）も麻の中に生えれば、支えがなくてもまっすぐになる」という意味である。出典が『荀子』勧学篇であることから明らかなように、この文は、環境の大切さとその環境に支えられた勉学の重要性を説くものである。「蓬」とは日本のよもぎではなく、つる草のこと。曲がりがちな蓬のつる草も、まっすぐ伸びる麻の中で育つと、支えなくてもまっすぐになると説いている。もちろん『荀子』はここから人間の修養・勉学も同様であると言っているのである。著名な文章で、後にここから「麻中の蓬」という成語もできた。勧学篇は、有名な「青は藍より出でて藍より青し」の出典でもある。勉学と自己修養の重要性を説く篇である。

印記を確認してみよう。右上の関防印（図41）は「松柏有本性」（陰刻、方形印）、天囚旧蔵印の25番である。落款印（図42）は陰刻の「臣時彦印」（32番）と陽刻の「子俊氏」（22番）である。

それでは、この書を天囚はいつどのような思いで揮毫したのであろうか。手がかりとなるのは、落款の「甲子夏日碩園彦書」であろう。「碩園」は天囚晩年の号。「甲子」（きのえね）は大正十三年（一九二四）で、この年、兵庫県西宮市に竣工した野球場が「甲子園」と命名されたのは、この干支に由来する。

天囚は大正十年、宮内省御用掛を拝命し、大阪から東京五反田に移った。大正十二年（一九二三）九月の関東大震災時は東京にいたが、直接の被災は免れ、同年十一月、重建懐徳堂開学七年目に当たって堂友会が発足した際には、夜行列車で大阪に帰り、その記念式典に出席している。大震災で関東圏の鉄道は壊滅的な惨状となったが、不通となっていた東京・御殿場間も十月二十八日に復旧したばかりであった[15]。

翌大正十三年一月の御講書始の儀では京都大学の狩野直喜が進講を務め、天囚はその控として陪席した。天囚は万一に備えて毎日声に出して講義の練習を続けていたという[16]。しかし、同年五月に肺炎を発病、脳症も併発し、七月二

図 40　西村天囚「蓬生麻中」

図 41　関防印

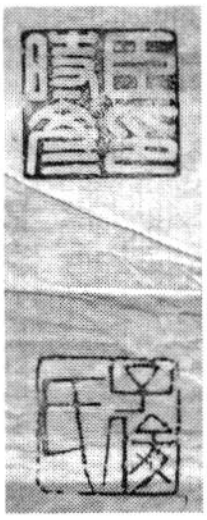
図 42　落款印

十九日に六十歳で急逝した。従って、この書はその発病・逝去の年の書ということになり、あるいは絶筆であった可能性もある。

雄渾な筆跡で記されているので、病床で揮毫したという可能性は低いと思われるが、その日を特定できるであろうか。実は、天囚の手帳十九冊が郷里種子島の西村家に保管されており、その大正十三年分を見ると、意外な事実が判明する。天囚は一月三日、「史局」（島津家編輯所）の御用始めを皮切りに、「宮内省」への登省、「文化学院」（大東文化学院）への出講を続け、また依頼されたと思われる漢文や墓碑銘などを次々と起草し、多くの来客に対応するなど、この年も多忙な日々を送っていた。

天囚が発病するのは、後醍院良正『西村天囚伝』により、同年五月と伝えられてきたが、実はすでに一月頃から「微恙欠勤」「終日養病」「在家養病」などという体調不良・自宅養生の記載が散見され、医師の往診を仰いでいることが分かる。三月には、「登省早退」「至史局疾甚帰家」などという日もある。出勤後に体調不良となって早退したのである。四月になると「微恙不出門」「微恙在家」とあるように、体調不良で外出できない日も出てくる。徐々に体調が悪化していたのであろう。その前年の大正十二年正月も寒気で風邪を引き、一月十二日から二月十日まで床に伏せっている。東京への転居、宮内省勤務や島津家臨時編輯所長としての重責など、疲労が蓄積していたのではなかろうか(17)。

ただそうした中でも、『論語』『唐鑑』『楚辞』などの書名が記されている日もあり、自宅で読書に努めていた様子が分かる。また、十一年の日記には、「在寓写字」「在家写字」、十二年には「終日作字」「午後揮毫」「午後作字」などと記す日がある。また大正十三年の二月と三月にも、それぞれ一度ずつ自宅で「作字」したとの記載が見える。そして、四月二十三日、この日もやや体調不良だったようで、「微恙在家」とあるのに続き、「下午作字」と記されている。さらに五月四日にも「終日在家作字」とある。

この「作字」とは、現在の、標準字体にはない特殊文字を作るという印刷用語ではなく、「写字」や「揮毫」と同じく、毛筆で書をかいたという意味ではなかろうか。もしそうだとすると、同年「夏日」の落款のあるこの書が自宅で「作字」されたのは、四月二十三日または五月四日ということになろう。手帳の記載は、五月六日の「至史局」という簡潔な記載で終わっている。毎日欠かすことなく付けられてきた日記がここで途切れているのである。もし五月四日の揮毫だったとすれば、それは手帳が空白となる二日前ということになる。

その時点で天囚が自身の死を予感していたかどうかは分からないが、書の文面や筆勢からは、晩年においてもなお勉学に努めようとする天囚の気概を感ずることができる。

結　語

文献以外のものから思想を読み解くのは難しい。しかし、文人の足跡は、著書や論文として残されるものだけではない。墨跡・絵画・建築物など、あらゆるものに刻印されていると言えよう。

本章では、種子島の前田豊山と西村天囚の書を取り上げて、その思想の一端を探ってみた。それぞれの書は、漢学者としての教養にあふれ、また、朱子学の伝統や種子島の歴史を反映するものもあった。さらにその文言は、自身の詩・文、古典から直接引用されたもののほか、中国の百科全書「類書」を経由しているのではないかと推測されるものもあった。

前田豊山は、平素から経書・史書を読み、詩歌文章を楽しみ、書と詩作を得意とし、公務の余暇には、門下生を率いて郊外を散策し、詩は作文の一端であると奨励していたという（『豊山遺稿』）。書や詩作は豊山と天囚の人生を考える際の重要な資料であり、本章の考察でもそれが実証されたと言えよう。

【関係略年表】（ゴシック体は本稿で取り上げた書作品）

天文十二年（一五四三）　種子島に鉄砲伝来。天囚の祖先西村織部丞時貫が対応する。

天保二年（一八三一）　前田豊山、種子島に生まれる。

慶応元年（一八六五）　西村天囚、種子島に生まれる。

明治二年（一八六九）　懐徳堂閉校。版籍奉還。

同十三年（一八八〇）　天囚上京し、重野安繹・島田篁村に師事する。

同十六年（一八八三）　天囚、東京大学古典講習科乙部（漢書課）に官費生として入学。

同二十年（一八八七）　官費制度廃止により中退。出世作『屑屋の籠』刊行。

同二十二年（一八八九）　東京から大阪に移り、大阪公論の記者となる。

同二十三年（一八九〇）　大阪公論廃刊により、大阪朝日編集局員となる。

同三十年（一八九七）　清国出張。上海を経て漢口（武漢）着。

同三十一年（一八九八）　張之洞ら清国要人と会談。その帰途、金陵（南京）に立ち寄る。**「金陵懐古」**詩。

同三十二年（一八九九）　天囚、『南島偉功伝』刊行。**「君父師友」**書。

同三十三年（一九〇〇）　種子島守時、男爵を授けられる。前田豊山**「百事無能」**書。

同三十五年（一九〇二）　前田豊山藍綬褒章を受ける。**「立誠」**書。

同三十七年（一九〇四）　一月五日、朝日新聞「天声人語」第一回掲載。二月十日、日露戦争開戦。

同四十二年（一九〇九）　天囚の主著『日本宋学史』刊行。大阪人文会発足。

同四十三年（一九一〇）　天囚、二月「懐徳堂研究」連載開始。四月〜七月、朝日新聞社主催第二回「世界一周会」に特派記者として同行。十月、世界一周会の紀行を『欧米遊覧記』として刊行。懐徳堂記念会発足。

同四十四年（一九一一）　大阪の文人サークル「景社」結成。十月五日、中之島公会堂において懐徳堂祭典挙行。

同四十五年（一九一二）　「與君子游」書。七月、明治天皇崩御。大正と改元。

大正二年（一九一三）　前田豊山、八十三歳で亡くなる。

大正五年（一九一六）　天囚、京都帝国大学講師として出講。十月、懐徳堂再建（重建懐徳堂開学）。自らも理事・講師を務める。

同八年（一九一九）　天囚、「人生無根蔕」書。三十年勤務により朝日新聞社を退社。

同九年（一九二〇）　五月、天囚、文学博士の学位を授けられる。六月、島津家編纂所編纂長となる。

同十年（一九二一）　一月、天囚、鉄砲伝来紀功碑文を撰文。種子島の門倉岬に石碑建立される。宮内省御用掛に任ぜられ、十月三日、東京五反田下大崎の島津邸役宅に転居。

同十二年（一九二三）　九月、関東大震災。十一月、懐徳堂堂友会発足。

同十三年（一九二四）　天囚、一月、御講書始控となる。「蓬生麻中不扶而直」書。五月、肺炎を発病。七月二十九日死去。享年六十。従四位勲四等瑞宝章を追贈される。

令和六年（二〇二四）　懐徳堂創設三百年。西村天囚没後百年。

注

（1）種子島における資料調査の概要については、湯浅邦弘・竹田健二・佐伯薫「西村天囚関係資料調査報告――種子島西村家訪問記――」（『懐徳』第八十六号、二〇一八）、拙稿「平成三十年度（二〇一八）種子島西村天囚関係資料調査について」（『懐徳』第八十七号、二〇一九年）、拙稿「西村天囚の知のネットワーク――種子島西村家所蔵資料を中心として――」（同）、拙稿「小宇宙に込めた天囚の思い――種子島西村家所蔵西村天囚旧蔵印について――」（『懐徳堂研究』第十二号、二〇二一年）参照。また、それら全体の資料リストについては、竹田健二・湯浅邦弘・池田光子「西村家所蔵西村天囚関係資料暫定目録（遺著・書画類等）」（『懐徳堂研究』第十二号、二〇二一年）および「同・補訂（拓本類）」（『懐徳堂研究』第十三号、二〇二二年）、「旧西村家所蔵天囚関係資料目録――鉄砲館・黎明館に現存する資料について――」（『懐徳堂研究』第十四号、二〇二三年）参照。

（2）本章第七節で取り上げる「景社題名」の寄せ書きにおいて、内藤湖南は「脩辭立誠」と記している。

（3）山形市市史編集委員会編『山形市史』中巻近世編（一九七一年）。但し、「立誠」の名の由来、漢語の出典については解説がない。なお、大石学『近世藩制・藩校大事典』（吉川弘文館、二〇〇六年）は全国すべての藩校情報を網羅した大作で、山形藩の藩校についても記しているが、『山形市史』同様、「立誠」の名の由来については説明がない。

（4）この書の成立の経緯について、同書「緒言」の説明によると、豊山が逝去した大正二年（一九一三）に豊山会が組織され、遺稿編纂の議が起こったがその時点では実現しなかったという。その後、鹿児島県における朱子学の調査のためにまず豊山の伝記が編纂され、大正十三年二月十七日に門下生が集まってその草稿を校閲するとともに、遺稿を編纂するため委員三名を選出して資料収集を始めたが、資金の都合により頓挫していたという。その後、有志者の援助があり、大正十五年の上梓に至ったのが、この『豊山遺稿』である。

（5）種子島氏の墓所は二箇所ある。一つは、市内西町の御坊《おぼう》墓地。これは、種子島家最初の墓地であり、種子島家の祈願寺であった慈遠寺（現・八坂神社）の北側に位置する。ここには初代から四代までが合祀されているほか、鉄砲伝来の時の島主種子島第十四代時堯《ときたか》の墓や家臣たちの墓も含む。もう一つは、同市内中目の栖林《せいりん》神社の敷地内にある御拝塔である。現地では「おはーとー」と発音される。栖林神社の祭神は、第十九代島主種子島久基で、文久三年（一八六三）、第二十三代島主久道の夫人松寿院《しょうじゅいん》が建立したものである。この点については、柳田桃太郎『種子島の人』（一九七五年）、村川元子『松寿院――種子島の女殿様』（南方新社、二〇一四年）参照。豊山がどちらの墓地を意識して述べているのかは未詳であるが、いずれも小高い丘の上にあり、「登」という表現には両方とも合致する。

（6）天囚が特使として派遣される背景として、シベリア単独横断を果たした福島安正陸軍中佐との関わりがあった。その詳細については、拙著『世界は縮まれり――西村天囚『欧米遊覧記』を読む――』（ＫＡＤＯＫＡＷＡ、二〇二二年）第十三章参照。
（7）さらにその後、明はこの地に都を置いたが、第三代皇帝永楽帝が北平に都を移して「北京」と称した。これにより、この地は南の都「南京」と称されるようになった。天囚が渡航した清代では「江中府」が正式な行政名称であったが、最も由緒ある名として当時も「金陵」が使われている。
（8）以下の金陵関係地については、朱偰『金陵古迹図考』（中華書局、二〇〇六年）、南京出版社編『南京旧影老地図――一九〇三年陸師学堂新測金陵省城全図――』（南京出版社、二〇一四年）、姚亦鋒『南京古都地理空間与景観過程』（科学出版社、二〇一九年）を参考にした。本稿に掲げた地図は、『金陵古迹図考』附録の「金陵附近郭古蹟路線図」に基づいて筆者が作図したものである。なお、同書・同地図の存在については、大阪大学の浅見洋二教授（中国文学）のご教示を得た。
（9）新亭と労労亭との関係および現在地については未詳である。植木久之編『中国詩跡事典』（研文出版、二〇一五年）によれば、労労亭は三国時代呉の労労山に設けられた望遠亭が起源で、南朝宋の時に臨滄亭、さらに労労亭に改称されたという。またそれは、六朝以降の交通・軍事の要衝で、貴族たちの遊宴・離別の地「新亭」のある丘の上にあったという。また一説に、労労亭は新亭と同一でもあるという。
（10）この文献の原題は『支那文明記』といい、初版は明治四十五年（一九一二）に大同館から刊行された。後、改題出版され、さらに平成十八年（二〇〇六）、講談社学術文庫として再版された。
（11）落款の作法全般については、細谷恵志『落款のてびき』（二玄社、二〇〇二年）、北川博邦『モノをいう落款』（二玄社、二〇〇八年）を参考にした。
（12）鉄砲伝来紀功碑文の詳細については、本書第七章参照。この石碑は、大正十年（一九二一）、種子島南端の門倉岬に建てられた。
（13）この点の詳細については、本書第七章参照。
（14）天囚を中心とする知のネットワークについては、注（1）前掲の拙稿「西村天囚の知のネットワーク――種子島西村家所蔵資料を中心として――」、及び本書第十一章参照。

（15）関東大震災による鉄道の被害と復旧については、東京鉄道局写真部編『関東大震災鉄道被害写真集』（吉川弘文館、二〇二〇年）参照。同書の原本は、『大正十二年九月一日関東地方大震災記念写真帖——惨状と復旧一九二三—一九二四』、東京鉄道局写真部、一九二四年）である。なお、関東大震災時の天囚の動向については、本書第十一章の三「晩年のネットワーク」の項参照。

（16）大正十年（一九二一）、天囚は宮内省御用掛に任ぜられ、大正十三年には御講書控となった。同年夏に亡くなったことから、実際に進講する機会はなかったが、その講義草稿と思われる資料が種子島で発見された。西村家から種子島開発総合センター（鉄砲館）に寄託されていた「詩經大雅假樂篇講義」と題する自筆草稿である。その詳細については、本書第九章参照。

（17）後醍院良正『西村天囚伝』（一九六七年、非売品）は、大正十三年五月十日、天囚が宮内省に出仕した際、異様な悪寒を覚え、それにもかかわらず宮内省の有志に『論語』の講義をする予定があったため無理をして勤務を続けたものの、翌日には病床に伏せることとなったと発病の様子を伝えている。しかし、天囚の手帳を精査すると、この日突然体調を崩したのではなく、一月頃からすでに体調不良が続いていたことが分かる。また、後醍院『西村天囚伝』は、天囚が自宅から郊外に出たのは、三月二十日が最後だったと記すが、これは四月二十日の誤記であることが、同じく手帳の記載から分かる。天囚は、この日、早朝に起き、元同僚で金石文研究家の木崎好尚（愛吉）、宮内省嘱託の書家梅園良正らと池袋駅で待ち合わせ、西武鉄道仏子駅で下車、入間川北岸の円照寺まで散策している。これが天囚最後の遠出となった。

【附記】

執筆に際し、貴重な書の撮影・掲載についてご了承いただいた西村貞則氏、髙﨑彰氏、長野正育氏、および鹿児島県西之表市の種子島開発総合センター（鉄砲館）に厚く御礼申し上げたい。

第二章　印章に刻まれた思想
——西村天囚旧蔵印の世界——

はじめに

わずか一寸四方の空間に壮大な宇宙が拡がっている。

二千年以上の歴史を持つ印章は、はじめ身分や所属を示す官印として用いられたが、その後、文人の名や号を篆刻した私印としても発展していった。文字の刻まれた印面だけではない。印材そのものが価値を持ち、鈕《ちゅう》（持ち手）の部分にもさまざまな造形が施され、書や絵画とともに芸術作品としても珍重された。

中国から伝えられたこの印章の文化は日本でも流行する。文人たちは、ごく普通のたしなみとして、自身の名や号、座右の銘とする語句などを篆刻した印章を持っていた。そこには、文献資料からはうかがうことのできない、その所有者の深い思いや願い、人生や歴史が刻まれていることもある。

明治大正時代を生きた漢学者西村天囚も例外ではない。天囚の旧蔵漢籍は、天囚没後、懐徳堂記念会に入って「碩《せき》園《えん》記念文庫」となり、戦後、懐徳堂蔵書が一括して大阪大学に寄贈され、「懐徳堂文庫」の一部となって現在に至っている。

その漢籍を開いてみると、一冊ずつ天囚の蔵書印が鈐印《けんいん》されているのが分かる。ただ、その印の実物はこれまで確認されていなかった。天囚はどのような印を持っていて、どのように使用したのかは謎に包まれていたのである。

ところが、天囚の郷里種子島（鹿児島県西之表市）の西村家で平成二十九年（二〇一七）から進めている現地調査において、天囚の旧蔵印約百顆《か》が発見された。そこには、碩園記念文庫の漢籍に鈐印されている蔵書印も含まれていて、およそ百年ぶりに印記と印章との再会が実現したのである。また、天囚の名や号を刻んだ印の他、天囚の思想を端的に示すと思われる字句を刻んだもの、天囚の著作形成過程をうかがい知ることのできる印など、きわめて重要な印章が含まれていた。

そこで筆者は、この天囚旧蔵印を、現在の西村家の御当主である西村貞則氏より一時寄託していただき、全点の写真撮影ならびに整理調査を行った。

一、西村天囚旧蔵印の全容

平成二十九年八月に初めて種子島の西村家を訪問した際、印章は、二つの箱に収められていた。一部には、紙のキャップが作成され、破損を防いでいるが、緊急の調査と専用箱作成の必要性を感じさせる資料群であった。総点数は概算で約百顆。ただ、通し番号は附されていなかった。一方、鈐印された巻紙（印譜）も同時に発見され、その押印数は全六十三であった(1)（図1）。

印文は、「天囚居士《てんしゅうこじ》」「碩園《せきえん》」「子俊《ししゅん》」「時彦《ときつね》」などの号や名を刻むものが多い。「居士」とは、もともと『礼記』にある言葉で、学問・人徳を備えながらも仕官しない人の意。後に雅号に付ける称号として使われるようになった。

「碩園」は天囚晩年の別号。「子俊」は字である。この他、「碩園珍蔵《ちんぞう》」「小天地閣善本《しようてんちかくぜんぽん》」「碩園収蔵楚辞百種《そじひやくしゆ》」などの蔵書印が注目される。

この巻紙（印譜）を最後まで開いていくと、末尾に「東京市外下大崎二三四　西村時彦」の印が押されていた。とすれば、この印譜が作成されたのは、大正十年（一九二一）、天囚が宮内省御用掛に任ぜられ、同年十月三日、大阪から東京五反田下大崎の島津邸役宅に引っ越した後であることが判明する。すなわち天囚晩年の印譜である。なお、六十二番目の印記からこの住所印までの間にはかなりの余白がある。あるいは天囚は、追加の鈐印を想定していたのかもしれない。

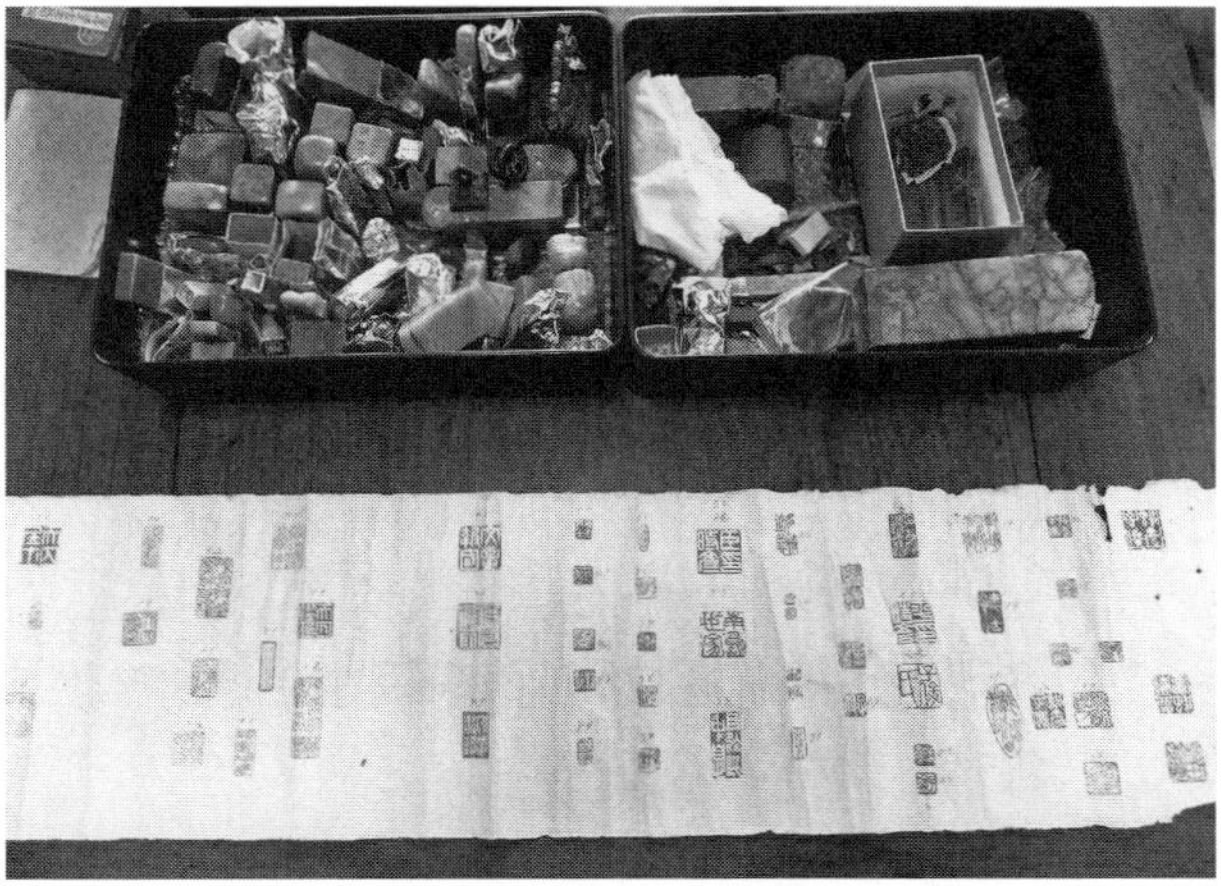

図１　西村天囚旧蔵印と印譜、整理前の状態

また、西村家からほど近い場所にある種子島開発総合センター（通称鉄砲館）は、一五四三年に伝来したポルトガル製火縄銃など島内の貴重資料を保管・展示する博物館であるが、館内には西村天囚とその師の前田豊山を顕彰するコーナーもあり、そこに、十一顆の天囚旧蔵印が展示されている。これらについても、鉄砲館のご厚意により一時拝借することができ、あわせて全点の撮影を行った。

その後、まず着手したのは、この巻紙（印譜）に鈐印されている印影と、西村家および鉄砲館に残されている印章との照合作業である。

寄託していただいた全印章について調査し、その結果を一覧表にまとめた（108頁～109頁の表**「西村天囚旧蔵印一覧表」**）。この表について

39	碩園	×	方形印		陽刻					
40	碩園居士	○	方形印		陰刻	無郭	1.2×1.0×4.0	○徐新周	石	
41	天囚	○	方形印		陰刻	無郭	1.1×1.1×5.7	○（四面）	石	
42	天囚居士	○	方形印	42と43で両面印	陽刻		1.2×1.2×5.9	○丸山大迂	石	
43	紫駿	○	方形印	42と43で両面印	陰刻	無郭	1.2×1.2×5.9	○	石	
44	清居邑人	○	長方形印		陰刻	無郭	1.1×0.9×3.7		石	
45	文章報国	鉄砲館	方形印		陰刻	無郭	2.7×2.7×4.9	○北側蝙亭	石	犬？
46	儒素傅家	○	方形印		陽刻		2.8×2.7×5.0	○北側蝙亭	陶器	犬？
47	文章載道	○	長方形印		陰刻		2.6×1.6×4.5		石	
48	小天地閣善本	○	長方形印		陽刻		2.6×2.1×5.6	○	石	
49	天囚鑑蔵	鉄砲館	方形印		陰刻	無郭	2.0×2.0×5.9		石	
50	碩園珍蔵先賢未刻書	○	長方形印		陽刻		4.4×1.6×8.8		石	
51	小天地閣珍蔵	○	長方形印		陽刻	太郭	2.8×0.9×7.7		石	獅子
52	碩園収蔵楚辞百種	○	長方形印		陽刻		3.7×2.0×3.5	○徐新周、福井端隠	石	
53	山房手鈔本記	○	長方形印		陽刻		2.2×1.5×5.7		石	魚２匹と波
54	紫駿翰墨	○	方形印		陽刻		1.7×1.7×5.7	○	石	犬？
55	碩園珍蔵	○	長方形印		陽刻		2.5×1.2×7.4	○徐新周	石	獅子
56	碩園鈔蔵	○	長方形印		陽刻		2.5×1.1×5.7		石	象の紋様
57	天囚書室	○	方形印		陽刻		2.0×2.0×1.7	○（四面）浜村蔵六	金属	鎖状
58	天囚居士	○	方形印		陰刻	無郭	2.4×2.4×5.4	○（上部）	石	
59	時彦	○	方形印	59と60で両面印	陰刻	無郭	1.0×1.0×4.6		石	
60	子俊	○	方形印	59と60で両面印	陽刻		1.0×1.0×4.6		石	
61	時彦私印	○	方形印		陰刻	無郭	1.0×1.0×3.0	○王希哲	石	
62	村彦子俊	○	方形印		陽刻		2.4×2.4×3.2	○	金属	三角形の紐穴
63	東京市外下大崎二三四西村時彦	鉄砲館	長方形印		陽刻		4.2×2.1×6.4		木	
64	天囚居士	鉄砲館	丸印		陽刻		1.5（直径）×5.8		木	
65	結翰墨縁	鉄砲館	方形印		陽刻		2.5×2.5×6.5	○中村眉山	石	
66	西村時彦	鉄砲館	方形印		陽刻		3.6×3.2×3.3		木	
67	平時彦印	鉄砲館	方形印		陽刻		3.2×3.2×3.8		石	
68	村彦子俊	鉄砲館	方形印		陰刻		2.5×2.5×6.4		石	
79	左馬頭行盛裔	西村家	方形印		陽刻		2.6×2.6×2.6	○	石	
81	字曰士俊	西村家	方形印		陽刻		3.3×3.3×3.8		石	
83	西村時彦	西村家	方形印		陰刻	無郭	2.2×2.2×7.3	○	石	
84	平時彦印	西村家	方形印		陰刻	無郭	4.3×4.3×3.7	○大野泉石	石	
85	寧誠士家	西村家	方形印		陰刻	無郭	4.5×4.7×12.5		石	
88	天囚居士	西村家	丸印		陽刻		1.5×1.5×6.1		木	
90	子俊氏	西村家	方形印		陽刻		2.2×2.1×7.0	○山田寒山	石	
93	左馬頭行盛之裔	西村家	方形印		陰刻	無郭	4.3×4.3×3.5	○	石	
97	私案　異説	西村家	長方形印	両面印	陰刻	無郭	1.9×0.9×5.9		木	
98	参看　折中	西村家	長方形印	両面印	陰刻		1.9×0.9×5.9		木	

西村天囚旧蔵印一覧表

通し番号	篆刻	現存確認	形状	特殊形状	陽刻・陰刻	匡郭	法量（cm）（縦×横×高）	側款・篆刻者	印材	鈕
01	天囚居士	○	方形印		陽刻		2.5×2.6×8.4		石	蓮
02	草不除軒	○	方形印		陽刻		2.6×2.6×8.5		石	蓮
03	西村時彦	○	方形印		陰刻		2.0×2.0×4.2	○	石	獅子
04	天　囚	○	方形印	連印	陽刻	無廓	2.2×1.0×5.9	○東宗平	石	獅子
05	天囚居士　紫駿	○	方形印	両面印	陰刻・陰刻	無廓	1.3×1.3×7.1	○	石	
06	村彦　子俊	○	方形印	連印	陰刻・陽刻	陰刻は無廓	2.1×1.2×4.1		石	猿
07	村彦子俊	○	方形印		陰刻		2.5×2.5×6.1	○	石	獅子
08	西村時彦	○	方形印		陰刻	無廓	2.2×2.2×6.0	○	石	
09	松町老隠	○	方形印		陽刻		2.2×2.2×6.6	○奥村竹亭	石	
10	村彦子俊	○	方形印		陰刻	無郭	1.4×1.4×3.9	○中村眉山	木	有、植物？
11	臣時彦印	×	方形印		陽刻					
12	碩園	○	方形印		陽刻		1.3×1.3×3.5	○	石	
13	天囚翰墨	○	方形印		陰刻	無廓	1.3×1.3×4.1	○奥村竹亭	石	
14	村彦子俊	○	方形印		陰刻	無廓	2.0×2.0×6.3	○徐新周	石	獅子
15	松町逸人	○	方形印		陽刻		2.1×2.0×6.2	○	石	獅子
16	天囚五十以逡文安	鉄砲館	方形印		陽刻		1.8×1.8×4.6	○中村眉山	石	
17	乾坤亦天獄	○	方形印		陽刻		2.5×2.5×5.5	○（上部）中村敬所	石	
18	懐古	○	長方形印		陰刻	無郭	2.6×1.9×3.9		石	雲・鳥？
19	載弾載詠	○	変形楕円印		陽刻		5.0×2.3×3.1	○（絵）	石	
20	於焉逍遙	鉄砲館	長方形印		陰刻	無郭	2.7×1.5×5.2	○	石	
21	平時彦印	○	方形印		陰刻	無郭	2.6×2.6×8.3	○	石	植物の絵
22	子俊氏	○	方形印		陽刻		2.6×2.5×8.7	○	石	植物の絵
23	時彦	○	方形印	23と24で連印	陰刻	無郭	2.7×1.2×6.1	○（横・上）王希哲	石	
24	子俊	○	方形印	23と24で連印	陽刻			○王希哲	石	
25	松柏有本性	○	長方形印		陰刻	無郭	2.8×1.4×7.1		石	獅子
26	臣時彦印	○	方形印		陰刻	無郭	1.6×1.6×3.3	○	石	
27	子俊	○	方形印		陰刻	無郭	1.4×1.3×4.1	○	石	うさぎ
28	多情之罪	鉄砲館	長方形印		陽刻		2.5×1.5×5.9	○（上部）	石	
29	時彦　子俊	○	方形印	連印	陰刻・陽刻	陰刻は無郭	1.6×0.7×4.7	○	石	
30	村彦　天囚	×	扁平印	連印	陰刻・陽刻	陰刻は無郭				
31	非詩人	×	長方形印		陽刻					
32	臣時彦印	○	方形印		陰刻	無郭	2.7×2.7×5.9	○	石	上部にデザイン
33	南島世家	○	方形印		陽刻		2.8×2.7×5.8	○	石	上部にデザイン
34	且於此中息	○	長方形印		陰刻	無郭	3.7×1.8×5.5	○	石	
35	天囚	○	楕円形		陽刻		2.1×0.7×5.0	○	石	側面に桃のデザイン
36	碩園	○	方形印		陽刻		1.4×1.3×4.1	○	石	獅子
37	村彦	○	方形印		陰刻	無郭	1.1×1.1×5.8	○中村眉山	石	蛙（紐穴）
38	子俊	○	方形印		陽刻		1.2×1.1×7.1	○中村眉山	石	植物？の葉（紐穴）

説明する。

左端の番号は「通し番号」で、01～63までは印譜の順番に沿っている。「現存確認」欄に○がついているものは、種子島の西村家に残されていたもの、「鉄砲館」と記しているものは、種子島開発総合センター（鉄砲館）に展示されているもの、「西村家」とあるものは、印譜に鈐印されてはいないが、西村家で発見されたもので、計九十八となる。64以降は印譜に鈐印されていないものであるが、68番以降の通し番号に欠番があるのは以下のような理由による。西村家と種子島開発総合センター（鉄砲館）から拝借した印の合計は百顆だったので、当初、1～100までの仮番号を付けて一覧表を作成した。しかし、劣化・破損のため写真撮影に耐えないもの、天囚との関わりが分からないもの、別人の印などは撮影対象としなかった。そのため、いくつかの欠番が生じている。印譜にあるものはほぼ確認されたが、11「臣時彦印」、30「村彦　天囚」の連印、31「非詩人」、39「碩園」の四顆のみ、現時点で現存が確認されていない。

「篆刻」欄は、筆者が読み取った印面の字を記す。

「形状」欄は、方形印、楕円形印など、印の形状を示す。その右の「特殊形状」欄は、両面印、連印などの特殊な印であることを示す。印は通常、つまみ（鈕）と印面から成るが、両面印は鈕の上下両方に印面があるもの。連印は一つの印面に篆刻が二つあるもので、一度の鈐印で同時に二つの印を押すことができる。

次の「陽刻・陰刻」欄は、印面が陽刻か陰刻かを示す。陽刻とは、文字の部分が凸に彫られていて、押印すると文字が朱で示されるもの、逆に陰刻は、文字の部分が凹に彫られていて、押印すると文字の部分が白抜きになるものである。次の「匡郭《きょうかく》」欄は、印文の枠（匡郭）の有無を記したもの。通常は、陽刻の印は匡郭を持ち、陰刻の印は匡郭を持たない。ここでは、匡郭のないもののみ「無郭」と記す。あとは「有郭」である。その次の「法量」欄は、印の実寸を縦×横×高さ（単位cm）で示す。

「側款《そっかん》」は、鈕の側面または上部に刻印がある場合は○とした。ここには寄贈者や篆刻者の名、その年月などが刻まれている場合もある。篆刻者名が読み取れるものについては、その名を記す。またその篆刻者情報が明らかなものについては本章末尾の附録に記した。

「印材」は印の材質を示す。「鈕」は特徴的な意匠が施されている場合に注記する。

この表から明らかなように、印譜に鈐印されていた印はほぼ種子島に現存していたのである。また、鈐印されていた六十三顆以外にも、さらに三十顆余りの興味深い印があることも確認された。天囚は多くの印を蔵有していたのである。

二、蔵書印と碩園記念文庫本

こうして確認された約百顆の印章の中で最も重要だと思われるのは、多くの蔵書印である（図2）。48「小天地閣善本」、49「天囚鑑蔵《かんぞう》」、50「碩園珍蔵先賢《せんけん》未《み》刻書《こくしょ》」、51「小天地閣珍蔵」、52「碩園収蔵楚辞百種」、53「山房手鈔本記」、54「紫駿《ししゅん》翰墨《かんぼく》」、55「碩園珍蔵」、56「碩園鈔蔵《しょうぞう》」、57「天囚書室《しょしつ》」は、巻紙（印譜）にも近い場所に連続して鈐印されており、一連の蔵書印であったことが知られる[2]。

この内、「小天地閣」というのは、天囚の別号である。天囚は文献善本の写本叢書を編集し、「小天地閣叢書」としてまとめ、「小天地閣善本」や「小天地閣珍蔵」などの蔵書印を鈐印した。乾集・坤集の計一四三冊からなる同叢書には、「懐徳書院掲示」「履軒中井先生行状」「大阪府学五舎銘并序」「懐徳堂記録」『史記雕題』などの懐徳堂関係資

48 小天地閣善本

49 天囚鑑蔵

50 碩園珍蔵先賢未刻書

51 小天地閣珍蔵

52 碩園収蔵楚辞百種

53 山房手鈔本記

54 紫駿翰墨

55 碩園珍蔵

56 碩園鈔蔵

57 天囚書室

図２　西村天囚旧蔵印の内の蔵書印

料の他、広瀬淡窓『読論語』、猪飼敬所『論語標記』などの注釈書、「昌平黌書生寮姓名録」「浪華人物志」「鹿児島県人物伝備考」などの貴重資料が収録されている。

特に「昌平黌書生寮姓名録」は、中井竹山手稿本の昌平黌（昌平坂学問所）書生寮の姓名録である。これを天囚が「小天地閣叢書」坤集に入れた。この資料は東京大学史料編纂所にもあるが、その異同を対照できる貴重な資料である。全一三〇丁。(3)

また、「楚辞百種」とは、天囚が収集した『楚辞』の善本コレクションである。天囚は晩年、特に『楚辞』の研究と資料蒐集に努めた。大阪市松ヶ枝町の自宅の書斎は『楚辞』にちなんで「百騒書屋《ひゃくそうしょおく》」と名付けられ、清末の著名な考証学者兪樾《ゆえつ》の筆になる「讀騒廬《どくそうろ》」の扁額が掲げられた。(4)『楚辞』への思い入れが分かる。

この『楚辞』コレクションは百種近くに及んだため、「楚辞百種」と総称され、「碩園収蔵楚辞百種」の蔵書印が鈐印された。これらは後に「碩園記念文庫」の一部として懐徳堂に入った。本コレクションは、大阪大学懐徳堂文庫に引き継がれ、現在に至っている。

一例として、懐徳堂文庫所蔵「楚辞百種」の内、天囚自身の編集による『楚辞纂説』を取り上げてみよう（図3）。本文冒頭の第一葉に計七つの印記が見える。

鈐印の先後関係に留意して説明すると、まず天囚が自身の蔵書であることを示す「天囚書室」「碩園珍蔵」と、自身の抄写本であることを表す「碩園鈔蔵」とを鈐印し、さらに『楚辞』の貴重コレクションであることを示す「碩園収蔵楚辞百種」印が押された。大正十三年（一九二四）に天囚が亡くなった後、これらの旧蔵書は懐徳堂記念会（重建懐徳堂の書庫）に収蔵されることとなり、「懐徳堂図書記」「碩園記念文庫」の印が懐徳堂記念会によって鈐印された。さらに昭和二十年（一九四五）の大阪大空襲で重建懐徳堂の講堂が焼失し、戦後、記念会の蔵書が一括して大阪大学

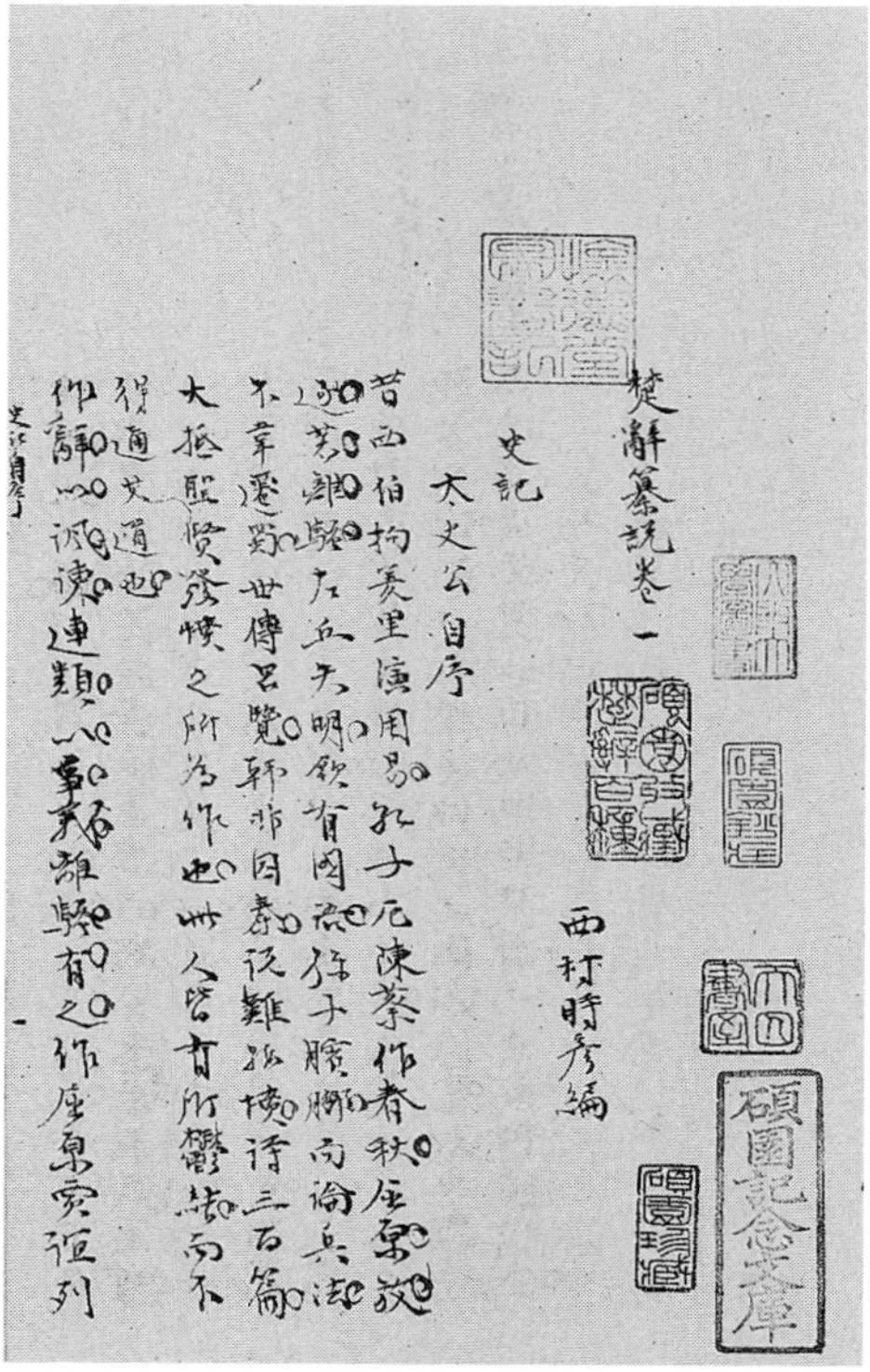

図３『楚辞纂説』の印記

に寄贈されるに至り、「大阪大学図書」の蔵書印が大阪大学によって鈐印された。こうした来歴をこれらの印記は示しているのである。

念のため、もう一例あげてみよう。これも懐徳堂文庫所蔵「楚辞百種」の内の『楚辞綺語』である（図４）。「叙」の冒頭葉に六つの印記が見え、来歴の順番に掲げると、「天囚書室」「小天地閣珍蔵」「碩園収蔵楚辞百種」の三つは天囚による鈐印で、「碩園記念文庫」と「財団法人懐徳堂記念会印」は懐徳堂記念会によるもの。さらに、「大阪大学図書」は戦後の大阪大学による印である。

また、右葉には天囚の識語が記されていて、そこには、陰刻の「天囚」印と陽刻の「碩園」印が確認され、大きな「大阪大学収蔵図書印」と昭和二十六年（一九五一）九月十日付けの受入印も見られる。これは、昭和二十四年に大阪大学が懐徳堂記念会から懐徳堂文庫を一括して受贈した後、受入の手続きにかなりの時間を要したことを示している。昭和二十四年の段階で、大阪大学にはまだ図書館本館がなく、受け入れた懐徳堂文庫は、文学部の関係研究室や階段下の空間に分割して収蔵されていたという。図書館本館が竣工するのは、ようやく昭和三十五年（一九六〇）のことであった。そして、昭和五十一年（一九七六）刊行の『懐徳堂文庫図書目録』によって、その全容が知られることに

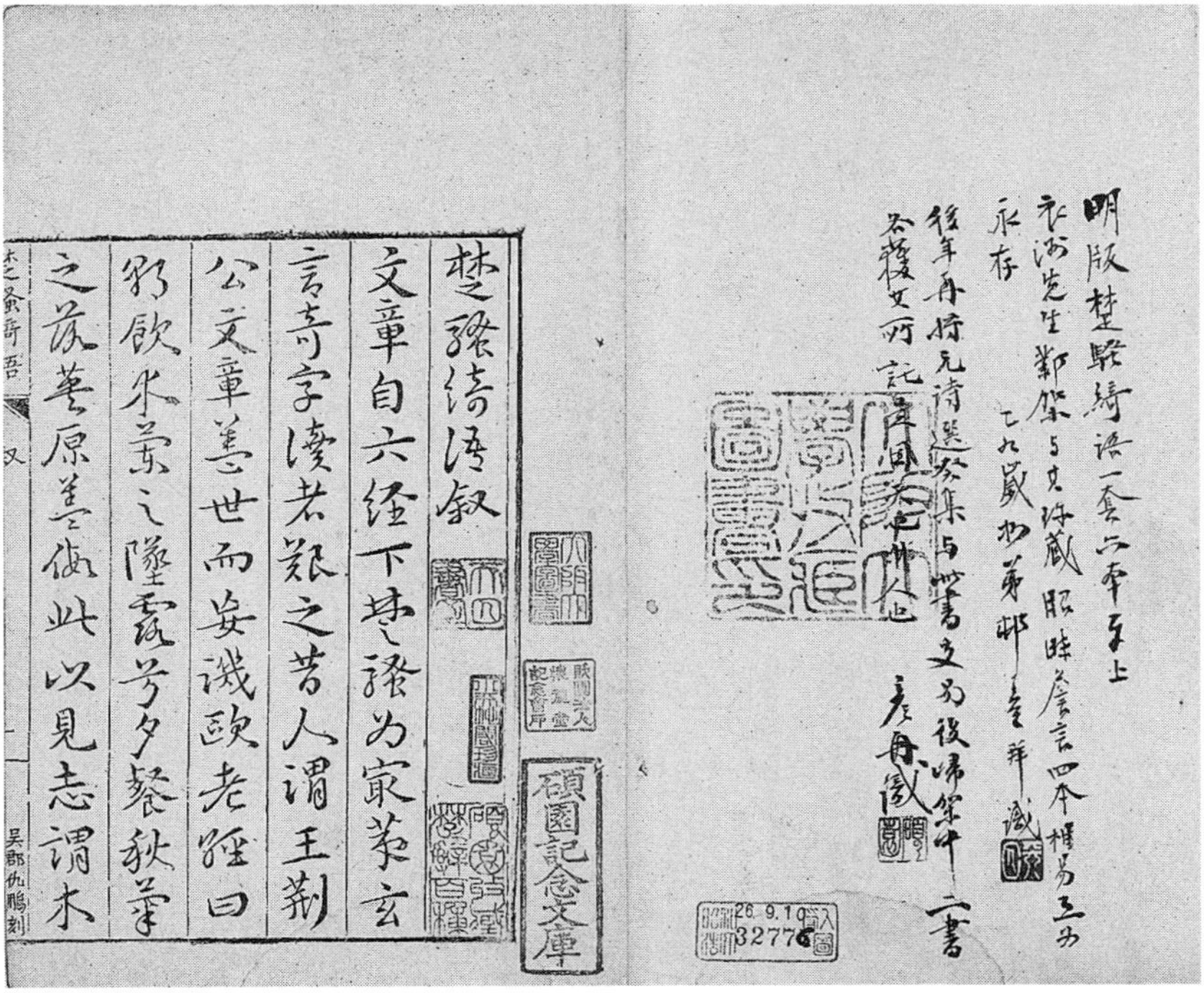

図４『楚辞綺語』の印記

なったのではあるが、天囚の蔵書印については不明のままとなっていた。そして、このたびの調査により、その蔵書印の実物が約百年ぶりに発見されたわけである。

小野則秋『日本の蔵書印』（臨川書店、一九五四年）は、多くの蔵書印を集めて考察した労作で、西村天囚の蔵書印としては「碩園」「碩園珍蔵」「天囚書室」「天囚図書」があったとする（ただし印影の掲載はなし）。渡辺守邦・島原泰雄『蔵書印提要』（青裳堂書店、一九八五年）は、「碩園珍蔵」「天囚書室」の原寸印影を掲げ、中野三敏『近代蔵書印譜三編』（青裳堂書店、一九八九年）は「天囚書室」を、渡辺守邦・後藤憲二『新編蔵書印譜』（青裳堂書店、二〇〇一年）も、「碩園珍蔵」「天囚書室」の二つを原寸影印で掲げる。

ただ、これらが天囚蔵書印のすべてではなかったのである。碩園記念文庫所蔵漢籍にはそれを遥かに上回る蔵書印が見られ、また種子島の西村家にはそれに該当する印が保管されていたのである。公的機関の蔵書印が保管されているのは当然としても、個人の膨大な漢籍蔵書と多くの蔵書印がほぼ完璧に残っているのは稀有な例であり、学術的価値は極めて高いと言えよう。

三、字・号に関する印

数量的に最も多いのは、やはり名、字《あざな》、号に関する印である（図５）。01「天囚居士」、03「西村時彦」、12「碩園」、23・24「時彦」「子駿」（連印）を初め多数にのぼる。天囚は自筆署名する場合、西村の村を「邨」と書く場合もあるが、これらの印の中でも多くは「［屯＋邑］（邨）」と刻まれている。

やや注意を要するのは、05の両面印などに見られる「紫駿」である。子（士）駿は、81の印に「字曰士駿」とある通り、天囚の字として知られているが、「紫」も同音であるため、「紫駿」も字を示す印として使われていたことが分かる。

また、住居に関わる印も確認された。02「草不除軒《そうふじょけん》」はこれまで管見の限り鈐印されたものを確認できていなかったが、自ら「浪華艸不除軒天囚西村時彦」と署名している資料が、このほど確認された。

それは、岡山県の倉敷市立美術館所蔵の御船綱手《みふねつなて》の画帖「世界周遊実写　欧山米水帖」に天囚が依頼されて書いた「題辞」末尾の署名である。北宋の学者周敦頤《しゅうとんい》は天地自然のままを好み、窓の前の草を刈らなかったという。『二程遺書』巻三に「周茂叔窗前草不除去」と見える（茂叔は字）。天囚もこの故事にちなみ、大阪市北区松ヶ枝町の自宅をそう呼んでいたと思われる。この題辞の署名により「草（艸）不除軒」が天囚の別号であることが判明したのである。(5)

03 西村時彦

02 艸不除軒

01 天囚居士

12 碩園

09 松町老隠

05 紫駿

33 南島世家

23・24 時彦・子駿
（連印）

21 平時彦印

15 松町逸人

93 左馬頭行盛之裔

79 左馬頭行盛裔

67 平時彦印

図５　西村天囚旧蔵印の内の字・号に関する印

同様に、09「松町老隠」や15「松町逸人」も、大阪の松ヶ枝町に住んでいたことによる自称であろう。この町名は、実際に松の老木があったことに由来するようで、種子島の西村家に保存されている天囚関係のアルバムに、大きな松の木が写っている写真がある[6]。

さらに、種子島出身であることや自身の家系に思いを致したと思われる印もある。21「平時彦印」、33「南島世家」、67「平時彦印」、79「左馬頭行盛裔」、93「左馬頭行盛之裔」などである。

天囚は、郷里種子島からの依頼により、大正十年（一九二一）、鉄砲伝来紀功碑文を撰文しているが、その冒頭に、「火器、古《いにしえ》は鉄砲と称する者、今の所謂小銃なり。其の我が国に伝来するは三百八十余年前に在り。実に我が種子島氏より始まる。種子島は左馬頭《さまのかみ》平《たいらの》行盛《ゆきもり》朝臣《あそん》より出ず。其の子信基《のぶもと》公、鎌倉の初め、南海十二島に封ぜられ、世々種子島を治む。因りて島を以て氏とす」と記している[7]。

種子島の祖とされる「左馬頭平行盛朝臣」とは、平行盛（?〜一一八五）である。平清盛の次男の平基盛の長男で、左馬頭は官名。朝廷保有の馬を管理する馬寮（左馬寮・右馬寮）の内、左馬寮の長。朝臣は、もともと天武天皇の時に制定された八色の姓の第二位。のち、五位以上の人の姓名に付ける敬称である。その子の信基が、鎌倉時代の初めに南海諸島に封ぜられ、島の名にちなんで種子島氏と名乗った。すなわち平信基が種子島氏の直接的な祖ということになる。

また、この碑文には、その信基の孫の信真に六人の子があり、季《すえ》の子の信時《のぶとき》が初めて西村姓を賜ってこの地を采邑《さいゆう》としたことが記されている。種子島の西村家に伝わっている家系図にも、西村家が平氏から出ているとされており、それを受けて天囚は、「平時彦印」と刻んだ印と、種子島氏の末裔であることにちなむ「左馬頭行盛裔」「左馬頭行盛之裔」印を持っていたと推測される。

「南島」はもちろん種子島のことであり、「世家」はそこに代々ある家という意味である。天文十二年（一五四三）、種子島に漂着した異国船に対応し、鉄砲伝来の仲介をした人物こそ、天囚の十三代前の祖先西村織部丞《おりべのじょう》時貫《ときつら》であった。

四、思想と著作と印章と

この他、天囚の思いを感じることができる印として、16「天囚五十以逡文安」、18「懐古」、45「文章報国」、46「儒素傳家」、47「文章載道」などがある（図6）。

平成三十一年（二〇一九）、種子島の鉄砲館における資料調査で、筆者は、天囚の自筆草稿類を発見した。「五十以後文稿」と自筆で題した冊子に何種かの草稿が綴じられている。この「天囚五十以逡文安」印と呼応するようで興味深い。「逡」はしりぞく、次第・順番の意。種子島の草稿同様、「五十以後」の意味であろう。当時の文人にとって、やはり孔子の「五十にして天命を知る」（『論語』為政篇）は重い意味があり、人生の大きな区切りと考えられていたのではなかろうか。

「懐古」は、天囚が大阪で復興運動を進めた「懐徳堂」を想起させる印である。中国古典文学、特に古典詩におい

16 天囚五十以逡文安

18 懐古

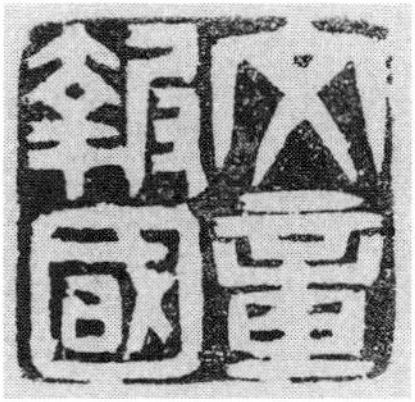
45 文章報国

46 儒素傳家

47 文章載道

図６　天囚の思想に関わる印

て、「懐古」が重要な主題として明確に意識されるのは六朝時代からであり、それが確立するのは唐代であるとされる。そこで詠じられるのは、過去の栄華を失って今は荒廃した姿に催す「はかない」感情であるとされる(8)。

天囚がこの印に込めた思いはどのようなものだったであろうか。もちろん中国古典に通じていた天囚は、そうした漢詩の主題については充分理解していたと想像される。ただ、懐徳堂復興運動を通じて天囚が抱いていた思いとは、単なるはかなさではなかったであろう。江戸時代の大坂学問所に思いを致し、それを復興するという強い意志が込められていたと考えられる。

そして、その復興を天囚は自身の「文」の力によって推進した。大阪府立図書館の初代館長今井貫一らと大阪人文会を組織した天囚は、その例会で、初期懐徳堂の五井蘭洲《ごいらんしゅう》について講演し、懐徳堂の顕彰に努めた。また、朝日新聞に「懐徳堂研究」を連載し、享保九年（一七二四）の懐徳堂創立以来の歴史について解説していった。漢学者天囚ならではの仕事であった。種子島の西村家に残されていた「文章報国」印や「儒素傳家」印なども、文章と漢学によってこの世に貢献しようという天囚の姿に重なって見える。また「文章載道」も、天囚の文章観を示すものとして興味深い。文章は、互いの意思を表明する手段であるが、それのみにとどまらず、そこに正しい道を載せるものだという天囚の思想をうかがうことができよう。

さらに、天囚の研究と著作の形成という観点から、極めて興味深い印が発見された。97「私案　異説」の両面印、98「參看　折中」の両面印である。これらは印譜には鈐印されていないが、実は、これを実際に鈐印した資料が、やはり種子島で発見された。鉄砲館に保管されていた天囚関係資料の中に、長く所在が不明であった天囚の『論語集釈』草稿が残されていたのである。これまで、「碩園先生著述目録」（『懐徳』第二号、一九二五年）には名があがっていながら、その実物の存在は知られていなかった。「目録」によれば、「論語集釋　自學而至泰伯第八章　未刊」「首に集釋を擧げ、次に折中參看異説私案の四目を立て、其の足らざるところを補はる」とある。

種子島の鉄砲館に保管されていた『論語集釈』草稿は全二冊。一冊目が巻一（学而・為政）と巻二（八佾・里仁）、二冊目が巻三（公冶長・雍也）と巻四（述而・泰伯）となっていて、「目録」の記載と見事に合致している。これこそまさに、行方不明だった天囚の『論語集釈』草稿である。

筆者はこの資料の重要性に鑑み、鉄砲館の許可を得て全体を影印本とする計画を立て、湯浅邦弘解説『西村天囚『論語集釈』』（大阪大学文学研究科、二〇二二年）として刊行した。

そこで興味深いのは、その印記である。巻一の第一葉を確認してみよう（図7）。すると、内題に「論語私案」と一旦書いた右に、見せ消ちで「集釋」と訂正していることが分かる。[9]また、注釈の冒頭に、「異説」という陰刻の長方形印が押されていることも確認される。

念のため、次の葉も開いてみると、そこにも、学而篇冒頭の「子曰、學而時習之、不亦不説乎」の本文に対する天囚の注に「折中」、「參看」、「私案」、「異説」の印が押されていることが分かる（図8）。「目録」には、「折中參看異説私案の四目を立て」とあったが、これらの印記こそ、種子島の西村家に残されていた97「私案　異説」の両面印（図9）と98「參看　折中」の両面印によって鈐印されたものである。『論語集釈』の印記では計四つの印に見えるが、実は二つの両面印によって押印されたものだったのである。

このように、天囚は自身の『論語』注釈書を編纂しつつあり、また各注釈の種別を分かりやすく表示するため、これらの印を使って、仕分けしていたと推測される。例えば、「異説」とは、『論語集解』や『論語集注』など定番の注釈書とは異なる見解を附記したものであり、この第一葉では、荻生徂徠の説が引かれている。「參看」とは参考として提示する他の見解、「私案」とは、天囚自身の独自の見解、というものであろう。

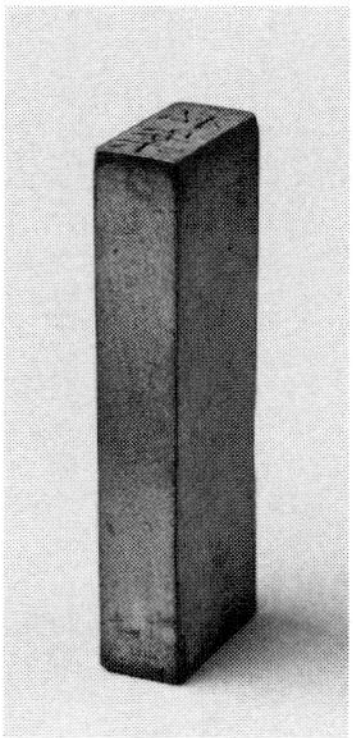

図９「私案　異説」の両面印

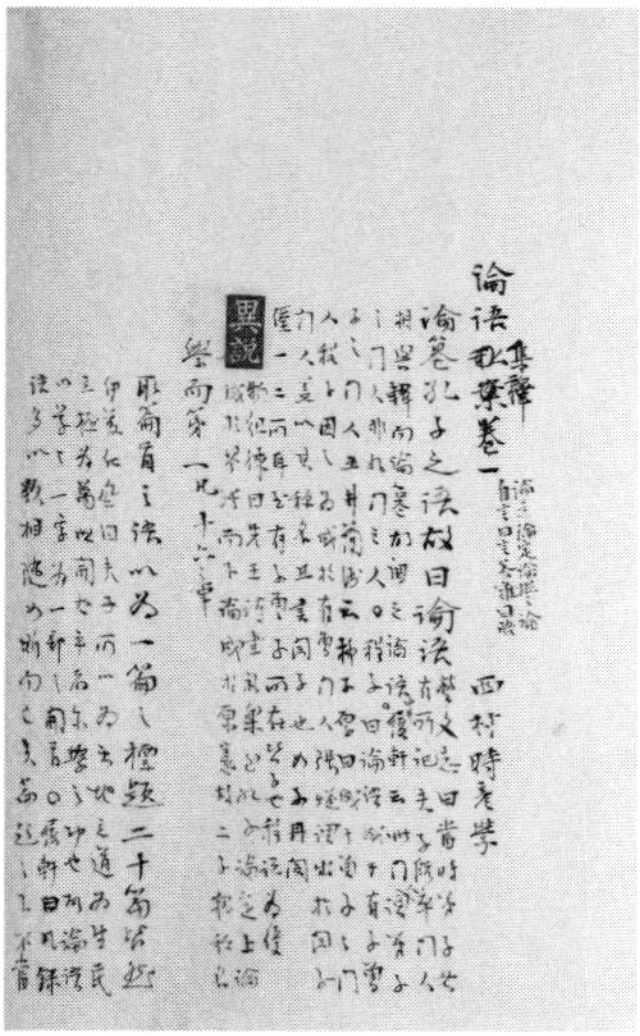

図７『論語集釈』巻一冒頭

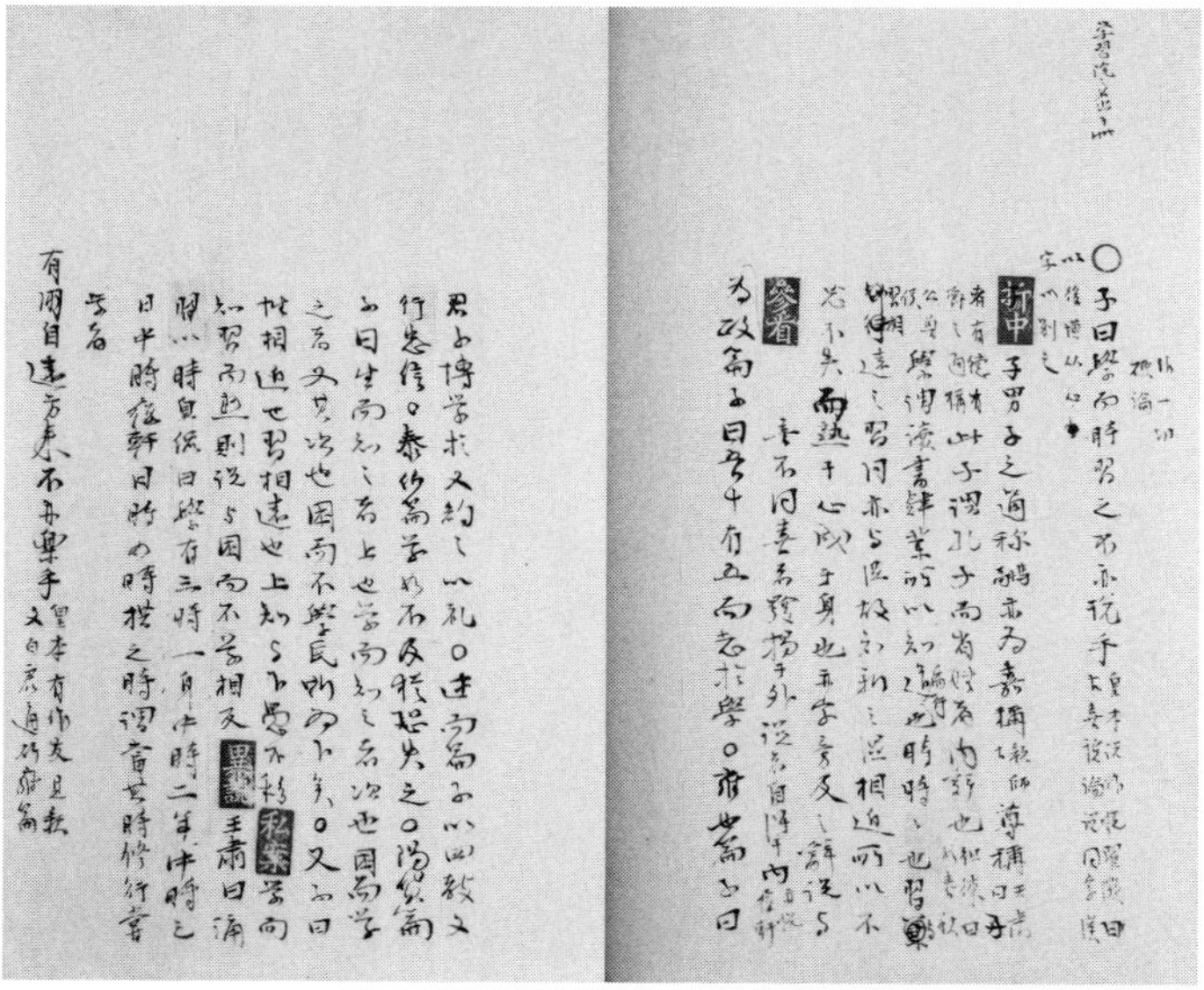

図８『論語集釈』の「折衷」「参看」「私案」「異説」印

ただし、「目録」には、「首に集釋を挙げ」とあるが、ここに「集釋」の印記は見えず、また「集釋」という長方形印は西村家からは見つかっていない。あるいは、この「集釋」は印のことではなく、天囚の『論語集釈』の地の文を指していた可能性もある。つまり、第一葉で言えば、冒頭本文から「異説」の印記の前までが、「集釋」だったという可能性である。こう考えれば、天囚旧蔵印の中に「集釋」の印がなかった理由も一応理解できる。

ところが、一冊目の為政篇「子曰、攻乎異端」章から、印の形が一変する（図10）。この章の冒頭の注については「折中」の長方形印が見られる。これは従前通りである。ところが、その後は、やや扁平で小振りの「參看」や「異説」印となる。楷書で刻印されているのは長方形印と同様であるが、文字は縦組ではなく、横組となっている。さらに、次の「子曰、由、誨女知之乎」章に至ると、そこに「集釋」印が押されているのである（図11）。以後、第二冊の終わりまで、この扁平の「集釋」「參看」「異説」「私案」の四種類の印記が確認される。この形の印は種子島の西村家には残されていなかった。

これは、どのように理解すればよいであろうか。天囚の『論語集釈』が未完に終わっているので謎というほかはないが、恐らく天囚は、はじめ全体を「集釋」と「折中」「參看」「私案」「異説」に分けて記す方針を立て、「集釋」については冒頭の地の文がそれに当たるとし、それに続く注釈については、その性格の違いによって「折中」「參看」「私案」「異説」の印を押しながら区別して書くこととした。しかし、後には、「集釋」そのものも印で明示することとし、それにあわせて、印を縦長ではなく、あまりスペースを取らない扁平の方形印にした。またその際、「折中」の役割は「集釋」印の後の解釈に包括されると判断し、扁平の「折中」印は作成しなかった。このように推測されるのではなかろうか。

また、こうした方針をとったのは、天囚が江戸時代以来の漢学者の書き入れを多数見ていて、それらが分かりづら

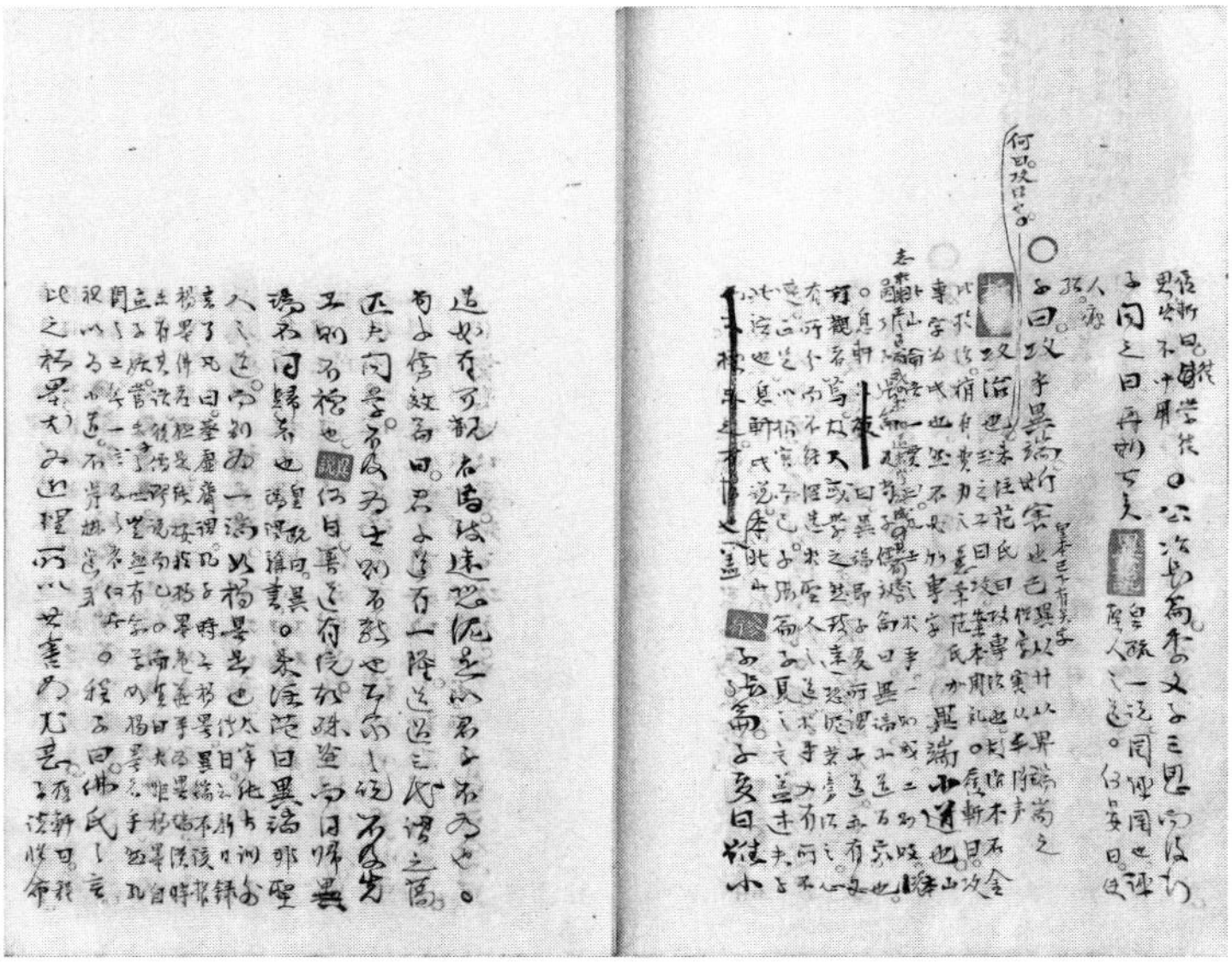

図 10 『論語集釈』為政篇攻異端章の印記

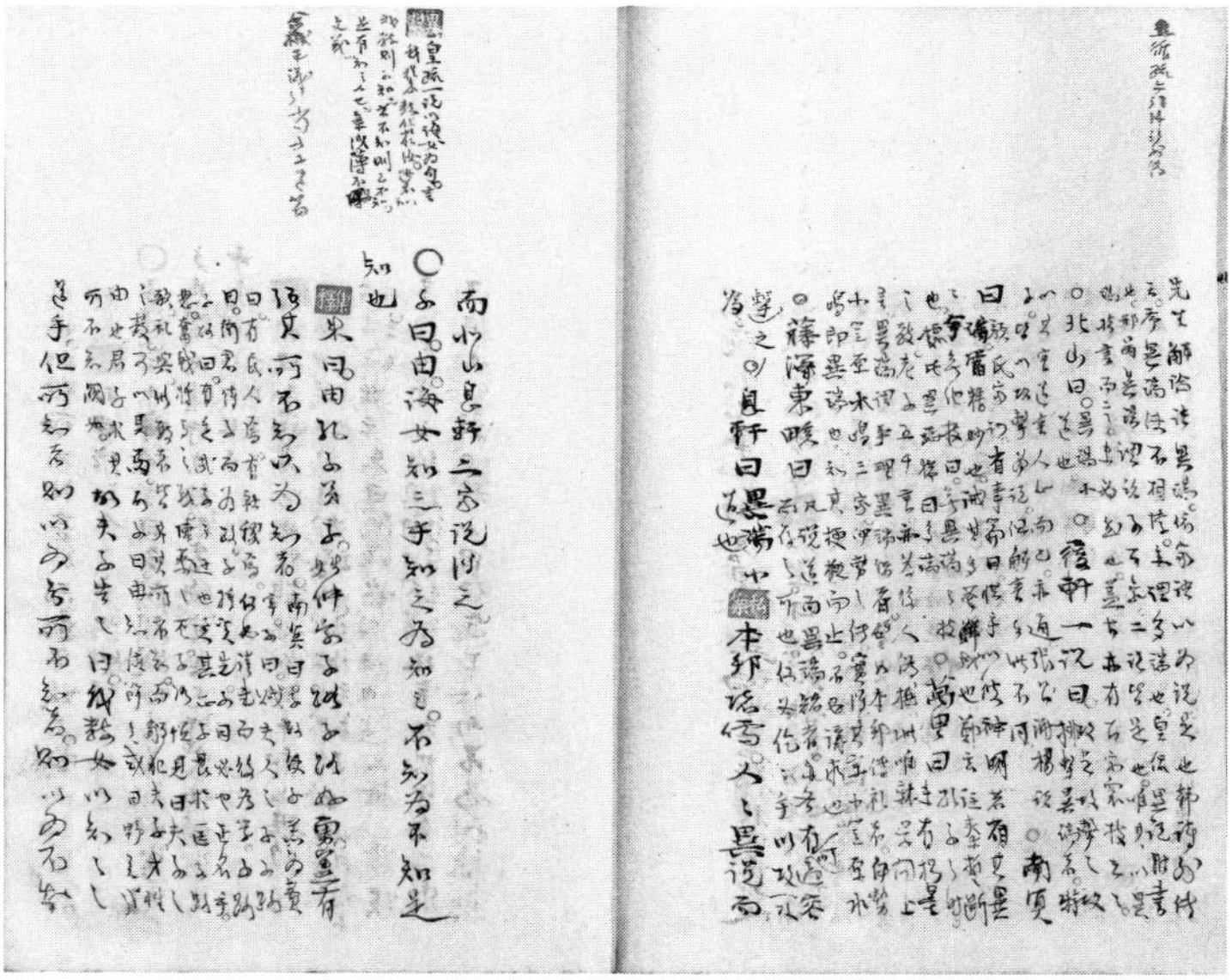

図 11 『論語集釈』為政篇の「集釋」印

いと感じていたことも一因ではなかろうか。例えば、江戸時代の懐徳堂を代表する学者中井履軒《なかいりけん》の『論語雕題《ちょうだい》』は、欄外に多くの書き入れがあるが、履軒自身にも分かりづらくなったため、後に履軒は、それを基に『論語雕題略』に集約し、さらに再編集して最終形態の『論語逢原』を完成させている。天囚は、こうした書き入れ方式では、自分自身も、また当然読者も分かりにくいと判断し、数種の印記によって仕分けしながら草稿を書き進めたのではなかろうか。新聞記者として常に多くの読者を想定して原稿を執筆していた天囚は、自身の研究についても、視覚的にできるだけ分かりやすく、後に刊行する場合にも混乱が生じないよう配慮していたのではないかと考えられる。印の文字が篆書ではなく楷書で刻まれているのもそのためであろう。

なお、こうした方法は、この『論語集釈』だけではなく、天囚の他の草稿類にも見られる。晩年、研究に取り組んだ『楚辞』についても、例えば、天囚手稿本の『楚辞集釈』には、「集釋」「存異」「私案」の三つの印記が確認されている。印の形は、『論語集釈』のいずれの印とも少し異なる扁平である。(10)

それらがいずれも陰刻であることは何か意味があるのだろうか。もちろん、陰刻の方が、陽刻に比べて朱色の面積が大きくなり、紙面に映えるという判断があっただろう。ただ、こうした表示方法は、天囚が独自に開発したものではなく、中国明代頃に普及していく木版印刷の冊子に、そのアイデアが見られるものである。特に、中国の百科全書「類書」は先行する多くの文献から該当部分の字句を抜き出し項目ごとに分類して提示するという独特のスタイルをとるが、多数の文献から引用した字句を分かりやすく提示するために、見出し語を付ける場合がある。しかもその見出し語は「白抜き文字」によって印刷される。これは印における陰刻と同様の効果を持つもので、読者への配慮から考案されたものであろう。(11)

日本の明治期の図書でも、こうした工夫を施したものがある。例えば、明治四十四年（一九一一）刊行の久保天随

『孫子新釈』は、各篇の冒頭に、白抜き文字で「篇意」、その後、各本文の注については、「字解」「文義」「餘論」を同じく白抜き文字で掲げつつ注釈を記している。天囚も、中国の木版印刷の影響を受けて、後に自身の著作として刊行する場合、その注の類別を白抜き文字で表記しようと考えたのではなかろうか。刊行間際になってからそうした仕分けをするのではなく、草稿段階から陰刻の印によって区別しつつ書き進めたのである。

いずれにしても天囚は、注の種別ごとの印を何種類か持っていたと推測される。種子島で発見された印章と印記は、こうした天囚の研究・執筆の姿勢と過程を示す極めて重要な資料であった。

さらに、その後の調査によって、天囚の印譜と筆者の作成した一覧表には入っていない印記も発見された。その代表が、本書第一章「遺墨に見る漢学の伝統」で取り上げた「鉄砲権輿《てつぽうけんよ》」印である。この四字は、天囚の先祖、西村織部丞時貫が一五四三年の鉄砲伝来に貢献したこと、すなわち西村家が日本における「鉄砲のはじめ」に関与しているという自負を込めた印だと思われる。天囚の関防印としてはふさわしく、天囚が愛用していた可能性は高いと思われる。(12)

おわりに

大阪大学懐徳堂文庫は約五万点の資料群から成るが、文献のみではなく、実は、貴重な器物類も多数含まれている。江戸時代の懐徳堂に由来する書画、屏風、版木などであり、その中でも特に異彩を放つのは二百点を超える印章である。印章は、小振りな資料ではあるものの、その印面や鈕の造形からは、懐徳堂の学術的特色や歴代教授の性格もうかがうことができる。小さな印の中に懐徳堂の歴史と思想が凝縮されていると言ってもよい。(13)

懐徳堂記念会は、大正元年（一九一二）、中井家子孫の中井木菟麻呂《つぐまろ》が所有していた中井竹山・履軒らの印章を借用して『懐徳堂印存《いんぞん》』という印譜を作成した。この印譜の跋文を書いたのが西村天囚である。その中に、印章についての天囚の思いが次のように語られている（原文は漢文）。

夫れ図章《ずしょう》とは、上は天子自《よ》り、下は庶人に至るまで、用いて以て信を示す。而して学士文人の用うる所、文は典雅を尚《たっと》び、其の寓意は深きなり。人を感ぜしむるや窮まり無きなり。徳容風範《とくようふうはん》以て彷彿《ほうふつ》すべし。

図章（印章）は人の「信」を示すものであるという。さらに学士や文人が用いる際には、その文は典雅を尊び、その寓意は奥深く、人を強く感動させ、その人の高い徳や風采を髣髴とさせるというのである。江戸時代の懐徳堂の印章を見て、天囚はこのように実感した。このことは、自身の印の整理と印譜の制作とについても、少なからず心を動かしたのではなかろうか。晩年、東京で鈐印されたと思われる巻紙の印譜には、なお多くの余白が残されていた。天囚の印譜は未完であったのか。

約百顆の印は郷里種子島に帰り、今も、天囚の「徳容風範」を放ち続けているのである。

【附録】　西村天囚旧蔵印の篆刻者

本章では、主として印面の文字に注目して考察を進めてきたが、印鈕側面に刻まれた篆刻者の署名すなわち「側《そっ》款《かん》」も貴重であると思われる。本章の元となる『西村天囚旧蔵印』（湯浅邦弘編集・解説）を関係者に寄贈したところ、書道ご専門の先生方から、側款の拓をとってほしいとのお声をいただいた。また、筑波大学の菅野智明教授からは、側款情報について懇切なご指導をいただいた。

そこで以下では、菅野教授のご教示も踏まえて現時点で解読できた側款情報を簡潔に附記しておく。篆刻者が同じものは一グループにまとめた上で、篆刻者情報、それぞれの印番号、「篆刻（印面の文字）」→「側款（篆刻者）」の順に掲げる。

・奥村竹亭《おくむらちくてい》（一八七三〜一九二七）、「奥邨竹亭」と表記されることもある。『赤壁賦印譜』（古梅園）がある。

09「松町老隠」→「竹亭」

13「天囚翰墨」→「竹亭」

・中村眉山《なかむらびざん》（一八七九〜一九五五）。青森県八戸出身。岸和田城主中村一氏《なかむらかずうじ》の子孫。名は正真、字は信甫、眉山はその号。関西で「書道作振会」を創設した。

10「村彦子俊」→「眉山」

16「天囚五十以後文案」→「正真」

37「村彦」→「眉山」

38「子俊」→「眉山」

65「結翰墨縁」→「眉山邨真」

・徐新周《じょしんしゅう》（一八五三〜一九二五）、字は星舟、星州、星周。中国江蘇県の人。呉昌碩《ごしょうせき》の弟子。呉昌碩は清朝最後の文人とされ、詩・書・画・篆刻ともに優れていたことから「四絶」と讃えられた。

14「村彦子俊」→「星州」

40「碩園居士」→「星周」
52「碩園収蔵楚辞百種」→「徐星州」
55「碩園珍蔵」→「星周」

・円山大迂《まるやまたいう》（一八三八～一九一六）。名古屋出身。名は真逸。貫名海屋《ぬきなかいおく》に師事して、漢学と書を学ぶ。貫名海屋（号は菘翁）は、江戸末期の儒家、書画家で、懐徳堂の中井竹山に学んだこともある。

42「天囚居士」「紫駿」（両面印）→「古希大迂」

・福井端隠《ふくいたんいん》（一八〇一～一八八五）。伊勢出身。字は孔影、端隠は号。同郷の篆刻家・書画家小俣蠖庵《おまたかくあん》に師事。山田寒山はその弟子。但し、この52の「碩園収蔵楚辞百種」印には、二つの側款が認められ、一面には前記の通り徐星州の名が見え、反対面には「端隠」と刻まれている。その事情は未詳であるが、もしこれが福井端隠であるとすれば、時代的にはやや合わない。なぜなら、天囚が「碩園」の別号を名乗るのは、おおむね五十代以降で、また天囚が『楚辞』の収集に努めてそれを「百種」と総称するのは晩年のことであり、この篆刻が端隠の最晩年にあたるとしても、その時点では天囚はまだ学生だからである。

52「碩園収蔵楚辞百種」→「端隠」

・浜村蔵六《はまむらぞうろく》は、江戸時代中期から明治時代にかけて代々篆刻家として活躍した浜村家が襲名した名跡。これは、第五世蔵六（一八六六～一九〇九）と推測される。明治四十年（一九〇七年）、河井荃廬、初世中村蘭台、山田寒山らと丁未印社を結成した。

57「天囚書室」→「蔵六」

・山田寒山《やまだかんざん》（一八五六～一九一八）。名古屋出身。名は潤子、寒山は号。曹洞宗の僧侶。号は大阪天満にあった寒山寺に由来しているが、寺は現在、大阪箕面に移転している。明治政府の勅命により御璽・国璽を刻した小曽根乾堂《こぞねけんどう》に学び、福井端隠に入門して高芙蓉の流れを汲む古体派を修得した。明治三十年、清国に渡り、呉昌碩と親交した。

90「子俊氏」→「寒山」

なお、50「碩園珍蔵先賢未刻書《せんけんみこくしょ》」については、吉田鋭雄の証言がある。懐徳堂講師であった吉田は、大正十二年（一九二三）から、文部省在外研究員として北京に滞在していた。すると天囚から手紙が届き、「碩園珍蔵先賢未刻書」という印を現地で彫らせて送ってくれと依頼があった。印を日本に送って一ヶ月後に天囚から、思いのほか上出来で喜んでいる旨の手紙が届いたという（吉田鋭雄「碩園先生の逝去を聞きて」、『碩園先生追悼録』所収）。篆刻者は未詳であるが、この印は北京で彫られたものであることが分かる。

注

（1）種子島における資料調査については、湯浅邦弘・竹田健二・佐伯薫「西村天囚関係資料調査報告――種子島西村家訪問記――」（『懐徳』第八十六号、二〇一八年）参照。

（2）小野則秋『日本の蔵書印』（臨川書店、一九五四年）は、西村天囚の蔵書印として「天囚図書」があったとするが、印譜にも、種子島で発見された百顆の中にも見えない。また同書には、印影が掲載されていないので、「天囚図書」印がどのような形や篆刻であったのかは分からない。

（3）この資料の詳細については、湯浅邦弘編著『増補改訂版懐徳堂事典』（大阪大学出版会、二〇一六年）参照。

（4）この扁額が種子島の西村家で発見されたことについては、注（1）前掲の報告参照。その後、この扁額については西之表市によって資料修復が行われ、令和四年（二〇二二）三月、その完成品が披露された。

（5）この画帖および天囚の題辞については、拙著『世界は縮まれり――西村天囚『欧米遊覧記』を読む――』（KADOKAWA、二〇二二年）、および本書第四章「西村天囚『欧米遊覧記』と御船綱手「欧山米水帖」――明治四十三年「世界一周会」の真実――」参照。

（6）このアルバムについては、注（1）前掲の報告参照。

（7）鉄砲伝来紀功碑文の詳細については、本書第七章「鉄砲伝来紀功碑文の成立」参照。

（8）住谷孝之『六朝懐古文学の研究』（研文出版、二〇二二年）参照。なお、天囚の「懐古」印と「金陵懐古」詩との関係については、本書第一章「遺墨に見る漢学の伝統」参照。

（9）第一冊の表紙題簽も、「論語」の次に紙を貼ってそこに「集釋」と記されており、その下の「私案」の二字が透けて見える。『論語集釈』の詳細については、本書第十章参照。

（10）この『楚辞集釈』の印記については、平成三十年（二〇一八）十二月九日に大阪大学で開催した第二十八回懐徳堂研究会の際、矢羽野隆男氏の研究発表「西村天囚の学問と『論語』研究と」によってご教示いただいた。

（11）中国の類書については、拙著『故事成語の誕生と変容』（角川叢書、二〇一〇年）参照。

（12）鉄砲伝来と西村織部丞時貫との関係については、注（1）前掲の報告および本書七章「鉄砲伝来紀功碑文の成立」参照。

（13）江戸時代の懐徳堂印については、拙著『墨の道 印の宇宙――懐徳堂の美と学問――』（大阪大学出版会、二〇〇八年）参照。なお、大正元年刊行の印譜『懐徳堂印存』について、後藤憲二編『邦人印譜目録』（青裳堂書店、二〇〇二年）は、「中井竹山ら私印譜、西村天囚編」とするが、懐徳堂印には、前川虚舟篆刻の「大阪府学教授」印、「懐徳書院教授」印などの公印も含まれるので、単なる「私印譜」ではない。

【附記】

掲載した画像の内、『楚辞』関係の文献は、大阪大学懐徳堂文庫所収資料であり、掲載については大阪大学附属図書館の許可を得た。また西村天囚『論語集釈』については、種子島開発総合センター（鉄砲館）より画像掲載の許可を得た。

第三章　西洋近代文明と向き合った漢学者
——西村天囚の「世界一周会」参加——

序　言

明治四十三年（一九一〇）四月六日午後三時、微風細雨の中、朝日新聞社主催第二回「世界一周会」会員を乗せた東洋汽船会社地洋丸が、銅鑼の音と歓呼の声に送られて横浜を出港した。その中に、特派員の一人として参加した西村天囚がいた。

西村天囚（一八六五～一九二四）は、大隅国種子島西之表（現在の鹿児島県西之表市）出身。名は時彦《ときつね》、字は子駿《ししゅん》、号は天囚・碩園《せきえん》。初め郷里の儒者前田豊山《まえだほうざん》に学び、明治十六年（一八八三）、東京大学古典講習科に入学。中退の後、大阪朝日新聞に入社した。コラム「天声人語」は天囚の命名によるとされる。主著に、博士学位の取得につながった『日本宋学史』がある。天囚は、江戸時代の大阪学問所「懐徳堂」（一七二四～一八六九）に強く惹かれ、その顕彰と復興に努めた。具体的な活動の一つとして、大阪朝日新聞に「懐徳堂研究其一」を連載する。[1]

ここに掲げたのは、その記念すべき第一回の紙面（図1）。明治四十三年（一九一〇）二月七日付である。「其一」の連載は、二月二十七日まで二十回に及んで一旦完結した。[2]「懐徳堂考下巻」の連載が再開されたのは、明治四十四年

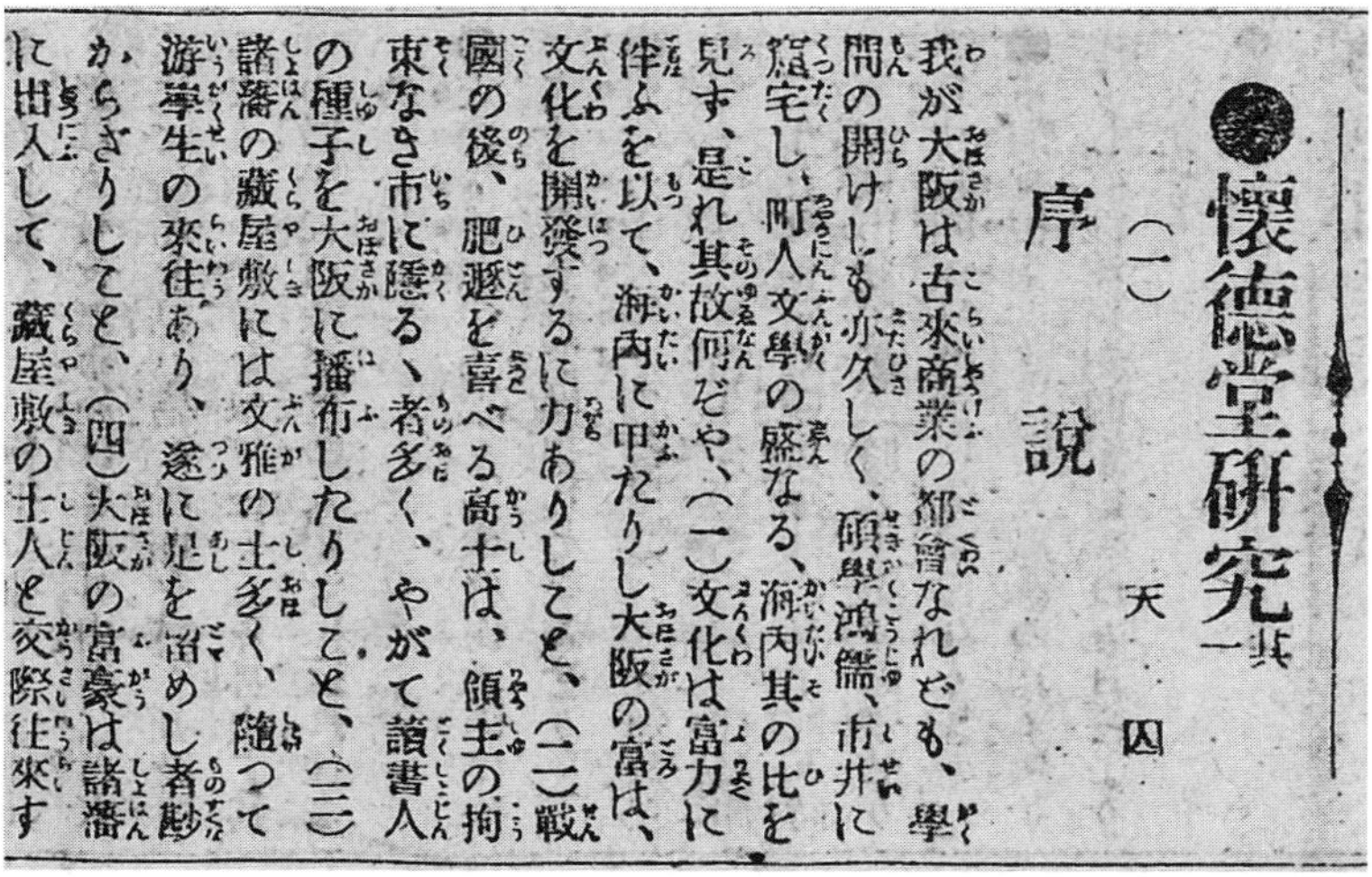
懐徳堂研究 其一

序説（一）

天囚

我《わ》が大阪《おほさか》は古来商業《こらいしやうげふ》の都會なれども、學《がく》問《もん》の開《ひら》けしも亦久《またひさ》しく、碩學鴻儒《せきがくこうじゆ》、市井《しせい》に窟宅《くつたく》し、町人文學《ちやうにんぶんがく》の盛《さかん》なる、海内《かいだい》其の比《ひ》を見《み》ず、是《こ》れ其故何《そのゆゑなん》ぞや、（一）文化は富力に伴ふを以《もつ》て、海内《かいだい》に甲《かふ》たりし大阪《おほさか》の富《とみ》は、文化《ぶんくわ》を開發《かいはつ》するに力ありしこと、（二）戰《せん》國《こく》の後《のち》、肥遯《ひとん》を喜《よろこ》べる高士《かうし》は、領主《りやうしゆ》の拘束《こうそく》なき市《いち》に隱《かく》るゝ、者多く、やがて讀書人《どくしよじん》の種子《しゆし》を大阪《おほさか》に播布《はふ》したりしこと、（三）諸藩《しよはん》の藏屋敷《くらやしき》には文雅《ぶんが》の士多《しおほ》く、隨《したが》つて游學生《いうがくせい》の來往《らいわう》あり、遂《つひ》に足《あし》を留めし者尠《ものすくな》からざりしこと、（四）大阪《おほさか》の富豪《ふがう》は諸藩《しよはん》に出入して、藏屋敷《くらやしき》の士人《しじん》と交際往來《かうさいわうらい》す

図１　「懐徳堂研究」第１回冒頭部

（明治 43 年 2 月 7 日付大阪朝日新聞）

（一九一一）五月二十四日であった。このような長い中断があったのは、資料収集のために時間を要したこともあるが、もう一つ大きな理由があった。それが、第二回世界一周会への参加である。再開された連載は、同年七月九日まで続いて完結した。上下の合計は六十二回となる。

それでは、このような懐徳堂復興運動の最中に天囚が参加した「世界一周会」とは、どのような意義を持っていたのであろうか。なお、天囚は慶応元年（一八六五）七月二十三日の生まれ。世界一周会の敦賀帰着は明治四十三年（一九一〇）七月十八日であったから、この世界一周会参加は天囚満四十四歳後半頃の出来事となる。

本章では、この世界一周会を取り上げるが、考察の視点としては、世界一周で天囚が見た「世界」とは何だったのか、ということを第一としたい。民間人が外国に行くということ自体が極めて珍しかった時代に、諸外国はどのように天囚の目に映ったのか、また、漢学者でもあった天囚は「世界」とどう向き合ったのか、という点に注目してみたい。(3) 中心的な資料は、天囚の『欧米遊覧記』（明治四十三年十月、朝日新聞合資会社、全六一〇頁）である。

なお、以下、原文の引用に際しては、基本的に原著の表記を尊重するが、旧漢字は現代日本の通行字体に改め、かなは現代仮名遣いに改める。また、当時の書籍・新聞に付されている総ルビは外し、必要な箇所のみについて付すこととした。引用した原文の末尾の数字は、西村天囚『欧米遊覧記』の該当頁数である。

一、第一回世界一周会と当時の世界情勢

そこでまず、第二回の二年前に実施された第一回世界一周会の概要を確認してみよう。朝日新聞社主催第一回世界一周会については、杉村楚人冠『半球周遊』（有楽社、一九〇九年一月）、石川周行『世界一周画報』（博文館、一九〇八年九月）、小林健『日本初の海外観光旅行―九六日間世界一周』（春風社、二〇〇九年）などに詳しい。

企画を立案したのは、東京朝日新聞社の杉村楚人冠（名は広太郎）であった。杉村は、東京朝日新聞社に入社する明治三十六年（一九〇三）まで、アメリカ公使館に通訳として四年間勤務。明治四十年（一九〇七）、伏見宮貞愛《さだなる》親王が明治天皇名代として渡英した際、ロンドンに特派され、その記事を朝日に連載、翌年一月『大英游記』として出版している。こうした経歴を活かして世界一周会を創案した。

明治四十一年（一九〇八）三月十五日の大阪朝日新聞の社説によれば、その目的は、第一に参加者が世界の観察に努めること、第二は諸外国に日本国民を知らしめること、の二つであったという。

「此の際吾人は二の希望を有す。一は会員諸氏が各自十分に観察を尽くして遺憾なからん事、二は諸外国人をして我が国民を知らしむる事是なり。蓋し本邦の世界に於ける地位は目下此の二点を必要とすればなり」（明治四十

一年三月十五日大阪朝日新聞社説）

こうした目的が立てられた背景として、同社説は次のように説く。それは、当時の日本が世界から「不可思議」の目で見られていたことであるという。また、日清・日露戦争に勝利した「新進国家」として畏敬される一方、「好戦国・野心国」として排斥されていたというのである。

「帝国は目下世界に於て不可思議の地位に立てり。一方に於ては新進帝国として畏敬せらるると同時に、他方に於ては好戦国野心国として排斥せらる。本邦外交の動《やや》もすれば難問題を惹起せんとするは、蓋し之が為なり」

（同）

この時期の世界情勢を確認してみよう。日本は、日露戦争（一九〇四～一九〇五）に勝利したが、その後、ロシアやアメリカと対立した。ポーツマス会議（一九〇五年九月）と前後して、アメリカのカリフォルニアでは日本移民排斥運動が起こり、明治三十九年（一九〇六）、サンフランシスコで日本人学童の通学が禁止された。翌一九〇七年、サンフランシスコで排日暴動が起こり、一九〇八年には、日米紳士協約（対米移民制限に関する協約）などにより、ハワイの日系移民会社が全て消滅した。

こうした状況下で企画され、実施されたのが、第一回世界一周会だったのである。この民間人団体による世界一周旅行により、日本国民が見聞を広め、帰国後にその成果を各方面に伝えること、そして、日本国民が文明国民として恥ずかしくないことを世界に知らしめることが期待されたのである。同社説は、こう締めくくる。

「要するに吾人の今回の挙に期待する所は、よく我が国民の謹厳淳雅にして文明国民に伍して毫も恥ずる所なきを彼等外国人に知悉せしむると同時に、会員各自十分に其の観察を遂げ、親しく世界的文明に接して見聞を広め、帰来之を各方面に伝播せん事是なり」（同）

この旅行は、一新聞社が企画し、民間人が参加したものではあったが、単なる観光旅行ではなく、国家の威信をかけた大事業だったのである。

二、第二回世界一周会の概要

では、その二年後に実施された第二回世界一周会は、どのようなものだったのであろうか。写真（図2）は、種子島の西村家に残る「世界一周会之章」、すなわちバッジ型の参加証である。

図２　世界一周会之章

まずはその目的を確認してみよう。第二回世界一周会については、特派員西村天囚が現地から紀行文を送稿して順次朝日新聞に掲載された。帰国後、天囚はそれをまとめて、『欧米遊覧記』として刊行した。

そこに記載される「第二回世界一周会縁起」によれば、目的は、第一に国民の知識を啓発して国家社会の進展に資すること、第二に、国内外の人々との親交により、国交を厚くすることであった。第一回世界一周会とは表現が多少異なるものの、その趣旨はほぼ同様である。

「我が朝日新聞社主催の世界一周会の目的二あり、一は国民の心胸を開拓し、知識を啓発して、国家社会の進運に資するに在り、一は中外国民間の歓を聯《つら》ねて、国交を無形に敦くするに在り」1

但し、「国民間の歓を聯」ねるという旅行の楽しみが謳われている点は、第一回との大きな違いであろう。第一回の異様な意気込みと緊張感に比べれば、この第二回は、旅行本来の楽しさを求めようとする一面もあったことが分かる。

旅程については、企画段階と最終段階でやや異なるものとなった。はじめ、明治四十三年（一九一〇）一月四日付朝日新聞社告により朝日新聞社主催「世界一周会」の実施が予告された。その際、日英博覧会開催に合わせて、特にロンドンの滞在日数を多くするという趣旨が表明された。

「日英博覧会を主眼としたるものなるが故に倫敦滞在日数を足かけ二十一日としたり、其の外重なる都市の足かけ日数はシカゴ四日、紐育六日、巴里五日、伯林三日、彼得堡二日、莫斯科二日なり、但し汽車汽船の都合にて日数に幾分の伸縮なきを保すべからず」6

ここに言う日英博覧会とは、イギリスのロンドンで、一九一〇年五月十四日～十月二十九日まで行われた日英共催の博覧会である。日本初の国際博覧会であり、二十世紀初頭の西洋における日本に関する最大の催しとされる。名誉総裁はイギリス側がコンノート親王、日本側が伏見宮貞愛親王であった。第二回世界一周会は、この博覧会視察を大きな目玉としていたのである。

しかし、その後、旅程は三週間延長され、最終的には全百四日間となった。延長された経緯について、西村天囚

『欧米遊覧記』は、会員からの強い要請があったためとしている。関西会員の打ち合わせを大阪で開き、関東会員の打ち合わせを東京で開催したところ、全会一致で旅程延長の決議が採択されたという。これにより、アメリカ滞在を一週間延長して、ワシントン、ボストンなどを充分に視察し、また、三千年の歴史を有するローマと山水の美に優れたスイスの観光のため、二週間を延長することにしたという。

「関西会員の打合を大阪に開き、関東会員の打合を東京に開きし結果、東西会員の旅程延長の決議一致して、我が社に要求する所あり、我が社は会員の希望黙止し難しと為し、遂に予定の旅行日程を変更して三週間を延長せり、其の内容は、米国滞在を一週間延長し、華盛頓ボストンに遊びて新進文明国の視察を十分にせんことを欲し、次には三千年来世界の歴史に勇気知識美術の大貢献を為したる羅馬帝国の旧土伊太利と、山水の美欧洲に冠たる瑞西とを観んが為に、二週間を延長したるに在り」14

この変更により、会費は当初予定されていた一九五〇円から二四五〇円となったが、朝日新聞社は、三週間延長の割には増額分が抑えられているとして、「前回よりも遙かに利益が多くまた趣味も深いが、それにもかかわらず、増加した会費はアメリカで一五〇円、イタリア等で三五〇円に過ぎない」と述べている。

なお、第一回・第二回とも会費は二千円を超えているが、これは現在の貨幣価値に換算していくらくらいになるのだろうか。第一回世界一周会について考察した小林健『日本初の海外観光旅行』は、夏目漱石『坊ちゃん』の主人公の初任給が四十円であったことを指標に、現在の大卒初任給と比較し、第一回世界一周会の最終的な会費二三四〇円は五千倍の一一七〇万円に相当するとした。また、白幡洋三郎『旅行ノススメ』（中公新書、一九九八年）は、白米と鉄道運賃から考えて、三千倍の七〇〇〇万円とする。これらの説に対して、上田卓爾「明治期を主とした「海外観光旅行」について」(『名古屋外国語大学現代国際学部紀要』第六号、二〇一〇年)は、いずれも正確さを欠くとして、より妥当な数値を算出するために「戦前基準総合卸売り物価指数―総平均(明治三十三年~昭和六十年)」を用いて千五百倍とし、三五〇万円程度と推定する。いずれにしても、現在の短期海外パック旅行からは想像できないかなりの高額である。

こうした壮大かつ長期の海外旅行については、当然代理店が必要となろう。この第二回世界一周会でも、第一回と同じく、イギリスの旅行代理店トーマス・クック社がツアーを請け負った。クック社は一八四一年の創立。ツアー会社の先駆けである。当時、世界百四十六カ所に支店を展開し、明治四十年(一九〇七)三月には、横浜元居留地海岸通りに日本支社を開設している(4)。

それでは、具体的な旅程等を確認してみよう。当初、予告されたのは、明治四十三年(一九一〇)四月六日横浜出発で、帰国は六月二十八日越前敦賀帰着、の八十四日間というものであった(5)。しかし上述のような延長があり、最終的には、七月十八日敦賀着の百四日間となった。

参加申し込みはどのようになされたのだろうか。一月五日付の社告として、朝日新聞社は、「申込手続及びその他の注意すべき事項」を以下のように発表した。

一　必要書類　会員たらんことを希望する者は本社より一定の申込書を受取り之に左の事項を詳記し、戸籍謄本及医師の健康診断書を添えて東西両朝日新聞世界一周会係へ申込まるべし
姓名▲住所身分▲年齢職業▲健康状態▲海外曾遊の経歴の有無▲外国語を解するや否や▲取引銀行の名▲欧米に親戚知己の滞在する者ありや否▲東京又は大阪に居住する親戚知己▲欧米旅行中発病等の場合に何人が引受くるべきや▲又婦人の申込者は其の同伴者又は保護者の姓名

二　会員の選択　本社は会員の成るべく各地に渉り各般の職業に渉らんことを希望するが故に其の選択及び団体編成の権を保留す
三　申込期限　は二月十日迄とす、本社は二月廿日迄に其諾否を決すべし
四　会費支払　本社より入会承諾の通知に接したる時会員は本社の請求に従い会費一千九百五十円の内先ず百五十円を納め次で其の残額を納めらるべし
五　費用の増減　天災其の他予知すべからざる障碍により予定の行路を変じたる場合には総費用も従って増減するものと知るべし
六　中止の場合　日本出発前已むを得ざる事情により本社自らの計画を中止したる場合には予納の会費に相当の利子を附し全部返却すべし
七　会員の旅行中止　総会員確定の後会員自ら此の行を中止する時は船切符購入等により醸したる損失を負担するものとす、旅行の途中会員の都合により退会する場合も亦右に準ず
八　待遇　日本より英国に至る間は汽車汽船共一等とす、欧州見物中及びシベリヤ鉄道は欧州中流以上の人士の常例に倣い船車共二等、浦潮より日本迄は更に一等とす
九　案内　トーマスクック社は其の紐育支社員をして桑港迄出迎えしめ爾後全行路を通じ常に一人又は二人の嚮導主任を随行せしむ、又必要の場合には数名の地方案内者を使用し説明等に遺憾なからしむべし、市中見物の場合も同社の馬車又は自働車を供給すること前回の通りなり
十　旅行券　会員各地方庁に出願し受取らるべし、但し都合により本社にて一纏めに出願することあるべし
十一　手荷物　各国共汽車に手荷物の制限あり其の制限を超ゆる運賃は会員の自弁たるべし

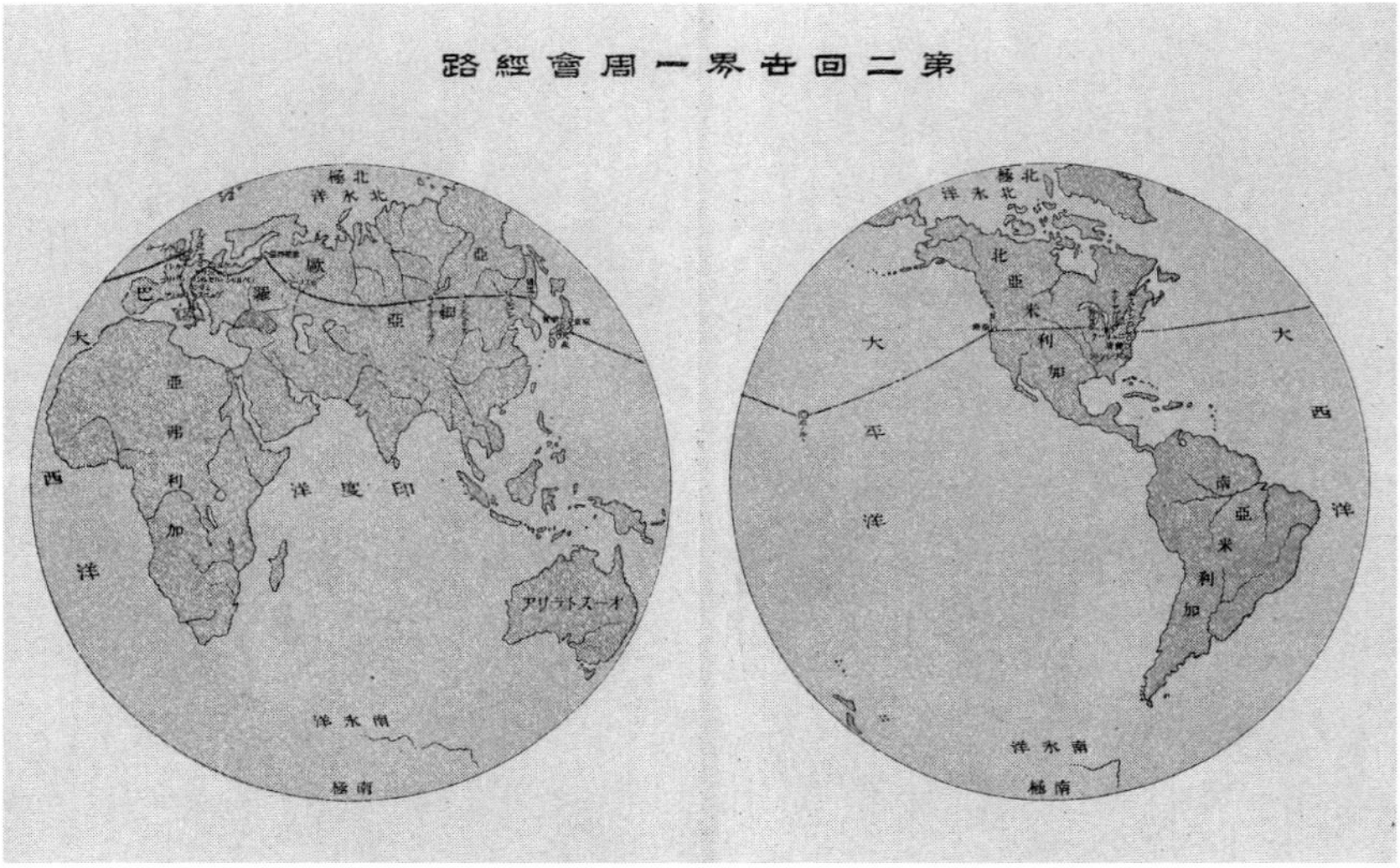

図３　第二回世界一周会経路（西村天囚『欧米遊覧記』）

十二　服装　旅行中会員の服装は洋服たるべし、但し婦人に限り日本服に草履にて差支なし

十三　入会申込　は六日より受くるべし

ここで特に注目されるのは、第一回と同じく、会員の選択については朝日新聞社が権限を持つこと、その選択に際しては、なるべく各地の様々な職業にわたることを望むという方針が示されたことである。また、服装も原則として「洋服」が指定された。これは、この世界一周会が決して物見遊山の旅ではなく、世界の人々に文明国たる日本を示すという大きな目的があったからである。[6]

そして、三月十日には、「世界一周会員及び特派員氏名」が発表された。会員五十二名、特派員五名の計五十七名である。[7] また、三月三十日の社告として、「確定旅行日程（三週間延長）」が発表された。西村天囚『欧米遊覧記』冒頭に掲載された経路図とともに列挙してみよう（図３）。なお、地名の漢字表記は原文のままで、（　）内のカタカナは筆者（湯浅）の注記である。[8]

四月六日　横浜発
四月十六日　布哇（ハワイ）着
四月二十二日　桑港（サンフランシスコ）着
四月二十三日　同地滞在
四月二十四日　同地出発
四月二十七日　シカゴ着
四月二十八、二十九日　同地滞在
五月一日　ナイヤガラ着
五月二日　ボストン着
五月三、四日　同地滞在
五月五日　同地出発汽船中に一泊
五月六日　紐育（ニューヨーク）通過ワシントン着
五月七、八日　ワシントン滞在
五月九日　ワシントン出発紐育着
五月十〜十三日の四日間　紐育滞在
五月十四日　バルチック号にて紐育出発
五月二十一日　リヴァプール着直に出発倫敦（ロンドン）着

五月二十二〜六月三日まで十三日間　倫敦滞在
六月四日　倫敦発巴里（パリ）着
六月五〜八日の四日間　巴里滞在此間ヴェルサイユに行く
六月九日　巴里出発
六月十日　伊太利（イタリア）ゼノヴァ着
六月十一日　ゼノヴァ発羅馬（ローマ）着
六月十二〜十四の三日間　羅馬滞在
六月十五日　羅馬発ネープルス着
六月十六日　ヴィスヴィヤス、ボンペイ見物
六月十七日　ネープルス発羅馬帰着
六月十八日　羅馬発ヴェニス着
六月十九日　ヴェニス滞在ゴンドラ船にて市中見物
六月二十日　ヴェニス発ミラン（ミラノ）着
六月二十一日　ミラン発瑞西（スイス）ルセルン着（湖畔に二泊）
六月二十三日　ルセルン発独逸国（ドイツ）マインツ着
六月二十四日　マインツより汽船にてライン河を下る
六月二十五日　ケルン着
六月二十六日　ケルン発伯林（ベルリン）着

六月二十七～三十日の四日間　伯林滞在ハンブルグ、ポツダム等の見物の余裕あり
七月一日　伯林発
七月二日　セントペテルブルグ着（朝）
七月三日　露都滞在
七月四日　ペテルブルグ発（午後）
七月五日　モスクワ着（朝）
七月六日　モスクワ発（午後）
七月十五日　イルクーツク着
七月十六日　浦潮斯徳（ウラジオストク）着
七月十七日　鳳山丸にて浦潮斯徳発
七月十八日　敦賀に帰着

図４　地洋丸（西村天囚『欧米遊覧記』）

三、西村天囚の見た「世界」

こうして、明治四十三年（一九一〇）四月六日、横浜を出港した旅行団は、地洋丸（図４）で十日かけて、最初の寄港地ハワイのホノルルに着いた。いよいよ異文化との接触が始まったのである。天囚は、詳細にその様子を記述していく。多くは、日本には見られない諸外国の風景に感動し、また先進的文明に賛辞を送るものであ

った。

まずハワイでは、その草木の種類の多さと美に感動する。天囚は種子島という南国の出身であったが、その天囚をしても、ハワイの草木の数々は見慣れぬものであった。動植物の名を多く記している文献として、天囚は、五経の一つ『詩経』、後漢末の字書『釈名』（劉熙著）、江戸中期の百科事典『類聚名物考』（山岡浚明著）を揚げつつ、それらの文献もこのハワイの草木の種類の多さには及ばず、海外旅行には、地理歴史はもとより、植物学の知識も必要だと説く。

「先ずワイキキの浜さして市内を通過す、左手なる広庭に一傑閣ありて米国旗幾旒となく立てたるは布哇政庁なり、前朝の故宮とかや、家皆低くして庭皆広きは、新開地の習、戸数未だ多からずして、余地甚だ裕なりと知らる、其の広やかなる庭には、見慣れぬ草木多く椰子、まんご、棕櫚なんどこそ其と知らるれ、花の色麗わしき、木の葉の異様なる、熱帯植物の数々目もあやなり、詩三百篇は草木禽獣の名を知るとあれど、釈名も名物考も此処には及ばず、旅行に欠く可らざる歴史地理勿論ながら、植物学の知識も亦必要ぞかし」38

また、四月二十二日に到着したサンフランシスコでは、宿泊したフェアモントホテルの設備に注目する。部屋の中に筆記具と明滅自在の小電灯台があり、読書に便利であること、清潔で埃《ほこり》がないこと、ホテル内に読書室、舞踏室、日本風中国風の売店もあることなどが書き留められている。天囚がこうしたホテルの設備に注目するのは、「明治五十年」（一九一七）に「日本大博覧会」の開催が予定されていたからである。(9) 諸外国からの多くの旅行客に対して、日本はこうした快適な設備を提供できるのだろうかとの思いがあったのであろう。

「寝台の右には机あり、紙墨備わり、左には小電灯台あり、小さき鎖を引けば明滅自在、寝ながら書を読むを得べく、設備の完全なる、乾々浄々、一塵を留めざる、誠に旅情を慰けるに足れり、聞けば此の室一日食事附五弗なりとぞ、其の外客室二間三間も打続きたるありて、如何なる贅沢も望み次第、一巡見物したるに読書室、舞踏室、日本風支那風の売場もあり、明治五十年の大博覧会を目前に控えながら旅館設備を有せざる日本人の目には、羨みの色ありありと読まるるなるべし」78

ちなみに、近代日本の都市ホテル（洋式ホテル）は、慶応四年（一八六八）に新築された築地ホテル館が最初であり、その後、明治末年頃に至っても、欧米からの旅行団を受け入れられるような洋式ホテルは数えるほどしかなかった[10]。そして、旅行団は四月二十三日、ホテルの前庭で集合写真を撮影した後、十一台の車に五人ずつ分乗して、市内見学に出かけた。天囚が注目したのは、その「自働車」である[11]。「疾風の如き」と形容し、あまりに速くて、油絵を展開したような風景が過ぎ去っていくと記す。また一方で、絵葉書などが流行る当今では、何となく見たことのあるような景色でもあるとの感想を述べる。

「此の日巡覧せし区域頗る広けれども、疾風の如き自働車上の見物なれば、殆ど油絵を展開せし前を走り過ぎしが如し、……但し、交通の便開けし世とて、将た絵葉書の流行る世とて、何となく曾遊の地のようなる心地すめり」83

また、サンフランシスコからシカゴに向かう急行列車の中でも、その揺れの少なさに注目する。天囚は、第一回世界一周会の紀行[12]を杉村楚人冠が汽車の中で書いたとしていたことに対して、よくも書いたものだと呆れていたという。しかし、この急行列車に乗車してみると、区画ごとに机と小電灯があって読書に便利であり、動揺も少ないとの実感を記している。

「一区毎に長さ三尺余竪七尺五寸許の板を中間に置きて机案と為すべく、毎区二個の小電灯ありて明滅自在、読書に便ならしむ、第一回世界一周の楚人冠の通信に、汽車中に認むとありしを見て日本の狭軌鉄道の大動揺を思い比べて、能くも書きしもの哉と呆れしが、成程書けば書けるなり」91

大陸横断鉄道により、五月二日に到着したボストンでは、図書館(13)を視察し、その自由閲覧の様子に感嘆している。蔵書数は八十三万六千冊、二週間以内であれば貸し出し無料、特別書を除き閲覧は自由、という点を天囚は「自由国の自由」と評価し、国民道徳の発達したものだとして羨望のまなざしを注ぐ。そして当時の日本の読書界を省みて、図書の貸し借りの際、仮に借用書を入れても、期日を守らないことしばしばであり、又貸《またが》しの末の紛失もあると指摘する。東洋道徳は「廉恥」を重んずるが、この点において西洋には及ばないと感じたのである。

「蔵書総《すべ》て八十三万六千冊あり、二週間以上携え帰るにあらざる以上、観覧無料にして、出入門鑑あるに非ず、又或る部分は観者自ら必要の書を随意に書架より抽出し得べからしむとぞ、真に是れ自由国の自由、いといと羨ましからずや、是れ併しながら国民道徳の発達を証する者にして、道に遺を拾わざる先聖の治も之に過ぎじ、我が邦読書界の如きは、借用書を入れてだに、往々期日を過ぐるも返さず、甚だしきは又貸の末が紛失、図書館の如きも、書冊中の一二葉を切取る者すら無きにあらず、自由観覧を許しなば、盗み去る者もやあらん、東洋道徳は廉恥を尚びて義利の弁《わきま》えを重んずるも、其の効果却て西洋に及ばざること多きは、返すがえすも恥かしなど、同行の人々と物語る」129

なお、ここに言う「道に遺を拾わざる先聖の治」とは、『史記』孔子世家に記される孔子の故事である。孔子が魯の定公の補佐役となった時、政治が大いに整い、商売する者は価格を偽らず、男女は道を別にし、落とし物があっても拾う（着服する）者がいなかったという。天囚は漢学者らしくこの故事を引き合いに出して、アメリカの図書館における公共心の高さを評価するのである。

そして、五月七、八の両日滞在したワシントンでは、アメリカの首都としての風格を感じている。その町並みに何となく心落ち着くと感想を述べ、道路の清潔さと広場の緑樹に注目し、さらに電線が地下に埋設されていて、頭上に蜘蛛の巣が張り巡らされているような鬱陶しさがないという。

「華盛頓は流石に大国の首都なりけり、一足踏み入れて見渡したるのみにて、平和《おとな》しき眼前の景色、何となく心落着きて、寛闊《おうよう》に、且都雅《しとやか》に、如何にも心広く体胖《ゆたか》なる、旅としても覚えざりしが、国会前通りに至りては、道路の清らかにして一塵を揚げざる、広場の芝生青々として緑樹の茂り合える、電線は皆地下に敷かれたれば、頭上に蜘蛛の巣を張渡せる鬱陶しさもなく、道広く人少なければ電車自働車の危険もなき、恰も東京の平河町辺、又は星ヶ岡の桜の若葉蔭を行くらん心地もしつ、百三十余年の新国ながらも、平民の担ぎ出せる首長の居る所ながらも、自から国都の気象あるを覚えつ」153

ここで比較されている「東京の平河町辺」とは、現在の東京都千代田区平河町辺りで、江戸時代は大名屋敷などがあった高級地。周囲に官公庁やオフィス街のある閑静な住宅地である。また、「星ヶ岡」とは、現在の東京都千代田区永田町辺りで、近くに国会議事堂や議員会館などもある閑静な場所である。

また、このワシントン滞在中、ホワイトハウスでタフト大統領との会見が実現した(14)。その謁見について天囚は、何十巻の米国史を読むより、深く国柄を理解できたとする。それは、予想していた以上にホワイトハウス内が「無造作」で、儀礼が「簡易卒略」なことであった。そして、これこそ「合衆国の合衆国たる所以」であると説く。

「而して予は此謁見日の光景を目撃して、幾十巻の米国史を読みしよりも、より深く国情を説明せる如きを感じたりき、生平承り及びし国柄、帝王の宮殿に入るが如くなるべしとは勿論思わざりしも、斯く迄に無雑作なるべしとも思い掛けざりしが、思いの外の光景、名こそ大国の大統領閣下なれ、儀礼の簡易卒略なる、依然たる一個平民の会見に異ならず、是れ合衆国の合衆国たる所以なるべし」163


同様の感想は、ワシントン元大統領旧宅の訪問でも記されている。木造の旧宅は質朴でそれほど大きくはないとの感想である。この旧宅前で撮影された集合写真が今も天囚の出身地種子島の西村家に残っている（本書第四章で解説）。

「丘陵の上、数棟の白亜ぞ其の故宅なりける、廐《うまや》、厨《くりや》、及び馬車、皆昔を偲ぶ種ならざるなし、木造の故宅樸素にして甚だ大ならず、廊下は居間客間の類数室、楼上は寝室にして、華盛頓夫妻卒去の寝台、猶其の旧を存し、其の朋友の投宿せし寝室に至るまで、昔の儘に保存し、手沢の器物、遺愛の琴剣、亦皆其の古《むかし》を物語れる、人をして坐《そぞ》ろに崇仰悽愴の感を禁ぜざらしむ」165


次に、五月九日の夕方に到着したニューヨークでは、その繁華街の夜景に驚いている。特に、電光掲示の看板は目もくらむばかりであったという。そして日本にも、電灯による広告もあるにはあるが、家屋との調和を得ていないと批評する。

「夜景見物がてら市中を徒歩するに、繁華雑踏の光景は、流石に米国第一の都市たるを説明し、層楼高廈の窓々を洩る火影は、宛然《さながら》全市の電灯飾《イルミネーション》、先ず以て目に注《つ》きしは、電気応用の広告術にして、店と云う店、屋根と云う屋根には、明滅自在、五彩燦爛、奔馬の足掻を現し、激流、滝津瀬を示し、種々の工夫を凝らしたる、目も眩かんばかりなり、我が邦の電灯広告も、雛形は相似たれど、家屋との調和を得ずして昼間の不細工は改めたきものなり」180

驚いたのは夜景ばかりではない。新聞記者ならではの観察も見られる。それは、セントラルパークでの光景で、「子守女」が、子の寝ている間に熱心に新聞を読む様であった。そして、アメリカでは車中でも広場でも誰もが新聞を読み、また読み捨ての新聞を回収して養育院などに送る仕組みができているとし、一新聞紙の売り上げが七十～八十万部に達しているのも当然だと記す。

「乳母車を引ける子守女の木蔭に憩いたるが、守る子の寝入りけん間にと、余念なく新聞を読める、我邦には見ぬ図なり、総じて此の国の人は車中にても広場にても、下女も下男も新聞を手にせぬはなし、広場の腰掛《ベンチ》にずらりと休める男女も亦皆新聞を読みつつあり、読棄《よみすて》の古新聞木の葉の落ち散りけんように風に翻りて路に満つ、其の古新聞はやがて掻集めて養育院などに送らるるとぞ、然れば貧富を通じて新聞読まぬ人なしという教育の普及、読書趣味の遍ねき、流石に文明の民なり、一新聞紙の売高七八十万と云える事の我を欺かざるをも知るべし」186

ちなみに、当時の朝日新聞の発行部数は、『朝日新聞社史資料編』によれば、明治四十三年（一九一〇）の大阪朝日新聞が十六万六一〇〇部、東京朝日新聞が十一万一二九二部の計二十七万七三九二部であった。また、ライバル紙の大阪毎日新聞の同年の発行部数は、川上富蔵『毎日新聞販売史』によれば、二十六万二八四五部であった。天囚が地方紙八十万部という売り上げに驚いているのも当然であろう。

これに関連して、「古新聞函」が設置してあることにも注目している。地下鉄の各駅や公園に、やや大きい銭函のような回収箱があり、ここに古新聞を投げ入れ、それが孤児院や慈善病院に送られるという。天囚はそれを「名案」だと評価する。

「地下電車に乗りしが、停車場にて、稍大なる銭函に、読棄の古新聞を投げ入るるあり、此の古新聞は孤児院慈善病院などに回送して貧人に読ましむとぞ、此の紙屑函は公園にも備えたり、名案なり」197

交通については、アメリカでは自動車が多いにもかかわらず、事故が少ないと指摘し、それは交通整理に当たっている巡査の力だけではなく、「車夫馬丁」がその指示に忠実に従っているからだと指摘する。天囚はここから日本の交通事情を顧みて、しかるべき人までが、巡査を馬鹿にし、わざとその指示に従わず、万事秩序が乱れがちになっていると嘆いている。

「斯る雑踏の中に、馬車の衝突自働車の転覆もなきは巡査の力なり、四辻の中央に立てる木剣の巡査、唯右手一つを動かすのみにあらで、多数の車の停り且つ馳するは誠に奇しく目覚しき程なり、是れ巡査の力のみにあらで、車夫馬丁の掟を守りて命令に服従するに因るべし、我邦にては車夫馬丁は扨置き、然るべき人迄が、巡査を馬鹿にして、わざと其の命令を聞かぬ振に、群衆の中を駆抜ける程なれば、万事秩序の乱れ勝なる、いといと慨《なげ》かわし」189

また、デパートでは、エスカレーターに驚いている。当時の日本のデパートにはまだなかったエスカレーターを、

「ケーブルカーのように動く梯段《はしごだん》」と紹介する。日本で初めてエスカレーターが登場したのは、大正三年（一九一四）、東京の上野公園を主会場として開催された「東京大正博覧会」においてであったから、天囚が驚くのも無理はない。

「此の雑貨店は処々に昇降機ありて何階に上がるも自由なる上に、梯段はケーブルカーの如く動きて、立ちたるままの客を楼上に運び、客をして行歩に労せざらしむ、此設備は高架線の乗降に用いたるもありき」197

大阪にも是非ほしい設備として天囚があげるのは、水上消防船であった。ハドソン川で水上消防船の放水の様子を視察した天囚は、その威力に驚嘆し、大阪消防署にも備えたいものだと述べる。

「前部の噴水機より水を注ぐを見るに、砲火の力も斯くやと思う迄に猛烈にして、其の落つる所いと遠し、水先は能く煉瓦壁を打砕くとなん、此の船にして我が大阪消防署に在らしめけんには、堂島河岸は烏有に帰せしめざりけん、大阪大火後、水上署に消防船を備うべしとの議起りしが、実行如何にや、横堀をも通行すべき小形の防火船こそ必要ならめ」209

ここに言う「大阪大火」とは、明治四十二年（一九〇九）七月三十一日から八月一日にかけて大阪市北（キタ）で発生した大火であり、「北の大火」または「天満焼け」と呼ばれる。明治期大阪における最大の火災であった。大阪市北区松ヶ枝町に住んでいた天囚は、この大火を体験しているので、水上消防船の必要を痛感したのであろう。

こうしてアメリカの視察を終えた一行は、大西洋を渡ってイギリスに向かった。五月二十二日から六月三日までの十三日間、ロンドンに滞在している。ロンドン滞在が十三日に及んだのは、前述の通り、日英博覧会の視察を含むからであった。

アメリカでは、その新興国としての近代文明に感嘆した天囚であったが、次に訪れたイギリスでは、一転してその歴史と文化と伝統に賞賛を送っている。

まず、セント・ポール大聖堂では、国家の英雄を顕彰している様を見て、日本もその気風に習いたいと述べる。

「英国は実にネルソンありて海上の覇権を握り、ウェルリントンありて武威を欧州に輝かせり、其の二雄を表彰して、崇仰追慕すること、米国に於けるワシントン、リンコルンと同じ、予輩は米国に入りて華林両雄の像と画を到る処に見たり、今は英国に入りて到る処にネルソン、ウェルリントンの像と画とを見んとす、我が邦も亦其の人を選びて此の風に倣わざる可からず」258

ここに言う「ネルソン」とは、アメリカ独立戦争、ナポレオン戦争などで活躍したイギリス海軍提督（Horatio Nelson）（一七五八～一八〇五）であり、イギリス最大の英雄とされる。また、「ウェルリントン」は、初代ウェリントン公爵アーサー・ウェルズリー（Arthur Wellesley）（一七六九～一八五二）。イギリスの軍人、政治家で、一八一五年、ワーテルローの戦いでナポレオンを破った。一方、「華林両雄」と併記されたのは、アメリカの初代大統領ジョージ・ワシントン（George Washington）（一七三二～一七九九）と第十六代大統領エイブラハム・リンカーン（Abraham Lincoln）（一八〇九～一八六五）である。

また、英国博物館（大英博物館）では、勇壮な戦士の像に平和の根源を見る。但し、裸体の女性像については、性欲主義に出る醜態で、日本には流行らせてはならないと釘を刺す。

「此の頃の古き画又は彫刻を見るに、裸体の女人像は、陰部を露出せるもの少く、男子は皆陽物を露出せり、蓋し古代の欧州は男尊女卑にして、陽物崇拝の風ありけん、誠に斯くあるべきことなり、男は陽女は陰、夫は天婦は地などの儒教主義は扨置き、陽物を露出せる戦士の像は勇壮なる、平和の根源此に在りと覚ゆ、女の裸体像に陰部を掩わざるは、後世性慾主義に出でし醜体、日本には流行《はや》らせまじき事ぞかし」263

次に、英国一の名門とされるイートン校を訪問し、その「古い」ことに感慨を寄せている。図書館に配架されている書物が「韋編《いへん》三たび絶え」たる様子であるという。これは言うまでもなく、『史記』孔子世家に記された孔子の故事で、晩年に『易』を好んだ孔子はそれを何度も読み返し、竹簡を綴じているひも（韋編）がしばしば切れたと伝えられる。天囚は、この故事を織り込みつつ、イートン校の図書の様子を記す。また、椅子・机、さらには壁や柱に刻まれた落書きを、腕白盛りの少年たちの微笑ましい遊戯として紹介する。

「次に図書館を観る、架上の古書韋編三たび絶えけんと覚しき迄に古《ふ》りたり、次に古来の教場を見る、聞きしにまさりて質朴なる木造の矮屋に古机古椅子、壁と云わず、柱と云わず、凡そ有りと有らゆる木材には、四百年来の落書、小刀《ナイフ》もて人名を刻みたる、腕白盛りの少年の遊戯、面白しともをかしくとも云うばかりなし」279

六月四日、一行は、ドーバー海峡を渡ってフランスに向かった。五日～八日まで四日間パリに滞在した。なお、『欧米遊覧記』では、ベルサイユ宮殿、ルーヴル美術館などについて記したパリの紀行文も興味深いが、ここは天囚の担当ではなく、同じく特派員として参加した朝日新聞社の佐藤真一（号は北江）（一八六八～一九一四）によるので、ここでは割愛する。

ちなみに、『欧米遊覧記』はほとんど天囚の手になるので、「西村天囚著」とされているが、実は特派員の共同執筆であり、天囚担当以外では、佐藤北江が、ハワイに向かう船中での運動会、同胞のハワイ耕地、シカゴ、ナイヤガラの滝（下）、ニューヨークからロンドンに向かう大西洋上、ベルリンなどを担当し、岡野養之助（号は告天子）（一八七八～一九四九）が、シカゴにおける会員の自由行動、ナポリ、ヴェスヴィオ火山、ロシア帝国の首都サンクトペテルブルク、モスクワなどを担当している。また、日英博覧会については、大阪朝日新聞社から取材員として別途特派された長谷川如是閑が「日英博覧会記」を執筆し、それが同書の附録の一つとして掲載されている。

さて、フランスからイタリアに入った天囚は、丘陵の多いジェノヴァの様子を、長崎に似ていると記す。また、市営墓地の規模が壮大であることに思いを寄せ、墓に金を惜しまぬ風土であると説く。

「長崎に似たる地形にて、人家は丘陵に拠り、螺旋式の道路は巧みに馬車電車を往来せしむ、家々の壁を彩り且画《えが》きたるこそ伊太利風なんめれ、寺はサン、ローレンス寺いと古し、カンボサントという市営墓地は規模甚だ大にして、大理石のいと広く且長き殿堂廻廊中に、無数の石棺石像あり、墓に金を惜まぬ土俗にして、墓石の支度に一生働らきて金を蓄うるもありとぞ、墓の前には花を手向けたるもの多し、以て土俗を知るべし」[324]

また、六月十九日、ヴェニスでは、十二艘のゴンドラ船に分乗して運河を巡り、その水路としての便利さを痛感して、大阪でもこうした水路を利用すべきだと指摘する。大阪は水の都と言われ、市内を縦横に水路が通っているにもかかわらず、交通路としては活用されていなかった。それゆえ、狭い陸上道路でしばしば人力車同士の衝突が起こるというのである。また、水辺の家屋が綺麗であるのを目にし、これは美術に秀でた国柄だからだと評価する。

「午後は十二艘のゴンドラ船を雇いて、一同乗組て、大小運河を見巡る、運河とは云え、河水を引きて往来を為せるなり、水さして不潔ならず、両岸の家々は直に運河に臨みて、表門を開けるもあり、裏口を開けるもあり、其のさま稍我が大阪と相似たれど、岸はいと低く、満潮には門前の石段二つばかりを余すのみ、大運河の広き処は、堂島川に似て、狭き処は東横堀より広からじ、横町の小運河に到りては、江戸堀よりも狭し、河は即ち道路にして、彼のゴンドラは車の代用なり、然れば陸上には一輛の車なく、一頭の馬なし、陸上も亦路なきに非ずして、河上に多く石橋を架したるが、橋下は半円形にして舟行に便にせり、大阪も斯く水路を利用したらんには、いと狭苦しき道路に、人力車の衝突も少なからんを、河底浅淤、巡航船すら難儀するこそ惜けれ、扨大阪に似たりとは云え、此処の家屋は海中の楼閣、すべて綺麗にして都雅なるは、美術に長ずる国柄なればなるべし」370

次に六月二十三日、一行はドイツのマインツに到着する。天囚がマインツにひときわ感動したのは、そこが、活版印刷の発明者とされるヨハネス・グーテンベルクの出身地だからである。記念館に二十五万冊もの図書が保管されていて、さらに書庫改築の計画もあるという。先賢の遺功を表彰することに努めている様子に天囚は深く感嘆した。そして、日本には、中国・朝鮮の木活字や銅活字がもたらされていたにもかかわらず、印刷業はそれほど振るわず、ようやく近代ヨーロッパから印刷技術が導入されて以降、今日のように盛んになったが、それは、このグーテンベルクの遺沢であるという。

「マインツは天下に誇るべき一洪宝あり、活版印刷の祖なるグッテンベルヒは本地の人にして其の事業は本地に創始せられたること是れなり、然れば館中別に記念室を開きて、グッテンベルヒに関係せる印刷物を所蔵せり、……其の記念室に蔵する所二十五万冊、近時書庫改築の設計ありという、先賢の偉功を表彰するに力を尽すこと如此《かくのごと》く殷《さか》んなるは、誠に感歎に堪えたり、グッテンベルヒの印刷創始は、実に一四五〇年にして、我が邦は足利氏の盛時なり、支那朝鮮の木活銅活や古し、我も夙に之を彼より伝えしも其業振わず、遂に欧羅巴文明の東漸に因て、今日の盛を見しは、亦グッテンベルヒの遺沢と謂う可し」397

このように天囚は、欧米諸国の遊覧により、その町並、設備、文化に深く感動した。そしてこれらはそのまま鏡となり、当時の日本を照らすこととなった。欧米諸国の人々、そして先進的な文物を前にすると、どうしても日本の劣っている点が目についた。日清・日露戦争に勝利して世界の列強に仲間入りしたとはいえ、本当に日本は文明国なのかと、天囚は自身に問いかけざるをえなかった。

四、「日本」の再発見

しかし、この旅は、天囚たちに劣等感を抱かせ続けたわけではない。欧米遊覧を通して、逆に日本の良いところを再発見することにもなった。

まず、最初の寄港地ホノルルでは、現地で奮闘する移民に触れている。明治元年（一八六八）に官約移民（政府間の協約による移民）として始まったハワイへの移住は、明治時代の中頃には移民会社の取り扱いによる私約移民へと移行しつつ徐々に増加し、明治三十五年（一九〇二）頃には、サトウキビ労働者の七割が日本人移民で占められるようになったとされる。しかし、一九〇〇年にハワイがアメリカに併合され、移民制限が起こった。一九〇八年の日米紳士協約などにより日系の移民会社はなくなった。[15] 第二回世界一周会は、こうした状況の中でホノルルを訪問したのである。当時、ハワイ全体では、移民七万二～三千人、ホノルルだけで一万二～三千人に及んでいたという。

「上野総領事の談話に拠れば、現今在留民総数七万二三千にして、ホノルルに在る者又一万二三千に及び、砂糖業に従事する者三万人にして、邦人設立の小学総数八十四校、米国学校に入る者を合せて、就学児童六千五六百に上るとぞ、又之を他の人に聞きしに、在留民中、元年者と称する者あり、此れは明治元年より移住し居る者なり邦人移住の起原や久しく、根柢や深し」42

また、アメリカ大陸では、四月二十七日、シカゴに到着、その後二日間滞在しているが、天囚は、その上水道事情に触れている。市内では湖水から水を引き、黴菌《ばいきん》がいないとして濾過しないため、水質が非常に悪いと指摘する。そしてこの点においては、東京・大阪の方が上であると自賛する。

「北の方遙《はるか》に転じて今度は上水工場を見る、湖水の八哩《マイル》沖より取入るるものにして、一日の使用量六十億ガロン、黴菌なしとて濾《こ》さず、左《さ》ればこそシカゴ水道の水の悪しき事や、白水の如くにしてコップに入れても全く透き通らぬなり、飲用水は各自の家にて濾し、氷を入れて用う、此の点に於て我東京大阪は遙にシカゴ以上なり」113

五月七日・八日の両日滞在したワシントンでは、ワシントン記念塔を訪問した。エレベーターで塔に上る途中、運転手に導かれて傍らに目をやると、日本からもたらされた石があった。そこには、「嘉永甲寅のとし五月伊豆の国下田より出す」と行書で記されていた。天囚は、指折り数えて、それが五十六年前の嘉永七年（同年改元して安政元年、一八五四年）に当たることを確認し、東インド艦隊司令長官ペリー（Matthew Calbraith Perry）（一七九四～一八五八）が再来して日米和親条約を締結した年であることに気づく。そして、この石はペリーが日本から持ち帰ったものに違いなく、日米親交の記念、海外における維新記念碑だと説く。天囚は、意外なところで日本の外交史を発見したのである。

「仰ぎ見れば天半に屹然たり、昇降機にて五百尺の処迄登る、二百尺の中途にて運転手は昇降機を留め、日本より齎したる石ありと指示せり、見れば石面に行書にて、「嘉永甲寅のとし五月伊豆の国下田より出す」と記せる文字明白《ありあり》と読まる、指折れば今より五十六年の甲寅は嘉永七年、此の年改元、安政元年にしてコンモドル彼理《ペルリ》再渡の年なり、必定是れ彼理の齎し帰る所にして、此石独り日米の親交を記念するのみならず、海外に於ける維新記念碑とも謂うべし」167

五月九日に到着したニューヨークでは、その夜、市内八十五丁目にあった日本倶楽部を訪問した。思いがけず、日本風の畳の部屋があったことに感動し、また、外国における同胞の活躍に心を強くしている。

「此の室全然日本式にして一間半の床の間に一間の違棚、畳さえ敷きたる、斯る天涯《ところ》にて斯る国風の筵に坐せんとは思いも掛けず、斯る設備あるを見ても、此の地に於ける同胞の発達と、地位勢力の根拠あるを知られて、いと頼もし」182

また、イギリスに渡った後、天囚は、アメリカとイギリスの国柄を比較して、アメリカは新進文明国としての旺盛な活動が特徴であるのに対し、イギリスは歴史尊重、国粋保存の国柄であると述べる。そして、「二千五百七十年(16)」の歴史を有する「神州」すなわち日本のありがたさを感ずるのである。

「米国にては日に日に新なる事物を見て活動邁往の気象に触れ、忽ち大洋を越えて英国に入るや歴史尊重、国粋保存の風に鑑みて、益々二千五百七十年の神州の有難きをも知れり、如何に古きがよければとて、停滞踟躊して世界の進運に伴わざれば、或は人後に落ちなんことを恐れて、更に米国の遊踪を回想し来れば、米国にて気附かざりし長処の、却て今日に其よと知らるるものあるべし」281

歴史の都ローマでも、この感は一層募った。史跡や古寺を訪れ、天囚はその歴史を賞賛するが、一方で、日本の文化の質朴さを再発見している。天囚が「羅馬の本願寺」と記すのは、バチカンのサン・ピエトロ大聖堂である。天囚は、その歴史を回顧しつつ、金に物を言わせて天下の名工を集め、長い歳月をかけて建築したものなので、荘厳ではあるが、自分の目には俗悪に映ると述べる。そして、ロンドンのウェストミンスター寺院の古朴さには及ばず、さらに日本の法隆寺などとは比べものにならないと批評する。

「此の羅馬の本願寺はグレゴリオ大僧正が紀元五百九十年に法王第一世として羅馬に占拠してより、威権王法を圧しつつ欧州の君主をして足址を舐めしむること一千年、愚帝愚王愚夫愚婦の財布を絞り、天下の名工を集め、歳月の久しきを積みて建立せし大伽藍なれば、其の荘厳侈麗を窮極せしも亦怪しむに足らず、然れど我等の目には俗悪にして倫敦のウエストミンスター寺の古朴愛すべきに若かず、況や我が法隆寺なんどに比ぶべくもなきをや」336

また、ローマ法王宮図書館でも、再び日本の歴史と出会うこととなった。それは、天正十年（一五八二年）に大友宗麟ら九州のキリシタン大名がローマへ派遣した「天正遣欧使節」の足跡であった。案内人によれば、図書館の中の壁画は、ローマ入りした使節を歓迎する情景を描いたものであるという。天囚は、これを「日本最初の洋行」「日本外交史の異彩」であると説く。

「再び彼の扉を開きて図書館に案内せしが振返りて扉の上なる壁画を指示しつつ、此は最初の日本使節の羅馬入の光景にして、中央なる三人の騎馬紳士こそ其の人なれという、……是れ蓋し天正十年豊後の大友宗麟が特派せし使節なんめり、……羅馬に入りしは翌一五八五年の三月廿日にして、此の壁画は実に当日歓迎の状《さま》を図《うつ》したる者ならん、是れ日本最初の洋行にして、西海諸侯の内使に過ぎざるも、亦日本外交史の異彩たり」344

さらに天囚の発見は続く。伊達政宗の書状二通であった。これは、江戸時代の仙台藩主伊達政宗が家臣支倉常長らを派遣した「慶長遣欧使節」に持たせたものである。支倉がローマ教皇パウルス五世に謁見したのは、元和元年（一六一五）九月十二日。天囚は、その使節にゆかりのある書状を実見し、感慨にふけった。支倉らの「慶長遣欧使節」は、「天正遣欧使節」と同じく、八年の歳月を費やす大旅行であった。天囚らの世界一周会も百日を超えるものではあったが、天囚は、それら使節団の労苦が偲ばれると記す。

「更に長廊の中央なる案上の一凾を開けば、金蒔絵の文凾あり、……其の中に蔵するは、伊達政宗の文書二通にして、……」344

「支倉の帰朝は、元和六年八月二十六日にして、大友使節と同じく八年を費せり、我等一行が僅々百日を以て世界を一周するに視れば、労逸果して如何ぞや」346

一方、欧州人がはじめて日本に足跡を残したのは、天文十二年（一五四三）であった。ポルトガル人が種子島に漂着し、火縄銃が伝えられた年である。種子島は天囚の出身地。天囚は、日欧交流史に思いを馳せたのであろう。種子島の南端の門倉岬《かどくら》には、大正十年（一九二一）に天囚が撰文した「鉄砲伝来紀功碑」が立っている。

「顧うに欧州人の始めて足跡を我邦に印せしは、天文十二年（一五四三年）葡人種子島に来りて鉄砲を伝えし時に在り、後三十九年にして大友使節の渡欧を見る、是を邦人渡欧の始めと為す、後ち三十一年目に伊達政宗の使節と為れり、二者共に名を西教信仰に託して貿易の利を収めんとせしに似たり」346

このように、天囚は、欧米各国を遊覧して、その先進性に感嘆するとともに、一方では、古き良き日本を再発見している。日本の歴史と文化は海外で光を放っていた。

五、成功の要因とその後の世界一周会

明治四十三年（一九一〇）七月十八日、百四日間の旅を終えて、第二回世界一周会は敦賀に帰着した。一人の落伍者もなく、一つの事故もなく、旅行団は無事帰国したのである。世界一周旅行が成功したのは何故なのか。その要因を天囚は二つあげている。

一つは、季節の選択が良かったことである。春から初夏にかけてという季節は一年の中でも最も旅行に適した穏やかな時節であった。しかも、この年（一九一〇）は欧州に雨が多く、猛暑が懸念されていたイタリアやシベリヤなども比較的涼しかったことである。この気象条件が第一の要因であった。

そして、天囚は、何より会員諸氏の良識がこの成功を導いたと評価する。団体行動では往々にして自分勝手な行動に出たり、参加者同士の衝突が起こったりしがちになるが、皆が節制を保ち、自重自愛の観念に富んでいたと指摘する。無事の帰国はこのようにして達成された。

「而して我社が一周会員諸君の帰朝を迎えて、先ず成功を誇るは、五十余人の一行の無事に大旅行を終りしことなり、今日の洋行物の数ならざるに似たれど、僅々一百日に二万幾千里を踏破して、八箇国の事物を視察するは

容易の業に非ず、風土気象食物も、処《ところ》変れば品変りて、旅の空に病人を出さば、旅程の困難言うばかりなかりしを、斯く打揃うて無事に帰朝せしこそめでたしともめでたけれ、是れ一には我社の旅行季節の選定宜しきを得たりしと、二には今年は欧州も雨多く、伊太利、西比利亜等定めて熱かるべしと予想されし所の涼しかりしにも因れど、会員諸君が皆節制ある紳士にして、自重自愛の観念に富みたりし結果に因らずんばあらず、扨もめでたき旅行なりしよ」497

また、帰国翌日の七月十九日付け朝日新聞に掲載された「一周会解散式」には、一周会会員による感謝文の要旨全五条が掲載されている。これは、ウラジオストクを大阪商船鳳山丸で出港した後、全員の賛成を得て決議したものであるという。それによれば、第一に、この計画が国家の現況に対して時宜を得たものであったとされている。これは、前述の世界情勢に鑑みて、日本の民間人が世界を知り、また世界もこの一周会を通じて日本を知る絶好の機会になったということであろう。また、旅行中の斡旋が行き届いていたこと、すなわち旅行代理店トーマス・クック社が充分な支援を行ったことも高く評価されている。

「鳳山丸の浦塩発の後一周会員全部の賛成を得て決議したる感謝文（の要旨）あり、……

一、本会の計画は国家の現況に対し時宜を得たるものたりし事

二、外交に対する吾人の希望に好機会を与えたる事

三、旅行の期節の選択宜しきを得たる事

四、旅行中斡旋極めて行届ける事

五、尚将来に於ても此の種の計画を企画せられん事を望む事」500

さらに、第一回世界一周会との比較を通じても、その成功の要因を指摘することができよう。そこで改めて第一回と第二回の概要を比較してみる。

まず、企画については、第一回の発案者は東京朝日新聞社の杉村楚人冠。第二回の企画は、この第一回を概ね踏襲した。なお、朝日新聞社は明治三十九年（一九〇六）にも満韓巡遊の旅（朝日新聞満韓巡遊船）を企画、三七八名が参加して成功を収めている。日清、日露戦争の戦跡巡りではあったが、これも世界一周会の前例に準ずるものの一つとして見逃せない(17)。

次に日程は、第一回は明治四十一年（一九〇八）三月十八日〜六月十五日の九十六日間。第二回は明治四十三年（一九一〇）四月六日〜七月十八日の百四日間。第二回の方が八日ほど多くなっているが、約百日という規模は同様である。

また、会費は第一回が当初発表二一〇〇円、最終的には二三四〇円、第二回は当初発表が一九五〇円、最終的には二四五〇円。ちなみに、明治四十二年（一九〇九）にトーマス・クック社が主催した世界一周旅行は朝日新聞社主催第一回世界一周会より二週間長く会費は三二五〇円と高額であった。

会員数は第一回は五十六名（特派員の杉村楚人冠と土屋大夢を含む）。第二回は、西村天囚ら特派員五名を含め五十七名。これもほぼ同規模である。会員の内訳も、東京・大阪を中心に全国にわたり、代議士、企業の社長・重役、画家、学生など第一線で活躍している様々な分野の人から選ばれているというのも同様である。但し、第一回には女性三名の参加があり、和服姿が海外で好評だったとされるが、第二回の参加者はすべて男性であった。

滞在地もほぼ同様であるが、第一回のみにあるものとしてソルトレーク、第二回のみにあるものとしては、スイスのルツェルン湖、ドイツのマインツ、ライン河下り、ケルンである。その他の主要都市については、ほぼ同じである。
このように、第二回世界一周会は、第一回をほぼ踏襲するものであったことがわかる。第二回だからといって、訪問地を一新するというような冒険はしなかったのである。前例にほぼ倣ったことが旅の成功につながったと言えよう。また、参加者も、第一回世界一周会が無事帰国したという実績に安心して応募したということもあろう。天囚はその点について、旅の冒頭で指摘している。第一回世界一周の成功が世間の人々の旅行欲をかき立て、第二回の応募者が予想以上に多かったという。

「世界は縮まれり、人工天に勝ち、船と車とはいや大きくいや開けつつ、如何なる大海も高山も、縦貫横断、意の如くならざるなく、米欧亜の連絡周観は、昔時国々より、江戸への参勤交代に比して、より多き日数を費ず、さしも億劫なりし洋行ちうものも、隣村の盆踊観に行くらんの容易さは、文明日進の賜、又一つには我が社の率先主催したりし第一回世界一周の成功が、世人の旅行欲を誘導せしにも因らずんばあらじ、されば此の第二回の世界一周にも応募意外に多く、選りに選りたる紳士五十二人に社員五人を加え、総勢五十七人の一団を組織し得たるは、先ず以て本社の光栄、同行社員の面目なり」1

もっとも、明治時代の終わり頃には、世界一周とまでは言わなくても、民間団体が海外渡航する機会は増えつつあった。例えば、明治四十二年（一九〇九）八月には、渋沢栄一を団長とする全国実業団が、アメリカ太平洋沿岸連合商業会議所の招待で渡米し、約三ヶ月間で五十三都市を訪問している。こうしたことも、第二回成功の背景として重要であろう。
では、第二回世界一周会は、第一回を踏襲したまでであり、特に第二回としての意義はなかったのだろうか。確かに、第二回は、第一回の旅程を参考にし、トーマス・クック社の手配によって、万全を期したと言えよう。ただ、第一回から二年後の企画であり、参加者はほぼ総入れ替えとなっている。特派員の内、土屋大夢（元作）は第一回に続いて二度目の参加だったとは言え、西村天囚は初の欧米渡航であった。朝日新聞社としては第二回であっても、参加者にとっては第一回と言ってもよい旅であった。そして、何より、漢学者西村天囚が、その新鮮な感性と達意の名文で紀行を寄せたことが大きな意味を持っていた。天囚は、新聞記者として冷静に諸外国を紹介するとともに、その鋭い観察眼で外国の優れたところ、そして当時の日本人が忘れかけようとしていた日本の良さを読者に伝えたのである。また、第二回世界一周会の目玉として、日英博覧会の観覧があった。ロンドンには十三日滞在している。これは第一回世界一周会にはなかったことであり、参加者にとっても、また新聞の読者にとっても、大いに新鮮な知見となったであろう(18)。

さらに、日露戦争後、緊張関係にあったアメリカではタフト大統領との会見が実現し、ロシアでは、首都サンクトペテルブルクの新聞社を訪問して、反日感情が和らぎつつあることを実感した。

ロシアの新聞社での様子は『欧米遊覧記』に次のように記されている（この項は岡野告天子の担当）。この新聞は、日露戦争前後、日本に対して厳しい論調の記事を掲載していたが、近年ロシア国民一般が日本に対して好感を抱くにつれ、同紙の論調も、著しく親日に傾いてきたという。

「午後会員一同車を連ねてノヴォエウレミヤ新聞を訪問す、同新聞は世に名高い半官報で日露戦争前から既に久しく我が国に知られた新聞である、戦争後も引続いて余り日本を好く云わなかったが、近来露国一般が日本に対して好感を抱くに連れ、又近く日露協約も行われんとするに際し、同紙の論調著しく親日に傾いて来たという事だ、是は日露両国の為に結構な事だから、将来の国交の為とて、我が一周会員は大使館の上田君の紹介を頼んで、同社の社長スオーリン翁及び政治部長エゴローフ氏と会し、且新聞社を一覧することとなった」457

ここに言う「ノヴォエウレミヤ新聞」とは、一八六〇年代に次々と創刊された新聞の一つ「新時代」（ノーヴォエ・ヴレーミヤ）で、一八六八年〜一九一七年まで刊行された。[19]「半官報」とは、政府の機関紙で、半分は官報のようなものという意味であるが、その半官報であっても、日本に対する論調が和らいできたというのである。

このように、日本近代の外交史という点でも、この第二回世界一周会は大きな意味を持っていたと言えよう。

それでは、朝日新聞社は「第三回」の世界一周会を企画したのだろうか。先に紹介した第二回世界一周会員による感謝文の第五条には、「将来においてもこの種の計画が企画されるのを希望する」旨が記されていた。

また、第二回に続き、第三回以降が待望されていたことが、天囚の『欧米遊覧記』からも読み取れる。

五月九日、ニューヨークの日本倶楽部を訪問した一行は、その会長から歓迎の挨拶を受けた。その挨拶の中で、ニューヨーク在留の邦人は、この第二回旅行団が来訪するのを首を長くして待っていたこと、そして、今後も毎年この会が催されるのを期待する旨が述べられている。もちろん、社交辞令なので、多少割り引いて考えなければならないが、現地で活躍する邦人にとっても、この世界一周会は頼もしい存在であったのだろう。

「やがて会長高峰博士は、公爵及び我が一行を楼下の一室に請じ、先ず起ちて口を開き、明治の昌運が徳川氏三百年の文化に淵源するを述べて公爵の来遊を歓迎し、更に壁間に掛くる所の朝日新聞の社旗を指し、此は一昨年第一回世界一周会の置土産なるが、在紐育の邦人は第二回団体の来遊を待つこと久しかりしに、今や多数紳士を迎接するは愉快なり、今後も年々歳々本会を催されたしとて、深厚なる歓迎の情を表せり」182

このように、会員からも、海外在留邦人からも継続が期待されていた世界一周会ではあったが、何故か朝日新聞社は第三回を実施しなかった。その理由について、小林健『日本初の海外観光旅行』は、こう指摘する。もともとこの世界一周会は、購読者拡大を狙った読者サービス、メディアイベントという性格があり、第二回までで、その当初の目的は充分に達成された。また、時代は船から航空機へと移りつつあり、朝日新聞社自体が、航空イベントを重視するようになった、と。

この推測は概ね妥当であろう。朝日新聞社の主催した世界一周会は、第一回、第二回とも、トーマス・クック社主催の世界旅行に比べて、かなり安価であった。朝日新聞社は、この旅行で格別の利益を得たいと思っていたわけではない。文化的活動による新聞社の宣伝という意味合いが確かに大きく、それが充分な成功を収めた以上、さらに回を重ねる必然性は薄かったと思われる。

ただ、第三回以降が実施されなかった要因としては、より重要なものとして、その後の世界情勢にも注目しておく必要があろう。第二回世界一周会が帰国したのは、明治四十三年（一九一〇）七月十八日であった。第一回（一九〇八）との間隔を考慮すれば、第三回は一九一二年頃に実施されてもよさそうなものであった。しかし、一九一二～一九一三年には、「ヨーロッパの火薬庫」と呼ばれていたバルカンとオスマン帝国との間で第一次バルカン戦争が勃発し、一九一三年六月には、ブルガリアがセルビアとギリシャを攻撃して第二次バルカン戦争が勃発した。ヨーロッパの情勢は極めて不安定となっていった。さらに、一九一四年六月二十八日、サラエボ事件が発生、遂に七月二十八日、第一次世界大戦が始まったのである。アメリカも連合国側として途中から参戦した。

この時期のヨーロッパを舞台とする大きな催し物としてオリンピックを例にあげれば、一九一二年のストックホルム大会は開催されたものの、一九一六年に開催予定であったベルリン大会は第一次世界大戦のため中止となっている。

大戦が終結し、ヴェルサイユ条約が締結されたのは、一九一九年六月二十八日であった。

このように、欧米の情勢は、その後、日本の民間人旅行団を安易に受け入れるような環境にはなかったと言えよう。朝日新聞社としては、そのような中、大きなリスクを冒してまで、欧米遊覧を継続する必要性が失われたのではなかろうか。(20)

天囚にとって、世界一周の旅はこの時が最初で最後となったのである。

六、漢学者と西洋近代文明

では、ここで標題に立ち返り、「漢学者」としての天囚が当時の「世界」とどう向き合ったのか、という点について改めて考えてみよう。

漢学者とは、中国の古典「漢籍」を教学する者であり、基本的には保守的な性格を有する人と言えよう。伝統的な文化や道徳を尊重し、それを後世に伝えていこうとする使命感を抱く者と言っても良い。新奇なものを安直に信奉する軽薄な人物ではない。

本書第一章・第二章で紹介したように、天囚旧蔵の印の中には、「懐古」と刻んだものが見られる。天囚の姿勢を端的に示しているであろう。江戸時代の大坂学問所「懐徳堂」の復興に奔走したのも、そうした意識の表れの一つと理解される。

こうした伝統重視、懐古の立場の漢学者が先進的文明と対峙した時、一般論として、まず次のような反応が予想される。それは、生理的な嫌悪感である。古き良きものを壊すところに成立する近代文明は到底受容できないという感覚である。また、そこに国粋主義的な思想が加われば、西洋の人や物を排除しようとする「排外」の姿勢となるであろう。

その参考の一つとして、江戸時代の末期、懐徳堂最後の教授並河寒泉（一七九七〜一八七九）がロシアの軍艦ディアナ号と対峙した時の言動を確認してみよう。[21]

安政元年（一八五四）九月十八日、ロシアの海軍中将プチャーチン率いる軍艦ディアナ号が大坂湾安治川の河口、天保山沖に現れた。何の予告も受けていなかった大坂は大混乱に陥り、大坂城代、両町奉行はその対応に追われた。外国通詞が常設されていない大坂の地で、頼るべき知的拠点は懐徳堂であった。そこで並河寒泉は「応接史官」を命ぜられ、懐徳堂の授業を休講にして天保山近くの詰所に出張した。九月十八日のディアナ号出現から約二十日間、寒泉は対応に追われ、その間、文書を介した間接的な交渉、船上での漢文筆談による直接交渉も行った。

その間の記録は並河寒泉自身が『拝恩志喜』としてまとめている。それによれば、寒泉はかなり激烈な言葉でロシア側を批判しており、相当な敵意・蔑視を持って交渉に臨んでいたことが分かる。その後、いわゆる安政の大地震・大津波によってディアナ号が大破・沈没したとの報に接した寒泉は、「痛快」とまで言っている。要するに、ロシア軍艦は、神聖なる「皇国」を侵犯した夷狄であり、寒泉には到底許すことのできない対象であった。そして、自らの筆談交渉の成果により、ロシア軍艦を大坂湾から退去させたことを、栄えある攘夷の実践であったと自己評価するのである。

これはかなり特殊な事例かもしれないが、一方で、江戸時代末期の漢学者の思いを端的に表明しているとも言えよう。これに比べれば、同じく漢学者とは言っても、西村天囚の姿勢は全く異なると評価できる。中国古典を尊重しつつも、西洋近代文明に謙虚に接し、その良い点は高く評価し、また日本の良さも再発見している。懐古に固執することのない冷静な観察眼があったと言えよう。

もちろん、寒泉と天囚には、約七十年の時代の差があり、その間には、明治維新という決定的な出来事があった。こうした差違が生じるのは当然であろう。

ただ、この差を単なる時代の差として処理はできないようにも思われる。西村天囚という漢学者は、同時に朝日新聞の記者・主筆でもあり、世界に目を向けたジャーナリストとしての一面をも備えていたからである。頑迷な懐古の立場ではなかったことが、こうした柔軟な観察を生んだと言ってよかろう。

またそもそも、天囚は郷里種子島を出て、東京大学に新設された古典講習科に学んだ後、大阪朝日に入社した。進取の精神があったと言えよう。出身地の種子島は、鉄砲伝来の地であったが、漂着した船員たちと漢文による筆談交渉をしたのは、天囚十三代前の先祖に当たる西村織部丞時貫《おりべのじょうときつら》であった。時貫は、島の南端門倉岬に漂着した異人たちを排除することなく、島の北部の赤尾木《あかおぎ》（現在の西之表）に誘導し、種子島氏第十四代島主との対面を実現させた。これが日本史上の大事件「鉄砲伝来」につながったのである。[22] その祖先からして開明的な家柄であったとも言えよう。

そして、今ひとつ留意しなければならないのは、アジアへの視線である。これも一般論として、先進的文明に敬慕を抱く余り、いわゆる西洋びいきとなったり、日本以外のアジアを遅れた地として蔑視したりする人々もいたであろう。[23]

これについては、この世界一周会が欧米巡遊の旅であり、中国・インド・東南アジアなどに立ち寄っていないため、天囚のアジアに対する視線を直接確認することはできない。しかしながら、明治時代の後半、計三度にわたって渡清し、現地の政治家や文人たちと親しく交流した天囚には、少なくとも蔑視の感情はなかったと推測される。[24] アジアの古びた衣をすっかり脱ぎ捨てるという「脱亜論」のような立場になかったことは明らかである。西洋近代文明と向き

図５　再建された懐徳堂（重建懐徳堂）

合った「漢学者」西村天囚は、歴史と文化を尊重しつつも柔軟かつ冷静な態度を取ったと言えるのではなかろうか。

結　語

以上、この章では、朝日新聞社主催第二回世界一周会を追いながら、明治時代末期の漢学者西村天囚が見た「世界」とは何だったのかについて考えてきた。天囚は、欧米の先進的文化に素直に驚き、また憧れを抱いた。しかしその一方で、冷静な観察眼により、日本の歴史や文化を「再発見」した。懐古と開明の程よいバランスがとれていたと言えよう。

では、大阪の漢学者としての西村天囚自身にとって、この世界一周会はどのような意味を持っていたのであろうか。

天囚は、朝日新聞の連載「懐徳堂研究」を一旦中断して、この旅行に参加した。帰国後、連載は再開され、後に『懐徳堂考』としてまとめられた。そして、翌年（一九一一）十月五日、江戸時代の懐徳堂教授たちを追悼する師儒公祭（懐徳堂記念祭）が大阪で挙行され、懐徳堂の復興運動が本格的に始まった。大正五年（一九一六）には、重建懐徳堂が大阪市内に竣工し、天囚はその教壇に立つこととなったのである（図5）。この一連の懐徳堂復興運動に、天囚の世界一周会参加の体験が少なからぬ影響を与えたことが推測される。特に、現地で見た教育や新聞の普及、図書館の充実、先人の顕彰などは、大阪の地に懐徳堂を再建したいという天囚の願いを強く後押ししたことであろう。

注

（1）懐徳堂と西村天囚に関する基礎的な情報については、湯浅邦弘編著『増補改訂版懐徳堂事典』（大阪大学出版会、二〇一六年）、竹田健二『市民大学の誕生――大坂学問所懐徳堂の再興――』（大阪大学出版会、二〇一〇年）参照。

（2）西村天囚は同日原稿の末尾に、これまで「其二」として連載してきた記事を「懐徳堂考上巻」と改題し、上巻はここに完結すると述べている。

（3）但し、明治時代の民間団体世界一周旅行という大事業の全体像を解明するためには、さらに複数の視点が必要であろう。例えば、主催した朝日新聞社にとってどのような意図や成果があったのか、世界一周会に参加した会員にとってどのような意味があったのか、また新聞記事を通してこの旅行の経緯をたどった読者にとってはどうだったのか、さらには、旅行団を受け入れた欧米諸国にとってはどうだったのか、そして、明治時代末期の日本にとって、この世界一周会はどのような歴史的意義を持っていたのか、という点などである。これらについては拙著『世界は縮まれり――西村天囚『欧米遊覧記』を読む――』（KADOKAWA、二〇二二年）参照。

（4）ピアーズ・ブレンドン著、石井昭夫訳『トマス・クック物語――近代ツーリズムの創始者』（中央公論社、一九九五年）参照。

（5）明治四十三年一月二日付の東京朝日朝刊には、「日英博覧会見物世界一周会」の告知が掲載され、「日数　往復八十五日」

とある。これは、ハワイに向かう途中、日付変更線を越えるため、その分を一日加えたものと推測される。

（6）なお、女性の申し込みについては、第一回同様、「其の同伴者又は保護者の姓名」が必須となっている。これについて有山輝雄『海外観光旅行の誕生』（吉川弘文館、二〇〇一年）は、「第一回の際には、申込者の条件として、女性は必ず同伴者が必要である旨明記されていたが、今回（第二回）の申込手続きには、そうした条項はなかった」としている。これは事実誤認であろう。

（7）特派員の内の清瀬規矩雄（号は乾坤生、一八七八〜一九四四）は、明治三十年（一八九七）から欧米各国に留学して法学・経済学を学び、サンフランシスコで「日米新聞」の記者となっていた。清瀬がこの一団に合流するのは、四月二十二日、サンフランシスコにおいてである。よって、横浜出港の時点での人数は五十六名であった。

（8）「世界一周」という名称については、現在からすれば、やや違和感があるとも言える。なぜなら、第一回・第二回とも、訪問したのは、アメリカ（ハワイを含む）とヨーロッパ諸国であり、南アメリカ、アフリカ、オーストラリアの三大陸は含まれていないからである。また、インド、中国などのアジアにも立ち寄っていない。そこで、第一回の特派員であった杉村楚人冠はその紀行を「半球周遊」と呼び、第二回に参加した西村天囚も、「欧米遊覧記」と題して刊行したのである。正確を期する新聞記者としては、当然のことだったと言えよう。しかし、民間人が国外に出ることさえ極めて稀だった当時の日本において、この企画はまさに「世界一周」として人々の目に映ったに違いない。

（9）もともとは、明治三十八年（一九〇五）、日露戦争での勝利を受け、その賠償金を資金として明治四十五年（一九一二）に開催することを企画した博覧会。しかし賠償金は得られず予算難のため中止となり、五年延期して、改めて明治維新五十年記念の博覧会として一九一七年に開催することとなったが、これも諸般の事情で中止となった。

（10）大鹿武『幕末・明治のホテルと旅券』（築地書館、一九八七年）参照。

（11）天囚の『欧米遊覧記』では「自働車」の表記で統一されているが、当時の新聞記事では揺れがあったようだ。例えば、明治二十八年十二月二十八日付け朝日新聞には「自動車鉄道敷設計画」とあるが、明治三十五年七月二十四付け同紙には「自働車と自転車の衝突」の記事が見える。

(12) 朝日新聞社主催第一回世界一周会に特派員として参加した杉村楚人冠の紀行。朝日新聞に送稿され、帰国後、『半球周遊』としてまとめられた。
(13) 一八四八年に創設されたボストン公共図書館。史上最初の近代的公共図書館とされる。
(14) タフトは第二十七代アメリカ大統領（任期は一九〇九～一九一三）。なお、第一回世界一周会でも、参加者たちは明治四十一年（一九〇八）四月十八日にセオドア・ルーズベルト大統領に謁見している。
(15) 山田迪生『船にみる日本人移住史』（中公新書、一九九八年）、矢口祐人『ハワイの歴史と文化』（中公新書、二〇〇二年）参照。
(16) 日本最初の天皇とされる神武天皇の即位年（紀元前六六〇年）を元年とした「神武紀元」による年数。神武紀元によれば、明治四十三年（一九一〇）は、二五七〇年に当たる。
(17) 有山輝雄『海外観光旅行の誕生』（吉川弘文館、二〇〇一年）は、この満韓巡遊旅行を詳細に分析し、それが日本における初の団体海外観光旅行であったと指摘している。但し同著は、その参加者数に触れた箇所で、「三四七名」「三七四名」「三八九名」「三七五名」とすべて数値が異なっている。明治三十九年（一九〇六）十月十四日付け朝日新聞朝刊は、満韓巡遊船の収支決算報告を明記しているが、会員種別「甲」「乙」「丙」「丁」の総計は「三七八名」となっている。これが正確な数であろう。
(18) 有山輝雄『海外観光旅行の誕生』（吉川弘文館、二〇〇一年）は、この第二回世界一周会を「マンネリ化したイベント」「二番煎じの印象」と記し、それに活気を与えるものとして期待されたのが、日英博覧会見物であったとする。確かに、日英博覧会が第二回世界一周会の募集の目玉であったことは間違いない。しかし、当時の人々にとって世界一周旅行は想像を絶する大事業であり、行程がほぼ同じだったからといって、わずか二回目で「マンネリ」と捉えられていたのかどうかについては慎重な検討が必要であろう。
(19) 阿部幸男「帝政期のロシアの新聞」（『新聞学評論』二十二巻、一九七三年）参照。
(20) もっとも、朝日新聞社ではなく、トーマス・クック社が主催した世界一周旅行はその後も企画された。例えば、明治四十四年（一九一一）二月四日付け東京朝日新聞には、「クック社の世界一周 英国戴冠式と羅馬博覧会」という記事が掲載されている。英国ジョージ五世の戴冠式とローマ博覧会の視察を主目的とするもので、やはり欧米を一周する世界旅行であった。

(21) 以下、詳細については、拙稿「ロシア軍艦ディアナ号と懐徳堂」（『懐徳堂研究』、汲古書院、二〇〇七年）参照。

(22) 鉄砲伝来および種子島の鉄砲伝来紀功碑については、本書第七章「鉄砲伝来紀功碑文の成立」参照。

(23) 日清・日露戦争以後のこうしたアジア（特に中国）への視線の一端については、拙著『軍国日本と『孫子』』（ちくま新書、二〇一五年）参照。

(24) 西村天囚の渡清、および張之洞との対面などについては、拙稿「西村天囚の知のネットワーク――種子島西村家所蔵資料を中心として――」（『懐徳』第八十七号、二〇一九年）参照。

【附記】

本章に掲載した写真については、西村貞則氏、懐徳堂記念会より掲載の許可を得た。ここに記して感謝申し上げたい。

第四章　西村天囚『欧米遊覧記』と御船綱手「欧山米水帖」
──明治四十三年「世界一周会」の真実──

はじめに

旅の思い出は写真で、というのが一般的であろう。しかし、カメラがまだそれほど普及していなかった時代、絵画も有力なツールであった。

明治四十三年（一九一〇）、朝日新聞社が主催した第二回「世界一周会」では、特派員として参加した西村天囚が現地から紀行文を逐次送稿し、帰国後それをまとめて『欧米遊覧記』として刊行した。一方、この旅に参加した日本画家の御船綱手《みふねつなて》は、行く先々でスケッチに努め、帰国後、それを基に七十二枚の彩色画を描き上げて全三冊の画帖に仕立てた。

天囚と御船は**図1**の写真にも一緒に写っている。これは、同年五月七日、米国のワシントン元大統領旧宅前で撮影された記念写真である。中列の中央向かってやや右寄りのひときわ大きい人物が西村天囚、その後ろのポーラーハットの人の右隣にいるのが御船綱手である。

前章では、西村天囚『欧米遊覧記』に基づいて、「総勢五十七名、百四日間」という大旅行の概要について紹介し、

図1　ワシントン元大統領旧宅前の記念写真

漢学者西村天囚が向き合った欧米世界とはどういうものであったのかについて基礎的な考察を行った(1)。

引き続き本章では、天囚の『欧米遊覧記』を御船綱手の画帖と付き合わせることにより、世界一周会の実態に迫ることを目的とする。なお、御船綱手が描いた彩色画については、美術的観点からの言及は避け、あくまで『欧米遊覧記』との関係から若干の考察を加えたい。

一、世界一周会と御船綱手

御船綱手の経歴を倉敷市立美術館編『倉敷市立美術館——池田遙邨と郷土作家——』（日本文教出版・岡山文庫、二〇一一年）に依拠して紹介すると、以下のようになる。

御船綱手（図2）は、明治九年（一八七六）、渡邊欣兵衛の長男として岡山県窪屋郡《くぼやぐん》倉敷村（現在の倉敷市）に生まれた。慶応元年（一八六五）生まれの西村天囚より十一歳年下ということになる。

その後、岡山の足守出身で郵船会社に勤めていた御船栄三郎の養子となった。十四歳の時、画家を志し、木村応春や渡辺祥益に学んだ後に上京して川端玉章に師事。明治二十九年、東京美術学校（東京芸大の前身）に編入してからは橋本雅邦の指導を受け、卒業後、大阪に移住した。世界一周会参加当時は大阪天王寺在住である。

『欧米遊覧記』によると、御船は世界一周会参加に際して朝日新聞社から「画報嘱託《がほうしょくたく》」の任を受け、この旅に十数冊の書画帖を持ち込んでいた。横浜からハワイに向かう船内で書画会《しょがかい》が自然発生したという。『欧米遊覧記』には次のように記されている。筆者（湯浅）による現代語訳で掲げる。

図２　御船綱手

> 太平洋上に書画会を開くとは、何と日本民族の風雅さよ。画人御船《みふね》君が持ち込んだ十数冊の書画帖は、会員に強要されて、世界一周記念の題名を求められる者が多く、十一日の喫煙室は風流な書画会となった。竹冷《ちくれい》・酔香《すいこう》の俳句、大夢《たいむ》（土屋元作）の題字、告天子《こくてんし》（岡野養之助）の自画賛などの評判がよかった。ついに西洋人の蟹字《かいじ》（横文字）さえ画帖中に綴《つづ》られ、清人の哈《は》・劉《りゅう》諸君もまた名を題したのは、誠によい記念。他日この帖を展覧して旅を回想すれば、その楽しみはどれほどであろうか。（『欧米遊覧記』二二頁）

天囚が「画人御船君」と記しているのが、御船綱手である。一行が乗船していたのは東洋汽船のサンフランシスコ航路に就航したばかりの大型貨客船「地洋丸」一万四千トンであった。この書画会で俳句を寄せたという「竹冷」は、明治・大正期の俳人・政治家。本名は角田真平《つのだしんぺい》（竹冷は号）。東京府会議員、東京市会議員、衆議院議員を歴任したが、第二回世界一周会参加者名簿に記載された当時の職名は「東京市区改正局長、大日本博覧会理事官」である。この一周会の委員長を務めていた。「酔香」は、地洋丸に同乗してアメリカに赴くニューヨーク総領事の水野幸吉《みずのこうきち》（酔香は号）である。日本からワシントンのポトマックに桜が寄贈された際、その仲介役を果たしたとされる。「大夢」「告天子」は、それぞれ土屋元作と岡野養之助の号で、二人は天囚と同じく朝日新聞の特派員として参加していた。地洋丸には多くの著名な文人が乗っていたのである。風流な書画会が自然発生したのも当然であった。

また、記名した清人の「哈・劉諸君」とは、清国の皇族濤貝勒《とうばいろく》（愛新覚羅溥儀の叔父）に随行していた哈漢章《はかんしょう》と劉恩源《りゅうおんげん》。濤貝勒は清国の軍事考察団として日本からアメリカへ向かうところであった。哈漢章（一八七九～一九五三）は日本留学の経験があり、陸軍士官学校第二期歩兵科卒である。この考察団に参加し、明治天皇に拝謁した際、天皇から「福」「壽」の大字を記した書を賜ったという。また、劉恩源（一八七三～?）は、天津の武備学堂《ぶびがくどう》を卒業後、ドイツ留学を経て、この軍事考察団の一員となっていた[2]。

この他、『欧米遊覧記』には、ニューヨークからイギリスに渡るバルチック号の船内で運動会が開催された際、優勝者に賞品として御船自筆の日本画が贈呈され喝采を浴びたことが記されている（同書二四四頁）。御船は、スケッチ用の白紙の画帖とは別に、あらかじめ自筆の日本画を準備していたのである。

ではなぜ、そもそも御船はこの旅行に参加することになったのであろうか。この点について、世界一周会の六年後に刊行された三島聰恵編『続浪華摘英《なにわてきえい》』（一九一六年）は、「御船綱手先生」の項目を立て、「泰西美術研究の目的を抱き彼の地に赴こうとしたが、洋行費数千円を要するため、一大画会を企《くわだ》てたところ、在阪の名士が大いにその挙に賛同し、旅費が調った」と説明している。御船自身の研究心が背中を押したということであろう。旅費も、画会を開くことによって自身で調達したのである。

ただ、もう一つ、朝日新聞社側から参加を促されたということも考えられる。

東京から大阪に移り住んだ御船は、すでに著名な画家として評価されていた。例えば、御船二十六歳の時に当たる明治三十五年（一九〇二）二月、その一ヶ月前に調印された日英同盟の祝賀会が大阪中之島公園で挙行された。同年二月二十六日付け朝日新聞によると、この祝賀会に御船も招待され、揮毫《きごう》席において健筆を揮《ふる》ったという。若くして大阪ではすでに著名な存在であった。そして明治四十年（一九〇七）、朝日新聞社と御船綱手とを強く結びつけたと思われる大きな出来事が生じた。世界一周会参加の三年前のことである。

当時、日本画壇に大きな変革が起こりつつあった。明治四十年八月、文部省の美術展覧会の審査委員人選をめぐり、大きな対立が生じた。同年秋に開催が予定されていた文部省の美術展覧会に反対を表明する日本美術協会、日本画会、日本南宗画会、南画会、日月会などの諸派が「正派《せいは》同志会」を結成し、所属会員百余名は出品を見合わせ、同時期に開催される美術協会展覧会に出品することとしたのである。同年八月十七日付け朝日新聞は、それを「文部省に対抗する一大同盟」として記事にした。

そして、同年十月二十五日、文部省の美術展覧会が開催され、ここには、下村観山《しもむらかんざん》、竹内栖鳳《たけうちせいほう》、横山大観《よこやまたいかん》らの大作も出品されて好評を博した。朝日新聞は、この文部省の美術展覧会と正派同志会連の美術協会の展覧会とを同時に取りあげて、同年十一月三日より、瀧節庵《たきせつあん》の美術評論を連載した。瀧節庵、本名は精一（一八七三〜一九四五）。号は節庵、拙庵。日本画家瀧和亭《かてい》の長男である。東京帝国大学哲学科卒。美術史学者で東京帝国大学教授。東洋日本美術史学を講じ、美術雑誌『国華』の主幹を務めた。『国華』は明治二十二年に岡倉天心と高橋健三が中心となって創刊したが、節庵はその高橋の甥にあたる。
節庵の総評は、「公平に見れば誰しも文部省の展覧会は美術協会のそれに勝《まさ》っていることを認めるであろう」、「美術協会の展覧会は慥《たし》かに文部省の展覧会に敗北した」というものであった。しかし、それは全体を俯瞰した批評であり、さらに細部を比較すれば、文部省の方にも忌《い》むべき欠点があり、また美術協会の方にも取るべき長所もあるとする。そして具体的に賞賛されているのが、御船綱手なのである。批評の第六回（明治四十年十一月九日付け）にこうある。

一体このたび大阪の画家は、過半文部省に反対して美術協会に出品したるもののようで、平井直水、御船綱手、深田直城、大塚春嶺、小山雲泉、鎌田梅石氏らをはじめ錚々《そうそう》たる人々が大分に奮って出品しているが、その中で最も見るべきは、御船綱手氏の「南紀濟渓」の図である。

この事件を通して、御船綱手は、反骨の画家としても注目される存在になったのではなかろうか。明治四十一年の第一回世界一周会では、旅行中に撮影された写真が、後に石川周行『世界一周画報』（博文館、一九〇八年九月）に掲載された。御船が参加した第二回は訪問先がほぼ同様であったため、こうした写真集の刊行は当初から予定されておらず、それに代わるものとして、彩色画によって名所旧跡を描くという趣向が発案されたのであろう。そして、その適任者と考えられたのが、他でもない御船綱手だったのである。

二、世界一周会の旅程

御船が参加した第二回世界一周会の旅程を確認しておこう。旅程は当初、全八十五日として新聞発表されたが、会員確定後、会員たちの強い要望もあって百四日に延長された。それが明治四十三年三月十日付け朝日新聞に最終確定版として発表された。以下に掲げるのは、実際の旅程であり、最終確定版とは若干の異同はあるが、大きな変更はない。なお、滞在地の末尾につけた01～72の数字は、次節で検討する御船綱手の彩色画全七十二枚の通し番号である。符号の意味については次節で解説する。

明治四十三年（一九一〇）四月六日　東洋汽船の地洋丸で横浜発
四月十五日　ハワイ着　【01】～【04】
四月十六日午後四時、ハワイ発
四月二十二日　サンフランシスコ着
四月二十三日　同地滞在　【05】
四月二十四日　同地出発
　この間、大陸横断鉄道　（06）～（10）【17】
四月二十七日　シカゴ着
四月二十八、二十九日　同地滞在　【16】【18】

五月一日　ナイアガラ着　【11】〜【15】
五月二日　ボストン着
五月三、四日　同地滞在
五月五日　同地出発汽船中で一泊
五月六日　ニューヨーク通過ワシントン着　【19】
五月七、八日　ワシントン滞在
五月九日　ワシントン発ニューヨーク着
五月十〜十三日の四日間　ニューヨーク滞在　【20】
五月十四日　バルチック号にてニューヨーク出発
五月二十一日　アイルランド着　【28】
五月二十二日　リヴァプール着、直ちに出発ロンドン着
五月二十二〜六月三日まで十三日間　ロンドン滞在　【21】〜【27】
六月四日　ロンドン発パリ着
六月五〜八日の四日間　パリ滞在　【29】〜【32】
六月九日　パリ出発
六月十日　イタリアジェノヴァ着　【33】
六月十一日　ジェノヴァ発ローマ着
六月十二〜十四の三日間　ローマ滞在　【34】〜【36】（48）

六月十五日　ローマ発ナポリ着　（42）（45）
六月十六日　ヴェスヴィオ火山、ボンペイ見物　【46】
六月十七日　ナポリ発ローマ帰着
六月十八日　ローマ発ヴェニス着
六月十九日　ヴェニス滞在　【38】〜【41】
六月二十日　ヴェニス発ミラノ着
六月二十一日　ミラノ発ルツェルン着　【37】【43】【44】【47】（49）（51）（53）（55）〜（58）
六月二十一〜二十三日　ルツェルン滞在　【50】【52】【54】
六月二十三日　ルツェルン発マインツ着　【59】（60）
六月二十四日　マインツよりライン川下り
六月二十五日　ケルン着
六月二十六日　ケルン発ベルリン着　【64】【63】
六月二十七〜三十日　ベルリン滞在　【61】【62】（65）〜（68）
七月一日　ベルリン発
七月二日　サンクトペテルブルグ着
七月三日　同地滞在　【69】
七月四日　サンクトペテルブルグ発
七月五日　モスクワ着

七月六日　モスクワ発シベリア横断鉄道乗車　【70】【71】（72）
七月十五日　イルクーツク着
七月十六日　ウラジオストク着
七月十七日　大阪商船鳳山丸にてウラジオストク発
七月十八日　敦賀に帰着

三、「欧山米水帖」全七十二枚の概要

それでは、こうした旅程と御船綱手の絵とはどのような関係にあるのだろうか。

御船が描いた七十二枚の絵について、その概要を確認してみよう。御船は、全三冊の画帖を収めた桐箱に、「世界周遊実寫　歐山米水　大正癸丑夏　綱手」と自筆している。これに基づいて倉敷市立美術館では、この作品を大正二年（一九一三）成立、名称を「世界周遊実写　欧山米水帖」としている。これらの絵の成立と名称については後に改めて検討することとし、以下では便宜上、この作品を「欧山米水帖《おうざんべいすいじょう》」と仮称して論述することとしたい。また、各絵には01〜72の通し番号を付けるが、この番号は、「欧山米水帖」全点のモノクロ画像を掲載する倉敷市立美術館編『倉敷市立美術館所蔵品目録』（倉敷市立美術館、一九九四年）も同様に付けている。それぞれの絵には、御船綱手自身が画題を記しているので、本章でもその名称に従い、二一三頁以降に画帖見開きの状態で全枚を掲載する。

全体の概要を総括して先に言えば、この七十二枚の絵は、第二回世界一周会の旅程にほぼ沿って並べられている。前章に記入した番号が、ほぼ旅程順になっていることが確認されよう。以下、詳しく見ていこう。

明治四十三年四月六日に横浜港を出航した世界一周会は、日付変更線を越えた後、四月十五日に、布哇（ハワイ）のホノルルに到着した。御船綱手「欧山米水帖」は、このハワイから始まる。ここでは、01「布哇土人家屋」、02「布哇ホノルルダイヤモンドヘッド」、03「布哇ホノルル水田」、04「布哇ホノルルパリ」の四枚の絵を掲げている。「土人家屋」は藁葺き屋根の民家とサボテンのような大きな植物。荷を背負った農夫が一人描かれている。天囚が『欧米遊覧記』で、ハワイには見慣れぬ植物が多いと言っていた通りである。「ダイヤモンドヘッド」には湾内に浮かぶ三艘の小船が見える。いずれも赤い帆を上げている。「水田」は牛を使って田を耕す農夫が描かれる。「パリ」とは、ワイキキ郊外の古戦場で、一七九五年、カメハメハ一世が統一戦争に勝利した高台。パリはハワイ語の「崖」の意味で、御船綱手の絵には、峻嶮な山とその手前に展望台のようなものが見える。ワイキキ市内からパリまでは二十km以上あるが、一行は自動車に分乗して行ったのである。『欧米遊覧記』では「自働車」と記されている。

ハワイを出航して再び太平洋を航行し、四月二十二日、アメリカ西海岸の桑港（サンフランシスコ）に到着した。「欧山米水帖」には、05「桑港ゴールデンゲート」があり、湾内に小さな帆船が浮かんでいるのどかな光景である。

ここから一行は、大陸横断鉄道でシカゴ、ナイアガラの滝に向かう。「欧山米水帖」は、シカゴまでの大陸横断鉄道において、06・07「北米ヨセミテ渓」を二枚と08「北米ヨセミテ渓谷・瀑布」を描いている。ただし、『欧米遊覧記』では、サクラメントを出発した列車がシエラネバダ山脈に入って、タホー湖の北側を通り、亜米利加川（ノース・フォーク・アメリカン川）の急流を見た後にブルーキャニオン駅に至ると記されている。ヨセミテ渓谷は、この路線からはかなり南であり、車窓からは見えなかったのではないかと思われる。

同様に、「欧山米水帖」には09「米国コロラド渓谷」もあるが、大陸横断鉄道は、ソルトレイクシティを出発してグリーンリバーに至り、コロラド川を渡ってはいるが、コロラドの渓谷と聞いて連想される、いわゆるグランドキャニオンははるか南方で、この鉄道路線からは外れている。また、10「北米コロンビヤ河」も、カナダのブリティッシュコロンビア州のカナディアンロッキーに発するコロンビア川であるとすれば、それは、アメリカのワシントン州を流れ、ポートランドで支流のウィラメット川と合流してオレゴン州の太平洋側に流れ出るので、大陸横断鉄道の沿線ではない。このあたりが御船綱手の「実写」なのかどうかについては、『欧米遊覧記』からは判断がつかない。

ナイアガラの滝は世界一周会の一つの目玉であった。御船綱手もナイアガラにはひときわ感動したらしく、「欧山米水帖」全七十二枚中、ナイアガラの絵を四枚も描いている。12「ナイアガラ」、13「北米ナイヤガラ瀑布」、14「ナイヤガラ」、15「ナイヤガラ瀑布」である。その直前の11「カナダ山間」も、ナイアガラ瀑布見学の際のものであろう。

ただし、この後に続く三枚の絵、16「米国シカゴ公園」、17「ネバダ山中」、18「米国シカゴミシガン湖畔」は、世界一周会の時系列から言えば、むしろ逆転しているであろう。御船綱手「欧山米水帖」は、基本的には世界一周会の旅程に沿って絵が並べられているが、部分的にこのような逆転現象が見られる。何せ七十二枚もの大量の絵である。「画帖」に仕立てる際に何らかの混乱があったのかもしれない。

ナイアガラ見物を終えて、一行はアメリカ東海岸の諸都市をめぐる。「欧山米水帖」は、ワシントンについては一枚、19「華盛頓府国会議事堂」を掲載している。斜め右側からのアングルである。『欧米遊覧記』によれば、一行が国会議事堂を訪問したのは、ワシントンに到着した日、すなわち五月六日の午後であった。

ニューヨークについても一枚、20「米国紐育セントパトリック寺院」を描いている。『欧米遊覧記』には、残念ながらセント・パトリック大聖堂についての記述は見られないが、この大聖堂は、一行が市内見物で巡った、マンハッタン区のロックフェラー・センターの近くにあるので、御船が実見したのは間違いないであろう。

なお、大陸横断鉄道沿いには多くの絵を残した御船であるが、アメリカ東海岸の諸都市については、滞在期間が充分あったにもかかわらず、ワシントンとニューヨークの各一枚にとどまっている。

ニューヨークから一行は大西洋を渡り、イギリスに向かった。「欧山米水帖」には、28「愛蘭土ケリーアッパー湖」がある。ただしそれは、イギリスの絵七枚の後に配置されている。大西洋をバルチック号で航行した一行は、愛蘭土（アイルランド）を経てイギリスに到着したのであるから、時系列で並べるとすれば、この絵は本来イギリスの前にあるべきであったと思われる。

そのイギリスについては七枚もの絵を掲げている。21「英国倫敦塔橋」、22「英国国会議事堂」、23「英京テイムス河上流」、24「英国テームス河畔グレートマロー旧市」、25「英国ウィンゾル宮殿」、26「英国デルウェント湖」、27「英蘭オックスフォールド近傍」である。滞在期間が長かったので当然とも言えようが、市内・郊外に、歴史的建造物あり、風光明媚な景観ありで、スケッチが進んだのであろう。この内、『欧米遊覧記』との対照によって、スケッチの日をほぼ特定できるのは、五月二十五日のロンドン塔橋、五月二十八日の国会議事堂、翌二十九日のテムズ川上流、六月二日のウィンザー城などである。

フランスも御船綱手を刺激したようで、「欧山米水帖」には四枚の絵が描かれている。29「佛国巴里市ショーモン公園」、30「巴里ブーロン公園」、31「巴里郊外ヴェルサイユム宮殿」、32「巴里市ボアドブーロン公園」である。この内、『欧米遊覧記』との照合によりスケッチの日をほぼ特定できるのは、ヴェルサイユ宮殿が滞在初日の六月五日、ショーモン公園が滞在二日目の六月六日である。また、ヴェルサイユ宮殿の絵は世界一周会が見物した噴水の様子である。坂の上の宮殿を背景に勢いよく水が吹き上がっている。

イタリアについては、フランス・イタリア国境、イタリア・スイス国境を含めて十六枚もの絵を掲載している。現在でも、最多の世界遺産を誇る国であるから当然ではあろうが、古代の史跡、芸術的な建造物、自然景観など、いずれも御船綱手の心に響き、筆を動かしたのである。

画帖の順番にタイトルを掲げると、33「仏伊国境所見」、34「伊太利ローマコロシアム廃址」、35「伊太利ローマパラチノー丘廃址」、36「伊太利羅馬近郊」、37「伊太利ルガノ湖」、38～40「伊太利ヴェニス」、41「ベニス魚河岸」、42「伊太利カプリ島」、43「伊太利ルガノ湖」、44「伊太利マヂオレー湖」、45「伊太利カプリ青洞穴」、46「伊太利ナポリヴエスヴィヨ火山」、47「伊太利コモ湖」、48「伊太利チボリ瀑布」となる。

『欧米遊覧記』と照合してみると、「仏伊国境所見」は六月十日、「パラチノー丘廃址」と「コロシアム」は六月十二日、「羅馬近郊」はおそらく同日か翌十三日。意外にも十三日に訪問したサン・ピエトロ大聖堂やバチカン宮殿、トレビの噴水（泉）、パンテオン、ジャニコロの丘などは画帖に見当たらない。

「カプリ島」は、六月十五日に到着したナポリから見える島。ティレニア海に浮かぶ風光明媚な島で、「カプリ青洞穴」とは、その島にある海食洞窟（青の洞窟）である。ただし、『欧米遊覧記』では、一行がこの島に渡ったという記述はない。

「ヴェスヴィヨ火山」（ヴェスヴィオ火山）は、手前の海上に帆船が浮かび、後方の山にかすかに噴煙が上がっている。一行がアプト式鉄道でこの山に登ったのは六月十六日である。ヴェニス関係の四枚は六月十九日と二十日のスケッチに基づくものであろう。一行が乗船したというゴンドラ船も描かれている。「ルガノ湖」（ルガーノ湖）「マヂオレー湖」（マッジョーレ湖）「コモ湖」は、いずれもミラノからスイスに向かう途中のアルプス山中の湖で、ここを通過したのは、六月二十一日である。一部時系列になっていない絵があり、また、ルガーノ湖が37と43に別れ、カプリ島が42と45に別れている理由も分からない。

次のスイスは、世界一周会員五十七名が確定した後、会員たちの強い要望で旅程に追加された訪問地である。御船綱手「欧山米水帖」も、スイスについては十二枚もの絵を掲げている。49「瑞西マッテルホルン峯」、50「瑞西ルセルン湖ウイルアムテル祠」、51「瑞西スターブアーム瀑布」、52「瑞西ルセルン湖畔石門」、53「瑞西ロームスダルスホーン山」、54「瑞西フルヱレン街」、55「瑞西ユングフラウ峯」、56「瑞西ヤシ瀧」、57「瑞西ウエツテルホルン峯」、58「瑞西アルプス残雪」、59「瑞西ライン急湍」、60「瑞西ゼネーヴァ湖シヨン城址」。いずれも自然景観や古城などを描いた絵である。

この内、「マッテルホルン」は、イタリアのミラノからマジョレー湖を通って北のアルプスに向かう際、一行の左手にそびえる四千四百七十八mの高峰マッターホルンであるが、マジョレー湖付近からは百km くらい離れている。はたして遠望できたのかどうか、『欧米遊覧記』の記述にはそのことが見えない。

次の「ルセルン湖ウイルアムテル祠」とは、スイス建国にゆかりのある伝説上の英雄ウイリアムテルの史跡である。一行が滞在したルツェルン湖の南端に位置するアルトドルフからさらに東に行ったビュルグレンという小さな村が、テルの生まれ故郷である。

同じく、ルツェルン湖の南端湖岸にあるのが「フルエレン街」と記されるフリェレン。御船綱手の絵は、湖側から望む街とその後方に聳《そび》える山を描く。

「スターブアーム瀑布」はシュタウプバッハ滝。御船綱手の滝の絵は、ブリエンツ湖から南下したラウターブルンネン鉄道駅から見上げる角度となっているが、一行はミラノからルツェルンに向かう際、コモ湖、ルガーノ湖、ビヤスカを経てまっすぐ北上しているので、ここはかなり西方にずれていることになる。また、この南方にそびえるのがユングフラウ、さらにその西のベルン・アルプスの高峰の一つがウェッターホルンであるから、「ユングフラウ峯」

や「ウエッテルホルン峯」も同様の事情となる。

さらに遠方にあるのは、「ゼネーヴァ湖シヨン城址」。これは、スイス・フランス国境にまたがるレマン湖畔にあるシヨン城のこと。イギリスの詩人バイロンの詩「シヨンの囚人」「シヨン城詩」の舞台である。なお、「ゼネーヴァ」とは、レマン湖の英語読みのジュネーヴ湖に基づく表記であろう。世界一周会の行程からは、はるかに西方となるので、「実写」なのかどうか『欧米遊覧記』からは確認できない。

「ライン急湍」は一行が船で下ったライン川。スイスアルプスのトーマ湖に源を発し、ボーデン湖からドイツ・フランスの国境を北に向かう。「瑞西」の「急湍」とあるので、ボーデン湖から、ドイツ国境南のバーゼル付近までの間ではないかと推定される。

御船綱手「欧山米水帖」は、マインツ、ケルンについては絵がなく、ベルリンについては61「独逸伯林ビクトリヤ公園」、62「独逸ポツダム離宮」の二枚、およびライン川下りの63「ライン河畔ドラフエンフェルス城」、64「独逸ラインスタイン城」の二枚を掲げている。

一行はスイスからドイツのマインツに至り、そこからライン川を下ってケルンまで行った後、ベルリンに向かったのであるから、この四枚の絵は、時系列としては、むしろ逆になる。マインツを出発して、ライン川の左岸に見えてくるのが「ラインスタイン城」（ラインシュタイン城）、さらに下った右岸に見えるのが「ドラフエンフェルス城」（グーテンフェルス城）である。時系列に並べるなら、この二枚が先で、ベルリン、ポツダムはその後ということになろう。

なお、世界一周会は、ドイツからロシアへと直行するのであるが、「欧山米水帖」には、この後、オランダとノルウェーの絵が四枚入っている。65「和蘭風景」、66「和蘭田舎」、67「那威北岬」、68「那威峡湾」と題する。これらは、はたして御船の「実写」であろうか。

『欧米遊覧記』によれば、スイスからライン川を下ってケルンに向かう際、ケルン着が予想より早かったため、一泊分を切り上げて、次の訪問先ベルリンに先発した一行がいたという。また、ベルリン滞在の丸四日の間に「自由行動日」があったとされている。同年一月に朝日新聞に発表された募集要項にも、「六月二十七、八、九、三十日の四日間、伯林滞在、ハンブルグ、ポツダム等見物の余裕あり」と記されていた。

この先発した一団、および自由行動日の個々の行動については『欧米遊覧記』には明記されていないが、この四枚が「実写」だったとすれば、御船はこの間を利用して鉄道でオランダに行き、さらに船でノルウェーに渡ったのではないかとひとまず推測される。世界一周会の本隊は、オランダ、ノルウェーには立ち寄っていないが、御船は別行動を取った可能性がある。もしそうだとすれば、「欧山米水帖」は、御船綱手の美術作品として評価されるばかりではなく、世界一周会全体の詳細な動向についても、貴重な証言になっているかもしれない。この点については、後に改めて検討してみたい。

ロシアについては、69「露都冬宮」一枚を掲げている。対岸から見たサンクトペテルブルク冬宮の遠景である。これにより、世界一周会は欧米諸都市の訪問を終え、モスクワからシベリア鉄道で極東のウラジオストクに向かう。「欧山米水帖」は、このシベリア鉄道の沿線について、70「西比利亜バイカル湖」、71「西比利亜平原」、72「西比利亜」の三枚を掲げ、これで全三冊、計七十二枚の画帖を終えている。「バイカル湖」は、象の鼻のように岩が湖岸まで垂れ下がった景色。「西比利亜平原」は一行がシベリア鉄道のチタからオロビャンナヤ駅あたりで見た駱駝が描かれている。駱駝五頭と遠くに小さな風車小屋。

『欧米遊覧記』によれば、一行がバイカル湖に到着したのは七月十三日。駱駝を見たのは、翌十四日の夕方である。御船綱手のスケッチはこの頃に描かれたと推定できる。

最後の「西比利亜」の絵は、「欧山米水帖」全体が「実写」であったかどうかという点において極めて重要な意味を持つと思われる。その景色は、小さな川の左岸に馬が一頭。その向こうに民家が数軒と、針葉樹のような樹木が描かれている。ところが、不思議なことに、雪が積もっているように見える。一行がシベリア鉄道に乗車したのは、猛暑が懸念されていた七月である。

このような観点から、改めて七十二枚の絵を振り返ってみよう。すると雪景色の絵が他にもいくつかあることに気づく。06「北米ヨセミテ渓谷」は、後方の高い山のみならず、手前の樹木も雪をかぶっている。09「北米コロラド峡谷」、10「北米コロンビヤ河」は全体が水墨画のようで判然としないが、これも遠景・近景とも雪が描かれているようにも見える。遠景の高山が冠雪しているものとしては、17「ネバダ山中」、33「仏伊国境所見」、43「伊太利ルガノ湖」、47「伊太利コモ湖」などがあり、また49「瑞西マッテルホルン峯」から55「瑞西ユングフラウ峯」、57「瑞西ウエッテルホルン峯」などのスイスの絵にも冠雪した山が描かれている。

06「北米ヨセミテ渓谷」は、後方の高い山のみならず、手前の樹木も雪をかぶっている。09「北米コロラド峡谷」、10「カナダ山間」は全体が水墨画のようで判然としないが、これも遠景・近景とも雪が描かれているようにも見える。57「瑞西ウエッテルホルン峯」はマッターホルンが冠雪している絵であるが、手前の樹木や岸辺は緑に覆われている。58「瑞西アルプス残雪」は御船自身が「残雪」とタイトルを付けているので当然ではあるが、遠景の山は冠雪している。ところが、手前の雪原を馬に引かせた橇《そり》で進む人も描かれていて、この絵の全体が雪景色であることが分かる。63「ライン河畔ドラフエンフェルス城」は城およびその城を乗せる山全体が白い雪に覆われていて、手前の樹木にも厚い雪が覆っている。ノルウェーの絵とされる67「那威北岬」は、手前は緑に覆われているが、後方の山々には白い雪が描かれている。また、68「那威湾峡」は近景の左手の山には雪は見えず滝も流れているが、後方の高山は冠雪している。

このように、遠景の高山が冠雪している絵を除いたとしても、近景・平地も雪に覆われた絵が数多く含まれているのである。世界一周会は四月から七月にかけて欧米をめぐった。確かに、アメリカ大陸横断鉄道沿いの山々やアルプス山脈の高山には残雪・万年雪があったと思われる。しかしそれ以外の平地で一行が積雪を見たという記述はない。御船綱手の絵の色も、全体的には水の「青」、草木の「緑」が基調となっている。天囚も、この旅が成功した第一の要因として、旅行の季節の選択が良かったことをあげていた。時に雷雨に見舞われたり、雨による川の増水があったりしたことは『欧米遊覧記』にも記されているが、積雪に関する情報は見られない。色を「青」や「緑」ばかりにすると全体が単調になってしまうので、あえて色彩の異なる季節の絵としたのであろうか。

いずれにしても、これまで紹介してきた御船綱手の七十二枚の絵は、ほぼ世界一周会の旅程に沿って、現地の風景を描いたものであったが、一部、旅の時系列と合わないもの、一行が実際に訪問した場所であるかどうか『欧米遊覧記』からは確認できないものもあった。

そこで、前章に掲げた絵の番号を今一度確認してみよう。番号に附した符号の意味は次の通りである。

【】……『欧米遊覧記』との対照により「実写」であることがほぼ確認できるもの。
（）……『欧米遊覧記』からは「実写」であるか判断できないもの。
傍線……世界一周会旅程の時系列からずれているもの。

この番号と符号から明らかなように、七十二枚の絵は、一部時系列になっていないものがある。もともと一枚一枚個別に描いたものを画帖に仕立てる際に何らかの混乱があったのかもしれない。また、（　）付きのものは、『欧米遊覧記』からは「実写」であるかどうか確認できないものであり、オランダ、ノルウェーを除くと、アメリカ大陸横断鉄道沿いとイタリアからスイスに向かうアルプスの山岳鉄道沿いに集中していることが分かる。またそこに雪景色の絵が多いことも確認されよう。

御船綱手は、これらの絵のタイトルを「世界周遊実写　欧山米水」と自ら記したのであるが、すべてが「実写」であったかどうかについては、慎重に考えておく必要があろう。中には、御船の心象風景として描かれたもの、他の季節に置き換えて彩色したものもあるのではないか。「瑞西」や「西比利亜」などの雪景色は、その可能性を強く感じさせるのである。

四、西村天囚の「題簽」と「題辞」

そこで、この問題とも関連する西村天囚の題簽と題辞を検討する。天囚は、御船綱手から依頼を受け、この画帖三冊にそれぞれ題簽を書き、また題辞を記しているのであるが、そもそも御船はなぜ天囚に題簽と題辞を依頼したのであろうか。また天囚はそれをどう受け止めたのであろうか。

天囚は大阪朝日の社員であったから、大阪における御船の活躍は世界一周会の前から充分知っていたであろう。また、朝日新聞に美術批評を連載した瀧精一は『国華』の主幹を務めたが、その刊行は朝日新聞社によるものであった。天囚の郷里種子島の西村家には、多くの天囚関係資料が残されていて、その中には、『国華』のバックナンバーと、瀧が天囚の弟の時輔《ときすけ》にあてた書簡八通も見える。

また当時、天囚は、大阪の文人たちのサークル「浪華文学会」や「景社」を主宰し、明治四十二年（一九〇九）には大阪府立図書館の初代館長今井貫一らと「大阪人文会」を組織していた。これらの活動を通じて、漢文学者天囚の名はあがり、石碑の撰文を求められたり、漢文の添削を依頼されたりするようになった。(3) 御船も年長者の天囚を慕って漢文による題辞を依頼したのではなかろうか。もちろん、世界一周会百四日間の旅で寝食をともにしたというのが直接的な動機であろう。御船からの依頼を、天囚が快諾したのは当然のことであったと思われる。

御船綱手の絵に、天囚自筆の漢文による題辞が添えられ、全三冊による画帖（各冊三〇・〇×二三・四×三・五cm）が完成したのである。天囚は、自ら三冊の画帖それぞれに「欧山米水帖」と題簽を記している（図3）。署名・落款はそれぞれ「天囚彦署［天囚（陽刻）］」、「邨彦署名［天囚（陰刻）］」、「天囚生署［彦（陽刻）］」である。

それでは、念のためにその天囚の題辞（図4）を確認してみよう。以下、天囚の原文、筆者による書き下し文、現代語訳、語注の順に掲げる。原文に句読点はないが、ここでは便宜上付けている。また、①②などの連番を付けて語注を加える。

【原文】

論畫者、輒謂不讀萬卷書、不行萬里路①、無以作畫。然讀萬卷不易、行萬里亦難。三品②之所以稀覯也。御船君綱手善畫。明治庚戌春③、入我朝日新聞世界一周會、歴游歐米諸國、行海陸二萬餘里。徧覽寰球諸名勝、歸而畫斯帖。山之崔嵬、水之浩蕩、園囿樓閣之宏壯偉麗、以至一邱一壑之奇絶天下者、皆成于足蹈目睹之餘、描写迫真、若有冥助者、畫人之不可不行萬里、於斯有驗焉。君春秋猶富積以讀書之効、則其駸々以進、果何如也。此行予亦與君同游。故來請題其首。予展觀一過、回想當日、乘風破浪之樂、歐山米水④、歴々在目。雲烟飛動于几席⑤、不覺身在蓬蓽之下也。

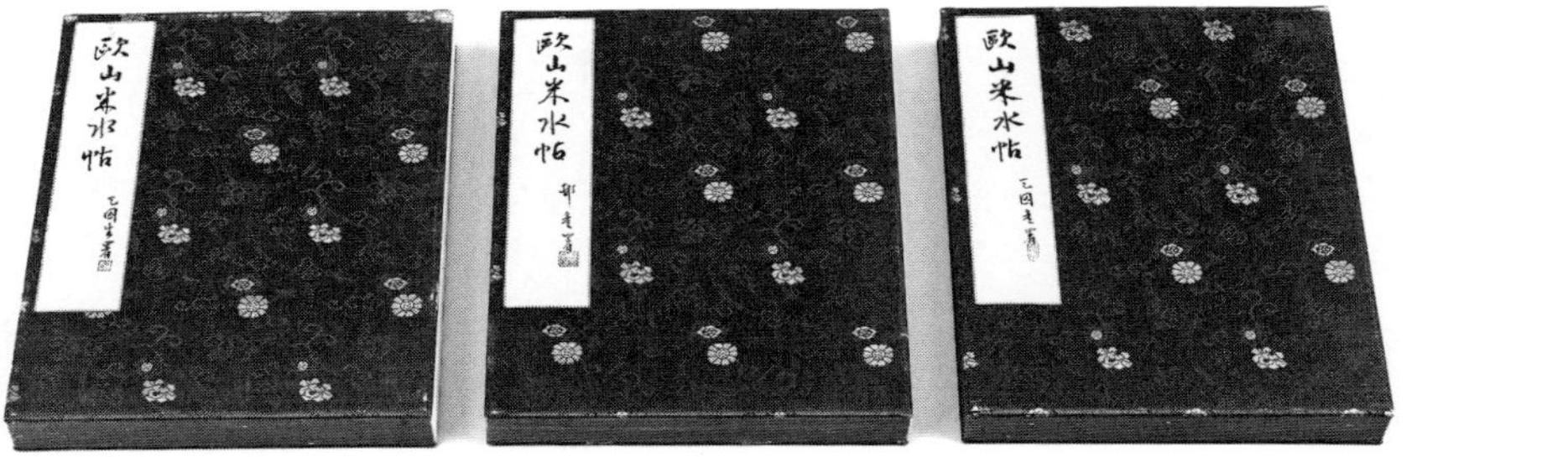

図３　御船綱手「欧山米水帖」全三冊の外観

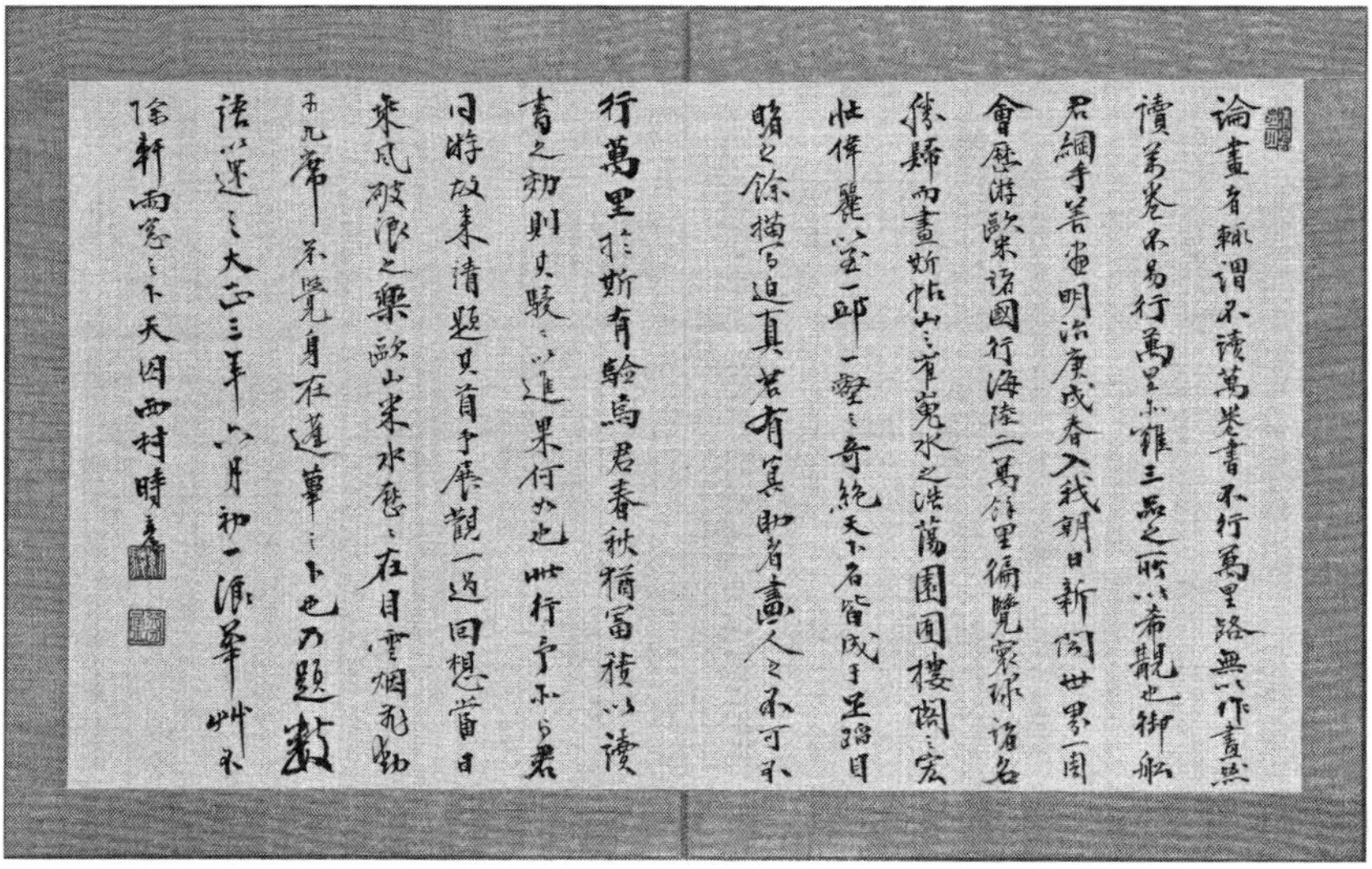

図４　「欧山米水帖」の西村天囚題辞

乃題数語以還之。大正三年六月初一、浪華艸不徐軒⑥雨窓之下、天囚西村時彦。

【書き下し文】

画を論ずる者、輒《すなわ》ち万巻の書を読まず万里の路《みち》を行かずして、以て画を作る無かれと謂《い》う。然《しか》れども万巻を読むは易《やす》からず、万里を行くも亦《ま》た難《かた》し。三品《さんぴん》の奇覯《きこう》たる所以《ゆえん》なり。御船君綱手、画を善《よ》くす。明治庚戌《こうじゅつ》春、我が朝日新聞世界一周会に入り、欧米諸国を歴游し、海陸二万余里を行く。寰球《かんきゅう》の諸名勝を徧覧《へんらん》し、帰りて斯《こ》の帖を画《えが》く。山の崔《さい》嵬《かい》、水の浩蕩《こうとう》、園囿楼閣《えんゆうろうかく》の宏壮偉麗《こうそういれい》、以て一邱一壑《いちきゅういちがく》の天下に奇絶《きぜつ》たる者に至るまで、皆足蹈目睹《そくとうもくと》の余に成り、描写《びょうしゃ》真に迫るは、冥助《めいじょ》有る者の若《ごと》く、画人《がじん》の万里を行かざるべからざること、斯《ここ》に於いて験《げん》有り。君、春秋猶《な》お富積《ふせき》するに読書の効を以てすれば、則ち其れ駸駸《しんしん》として以て進むこと、果たして何如《いかん》。此の行、予も亦た君と同游《どうゆう》す。故に来たりて其の首に題せんことを請《こ》う。予、展観すること一過《いっか》、当日を回想し、風に乗り浪を破るの楽しみ、欧山米水、歴歴として目に在り。雲烟几席《うんえんきせき》に飛動し、身蓬蓽《ほうひつ》の下に在るを覚えざるなり。乃ち数語を題して以て之を還《かえ》す。大正三年六月初一、浪華艸不除軒両窓《なにわそうふじょけんりょうそう》の下、天囚西村時彦　［紫駿］（陰刻）［天囚居士］（陽刻）

【現代語訳】

画を論ずる者は、みな必ず「万巻の書を読まず万里の道を行かなければ、画を作ってはならない」という。しかし、万巻の書を読むのは容易ではなく、また万里の道を行くのも困難だ。三品の絵が極めて稀なのはこれによる。御船綱手君は絵を得意としている。明治庚戌（四十三年）の春、わが朝日新聞世界一周会に入り、欧米諸国を歴遊し、海陸二万余里を旅した。世界の諸々の名勝をあまねく観覧し、帰国してからこの画帖を描いた。高く険しい山々、広々とした川や湖、広大で佳麗な庭園楼閣から天下に奇絶たる（優れて珍しい）丘や谷に至るまで、みな足で蹈《ふ》み目で睹《み》た末に成ったもの。その描写が真に迫っているのは、まるで冥助（神仏の手助け）があったかのようだ。画家が万里の道を行かなければならないということは、まさにここにその証しがある。君がさらに年々読書の効果を積み増して行けば、さらに進むことといかばかりであろうか。この旅行に、私も君と同游した。そこで画帖の冒頭に題することを求めにやってきた。絵を拡げて目を通すと、当日が回想され、風に乗り波を破った楽しみと、欧米の山水とがありありと目に浮かぶ。筆跡が躍動していて蓬蓽（粗末な住まい）の中にいるのを忘れるほどであった。そこで数語を題して返したのである。大正三年六月一日、浪華艸不除軒両窓の下、天囚西村時彦

【語注】

①不讀萬巻書不行萬里路……明・董其昌『画禅室随筆』巻二の「畫訣」に「讀萬巻書、行萬里路、胸中脱去塵濁、自然丘壑內營、立成鄄鄂。随手寫出、皆為山水傳神矣（万巻の書を読み、万里の路を行き、胸中より塵濁を脱去すれば、自然丘壑内に営まれ、鄄鄂を立成す。手に随いて写出すれば、皆山水の伝神を為す）」とあり、同「畫源」に「不行萬里路、不讀萬巻書、欲作畫祖、其可得乎（万里の路を行かず、万巻の書を読まざれば、画祖と作《な》らんと欲するも、其れ得べけんや）」とある。これを受けて江戸時代の田能村竹田『山中人饒舌』も、「董玄宰（其昌）曰」としてこの「畫源」の語を引き、「万巻の書を読み万里の路を行く」ことを名画の必須の条件としている。また、天囚より二十八歳の年長となる富岡鉄斎もこの董其昌の語に基づく「讀萬巻書行萬里路」と刻んだ印を使用し、自身全国を旅したことで知られている。天囚はこうした状況を受けて冒頭に「画を論ずる者、輒ち……」と述べたと思われる。「輒」は同じ「すなわち」でも「即」「則」「乃」などとは異なり、多くの論者は必ずというニュアンスであろう。なお、画論

ではないが、宋代の黄希・黄鶴『補注杜詩』の原序に「不行一萬里、不讀萬巻書、不可以観杜詩」とあり、杜甫の山水詩の神髄を理解するためには、一万里を行き、万巻の書を読まなければならないとされている。こうした類似表現も古くからあったことが分かる。

②三品……中国画論における優れた作品の三段階の評語。神品、妙品、能品の三つから成る。元・夏文彦の『図絵宝鑑』に、「三品、氣韻生動、出於天成、人莫窺其巧者、謂之神品。筆墨超絶、傳染得宜、意趣有餘者、謂之妙品。得其形似、而不失規矩者、謂之能品」と見える。

③明治庚戌春……明治四十三年（一九一〇）春。第二回世界一周会は、同年四月から七月にかけて欧米を周遊した。

④歐山米水……「欧米の山水」の互文《ごぶん》。互文については後述。

⑤雲烟飛動于几席……「雲煙」は雲と烟。「几席」は肘掛けと敷物。「雲烟飛動」は筆勢の躍動するさま。杜甫「飲中八仙歌」に「揮毫落紙、如雲煙」、南宋・范成大の随筆『呉船録』巻上に「筆勢揮掃、雲烟飛動」とある。直後の「不覺身在蓬蓽之下」と呼応し、絵の筆勢の素晴らしさに、家の中や書斎の机の前にいるのを忘れるほどであったという意味。

⑥艸不除軒……西村天囚の別号。北宋の周敦頤《しゅうとんい》は天地自然のままを好み、窓の前の草を刈らなかったという。『二程遺書』巻三に「周茂叔窗前草不除去」と見える（茂叔は字）。天囚もこの故事にちなみ、大阪松ヶ枝町の自宅をそう呼んでいたと思われる。自宅を意味するという点では直前の「蓬蓽」と同じである。種子島西村家の天囚旧蔵印の中に、「草不除軒」という陽刻の石印が発見されており、この題辞の署名により「草（艸）不除軒」が天囚の別号であると確認された。[4]

この題辞により、天囚が御船綱手から依頼されて題簽と題辞を書いたこと、その日付を大正三年六月一日としていることが分かる。

一方、御船綱手はこの画帖を収める桐箱に「大正癸丑夏」と自筆していた。「大正癸丑」は大正二年であり、この前年である。両者の関係はどのように考えられるであろうか。

事情をさらに複雑にしてしまうかもしれないが、実は、天囚の草稿がもう一つ残されている。それは、『碩園《せきえん》先生文集』に翻刻収録された題辞であり、そこには「欧山米水帖題語　甲寅五月」と題して、ほぼ同文が記されている。天囚が亡くなってから十二年後の昭和十一年（一九三六）、財団法人懐徳堂記念会は天囚の遺稿を編集翻刻し、『碩園先生遺集』線装本全五冊として刊行する。当該の「題語」はその中の『碩園先生文集』巻一所収である（碩園は天囚の別号）。ところが、表題に「甲寅（大正三年）五月」とあり、天囚がこの題辞で記している「大正三年六月」とは一ヶ月の差がある。また、詳細の検討は省略するが、この画帖に記された漢文と『文集』所載の漢文には若干の相違がある。[5]

これについて参考になるのは、天囚が郷里種子島からの依頼によって撰文した「鉄砲伝来紀功碑文」である。この漢文も『文集』に掲載されていることは知られていた。ところが、平成三十一年（二〇一九）の現地調査で、西之表市の種子島開発総合センター（通称鉄砲館）に二種類の草稿が残されていることが分かった。そこで、種子島南端の門倉岬《かどくらみさき》に立つ石碑の碑文と、『文集』所収の漢文と、種子島で発見された二種の草稿とを比較してみると、天囚が何度も草稿に手を入れながら決定稿に近づいていったこと、『文集』所収の漢文は、決定稿とはなお若干の相違があり、完成直前の一つの草稿であることなどが判明した。[6]

こうした天囚の草稿の形成過程を参考にすると、この「欧山米水帖」の題辞についても、天囚は御船綱手から依頼を受けて執筆に取り組んだが、やはり何度か草稿に手を加えつつ完成に近づいていったということが推測される。そして『文集』所収のものは、大正三年五月に一旦完成した草稿であり、懐徳堂記念会は『碩園先生文集』を編集する際、懐徳堂記念会または西村家に残されていたその草稿を基に翻刻収録したと考えられる。

しかし実際には、天囚はさらに若干手を加えて完成させた決定稿を御船綱手に送り、それが画帖に貼り付けられた。懐徳堂記念会はそのことを知らず、あるいは充分確認しなかったため、決定稿と『文集』所収の漢文とには若干の字句の相違が生じているものと推測される。また、『文集』所収の漢文は「乃題数語以還之」で終わっており、画帖題辞の「大正三年六月初一、浪華艸不徐軒雨窓之下、天囚西村時彦」という署名部分がない。このことも、『文集』版が最終稿ではない根拠となろう。

よって、作品の成立については、以下のように整理されるのではなかろうか。御船綱手は明治四十三年七月に帰国した後、約三年近くの歳月をかけて七十二枚の絵を描き上げた。それが大正二年夏である。その後、世界一周会に同行した西村天囚に題辞を依頼し、快諾した天囚は七十二枚の絵を通覧して草稿を執筆し、大正三年五月に一旦草稿ができあがった。これが『文集』版の「題語」である。ただ天囚はその後さらに手を加え、最終的にはその翌月に自筆署名した上で、決定版と題簽を御船綱手に送った。御船は、その題簽と題辞を画帖に貼り付けて、これを収める箱に自ら揮毫した。ただ、七十二枚の絵自体が完成していたのは前年であったため、「大正癸丑夏」と記した。このように推察されるのではなかろうか。

次に、作品名についてはどのように考えられるであろうか。「欧山米水」とは、漢文の語法の一つ「互文」による語である。互文とは、対になった二つの語句で、互いに省略し補いあって意味を成す文構成である。例えば、天地の長久を「天長地久」（『老子』第七章）とし、道塗（みち）での聴説（耳にしたことをすぐに受け売りで人に話す）を「道聴塗説」(『論語』陽貨篇)とするなどである。現代語として使われている「天変地異」「千変万化」なども、この互文による漢語である。欧米の山水を「欧山米水」とするのも、漢学者西村天囚にとっては、腑に落ちる漢語表現だったのではなかろうか。

ただし、「欧山米水」が天囚の新たな造語だったという訳ではない。この世界一周会からちょうど十年前の明治三十三年(一九〇〇)、百五十日余りで欧米旅行を敢行した文筆家・編集者の大橋又太郎(号は乙羽《おとわ》)は、その紀行を『欧山米水』と命名して刊行した。版元は大橋の勤務する博文館《はくぶんかん》。題字を書いたのは、博文館の社名の由来ともなっている伊藤博文、扉画は中村不折《なかむらふせつ》、冒頭の木版画二枚は日本画家の橋本雅邦《はしもとがほう》と寺崎広業《てらさきこうぎょう》、続く雪の金閣寺の写真はパリ万博で受賞した光村利藻《みつむらとしも》、という錚々たる顔ぶれであった。表紙の装飾も見事で、本の天(あたま)には金箔を押す、いわゆる「天金《てんきん》」が施された。

内容は、三月三十一日に日本郵船会社の河内丸六千トンに乗って横浜を出航し、神戸、香港から、インド洋、紅海、地中海を経て、フランスに至り、ちょうど開催中のパリ万博を見学するというものであった。大橋はこの続編として、「欧大陸の巻」「英米の巻」を企画していたようであるが、翌年、大橋が三十三歳という若さで亡くなったことにより、それは実現しなかった。(7)

また、明治四十三年七月十八日、天囚たち一行の帰国を迎えた敦賀の喜多村謙吉町長は、その歓迎の辞の中で、一周会の壮挙を「欧山米水を跋渉《ばっしょう》し、天下の名都を周覧し、奇勝を探り、絶を訪《と》い」と述べている。「欧山米水」は当時すでに定着していた表現ではなかったかと推測される。大橋の『欧山米水』は、日本からパリに至るのみであったが、天囚はこの世界一周会こそ、「欧山米水」と名乗るにふさわしいと考えたのではなかろうか。

もっとも、別の可能性も一応考えられる。御船綱手が「世界周遊実写　欧山米水」というタイトルを先に決めていて、それを基に天囚が題辞を書いたという可能性である。ただ、そうすると、天囚はなぜ「世界周遊実写」という言葉を、題辞や題簽に織り込まなかったのかという疑問が生じてくる。完成一ヶ月前の草稿と考えられる『碩園先生文集』所載の漢文も、そのタイトルは「欧山米水帖題語」となっていた。

さらに、「欧米」と「世界」の語に対する天囚のスタンスも参考になろう。朝日新聞社はこの旅行を「世界一周会」と命名した。ただ実際にめぐったのは、北半球の欧米諸国であり、南アメリカ、アフリカ、オーストラリアの三大陸は含まれていない。またアジアも、シベリア横断鉄道で一部通過したのみで、インド、中国などの諸都市には立ち寄っていない。このことから、天囚はその紀行を『欧米遊覧記』と命名し、「世界一周」とは言っていないのである。

このことからも、「欧山米水帖」というタイトルは天囚が付けたのではないかと考えられる。そして、御船綱手がそれに基づき、画帖を収める箱に自らの思いを込めて「世界周遊実写　欧山米水」と墨書したのではなかろうか。

美術品の完成をいつとするか、作品名をどう認定するかは難しい問題かとも思われ、美術史に疎い筆者は、この点については何とも言えないが、画帖としての完成時期は、天囚の題辞と題簽が備わった大正三年六月としておくのがよいのではなかろうか。

五、絵画における「真実」とは

それでは、「実写」かどうかという点はどうであろうか。天囚は題辞で「描写、真に迫る」「欧山米水、歴々として目に在り」と賛辞を送ってはいるが、「実写」とは表現していない。「実写」の二字は御船綱手自身の表現であったと推測される。天囚が「欧米諸国を歴游し、海陸二万余里を行く」「足蹈目睹」と記しているように、御船綱手が欧米をその足でめぐりその目で見たものを描いていることは間違いない。ただ、先に検証した通り、時系列から外れていたり、季節が合わなかったりする絵もあった。

また、オランダとノルウェーに御船が立ち寄ったのかどうかについては、天囚の『欧米遊覧記』からは確認できない。もちろん、参加者には自由行動日もあり、御船が一部別行動をとったことも充分考えられる。ただし、自由行動とは言っても、それは世界一周会が訪問した諸都市の近郊に限られており、宿泊を伴って他国へ行くというような意味での別行動ではない。また、この旅行に参加した吉村銀次郎は、世界一周会に関する著書と日記を残していて、そこに極めて興味深い情報が記されている。

吉村銀次郎は東京市会議員として参加し、帰国の五ヶ月後にあたる明治四十三年十二月八日付けで、『欧米市政小観《しせいしょうかん》』（昭文堂書店、一九一〇年）という本を刊行している。本文は約七十頁、続いて「日記」五十六頁が附録されている。小冊子ではあるが、天囚の紀行とはかなり異質な内容となっていて注目される。

そこではまず、世界一周会に参加した動機として、「東京市会議員としての職責」を全うし、今や「世界の一等国となった日本の帝都」（東京）のために欧米各市の行政を観察する旨が表明されている。明確な行政視察だったことが分かる。

そのため本文も、「市行政機関の組織」から始まり、欧米各市の「道路」「交通機関」「上水」「下水」「電気事業」「瓦斯《ガス》事業」、さらに「家屋と其の保証」「公衆衛生設備」などで構成されている。

吉村の観察は、行政関係者の視点から詳細を極めているが、例えば、はじめの「市行政機関の組織」では、ロンドン市の行政が道路・橋梁・教育・警察・図書館などことごとく委員制度で進められていることが特記されている。また、パリ市では、市会議員は同時に府会議員を兼ねること、ベルリンでは、市の要職には学術技芸を修めた者を任用していることなどが記される。

また、上水や電力についても大いに注目している。シカゴの水質が悪い点について天囚も『欧米遊覧記』で同様の感想を述べていたが、吉村の観察で注目されるのは、上水は市民の衛生・健康のためだけではなく、市の重要な財源になっているという指摘である。

関連して「電気事業」については、ナイアガラの滝をとりあげる。一周会の会員たちが、その壮大な瀑布に賛辞を送っていたのに対して、吉村は、その自然景観よりはナイアガラ水力発電所に注目した。こうした水資源が大規模な電気事業になり、市の財政に寄与するとの観察である。そして、スウェーデン・ノルウェーが水力電気事業を国是として盛んに行っているが、旅程上、これらを視察できなかったのは遺憾であると附記しているのである。「日記」を見ても、吉村は、パリからブリュッセルを経由してベルリンに入り、その後、ロシアのサンクトペテルブルクに直行している。

この吉村の記録によれば、やはり世界一周会は北欧方面には行っていないのである。もしオランダからノルウェーに渡るような別働隊があったとすれば、これほど水力電気事業に関心のあった吉村が同行しない訳はない。

加えて、別行動で他国に行く場合、税関通過や切符、宿泊、言葉はどうしたのであろうか。出発前の三月二十八日付け朝日新聞紙面には、関係各国の大使に対する謝辞が掲載された。一周会が訪問する諸国については、税関通過や観光の便宜を図ってもらえることとなったからである。この世界一周会が日英博覧会視察を一つの目玉とするものであったから、イギリスはもちろんのこと、アメリカ、フランス、ドイツ、イタリア、ロシアなど訪問が予定されていた各国の大使に謝辞が述べられている。しかしここに、オランダ・ノルウェーの名は見えない。はたして税関通過はできたのであろうか。切符やホテルの手配はどうだったのか。またガイドは調達できたのか。こうした様々な疑問が出てくるのである。西村天囚は『欧米遊覧記』において、敦賀帰着の際、「一百日に二万幾里を踏破して、八箇国の事物を視察するは容易の業に非ず」と振り返っている。この「八箇国」の内、七箇国は、当初の予定に入っていたアメリカ、イギリス、フランス、イタリア、スイス、ドイツ、ロシアである。もう一箇国はどこであろうか。『欧米遊覧記』によれば、オプショナルツアーとしてパリからベルギーの首都ブリュッセルに急行列車で赴いた一団がいたという。恐らくそれはベルギーを指していると思われる。

先に、このオランダ・ノルウェーの絵は、世界一周会の全容を知る重要な手がかりになるかもしれないと推測してみた。今後もし御船の「日記」類が発見されるようなことがあれば、それを裏付けることができるかもしれない。ただ、まったく別の可能性として、そもそも御船がここには行っていないということも考えられるのではなかろうか。多くの雪景色の絵と重ね合わせると、そのようなことも想定されるのである。

しかし、もしそうだったとしても、そのことは、「欧山米水帖」の価値とは全く別次元の問題であろう。天囚が「欧山米水、歴々として目に在り」と感動する通り、御船綱手の絵は、心に写った真実を描いたものに違いなかった。ここに、カメラの「写真」との大きな違いがあるだろう。写真とは、真実を写すという意味であるが、実際には、心に写った真実ではないもの、他者に伝えたい感動とは異なるものとなってしまう場合もあろう。これに対して絵画は、それを描く人の力量にもよるが、まさに心に写った真実や感動を残すことができる。これこそ絵画の「写実」なのではなかろうか。だから御船は、天囚が題辞に記した「欧山米水」という画題に、自ら万感の思いを込めて「世界周遊実写」と添え書きしたのではなかろうか。

江戸時代の画家田能村竹田も、その画論『山中人饒舌』で、「形似稍易、伝神甚難」と述べている。単に外観をまねるのは易しいが、精神を伝えるのは難しいという意味で、心を写すのが真の画だというのである。

仮に、七十二枚の中に、実際には立ち寄っていない場所の絵や季節の違う絵があったとしても、それらを含めて、「欧山米水帖」は紛れもなく、この世界一周会を通して御船綱手の心に写った真実だったのである。

この画帖は平成四年（一九九二）、倉敷市立美術館が購入し、同館所蔵品となった。世界一周会の記憶は、御船の郷里倉敷にも残されている。

注

（1）前章「西洋近代文明と向き合った漢学者——西村天囚の「世界一周会」参加——」参照。なお、この「世界一周会」の詳細については、拙著『世界は縮まれり——西村天囚『欧米遊覧記』を読む——』（KADOKAWA、二〇二二年）参照。

（2）湖北省地方志編纂委員会編『湖北省志 人物（下）』（湖北人民出版社、二〇〇〇年）、徐友春主編『民国人物大辞典』（河北人民出版社、二〇〇七年）参照。

（3）西村天囚を中心とする当時のネットワークについては、本書第十一章参照。東洋学者の石濱純太郎から漢文の添削を求められたことについては、拙稿「石濱純太郎・石濱恒夫と懐徳堂」（『東西学術研究と文化交渉——石濱純太郎没後五十年記念国際シンポジウム論文集——』、二〇一九年）参照。郷里の種子島から撰文を依頼された鉄砲伝来の碑文については、本書第七章参照。

（4）種子島の西村家に残されていた天囚旧蔵印の詳細については、本書第二章参照。

（5）例えば、「御船君綱手善畫」を文集版は「御船君綱手奇才善畫」に作り、「描写迫真」を「描寫逼眞」に作り、「以至一邱一壑之奇絶天下者」を「以至一邱一壑之微凡奇絶天下者」に作り、「此行予亦與君同游」を「以此行予與君同游」に作るなどの相違がある。また、文末の「大正三年六月初一、浪華艸不倧軒雨窓之下、天囚西村時彦」を文集版はすべて欠いている。

（6）この点の詳細については、本書第七章参照。

（7）大橋には、この他にも多くの著作があるが、紀行集として『千山万水』（博文館、一八九九年）がある。この「千山万水」

も互文である。

【附記】

御船綱手「世界周遊実写　欧山米水帖」の写真撮影ならびに本稿への掲載については、倉敷市立美術館より格別のご高配を賜った。また、その際、同館の佐々木千恵学芸員より懇切なご教示をいただいた。厚く御礼申し上げたい。

なお、令和五年（二〇二三）一月二十一日〜四月二日、大阪中之島美術館で開催された「大阪の日本画」展において、御船綱手「西洋名所画帖」が展示された。公開された部分は、画帖の見開き二枚分のみであったが、同展の図録によれば、個人蔵で、計二十四枚からなるとのことである。またその図録の解説に、「渡航資金を工面するにあたり後援会を組織して出資を募り、高額の出資者には本作のような画帳が配布された」とある。御船は、旅行中のスケッチを基に、帰国後、彩色画を描き、それを正式な画帖に仕立てる一方で、こうしたダイジェスト版も作成したのである。図録では、この画帳の成立時期を「明治後期」とするが、本章で考察した全七十二枚と同時期であるとすれば、「大正初期」の可能性もあろう。

02「布哇ホノルルダイヤモンドヘッド」

01「布哇土人家屋」

04「布哇ホノルルパリ」

03「布哇ホノルル水田」

05「桑港ゴールデンゲート」

06「北米ヨセミテ渓」

07「北米ヨセミテ渓」

08「北米ヨセミテ渓谷・瀑布」

10「北米コロンビヤ河」

09「米国コロラド渓谷」

12「ナイアガラ」

11「カナダ山間」

13「北米ナイヤガラ瀑布」

14「ナイヤガラ」

15「ナイヤガラ瀑布」

16「米国シカゴ公園」

17「ネバダ山中」

18「米国シカゴミシガン湖畔」

19「華盛頓府国会議事堂」

20「米国紐育セントパトリック寺院」

21「英国倫敦塔橋」

22「英国国会議事堂」

23「英京テイムス河上流」

24「英国テームス河畔グレートマロー旧市」

25「英国ウィンゾル宮殿」

26「英国デルウェント湖」

27「英蘭オツクスフォールド近傍」

28「愛蘭土ケリーアッパー湖」

29「佛国巴里市ショーモン公園」

30「巴里ブーロン公園」

31「巴里郊外ヴェルサイユム宮殿」

32「巴里市ボアドブーロン公園」

33「仏伊国境所見」

34「伊太利ローマコロシアム廃址」

35「伊太利ローマパラチノー丘廃址」

36「伊太利羅馬近郊」

37「伊太利ルガノ湖」

38「伊太利ヴェニス」

39「伊太利ヴェニス」

40「伊太利ヴェニス」

42「伊太利カプリ島」

41「ベニス魚河岸」

44「伊太利マヂオレー湖」

43「伊太利ルガノ湖」

45「伊太利カプリ青洞穴」

46「伊太利ナポリヴエスヴィョ火山」

47「伊太利コモ湖」

48「伊太利チボリ瀑布」

50「瑞西ルセルン湖ウイルアムテル祠」

49「瑞西マッテルホルン峯」

52「瑞西ルセルン湖畔石門」

51「瑞西スターブアーム瀑布」

54「瑞西フルヱレン街」

53「瑞西ロームスダルスホーン山」

56「瑞西ヤシ瀧」

55「瑞西ユングフラウ峯」

57「瑞西ウエツテルホルン峯」

58「瑞西アルプス残雪」

59「瑞西ライン急湍」

60「瑞西ゼネーヴァ湖シヨン城址」

61「独逸伯林ビクトリヤ公園」

62「独逸ポツダム離宮」

63「ライン河畔ドラフエンフェルス城」

64「独逸ラインスタイン城」

66「和蘭田舎」

65「和蘭風景」

68「那威峡湾」

67「那威北岬」

70「西比利亜バイカル湖」

69「露都冬宮」

72「西比利亜」

71「西比利亜平原」

第五章　大阪市公会堂壁記の成立
――近代文人の相互研鑽について――

序　言

大阪市北区中之島一丁目にある中央公会堂（図1）は、その西隣の府立図書館とともに中之島のランドマークとなっている。

東京駅舎を想わせるような赤い煉瓦の壁と美しいアーチの外観。正面の石段を昇って玄関を入ると、高い吹き抜けのエントランスホールがある。内部を見渡すと、左側壁面に大きな銅版が掲げられているのに気づく。近寄って見ると、本文百四十一字からなる漢文が記されていて、末尾には「大正七年十一月　大阪市長池上四郎」と署名されている。

池上四郎（一八五七〜一九二九）は会津出身の政治家で、大正二年（一九一三）から三期十年にわたって大阪市長を務めた。大阪市が市域を大幅に拡大し、人口も二百万人を超えて東京市を上回る、いわゆる「大大阪《だいおおさか》」時代に市政を担当した市長である。

この池上による公会堂の漢文には建設の経緯が記されているに違いない。ただ、多忙な政治家であった池上が自ら

図１　大阪市中央公会堂

それを起草したのであろうか。この銅版の周囲には何も説明が見られない。また、公会堂外壁の基礎となる石垣部分には、渋沢栄一による「定礎」の文字が刻まれている。近代資本主義の父とされる渋沢は、この公会堂とどのような関係を持っていたのであろうか。

本章では、この銅版の漢文を読み解きながら、それらの謎を追究してみたい。また、当時においては、記念碑、墓碑銘などを重厚な漢文で記すのは当然のこととされていた。そうした漢文の起草、および近代文人たちの相互研鑽という問題についても考えてみることとしたい。

一、中之島公会堂の誕生

まず、この公会堂の漢文を解読する前に、その前身として建設された旧公会堂（中之島公会堂）について確認しておきたい。

中之島のほぼ同じ場所には、もともと旧公会堂と豊国神社が建っていた。豊国神社は明治十三年（一八八〇）、別格官幣社豊国神社の別社として建立され、大正元年（一九一二）、大阪府立図書館の西側の公園内に移された後、さらに昭和三十六年、大阪城内に移設された。

そもそも中之島とは、その名の通り、川にはさまれた中洲である。京都から大阪へ流れ込む淀川が大阪市内で蛇行し、堂島川と土佐堀川に分岐する。その二つの川にはさまれた東西三㎞ほどの中洲が「中之島」である。江戸時代の最盛期には百三十を超える諸藩の蔵屋敷があった。米の取引が行われる堂島米会所に隣接していて、年貢米の換金や物産品の取引のための利便性が良く、堂島川と土佐堀川にはさまれて水運も良かったからである。

現在の中之島五丁目にあるリーガロイヤルホテルは、もと高松藩蔵屋敷があったところで、ホテルの前庭には「蔵屋敷跡」の石碑がある。その東の中之島四丁目に令和四年二月オープンした中之島美術館は、美術館建設のため平成七年（一九九五）から始められた調査で、その敷地内から広島藩蔵屋敷の遺構が発見された。中之島三丁目にある三井ビルは旧黒田藩蔵屋敷のあったところで、昭和八年（一九三三）のビル建設の際、その長屋門遺構が大阪市に寄附され、現在、天王寺の市立美術館南門となっている。

また、堂島川をはさんだ対岸（北側）にはかつて中津藩の蔵屋敷があり、ここには、「豊前国中津藩蔵屋鋪之跡」と「福澤諭吉誕生地」の石碑が建っている。一方、土佐堀川をはさんだ対岸（南側）の三井倉庫ビルの東南角には「薩摩藩蔵屋敷跡」の石碑がある。

これらの蔵屋敷は明治四年（一八七一）の廃藩置県によって廃止となり、その後、公共施設となったり民間に払い下げられたりした。その施設の一つが旧公会堂である。

では、旧公会堂はいつ竣工したのであろうか。これについては、明治三十六年（一九〇三）とする論文・著書が散見されるが[1]、実はその前年の明治三十五年であったことが当時の新聞記事で確認される[2]。

旧公会堂建設の直接の契機となったのは、第五回内国勧業博覧会である。これは、明治政府が殖産興業政策の一環として開催した物産・工芸品などの国内博覧会で、第一回が明治十年（一八七七）、東京上野公園を会場として開催された。期間は百十二日、出品点数は八万四千点余り、総入場者数は四十五万人余り。その後、徐々に規模を拡大しながら数年に一回のペースで続き、第五回が明治三十六年に大阪で開催された(3)。

この第五回の出品点数は二十七万六千点余り、会期は三月一日から七月三十一日の五ヶ月間。期間中の総入場者数は五百三十万人余にのぼり、明治時代に開かれた博覧会では最大規模のものであった。水族館・動物園も併設され、ウォーターシュート（舟すべり）、メリーゴーランドなどのアトラクションも備えるなどテーマパーク的要素もあった。また、国外からの出品も多数あり、事実上、万国博覧会の様相を呈していた。大阪市では、これにあわせて市内の建築物、公園などの整備を進めた。

その一つが、明治三十六年一月に竣工した「大阪ホテル」である。大阪ホテルは、外国人も宿泊できる大阪初の洋式ホテルで、場所は、現在の公会堂の東側にあった。大正時代の終わりに焼失し、その跡地は現在、公会堂前の広場となっている。

こうした経緯から、旧公会堂も、勧業博覧会の開催に合わせて明治三十六年に大阪ホテルとともに竣工したと誤解されるようになってしまったのであろう。実際の竣工は前年の十一月。まず一日に開場式が挙行され、二日後の「天長節」すなわち十一月三日から運用開始され、次々に各種催事が行われていた。

このような公会堂建設は、日本全国でも早い事例であるが、明治時代に公会堂が必要とされた理由の一つにスピーチ文化の導入があった。

江戸時代までの日本では、畳の間に座って静かに話すというのが通常であり、不特定多数の観衆を前に立って大きな声で話すという習慣はなかった。ところが、幕末から明治維新にかけて欧米留学を経験した福沢諭吉が「スピーチ」の文化を持ち帰る。慶應義塾に「三田演説館」を作り、教職員も学生もここでスピーチの練習を行ったのである。自由民権運動の高まりや国会開設の気運にも後押しされて「演説」「講演」の文化が定着していった。

その際に必要となったのが、公会堂なのである。「公会」と言われるように、その弁舌は公衆に向かって話すことを前提とするものである。またそれは、野外ではなく、天候に左右されず昼夜を問わない建物内であることが求められた。後に東京市長、国会議員を長期にわたって務める尾崎行雄は「憲政の父」と称されたが、明治十年（一八七七）に『公会演説法』を刊行し、その中で、欧米には至るところに「会堂」があると指摘している。

中之島公会堂以外の建設例としては、京都では大正六年（一九一七）完成の岡崎公会堂、東京では安田善次郎の遺族が建設して大正十五年（一九二六）に東京市に寄附した本所公会堂、昭和四年（一九二九）竣工の日比谷公会堂などが早い例となる。

明治三十五年十一月に木造二階建てで竣工した旧公会堂は、さまざまな催し、講演会などに活用されていった。明治四十四年（一九一一）八月十八日には、大阪朝日新聞社主催の大講演会が開催され、夏目漱石、西村天囚などが登壇した。聴衆は満員の「四千七八百」人だったという(4)。

二、岩本栄之助の寄附と新公会堂の建設

こうして旧公会堂は竣工し、各種の催事に活用されていたが、ここに新公会堂を建設する話が急浮上する。それは、明治四十四年（一九一一）三月のことであった。大阪の実業家岩本栄之助（図2）が大阪市に百万円の寄附

図２　岩本栄之助

を表明したのである。現在の貨幣価値に換算して数十億円とされる巨額の寄附である。[5]

岩本栄之助は明治十年（一八七七）、大阪の両替商「岩本商店」の次男として生まれた。明治三十九年（一九〇六）に家督を継ぎ、大阪株式取引所の仲買人となる。日露戦争終結後の激しい株暴騰で、多くの仲買人たちが窮地に陥ったのに際し、岩本が相場に介入して仲買人たちを救い、「北浜の恩人」と称された。

明治四十二年（一九〇九）、渋沢栄一を団長とする渡米実業団に加わって米国を視察。その際、米国の公共施設の立派さや富豪たちが収益を公共事業に投資する様子に強い印象を受け、帰国後、この寄附につながったとされる。

三月時点では、寄附金の具体的な使途は決まっていなかったが、岩本が渋沢に一任し、大阪府知事高崎親章《たかさきちかあき》、大阪市長植村俊平《うえむらしゅんぺい》などからなる立案委員会と協議して「中央公会堂」の建設費に充てることとなった。その後、財団法人公会堂建設事務所がコンペを行い、建築顧問の辰野金吾《たつのきんご》から指名された建築家十三名から図面の提出があった。その中から早稲田大学教授岡田信一郎の案が採用され、その原案を基に建築事務所が具体的な意匠を決定していった。東京駅や日本銀行京都支店（現・京都文化博物館）の赤煉瓦建築を髣髴とさせるのは、いずれも辰野金吾による「辰野式」となっているからである。

建設が始まるのは大正二年（一九一三）六月。二年後の大正四年（一九一五）十月八日に、渋沢栄一を招いて定礎式が挙行された。旧公会堂がそれに先立つ大正二年三月に天王寺公園内に移設され、豊国神社が大正元年に図書館西隣に移設されたのは、この着工に備えるためであった。

これにより、新公会堂の礎石に渋沢栄一揮毫の「定礎」の文字が見られる理由は明らかであろう。岩本栄之助は渋沢栄一が団長となった渡米実業団に加わったことを契機に寄附を思いつき、その使途を一任された渋沢が立案委員会と協議して公会堂建設に導いたのである。

ところが、この公会堂建築について慎重な意見を表明する人物がいた。明治四十四年、旧公会堂での大講演会に登壇した西村天囚である（図3）。当日の講演では、夜六時から十一時まで五人の講師が連続して講演したが、天囚はその二番手として登場した。演題は「大阪の威厳」。江戸時代までの大阪には、町人の富を基盤とした輝かしい文化があり、大阪は他国から文人を温かく迎え入れる一方、文化情報の発信地としても貢献していた。しかし、明治維新になって学術文化が東京に一極集中し、それまでの大阪が持っていた都市の威厳が損なわれているのではないかと訴えたのである。

図３　西村天囚

そこで、威厳を回復するための手立てとして、博物館・図書館・大学の整備建設が急務であり、また関連して出版や学会活動も重要であると指摘した。そうした文脈の中で、天囚は、「百万円」の話題を次のように述べる。

> 斯《こ》う云う事をやって見たならば、自然に学問が盛んになって来て、立派な大阪になる。そうして威厳が出来て来る。金を有益に使うと云うことは研究せねばならぬ。百万円を投じて公会堂

を造るも宜しい。又百万円出して学者を優待して大阪の学問を盛んにする方法が出て来そうなものである。然るになかなか出て来ない。世間から寄附金を募りに来る人達は、大阪はえらい、金がある、太ッ腹だと賞めて居るが、寄附金を出したあとは矢張り大阪贅六《おおさかぜいろく》と云う名前は消えない。故に一時的に世間の公共事業に金を出すと云うことは、是は勿論善い事であるが、我が大阪の事にも出さなければならぬ。そうして学問を起したい。（小池信美『朝日講演集』大阪朝日新聞社、一九一一年）

博物館・図書館・大学・学会・出版に続き、ここで大金の使い方について提言する。「百万円」は、この講演を聴いていた人々には、何のことかすぐに連想できたであろう。それこそ、岩本栄之助が大阪市に提供すると表明した寄附金の額であった。寄附の表明は、この講演会の五ヶ月前のことである。ここに岩本の名は出てこないが、天囚も当然これを念頭に置いて話をしていると思われる。そして、こうした大金は、「学者を優待して大阪の学問を盛んにする」ためにこそ使わなければならないと説いた。しかしこの寄附金は結局、この講演の七年後に竣工する新公会堂（大阪市中央公会堂）の建設費に使われた。天囚は金を有益に使わなければ、「大阪贅六」と揶揄されるだけだと警告している。

「大阪贅六」とは、関東人が上方者をけなす時の言葉である。江戸時代に「上方贅六」と言っていたのを天囚が「大阪贅六」と言い換えたものと思われる。「贅六」は青二才を意味する「才六」の転訛したものとされ、俗に「ぜえろく」と発音される。「贅」は贅沢の贅で、余計なものの意。「六」は、古代中国において易の陰陽の内の陰を表す神聖な数であったが、日本では、宿六《やどろく》（ろくでなし）、甚六《じんろく》（お人好し）のように相手を賤しむ語にも使われる。天囚はここで、寄附金を出すだけでは、後に「大阪贅六」と言われて終わってしまうので、大阪の学問振興に役立てなければばならないと説く。

なお、天囚は自著『懐徳堂考』において、江戸時代から「関東人は上方人を悪口したがる風」があると指摘している。こうした気風は明治時代にも残っていて、当時の新聞や雑誌には、この「贅六」を、見出しや雑誌名にするものもあった。明治三十三年（一九〇〇）八月二十六日付け東京朝日新聞には、「贅六物語」の見出しで、「客あり関西より来り某伯の新政党に対する放談を聞き、其悪口の甚しきに驚き、将に肝を潰さんとして記者に向かって其顛末を話せり」とその詳細を報じている。

また、明治四十年（一九〇七）四月には、『贅六パック』という漫画雑誌が、『東京パック』の定期増刊として創刊され、毎月十日、一部十三銭で発売された。『東京パック』とは、政治風刺漫画の創始者北沢楽天《きたざわらくてん》が、アメリカの漫画雑誌『パック（Puck）』にちなんで命名して明治三十八年に創刊した風刺漫画雑誌である。この類似雑誌としてすでに翌三十九年に『大阪パック』が大阪で刊行されていたが、『贅六パック』は『東京パック』の増刊として東京で刊行されたものである。「贅六パック」という誌名について、版元の東京丸の内の有楽社は、「贅六パックとは、江戸っ子が上方人を上品に悪口をいふ雑誌なり」と自ら謳っている。

このように天囚は、公会堂建設について慎重な立場をとっている。もっとも、公会堂が学術文化と地域振興に貢献することは言うまでもない。この寄附金で建設された公会堂も、近代大阪の文化に資することはきわめて大きかったと思われる。その後、実際に多くの学術的催しが行われており、天囚自身もこの新公会堂で講演したこともあった。しかし、天囚はそうした間接的な貢献ではなく、江戸時代の大阪町人たちがそうであったように、より直接的に学者を支援し、また優待すべきであると考えたのである。この時点では、天囚と公会堂とにはそれほど強い関係はなかったと言えよう。

三、西村天囚の「大阪市公会堂壁記」草稿

ところがその後、天囚は新公会堂と意外な関わりを持つことになった。

岩本栄之助は明治四十四年に百万円という大金を大阪市に寄附したが、その後、第一次世界大戦による株価混乱の中、株取引に失敗して困窮し、大正五年十月に拳銃自殺している。自殺前、岩本は建設中の新公会堂も目にしていたが、「その秋を待たで散りゆく紅葉かな」の辞世の句を残して亡くなったのである。

これを受けて、池上四郎大阪市長名による壁記《へきき》が銅版として掲げられることになったのであるが、実は、この漢文を起草したのが他ならぬ西村天囚だったのである。大正七年（一九一八）十一月十七日付け大阪朝日新聞に、「大阪市中央公会堂奉告祭本日挙行」の記事が新公会堂の写真付きで掲載されている。来賓六百名という盛大なものであった。また壁記の写真も掲げられ、「撰文は西村天囚氏、書は畠山八洲氏、鑄造は佐藤石禪氏」とある。

そして、最近の調査により、種子島に残る関係資料の中から、「大阪市公会堂壁記」と題する天囚の自筆草稿が発見されたのである。[6] しかも、その草稿は六種類あり、天囚が第六代大阪市長池上からの依頼により、この「壁記」を代筆し、入念に推敲を繰り返していたことが明らかになった。表題の後に小さく「代市長」と注記した草稿もある。また、すべての草稿で竣工の月日を「某月某日」と記しているのは、執筆時点でまだ確定していなかったからであろう。「戊午《ぼご》六月」と注記した草稿もあるので、執筆は同年十一月の竣工の五ヶ月前頃であったことがわかる。「戊午（つちのえうま）」は大正七年である。

天囚は当時を代表する漢学者で、すぐれた漢文を記すことで有名であったから、重要文書や碑文の撰文を求められ

ることも多かった。この「壁記」もその一つであったことが知られるのである。ゴーストライターとしての天囚にはやや複雑な気持ちもあったかと思われるが、この「壁記」は立派な漢文で岩本栄之助を高く評価し、「其《そ》の恵沢《けいたく》や遠く且《か》つ大なり」と結ばれている。この壁記の漢文は、昭和十一年（一九三六）に懐徳堂記念会が天囚の遺文を編集した『碩園先生遺集』にも入っていない。この草稿の発見によって、新たな事実が判明したのである。

なお、この公会堂の西隣にある大阪府立中之島図書館（旧大阪図書館）は、明治三十七年（一九〇四）、第十五代住友吉左衛門友純《ともいと》の寄附により建設されたものであるが、その中央ホールには、天囚の師の重野《しげの》安繹《やすつぐ》による「建館寄附記」という二百字ほどの漢文が同じく銅版として明治四十一年（一九〇七）に設置されている。当時、石碑や銘文の撰文については漢学の第一人者であった重野安繹に依頼されることが多く、重野が明治四十三年（一九一〇）に亡くなって以降は、天囚がその任を担っていたのである。

図４　銅版壁記

天囚が大正九年（一九二〇）に文学博士の学位を授けられ、翌十年に宮内省御用掛に任ぜられてからはそれが加速したようである。種子島の西村家に残る天囚の手帳（日記）を調べてみると、この頃の記述に「文債」として多くの依頼文の題名が記されている。締切に追われながら多数の漢文を起草していたことが分かるのである(7)。

それでは、この草稿と実際の壁記とはどのような関係にあるのだろうか。そこでまずは、大阪市中央公会堂のエントランスホールに掲げてある銅版の漢文（完成版壁記）を確認することから始めたい（図４）。原文は以下の通りである。便宜上句読点を付けるが、漢字はできるだけ原文通りに記す。

大阪市公會堂、岩本榮之助君所捐資而營建也。君本市人、夙繼先業、以商致富、常思盡力公益、顯父母名。嘗遊米國、觀其俗、樂輸濟衆、唯恐不逮、意乃決。遂請捐金壹百萬圓以建斯堂。市會可之、因相地於中之島、大正二年六月起工、七年十月告成。層樓複閣、規制宏大、軒檻連延、室堂周備。於是市人之會集燕樂、咸得其所。其惠澤也、遠且大矣。乃叙梗槩、昭示来茲。

大正七年十一月　大阪市長　池上四郎

念のため、筆者の理解に基づく書き下し文も添える。漢字は通行字体に改める。

大阪市公会堂、岩本栄之助君の捐資《えんし》して営建する所なり。君は本市の人、夙《つと》に先業を継ぎ、商を以て富を致し、常に力を公益に尽くし、父母の名を顕《あら》わさんことを思う。嘗《かつ》て米国に遊び、其の俗を観るに、楽輸済衆《らくしゅさいしゅう》、唯だ逮《およ》ばざるを恐れ、意乃《すなわ》ち決す。遂に金一百万円を捐《あた》えて以て斯の堂を建てんことを請う。市会 之を可とし、因りて地を中之島に相して、大正二年六月起工、七年十月告成す。層楼複閣《そうろうふくかく》、規制宏大、軒檻連延《けんかんれんえん》、室堂周備《しつどうしゅうび》す。是《ここ》に於て市人の会集燕楽《えんらく》、咸《みな》其の所を得。其の恵沢《けいたく》や、遠く且《か》つ大なり。乃ち梗概《こうがい》を叙して、来茲《らいじ》に昭示す。

大正七年十一月　大阪市長　池上四郎

蛇足ながら、本文の現代語訳も記してみよう。

大阪市公会堂は、岩本栄之助君の義捐金により建設されたものである。君は本市（大阪市）の人、早くに家業を継ぎ、商売で富を成し、常に公益に尽力し、父母の名をあげたいと願っていた。かつて米国を周遊し、自主的な寄付によって民衆を救うという風習を観て、到底及ばないと感じ、ここに決心した。そこで百万円を提供し、この堂の建設を申し出た。大阪市会はこれを了承し、建設場所として中之島を選定し、大正二年六月に起工し、七年十月に竣工した。高層の楼閣で、規模は広大、欄干は連なり部屋は多く備わっている。これにより市人の集会や宴楽はみなその場所を得た。その恩恵は遠大である。そこで概要を記して、将来に明示する。

それほど難解な漢語は使われていないが、「捐資」は義捐、醵金の意。岩本栄之助が大阪市に寄附を表明したことをいう。「父母の名を顕かに」するというのは、もともと儒教経典『孝経』に見える思想。「孝」の始まりは親からいただいた体を大切にすること、孝の終局は立身出世して親の名を揚げることとされる。また、米国視察中に栄之助の父栄蔵が亡くなったことを意識しての表現かもしれない。

岩本栄之助が米国の「俗」として見たという「楽輸」とは喜捨の意。進んで寄附すること。次の「済衆（衆を済う）」とともに、こうした習俗が米国に見られ、この点で日本は適わないと感じたのである。(8)

完成した公会堂の様子を形容する「層楼」以下の句について附言すると、「層楼複閣」は二階建て以上の立派な建築物を表現する漢語である。大阪市中央公会堂は鉄筋コンクリート煉瓦張りの地上三階、地下一階として建設された。「規制宏大」の「規制」は現代語では、規律、またその規律により制限することを意味するが、ここでは建築物の規模・形態を表す語であろう。この用例は中国古代の文献には見られないが、時代がやや降って、例えば、宋の周煇

『清波雑志』巻五が、中山府の夕陽楼という建築物について、「城の隅に在り、規制甚だ小なり（在城之隅、規制甚小）」と述べ、また『明史』西域伝四に祭天の土地について「規制精巧」と表現する例が見られる。(9) 恐らく近世以降の漢語表現であり、天囚はこれを受けて規模・形態の意味で使っていると思われる。実は、隣接する中之島図書館が大正十一年（一九二二）に増設された際の永山近彰「増設寄附記」銅版にも、「規制を恢張す」との表現が見える。

立派なのは「規制」だけではない。内部も欄干が連なり部屋が多く備わっているという意味で、その後には「軒檻連延、室堂周備」と続く。欄干や柱が連なり、大ホールをはじめとする多くの部屋が備わっているという。

最後の「来茲」は将来の意味。公会堂建設の概要を記して後の人々に明示するという意味である。

なお、竣工の月を本文では「七年十月」としているが、実際に落成奉告祭が挙行されたのは、大正七年十一月十七日であった。そのため、本文の後の池上四郎の署名では、「大正七年十一月」と記されている。

それでは種子島で発見された六種類の草稿とこの完成版壁記とはどのような関係にあるのだろうか。この草稿は、「文稾」と打ち付け書きされた表紙の下に他の草稿類とともに綴じられている。いわゆる合本《がっぽん》（合綴本《がってつぽん》）の体裁である。すべて墨筆で記されているが、一部朱書きもあり、六種類の草稿の文言は微妙に異なっている。

綴じの順番に従い、上から第一草稿〜第六草稿と仮称した場合、その成立の順番はどのようになるであろうか。これについては、各草稿の漢文を詳細に分析しなければならないが、草稿の外形によって、一応の推測をすることも可能である。

仮称した第一草稿と第二草稿は白い紙に墨書されていて、朱書きの訂正はほとんどない。また第二草稿には「大阪市公会堂壁記」という題名の下に「定稾」と朱書きされている。文字通り取れば、これが決定稿となるが、この点については漢文の内容を検討する中で改めて考えてみよう。

これに対して、第三草稿から第六草稿は、版心に「景社文稿」と印刷された原稿用紙に墨書されており、朱筆の訂正も多く、完成版壁記とはかなり異なる文言を含む。「景社」とは天囚が明治四十四年（一九一一）に結成した漢詩文鍛錬を目的とする文人サークルであり、本格的な会合を大正四年（一九一五）一月から毎月一回のペースで開催していた。天囚はその特製原稿用紙を使っているのである。またここには、明らかに天囚とは異なる人の朱書きも見え、朱墨が錯綜していると言える。

従って、これら「景社文稿」の原稿用紙に記されたものが初期段階の草稿で、白紙に書かれた第一、第二草稿が完成稿に近いものだったのではなかろうか。あるいは、この綴じの順番がそのまま成立の順序を示しているとしたら、下の第六草稿が最も早期の原稿で、以下、第五草稿、第四草稿の順で完成版に近づいていったとも考えられる。

それでは便宜上、「文稾」の綴じの最も下にある第六草稿から、その漢文を確認してみよう。以下、草稿については、天囚自身の句点を参考にして句読点を付け、旧字体もできるだけ原文通りに記す。また、天囚自身が朱筆・墨筆で加除訂正している箇所は、その修正をほぼ反映した形で掲載する。

【第六草稿】（「景社文稿」の原稿用紙）（図5）

大阪市公會堂壁記　代

大阪市公會堂岩本榮之助君所捐資而營建也。君本市人、夙繼先業、以商致富、常思盡力公益、以顯父母名。嘗遊米國、有所觀興、其意乃決、遂請捐納金壹百萬圓於本市、以充公共之資。市會可之、因囑委員議定、建斯堂、卜地於中之島、大正二年六月二十八日起工、七年某月某日告成。層樓複閣、規制宏大、軒檻連延、室堂周備、於是市人之會集燕樂、咸得其所。其恵澤也遠且大矣。乃叙梗槩、昭示來茲。大正七年某月、大阪市長池上四郎記

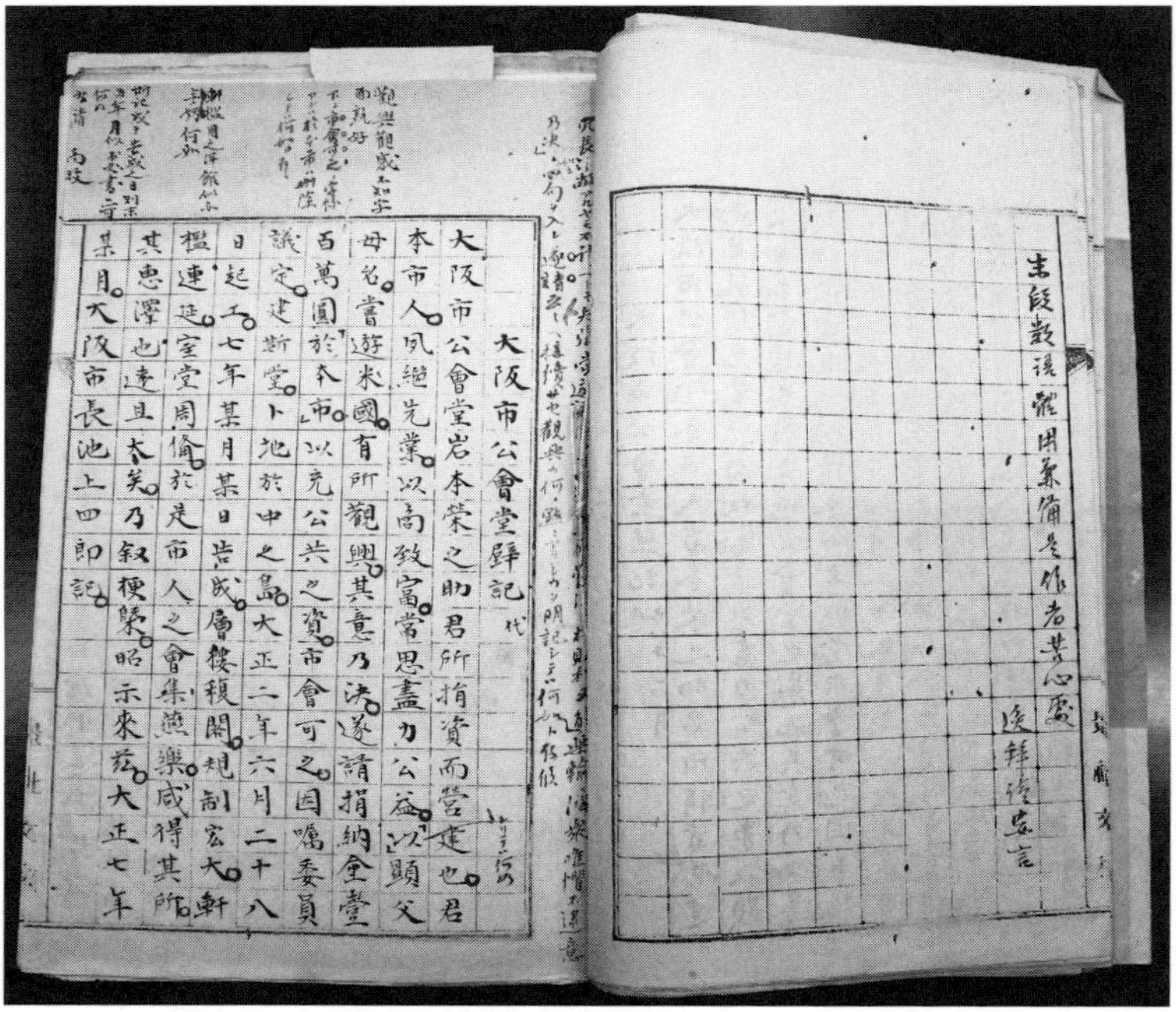
大阪市公會堂壁記

大阪市公會堂岩本榮之助君所捐資而營建也。君本市人。夙紹先業。以高致富。常思盡力公益。以顯父母名。嘗遊米國。有所觀興。其意乃決。遂請捐納金壹百萬圓於本市。以充公共之資。市會可之。因囑委員議定。建斯堂。卜地於中之島。大正二年六月二十八日起工。七年某月某日告成。層樓複閣。規制宏大。軒楹連延。室堂周備。於是市人之會集遊樂。咸得其所。其恩澤也遠且大矣。乃叙梗槩。昭示來茲。大正七年某月。大阪市長池上四郎記。

図５　第六草稿

完成版壁記の漢文と比較してみよう。それほど大きな違いはないとも言えるが、細かに見ていくと、例えば次のような箇所にはかなりの相違もある。

「常思盡力公共、以顯父母名」、「嘗遊米國、有所觀興、其意乃決」、「因囑委員議定、建斯堂、卜地於中之島」、「七年某月某日告成」、「層樓複閣」。

特に、寄附金の使途について、委員の議論に委嘱して公会堂建設が決定したとする点は完成版との大きな違いである。完成版壁記では、この点が簡略化されていて、百万円で公会堂を建てたいと岩本がはじめから願っていたように記されている。先述の通り、岩本栄之助は当初寄附金の使途については特定しておらず、渋沢栄一に一任し、渋沢が立案委員会と協議して複数案の中から公会堂建設に決定したのである。実態に近いのは、この第六草稿の方であるが、こうした具体的経緯は完成版では割愛したのであろう。

次に第五草稿を取り上げる。

【第五草稿】（「景社文稿」の原稿用紙）（図６）

大阪市公會堂壁記　代　戊午六月

大阪市公會堂、本市人岩本榮之助君所捐資而營建也。君夙繼先業、以商致富、常思盡力公共之事、以顯父母名。嘗遊米國、目覩公會堂之盛、而其意乃決、遂請本市捐納金壹百萬圓、以建斯堂。市會可之、因卜地於中之島、大正二年六月二十八日起工、七年某月某日告厥成。規制高大、層構臨江、軒檻曼延、室堂無數。爰笑爰語、周爰咨謀、秩秩温温、式燕且喜、匪啻觀之壯、其資于公益也大矣。乃叙梗槩、昭示來茲。

西村時彦未定稾

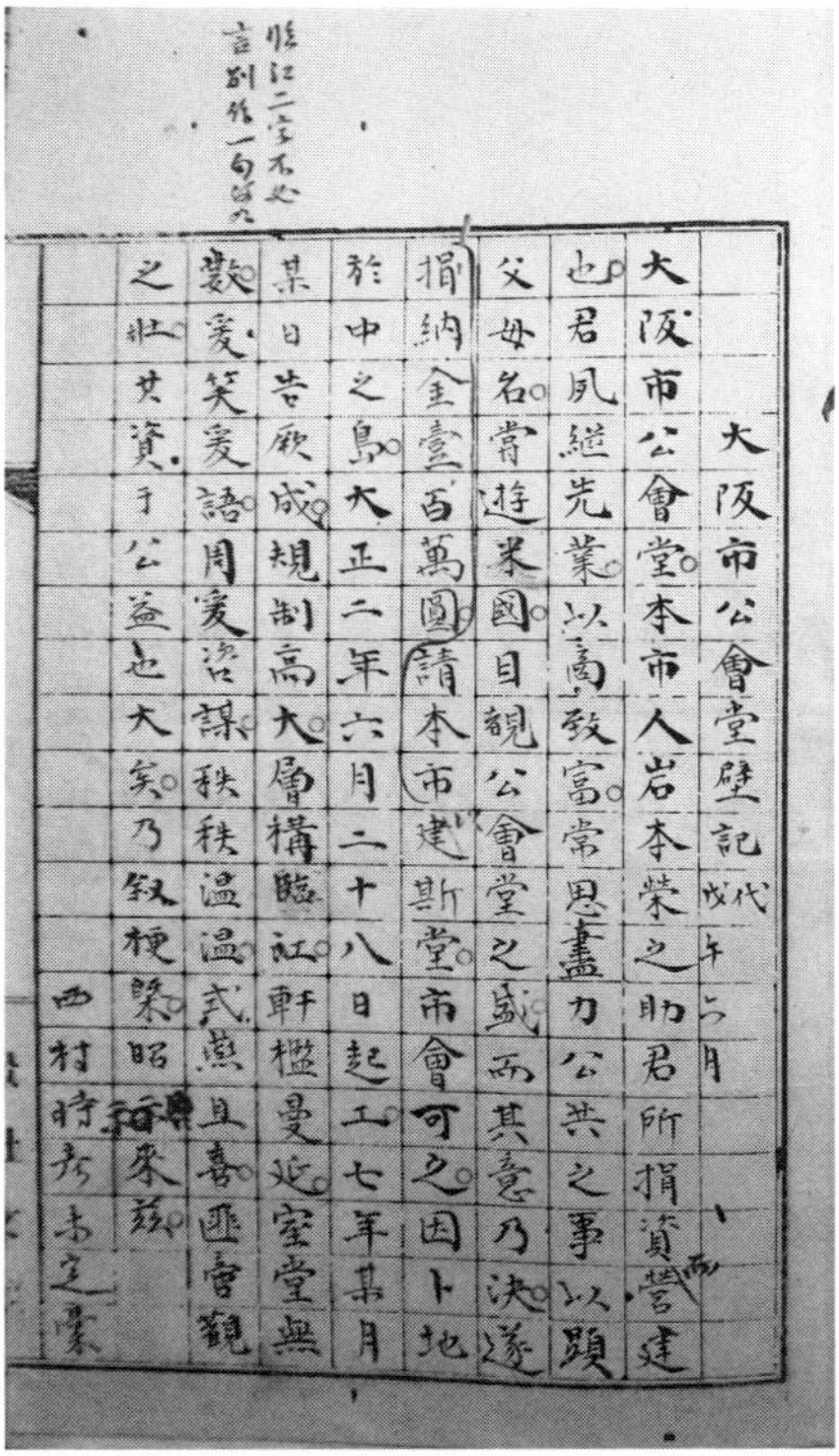
大阪市公會堂壁記　代戊午六月
大阪市公會堂本市人岩本榮之助君所捐資營建
也君夙繼先業以商致富常思盡力公共之事以顯
父母名嘗遊米國目覩公會堂之盛而其意乃決遂
捐納金壹百萬圓請本市建斯堂市會可之因卜地
於中之島大正二年六月二十八日起工七年某月
某日告厥成規制高大層構臨江軒檻曼延室堂無
數爰笑爰語周爰咨謀秩秩温温式燕且喜匪啻觀
之壯其資于公益也大矣乃叙梗槩昭示來茲
西村時彦未定稾

図６　第五草稿

この草稿には、表題の下に「代戊午六月」、文末に「西村時彦未定稾」とあるのが特徴的である。戊午は大正七年。新公会堂が竣工するのは同年十一月であるから、その五ヶ月前の草稿である。その時点では竣工月日は未定だったので、第六草稿と同様に、「某月某日」となっている。

第六草稿との違いとしては、米国を遊覧して公会堂の盛んなさまを目睹したという具体的事実を記していること、逆に、委員に委嘱して公会堂建設を決定したという経緯が見えないことがあげられる。

また、より大きな違いとして、新公会堂の素晴らしさを表す「規制高大、……室堂無數」の後にさらに「爰笑爰語、周爰咨謀、秩秩温温、式燕且喜、匪啻觀之壯」という五句が見える点も重要である。公会堂を高く評価し、「爰《ここ》に笑い爰に語り、周爰咨謀《しゅうえんしぼう》し、秩秩温温《ちっちつおんおん》、式《こ》れ燕《えん》し且《こ》れ喜び、啻《ただ》に観の壮たるのみに匪《あら》ず」と美文調で綴る。

「周爰咨謀」は『詩経』小雅・皇皇者華に見える典雅な句。この句の解釈について現在では諸説あるが、伝統的な毛伝・鄭箋の解釈によれば、「周」（忠信の賢人）にここに問い諮《はか》るという意味。ここでは、この公会堂で講演会などを開催して学識を享受できるというような意味で使われていると思われる。「秩秩」と「温温」も古典の語を組み合わせたものである。「秩秩」は清いさま、あるいは秩序あるさまとして『詩経』『荀子』『爾雅』などに見え、「温温」も穏やかなさまとして『詩経』に見え、また『史記』孔子世家では孔子の様子を示す語として使われている。「式燕且喜」は、『詩経』小雅・車舝《しゃかつ》の句。「式れ燕し且れ喜ばん」というもので、ここでは、公会堂に多くの人が集い交歓するという意味で使われているであろう。

このように、この第五草稿は、古典に由来する美文調の句を織り交ぜ、公会堂を顕彰しようという意図がより強く表出しているとも言える。

次の第四草稿は、若干の違いはあるものの、この第五草稿と基本的には同様の内容である。

【第四草稿】（「景社文稿」の原稿用紙）（図7）

大阪市公會堂壁記　代市長

大阪市公會堂、岩本榮之助君所捐資而營建也。君本市人、夙繼先業、以商致富、常思盡力公共之事、以顯父母名。嘗遊米國、目覩公會堂之盛、而其意乃決、遂請捐納金壹百萬圓於本市、以建斯堂。市會可之、因卜地於中之島、大正二年六月二十八日起工、七年某月某日告厥成。規制高大、層構臨江、軒檻連延、室堂周備。爰笑爰語、周爰咨謀、秩秩温温、式燕且喜、匪惟觀之壯。其資于公益也大矣。乃叙梗槩、昭示來茲。

この第四草稿では、題名の下に「代市長」と注記されている。文言は第五草稿とほぼ同様であるが、「大阪市公會堂」の直後にある「本市人」を見せ消ちとし、「營建也」の下に移す旨を朱筆で示している。また、「告厥成」の「厥」に朱点が打たれているので、ここは「告成」に改めるという意味であろう。さらに、公会堂内部の様子を「軒檻曼延」と墨書した後に「曼」を朱書きで「連」と訂正し、「室堂無數」を「室堂周備」に朱筆で改める。

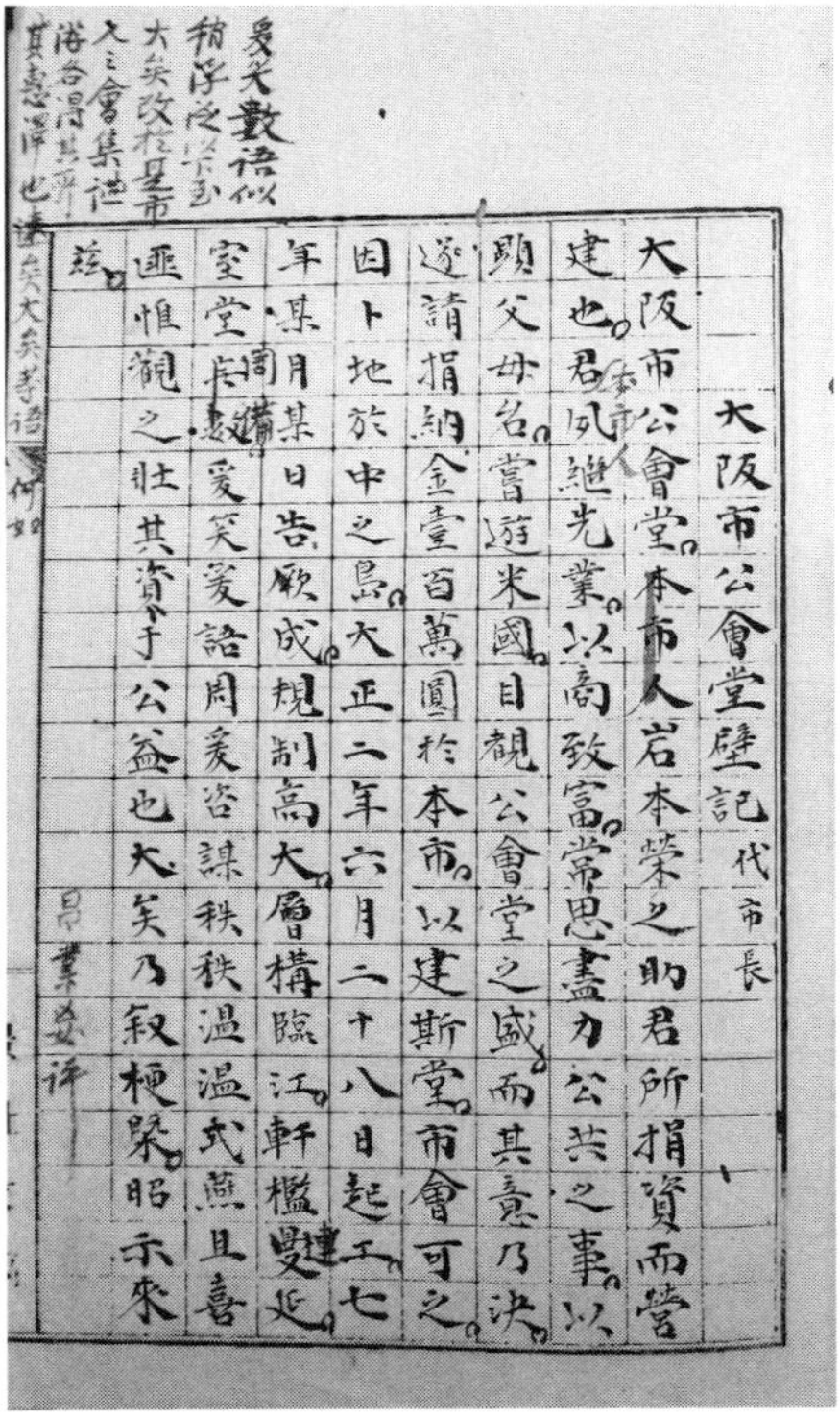

図７　第四草稿

こうした修正の内、「本市人」を下に移すのは、第六草稿、第三草稿などと同様である。「曼」を「連」とするのは、第三草稿から第一草稿、および完成版壁

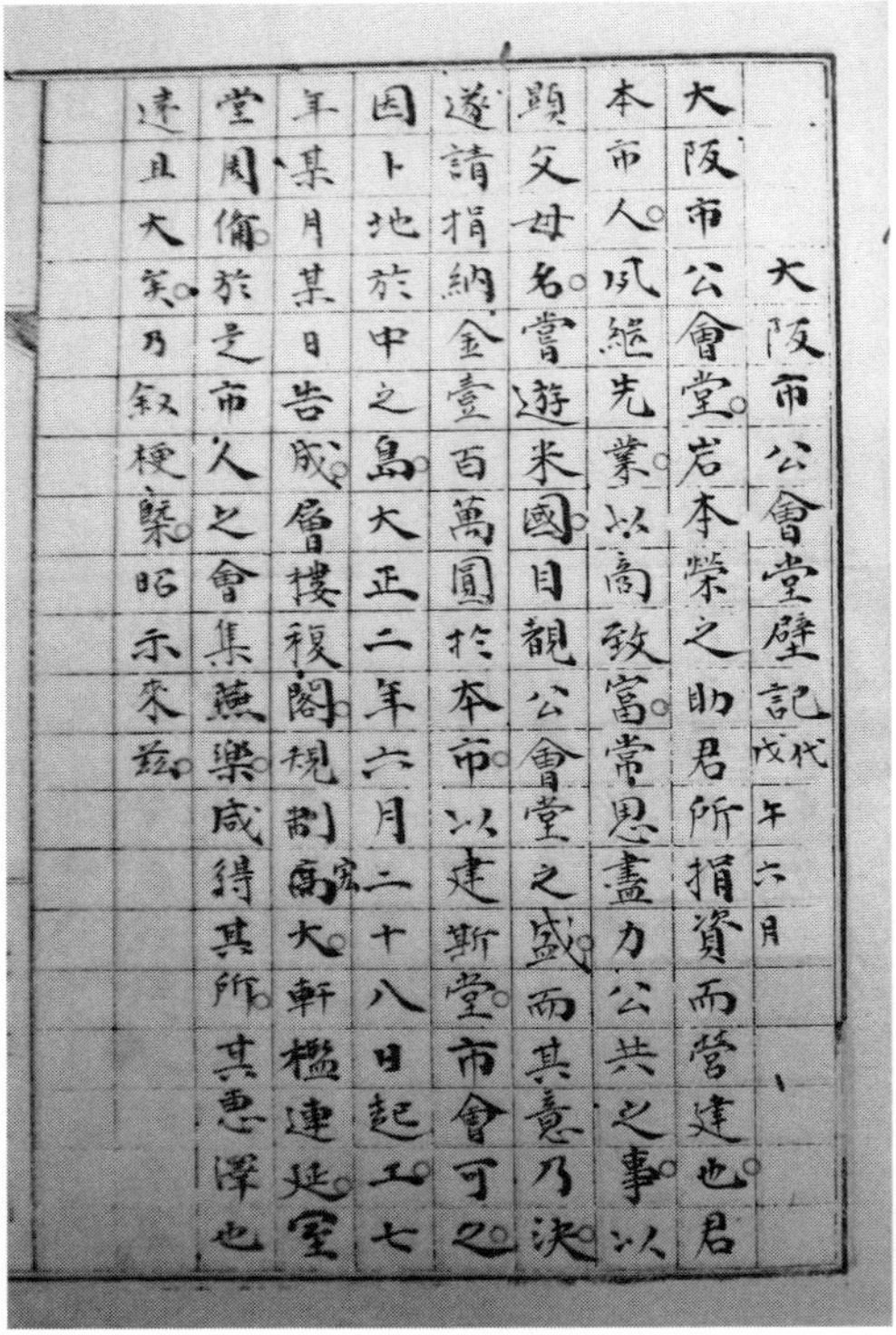
大阪市公會堂壁記 代 戊午六月
大阪市公會堂岩本榮之助君所捐資而營建也君
本市人夙繼先業以商致富常思盡力公共之事以
顯父母名嘗遊米國目覩公會堂之盛而其意乃決
遂請捐納金壹百萬圓於本市以建斯堂市會可之
因卜地於中之島大正二年六月二十八日起工七
年某月某日告成層樓複閣規制宏大軒檻連延室
堂周備於是市人之會集燕樂咸得其所其恵澤也
遠且大矣乃叙梗槩昭示來茲

図８　第三草稿

記とも同様であり、また、「室堂無數」を「室堂周備」とするのは、第六草稿、および第三草稿から第一草稿、完成版壁記と同様である。そして、末尾に、「爰笑爰語、周爰咨謀、秩秩温温、式燕且喜、匪啻観之壮」と続くのは第五草稿と同じである。第五草稿、第四草稿に見える美文調の五句は大きな特徴と言える。

ところが、これら美文調の句が次の第三草稿には見えない。むしろ第六草稿に近い内容となっているのである。

【第三草稿】（「景社文稿」の原稿用紙）（図８）

大阪市公會堂壁記　代　戊午六月

大阪市公會堂、岩本榮之助君所捐資而營建也。君本市人、夙繼先業、以商致富、常思盡力公共之事、以顯父母名。嘗遊米國、目覩公會堂之盛、而其意乃決、遂請捐納金壹百萬圓於本市、以建斯堂。市會可之、因卜地於中之島、大正二年六月二十八日起工、七年某月某日告成。層樓複閣、規制宏大、軒檻連延、室堂周備。於是市人之會集燕樂、咸得其所。其恵澤也遠且大矣。乃叙梗槩、昭示來茲。

この第三草稿では、第五草稿・第四草稿にあった「爰笑爰語」から「匪啻観之壮」までの五句がなく、第四草稿で朱書きされていた「曼」を「連」と修正する点、および「無數」を「周備」と修正する点もここに反映されていることが分かる。完成版壁記にかなり近い草稿であり、また第六草稿、第五草稿、第四草稿にあったような欄外の朱書きは一切見えない。

以上、「景社文稿」の原稿用紙に記されていた四つの草稿を確認した。

一方、第二草稿と第一草稿は、原稿用紙ではなく白い紙に書かれているが、判型・文字サイズは同じで、文字間隔・行間も整然としているので、恐らく原稿用紙を下敷きにして墨書されたものと推測される。(10) まず第二草稿を確認してみよう。

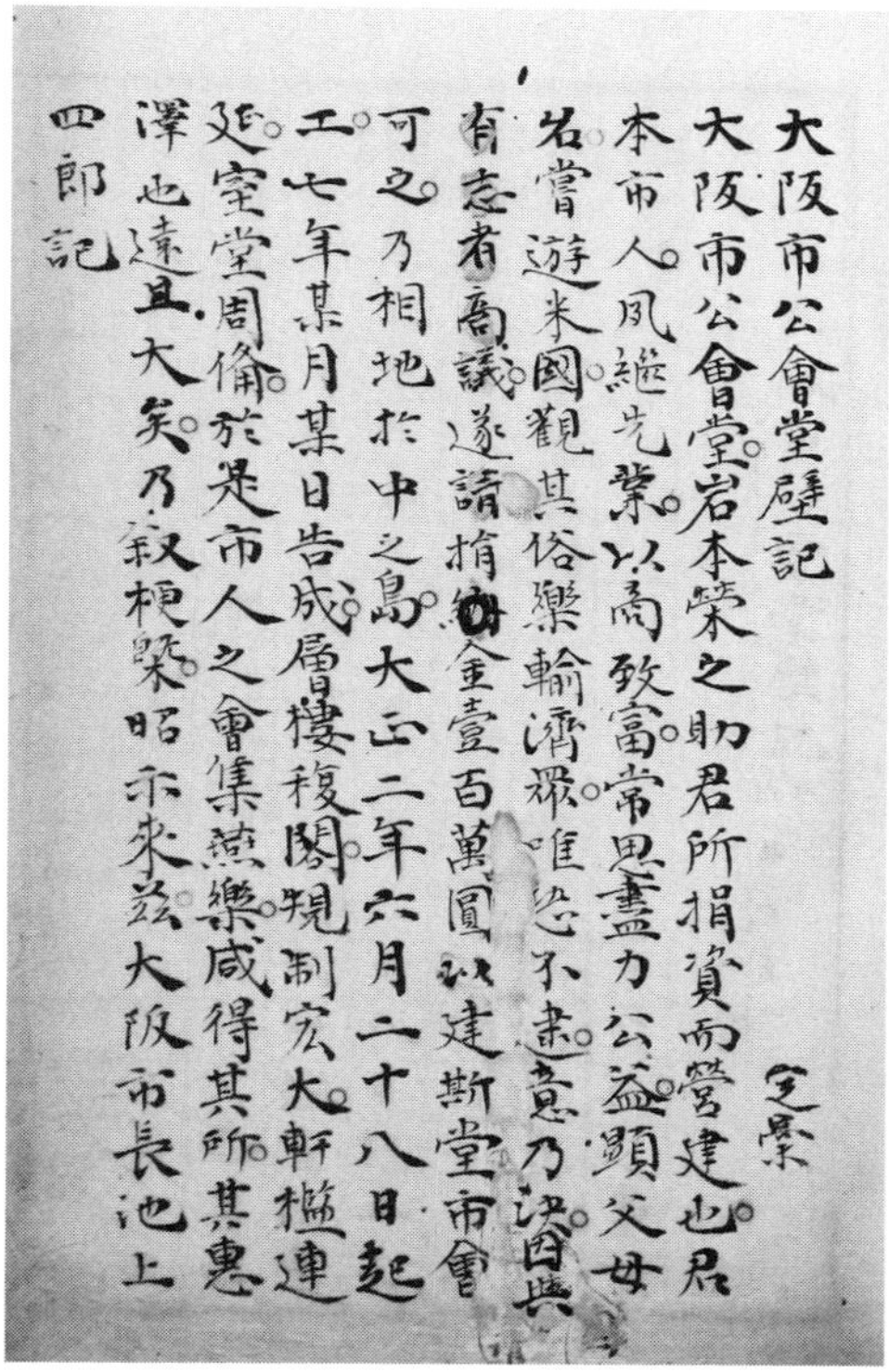

図９　第二草稿

【第二草稿】（図９）

大阪市公會堂壁記　　定稾

大阪市公會堂、岩本榮之助君所捐資而營建也。君本市人、夙繼先業、以商致富、常思盡力公益、顯父母名。嘗遊米國、觀其俗樂輸濟衆、唯恐不逮、意乃決、因與有志者商議、遂請捐金壹百萬圓以建斯堂、市會可之、乃相地於中之島、大正二年六月二十八日起工、七年某月某日告成。層樓複閣、規制宏大、軒檻連延、室堂周備。於是市人之會集燕樂、咸得其所。其惠澤也遠且大矣。乃叙梗槩、昭示來茲。大阪市長池上四郎記

最大の特色は、天囚自ら朱で「定稾」と記していることである。確かに、第三草稿と比べても、完成版壁記にさらに近いように思われる文言である。例えば、第三草稿が「常思盡力公共之事」とするのに対して、この第二草稿は「常思盡力公益」、第三草稿に「目覩公會堂俗樂輸濟衆」とあるのを「觀其俗樂輸濟衆」とするなど、完成版壁記により近づいている。天囚自身、これを決定稿と考え、「定稾」と朱書きしたのであろう。

ところが、この第二草稿には、本文三行目から四行目にかけて塗抹の痕跡が認められる。塗抹下の文字は確認できないが、「因與有志者商議、遂請捐金壹百萬圓以建斯堂」に相当する箇所で、このあたりについて天囚がさらに迷っていたとも推測される。確かに、この部分は完成版壁記と異なる点で、天囚自身、最後まで揺れていたのではなかろうか。

そして第一草稿では、こうした塗抹はなく、整然と墨書されている。内容は、第二草稿とほぼ同様である。

【第一草稿】（図10）

大阪市公會堂壁記

大阪市公會堂、岩本榮之助君所捐資而營建也。君本市人、夙繼先業、以商致富、常思盡力公益、顯父母名。嘗遊米國、觀其俗樂輸濟衆、唯恐不逮、意乃決、遂欲請捐金壹百萬圓以充公共之資。因與有志者商議、請建斯堂、市

會可之、乃相地於中之島、大正二年六月二十八日起工、七年某月某日告成。層樓複閣、規制宏大、軒檻連延、室堂周備。於是市人之會集燕樂、咸得其所。其惠澤也遠且大矣。乃叙梗槩、昭示來茲。大阪市長池上四郎記

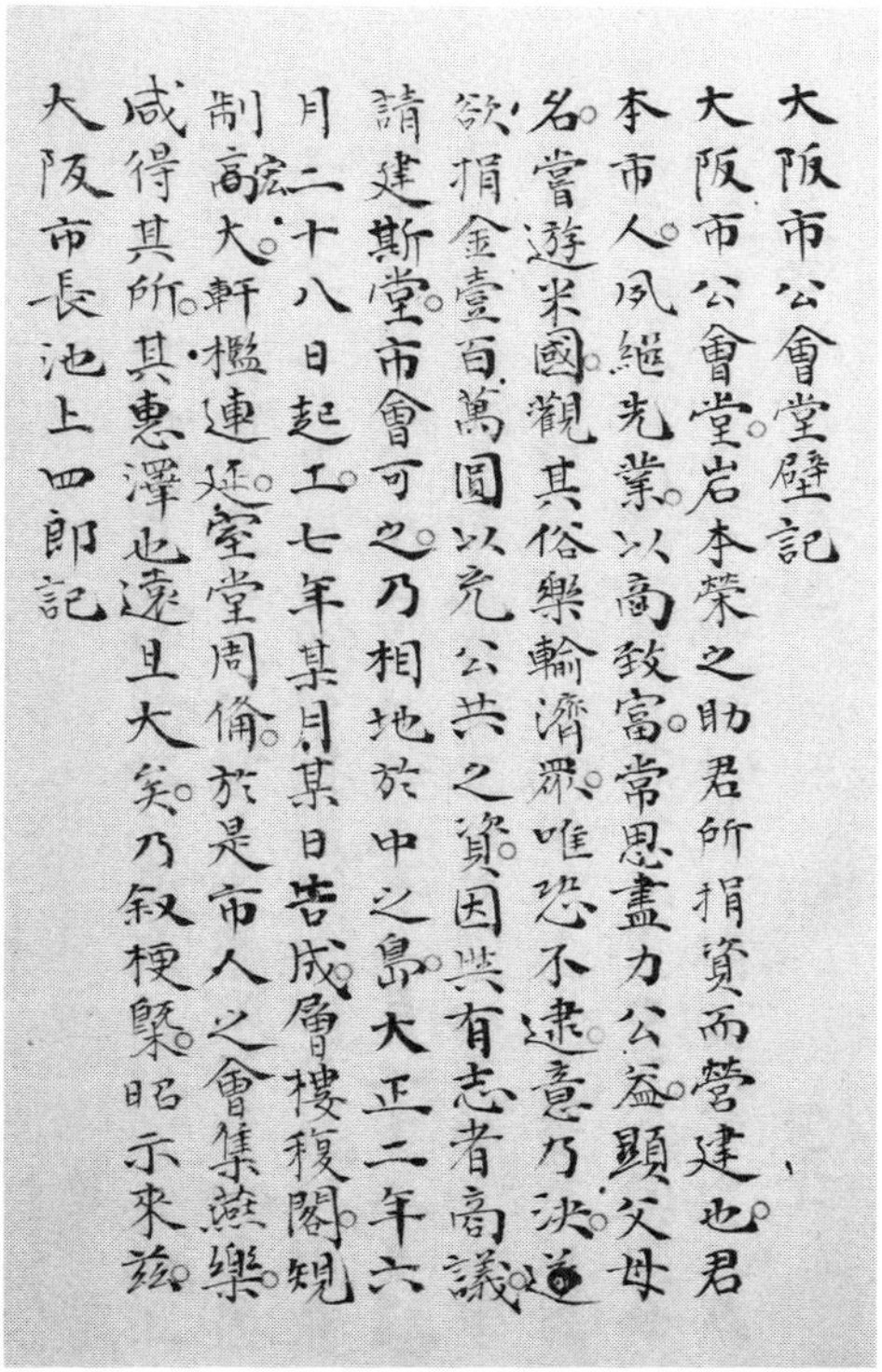
大阪市公會堂壁記
大阪市公會堂岩本榮之助君所捐資而營建也君
本市人夙繼先業以商致富常思盡力公益顯父母
名嘗遊米國觀其俗樂輸濟衆唯恐不逮意乃決遂
欲捐金壹百萬圓以充公共之資因與有志者商議
請建斯堂市會可之乃相地於中之島大正二年六
月二十八日起工七年某月某日告成層樓複閣規
制高大軒檻連延室堂周備於是市人之會集燕樂
咸得其所其惠澤也遠且大矣乃叙梗槩昭示來茲
大阪市長池上四郎記

図10　第一草稿

この第一草稿は、これまで見てきた草稿の中で最も整然としており、塗抹や朱書きもほとんどない。但し、「意乃決」の直後の句について天囚は墨筆で一旦「遂欲捐金壹百萬圓」と記した後で、「遂」字に朱で圏点を打っている。これは「遂」を削除するとの意であろう。また、「規制高大」と墨書した「高」の字の横に朱書きで「宏」と修正している。これらの修正を反映させると第二草稿や完成版壁記の記載に合致する。このあたりについては他の草稿でも訂正の痕が見えるので、最後まで揺れていた箇所かもしれない。

もっとも、この第一草稿や第二草稿でも、完成版壁記との違いはなお存在する。岩本栄之助が米国遊覧を経て寄附を決意したあたりからの文言である。

第二草稿では「因與有志者商議、遂請捐金壹百萬圓以建斯堂」、第一草稿では「遂請捐金壹百萬圓以充公共之資。因與有志商議、請建斯堂」となっている。完成版壁記では、「遂請捐金壹百萬圓以建

斯堂」と簡略化されており、どちらかと言えば、第二草稿に近い。

また起工・竣工の時期についても、この第二草稿や第一草稿が未定を含めて「大正二年六月二十八日起工、七年某月某日告成」と記すのに対して、完成版壁記では「大正二年六月起工、七年十月告成」となっている。総じて字数が少なくなっていることも分かる。実際に計数してみても、第二草稿の本文は百五十四字、第一草稿の本文は百六十字、完成版壁記では前記の通り百四十一字である。

このように六種類の草稿を見てくると、やはり「景社文稿」の原稿用紙に記された四種の草稿が先で、白い紙に記された二種の草稿がその後と考えられる。第二草稿に「定稾」と朱書きされていることからしても、このブロック相互の前後関係はまず間違いないであろう。

ただ、それぞれのブロック内草稿の前後関係はどうであろうか。これについては慎重に検討しなければならないが、その重要な手がかりが朱書き部分にあると思われるので、次にこの部分も含めて再検討してみよう。

四、草稿批評と壁記成立の経緯

わずか百数十字の漢文に、天囚はここまで力を傾注し、何度も推敲を繰り返していた。漢文執筆における並々ならぬ情熱をうかがうことができる。

実は、天囚が自身の草稿を入念に推敲することは、他の事例からも確認される。大正十年（一九二一）、郷里種子島からの依頼で撰文した「鉄砲伝来紀功碑文」がそれである。この自筆草稿二種も、平成二十九年から始めた種子島での資料調査で発見され、碑文作成の経緯が明らかになった。ここにもすさまじい推敲の痕が見られ、天囚が草稿の修正を繰り返しながら徐々に完成版に近づいて行った様子が分かる(11)。

もっとも、これは自身の郷里種子島に関わることであり、また天文十二年（一五四三）の鉄砲伝来の仲介を果たした西村織部丞時貫《おりべのじょうときつら》は自身の十三代前の先祖であったから、天囚がこの碑文に情熱を込めるのは当然であったとも言える。一方、この「大阪市公会堂壁記」は市長から依頼された代筆であり、ゴーストライターとしてそこまでの情熱を傾ける必要があったのかと疑問にも思われる。

ただ、天囚には、仮に代筆であったとしても漢学者としてその都度最高の漢文を書かねばならないという責任感があったのではなかろうか。いやむしろ、代筆だからこそ慎重に推敲を重ねたとも考えられる。隣接する中之島図書館の「建館寄附記」を撰文したのは、天囚の恩師重野安繹であった。そこに並ぶ漢文として恥ずかしいものは書けないという思いはあったであろう。

また今ひとつ、天囚が推敲を繰り返した理由として、当時の文人たちとの交流、相互研鑽があったと推測される。この点について考察してみよう。

まず、「景社文稿」の原稿用紙に記されている第六草稿には、末尾に「簡淨勁切得題記體　狩野喜拜注」という朱書きが認められる。この「狩野喜」とは京都大学教授の狩野直喜《かのなおき》（一八六八〜一九四七）、号は君山である。狩野は、天囚から草稿の批評を求められてこの草稿を読んだ。簡潔明瞭でしっかりしていて、こうした題言の文体にかなっていると評価するのである。

本文については、具体的に「以顯父母名」の「以」については、「トリテハ何如」と朱で注記し、「遂請捐納金壹百萬圓於本市」の「於本市」については欄外の朱注で、「下ニ市會可之ノ字様アレバ於本市ハ删除シテハ何如ト存ズ」と記す。「以」は、その直前にも「以商致富」とあるのでやや重複気味だと感じたのであろう。また「於本市」は直後の句に大阪市のことが明記されていて、これもやや重複気味になるから、「於本市」の三字は削除してはどうかというのである。

さらに大きな指摘として、「嘗遊米國」の下は修訂し、次のような「四句ヲ入レ」て「遂請」の句に続けてはどうかと提案している。「觀其俗、樂輸濟衆、唯恐不逮、意乃決」。

第一草稿、第二草稿、完成版壁記にも見られる「樂輸濟衆」は、岩本が感じたとされる米国の風俗を表すもので、きわめて特徴的な言葉である。この句を入れるよう提案したのは狩野直喜であった。

そして実は、この第六草稿には、欄外に天囚の小さな墨筆の注があり、そもそも天囚が狩野に以下のような問いかけをしていることが分かるのである。

まずは、第六草稿の「嘗遊米國、有所觀興」について、「觀興觀感不知字面孰好」と注記する。これは、天囚が「觀興」とするか「觀感」とするかで迷い、いずれがよいかと狩野にたずねているのである。また、「軒檻用之洋館似無妨何如」という。これは、公会堂内部の様子を述べた箇所で「軒檻」と記したものの、和風建築の欄干を想起させるので、洋館建築の公会堂に使う表現として差し障りはないだろうかと問うものであろう。さらに、竣工の日付について、「斯記成于告成之日別末又年月似不必書無何如」と注記する。これは、本文中で「大正二年六月二十八日起工、七年某月某日告成」と記しておいて、さらに末尾で、「大正七年某月、大阪市長池上四郎記」と重ねて書くのは、不要であろうかと問うものである。

これら三つの問いかけに対して、狩野は、まず「觀興」と「觀感」の問題については、その二字だけではいずれにしても岩本栄之助がどのような点に感じたのを表すには不充分だと考え、前記のように「樂輸濟衆」などの四句を入れ、それによって「觀興ガ何ノ點ニアリシカヲ明記」してはどうかと答えたのである。

また第二の点については「無妨」に朱で傍点を打っているので、特に差し障りはないとの回答であろう。第三の点については、「不必書」に朱で傍点を打ち、重複して書く必要はないと簡潔に答えている。

これらの修訂意見は第二草稿、第一草稿、完成版壁記などに反映されている。狩野の指摘を天囚はその後すべて受け入れたのである。

次に、第五草稿を確認する。その末尾には「末段數語體用兼備是作者苦心處　逸拝讀妄言」と朱書きされている。この「逸」とは、三河出身の漢学者籾山逸也《もみやまいつや》（一八八五〜一九一九）、字は季才、号は衣洲である。「籾山逸」と三字で記すこともある。籾山は「国会」「東京朝日新聞」などの編集に携わった後、台湾総督の児玉源太郎の招聘を受けて台湾に渡り、「台湾日日新報」漢文部主任を務めた。『明治詩話』などの著者として知られ、また天囚が創設した「景社」の同人でもあった。

第六草稿から第三草稿までは「景社文稿」の原稿用紙に書かれているが、天囚はこの特製原稿用紙を使うだけではなく、その草稿を景社の同人に見せ、批評を仰いでいたと推測される。第六草稿を批評した狩野直喜も景社の同人である。

この籾山の批評は、天囚の記した末尾の数段について「体用」すなわち基本と応用、内実と修辞とを兼備していて、ここに作者の苦心が認められると評価するものである。本文については一箇所欄外に「臨江二字不必言、別作一句何如」と朱で注している。これは、公会堂の様子を説く漢文の内、「層構臨江」の句について述べたものである。わざわざ中之島をはさむ川に臨んでいるとまでは書かなくてもよく、他の表現にしてはどうかというものである。天囚の草稿では、第六草稿、第三草稿、第二草稿、第一草稿がこの一句を削り、「層樓複閣」に修正している。これも籾山の批評を天囚が受け入れたのである。

図11　小牧桜泉

続いて第四草稿を確認してみよう。

ここには大きな修正意見が加えられた。草稿の末尾に、「西村天囚拝請」の墨筆と「昌業妄評」の朱筆とが見える。この「昌業」とは小牧昌業《こまきまさなり》（一八四三～一九二二）、号は桜泉《おうせん》である（図11）。元薩摩藩士で、藩校造士館教員を務め、維新後、首相秘書官、奈良県知事、帝国奈良博物館長などを歴任した。天囚の師でもある重野安繹との交流もあり、その学識により文学博士の称号を得、大正天皇の侍講を務めたこともある。天囚が明治四十三年（一九一〇）、世界一周旅行に出かける際、送別の書を贈ったことが天囚の『欧米遊覧記』に記されている。[12] 景社の同人ではないが、天囚の大先輩にあたる旧知の漢学者なので、特に批評を仰いだのであろう。わざわざ「拝請」と丁寧に記している。

この桜泉は、天囚の第四草稿について、自身の「妄評」としながらも、欄外に朱筆でこう記している。

爰笑數語、似稍浮泛、以下至大矣、改於是市人之會集讌浴、各得其所、其惠澤也遠矣大矣等語何如

美文調の「爰笑爰語、周爰咨謀、秩秩温温、式燕且喜、匪惟啻観之壮」は、「浮泛《ふはん》」すなわち全体からやや浮いているので、ここは、修訂してはどうかというのである。確かに、天囚の漢文は、冒頭からここまでは事実に即して公会堂建設の経緯を具体的に説明するものであった。ところが、ここに至ってやや観念的な美文調となっている。先に

確認した通り、これらの句は『詩経』など中国古典の文言を踏まえた典雅な表現であった。

これは、天囚が石碑を撰文する際、通常その末尾に加える「詞」を意識したものではなかろうか。例えば、本書第七章で後述する天囚の「鉄砲伝来紀功碑文」は大きな石碑に刻まれた長大な漢文であり、その末尾に、四字句で構成された美文調の「詞」が加えられている。冒頭からその直前までは散文調で淡々と碑の来歴を語り、最後に美文調の「詞」で称賛するという書式である。この壁記作成においても、天囚はそうした「詞」を念頭に置いて、古典の言葉を踏まえた四字句を連ねたのである。

ただ、その文章自体は素晴らしいと言えるが、そうした漢語の背景を知らない人々には理解が及ばない可能性もある。またそもそも長大な石碑の漢文とは違って、ここに記すのは比較的短い壁記なのである。桜泉はそのことを憂え、修正を提案したのであろう。天囚はこれを受け入れ、思い切ってこの五句を後に削除する。完成版壁記にはこの五句は見られない。

但し、注意を要するのは、桜泉の示す具体的な修正案である。桜泉はこの美文調の五句を削除する代わりに、「於是市人之會集讌浴、各得其所、其惠澤也遠矣大矣」などの句を入れてはどうかと提案しているが、その修正案は、基本的に第三草稿や第六草稿の文言に近いものである。とすれば、この桜泉の修正案を反映したものが第三草稿や第六草稿であったという可能性も出てくる。

「景社文稿」の原稿用紙に記された草稿の順序はどのように考えればよいのであろうか。仮に、第六草稿、第五草稿、第四草稿、第三草稿の順だったとすれば、問題となる該当箇所は次のように変遷して行ったことになる。

【第六草稿】層樓複閣、規制宏大、軒檻連延、室堂周備、於是市人之會集燕樂、咸得其所。其恵澤也遠且大矣

【第五草稿】規制高大、層構臨江、軒檻曼延、室堂無數。爰笑爰語、周爰咨謀、秩秩温温、式燕且喜、匪啻觀之壯、其資于公益也大矣

【第四草稿】規制高大、層構臨江、軒檻連延、室堂周備。爰笑爰語、周爰咨謀、秩秩温温、式燕且喜、匪惟観之壯

【第三草稿】層樓複閣、規制宏大、軒檻連延、室堂周備。於是市人之會集燕樂、咸得其所。其恵澤也遠且大矣

この場合、桜泉が削除を提案する「爰笑爰語」以下の五句（傍線部）がはじめの第六草稿にはそもそもなかったのに、天囚が第五草稿に自ら加筆し、第四草稿でもそれを継承し、桜泉の指摘を受けて、再び削除して第三草稿に至ったということになる。これはやや不自然ではなかろうか。しかも、桜泉がこの五句を削る代わりとして示した修正案（波線部）がすでに第六草稿に見えているという点も、不可解である。

同様に、第五草稿で粉山逸也が削るよう述べた「臨江」が、第六草稿にはもともとなかったという点も疑問として残る。

もう一箇所、検証してみよう。岩本栄之助が米国遊覧を経て寄附を決意し、公会堂建設に至るという一節である。

【第六草稿】嘗遊米國、有所観興、其意乃決、遂請捐納金壹百萬圓於本市、以充公共之資。市會可之、因嘱委員議定、建斯堂、卜地於中之島

【第五草稿】嘗遊米國、目観公會堂之盛、而其意乃決、遂請本市捐納金壹百萬圓、以建斯堂。市會可之、因卜地於中之島

【第四草稿】嘗遊米國、目観公會堂之盛、而其意乃決、遂請捐納金壹百萬圓於本市、以建斯堂。市會可之、因卜地於

中之島
【第三草稿】嘗遊米國、目覩公會堂之盛、而其意乃决、遂請捐納金壹百萬圓於本市、以建斯堂。市會可之、因卜地於
中之島

この箇所も、第六草稿から順に第三草稿へ至ったとは必ずしも言いがたい。特徴的なのは、第四草稿と第三草稿がこの部分に関してはまったく同一だということである。また、「本市」の位置のみに注目すると、第五草稿だけが「捐納」の前にあり、第六草稿、第四草稿、第三草稿はともに「百萬圓」の後にある。

さらにもう一箇所、重要語の置かれている場所の違いも注目される。岩本栄之助を「本市人」と表現する場所である。

【第六草稿】大阪市公會堂岩本榮之助君所捐資而營建也。君本市人
【第五草稿】大阪市公會堂、本市人岩本榮之助君所捐資而營建也
【第四草稿】大阪市公會堂、本市人岩本榮之助君所捐資而營建也
【第三草稿】大阪市公會堂、岩本榮之助君所捐資而營建也。君本市人

このように、「本市人」の位置が第六草稿と第三草稿は「營建也」の後であるのに対し、第五草稿と第四草稿は「岩本榮之助」の前に置かれているのである。これも天囚自身が揺れていた証しなのかもしれないが、先に確認した通り、第四草稿は、「本市人岩本榮之助君」と墨書した後に、朱で「本市人」を見せ消ちとし、「營建也」の後に朱筆

で「本市人」を挿入しているのである。つまり、天囚は第四草稿で「本市人」の位置を修正しようとし、それが第六草稿、第三草稿に反映されているのである。

以上を総合すると、「景社文稿」の原稿用紙に記された四種の草稿は、第六草稿、第五草稿、第四草稿、第三草稿の順で成立したのではないと考えられる。その順番だったとすれば、きわめて不自然、不可解な展開となるのである。

それでは、こうした疑問を解消するような草稿の並びはあるだろうか。最重要の注目点は、やはり美文調の五句が削除され、他の表現に修正されたということである。この五句を含むのは第五草稿と第四草稿であるが、その削除を提案したのは、第四草稿を批評した小牧桜泉であった。仮に第四草稿が第五草稿に先行する草稿だったとすれば、天囚は桜泉の修正案を保留として第五草稿に反映させなかったということになる。それはやや不自然であろう。

とすれば、第五草稿こそが天囚の最初の草稿だったのではなかろうか。この草稿に「代　戊午六月」と執筆時期が明記され、また「西村時彦未定稾」と署名されていることも、そう考えれば腑に落ちる。この第五草稿について、景社同人の籾山逸也は、末尾の句に苦心の跡が見られるとして評価した。そこで天囚は第四草稿で若干の修正は施しながらもこの美文調の五句は残したまま小牧桜泉に見せた。大先輩の桜泉は、その部分が全体から浮いていると率直に指摘し、具体的な修正案を提示した。第五草稿から第四草稿へという流れはまず間違いないであろう。

それでは、残る第六草稿と第三草稿の前後関係はどのように考えられるであろうか。第四草稿に対する桜泉の修正指示を、天囚がそのまま受け入れたとすれば、草稿はどのようになるのか。実は、それこそが第三草稿なのである。第三草稿には、天囚自身の修正も、他者の批評も記されていない。「景社文稿」の原稿用紙に書かれた四種中、最も整然としているような印象を受けるが、それは、天囚が桜泉の大幅な修正意見を踏まえて、一旦清書してみたからではなかろうか。そして天囚はこれを基にさらに自身で修訂を加えた第六草稿を狩野直喜に見せ、批評を仰いだ。

この仮説に基づいて、問題となる重要箇所を中心に並び替えてみよう。まずは、岩本栄之助の米国遊覧のくだりである。

【第五草稿】嘗遊米國、目覩公會堂之盛、而其意乃決、遂請本市捐納金壹百萬圓、以建斯堂。市會可之、因卜地於中之島

　　　　　　　　　　↓

【第四草稿】嘗遊米國、目覩公會堂之盛、而其意乃決、遂請捐納金壹百萬圓於本市、以建斯堂。市會可之、因卜地於中之島

　　　　　　　　　　↓

【第三草稿】嘗遊米國、目覩公會堂之盛、而其意乃決、遂請捐納金壹百萬圓於本市、以建斯堂。市會可之、因卜地於中之島

　　　　　　　　　　↓

【第六草稿】嘗遊米國、有所觀興、其意乃決、遂請捐納金壹百萬圓於本市、以充公共之資。市會可之、因囑委員議定、建斯堂、卜地於中之島

このように並べ替えてみると、第五草稿、第四草稿、第三草稿への流れがきわめて自然となる。

仮に、これとは逆に、第六草稿が先で第三草稿が後であった場合、天囚はこの部分について第四草稿の後で自らかなりの修訂を加え、第三草稿でまた元に戻したことになる。これはやや不自然であろう。

次は、美文調五句の箇所である。

【第五草稿】規制高大、層構臨江、軒檻曼延、室堂無數。爰笑爰語、周爰咨謀、秩秩温温、式燕且喜、匪啻觀之壯、其資于公益也大矣

↓

【第四草稿】規制高大、層構臨江、軒檻連延、室堂周備。爰笑爰語、周爰咨謀、秩秩温温、式燕且喜、匪啻觀之壯

↓

【第三草稿】層樓複閣、規制宏大、軒檻連延、室堂周備。於是市人之會集燕樂、咸得其所。其恵澤也遠且大矣

↓

【第六草稿】層樓複閣、規制宏大、軒檻連延、室堂周備、於是市人之會集燕樂、咸得其所。其恵澤也遠且大矣

当初天囚が『詩経』の句などを織り交ぜて作成した美文調の五句（傍線部）について、第五草稿を批評した籾山逸也は苦心の跡が見られると評価した。そこで天囚は第四草稿にもそのまま残したが、ここで小牧桜泉の率直な指摘を受けて削除改訂することにした。その修正を反映させて一旦清書したのが第三草稿であり、それを基にさらに第六草稿で修訂を加えた。

また、第六草稿の「有所觀興」に対する狩野直喜の修正意見を踏まえて、「樂輸濟衆」などの句が入っているのは、第一草稿、第二草稿、完成版壁記である。とすれば、「景社文稿」の原稿用紙に記した四種の中では、やはり第六草稿が最も後だったと推測される。

二つの大きな問題箇所について、このように考えると、おおむね不自然さはなくなるであろう。念のため、この仮説を整理して図に示してみよう。

【第五草稿】（最初の草稿、「代戊午六月」「西村時彦未定稟」）
↓　籾山逸也の批評、末尾の句を苦心ありとして評価。
【第四草稿】（おおむね第五草稿を継承して微調整、「代市長」）
↓　小牧桜泉の批評、末尾五句の削除とその代替案を提示。
【第三草稿】（桜泉の批評を受けて大幅に修正、一旦清書、「代戊午六月」）
↓　さらに自身で修訂を加える。
【第六草稿】（第三草稿を踏まえた修訂版、「代」）
↓　狩野直喜の批評、米国遊覧直後の句の修正を提案。

このような順序であったとすれば、それぞれの批評を天囚が概ね受け入れて修正を施していった過程がよく理解できる。この結果、天囚が起草した漢文は、はじめ建築物としての公会堂を美文調で顕彰するという点に特色があったものの、その部分を削るなどの修訂を経て、相対的に岩本栄之助その人をより高く評価するという内容になったと言えよう。

ただ、ここで一つ留意したいのは、各草稿間の時間差である。天囚はそれぞれの草稿を執筆した後、景社の同人や先輩に批評を仰いでいるが、その間に十分な時間を置いたのかどうかという点である。つまり天囚↓籾山↓天囚↓小牧→天囚→狩野→天囚という三往復にどれくらいの時間を要したのかということである。

仮に右のような順番で草稿が修正されていったとすれば、それは比較的短期間のできごとであったということになろう。はじめの第五草稿には「戊午六月」とあり、また第三草稿にも同じく「戊午六月」と記されているからである。もっともこの「戊午六月」は起草開始月を便宜的に書いたということで、実際の執筆月を示したものではないという可能性も考えられる。ただ一方で、大阪市中央公会堂の竣工が目前に迫り、大阪市からの依頼によって急遽天囚が筆を執り、あわてて修訂を重ねて行ったとも考えられる。銅版の鋳造にも一定の時間を要したであろうから、天囚に与えられた時間はそれほど多くはなかったであろう。

しかし、天囚と籾山逸也、狩野直喜とは景社の同人であり、日頃からお互いに文章添削をし合うネットワークの中にいた。天囚は彼らに批評を求めやすく、籾山、狩野もこれに即座に応じたと考えられる。景社の会合は原則毎月二十五日に開催されていたので、天囚が批評を依頼したのはその際だった可能性もある。

小牧桜泉はやや別格であったが、天囚とは旧知の間柄で、その依頼に桜泉が即応した可能性も充分に考えられる。そもそも景社が本格的に活動を開始する前は、籾山逸也、木崎愛吉、西村天囚が月一回会合し、持ち寄った草稿を小牧桜泉に郵送して添削を仰いでいた。これが大正四年一月からの本格的な会合につながるのである。こうした実績があったから、この大阪市公会堂壁記草稿についても、天囚と桜泉の間は郵送での往復だったと考えて問題なく、また、桜泉が何らかの事情でたまたま来阪した際のやりとりであった可能性もある。すべての草稿に日付が記されているわけではないので、詳細は分からないが、いずれにしてもこれらの応酬は比較的短時間に行われたのではなかろうか。

それでは、原稿用紙ではなく白紙に記された第一草稿、第二草稿との前後関係はどうであろうか。いずれも、さらに若干の修正を施していると思われるが、ほぼ同文である。共通するのは、第六草稿に対する狩野直喜の批評を反映させた修正版だと思われる点である。最も特徴的なのは、米国遊覧直後の句「樂輸濟衆」が「景社文稿」の原稿用紙に書かれた四つの草稿には見られなかったのに、この第一草稿、第二草稿には反映されているということである。やはり、原稿用紙四種の草稿の内では第六草稿が最後のもので、それを受けてさらに修正を加えたものが、白い紙に書かれた草稿だと考えられる。

では、その第一草稿、第二草稿の前後関係はどうであろうか。本文自体には大きな違いはないので、明確には断定できないが、あえて言えば、第一草稿は、「公益」「公共之資」という類似表現が使われていて、やや重複の感じが残る。第二草稿には「公共之資」はなく、こうした違和感はない。また、先述のように字数も第二草稿の方がやや少なく、完成版壁記の字数に近い。さらに何より天囚自身が「定稾」と朱書きしていることを重視すれば、やはりこの第二草稿が一応の最終草稿だったと考えてよいのではなかろうか。

問題となる部分について、第六草稿、完成版壁記とともに並べてみよう。字数が徐々に減少し、締まった表現になっていくのが分かるであろう。

【第六草稿】常思盡力公益、以顯父母名。嘗遊米國、有所觀興、其意乃決、遂請捐納金壹百萬圓於本市、以充公共之資。市會可之、因屬委員議定、建斯堂、卜地於中之島

【第一草稿】常思盡力公益、顯父母名。嘗遊米國、觀其俗樂輸濟衆、唯恐不逮、意乃決、遂欲請捐金壹百萬圓以充公共之資。因與有志者商議、請建斯堂

【第二草稿】常思盡力公益、顯父母名。嘗遊米國、觀其俗樂輸濟衆、唯恐不逮、意乃決、因與有志者商議、遂請捐金壹百萬圓以建斯堂

【完成版壁記】常思盡力公益、顯父母名。嘗遊米國、観其俗、樂輸濟衆、唯恐不逮、意乃決。遂請捐金壹百萬圓以建
斯堂

ただ、第二草稿が最終草稿だったとしても、完成版壁記との間にはなお若干の相違がある。第二草稿には塗抹の痕跡が認められ、天囚が最終段階でもなお苦心を重ねていたことが分かる。天囚は、大阪市に提出する際、さらに軽微な修正を加えたのである。

以上の考察結果を踏まえ、大阪市中央公会堂壁記の成立事情を時系列で示してみよう。

大正七年（一九一八）、大阪市から西村天囚に壁記起草の依頼あり。公会堂の竣工が秋に迫り、銅版の設置が急遽決まったものと推測される。

↓

天囚、これを受諾。草稿執筆にとりかかる。

↓

「景社文稿」の原稿用紙を使い、草稿を景社の同人や先輩に見せ、批評を仰ぐ。

【第五草稿】（最初の草稿、戊午六月）

↓　籾山逸也の批評、末尾の句を評価。

【第四草稿】（おおむね第五草稿を継承して微調整）

← 小牧桜泉の批評、末尾五句の削除とその代替案を提示。

【第三草稿】（桜泉の提案を反映して大幅に修正し一旦清書、戊午六月）

← 第三草稿を受けてさらに自身で修訂

【第六草稿】（第三草稿を基にした修訂版）

← 狩野直喜の批評、「嘗遊米国」直後の句の修正を提案。

← 大阪市への提出を念頭に置いて白い紙に浄書する。

【第一草稿】（第六草稿に対する狩野直喜の批評を受けて修正）

←

【第二草稿】（第一草稿を若干修正して「定稾」と記す）

←

（最終草稿、大阪市へ提出、この存在は未詳）

←

完成版壁記（大正七年十一月。大阪市中央公会堂エントランスホール掲示）

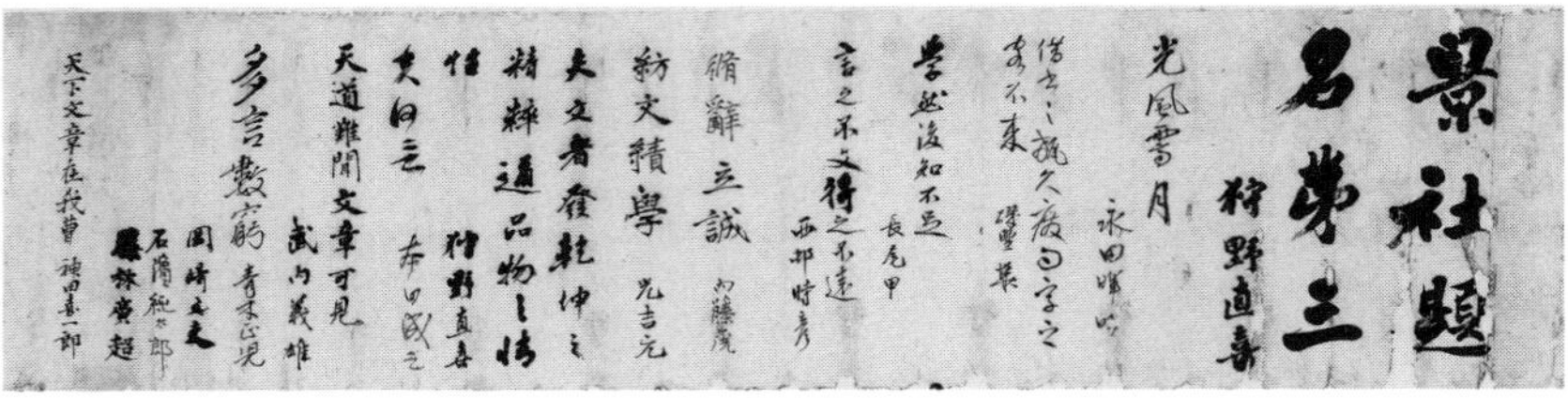

図12　景社題名第三

五、切磋琢磨する文人たち

草稿の順序については、漢文の記述や批評から推論した仮説に過ぎない。最も合理的だと思われる順番は右の通りであるが、実際には、天囚自身も行きつ戻りつしながら草稿と格闘していたのかも知れない[13]。また、これ以外にも草稿や他者の批評があったとすれば、その過程はさらに複雑になる[14]。

ただ、いずれにしてもここから分かるのは、天囚が自身の草稿を入念に自己添削するとともに、景社の同人や先輩に草稿を見せ、謙虚に批評を仰ごうとしていることである。景社結成の動機が文章鍛錬にあったので当然とも言えようが、天囚のような漢文の才能を持った文人が柔軟に他者の批評を受け入れようとしている点は、大いに注目される。

実は、この景社の交流に関わる資料が、同じく種子島の西村家で発見された。本書第一章でも紹介した「景社題名第三」という寄せ書きである（図12）。景社のネットワークを示す重要な資料だと思われるので、以下に改めて取り上げ、この壁記との関係についても考察してみよう。

「景社」は、明治四十四年（一九一一）二月に結成された。天囚作成の規約「景社同約」（『碩園先生文集』巻三）によれば、結社の精神は、『論語』顔淵篇の「文を以て友を会す（以文会友）」によるという。また、会の名前の由来は、同人がみな大阪市北区の「菅廟」

（天満宮）付近に住んでいたことから、天神様を景して、すなわち仰ぎ慕って、その「賽日」（祭日）の毎月二十五日の夜に会合することにちなむという。同人は、自作の漢詩文を持ち寄り、互いに添削しあったり、即興の詩を作ったりしていた。また、大正五年（一九一六）二月の「景社題名記」（『碩園先生文集』巻三）によれば、その時点（発足五・六年目）で、同人は十一名であったという。

種子島の西村家で発見された「景社題名第三」と称する資料は、この景社の会合の際の寄せ書きである。狩野直喜の代表署名に続き、参加者が署名しているので、念のためその氏名を記しておこう。

永田暉明、磯野維秋、長尾甲（雨山）、西邨時彦、内藤虎（湖南）、光吉元（元次郎）、狩野直喜、本田成之、武内義雄、青木正児、岡崎文夫、石濵純太郎、藤林廣超、神田喜一郎

ここに籾山逸也と小牧桜泉の名は見えないが、景社の会合を記録した『景社紀事』には、同人の筆頭に籾山逸也の名が記されている。またそこには、小牧桜泉についても、「景社同約」を見た感想として「感服に勝《た》えず」と賞讃したことが朱書きで添えられている。(15)

また、天囚は、「景社題名記」において、自身が若い時、恩師の重野安繹に連れられて麗沢《れいたく》会の会合に参加し、そこで重野や桜泉らの大家が互いの文章を忌憚なく批評添削し合っているさまを見て切磋琢磨の重要性を感じたと述べている。(16)『景社紀事』の末尾には、同人の住所も記載されているが、その最終行には、当時東京在住だった桜泉について、「小牧昌業先生」として、その住所が記されている。桜泉は景社の結成を促した恩人であり、その顧問的存在だったのである。

明治四十四年に結成された景社であるが、実際の会合は大正四年（一九一五）一月から始まり、[17] この回は、大正五年（一九一六）七月十六日、京都宇治の旅館網代で開催されたものである。京都・大阪の連合開催としては第三回。通算では第十七回である。「景社題名第三」と記してあるのは、この第三回連合開催の意味であろう。幹事は西村天囚が務め、参加者は十四名であった

「景社同約」によると、例会は毎月二十五日開催とされていたが、この月は京都の内藤湖南から、夏期休暇に入ってばらばらになるので二十五日では集まりにくく十六日に前倒ししたいという提案があり、急遽開催されたものである。そのため、同人たちは、期日に追われてあわてて文章を作成したという。

大阪から参加したのは、光吉元次郎、磯野維秋、武内義雄、石濵純太郎、西村天囚の五人。京都から参加したのは、狩野直喜、内藤湖南、長尾雨山、永田暉明。またこの第三回では、本田成之、青木正児、岡崎文夫、藤林廣超、神田喜一郎が新入会として初参加した。

彼らは、いずれも関西の中国学・東洋学を担う碩学であり、景社がいかに優れた人材の集まりであったかが分かる。この寄せ書きから分かるように、参加者は、署名とともに座右の銘のような語句を添えている。

西村天囚は「言之不文行之不遠」と記した。訓読すれば、「言の文《かざ》らざれば、之を行うも遠からず」となる。これは、『春秋左氏伝』襄公二十五年に記載された次のような孔子の言葉を踏まえたものであろう。

> 仲尼曰く、志に之有り、言以て志を足し、文て以て言を足す。言わざれば誰か其の志を知らん。言の文無きは、行われて遠からず（仲尼曰、志有之、言以足志、文以足言、不言誰知其志。言之無文、行而不遠）

孔子は言った、「志」（古書）に、「言葉によって意志が伝わり、文（修辞）によって言葉は充足する」とあるように、言わなければ誰にも意志は伝わらないが、そこに文辞がなければ遠くには波及しない、と。意志と言語と修辞の関係について述べたもので、景社の精神にふさわしい語句であると言える。このような思いを胸に、天囚は血の滲むような文章鍛錬に励んでいたのである。(18)

結語

本章では、大阪市中央公会堂エントランスホールの壁記について、その成立事情を考察してきた。この壁記は、第六代大阪市長池上四郎からの依頼により、西村天囚が起草したものであった。天囚の郷里種子島に残されていた「文稾」の中に、その草稿六種類が含まれていたのである。それらを分析すると、天囚が自ら推敲を重ねる一方、そのネットワークを活用して批評を仰ぎ、その指摘を謙虚に受け入れて修正を施しつつ完成稿に近づいていった様子が明らかになった。特に、天囚が結成した景社の同人たちとは、この壁記でも、また他の資料でも相互研鑽していたことが分かる。

「景社題名第三」に署名があった石濵純太郎について附言すれば、同じく種子島で発見された資料の中に、石濵が天囚に添削を求めた自筆草稿がある。「景社文稿」の原稿用紙に記した漢文の末尾に、「石濵純太郎拝稾」「伏乞大斧」とあるので、これは石濵が景社の同人として、その原稿用紙を使うようになってからのものであろう。

石濵純太郎は、後に東洋学の泰斗となる漢学者であるが、天囚よりも二十歳ほど年少で、天囚に誘われて景社に入会した。石濵にとって天囚は言わば大恩人である。天囚は、そうした年少者からの添削要請に応えるだけではなく、自らも景社の同人に批評を依頼していたのである。この時期の文人たちがいかに誠実に文章鍛錬に励んでいたかが分かるであろう。

大阪市中央公会堂の壁記も、実はこうした文人たちの、厳しくも温かい相互研鑽の中から生まれたものだったのである。

【関係略年表】


慶応元年（一八六五）　西村天囚、種子島に生まれる。

明治十年（一八七七）　岩本栄之助、大阪に生まれる。

明治三十五年（一九〇二）十一月　旧公会堂中之島に竣工。

明治四十二年（一九〇九）秋　岩本栄之助が渋沢栄一を団長とする渡米実業団に加わり米国視察。

明治四十四年（一九一一）三月　岩本が大阪市に百万円の寄附を表明。その「趣意書」により、使途を渋沢栄一に一任。

（その後、渋沢が立案委員会と協議、「中央公会堂」建設が決定）

明治四十四年（一九一一）八月　西村天囚、旧公会堂での講演「大阪の威厳」でこの百万円に言及。

大正二年（一九一三）三月　旧公会堂が天王寺公園内に移設される。

大正二年（一九一三）六月二十八日　大阪市中央公会堂着工。

大正二年（一九一三）十月十五日　池上四郎、第六代大阪市長に就任。

大正四年（一九一五）十月八日　渋沢栄一を招いて定礎式挙行。

大正五年（一九一六）十月二十七日　岩本、株取引に失敗し困窮して自殺。

大正七年（一九一八）六月　西村天囚、大阪市からの依頼により壁記起草開始。

大正七年（一九一八）十一月十七日　大阪市中央公会堂落成奉告祭が挙行される。

注

（1）例えば、サンケイ新聞社編『写真集おおさか100年』（一九八七年）は、大阪市公会堂について、「明治三十六年（一九〇三）三月、中之島に二階建て木造の公会堂ができる」と記す。また、山形政昭「大阪市中央公会堂の建築」（『大阪芸術大学紀要』第二十二号、一九九九年）も、「市立公会堂（明治36年）が建ち」と述べ、進藤浩伸『公会堂と民衆の近代』（東京大学出版会、二〇一四年）も、完成当時の名称が「中之島公会堂」で、完成年は「明治三十六年」、設立経緯として、「第五回内国勧業博覧会に伴い建設。大正七年から天王寺公会堂と改称」と説明する。いずれも、「明治三十六年」に建設されたとするものである。

（2）明治三十五年十一月二日付け読売新聞は、「大阪公会堂開場式」の見出しで、次のように報じている。「一日大阪特発　当地博覧会協賛会の設備に係わる公会堂は今日開場式を挙行し、住友会長の告辞、役員総代の報告、其の他二三の祝詞あり。列席者三百余名」。これによれば、内国勧業博覧会開催前年の明治三十五年（一九〇二）十一月一日に公会堂の開場式が挙行されているのである。また、同年十一月八日付け読売新聞は次のように記す。「大坂に久しく必要を唱えて成立を見ざりし公会堂を博覧会協会が動機にて漸く中之島に設立を見申候。天長節祭日鶴原市長の夜会を第一とし、翌四日には午後六時より文学雑誌『小天地』の三周年紀念の文学講演会あり。聴衆八百余名にて盛会に候いき。講演者は西村天囚（支那文学談）、大村西崖（大坂美術の将来）、幸田成友（図書館談）、菊池幽芳（西比利亜雑感）、浩々歌客（独立的日本文学）、中井秋水（趣味の開発）、薄田泣菫（新体詩朗読）の諸氏にて鈴木皷村氏の十三絃弾奏も有之。何れも有力の談話に候いき。此種の公会にして斯く有力の談ありしは近来無きことに候」。

（3）内国勧業博覧会については、大学共同利用機関法人人間文化研究機構国立歴史民俗博物館『企画展示　学びの歴史像――わたりあう近代――』（一般財団法人歴史民俗博物館振興会、二〇二一年）、および大阪市役所編集『明治大正大阪市史』第一巻概説篇（日本評論社、一九三四年）参照。

（4）旧公会堂の定員については、報道によって二千五百から五千までと幅がある。これは、一階が「平場」で固定椅子が設置されておらず、催事の規模に応じて椅子を並べたり、立ち見にしたりしたからである。明治四十四年八月十九日付け大阪朝日新聞の報道によれば、漱石や天囚が登壇した八月十八日の講演会では、あらかじめ三千五百席の椅子が並べられていたが、これでは到底収容しきれず、立ち見の人や演壇の周囲にゴザを敷いて座った人もいたという。加藤紫芳『大阪案内』（矢嶋誠進堂・岡村文錦堂、一九〇五年）は、「階上階下を合せ三千人位を容るべしという」とするが、これも概数に過ぎず、実際には催事によって変化したのである。

（5） 以下、岩本栄之助と公会堂の情報については、大阪市中央公会堂地下一階展示室の解説、および伊勢田史郎『またで散りゆく――岩本栄之助と中央公会堂――』（編集工房ノア、二〇一六年）、山形政昭「大阪市中央公会堂の建築」（『大阪芸術大学紀要』第二十二号、一九九九年）を参考にした。

（6） 原稿サイズはいずれも毎半葉二十五×十七㎝。なお、平成二十九年（二〇一七）から西村天囚の郷里種子島で進めている現地調査の概要については、湯浅邦弘・竹田健二・佐伯薫「西村天囚関係資料調査報告――種子島西村家訪問記――」（『懐徳』第八十六号、二〇一八年）、および拙稿「西村天囚の知のネットワーク――種子島西村家所蔵資料を中心として――」（『懐徳』第八十七号、二〇一九年）参照。

（7） 大正十一年（一九二二）十月、孔子没後二千四百年記念として湯島聖堂で挙行された孔子祭では、徳川宗家第十六代当主で斯文会会長の徳川家達《いえさと》公爵が祭主を務め、祭文を奉読したが、実は、この祭文も西村天囚が起草したものだったのである。この祭文は、『碩園先生文集』巻三に「孔子祭告文（代壬戌）」として収録されており、その書き出しは、以下の通りである。「維大正十一年、歳在玄黓閹茂、自至聖孔子卒二千四百年于茲、斯文會於十月二十九日、謹致祭於聖廟神座之前、會長公爵徳川家達敢昭告于孔子之靈曰、……」。『碩園先生文集』には他にも「代」（代筆）とされている漢文がいくつか収録されている。これらは「代」と記した天囚の草稿を懐徳堂記念会が確認したので収録されたのであろう。これに対して、「大阪市公会堂壁記」は、天囚の代筆草稿の存在を懐徳堂記念会が確認できていなかったので、文集には収録されなかったと思われる。

（8） 「楽輸」は、『旧唐書』李晟伝に「晟乃於畿甸率聚征賦、吏民樂輸、守禦益固、由是軍不乏食」、『新唐書』食貨志に「乃命

庸調資課皆以米、凶年樂輸布絹者亦從之」などと見える。「済衆」は『論語』雍也篇に「子貢曰、如有博施於民而能濟衆、何如、可謂仁乎」とある。

(9) 前後の文は以下の通り。「城東北有土地、爲拜天之所、規制精巧、柱石皆青石、雕爲花文」。こうした「規制」の語義は漢和辞典・国語辞典などには見えないが、近世以降の用例を受けて、現代中国語としては認識されている。例えば、『中日大辞典』第三版（愛知大学中日大辞典編纂所編、大修館書店、二〇一〇年）では、「規制」の語義として、「①規制・制度」とする一方、「②（建物の）規模形態」をあげている。

(10) 平成三十一年（二〇一九）の資料調査で発見された西村天囚の未完草稿『論語集釈』上下二冊は、原稿用紙ではなく白い紙に筆写されている。その二冊目の第七十三丁（泰伯篇末尾）に、「景社文稿」の原稿用紙が挟み込まれていた。『論語集釈』の字間、行間が整っているのは、これを下敷きにして書いたからだと推測される。『論語集釈』の詳細については、湯浅邦弘解説『西村天囚『論語集釈』』（大阪大学大学院文学研究科、二〇二一年）、および本書第十章参照。

(11) 鉄砲伝来紀功碑文の詳細については、本書第七章参照。

(12) 西村天囚の世界一周旅行については、拙著『世界は縮まれり——西村天囚『欧米遊覧記』を読む——』（KADOKAWA、二〇二二年）参照。

(13) こうした仮説の順番で草稿が修訂されたとしても、一直線に完成版に向かっていったのではなく、細部については一旦修正または削除した箇所を後に復活させたと思われる場合もある。例えば、完成版では「遂請捐金壹百萬圜」となっているが、天囚はこの「遂」字を一旦削除した後、復活させたりもしている。細部を修正した後、やはり元の方がよかったとして戻すことは現在の我々の原稿執筆にも見られる現象である。

(14) 本稿で取り上げた六種の草稿以外にも、種子島の天囚関係資料の中に、若干の関連資料が認められた。天囚は、依頼に応じて執筆した漢文については、その草稿のすべてのバージョンを残そうとしていたようである。そのため、本稿のような考察も可能となった。ただ、そうした草稿を本格的に執筆する前の「構想」や「下書き」のメモについても別途、他の原稿類とともに残している場合がある。「五十以後文稿」と題された資料は、五十歳以降に執筆した草稿をまとめたものであるが、それは本稿で取り上げた「文稾」の原稿とは異なり、原稿用紙の反故を裏返して束ね、そこに比較的草卒な墨筆で記されている。その中に、少なくとも三点、「大阪市公会堂」という書き出しの漢文が確認される。但し、朱筆・墨筆の訂正が多く、判読できない箇所も多い。判読できる箇所についても、「文稾」の六種原稿や完成版壁記に比べると、かなりの相違がある。また、「岩本」「層構」「層楼」「規矩制度」「広大堅固」など文章に組み込むキーワードを記したと思われる書き込みもある。これらは、天囚が本格的な草稿を執筆して景社の同人に見せる前に、自身の下書きにしたものと思われる。そうした明確な意識の相違があるため、これらは「文稾」には綴じず、他の雑稿類とともに「五十以後文稿」の束に記したのではないかと推測される。

(15) 景社の会合の実態を示す『景社紀事』（草稿）は大阪大学「石濵文庫」所収。大正四年一月から六年九月まで計二十六回の会合の参加者や持ち寄った文稿の名などが記されている。各回の幹事の文責で墨書されており、天囚以外の同人の筆跡も見える。冒頭に「景社同約」を掲げた後、「景社題名」として同人の名前が列挙されている。参考までに記すと、掲載順に、籾山逸、西村時彦、木崎愛吉、牧巻次郎、岡山原（源六）、田中直、光吉元（元次郎）、馬場譲、永田暉明、藤澤元（黄鶴）、武内義雄、植田政、長尾甲（雨山）、波多野寧、内藤虎次郎（湖南）、狩野直喜、富岡謙蔵、磯野惟秋、石濵純太郎、本田成之、青木正児、岡崎文夫、藤林廣超、神田喜一郎、吉田鋭雄、定恵苗、藤澤章（黄坡）となる。それぞれの人物情報については本書第十一章参照。この資料については、堤一昭「石濵純太郎は、いつ内藤湖南に出会ったのか？――新出資料『景社紀事』の紹介を兼ねて――」（吾妻重二編『東西学術研究と文化交渉』（関西大学出版部、二〇一九年）、同「石濵文庫蔵石濵純太郎自筆稿本類の発見――明治末年の「支那文学科」の学修、大正初年の「文会」資料として――」（『待兼山論叢』第五十二号、二〇二〇年）参照。

(16) 「麗澤會」は、幕末の尊攘派小山春山《おやましゅんざん》、幕末維新の医師・漢学者村山拙軒《むらやませつけん》らが明治の初めに起こした文会で、その後、重野が継承し、時には清人の参加もあった。明治時代の漢文会として最長寿のものとされる。「景社題名記」該当部の原文は以下の通り。「彦少時従先師成齋先生列于麗澤文社之末、観先師及海南鹿門櫻泉諸先生毎文成互相點竄、而知世所謂大家鴻匠猶且就正朋友磨礪匪懈如此、此其文章博大、固非偶然也」。「成斎」は重野安繹の号である。重野、小牧以外で名があがっている「海南」は藤野《ふじの》正啓《まさひら》（一八二六～一八八八）、太政官修史局編修として重野とともに幕末史の叙述を担当した。「鹿門」は重野と昌平黌の同門であった岡鹿門《おかろくもん》（一八三三～一九一四）である。こうした文会の意義およびその変容については、本書終章「「文会」の変容と近代人文学の形成」参照。

（17）景社の結成から本格的な活動開始までかなりの時間があいている理由は不明であるが、ちょうどこの頃は、懐徳堂の復興運動に関わっていた天囚自身が多忙であったことも影響しているであろう。また、『景社紀事』で同人の筆頭に掲げられている籾山逸也は日本・台湾の間を往復していたが、完全に帰国するのは、大正三年（一九一四）五月であった。籾山と天囚は、漢詩文の教養という共通点に加えて、ジャーナリストとしての経歴という点でも共通していた。天囚は、この籾山の帰国を一つの契機として、本格的な活動を開始したとも考えられる。『景社紀事』によれば、大正四年一月の第一回から大正六年九月の第二十六回まで、籾山と天囚はほぼ毎回出席しており、中には、大正五年五月の第十五回のように、天囚と籾山の二人だけの会合というのもあった。籾山が欠席したのは、この「景社題名第三」の時と大正六年一月の第二十一回の計二回のみである。

（18）また、「景社題名第三」に署名した長尾雨山は「學然後知不足（学びて然る後に足らざるを知る）」と記したが、これは『礼記』学記篇の言葉。内藤湖南の記した「修辞立誠（辞を修め誠を立つ）」は『易経』乾卦・文言伝に基づく言葉である。岡崎、石濵、藤林がこうした漢文を記していないのは、若輩の新規入会者として遠慮したからではなかろうか。参考までに、景社が本格的に始動する大正四年（一九一五）時点での年齢（数え年）を記すと、籾山逸也六十歳、西村天囚五十一歳、小牧桜泉七十二歳である。その後入会した同人について、入会時点の年齢を記すと、長尾雨山五十三歳、狩野直喜四十九歳となる。これら先輩に対して岡崎、石濵、藤林は、入会時の年齢がともに二十九歳であった。

【附記】

西村天囚「大阪市中央公会堂壁記」草稿は、種子島総合開発センター（鉄砲館）所蔵資料であり、同センターより撮影・掲載の許可を得た。大阪市中央公会堂、岩本栄之助、銅版壁記の写真三点については、大阪市中央公会堂より御提供いただき、関連情報については黒田毅副館長より懇切なご教示をいただいた。その他、「景社題名第三」など種子島の西村家所蔵資料については、西村家より写真撮影・掲載の許可を得た。厚く御礼申し上げたい。

第六章　白虹事件と西村天囚

一、「筆禍」の歴史

「舌禍」とは、演説、講演、会談などでの発言が自らの災いになること、「筆禍」とは自ら執筆して発表した文章のために罪に問われることを意味する。

西村天囚自身は、舌禍や筆禍に遭ったことはないが、新聞社員として大きな筆禍事件の事後処理に関わったことがある。漢学者でもあり、また優れたジャーナリストでもあった天囚を理解するために、以下では、大正七年（一九一八）の「白虹《はっこう》事件」を取り上げたい。

そもそも、為政者にとって、学者や文人の言説は有益なものもあれば、支障になるものもある。すでに古代中国の思想家韓非子《かんびし》は、政権にとって不都合な存在を「五蠹《ごと》」（五つの虫）と表現し、その中に「学者」がいることを指摘している。この場合の学者とは、現在の大学教授や研究者という意味に限定されるのではなく、広く学ぶ者すなわち知識人、文人を意味する。なぜ「五蠹」の一つとされたのかと言えば、学者は額に汗して働くことをせず、こざかしい知恵をめぐらせて、政権を批判することもあるからである。

その韓非子の法治思想を採用して天下を統一したのは秦の始皇帝であった。始皇帝は暴君として知られ、その悪行の一つとされるのが「焚書坑儒」である。秦帝国にとって都合の悪い書籍を焼却処分としたり、役に立たない学者を穴埋めにして殺したりしたのである。ただこれは、舌禍、筆禍というよりは、大規模な思想統制、思想弾圧と言ったほうが相応しいかもしれない。

これに対して、執筆した文章そのものが罪に問われた古い例として、『漢書』に記された前漢時代の楊惲《よううん》の故事がある。楊惲は、前漢の丞相楊敞《ようしょう》の子で、司馬遷の外孫に当たる人。清廉な政治家で請託や賄賂の悪習を絶つことに努めたが、一方で、他人の不正を厳しく摘発したため敵も多かった。そのような中で政敵の戴長楽《たいちょうらく》に、楊惲が皇帝を誹謗していると告発され、免職となった。その後、友人の孫会宗《そんかいそう》が身を慎むよう諫めたが、楊惲は逆に孫会宗を厳しく批判する書を送った。

たまたま日食の異変があり、護衛兵の徒卒の成《せい》という者が上書して楊惲を告発した。「(楊惲は)贅沢三昧で罪過を反省していない。日食の咎は、この人の招いたものです」と。その上奏文は廷尉(司法・刑罰の長官)によって調べられ、楊惲が孫会宗に送った批判の書簡も見つかり、宣帝はこれを見て怒った。廷尉は楊惲を大逆無道の罪とし、要斬《ようざん》(腰斬)の刑に処した。腰の部分で切断する極刑である。関係者もみな連座した。[1]

こうした事件は後を絶たず、歴代王朝の中でも大なり小なり続いていった。北宋時代最高の文人とされる蘇軾も筆禍を被った。神宗の時代、王安石の新法を批判し、二度にわたって辺境の地に左遷された。元豊二年(一〇七九)、湖州知州の職にあった蘇軾は、朝政を誹謗したとの罪で厳しい取り調べを受け、その際、筆禍とされた自身の作品に対する解釈を「烏台詩案《うだいしあん》」として記し、死を覚悟したが、不毛の地黄州へ左遷され、その地を「東坡」と名付けた。蘇東坡の名はこれにちなむもので、その左遷時代の最高傑作が「赤壁賦」である。

さらに過酷を極めたのは、清の第四代康熙帝、第五代雍正帝、第六代乾隆帝の時代であった。一般に康熙、雍正、乾隆の時代は、清朝の中でも最も文化の栄えた時期だと高く評価されている。しかし、その反面、もともと異民族王朝であった清が、思想統制と言論弾圧を強めた時期でもあった。

それまでの漢民族王朝は、世界の中央に唯一の文明を持つ漢民族国家が存在し、その周辺に文明を持たない少数異民族（夷狄《いてき》）が散在するという世界観を持っていた。いわゆる「中華思想」である。ところが、満洲族から身を起こし、漢民族王朝の明に代わって新王朝を打ち立てた清は、そうした差別的意識が自身に向けられることを極度に恐れたのである。

そこで、文章の内容はもちろん、わずか漢字一字が不適切だとして一族郎党処刑された例もある。荘廷鑨《そうていろう》事件、戴《たい》名世《めいせい》事件、査嗣庭《さしてい》事件などはその代表である。

荘廷鑨は、浙江の裕福な家の人で、朱某より『明史』の稿本を入手し、若干加筆した上で自身の著述として刊行した。故意ではなかったものの、清朝を誹謗する語句が含まれていたことから、筆禍事件となった。はじめ荘は巨額の贈賄で罪を免れ、問題となった語を削って再版したが、呉之栄なる者が初版本を添えて告発したため、康熙帝の怒りを買った。その時、荘はすでに死去していたが、その屍が発《あば》かれて再度誅せられ、序文の執筆者とその四人の子供もすべて誅殺された。

また、同じく康熙帝の時代、戴名世は、もともと安徽桐城派の方孝標《ほうこうひょう》の著書に感銘を受けており、自著『南山集』の中にその文章を多く引用した。南明《なんみん》政権に同情の意を表し、その永暦帝の年号を用いていたため、大逆罪となって自身は磔死となり、家族はみな棄死《きし》に処せられた。棄市とは、市中の城門付近で衆人が見ている中での公開処刑、見せしめの刑である。

さらに、雍正帝の時代、内閣学士の査嗣庭は昇進して礼部侍郎となり、雍正四年（一七二六）の科挙「郷試」で、広西の出題試験長官「正考官」となった。出題箇所として、『詩経』商頌・玄鳥篇の「維民所止（維《こ》れ民の止《とど》まる所）」の句を提出したが、「維」は「雍」の首を去り、「止」は「正」の首を去るもので、要するにこれは雍正帝の首を取るものであるとして一族とともに処刑された。こうした事案は多くの冤罪も含めて枚挙に暇がなく、「文字の獄《ごく》」と呼ばれた。(2)

もっとも中国では古来、皇帝の諱《いみな》（実名）を文章に記すことは憚られ、それを避けるための方策が「避諱《ひき》」として蓄積されていた。例えば、康熙帝の実名「玄燁《げんよう》」について、「玄」は頻繁に使う字なので、どうしてもこれを使わなければならない時には、最後の一画をあえて書かず、避諱の原則を遵守していることを明示するといった方法がとられた。(3)

早熟な文字の国である中国ならではの現象ではあるが、日本でも筆禍事件がなかったわけではない。明治時代のジャーナリスト宮武外骨《みやたけがいこつ》の『筆禍史』（一九一一年）は、日本の中古時代から明治時代に至る筆禍事件を取り上げている。それによれば、日本最古の筆禍者は平安時代初期の小野篁《おののたかむら》であり、遣唐使船について論争した際、「西道謡《さいどうよう》」という漢詩を作って遣唐使を誹り、忌諱を犯した。それを見た嵯峨上皇が激怒し、小野篁は罷免された上、隠岐の島へ流罪になったという。

江戸時代になると、木版印刷による出版が盛んになったため、筆禍の事案は一気に増加した。『養生訓』で知られる本草学者の貝原益軒は、貞享《じょうきょう》五年（一六八八）、「太宰府天満宮故実」を著し、その中で、菅原道真が雷神になったとの伝えを妄説だと批判して、太宰府より訴えられ、その印板（印刷原版）が破壊された。また、天保年間に、漢文戯作者の寺門静軒が刊行した『江戸繁昌記』は、江戸の風俗を赤裸々に描いて好評を博すが、批判精神に徹した風刺の書でもあったため、天保六年（一八三五）に発禁処分を受け、作者自身も武家奉公構《ほうこうかまい》（公職追放）の処分となった。さらに、天保九年（一八三八）、蘭学者の高野長英は、来航したイギリス船モリソン号を打ち払うという幕府の方針に反対して『戊戌《ぼじゅつ》夢物語』を著し、翌年、蘭学者を弾圧する「蛮社の獄」により、永牢（無期入牢刑）に処せられた。脱獄して長期の逃亡を続けたが、江戸に再潜入したところで捕らわれ自刃した。

明治維新以降、日本は近代国家としての道を進み、自由民権運動の高まりとともに、言論・演説・講演の文化が花開いた。しかし、それらは政治権力による取り締まりの対象ともなり、特に新聞は、その即時性と影響力の大きさからしばしば処罰されることがあった。

宮武『筆禍史』によれば、新聞記者として初の筆禍に遭ったのは、明治元年（一八六八）五月十八日、「江湖新聞」編集者の福地《ふくち》源一郎（一八四一～一九〇六）であった。福地は桜痴《おうち》の号で知られる。長崎の儒医の家に生まれた福地桜痴は、蘭学を学んだ後、文久元年（一八六一）、通訳として文久遣欧使節に加わった。慶応四年（一八六八）に「江湖新聞」を創刊し、新政府を批判。その論説が問題視され、同新聞の版木は没収、発行禁止処分になった。

明治八年（一八七五）、「新聞紙条目ヲ廃シ新聞紙条例ヲ定ム」が公布され、その二年前に制定されていた「新聞紙発行条目」が改正された。これにより、新聞発行は許可制となり、社主・編集人・筆者・印刷人の法的責任と罰則規定も明示された。この法令によって初の処罰を受けたのは末広重恭《すえひろしげやす》（一八四九～一八九六）であった。号は鉄腸《てっちょう》。伊予宇和島の出身で、藩校明倫館に学び、その教授も務めた人物である。新聞紙条例が公布された明治八年に「曙《あけぼの》新聞」に入り、公布されたばかりの新聞紙条例そのものを紙面で攻撃し、禁獄二ヶ月、罰金二十円が課された。

こうした権力と言論人とのせめぎ合いの中で発生したのが、白虹事件である。

なお、本章でこの事件を取り上げるのは、日本近代史やジャーナリズム史の上でどのように評価するかという観点からではない。あくまで西村天囚との関係、および事件の名の由来である「白虹貫日」という漢語の意味を明らかにしたいという主旨からである。

二、白虹事件と「白虹貫日」の原義

白虹事件とは、大正七年（一九一八）八月に発生した大阪朝日新聞の筆禍事件である。朝日新聞社社史編修室編『朝日新聞の九十年』（朝日新聞社、一九六九年）は、全八章構成の内、第五章をまるまる「白虹事件」にあて、副題を「本社存亡の危機」として経緯を詳細に説明している。

大正五年（一九一六）に成立した寺内内閣は、元帥陸軍大将・軍事参議官の寺内正毅《てらうちまさたけ》が組閣した非立憲内閣として言論界と厳しく対立していたが、朝日新聞は、中国政策、シベリア出兵、米騒動報道などをめぐっても、一貫して寺内内閣への不信の意を表明していた。

そうした中、八月十七日、近畿圏の新聞通信社連合の「言論擁護内閣糾弾」大会が大阪ホテルで開催され、大阪毎日新聞社の山本彦一社長を座長とし、朝日の上野精一が開催趣旨説明の挨拶をした。この会合で、寺内内閣糾弾とその引責辞職を期する決議文が満場一致で可決された。その後、横浜、福井、松江、名古屋など全国各地で記者大会が開かれて同様の決議が行われ、さらに八月二十五日、再び大阪で朝日の村山龍平社長を座長とする会合が開かれ、言論擁護・内閣糾弾の宣言と内閣退陣要求の決議を可決した。

問題が起こったのは、その日の大阪朝日新聞夕刊である。その第二面（社会面）トップに、会議が終わって昼食に移った情景を、次のように雑感風に報道した。

食卓に就いた来会者の人々は肉の味、酒の香に落ち着くことが出来なかった。金甌《きんおう》無欠の誇りを持った我大日本帝国は今や恐ろしい最後の裁判《さばき》の日に近づいているのではなからうか、『白虹日《はくこうひ》を貫《つらぬ》けり』と昔の人が呟《つぶや》いた不吉な兆《しらせ》が黙々として肉叉《フォーク》を動かしている人々の頭に電《いなずま》のよう閃《ひらめ》く。

この内、「白虹日を貫く」は、古代中国の故事に基づく語。白くて長い虹が太陽を横切るような天体現象を指し、尋常ならざる事件の予兆と考えられていた。戦国時代、燕《えん》の刺客荊軻《けいか》が秦王（後の始皇帝）暗殺のため、死を覚悟の上で出発した際、白い虹が太陽を横切る（貫く）ような現象が見えたという。ここから、「白虹貫日」は、兵乱の兆し、君主を脅かす徴候と捉えられるようになった。

この記述が朝憲紊乱《びんらん》、新聞紙法第四十一条違反にあたるとして告訴され、朝日は弁護団を組んで対抗したが、結局、村山龍平社長、および編集局長の鳥居素川《とりいそせん》、調査部長の花田比露思《はなだひろし》など幹部が総退陣することにより、かろうじて廃刊を免れた。新聞紙法第四十一条とは、「安寧秩序を紊《みだ》し又は風俗を害する事項を新聞紙に掲載したるときは、発行人及び編輯人を六月以下の禁固又は二百円以下の罰金に処す」というものである。

朝日新聞大阪本社社史編修室編『村山龍平伝』（朝日新聞社、一九五三年）は、この「白虹貫日」の語が荊軻の故事に基づくとし、それが「戦国魏策、後漢書霊帝記、史記鄒陽伝その他いろいろの漢書に出ている」と解説する。また、前出の『朝日新聞の九十年』も、この「白虹貫日」の語が荊軻の故事に基づくとし、それが「戦国策・魏書その他の漢書に記されている」と解説している。

しかし、これらの記述はやや不正確である。まず、「戦国魏策」「戦国策・魏書」とは、正しくは『戦国策』魏策のことであろう。『戦国策』とは、前漢の学者劉向《りゅうきょう》が編纂した史書で、蘇秦《そしん》・張儀《ちょうぎ》など戦国時代の遊説の士が各国と外交した記録を編集したものである。彼らの唱えた国策を、「秦策」「斉策」「楚策」など国別にまとめたことからの命名であり、「戦国時代」の名はこれに由来している。また、そこにあるとされる故事とは、実は荊軻の故事ではなく、魏《ぎ》の安陵君《あんりょうくん》の使者として秦王（後の始皇帝）に面会した唐且《とうしょ》の言葉の中にある聶政《じょうせい》の故事である。

唐且は、領土の割譲を強要する秦王に対して、そのような脅迫は「布衣《ふい》（無冠の士）の怒り」にあうでしょうと反論し、「専諸《せんしょ》の王僚《おうりょう》を刺すや、彗星《すいせい》月を襲い、聶政《じょうせい》の韓傀《かんかい》を刺すや、白虹日を貫き、要離《ようり》の慶忌《けいき》を刺すや、倉鷹《そうよう》殿上を襲う」との故事を引き、秦王を震え上がらせたという。これらは、古代中国の三大刺客《しかく》事件ともいうべきもので、それぞれの概要は次の通りである。

まず専諸は、春秋時代の呉《ご》の公子光《こうしこう》（後の第六代呉王闔閭《こうりょ》）の側近で、光のために第五代呉王僚《りょう》の暗殺を実行した刺客である。この事件に際して、彗星が月を襲うという天体現象が生じたという。

また、聶政は戦国時代の韓《かん》の生まれ。韓の厳仲子《げんちゅうし》の恩義に報いるため、韓の宰相韓傀を刺殺した。この時、白虹が太陽を貫いたという。

三番目の要離は、一番目の故事に関わるが、春秋時代の呉の人。専諸が僚を暗殺した後、さらに僚の子の慶忌の存在を恐れた呉王闔閭と謀臣伍子胥《ごししょ》の依頼を受け、慶忌を刺殺した。その際見えた現象が、青い鷹が御殿の屋根に撃ちかかるというものであった。「倉」は「蒼（青）」に同じ。[4]

この秦王と唐且の故事は、同じく前漢の劉向が編纂した『説苑』奉使篇にもほぼ同文で収録されている。

一方、燕の荊軻の故事とは、『史記』鄒陽《すうよう》伝に記されるものである。この伝の主人公鄒陽は前漢時代の斉《せい》の人で、讒言《ざんげん》にあって捕らえられたとき、次のように訴えたという。忠誠心を持つ者は君主から評価され、疑われることはないと聞いていたが、実際にはそうではない。昔、荊軻が燕の太子丹《たいしたん》の義を慕って、丹のために秦王政の暗殺を決意したとき、その誠意が天に通じて、白い虹が太陽を貫いたが、丹はそれでも荊軻の決意を疑っていた。また衛先生は秦のために長平《ちょうへい》の戦いを画策し、その忠誠に感応して太白《たいはく》（金星）が昴《ぼう》を蝕したが、秦の昭王は衛先生を疑っていた、と。対応する原文を書き下して記すと以下の通りである。

昔者《むかし》、荊軻燕丹《えんたん》の義を慕《した》い、白虹日を貫く。太子之を畏《おそ》る。衛先生、秦の為に長平の事を画《かく》し、太白昴を蝕す。昭王之を疑う(5)。

荊軻の部分を文字通り訳すと、「昔、荊軻は燕の太子丹の義を慕い、白い虹が太陽を貫いたが、太子丹は恐れた」となり、この本文のみでは今ひとつ分かりにくい。

この『史記』の本文に対して、後の南朝宋の裴駰《はいいん》『史記集解《しっかい》』は、荊軻の真心が天に感応して白虹が日を貫く現象となったが、荊軻が秦王暗殺のために出発してから、燕の太子丹が天を望むと、白虹が太陽を横切りながらも貫徹していないように見え、そこから太子丹は、暗殺が失敗に終わるのではないかと恐れた、と解説している(6)。

さらに、荊軻は『史記』刺客列伝にも取り上げられているが、そこでは「白虹貫日」の故事については記述がない。ただ『史記』の撰者である司馬遷は、刺客列伝の末尾に、「これら刺客の意図は明らかで、その志を欺《あざむ》かなかった。その名が後世に伝わったのはもっともだ」と評価の言葉を添えている(7)。

これに関連して、後漢時代の『論衡《ろんこう》』にも「白虹貫日」のことが見える。その著者王充《おうじゅう》は、批判哲学の系譜に位置づけられる合理主義者で、当時の通説や俗説を痛烈に批判したことで知られる。その感虚篇で次のように述べている。

伝書《でんしよ》に言う、荊軻、燕太子の為に秦王を刺さんことを謀《はか》るや、白虹日を貫く。衛先生、秦の為に長平の事を画するや、太白昴を蝕すと。此れ精誠《せいせい》の天を感ぜしめ、天の為に感動するを言うなり。夫《そ》れ白虹日を貫き、太白昴を蝕すと言うは実なり。荊軻の謀、衛先生の画の皇天を感動せしめ、故に白虹日を貫き、太白昴を蝕すと言うは虚なり。

まず王充は、「伝書」にある「白虹貫日」「太白蝕昴」の故事を引く。これは右の『史記』にも見られた伝承である。これについて王充は、真心が天を感動させ、天がそのために変動したという意味で理解されていると説く。当時一般には、「白虹貫日」が誠心の表れだと考えられていたというのである。その上で王充は、白虹が太陽を横切るとか、太白が昴の星座を犯すというのはありうる天体現象で「実」だという。しかし、荊軻の計謀や衛先生の画策が天を感動させたからそうした現象になったというのは「虚」であると批判する。(8) 天体現象そのものは認めながらも、誠意が天に感応した結果生じた現象ではないと説くのである。

合理主義者の王充は、このように指摘するのであるが、一方では、こうした批判をしなければならないほどに、当時「白虹貫日」の故事は、誠心を反映した天体現象だと深く信じられていたのである。

三、故事成語としての「白虹貫日」

とすれば、「白虹貫日」そのものは、もともと君主暗殺の予兆というよりも、その誠意の方に価値を認める言葉であったと言えよう。また、「白虹貫日」の語は、確かに『戦国策』『史記』などいくつかの漢籍に見えるが、燕の荊軻の故事とするならば、その出典は『史記』とするのが正しいであろう。(9)

ただ一方で、この故事は後世、「白虹貫日」の成語としてさまざまな文献に引用されていくことになる。

その中で特徴的なのは、兵書や占書の中での使用例である。「白虹貫日」が戦国の乱世を背景とする権力者の暗殺に関わる故事であるから、軍事占の中で注目されたのも当然であろう。古代中国では、人事と天象とは互いに感応するという天人相関思想《てんじんそうかん》を背景として、戦争の勝敗を予測する軍事占が発達した。太陽・月・星座の異常現象は兵乱の予兆であり、また、陣中の士気は雲気となって立ち昇ると考えたのである。(10)

一九七二年に中国湖南省長沙《ちょうさ》の馬王堆漢墓《まおうたいかんぼ》で発見された帛書《はくしょ》『天文気象雑占』は、そうした天文現象を主に軍事占として図入りで記すものであるが、その中に虹についての言及もある。

赤虹、冬出ずれば□□、人主に利あらず。白虹出ずれば、邦君《ほうくん》之に死す。□虹出、下に流血有り。（赤虹、冬出〔冬雷〕、不利人主。白虹出、邦君死之。〔霓〕虹出、下又（有）流血）（第六列）

『天文気象雑占』は上下全六段に分けて天文図と占文を記しており、ここに「第六列」とあるのは、最も下の六段目に記載されているという意味である。また、「冬出」の下と「虹出」の前は帛の欠損のため確認できないが、裘錫圭主編『馬王堆漢墓帛書集成（肆）』（中華書局、二〇一四年）は「冬雷」の二字と「霓」字を補う。

要するに、この天文現象は、赤い虹が冬に出現すると、君主に不利益となり、また白い虹が出ると邦君が亡くなり、虹が出るとその下に流血の惨事が起こるとするものであろう。なお、「邦君」について同書は小国の君主の意であると説く。ここでは「白虹貫日」とは記されていないので、白い虹が太陽を横切るという天体現象ではないものの、白い虹の出現自体が君主の死に関わるきわめて不吉な現象とされている。

この漢代の『天文気象雑占』に付された図はその後失われてしまったようであるが、占文自体は、その後の正史の天文志などにも継承された。例えば、『晋書』天文志には「白虹者、百殃之本、衆乱所基」とあり、やはり白虹そのものが災いの基であるとされている。

こうした軍事占を後に集成する書もある。例えば、唐の『開元占経』は、古今の占術を収集し、その中には現存しない古佚書も多く含まれていることから、資料集としても貴重な文献である。その巻九十八「虹蜺占《こうげい》」に「白虹貫日」が取り上げられている。「虹蜺」の「蜺」は「霓」に同じ。古代中国では「にじ」にも雄雌の区別があると考えられており、雄が「虹」、雌が「霓」とされていた。ここでは「虹蜺」の熟語で「にじ」の意味である。ここに「白虹貫日」がどのように引用されているのかを明らかにするため、あえて原文のまま記してみよう。

京房對災異曰、虹蜺貫日、客殺主、專君位、大臣乘樞不救之、則兵至宮殿戰、史記曰、鄒陽上書曰、荊軻慕燕丹之義、白虹貫日、太子畏之。……詩推度灾曰、撓弱不立、邪臣蔽主、則白虹刺日、爲政無常天下逆。（虹蜺占）

前漢時代の京房《けいぼう》は、易学や災異説を説いた思想家として有名であるが、『開元占経』はその言を引用し、「虹蜺」が日を貫くという現象は、客が主を殺して君位を専横するものであり、大臣が権威に乗じて救わなければ、兵が宮殿に至り戦いとなると説く。そして、その直後に、『史記』鄒陽伝の故事を引くのである。また、『詩推度災』という神秘的な緯書《いしょ》（古佚書）も引用して、邪悪な臣下が君主を覆ってしまうと、白虹が日を刺し、政治は常軌を失い天下が乱れると説く。

このように、『開元占経』では、『史記』鄒陽伝の「白虹貫日」を、君主殺害を示す天体現象の例証として引用するのである。ここでは、『史記』の原義に込められていた「誠意」という要素は払拭されていると言えよう。

同様に、宋の『武経総要』でも、「白虹貫日」が取り上げられている。『武経総要』は北宋の仁宗の勅命により編纂された総合的兵書で、その中の「太陽占」で次のように「白虹貫日」を説明する。

白虹貫日、其下有謀亂者、赤氣尤甚、氣如青龍貫日、主疾疫、氣如白蛇貫日、起兵、氣如赤蛇貫日、主叛臣、氣如黄蛇貫日、下有交兵、氣如黑蛇貫日、有雨水。（太陽占・日旁雲気）

軍事では、勝敗予測の技術として占いが重視された。その内、「太陽占」の「日旁雲気」、すなわち太陽周辺の雲気に基づく占術として「白虹貫日」に注目するのである。そして、「白虹貫日」は、「其の下に乱を謀《はか》る者有り」という天体現象であると説く。また、その気の色や形によって、不吉の種類が異なるとする。例えば、青龍のような気であれば、君主が病気になり、白蛇のような気であれば、兵乱が発生するという具合である。いずれにしても、王の象徴である太陽を遮るような気は不吉であり、謀乱、兵乱の兆しとして捉えられているのである。ここでも、『史記』に見られたような「誠意」の要素は皆無であると言えよう。

さらに注目されるのは、宋の呉淑《ごしゅく》（九四七～一〇〇二）が編纂した『事類賦《じるいふ》』という類書《るいしょ》である。「類書」とは、先行する古典の中から名言名句を含む文章を抽出し、「天」「地」「人」の大枠の下に、分類項目ごとに再配列した百科全書的文献である。代表的な類書として、唐の『芸文類聚《げいもんるいじゅう》』、宋の『太平御覧《たいへいぎょらん》』などがあり、そこに「御覧」の文字があることから分かるように、もともとは皇帝の閲覧に供するため奉敕撰として編纂されたものである。ただ、古典の精華を要領よくつかむことができ、詩文の作成にも便利であったため、その後、多くの文人に読まれ、また、文人による私的な編纂も相次いだ。実は、右の『開元占経』や『武経総要』も、分類項目ごとに該当する文章を引用するので、類書的文献であるとも言える。

類書の中でも、『事類賦』は名言名句を組み合わせ、一つながりの「賦」とした点に特色がある。「賦」は漢文の文体の一つで、事物の様子を自身の感想を交えながら対句の文章としたものである。歴代類書の中でも特に重視され、よく読まれていた。

そして『事類賦』は「天」の部の冒頭に「日」（太陽）を取り上げ、まず「日は実《じつ》なり」と定義する。太陽は月とは異なり、常に満ちていて欠けないという意味である。そして、「日」は「人君」の象徴であるとする。その後、その「日」が欠けるような異常な天体現象を織り込んでいくが、その中で次のように綴られている。

或いは赤鳥に夾《はさ》まれて垂譴《すいけん》し、或いは白虹に貫かれて驚異《きょうい》す（或夾赤鳥而垂譴、或貫白虹而驚異）。

前者は、『春秋左氏伝』哀公《あいこう》六年（前四八九）の記載に基づくもので、楚《そ》の昭王《しょうおう》のとき、赤い鳥の群れのような雲が日（太陽）をはさむように三日間飛び続けたという。昭王がこれについて天文暦法をつかさどる周の太史に問い合わせたところ、太史は、王の身に何か起こるでしょうが、お祓いをすれば、他人に祟りを移すことができますと答えた。しかし昭王は、自分に大過がなければ罰が下ることはないと言ってお祓いをしなかったという。これについて魯の孔子は、昭王は正しい道を理解していると評価した。「垂譴」とは、この現象がわざわいやとがめを垂れる（示す）ものだという『事類賦』の解説である。
また、後者は「白虹貫日」の故事であり、聶政や荊軻の暗殺事件を指すが、そこでは、「驚異」というコメントが附されている点に特色がある。「日」（人君）を犯すという異常現象で、驚くべき不吉な予兆だとするのである。(11)

このように「白虹貫日」は、次第に『史記』や『戦国策』の原文を離れ、故事成語として一人歩きしていく。荊軻や聶政がその恩義に報いるために抱いた誠意というよりは、暗殺という行為の方を重視し、その天体現象を不吉とみなす言葉となったのである。これは、もともと「白虹貫日」の故事自体に、誠意と暗殺という二つの要素が内包されていたからに他ならないが、成語としての「白虹貫日」は、その後者の意味を強調する形で人口に膾炙して行ったのである。(12)

ただ、軍事以外の場では、『史記』の原義に忠実な理解も保持されていたのではなかろうか。それを検証する一例として、『歴代名臣奏議』に記された「白虹貫日」を取り上げてみよう。この書は、明の永楽帝の時に、中国歴代の著名な臣下が天子に奏上した名言を勅撰として集成したものである。その中で、北宋の第四代皇帝仁宗に臣下の劉随が上奏した言葉として次のように記されている。

史、太白昴を食し、白虹日を貫くと称する者は、皆古人精思密謀の験なり（史稱太白食昴、白虹貫日者、皆古人精思密謀之驗也）。（巻二百九十九、災祥）

『史記』鄒陽伝に見える「太白食昴」「白虹貫日」の故事は、いずれも古人が思いを凝らし密かに謀ったしるしとして出現した天体現象であると説くのである。この「精思」は、荊軻の誠意を指しているようにも見えるので、『史記』

図１　後醍院盧山

の原義を正しく捉えているとも考えられよう。しかし、そもそもこの上奏文が、巻二百九十九の「灾祥」の一例として取り上げられていることを忘れてはならない。やはりこの場合も、君主暗殺という異常な人事が不吉な天体現象になったという文脈で引用されているのである。

このように、「白虹貫日」はその後、原典から飛翔して故事成語となり、上位者殺害の予兆として捉えられていくのである。

それでは、当時の朝日新聞関係者はこの言葉にどのように反応したのであろうか。実は、夕刊の試し刷りが整理部と社会部などの関係デスクに運ばれてきた際、たまたま担当者が席を外しており、校閲に当たったのは社会部次長の後醍院《ごだいいん》盧山《ろざん》（図1）であった。後に『西村天囚伝』を執筆する後醍院良正の父である。試し刷りを見た盧山は次のように述べたという。

> 出典を突き詰めて質《ただ》せば、別にたいした問題じゃないが、慣用上から見ると少し不穏なところもある。（『西村天囚伝』）

そして盧山はこの箇所を削るよう指示したという。これはどういう意味であろうか。ここで盧山が「出典」と言っているのは、おそらく『史記』鄒陽伝の故事であり、そこでは荊軻の誠意に力点が置かれているから大きな問題ではないと考えたのである。しかし、盧山が「慣用上から見ると少し不穏」と感じたのは、「白虹貫日」の四字熟語そのものは武器によって上位者を殺害するという危険な意味を持ち、他の用例では主にそうした意味で使われていたからである。

当時の新聞読者がこの記事をどのように理解したのか、あるいはそもそも当時この「白虹貫日」という故事成語がどのように捉えられていたのかについては、新聞、雑誌、文献などを広く検索してみる必要もあろう。ただ、それは詰まるところ、この盧山のコメントに集約されるのではなかろうか。盧山は警察や他のメディアからの指摘を受けて右のように発言したのではない。記事を執筆した記者本人と担当デスク以外で初めてこの記事を閲覧し、その不穏に気づいたのである。そして、「慣用上から見ると」と盧山が述べるように、『史記』の原義はどうあれ、当時の日本において一般的には不穏な意味で捉えられる可能性があったのである。

この不安は的中した。当日は、夕刊の配送がやや遅れていたので発送係が積み出しを急いでいた。盧山の指摘を受けて原版である鉛版を削るまでにすでに三万部が刷り終わっており、その内、一万部が市中に出て回収できなくなっていたのである。大阪府警察部の新聞検閲係から連絡を受けた内務省が、ただちに発売禁止命令を出し、大阪区裁検事局に告発したのは、この点を突いたものであった(13)。

四、弁護団の釈明

しかし、後醍院盧山が言う通り、出典を突き詰めれば誤解は解けたのではなかろうか。「白虹貫日」が『史記』鄒陽伝のような意味にとれるとすれば、朝日の弁護団は、その点を強調して問題を回避しようとしたのではないか。

同年九月二十五日、大阪区裁判所で第一回公判が開廷された。弁護に当たった法学者江木衷《えぎまこと》博士の弁論は、『朝日新聞社史資料編　明治十二年（一八七九）～昭和六十四年（一九八九）』（朝日新聞社、一九九五年）に掲載されている。その弁論要旨は次の通りである。原文は漢字カタカナ交じりであるが、便宜上、漢字ひらがな交じり文（現代仮名遣い）として句読点を加え、一部の漢字にルビを付ける。また漢字は現行字体に改め、重要な箇所に①②などの番号を付けて解説してみよう。以下、関係資料を引用する場合も同様とする。

漢文は形容華麗の文字章句に富んで居る。夫れが其の長所たると同時に其の短所である。（中略）「白虹貫日」と云うことにも一定の意義は無い。元来白い虹があるべきはずが無いのは古今に異なる所はない。白虹とは剣の光芒《こうぼう》を形容したる語で剣を秋水《しゅうすい》と云うに異ならず。成程《なるほど》剣の光りならば之を白虹と云うも無理は無い。古今注《ここんちゅう》①に呉王有宝剣六曰白虹紫電、辟邪流星冥百里、と爾来《じらい》剣の事は常に詩にも白虹紫電と対句されてある。李白の詩②にも精光斜斗牛とあるは全く剣を詠んだ句であるが、古来剣に霊ありとせられ至誠《しせい》天に徹すと云うことにも形容され、即ち至誠は之を一貫することが出来ると云うことで、其の至誠事が完成し了りたることを形容して白虹貫日と云うのである。列子伝③に荊軻為太子刺秦王白虹貫日とあるが、当時秦王は尚お諸侯で未だ天子の位に就いては居らぬ。故に日と云うことが君王に意味するにあらざることが明らかである。唯だ荊軻の至誠が天に徹して一貫したと解すべきである。現に戦国策④には聶政刺鍔傀白虹貫日至誠徹天也とある。其の他白虹貫日と云う事は一二史上に見るが是は何等人事とは関係は無い。雲が霧との加減で、現在夫れが白き虹の如く見えたと云うまでである。之を将来の不吉の兆とするが如きは歴史上何等の根拠もない。斯くの如く最後の裁判の日と云う事も白虹貫日と云う事も其の故事来歴を調べた所で何の意味も無い。然るに強いて之を悪意に解釈せんとするは所謂比附引援《ひふいんえん》と云うものである。

まず、弁護の前提として、漢字漢文の特色をあげている。「形容華麗」とは、漢字漢文の特性として、やや大げさな表現になるということであろう。

そして「白虹貫日」そのものについては、実は決まった意味はなく、そもそも文字通りの白い虹などはこの世になく、剣の鋭い光を形容する場合もあるという。その根拠として取り上げられている①古今注とは、晋の崔豹《さいひょう》の著『古今注』。中国古代の様々な事物を、輿服、都邑、音学、鳥獣など八つの部門に分類して解説したものである。その中に、かつて呉の国に六つの名剣があり、その名を白虹、紫電、辟邪、流星、青冥、百里と称したという記載が確かにある。また、②の李白の詩とは、『李太白文集』巻二十一所収「感遇詩」の一句で、「寶劒雙蛟龍、雪花照芙蓉、精光射天地、電騰不可衝」と見える。ここでの「精光」とは宝剣のさえた光のことである。弁論書では、これらを根拠に、宝剣の光と霊力→その誠が天に通ずる→最上の誠が貫徹する→「白虹貫日」と論理を展開している。

また③の列子伝とは古佚書で、『芸文類聚』などの類書に採録されてその一部が伝わっている本である。『芸文類聚』天部下の「虹」の項に、「列士傳曰、荊軻為燕太子謀刺秦王、白虹貫日」と確かに引用されている。荊軻が燕の太子のために秦王を刺殺しようとし、白虹貫日の現象となったと記す。これを弁論書は荊軻の誠意が天に通じたとの意味で弁護の論拠としている。さらに④の『戦国策』の用例もその意味で使われていると説く。

このように弁護を展開し、「白虹貫日」を「悪意」をもって解釈するのは「比附引援」（牽強付会）の説だと強調する。そして、仮に新聞記事に不穏な表現があったとしても、それは形容誇大という漢字の特色によるものであり、それにもかかわらず「白虹貫日」をもって有罪とするのは、その来歴典故を充分に精査しない過失ではないかと主張した。

この弁論は、漢文の引用に一部誤記があるものの、故事来歴をおおむね正しく理解している。また、ここで指摘されている通り、「白虹」そのものには不穏な意味はなく、例えば、当時の商店名、文学雑誌名などにも使われていた。しかし、元来の意味がどうであれ、先に確認した通り、「白虹貫日」の四字熟語はその後一人歩きし、君主の殺害、クーデターの前兆のように捉えられていた。弁護団の反論にも限界があったと言えよう。

五、西村天囚の宣明文

それでは、この事件に、西村天囚はどのように関わったのであろうか。天囚はこの事件の二年前の大正五年（一九一六）からは懐徳堂や京都帝国大学に講師として出講し、新聞編集の第一線からは退いて総務局員となっていた。ところが、この事件に際し、十月十五日付けで後任社長に就いた上野理一から、編集顧問として編集局勤務を命ぜられた。現役復帰して事後処理に当たることとなったのである。

天囚がこの事件の表舞台に立つのは同年十二月である。しかし実は、種子島に残されていた関係資料により、天囚が事件直後から水面下で深く関わっていたことが明らかになった。種子島の西村家所蔵資料として、数種の草稿や印刷物を綴じた冊子が発見された。その中に、この裁判で弁護団が使用した資料の内の「辯第一號證」、すなわち弁論の要旨と根拠を記す文書が挟み込まれていた。また同資料が種子島開発総合センター（鉄砲館）所蔵の西村天囚関係文書の中にも確認された。

その表紙に天囚の自筆で「大正七年編纂」「予手ニ成ル」などと記されていたのである。すなわち天囚は朝日幹部からの要請を受け、弁護についても助言していたのである。当該記事の「白虹貫日」について、後醍院盧山は一読して、「出典を突き詰めて質せば、別にたいした問題じゃない」と述べていた。天囚も、『史記』鄒陽伝の原義を強調することで、ある程度問題を回避できると考えたかもしれない。弁論書はその方向で組み立てられている。

しかし、盧山が「慣用上から見ると少し不穏」と感じたのと同様、天囚も、その後の中国での用例、および当時の日本における理解に照らして、そうした強弁は通用しないとも直感したのではなかろうか。

この「日を貫く」の「日」は象徴的な語である。記事を執筆した記者は、寺内内閣がこのまま続いて行けば世も末だという意識で使用したのであろうが、「日」は前記の『事類賦』が説明する通り、「人君」や「天子」の象徴でもあることに注意しなければならない。中国では「皇帝（天子）」、日本では「天皇」となり、「貫日」とは、それを犯すという極めて危険な意味にもなる。当時の朝日新聞社内において、天囚は保守派を代表する人物であったとされている。天囚自身は皇室尊重の立場で一貫していたものの、この記事をめぐって天皇制が問題となるようなことがあれば、天囚自身の信条からも大きく外れることとなる。

そこで天囚は、右の「辯第一號證」冒頭に、朝日新聞社の基本的立場として、「大阪朝日新聞は万世一系の国体を尊崇し時に随い物に触れて皇室の尊厳を国民に知らしめ」云々と明記するのである。

そして、十二月一日、大阪朝日新聞は天囚執筆の「本紙の違反事件を報じ併せて我社の本領を宣明す」と題する長文を第一面トップの四段にわたって掲載した。同社の目的が「国家社会の公益」であり、常に「不偏不党公平穏健」を主としていること、それにもかかわらず、こうした穏健を欠く記事を掲載したことを間違いとして自己批判する旨を表明したのである。その一部を以下に掲げてみよう。これも、解説を要する語句に、便宜上①②などの番号を加える。

> 我社は宜しく誠意を以て反省考究すべき者なりと思惟す。君子の過《あやまち》は日月《じつげつ》の食の如《ごと》し①。発して而《しか》して中《あた》らざれば、則《すなわ》ち諸《これ》を己《おのれ》に求めざる可《べ》からず②。我社不敏《ふびん》と雖《いえど》も、亦嘗《またかつ》て窃《ひそか》に君子の道を与《あずか》り聞けり、是に於て我社は反《はん》求《きゅう》③せり、而して近年の言論頗《すこぶ》る穏健《おんけん》を欠く者ありしを自覚し、亦偏頗《へんぱ》の傾向ありしを自知せり、如此《かくのごと》き傾向を生ぜしは、実に我社の信条に反する者なり。

比較的平易な文章ではあるが、漢籍の言葉を踏まえた箇所がある。①の「君子の過は日月の食の如し」は、『論語』子張篇に見える言葉。孔子の弟子の子貢が、「君子の過《あやま》ちや、日月の食の如し。過つや人皆之を見る。更《あらた》むるや人皆之を仰《あお》ぐ」と説いた。日食・月食は誰の目にも明らかである。君子の過ちも同様で、容易に知られてしまう。しかし君子はこれを反省して改めるので、人はまたそれを仰ぎ見るという意味である。

②の「発して而して中らざれば、則ち諸を己に求めざる可からず」は、『孟子』公孫丑上篇の言葉を踏まえたもの。仁に優れた人は射《しゃ》のごとくである。君子の教養として射（弓矢）の儀があったが、そこではまず己を正してから弓を発する。発して的中しなかった場合、自分に勝った相手を恨むのではなく、自身に敗因を求めるのみ、という意味である。原文は「仁者如射。射者正己而後發。發而不中、不怨勝己者、反求諸己而已矣」。③の「反求」も同様で、射について説いた『礼記』射義篇の言葉である。

天囚はこうした儒教経典の言葉を織り込みつつ、反省の大切さを自ら説いたのである。漢文の教養溢れる天囚なら、右の弁論書の内容をさらに詳しく展開し、古典の原義としての「白虹貫日」が必ずしも不穏当な語ではないと解説することも可能であったろう。しかし、反省や謝罪はその初期段階を誤ると、収拾のつかない事態となってしまう。天囚は、「白虹貫日」に関する漢文的教養をひけらかすことなく、儒教道徳の言葉に基づいて、真摯に反省する弁を述べたのである。

また、この文章に続く「綱領」によって、その反省が単に寺内内閣だけを意識したものではなく、天皇や国家全体を強く意識するものであったことも明らかになる。天囚は改善の具体策として、すでに十一月十五日に大阪・東京両朝日に共通する「朝日新聞編輯綱領」を開示しているとする。この「編輯綱領」は天囚が上野社長に進言し、また自ら起草したものである。

その第一条は、「一、上下一心の大誓を遵奉《じゅんぽう》して立憲政治の完美を裨益し、以て天壌無窮《てんじょうむきゅう》の皇基《こうき》を護り、国家の安泰国民の幸福を図る事」とあり、ここに「天壌無窮の皇基」と明記されている。すなわち永遠不変の天皇が統治する国家の基礎を護持すると表明したのである。また、これを自ら補足解説して、「第一章の章首に冠したる上下一心の四字は、実に明治天皇五箇条の御誓文に出づ」と述べ、朝日新聞社は新館落成以来、五箇条の御誓文を会議室の壁上に高く掲げ、社員に朝夕誦読させているという。明治天皇の五箇条の御誓文への尊崇を強調するのである。この点は、先の「辯第一號證」冒頭部と呼応しているであろう。「予手ニ成ル」との書き入れによれば、天囚の意図を強く反映した文章だったことになる。「白虹貫日」に対する天囚の問題意識はただならぬものであったと言えるのではなかろうか。

若い頃には豪放磊落な性格もあり、師の重野安繹に一時出入りを禁止されたこともある天囚ではあったが、その性向は明治三十年代に一変したとされ、ここでも社の存続のため、自身の教養と文才を反省の一点に集約したのである。

この天囚の「宣明」文は、一審判決が下る三日前に掲載された。そして十二月四日、大阪区裁判所において、八月二十五日の夕刊記事が「公安秩序を紊《みだ》す」もので、新聞紙法第四十一条違反に当たるとし、発行人、編集人として山口信雄に禁固二ヶ月、筆者として大西利夫に禁固二ヶ月の判決が下る。両被告は控訴せず、一審判決に服した。そして、十二月八日、原敬法相が上野社長と直接会見することで、この事件は最終決着を見た。大阪朝日にとって最大の憂慮であった新聞の発行禁止は免れたのである。

この事件の経緯について説明する早房長治『村山龍平』（ミネルヴァ書房、二〇一八年）は、「リベラルな鳥居に対して、西村は『朝日新聞』の保守派を代表する人物であった」とし、廃刊・倒産の瀬戸際に追い込まれた朝日にとって、この自己批判文が生き残りをかけた文章であったと指摘する。また、立花隆『天皇と東大』（文藝春秋、二〇〇五年、後、文春文庫）は「激突する右翼と左翼」という文脈でこの「白虹事件」を取り上げ、初公判三日後の九月二十八日、村山龍平社長が中之島公園で右翼の壮士の一団に襲われて負傷したことを大きく取り上げている。

結局、朝日は廃刊を免れたが、天囚の文章は、当時出講していた京都帝国大学の進歩派の教授たちから強い批判を浴びた。掲載当日はちょうど京大に出講する日で、天囚が控室に入ると、教授たちは朝日新聞の後退だと糾弾した。天囚はまったく意外な批判を耳にし、ひそかに退社を決意したという（後醍院良正『西村天囚伝』）。

この時の天囚の心境について、当時朝日の同僚で、後に政界に転出する緒方竹虎《おがたたけとら》（一八八八〜一九五六）は、天囚の論文が『孟子』の「行いて得ざるものあれば反《かえ》って諸《これ》を己《おのれ》に求む」という趣旨にあったと述べる。ものごとがうまく行かなかった時にも、他者や相手を責めず、その原因が自分自身にあったのではないかと反省するという意味である。京大から帰社した天囚は「今日は皆（京大の進歩派教授たち）からいろんなことを聞かされた」と気丈に話したという。緒方は、こう回想している。

態《わざ》と晴れ晴れしい顔で笑って見せられた。当時の社にはこの翁の笑い顔が何よりも必要だったのである。私はその笑顔と翁の心中とを考え合せて実に無量の感に打たれた。（緒方竹虎「「三十年の家」と別れられし翁」（『碩園先生追悼録』））

わざと笑顔を見せたという天囚。しかし胸の内にはさまざまな思いが去来していたであろう。翌大正八年、天囚は朝日新聞社から三十年勤務者として表彰を受け、同年十二月十三日付で退社した。三十年に及ぶジャーナリストとしての活動は、白虹事件の事後対応という大役をもってその幕を閉じたのである。

注

（1）『漢書』の該当部分の原文は以下の通りである。「會有日食變、騶馬猥佐成、上書告惲、驕奢不悔過、日食之咎、此人所致。章下廷尉案驗、得所予會宗書、宣帝見而惡之。廷尉當惲大逆無道、要斬」（『漢書』楊惲伝）。

（2）清代の文字の獄については、故宮博物院文献館編『清代文字《もじ》獄檔《ごくとう》』が詳しい。なお、戴名世事件に関わる「南明」とは、一六四四年に明が李自成の乱で首都北京を失った後、明の皇族によって華中、華南に置かれた地方政権である。その第二代皇帝隆武帝に謁見した鄭成功は「国姓（君主の姓）」の号を与えられ、その後、第四代皇帝の永暦帝（明末の万暦帝の孫）に従って清への抵抗運動を展開した。北伐には失敗したが、台湾に渡って反清勢力の拠点を形成する。その活躍は、近松門左衛門の人形浄瑠璃「国姓爺合戦」にもなった。

（3）こうした「避諱」の方法と歴代の実例をまとめた書に、陳新会『史諱挙例』（台湾・文史哲出版社、一九八七年）がある。

（4）『戦国策』の該当箇所の原文は以下の通りである。「唐且曰、此庸夫之怒也。非士之怒也夫専諸之刺王僚也、彗星襲月、聶政之刺韓傀也、白虹貫日、要離之刺慶忌也、倉鷹擊於殿上」（『戦国策』魏策）。

（5）『史記』の原文は以下の通り。「昔者荊軻慕燕丹之義、白虹貫日、太子畏之。衛先生為秦畫長平之事、太白蝕昴、而昭王疑之」（『史記』鄒陽伝）。ここに言う「太白」は金星の異名で、陰陽家が「太白神」として祀り、軍事を司る神格として畏怖された。その名を冠した『太白陰経』（唐・李筌）という兵書も後に編纂されている。「蝕」は日蝕・月蝕のように、犯す、むしばむ意。「昴」は古代中国の天文学でいう二十八宿の一つ。天界の星宿は地上の人事に対応し、昴は戦国の七雄の一つ「趙」の分野に当たる星宿とされていた。「太白蝕昴」とは、太白星が昴の星宿を蝕するという意味で、具体的には、秦と趙とが激突した長平の戦いで、秦の白起将軍が趙を打ち破る予兆であることを示唆する。

（6）『史記集解』の原文は次の通りである。「應劭曰、燕太子丹質於秦、始皇遇之無禮、丹亡去、故厚養荊軻、令西刺秦王。精誠感天、白虹為之貫日也」。

（7）『史記』刺客列伝に記される司馬遷の評言は以下の通りである。「太史公曰、……自曹沫至荊軻五人、此其義或成或不成、然其立意較然、不欺其志、名垂後世、豈妄也哉」。

（8）『論衡』の原文は「傳書言、荊軻爲燕太子謀刺秦王、白虹貫日。衛先生爲秦畫長平之事、太白蝕昴。此言精［誠］感天、天為變動也。夫言白虹貫日、太白蝕昴、實也。言荊軻之謀、衛先生之畫、感動皇天、故白虹貫日」（『論衡』感虚篇）。なお、原文は「誠」字を書くが、この感虚篇が冒頭から「精誠」の語をキーワードにして故事を解説しているところから、黄暉『論衡校釈』のように「誠」字を補う解釈がある。

（9）「白虹貫日」の出典や原義については、戦後に出版された朝日新聞社の編纂物自体でも、このようにやや正確さを欠く点がある。それが影響してか、現在、この事件に触れる文献でも、不正確な記述となっている場合がある。例えば、鈴木貞美『日露戦争の時代――日本文化の転換点――』（平凡社新書、二〇二三年）は、明治大正時代の日本を文化史という大きな観点から俯瞰し、その中の第六章「明治の終焉と大正デモクラシー」の一事件として、この筆禍事件を取り上げている。しかし、その出典について、「「白虹日を貫けり」は、『戦国策』（魏策）に引く李白「擬恨賦」にいう天子暗殺の謀《はかりごと》、すなわち内乱の予兆を示す語である」と記す。先に確認した通り、「白虹貫日」は『戦国策』魏策に、確かに聶政の故事として引かれていたが、聶政が刺殺したのは韓の宰相韓傀であって「天子」ではない。また同書は、『戦国策』が引く李白「擬恨賦」の「天子暗殺の謀」に由来する言葉であると指摘するが、それでは時系列に合わず、李白の賦を出典とするのは無理であろう。そもそも唐の李白の語を、前漢の劉向の書である『戦国策』が「引く」ことはできないので、何かの間違いかと思われる。また確かに『李太白文集』巻二十四古賦・擬恨賦に、荊軻の故事を引き、秦に入るため易水を渡った際に「長虹貫日、寒風颯起」という現象が見えたと記されている。ただそこでは、「長虹」とあって「白虹」と記されてはいない。また、そもそも「擬恨賦」という題名から推測されるように、この賦は、無念の最期を遂げた人を悲しむという点に主題がある。秦王暗殺に失敗した荊軻は、劉邦との戦いに敗れた項羽、流謫され汨羅《べきら》の淵に身を投げた屈原、始皇帝の死後、趙高との権力争いに敗れて処刑された李斯《りし》などとともに取り上げられているので、この賦を単に「天子暗殺の謀」の趣旨と捉えてよいかは慎重に判断しなければならない。ともあれ、先に確認した通り、「白虹貫日」の故事そのものはむしろ「誠意」という点に主眼があったと思われるが、その後「白虹貫日」が故事成語として人口に膾炙していく中で、君主に危害を及ぼす徴候というような不吉な意味として理解されるようになったのである。

（10）軍事における占術の問題については、拙著『戦いの神——中国古代兵学の展開——』（研文出版、二〇〇七年）、および『孫子の兵法』（角川ソフィア文庫、二〇一七年）参照。『孫子』が中国第一の兵書として尊重されていくのは、その突出した合理性に起因している。ただ、『孫子』が軍事における呪術や迷信を否定しても、中国兵学史の上で、そうした呪術的要素が消滅してしまったわけではない。軍事占を含む呪術的兵法はその後も隠然たる系譜を形成していった。

（11）古典に記された故事が、その後、類書を経由することによって故事成語として確立する場合があること、また、その過程で、表現や意味の変容が生ずる可能性があることなどについては、拙著『故事成語の誕生と変容』（角川叢書、二〇一〇年）参照。故事成語の中には、そもそも原典にまとまった熟語として記されていないものもあり、それが成語として確立するまでに複雑な経緯をたどるものもある。それに対して、「白虹貫日」は『史記』でも『戦国策』でも、すでにこの四字で明記されており、その鮮烈な故事と相まって成語として確立するのは比較的容易であったと推測される。しかしそれだけに人口に膾炙しやすく、原義を離れて意味の変容が生ずる可能性は高かったとも言える。

（12）張月「漢唐〝白虹貫日〟解釈範式之転変及其文化記憶」（『武漢大学学報（哲学社会科学版）』二〇二三年第五期、二〇二三年九月）は、漢代から唐代に至る「白虹」および「白虹貫日」の解釈の変遷を追求し、結論として「精誠」「復讐」「少年精神」の三つが確認されるという。この内、精誠は荊軻の真心に注目するもの、復讐は秦王暗殺を意味し不吉な予兆とされるものである。この二点については本稿でも指摘した。三番目の「少年精神」とは、唐代の詩の中に見られる特徴で、若者の遊侠の精神を題材とするものであるという。また、こうした義侠心を賛美する精神は、唐王朝を揺るがした安史の乱以降、見られなくなり、「白虹貫日」は、再び君主殺害という不吉な予兆として捉えられるようになったと指摘する。

(13) 朝日新聞社百年史編修委員会編『朝日新聞社史大正・昭和編』(一九九五年)によると、関係者の記憶を総合した経緯として、初め社会部長の長谷川如是閑がこの記事に手を入れていたが、所用で席を外し、代理の者が点検したものの、「白虹貫日」の意味が分からず、居合わせた記者たちに質問したところ、中には穏やかでないと指摘した者もいたという。ただ締切が迫っていたため、そのまま工場へ送稿し、試し刷りを見た後醍院盧山が前記のような指摘をしたので輪転機を止めたものの、その時点ですでに三万部が刷り上がり、内、一万部が発送済みだったという。その後、「白虹貫日」を含む四行を鉛版から削り、そのまま印刷を再開したが、その時点ではこれが大筆禍事件になろうとは誰も思っていなかったという。

第七章　鉄砲伝来紀功碑文の成立

一、西村天囚と鉄砲伝来紀功碑

天文十二年（一五四三）八月二十五日、一艘の大型異国船が種子島の南端門倉《かどくら》岬に漂着した。当地の地頭西村織部《にしむらおりべの》丞《じょう》時貫《ときつら》は岬に急行。異人たちとの接触を試みるも言葉が通じない。そこで、砂浜に杖で漢文を書いたところ、乗員の明国人五峯《ごほう》なる者と筆談が成立、漂着の顚末を知ることとなった。時貫は島主の種子島時堯《ときたか》に急報するとともに、船を時堯の在所の赤尾木《あかおぎ》（現在の西之表）に曳航することとした。乗員百数十名は赤尾木の慈恩寺宿坊に入り、時堯と面会した。その際、時堯はポルトガル人の携えていた鉄砲を奇として二挺購入した。これが日本史上の大事件「鉄砲伝来」となる。

現在、種子島の門倉岬には、これを記念する「鉄砲伝来紀功碑」が立っている（図1）。二m四十cmを超える大きな石碑の裏面には、端正な漢文が刻まれている。大正十年（一九二一）、その撰文にあたったのは、織部丞から十三代後の子孫にあたる西村天囚であった。

西村天囚（一八六五～一九二四）、名は時彦《ときつね》、字は子駿《ししゅん》。大隅国種子島西之表（現在の鹿児島県西之表市）の出身。号は

図１　鉄砲伝来紀功碑

天囚・碩園《せきえん》。初め郷里の儒者前田豊山《まえだほうざん》に学び、明治十六年（一八八三）、東京大学古典講習科に官費生として入学。官費制度廃止によって中退の後、大阪朝日新聞に入社した。コラム「天声人語」は天囚の命名による。主著に、博士学位の取得につながった『日本宋学史』がある。天囚は、江戸時代の大阪学問所「懐徳堂」（一七二四～一八六九）に強く惹かれ、その顕彰と復興を目指した。それは、財団法人懐徳堂記念会の成立、および校舎の再建（重建懐徳堂）として実現した。

天囚の旧蔵漢籍は、懐徳堂記念会を経て「懐徳堂文庫」の一部となり、現在、大阪大学に保管されている。天囚の関係資料はこれがすべてだと思われていた。

ところが近年、種子島の西村家および西之表市の種子島開発総合センター（鉄砲館）に天囚関係資料約二千点が残っているとの情報を得、平成二十九年（二〇一七）より現地での資料調査を開始した。その調査の過程で、筆者は、鉄砲館において天囚の自筆草稿を発見した。「五十以後文稿」と題した冊子に何種かの草稿が綴じられている。中でも注目されたのは、鉄砲伝来紀功碑の二種類の草稿であった。

碑文は、石に刻まれることにより、文字通り不朽の命を与えられるのであるが、一方で、その定稿前の過程が知られることは稀である。この草稿により、碑文がどのような推敲を経て成立したのかが分かる可能性があろう。

そこで以下では、門倉岬の石碑に刻まれた碑文、西村天囚の遺文集である『碩園先生文集』所収の碑文、そして種子島で発見された草稿二種を比較することにより、鉄砲伝来紀功碑文の成立を追ってみることとしたい。

二、種子島鉄砲伝来紀功碑に基づく釈読

まず、門倉岬の碑文に基づき、全体を釈読する。筆者はこれまで二度、門倉岬を訪れ、この石碑を目視するとともに、写真撮影して全文を確認している。碑文は長文なので、便宜上五段落に分け、それぞれ次のように記載する。

（凡例）

・便宜上、（1）〜（5）の全五段落に分け、段落ごとに仮の表題を付けた上で、それぞれの原文に続き、【書き下し文】【現代語訳】【語注】を掲げる。

・原文については、可能な限り碑文に忠実に翻刻する。碑文には句読点はないが、ここでは便宜上、句読点を打つ。空格は□で示す。

・書き下し文と現代語訳については、漢字を通行字体に改める。

・難しい語句には、①②などの通し番号を付け、段落ごとに語注を付す。

（1）　異国船の漂着

火器、古稱鐵砲者、今所謂小銃也。其傳来我國在三百八十餘年前。實自我種子島氏始。種子島出左馬頭平行盛朝臣。其子信基公、鎌倉初、封南海十二島、世治于種子島。因以島氏。十四世孫曰日勝公諱時堯、任彈正忠、叙從五位下、晉左近衛將監。天文十二年癸卯秋八月二十五日丁酉、有一大船漂到西村小浦。西村在島之南端、我遠祖織部君居焉。

君諱時貫、有文字、與船客明人五峯者筆語知其爲南蠻商船。乃告日勝公、令輕舸曳船到赤尾木。赤尾木公治所也。

【書き下し文】

火器、古《いにしえ》は鉄砲と称する者、今の所謂《いわゆる》小銃《しょうじゅう》①なり。其の我が国に伝来するは三百八十余年前②に在り。実に我が種子島氏より始まる。種子島は左馬頭《さまのかみ》平《たいらの》行盛《ゆきもり》朝臣《あそん》③より出ず。其の子信基《のぶもと》公、鎌倉の初め、南海十二島に封ぜられ、世《よ》々《よ》種子島を治む。因《よ》りて島を以《もっ》て氏《うじ》とす。十四世の孫を日勝公《にっしょうこう》④諱《いみな》は時堯《ときたか》と曰《い》い、弾正忠《だんじょうちゅう》⑤に任ぜられ、従五位《じゅごいの》下《げ》⑥に叙《じょ》せられ、左近衛将監《さこんえのしょうげん》⑦に晋《すす》む。天文《てんもん》十二年癸卯《きぼう》⑧秋八月二十五日丁酉《ていゆう》、一大船⑨有りて西村小浦に漂到す。西村は島の南端に在り、我が家祖《かそ》織部君《おりべのきみ》⑩焉《これ》に居る。君諱《いみな》は時貫《ときつら》、文字《もんじ》有り⑪、船客明人五峯《せんきゃくみんひとごほう》なる者と筆語《ひつご》⑫して其《そ》の南蛮商船為《なんばんしょうせんた》るを知る。乃ち日勝公に告げ、軽舸《けいか》⑬をして船を曳《ひ》き、赤尾木《あかおぎ》⑭に到《いた》らしむ。赤尾木は公の治所《ちしょ》なり。

【現代語訳】

古に鉄砲と称した火器は、今のいわゆる小銃のことである。それがわが国に伝来したのは、三百八十年余り前であり、実にわが種子島氏に由来する。種子島は左馬頭平行盛より出ている。行盛の子の信基公が鎌倉時代の初めに南海十二島に封ぜられ、代々種子島を治めていた。その島の名にちなんで氏としたのである。その十四世の孫を、日勝公、諱は時堯といい、弾正忠に任ぜられ、従五位下に叙せられ、左近衛将監に進んだ。天文十二年八月二十五日、一艘の大船が西村の小浦に漂着した。西村は種子島の南端にあり、わが先祖織部君がいたところである。織部君、諱は時貫は文字の才があり、乗船していた明国人の五峰という者と漢文で筆談して、その船が南蛮商船であることを知った。そこで日勝公（種子島時堯）に告げ、軽船で曳航《えいこう》して赤尾木（種子島北西部、現在の西之表）に到着させた。赤尾木は日勝公の治所である。

【語注】

①小銃……一人で携帯できる小型の軍用火器。大砲などの大型火器に対する語。

②三百八十余年前……この石碑が建立された大正十年（一九二一）からさかのぼって、鉄砲伝来の年（一五四三）は約三百八十年前という意味。

③左馬頭平行盛朝臣……平行盛（?～一一八五）は、平清盛の次男の平基盛の長男。左馬頭は官名。朝廷保有の馬を管理する馬寮（左馬寮・右馬寮）の内、左馬寮の長。朝臣は、もともと天武天皇の時に制定された八色の姓の第二位。のち、五位以上の人の姓名に付ける敬称。なお、種子島の西村家には西村天囚旧蔵印が多数残されており、その中に、「左馬頭行盛裔」印（陽刻）と「左馬頭行盛之裔」印（陰刻）各一顆がある。これらの印面については、本書第二章参照。

④日勝公……種子島氏第十四代当主の種子島時堯（一五二八～一五七九）のこと。日勝公とは、その法号「法惟院日勝大居士」を指す。鉄砲伝来の年（一五四三）、先代の恵時《しげとき》（一五〇三～一五六七）はすでに引退して家督を時堯に譲っており、時堯は当時十六歳であった。

⑤弾正忠……律令制の警察機関である弾正台《だんじょうだい》の職員。「頭《かみ》（長官）」「助《すけ》（次官）」「允《じょう》（判官）」「属《さかん》（主典）」の四等官《しとうかん》制で、弾正忠は、その内の判官で、大忠、少忠が各一名置かれた。弘仁《こうにん》年間（八一〇～八二四）に警察業務を担う検非《けび》違使《いし》が置かれると、弾正台の権限は次第に吸収されていった。

⑥従五位下……律令制下において四等官の内の判官に相当する位階。上下の区別があるが、従五位以上がいわゆる貴

族とされた。

⑦左近衛將監……左近衛は元近衛府と称された禁中警護に当たる令外官の一つ。そこに、現場指揮官として護衛にあたる将監（判官）数名が置かれた。

⑧癸卯……干支による年号の表記。「みずのとう」。ここでは天文十二年（一五四三）。直後の「丁酉」（ひのととり）も干支で、こちらは月日を表す。

⑨一大船……一艘の巨大な船。明の五峰を船主とする明国船。ポルトガル人三名を含め、百数十名が乗船していた。後文に、五峰との筆談によって「南蛮商船」であることが分かったと記されているが、これは、五峰がポルトガル人を「南蛮の商人」と紹介したことにより、船も明国船ではなく南蛮船だと誤解されたのである。

⑩織部君……織部は令制で大蔵省に属する官名。もともと錦や綾などを織り、染物を司ったことに由来する名称。織部丞の「丞」はその長官補佐の意。

⑪文字有り……文字（漢文）の才がある、読み書き学問ができるの意。

⑫筆語……筆談のこと。口頭ではなく文字を介して相互に意思疎通すること。長き日中交流史において、意思疎通は漢文で行われた。弘法大師空海のように、直接中国語で会話できる人もいたが、例外的であり、この碑文を書いた西村天囚も、明治時代の三度の清国出張では、清国要人たちと漢文による筆談を行っている。漢文の読み書きのできる知識人・漢学者の果たした役割はきわめて大きかったと言える。

⑬軽舸……軽くて速く航行できる船。「舸」はもともと軍事用の大船の意であるが、ここでは、異国船を曳航する小型の舟をいう。おそらくは複数であったろう。

⑭赤尾木……種子島氏の居城があった地。現在の種子島北部、西之表市立榕城《ようじょう》小学校のあるあたり。西之表市の木

にも指定されている「アコウ」にちなむ地名。現在も、その石垣と土塁の一部が残る。榕城小学校の「榕」は「あこう」と読む。アコウの木は、枝が垂れ下がって地につき、そこから根を生じて太い幹を形成する。なお、榕城小学校の北側の道を挟んだ地には、赤尾木城文化伝承館月窓亭《げっそうてい》がある。月窓亭は、種子島家の家老であった羽生道潔《はぶどうけつ》の旧宅を、明治時代に種子島氏の居宅としたもので、その名は、道潔の孫で後に華道の池之坊《いけのぼう》大日本総会頭職に就いた羽生慎翁《しんのう》（道則《みちのり》）の号「梅陰亭月窓」にちなむ。

（2）火縄銃の入手と国産化

船中有葡萄牙人、手携火器。公觀而奇之以重値購獲其二。織部君亦購之、並就學其術。公又令家臣笹川秀重仿製火藥、八板清定傳鑄造之法。自此鐵砲始傳播海内。事詳于僧文之所作鐵砲記。公之子日恕公諱久時、文禄征韓役属島津氏、用鐵砲隊有功。爾後鐵砲盛行、弓箭漸廢。至明治維新、兵制一変、我兵皆巧操小銃、素養使然也。方村田銃之創製、亦募工人於種子島。其制雖倣法泰西、然我能自造新式、殆駕而上焉、以致器精兵強、國威益震。豈非以鐵砲之傳久習熟耶。亦可以知種子島氏創始之功偉且大矣。

【書き下し文】

船中に葡萄牙人《ぽるとがるじん》①有り、手に火器を携《たずさ》う。公観《み》て之を奇とし重値《じゅうち》を以て其の二を購獲《こうかく》す②。織部君も亦た之を購《あがな》い③、並び就きて其の術を学ぶ。公又た家臣笹川秀重《ささがわひでしげ》④をして火薬を仿製《ほうせい》せしめ、八板清定《やいたきよさだ》⑤をして鋳造の法を伝えしむ。此れ自《よ》り鉄砲始めて海内に伝播す。事は僧文之《そうぶんし》の作る所の鉄砲記⑥に詳《くわ》し。公の子日恕公《にちじょこう》⑦諱は久時《ひさとき》、文禄征韓《ぶんろくせいかん》の役《えき》⑧に島津氏に属し、鉄砲隊を用いて功有り。爾後《じご》鉄砲盛行し、弓箭漸《きゅうせんよう》《や》く廃す。明治維新に至り、兵制一変⑨し、我が兵皆巧みに小銃を操るは、素養然《そようしか》らしむるなり。村田銃《むらたじゅう》⑩の創製《そうせい》に方《あた》り、亦《ま》た工人《こうじん》を種子島に募る。其の制、法を泰西《たいせい》⑪に倣《なら》うと雖《いえど》も、然れども我能《よ》く自ら新式を造り、殆《ほとん》ど駕《が》して上《のぼ》り、以て器精兵強《きせいへいきょう》、国威《こくい》益々震《ふる》うを致す。豈《あ》に以て鉄砲の伝久《ひさ》しく習熟するを以てに非《あら》ずや。亦た以て種子島氏創始の功⑫偉《い》にして且《か》つ大なるを知るべし。

【現代語訳】

船中にポルトガル人がいて、手に火器を携えていた。公はこれを見て珍奇とし、高値でその二つを買い求めた。織部君もまたこれを買い求め、公とともにポルトガル人からその射撃術を学んだ。公はまた家臣の笹川秀重に火薬を倣い作らせ、八板清定に鉄砲鋳造の法を伝えさせた。ここから鉄砲がはじめて日本国内に伝播したのである。そのことは、僧文之が記した「鉄砲記」に詳しい。公の子の日恕公、諱は久時は文禄年間の征韓の役で島津氏に属し、鉄砲隊を用いて軍功があった。その後、鉄砲は盛んに使用され、弓矢は次第に廃れていった。明治維新に至ると、兵制が一変し、わが国の兵が巧みに小銃を操作できたのは、もとから身につけていた技量がそうさせたのである。（明治政府が）村田銃を創製するにあたり、また職人を種子島に募った。その製法は、ヨーロッパに倣ったものの、日本の新式を造って、ほとんど凌駕するようになり、兵器は精強で国威は益々振るうに至った。これは鉄砲が古くに伝来し、それに習熟していたからではなかろうか。ここでもまた種子島氏が鉄砲を創始した功績が偉大であることを知るべきである。

【語注】

①葡萄牙人……ポルトガル人。明治・大正時代には、外国の地名・人名はカタカナではなく漢字の音で表記する場合

が多く、この他、西班牙（スペイン）、英吉利（イギリス）、仏蘭西（フランス）などはよく知られている。

②其の二を購獲す……ポルトガル人が携えていた火縄銃の内、二挺を種子島時堯が購入したこと。平山武章『鉄砲伝来考』によると、ポルトガル人は救助されたお礼に鉄砲を寄贈しようとしたが、時堯は対価として二千疋の永楽銭を贈ったという。また「二千疋」は五両に相当し、これは、現在の貨幣価値に換算して二十五万円になるという。ただ通説では、鉄砲二挺の値段が「二千両」だったとされており、もしそうなら、現在の貨幣価値に換算して約一億円になるという。

③織部君も亦た之を購い……西村織部丞時貫も、これとは別に一挺購入した。種子島時堯が入手した二挺の内、一挺は紀州の根来氏に寄贈し、一挺を家蔵していたが、明治維新で種子島氏が鹿児島に移った後に西南戦争が起こり、焼失してしまった。現在、種子島に残っているのは、この織部丞が購入し、西村家に伝わっていた一挺である。

④笹川秀重……笹川小四郎秀重（生没年不詳）、先祖は羽前《うぜん》（山形）の人。火縄銃の伝来に際し、種子島時堯から火薬の製造を命じられた。秀重は、原料として硫黄、木炭、および南蛮人からもらった硝石を配合し試行錯誤を重ねて良質な黒色火薬を作りだし、火薬自主生産の道を開いた。

⑤八板清定……八板金兵衛清定（一五〇一～一五七〇）。美濃の刀鍛冶であったが、原料の鉄の不足から種子島に移住していた。火縄銃の国産化に際し、種子島時堯の命を受けて惣鍛冶《そうかじ》を務めた。種子島は古来、良質の砂鉄がとれることから刀鍛冶が発達していた。種子島東岸の「鉄浜《かねはま》海岸」は今でも大量の砂鉄が採れることで有名である。しかし当時、初めての銃身製造は困難を極め、見かねた当時十六歳の娘若狭《わかさ》が自分に好意を寄せる南蛮人に嫁ぎ、その製法をもたらしたという伝承がある。この若狭については架空の人物とする見方もあるが、西村天囚『南島偉功伝』は実在の人物だと推測している。

⑥鐵砲記……鉄砲伝来から約六十年後の慶長十一年（一六〇六）、第十六代島主種子島久時《ひさとき》が、第十四代島主種子島時堯の功績を顕彰するため、鹿児島の大龍寺の僧文之玄昌《ぶんしげんしょう》に執筆を依頼したもの。天因が鉄砲伝来紀功碑文を撰文するに際して、『種子島家譜』とともに参考にした資料の一つである。現在、その全文を影印し、鮫島宗美氏が書き下し文を加えたものが、西之表市教育委員会種子島開発総合センター編『郷土史料集鉄砲記』（二〇〇一年）という小冊子にまとめられている。

⑦日恕公……種子島第十六代島主の種子島久時（一五六八～一六一二）。時堯の次男。日恕公とは、その法号「世尊院日恕大居士」を指す。第十四代時堯の長男時次が家督を継ぎ第十五代島主となったが早逝したため、久時が元服後に第十六代島主となった。

⑧文禄征韓の役……豊臣秀吉が起こした文禄の役。前線基地として築いた肥前国松浦郡の名護屋《なごや》城（現在の佐賀県唐津市）から、船団を組んで海を渡り、約十六万の大軍を釜山に上陸させた。明の国境まで迫ったが、明の援軍、朝鮮水軍の攻撃などで劣勢となり、撤退した。慶長二年（一五九七）に再度出兵した慶長の役とあわせ、「文禄・慶長の役」または「朝鮮征伐」と呼ばれていたので、ここでも「征韓」と記されている。

⑨兵制一変……明治維新になり、日本の軍事制度が一変したこと。それまで各藩の軍制はさまざまであったが、明治政府は、欧米の近代的軍制を模範として、明治六年（一八七三）に徴兵制を施行、成年男子に原則三年間の兵役を課し、士族・平民の別なく徴兵した。武器や戦術も改良され、また兵站・輸送・通信も整備されていった。新旧兵制の激突を象徴するのが、明治十年（一八七七）の西南の役である。

⑩村田銃……薩摩出身で、明治新政府の陸軍少将だった村田経芳《むらたつねよし》（一八三八～一九二一）が国産化した単発小銃。明治維新前後、国内ではさまざまな輸入小銃が混在していた。明治十三年（一八八〇）、村田経芳が開発した単発銃を陸

軍省が採用し統一した。種子島に伝来した火縄銃は、弾丸と火薬を銃身の前から詰める方式であったが、村田銃をはじめ近代の小銃は後装式で、射程や弾道も優れていた。

⑪泰西……西洋諸国、ヨーロッパ。「泰」は極めて大きい意。東洋を「泰東」ともいう。

⑫種子島氏創始の功……種子島時尭がポルトガル伝来の火縄銃を私物化せず、家臣の笹川秀重に火薬を倣製させ、八板清定に鋳造法を伝えさせることによって国産化に成功し、火縄銃が日本各地に伝わっていったという功績を指す。

（3）種子島氏の歴史と鉄砲の継承

前此、種子島氏儼爲一諸侯、厥後、臣属島津氏、仍領種子島、禮同公室。維新後還封。至二十七世守時君□特旨列華族授男爵。蓋祖烈之所致云。信基公之孫信眞公有六子、季曰信時君。始賜西村、以爲采邑、因氏。子孫臣事宗家。九世至織部君。自織部君至時彦十三世、世藏其所獲葡萄牙鐵砲。日勝公所獲則當時遺其一於紀州根来杉坊、其一爲家寶。明治丁丑、燬于兵燹。時彦因獻我家所藏、守時君又獻諸官。今陳列游就館者是也。

【書き下し文】

此れより前、種子島氏儼《げん》①として一諸侯為《た》り、厥《そ》の後、島津氏に臣属《しんぞく》するも、仍《な》お種子島を領し、礼は公室に同じうす。維新後、封《ほう》を還《かえ》す。二十七世守時《もりとき》君②に至り、特旨《とくし》により華族《かぞく》に列せられ男爵を授かる③。蓋《けだ》し祖烈《それつ》④の致《いた》す所と云《い》う。信基《のぶもと》公の孫信真公に六子有り、季《すえ》を信時《のぶとき》君と曰う。始めて西村を賜《たまわ》り、以て采邑《さいゆう》と為し、因《よ》りて氏とす。子孫宗家《そうけ》に臣事《しんじ》す。九世にして織部君に至る。織部君より時彦《ときつね》に至ること十三世、世々《よよ》其の獲《え》し所の葡萄牙鉄砲を蔵す。日勝公獲し所は則ち当時其の一を紀州《きしゅう》根来《ねごろ》の杉の坊⑤に遺《おく》り、其の一は家宝と為す。明治丁丑《ていちゅう》、兵燹《へいせん》に燬《や》かる⑥。

時彦因りて我が家の蔵する所を献じ、守時君又た諸《これ》を官に献ず。今、游就館《ゆうしゅうかん》⑦に陳列する者是《こ》れなり。

【現代語訳】

これより先、種子島氏は厳然たる一諸侯であり、その後、島津氏に臣従したが、依然として種子島を領有し、礼は公室と同格であった。明治維新後、領地を返還した。二十七世の守時君に至り、特旨によって華族に列せられ、男爵の位を授かった。祖先の功績がそうさせたのであろう。信基公の孫の信真公に六人の子があり、末の子を信時と言った。はじめて西村を賜って宰領地とし、その地にちなんで氏とした。子孫は代々宗家（種子島氏）に臣従した。九世ののち織部君に至った。織部君から時彦までは十三世、代々そのポルトガル銃を家蔵していた。日勝公が購得した鉄砲は、当時、その内の一つを紀州根来寺の杉の坊に譲り、残りの一つは家宝としたが、明治丁丑（の西南戦争で）、戦火に焼かれてしまった。そこで時彦は家蔵していた鉄砲を献上し、守時君はそれを官に献上した。今、（靖国神社の）遊就館に陳列してあるのがそれである。

【語注】

①儼……態度などがおごそかな様子。また、「厳然」の「厳」と同じで、事実などが確かなさまをいう。

②二十七世守時君……種子島氏第二十七代当主の種子島守時（一八七九〜一九二九）。父は種子島氏第二十五代当主久《ひさ》尚《たか》。母は島津貴典の娘の幸子。兄で第二十六代当主の時丸が十一歳で夭折したため、わずか六歳で家督を相続した。そのため、前田豊山が後見人となって教育に当たった。明治維新により、旧大名は華族に列せられ爵位を授けられたが、種子島氏は種子島を長く統治してきたものの大名家ではなかったため、この授爵に与らなかった。そこで前

田豊山と西村天囚は、守時の授爵を悲願として尽力し、ようやく明治三十三年（一九〇〇）、守時は男爵に叙せられた。

③特旨により華族に列せられ男爵を授かる……種子島守時が明治三十三年（一九〇〇）、明治天皇の特旨により華族に列せられ男爵に叙せられたことをいう。これには、前田豊山や西村天囚の尽力があった。豊山は守時の授爵を生涯の念願として奔走し、また天囚は、種子島家の功績を『南島偉功伝』として刊行し、特にその中に「鉄砲記」の項目を立てて種子島氏を顕彰した。この書は天覧に達し、授爵に大きく影響したとされる。「特旨」の前が一字分空いているのは、明治天皇への敬意を表する「空格」の書式である。

④祖烈……目を見張るような偉大な先祖の業績。鉄砲伝来への対応とその国産化をいう。

⑤紀州根来の杉の坊……僧文之『鉄砲記』によれば、紀州（和歌山）根来寺の杉ノ坊某公という者が、千里の道を遠しとせずして鉄砲を求めに来たので、時堯がそれに感じ入り、「我の欲《ほっ》する所は亦《ま》た人の好む所なり。我豈敢《あにあえ》て独《ひと》り己《おのれ》に利して匱《き》に韞《おさ》めて之を蔵《ぞう》せんや」と述べ、一挺を贈ったという。これを基に鉄砲製造法を根来衆に伝え、津田流砲術の祖となったのが、紀州吐前《はんざき》城主の津田監物《つだけんもつ》（?〜一五六八）である。根来衆は鉄砲を駆使した僧兵集団として戦国時代に活動した。

⑥明治丁丑、兵燹に燬かる……明治十年（一八七七）の西南戦争によって、種子島氏所蔵の鉄砲が焼失したこと。明治二年（一八六九）の版籍奉還により、第二十五代当主種子島久尚は種子島を明治政府に返還。家財とともに鹿児島に移っていた。

⑦游就館……靖国神社の宝物館。その名は、中国の古典『荀子』勧学篇の「遊ぶに必ず士に就く」にちなむ。天囚は「今」すなわち大正十年（一九二一）の時点で、遊就館に種子島の火縄銃が陳列されていると述べる。これについて、

種子島氏の家系と事績を記した『種子島家譜』には、明治二十四年（一八九一）、種子島氏所蔵のポルトガル銃を、前田豊山が東京に持参して遊就館に陳列され、それが天覧に達したことが記されている。よって、ポルトガル伝来の火縄銃は、明治二十四年に遊就館に陳列された後、一旦種子島に返却され、その後、天囚がこの碑文を撰文していた頃、再び遊就館に展示されたと推測される。さらに、昭和十八年（一九四三）の遊就館『弓矢鉄砲展覧会出陳目録』の「鉄砲の部」に「葡萄牙人が初めて種子島に齎《もたら》したる銃の銃身」とあることから、昭和の時代にも展示されたことが分かる。なお現在、この火縄銃は、遊就館にではなく、種子島開発総合センター（鉄砲館）に展示されている。

（4）種子島と織部丞への思い

時彦毎歸鄕至西村別墅、游御埼而望雲濤無際。其東則小浦、松青沙白。因想蕃船到此。織部君以杖畫沙而談、遂俾宗家獲瓌寶、以貽後世、而深自耻庸陋不足發揚先德、顧望低佪、久之。頃者、鄕人胥謀樹碑御埼用紀厥功、請守時君題碑上。寓書浪華徵時彦文。時彦深感鄕人報本之誠而又樂託不朽也。故不敢辭、謹叙始末、繫以詞曰、

【書き下し文】

時彦《ときつね》帰郷する毎《ごと》に西村別墅《べっしょ》に至り、御埼《みさき》に游びて雲濤《うんとう》①無際《むさい》なるを望む。其の東は則ち小浦《こうら》、松青く沙白《すな》し。因りて蕃船《ばんせん》の此《ここ》に到《いた》るを想《おも》う。織部君杖《つえ》を以て沙に画《か》きて談じ、遂に宗家をして瓌宝《かいほう》②を獲《え》しめ、以て後世に貽《のこ》すも、而《しか》して深く自ら庸陋《ようろう》③にして先徳《せんとく》を発揚《はつよう》するに足らざるを恥じ、顧望低回《こぼうていかい》④、之を久しうす。頃者《ちかごろ》、郷人胥謀《きょうじんあいはか》りて碑を御埼に樹《た》てて用《もっ》て厥《そ》の功を紀《しる》し、守時《もりとき》君に請《こ》いて碑上に題せんとす。書を浪華《なにわ》に寓《よ》せて⑤時彦に文を徴《ちょう》す。時彦深く

郷人報本《ほうぽん》⑥の誠に感じて又た不朽《ふきゅう》に託《たく》するを楽しむなり。故に敢《あえ》て辞せず、謹《つつ》しみて始末を叙《じょ》し、繋《か》くるに詞《し》⑦を以てす。曰《いわ》く、

【現代語訳】

時彦は帰省のたびに西村の別荘に赴き、岬を散歩して果てしなき海原を眺めた。その東は小浦で、白砂青松。ここに南蛮船が漂着したことに思いを馳せた。織部君は杖で砂浜に文字を書いて筆談し、遂に宗家（種子島氏）に宝を獲得させ、後世に残したのであるが、（時彦は）菲才のため祖先の徳を発揚することができないのを恥とし、久しく振返って頭を垂れるだけであった。先頃、郷里の人々が石碑を岬に建ててその功績を記すことを計画し、種子島守時君に石碑の題字を依頼した。また大阪に書を寄せて、時彦に撰文を求めた。時彦は郷里の人々が祖先に報いようとする誠の心に深く感動し、また文を不朽の石碑に託するのを喜びとした。よってあえて辞退せず、謹んでその顚末を記し、以下に詞を連ねる。

【語注】

①雲濤……はるかに天際まで続く波。
②瓌宝……すぐれて珍しい宝。ここでは火縄銃のこと。
③庸陋……平凡でいやしいこと。下品な文章を「庸陋之筆墨」という。ここでは、自身のことを謙遜して言う。
④顧望低回……「顧望」はかえりみ望むこと。「低回」は首を垂れて行きつ戻りつすること。自身の恥の気持ちを表現したもの。

⑤書を浪華に寓せて……大阪に書簡を送っての意。天囚は、大正十年（一九二一）宮内省御用掛に任ぜられ、十月三日、東京五反田下大崎の島津邸役宅に転居するが、それ以前は、大阪市北区松ヶ枝町に住んでいた。ここに「浪華」とあるのは、そのためである。なお、天囚は、その前年の大正九年五月、文学博士の学位を授けられている。この碑文の末尾に「文学博士」と記されているのはそのためである。

⑥報本……先祖の恩に報いること。

⑦詞……漢文の文体の名。四字句で句末に韻を踏む韻文である。第四段落までは散文で鉄砲伝来の経緯を淡々と記し、最後の第五段落では美文調の「詞」でその功績を称賛する。

（5）偉業を永遠に伝える

海上三山、其一蜒蜿、我公治焉、垂裕宏遠。控琉引粤、柔撫島蠻、永保爵邑、□王室維翰。西人始至、小浦之濱、來獻匪琛、希世之珍。公曰勿私、命工倣造、傳彼秘奥、廣頒異寶。得之臨敵、賁育不前、得之禦侮、國安疆全。戡乱於内、禁暴於外、繇古訖今、斯器是頼。□皇圖丕闡、國運恢張。推本論功、潛德有光。餘澤靡斬、本支縄縄、勿墜家聲、念祖祗承。貽範可尋、茲表茂績、百世之下、視斯貞石。

大正十年一月　文學博士　西村時彦譔

西之青年會建之

錦戸惣太郎彫刻

【書き下し文】

海上の三山①、其の一蜒蜿《えんえん》②、我が公焉《ここ》を治め、裕《ゆう》を垂《た》るること宏遠《こうえん》なり。琉《りゅう》を控《ひか》え粤《えつ》を引き③、島蛮《とうばん》を柔撫《じゅうぶ》し、永《なが》く爵邑《しゃくゆう》を保ち、王室の報本《ほうほん》たり。西人《せいじん》始めて至る、小浦の浜、来たりて匪琛《ひちん》④を献ず、希世《きせい》の珍《ちん》なり。公曰く、私《わたくし》する勿《な》かれ。工に命じて倣《なら》い造り、彼《か》の秘奥《ひおう》を伝え、広く異宝を頒《わ》かつ。之を得て敵に臨めば、賁育《ほんいく》⑤も前《すす》まず、之を得て侮《あなど》りを禦《ふせ》げば、国安《やす》くして疆全《きょうまった》し。乱を内に戢《と》り、暴を外に禁じ、古《いにしえ》より今に訖《いた》るまで、斯《こ》の器に是《こ》れ頼《たよ》る。皇図《こうと》⑥丕《おお》いに闢《ひら》け、国運恢《おお》いに張り、本《もと》を推《お》し功を論ずれば、潜徳《せんとく》⑦光有り。余沢《よたく》⑧斬《た》つ靡《な》く、本支縄縄《ほんしじょうじょう》⑨、家声《かせい》を墜《お》とす勿《な》く、祖《そ》を念《おも》い祗《つつし》んで承《う》けよ。貽範《いはん》⑩尋《たず》ぬべく、茲《ここ》に茂績《ぼうせき》⑪を表す。百世《ひゃくせい》の下《もと》、斯《こ》の貞石《ていせき》⑫を視《み》よ。

大正十年一月　文学博士⑬　西村時彦撰

西之青年会⑭之を建つ

錦戸惣太郎⑮彫刻

【現代語訳】

海上の三山、その内の一つ（種子島）はうねうねと長く、我が公がここを統治し、広く恩沢を施した。（種子島は）琉球を控え、広東に連なり、島々の蛮人を懐柔し、永く爵邑を保ち、王室の支えとなっていた。ヨーロッパ人が初めて小浦の浜に至り、稀代の珍宝となる鉄砲を献上した。時堯公は言われた、これを私してはならぬと。工人に命じて模倣して造り、その秘奥を伝え、広くこの異宝を分け与えた。これを得て敵に臨めば、孟賁《もうほん》・夏育《かいく》という勇者も前に進むことができず、これを得て侮《あなど》る敵を防げば、国家は安泰で領土は保全される。乱を内に鎮め、暴を外に禁じ、古より今に至るまで、この兵器は頼みとなるものであった。国の版図は大いに開け、国運は大いに伸張し、その大本をたどって功績を論ずれば、隠れていた徳も光り輝く。先人の恩恵は絶たれることなく、いつまでも連綿と続き、家の名声を落とすことなく、祖先を思い謹んで継承せよ。先祖の遺訓を尋ねるべく、ここにその盛んな業績を顕彰する。百世の後も、この石碑を見よ。

【語注】

①海上の三山……鹿児島の南の種子島・屋久島・口永良部島《くちのえらぶじま》の三つの島。西村天囚『南島偉功伝』の「外交」の部に、「種子島は古より、南辺の要徼《ようきよう》と称せらる、……但し当時の多褹《たね》島は屋久恵良部《やくえらぶ》を合併せし者ならん」とある。

②蜒蜿……蛇のようにうねうねと長い様。種子島が南北に細長い地形をしていることによる。

③琉を控え粤を引き……種子島が南西諸島や中国大陸に海上交通で連なることをいう。「琉」は琉球（沖縄）、「粤」は中国南部沿岸の広東地方を指す。

④匪琛……すぐれた宝物。「匪」は「斐」に同じく、あやのあるさま。「琛」は宝や玉の意。

⑤賁育……中国古代の勇者の孟賁と夏育。ともに伝説的な強者で、生きている牛の角を引き抜いたとされる。

⑥皇図……帝王の版図。ここでは日本国の領域のこと。

⑦潜徳……世に知られていない隠れた美徳。まだ顕彰されていない有徳者の栄光を「潜徳之幽光」と言う。

⑧余沢……先人が遺してくれた恩恵。

⑨本支縄縄……一家一門が長く栄えること。「本支」は本家と分家。「縄縄」は絶えないさま。「本支百世」も同意語。

⑩貽範……先祖が遺した手本。「貽」は「遺」に同じ。

⑪茂績……立派な事業、功績。「茂」はもともと草木がしげる意。そこから、さかん、美しい、すぐれるという意味を表す。

⑫貞石……堅固な石。そこから転じて、石碑の美称。

⑬文学博士……西村天囚が文学博士号を授与されるのは、この前年の大正九年（一九二〇）。日本の博士号授与については、明治二十年（一八八七）、学位令によって制定された。現在では学位を授与する大学の学長名で発行されるが、当時は、大学院で規定の課程を修了した者と、博士会が学位を授くべき学力があると認めた者については、ともに閣議を経て、文部大臣が授けるものとなっていた。天囚の学位記は、種子島の西村家に残されており、「鹿児島県士族西村時彦」に対し、「文部大臣正四位勲二等中橋徳五郎」が「第一五一八号」として授与していることが分かる。

⑭西之青年會……「西之」は旧「西之村」。門倉岬のある、現在の種子島南種子町内の地名。

⑮錦戸惣太郎……天囚撰文の碑文をこの石碑に彫刻した人の名。未詳。

三、『碩園先生文集』所収「鉄砲伝来紀功碑」との比較

天囚が亡くなってから十二年後の昭和十一年（一九三六）、財団法人懐徳堂記念会は『碩園先生遺集』を刊行した。線装本全五冊である。その中の『碩園先生文集』巻二に「鉄砲伝来紀功碑（辛酉一月）」が収められている。干支の「辛酉」は天囚が撰文した大正十年（一九二一）である。

この文集には天囚の最終稿が収録されているはずであるが、門倉岬の碑文とは相違がないのであろうか。念のため、確認する。

結論を先に言えば、門倉岬の碑文とは大きな違いがない。ただ、細かな点ではあるが以下のような相違も認められる。

（第一段落）

・種子島出左馬頭平行盛朝臣……「種子島」を「種子島氏」に作る。

・叙従五位下……「叙」を「敍」に作る。但し、これは新字・旧字の違いであり、これに類する相違は他にもいくつかある。以下では省略する。

・天文十二年癸卯秋八月二十五日丁酉……「八月二十五日」の後の「丁酉」を欠く。

・我遠祖織部君居焉……「我遠祖」を「我家祖」に作る。

（第三段落）

・日勝公所獲則當時遺其一於紀州根来杉坊……「遺」を「遺」に作る。

この内、やや留意したいのは、第三段落の「遺」と「遺」の相違であろう。ここは、日勝公種子島時堯が家宝としていたポルトガル伝来の火縄銃二挺の内一挺を紀州根来寺の杉の坊に譲ったことを言っているので、門倉岬の碑文の通り、「遺」（やる、おくる）の方が良いと思われる。もっとも、「遺」の初義は「のこす」であるが、また「おくる、あたう」の意もあるので、もしその意味で使っているとしたら大差はない。漢字の字形が近いために『碩園先生文集』は「遺」に作ったと考えられるが、他にも何か原因があるかもしれない。

第一段落の相違の内、「種子島」と「種子島氏」とは、文意の上からは「種子島氏」が良いと思われる。種子島氏がもともと平氏から出ていることを述べているからである。石碑はなぜ「種子島」としたのであろうか。ここだけからは分からない。

また、「八月二十五日丁酉」の「丁酉」を『碩園先生文集』の方が欠いている理由、さらには、「我遠祖織部君」を「我家祖織部君」に作っている理由も、ここだけでは分からない。これらの点については、あるいは鉄砲館所収の草稿に何らかの手がかりがあるかもしれない。そこで次に、二種の草稿を検討してみたい。

四、鉄砲館所蔵「鉄砲伝来紀功碑」草稿の解析

種子島の鉄砲館には、「五十以後文稿」と題する冊子があり、そこに鉄砲伝来紀功碑の草稿が二種確認される。冊子のはじめに、袋綴じにされた原稿用紙三丁と、続いて、同様の三丁とが収められている。いずれも先に何かを記した原稿用紙を裏返して再利用している。今これを綴じの順に従って、「草稿Ａ」「草稿Ｂ」と仮称する。

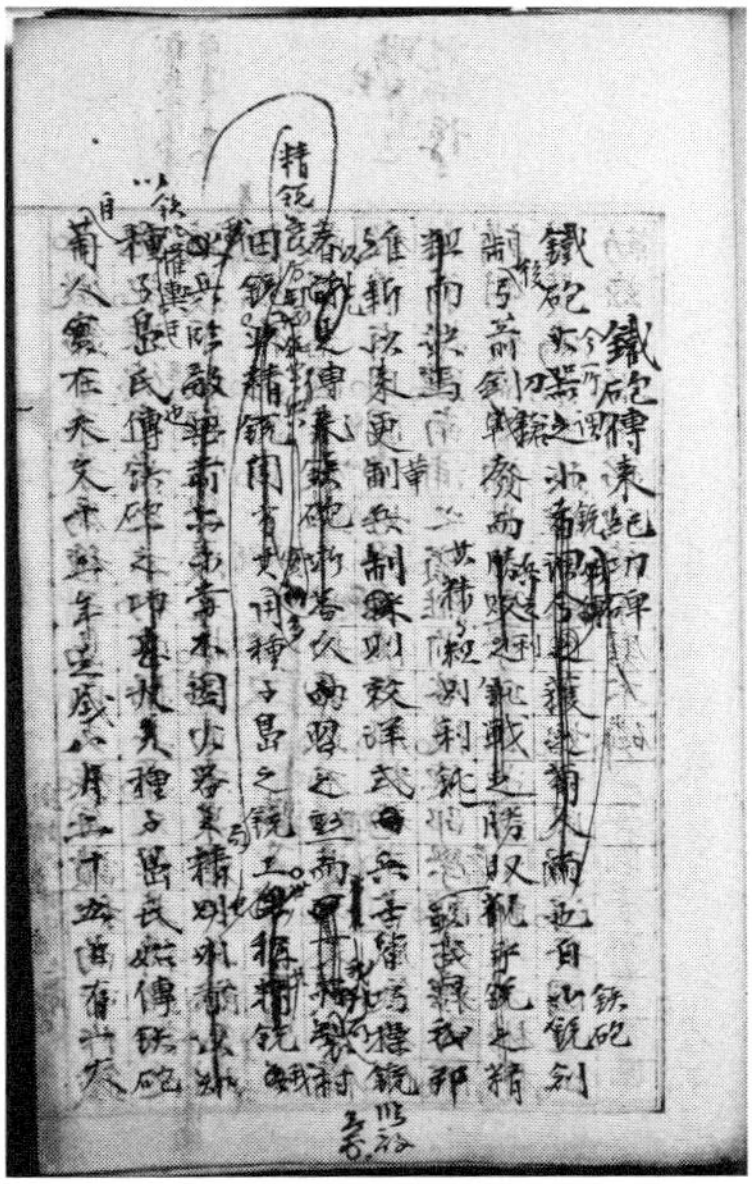

図２　草稿Ａ冒頭部

草稿Ａ「鉄砲伝来紀功碑」（図２）には、墨筆の見せ消ちが多くある。その修正をすべて反映させたとしても、全体的に門倉岬の碑文とはかなりの相違が認められる。また、碑文第五段落に相当する「詞」が見られない。そして、最終葉末尾には、推敲の結果を改めて書き直したと思われる漢文二条が附記されている（図３）。

一方、草稿Ｂは「鉄砲伝来紀功碑記」と題し、朱筆で多くの書き込みと見せ消ちがあるほか、最終葉には、

原文第五段落に相当する「詞」が朱筆で記されている（図4）。その「詞」は原則四字句の韻文であるためか、すべて四字句と四字句の間を一字分空格としている。

それでは、草稿AとBはどのような関係にあると言えるであろうか。その手がかりをまず冒頭部に求めてみよう。草稿Aの冒頭は「鐵砲火器之小者、謂今之獲之葡人而也、自小銃創製、弓箭剣戦廢」と記した後、見せ消ちで多くの訂正を加え、「鐵砲今所謂小銃也、自鉄砲創製後、弓箭刀鎗廢」とまとめている。これに対して、草稿Bは「鐵砲今所謂小銃也、自斯器盛行後、弓箭刀鎗廢」と書き出し、そこに朱書きで訂正を加え、「自鐵砲盛行、弓箭刀鎗廢」としている。この関係を念のため図示してみよう。

草稿A（修正前）　鐵砲火器之小者、謂今之獲之葡人而也、自小銃創製、弓箭剣戦廢
↓
草稿A（修正後）　鐵砲今所謂小銃也、自鉄砲創製後、弓箭刀鎗廢

草稿B（修正前）　鐵砲今所謂小銃也、自斯器盛行後、弓箭刀鎗廃
↓
草稿B（修正後）　自鐵砲盛行、弓箭刀鎗廢

すぐに分かるのは、草稿A（修正後）と草稿B（修正前）とがほとんど同じであるという点である。ここから、まずは草稿Aの修正を反映したものが草稿B（修正前）ではないかと推測される。すなわち、草稿Aが第一次草稿、草稿

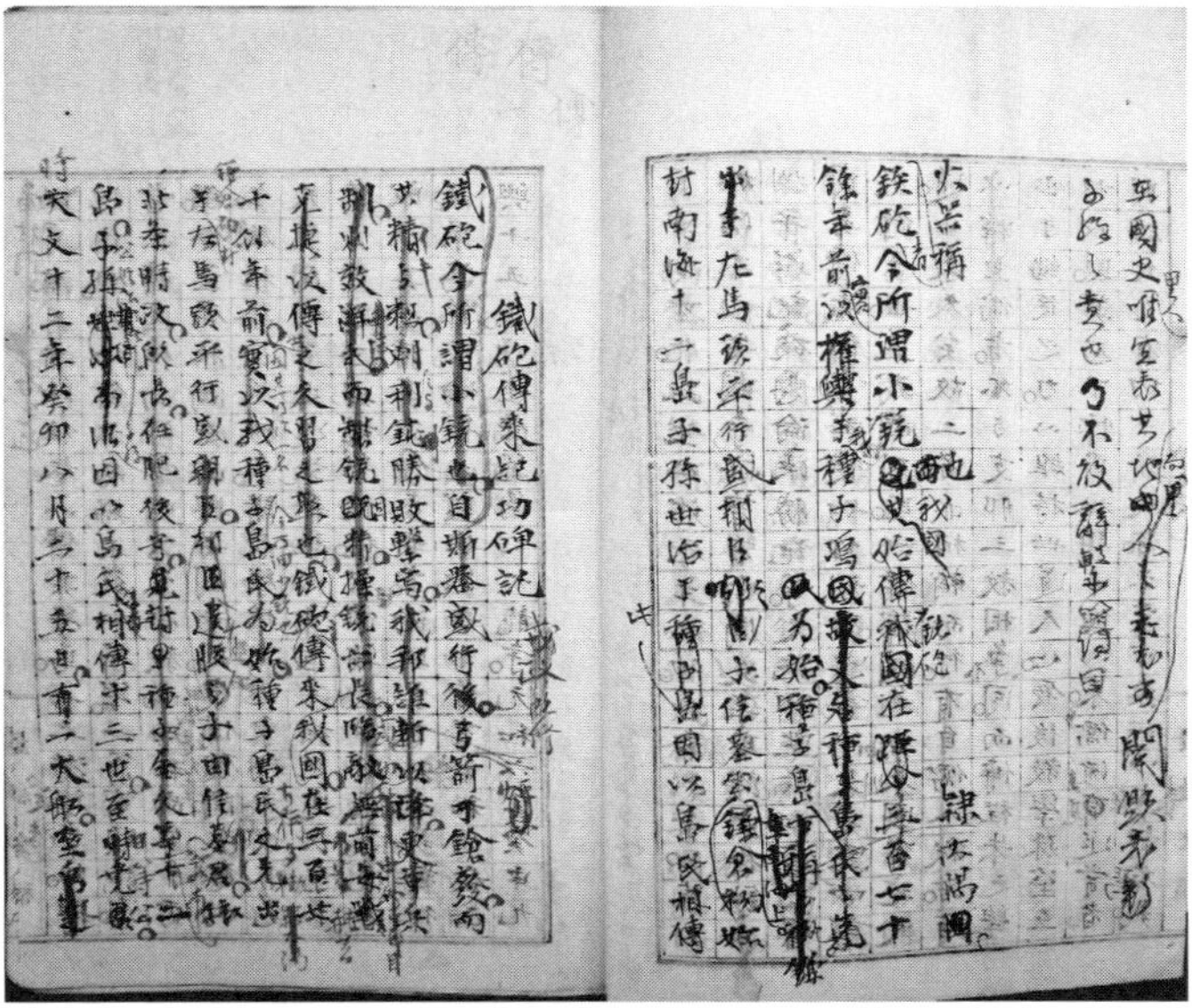

図３　草稿Ａ末尾（右）と草稿Ｂ冒頭部

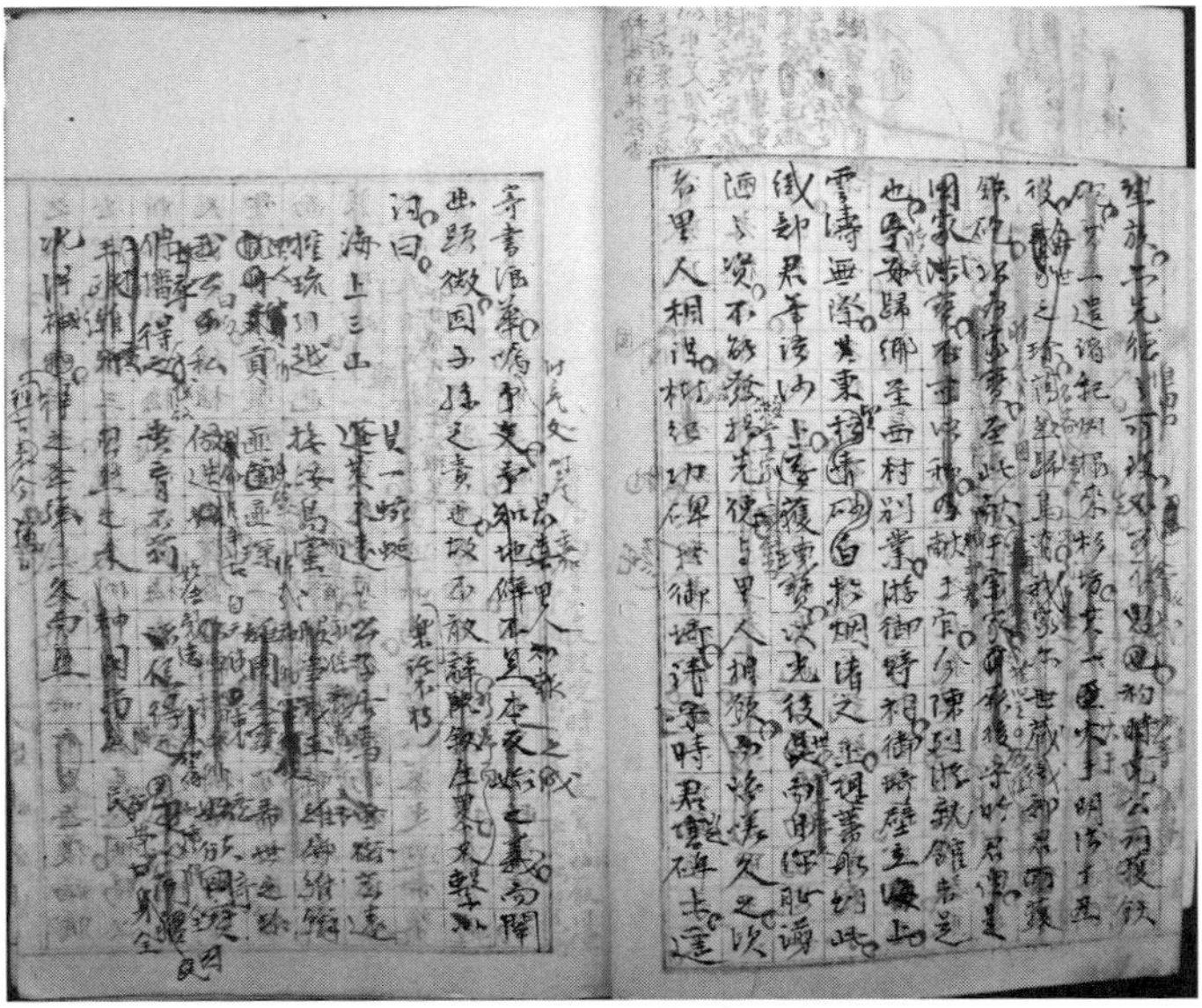

図４　草稿Ｂ末尾「詞」の部分

Bがそれを踏まえた第二次草稿であると考えられるのである。このことは、草稿Bにのみ、碑文第五段落に相当する「詞」が朱書きされていることからも裏付けられよう。草稿Aは初期段階の第一次草稿であり、まだ「詞」も書かれる前のものであった。そこに書き込んだ各種修正をとりあえず反映させたのが草稿Bであり、ここにはようやく「詞」が朱書きされ、さらに多数の修正が加えられていく。

その結果、修正が混交し、自身でも分かりにくくなったのであろう。天囚は、二条について、別途、草稿Aの最終葉の余白に書き直したと考えられる。その場所を選んだのは、たまたまそこに余白があり、草稿Bには余白がまったくなかったからであろう。

冒頭の一条については、「鉄砲今所謂小銃也、其始傳我國、在距今三百七十餘年前」と書いた上で、そこに訂正を加えて、結局、「火器稱鉄砲者、今所謂小銃也、我國始傳鉄砲在三百七十餘年前」と落ち着かせている。

但し、草稿B（修正後）と草稿A余白（修正前）にはかなりの違いが生じているが、この落差はどのように理解されるであろうか。これについては、草稿Bを今一度確認することで推測できるであろう。

草稿Bははじめ、「鐵砲今所謂小銃也、自斯器盛行後、弓箭刀鎗廃」と記されたが、天囚は朱線で「今所謂小銃也」を消し、「鐵砲」を「自」の後に移すとともに、「斯器」を削る指示をした。これにより、この冒頭部は極端に短くなり、「自鐵砲盛行、弓箭刀鎗廢」となった。しかし天囚は、再度確認して、やはり修正前の方が良かったと思い直した。だが、その修正をそこに書き込むと修正指示が錯綜して、非常に分かりにくくなることを懸念した。そこで、草稿A末尾の余白に、草稿B（修正前）を復活させる形で改めて「鉄砲今所謂小銃也」と記し、そこに、その伝来が「三百七十餘年前」だったことを続けたのではなかろうか。

また、「自鐵砲盛行、弓箭刀鎗廢」の二句はこれにより削除されてしまったように見えるが、実は、碑文第二段落の半ばに、「文禄征韓役属島津氏、用鐵砲隊有功。爾後鐵砲盛行、弓箭漸廢」として使われている。すなわちこの二句は完全に削除されたのではなく、場所を移したのである。このように考えると、草稿A→草稿B→草稿A末尾余白→門倉岬碑文の流れが無理なく理解されるであろう。

この流れは、また別の角度からも確認される。それは草稿Aに四箇所、各一行分または半行程度の空白が見られる点である。例えば、草稿A本文の三行目はほぼ空白となっているが、これは、二行目に対する訂正を左の三行目に書いたため、本文を記す余地がなくなったからであろう。他の三箇所も同様である。つまり、草稿Aは、書く側から息つく間もなく訂正を加えていった原稿であると推測される。これに対して、草稿Bにはそうした空白は見られない。一旦全文を墨筆で書いた後に、一息入れてから朱で修正を加えていった原稿であると考えられる。やはり、草稿Aから草稿Bという流れは確実であろう。そして、その草稿Bの一部が草稿A末尾余白に書き込まれたと考えられる。これこそ、門倉岬の碑文に見られる最終形態に最も近いものなのである。

但し、草稿Aと草稿B（修正後）と草稿A末尾余白の書き込みとにはかなりの相違もあることから、草稿A末尾余白の書き込みは、草稿Aを受けて書かれたものという可能性も残るであろう。この点については、そこに記されたもう一条の漢文を後に考察することとし、ここでは仮説としておいて検討を先に進めよう。

また、もう一点留意しなければならないのは、草稿B（修正後）や草稿A末尾余白（修正後）が直ちに門倉岬の碑文となったのではないという点である。碑文との間にはなお若干の相違が認められるからである。従って、これらの修正を踏まえた原稿が少なくとももう一稿あったと推測される。これを「最終稿」と仮称した上で、改めて以上の関係を図示してみよう。

草稿Ａ（修正前）　鐵砲火器之小者、謂今之獲之葡人而也、自小銃創製、弓箭剣戦廢
↓
草稿Ａ（修正後）　鐵砲今所謂小銃也、自鉄砲創製後、弓箭刀鎗廢
↓
草稿Ｂ（修正前）　鐵砲今所謂小銃也、自斯器盛行後、弓箭刀鎗廃
↓
草稿Ｂ（修正後）　自鐵砲盛行、弓箭刀鎗廢
↓
草稿Ａ余白（修正前）　鉄砲今所謂小銃也、其始傳我國、在距今三百七十餘年前
↓
草稿Ａ余白（修正後）　火器稱鉄砲者、今所謂小銃也、我國始傳鉄砲在三百七十餘年前
↓
（最終稿）
↓
門倉岬碑文　火器古稱鐵砲者、今所謂小銃也。其傳来我國在三百八十餘年前

また、この図には書き加えないが、『碩園先生文集』所収の「鉄砲伝来紀功碑」も、草稿Ａ・Ｂと門倉岬碑文との間に位置していると言える。最終稿が門倉岬碑文と完全に一致するものであったとしたら、『文集』所収草稿↓最終

稿→門倉岬碑文の順となるが、詳細は不明である。いずれにしても、こうした経緯で完成に近づいていったと推測される。

ただ、この冒頭部のみでは、やや不安も残るので、もう一箇所、同様の検討を行って、この仮説を検証してみよう。碑文第四段落の冒頭は、天囚が帰郷するたびに門倉岬を訪れ、鉄砲伝来に思いを馳せるという内容であった。門倉岬の碑文では、「時彦毎歸郷至西村別墅、游御埼而望雲濤無際。其東則小浦、松青沙白」となっている。これに対して、草稿Aは、「予毎至西村別業、游御埼神祠、御埼壁立海上、雲濤無際。其東白砂青松」に作った後、若干の書き込みを加えて、「予毎帰郷至西村別業、游御埼神祠生、御埼壁立海濤無際。其東白砂青松」としている。

一方、草稿Bは「予毎歸郷至西村別業、游御埼祠、御埼壁立海上、雲濤無際。其東則松青沙白」と記した上で、朱筆による若干の書き込み・修正を加え、「時彦毎歸郷至西村別業、游御埼祠、御埼壁立海上、雲濤無際。其東則青松白砂」としている。この草稿B（修正後）が、門倉岬の碑文に最も近い。この関係を念のため図示しておく。

草稿A（修正前）　予毎至西村別業、游御埼神祠、御埼壁立海上、雲濤無際。其東白砂青松
←
草稿A（修正後）　予毎帰郷至西村別業、游御埼神祠生、御埼壁立海濤無際。其東白砂青松
←
草稿B（修正前）　予毎歸郷至西村別業、游御埼祠、御埼壁立海上、雲濤無際。其東則松青沙白
←
草稿B（修正後）　時彦毎歸郷至西村別業、游御埼祠、御埼壁立海上、雲濤無際。其東則青松白砂

←（最終稿）

←門倉岬碑文　時彦毎歸郷至西村別墅、游御埼而望雲濤無際。其東則小浦、松青沙白

やはり、草稿Ａ（修正後）と草稿Ｂ（修正前）が類似していること、そして、草稿Ｂ（修正後）と門倉岬の碑文が類似していることが分かるであろう。また、草稿Ａと草稿Ｂ（修正前）までは自身のことを「予」と称していたものが、草稿Ｂ（修正後）と門倉岬の碑文では、「時彦」に改めていることも分かる。よって、ここからも、草稿Ａが第一次草稿であり、その修正を反映させたのが草稿Ｂであると考えられる。

もっとも、草稿Ａ（修正後）と草稿Ｂ（修正前）が類似していることから、逆に、草稿Ｂが先に書かれ、草稿Ａがその後に書かれたのではないかとの疑問も生じよう。しかし、その可能性はほとんど考えられないであろう。なぜなら、その場合は、草稿Ｂ（修正後）が大きく変化して草稿Ａ（修正前）となり、そこに修正が加えられたものが草稿の最終形態になるはずであるが、それは門倉岬の碑文とはかなり異なるものと言わざるを得ず、はじめの草稿からはむしろ後退するという極めて不自然な流れになるからである。またそのように考えると、せっかく草稿Ｂで書いた「詞」をなぜ草稿Ａで削ってしまったのかという疑問が生じ、それにも答えられなくなる。やはり、草稿Ａが第一次草稿、草稿Ｂが第二次草稿と考えておくのが妥当であろう。

では、先に懸案としておいた諸点について、この草稿から何か手がかりが得られるのであろうか。

まず、第一段落の「種子島」と「種子島氏」について。草稿Ａは「種子嶋氏出于太政大臣平清盛之孫左馬頭平行盛

朝臣」に作り、修正を加えていない。草稿Bは「種子島氏之先、出于左馬頭平行盛朝臣」とした上で、朱で訂正を加え、「種子島古稱多褹、鎌倉初封左馬頭平行盛」とする。そして、それを反映させたと思われる草稿A末尾の余白では、一旦「種子島氏之先、出于左馬頭平行盛朝臣」とした上で、墨筆での見せ消ちで「種子島之先、左馬頭平行盛朝臣」としている。この関係を図示してみよう。

草稿A（修正なし）　種子嶋氏出于太政大臣平清盛之孫左馬頭平行盛朝臣
←
草稿B（修正前）　種子島氏之先、出于左馬頭平行盛朝臣
←
草稿B（修正後）　種子島古稱多褹、鎌倉初封左馬頭平行盛
←
草稿A末尾余白（修正前）　種子島氏之先、出于左馬頭平行盛朝臣
←
草稿A末尾余白（修正後）　種子島之先、左馬頭平行盛朝臣

ここからも、先に一旦保留としておいた問題が解決するであろう。すなわち、草稿A末尾余白の漢文は、やはり草稿Bを受けて書かれたという点である。もし草稿Aに修正の必要があったのであれば、他の箇所と同じように、該当部分の右または左に見せ消ちで修正を加えればよかったはずである。ところがこの部分については、草稿Aにはまっ

たく修正の跡がない。とすれば、修正のない草稿Aを、わざわざ草稿A末尾に書き改める必要もない。草稿Bでの修正が錯綜したからこそ、草稿Bを踏まえて、草稿A末尾余白に改めて書いたと考えるのが自然である。やはり、草稿A→草稿B→草稿A末尾余白→門倉岬碑文、という流れは確実であろう。

そしていずれにしても、これらの草稿段階でも、「種子島」と「種子島氏」との揺れがあることが分かる。天囚は、種子島を主語にしようとしたのか、それとも種子島氏のことを書こうとしたのか、自身でもやや揺れていたのである。それが、門倉岬の碑文と『碩園先生文集』との相違になって現れたと推測される。

次に、異国船が漂着した日の干支について、「八月二十五日丁酉」の「丁酉」を『碩園先生文集』の方は欠いていた。この点について、草稿A（修正前）では、はじめここを「八月二十五日、有一大船至種子島之端之西村」としていたが、「島之端」を「島南端」に改めて「八月二十五日、有一大船至種子島南端之西村」とし、草稿Bでは「八月二十五日、有一大船至島之端西村」と記した後、訂正を加え、「八月二十五日、有一大船至西村海岸」としている。ここでも草稿Aを受けて草稿Bがとりあえず書かれ、そこにさらに修正を加えていった状況が明らかになる。そしていずれにしても、二種の草稿には、修正の前後を問わず「丁酉」の二字は見られない。従って、最終段階で「丁酉」が加えられ、門倉岬の碑文にはそれが反映されたものの、『碩園先生文集』用の原稿ではそれが落ちてしまったと推測される。「丁酉」の欠落は偶然かもしれないが、もともとの草稿になかったことも、何らかの影響があったのかもしれない。

次に、「我遠祖織部君」を『碩園先生文集』が「我家祖織部君」に作っている点はどうであろうか。草稿Aではここを「西村織部丞時貫君」と記した上に、見せ消ちで「我祖織部丞時貫君」と修正し、草稿Bではこの修正を反映して「我祖織部丞時貫君」と記し、この部分については訂正を加えていない。とすれば、ここから門倉岬の碑文完成までの間に手が加えられ、碑文では「我遠祖織部君」となり、『碩園先生文集』では「我家祖織部君」になったものと推測される。このような違いが生じたのは、草稿段階では単に「我祖」だったものが最終段階直前で修正され、表記が揺れたからではなかろうか。

さらに、第三段落の「遣」と「遺」の違いについても、草稿を確認してみよう。草稿Aでは、ここを「遺其一於紀州根来杉坊」に作り、草稿Bは「其一遣諸紀州根來杉坊」に作る。従って、門倉岬の碑文は草稿Bを受けて「遣」としたが、『碩園先生文集』は字形が似ていることから、あるいはかつての草稿Aに引きずられたためか「遺」に作ったと推測される。いずれにしても、「贈る」の意で天囚は使っていたのであろう。

以上のように、種子島鉄砲館所収の草稿二種は、鉄砲伝来紀功碑文の成立について重要な手がかりを与えてくれるのである。改めて結論を整理すれば次のようになる。

まず草稿Aが第一次草稿として書かれ、そこに墨筆で慌ただしく修正が加えられた。その修正を反映する形で記されたのが草稿Bである。しかし、天囚の修訂作業は続き、その草稿Bにも朱筆で加筆修正が施され、その内、特に二条については、修正結果を踏まえて草稿A末尾の余白に墨書した。一方、草稿Bには、草稿Aではまだ書かれていなかった第五段落相当部の「詞」が朱筆され、これにより一応完成形態に近づいた。

また、門倉岬の碑文と『碩園先生文集』所収の碑文とで若干の相違が見られる箇所については、草稿段階でも表記の揺れが認められ、それが影響したと考えられたのである。

五、碑文に込めた天囚の思い

それでは、この八百三十字を超える長大な漢文に、天囚はどのような思いを込めたのであろうか。その思いが表出していると考えられるのは、特に第四段落の「時彦」からであろう。それまでは、歴史を振り返り、経緯を淡々と記していた筆致がここで急変する。天囚自身が門倉岬に立ち、はてしない海原を眺めながら鉄砲伝来に思いを馳せるのである。その思いとは具体的にどのようなものか。それを端的に示すのは、「恥」という言葉であろう。

第四段落を振り返ってみよう。天囚は、かつて門倉岬の東側の小浦に異国船が漂着したことを想う。そして、先祖の織部丞時貫の筆談により、火縄銃という宝が種子島にもたらされ、また、種子島時堯がそれを私せずに国産化したことによって戦国時代から明治時代に至る日本の歴史が切り拓かれたことを振り返る。しかしながら、そのことを、自身の不才のため充分に顕彰できていないことを長く遺憾としていたのである。

そこにちょうど、郷里から碑文建立の計画が知らされ、自身に撰文の依頼があったことを喜びとするのである。天囚にとって、先祖と郷里の功績に報いることができるのは、まさに自身の漢文力によってであったろう。それがようやく発揮できることに感激しているのである。

ちなみに、草稿Aは、ここを「想織部君与大明儒生以杖筆語沙上、以文学之士、獲戦陣之美名……」に作り、見せ消ちで修正して、「想蕃船到此、織部君与舊明儒生以杖筆語沙上、遂獲瓌寳、光後世而自深恥時彦……」とする。これを受けた草稿Bでは、まず「想蕃船到此、織部君筆談沙上、遂獲瓌寳、以光後世、而自深恥譾陋之資、不能發揚先徳」と記した後、朱で若干の修正を加えて、「想蕃船到此、織部君筆談沙上、遂獲頼宗家之瓌寳、以光後世、而自深恥讃陋之資、不能發揚先徳」としている。これも念のため図示しておく。

草稿A（修正前）　想織部君与大明儒生以杖筆語沙上、以文学之士、獲戦陣之美名……

↓

草稿A（修正後）　想蕃船到此、織部君与舊明儒生以杖筆語沙上、遂獲瓌寶、光後世而自深恥時彦……

↓

草稿B（修正前）　想蕃船到此、織部君筆談沙上、遂獲瓌寶、以光後世、而自深恥讃陋之資、不能發揚先徳

↓

草稿B（修正後）　想蕃船到此、織部君筆談沙上、遂獲頼宗家之瓌寶、以光後世、而自深恥讃陋之資、不能發揚先徳

↓

（最終稿）

↓

門倉岬碑文　因想蕃船到此。織部君以杖畫沙而談、遂俾宗家獲瓌寶、以貽後世、而深自耻庸陋不足發揚先徳

このような段階を踏んで、徐々に門倉岬の碑文に近づいていったことが分かるであろう。そして、草稿Aにはもともとなかった「恥」の語が修正によって加えられ、それが草稿Bと門倉岬の碑文に継承されたことも理解される。先祖と郷里の顕彰が充分にできていなかったとの思いは、自身に強くのしかかっていたのであろう。草稿A・Bに見られる激しい推敲の跡は、天囚が自分自身と厳しく格闘していたことを示している。

天囚は碑文の最後をこう締めくくる。「貽範尋ぬべく、茲に茂績を表す。百世の下、斯の貞石を視よ」と。美文調の「詞」であるから、定型的とも言えようが、やはり、万感の思いがこの結語に現れたとも考えられる。西村織部丞の子孫という宿命を背負って種子島に生まれた天囚は、この碑文の完成により、先祖と郷里の顕彰という大きな悲願を果たしたのである。

【附記】

草稿A・Bの写真撮影・掲載については、種子島開発総合センター（鉄砲館）の許可を得た。厚く御礼申し上げたい。

第八章　懐徳堂の孔子祭
——近代日本の学問と宗教——

序　言

紀元前四七九年、孔子は、弟子たちに見守られながらその生涯を閉じた。翌年、魯の君主哀公《あいこう》は孔子生前の家を改築して廟とし、そこに孔子の遺品を陳列して祭った。以後、孔子は中国の歴代王朝からも尊崇され、孔子を開祖とする儒教は東アジア世界に大きな影響を与えていった[1]。

大正十一年（一九二二）。この年は、孔子が亡くなってから二千四百年に当たり、日本でも、湯島聖堂、二松学舎、足利学校、懐徳堂、多久聖廟など全国の漢学系教育機関において孔子祭（釈奠《せきてん》）が挙行された。大阪の懐徳堂では、同年十月八日午前十一時から恒例の懐徳堂先師儒の祭典が執り行われ、引き続き午後一時から孔子祭典が挙行されている。

ただ、江戸時代の懐徳堂も、大正時代に再建された懐徳堂も、本来は「孔子を祭る」学校ではなかった。そのため、これまでの懐徳堂研究で、この孔子祭を取り上げて考察したものはない。

では、懐徳堂の歴史においてこの孔子祭はどのような意味を持っていたのであろうか。また、明治維新以降、新たな学問体系を構築しつつあった近代日本において、儒教や孔子はどのようにとらえられていたのであろうか。

本章では、この大正時代の孔子祭の実態を、新発見の資料も活用しながら可能な限り明らかにし、西村天囚と孔子祭の関係、および近代日本における孔子祭の意義について考察してみたい。

一、懐徳堂と孔子

まず、江戸時代の懐徳堂と孔子との関わりを確認してみよう。懐徳堂は享保九年（一七二四）、大坂の有力町人「五同志《ごどうし》」が三宅石庵《みやけせきあん》を迎えて開設した民間の漢学塾である。二年後の享保十一年（一七二六）、中井甃庵《なかいしゅうあん》の尽力により官許学問所となるが、町人たちによる事実上の運営はその後も継続された。そのため「半官半民」は懐徳堂最大の特色ともなっている。町人の築いた富の上に学術文化が花開くというのは、近世大阪の大きな特徴であろう。(2)

ただ、町人の運営だからといって、その学術的レベルが低かったというわけではない。当時、民間の初等教育機関として寺子屋が庶民の識字率向上に貢献したと言われる。これに対して懐徳堂は、単なる読み書き算盤の塾ではなく、中国伝来の儒教経典を講読し、人格の形成を目指すという高度な学問所であった。

初代学主の三宅石庵は懐徳堂が江戸幕府から公認された時の記念講演として、『論語』『孟子』の各首章を取り上げて講義した。その講義録が『論孟首章講義』として残されている。懐徳堂創立に際して真っ先に取り上げられたのは『論語』『孟子』という儒教経典であった。懐徳堂と孔子との関係は創立当初から経典を通じてあったと言える。

第四代学主中井竹山《なかいちくざん》（一七三〇～一八〇四）の頃に全盛期を迎え、竹山は懐徳堂を江戸の昌平坂学問所と並ぶ官立学校にしたいと考えた。それほど高度で充実した教学が展開されていたのである。当時の老中首座松平定信の諮問を受

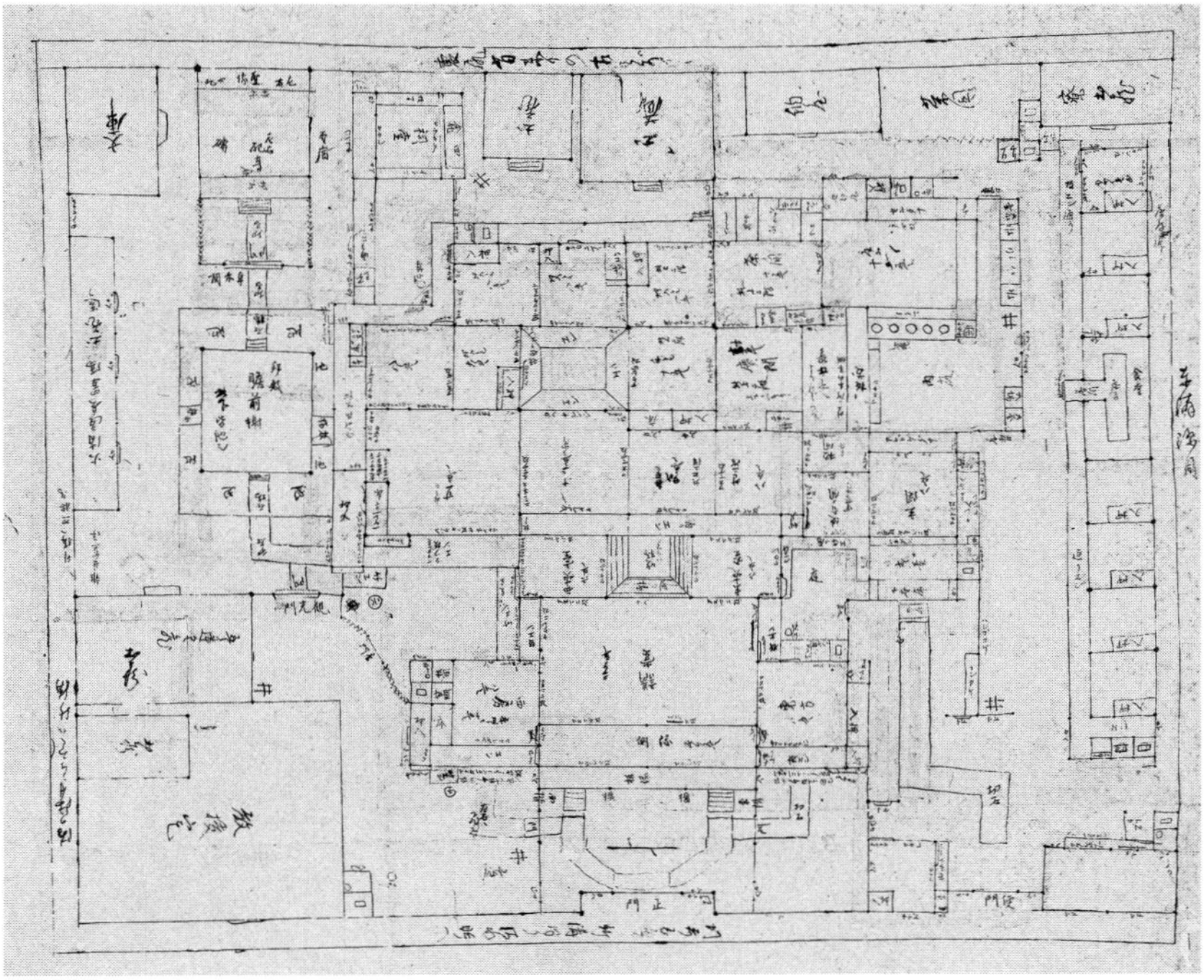

図１　寛政年間再建計画図面（全体）

け、その答申として経世策『草《そう》茅《ぼう》危《き》言《げん》』を呈上したことも大きな自信になったことであろう。

寛政四年（一七九二）に市中の火災で類焼した際の再建計画では、敷地を二倍に拡大し、孔子廟を設けることが検討されていた。そもそも懐徳堂の敷地と学舎は五同志が提供したもので、あくまで町人屋敷であったが、そこにさまざまな教育的工夫を凝らし、儒教空間とする努力が続けられていた[3]。

寛政大火後の再建に際して、竹山はそれまでの懐徳堂になかった孔子廟を設けようとした。図面（図1）によると、学舎に入って左手（図面左上）に、池に囲まれた「拝殿」があり、渡り廊下でつながったその奥に「聖廟」と記されている。この入口には「門」があり、一番奥には「聖像」、その横には「四配」の文字も見える。つまり、孔子廟の中に

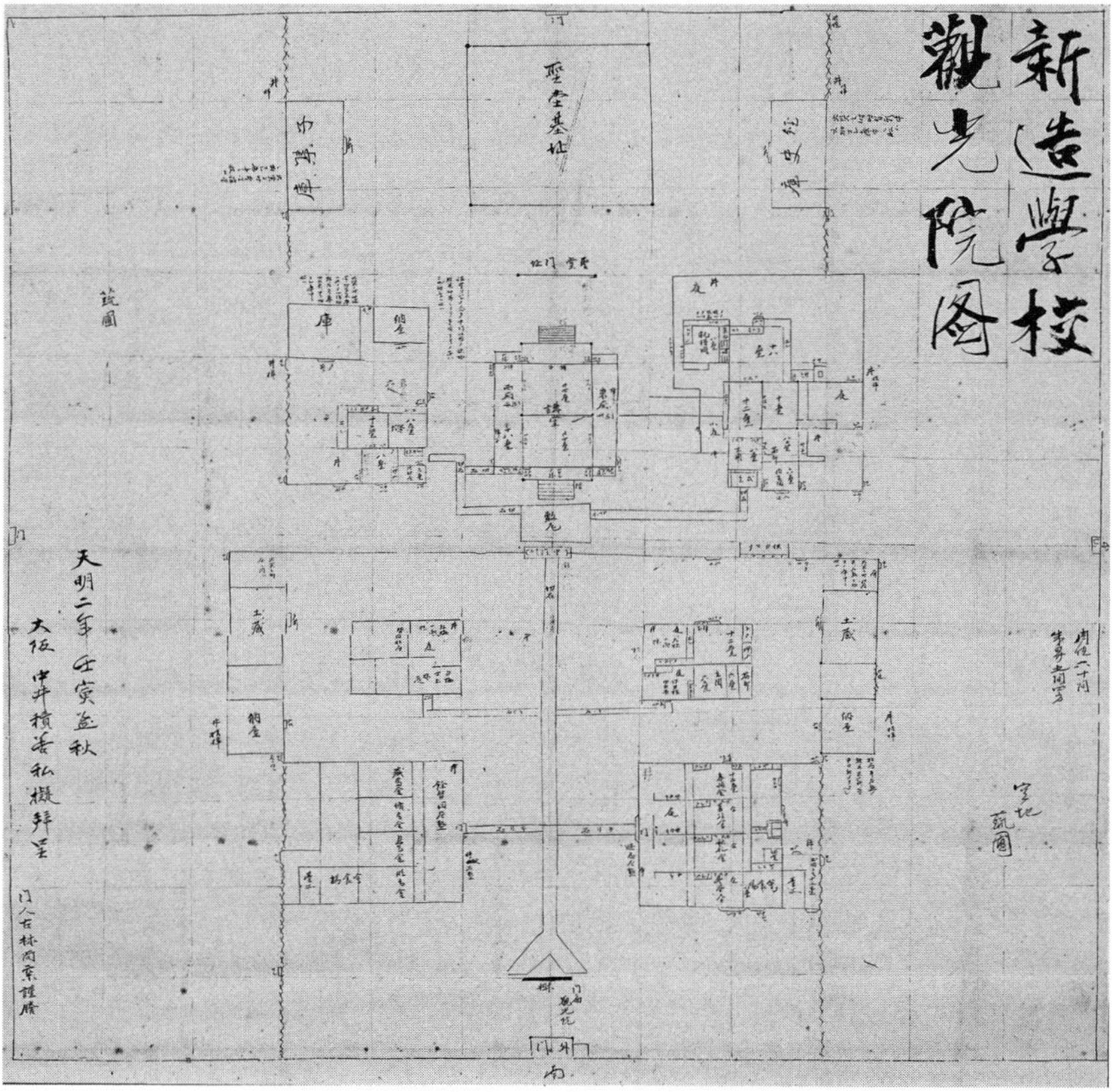

図２　中井竹山「観光院」図面

孔子の像と顔回・曾参・子思・孟子の四配の神位を設置しようとしていたのである。

この計画は、結局経費の都合で実現しなかったが、もし孔子廟が併設されていたら懐徳堂の性格はその後やや変容した可能性もあろう。

また竹山は別途、京都の公家からの依頼で御所内の学校計画も立案した。その計画図面には、「観光院」と記されている（図2）。竹山はこれにより、昌平坂学問所、懐徳堂、観光院という三都の官立学校並立を目指したのである[4]。

その構想について天明二年（一七八二）に竹山が解説した

「建学私議」によると、中央に大きな「講堂」を置いて「明新堂」と名づけ、尊貴の方が休息する一間は「就将閣」とし、次の一間は平日に会集する場所として「時習軒」とし、教授の間は「尊賢斎」、次の一間は食事茶所として「授粲堂」、中門は「進修門」とするなど、中国古典に由来する名称を付けるべきだと提言する。

参考までに記すと、校名の「観光院」は『易経』に由来し、以下順に、出典となるのは、「明新」が『易経』、「就将」が『書経』、「時習」が『論語』、「尊賢」は『中庸』『孟子』、「授粲」は『詩経』、「進修」は『易経』である。

さらに注目されるのは、敷地の奥に大きな「聖堂」（孔子廟）の基壇が描かれていることである。「建学私議」によると、まずはこの敷地を確保しておいて、後に聖堂を建設する。その際、孔子とともに祀る配享《はいきょう》についても「十哲[5]」などの俗習は廃絶し、日本独自の配享を検討すべきだと具体的な提言をしている。

この計画も、京都の大火などで実現しなかったが、竹山が官立学校内に孔子廟を併設したいと考えていたことは明らかである。ちなみに、京都の学問所としては、天囚の「観光院」計画から六十年余り後の弘化四年（一八四七）に、御所の日之御門（建春門）前に「学習所」が開設された。嘉永二年（一八四九）に孝明天皇より「学習院」の勅額が下賜され、明治元年（一八六八）に「学習院」として開講した。東京奠都により、学習院は神田錦町に移り、明治天皇臨席のもと開学式が挙行された。これが現在の学習院大学の前身である。西村天囚の講演「懐徳堂の由来と将来」（一九一六年）によれば、この学習院の学則は、かつての竹山の建白書に基づいて作成されたという。竹山の「観光院」計画は幻に終わったが、その精神は学習院開学となって実を結んだとも言える。

ただ懐徳堂については、結局幕末まで孔子廟が設置されることはなく、孔子を祭る儀式すなわち釈奠が挙行されたとの記録もない。懐徳堂はあくまで漢籍を通じて儒教精神を学ぶ学校だったのである。

しかし、「祀る」という文化がなかったわけではない。懐徳堂には「祠堂《しどう》」があった。懐徳堂第二代学主の中井甃庵は『喪祭私説《そうさいしせつ》』を執筆し、朱子が定めた『家礼』の内、特に「葬」「祭」二礼について解説した。『家礼』は中国士大夫の冠婚葬祭の礼を規定したものである。甃庵は、この『家礼』の精神を尊重しながらも、日本の住宅事情や貧富の差などを考慮して、柔軟に受容しようとした。懐徳堂においても「祀る」ことは重視されていたが、その対象は孔子ではなく、懐徳堂の先人たちであった。[6] 中井竹山が描いた寛政年間の再建計画図面でも、「聖廟」の隣に別棟で「祠堂」とあり、その奥に「四龕」と記されている。これは、神位を収める厨子のことで、四代前までの神位を安置するためのものである。

二、「懐徳堂にキリストと孔子の像を」

では、大正時代に再建された懐徳堂ではどうだったのであろうか。江戸時代の後半約百四十年にわたって存続した懐徳堂は幕末維新の混乱を乗り切ることができず、明治二年（一八六九）に閉校した。ただ歴史はここで終わらなかった。懐徳堂を惜しむ声が明治時代の中頃からおこり、懐徳堂の顕彰運動が活発化してくる。その代表として、中井《なかい》木菟麻呂《つぐまろ》と西村天囚の活動を取り上げてみよう。この二人の活動を追ってみることは、近代日本の学問と宗教の状況を問うことにもなろう。

江戸時代の懐徳堂教授の子孫中井木菟麻呂（一八五五〜一九四三）は、最後の預り人（事務長）中井桐園《とうえん》の長男で、懐徳堂最盛期を築いた中井竹山・履軒《りけん》兄弟からは三代後の子孫である。懐徳堂で生まれ、十四歳で閉校を経験した木菟麻呂にとって、懐徳堂の再建は生涯をかけた悲願であった。

木菟麻呂は旧懐徳堂所蔵の遺書・遺物、特に歴代教授の自筆稿本類を継承していたが、明治二十六年（一八九三）

に、「重建懐徳堂意見」と「重建水哉館《すいさいかん》意見」を発表する。いずれも漢文で記されており、現在、大阪大学懐徳堂文庫に、それぞれの印刷本が残されている。前者は十五ページ、後者は十七ページほどの小冊子である。

「重建懐徳堂意見」とは、二年後の明治二十八年が懐徳堂創立百七十周年、寛政年間に火災で焼失した後に再建されてから百年に当たるとし、これを記念して懐徳堂を大阪に再興することを説いたものである。具体的な提言として、「当世に適用」できるような「実学」を修めること、「大学」の他に「小学」「中学」を置き、「幼」から「壮」まで学べるようにすること、「普通科」と「専門科」とを並置して広く諸学を学べるようにすることなどを記す。

また後者の「水哉館」とは、中井履軒が懐徳堂を離れて開いた私塾の名である。その「意見」とは、同じく明治二十八年に京都に水哉館を再建したいと説くものであった。再建の地を京都としたのは、かつて履軒が公家の高辻胤長《たかつじたねなが》に招かれて入京し一年ほど滞在したことにちなむ。それからちょうど百三十年、桓武天皇の平安京遷都から約千百年に当たるというのがその動機であった。

その「意見」の特徴ともなっている女子教育機関を併設するという構想は、新時代における文教のあり方を考慮したもので、今から見ても崇高な教育理念である。もっともその「意見」の中で指摘されている通り、中国では古来、女子教育に関する啓蒙書はあるにはあった。しかし、強固な家父長制の中ではあくまで傍流の扱いであった。そこで木莵麻呂は、この水哉館に「水哉館女学」を併設するというのである。

男女平等は現在の教育の基本理念である。明治政府が「中学校令」改正にともなって「高等女学校」を認めるのは明治二十四年（一八九一）、女子高等教育を男子と同様に認める「高等女学校令」が制定されるのは明治三十二年（一八九九）であった。そして、岩倉使節団とともに渡米した津田梅子が長年の留学経験を経て、「女子英学塾」（現・津田塾大学）を創設するのは明治三十三年、キリスト教牧師の成瀬仁蔵《なるせじんぞう》によって日本女子大学校（日本女子大学の前身）

が開学するのは翌三十四年である。明治二十六年の木菟麻呂の「意見」はそれらに先立つものである。木菟麻呂は先賢の明を持つすぐれた教育者であったと言えよう。

ところが、この「意見」は二つとも挫折し、実現することはなかった。それはなぜであろうか。

まずは、これらの「意見」を大きな「運動」にする体制作りができなかったということである。後に西村天囚が主導することになる顕彰・再建運動は、大阪の政財界に働きかけ、また新聞というメディアを充分に活用するものであった。外交的な天囚の人柄もあいまって、市民を巻き込む大きな運動となって展開したのである。

明治四十三年に創設された懐徳堂記念会は、天囚が奔走して設立に漕ぎ着けたのであるが、市民に呼びかける代表発起人となったのは、大阪の財界を代表する住友吉左衛門友純《ともいと》であり、その他にも、高崎親章《たかさきちかあき》大阪府知事、土居通夫《どいみちお》大阪商業会議所会頭、植村俊平《うえむらしゅんぺい》大阪市長、鴻池銀行社主の鴻池善右衛門、朝日新聞社主の上野理一、大阪府立図書館長の今井貫一など、大阪の政治・経済・文化を代表する名士が発起人として名を連ねた。しかも、その懐徳堂記念会が企図したのは、大阪の市民大学として懐徳堂を復興するというものであって、決して中井家の私塾としての懐徳堂を再建するというものではなかった。だからこそ、全国から特別会員六百二十二名、普通会員千三百七十名もの人々が入会したのである。

これに対して、木菟麻呂の「意見」は、教育理念としてすぐれているものの、運動を呼び起こすための具体的手段に欠けていた。まず自身の「意見」の是非を「社友」に問い、賛同が得られたなら、次に四方の有志者に働きかけるというもので、順を追っているとは言え、具体性に欠ける計画で、またその「社友」がそもそもどの程度の人数で、どのような影響力を持つ人々だったのかも分からない。当時、三十八歳の木菟麻呂には、そうした運動を呼び起こすための組織構築は難しかったと思われる。

また、木菟麻呂が中井家の子孫であるために、他者からは中井家の再建問題として見られてしまった可能性もある。そもそも漢文で記された「意見」を広く市民に理解してもらうというのは、やや無理があった。大きな運動としては展開しなかったのである。懐徳堂関係者にとって、木菟麻呂は中井家の子孫というシンボル的存在ではあったが、実は、関係者と木菟麻呂の視線とは一致していなかったとも言えよう。

さらにもう一点、木菟麻呂の再興計画には大きな支障があった。それがキリスト教問題である。

木菟麻呂は、懐徳堂閉校後、旧資料を引き継ぎ、小学校教師を務めていたが、幕末維新の混乱した世相に鑑みて、儒教のみでは人心を充足させることができないと感じていた。そうした時、布教のため来日していたロシアのニコライ・カサートキンと出会い、明治十一年（一八七八）に洗礼を受けて正教の信者となった。ロシアから伝わった正教がキリスト教三派の中で最も「醇正《じゅんせい》」であると感じたのである。四年後に上京し、ニコライのいた神田駿河台の主教館でニコライとともに新約聖書や正教会の祈禱書類などの翻訳に従事する。明治二十四年（一八九一）の東京復活大聖堂（ニコライ堂）の竣工を経て、明治四十五年（一九一二）にニコライが亡くなるまでの三十年間、二人の作業は黙々と続いた。漢学者の家に生まれ育った木菟麻呂の中で、儒教とキリスト教はどのような関係にあったのか。

これについては先の「意見」の中にその答えを発見できそうである。木菟麻呂は、再建する懐徳堂で二つの「倫理道徳の法」を実施したいと述べる。一つはキリスト教の道徳、もう一つが儒教道徳であり、その際、キリスト教が「本」、儒教が「支」になるという。

その上で、「仲尼《ちゅうじ》の道」と「耶蘇基督の教え」は合致すると述べる。仲尼は孔子の字《あざな》である。なぜ両者は矛盾しないのかと言えば、孔子の道は地から天に至り、キリストの道は天から地に降るという方向性の違いだけで、本質は同じであるという。

また、孔子の教えで分かりにくいところをキリスト教が補完してくれるという。これについては、『論語』の次のような言葉が手がかりになるかもしれない。「先生は利と命と仁についてはまれにしかおっしゃらなかった」（子罕篇）、「まだ人に仕えることもできていないのに、どうして鬼神に仕えることができよう」（先進篇）、「まだ生のことも理解していないのに、どうして死を理解できようか」（同）。

このように、孔子の最大の関心事は現実世界の人間と道徳心であり、その思想は、天上や死後をも含めた宇宙全体について体系的に説くものではなかった。こうしたことから、孔子の弟子門人たちも後世の人々も、やや分かりにくいと感ずる点があったであろう。

木菟麻呂はこの不足を補ってくれるものこそキリスト教だと感じたのである。だから両者は矛盾せず、キリスト教を奉ずる者は孔子の教えも理解できるという。また、自身の仲間でキリスト教を奉じた人は「忠誠の情」に目覚め、「神」に忠なる者は「君」にも忠であると主張する。

こうした思想を背景に、再建する懐徳堂では、壁にキリストとその使徒の聖像を掲げ、その傍らに孔子の像を安置し、水哉館にはキリストと聖母マリアの聖像を掲げるという。また、懐徳堂で講ずるテキストは、キリスト教の経典と儒教の経典を主として、その他の文学、理学、法学、医学などの諸学問も講じてよいとした。

確かに、キリスト教と儒教には類似点もある。中国は一神教の世界ではないが、それに代わる絶対的存在として、古来「天」の思想があった。「天命」は逃れられない宿命、不可避の運命を言い、また寿命をも含む。中国の皇帝を「天子」と呼ぶのは、天命を受けた唯一の統治者であることを示している。遣隋使の携えた国書の文面に「日出ずる処の天子、書を日没する処の天子に致す」とあるのを見て、隋の文帝が不快感を示したとされるのも、「天子」の絶対性、唯一無二性から考えれば当然のことであったと思われる。

また、その天に由来する人間の道徳を説くのが儒教であった。木菟麻呂が「地から天に至る」のが「仲尼の道」だと説くのはこのことで、儒教の関心事はまず地上の現実世界をいかに治めるかにあり、その道徳的根源を天に求めたのである。

西村天囚が命名したとされる「天声人語」というコラム名も、明確な出典のある漢語ではないが、口では語らぬ天の声が人の言葉として自ずから表れるという意味を含んでいるだろう。天と人との相関関係を前提にした命名である。この垂直構造は確かにキリスト教における神と人との関係に類似しているとも言える。

かつて中国を訪れたヨーロッパの宣教師たちは布教に苦心した。ローマ・カトリック（旧教）を中国語で「天主教」と呼び、神の訳語として「天主」をあてた。「神」を便宜的に「天」に置き換えたわけであるが、そうした理論操作が可能なほど両者は類似する点もあったのである。

来日したイエズス会のフランシスコ・ザビエルは、当初、「神（デウス）」に相当する日本語に苦慮して真言宗の大日如来《だいにちにょらい》を借りて「大日」と訳し、プロテスタントのギュツラフは、初のプロテスタントの日本語聖書において、「神」を「ゴクラク」と訳したりした。いずれにしても、旧来の儒教や仏教に融合させる形で布教しようとしたのである。(7)

こうしたことから、木菟麻呂の中でも、キリスト教と儒教とは矛盾することなく共存していたと推測される。決して儒教を捨ててキリスト教に転じたのではなく、キリスト教と儒教の精神をともに大切にしながら懐徳堂の再興を目指したのである。木菟麻呂が聖書翻訳に努めたニコライ堂と孔子を祀る湯島聖堂とは神田川をはさんで向かい合っていた。この両者を「聖橋《ひじりばし》」が結んでいるように、木菟麻呂の心の中で二つの聖なる教えはつながっていたのである。

それでは、こうした木菟麻呂の思想は、当時においてはどのように評価されるであろうか。

明治時代の知識人がキリスト教に触れ、みずからその信者・伝道師となった例も多い。例えば、明治・大正期を代表するキリスト教の指導者内村鑑三（一八六一～一九三〇）は、明治十一年（一八七八）に受洗し、生涯を二つのJ（Jesus と Japan）に捧げることを誓ったとされる。聖書の講義、キリスト再臨運動、キリスト教を基盤とする社会批判活動に終始した内村にも大きな苦難はあったが、木菟麻呂のような意味での葛藤はなかったであろう(8)。

しかし、江戸時代末期に漢学者の家に生まれ育ち、その後、青年期に西洋近代文明に接した者の中には、これが深刻な課題となる場合もあった。

一例として、中村正直《なかむらまさなお》、号は敬宇《けいう》を取り上げてみよう。敬宇は天保三年（一八三二）、江戸の生まれ。昌平坂学問所で佐藤一斎に学び、後にその教授も務めるが、明治維新後は、徳川慶喜の後に徳川宗家を継いだ家達《いえさと》に従って静岡に移り、静岡学問所教授となる。一方、慶応二年（一八六六）から一年半ほどイギリス留学の経験もあり、明治七年（一八七四）にキリスト教の洗礼を受けている。西洋社会に触れた敬宇は、西洋列強の強さの背景に敬虔なキリスト教信仰があり、それが彼らの道徳性の淵源にもなっていると感じた。また、留学経験から、女子教育・幼児教育などの重要性にも気づいた。

その思想を表明したものとして、有名な「敬天愛人説《けいてんあいじんせつ》」がある。キリスト教における一神教としての「神」を伝統的な儒教でどのように理解し、受容すべきか。その一つの答えとして、キリスト教の「敬神」「愛人」と儒教の「敬天」「愛人」とが一致すると説くものであった。

また、関連して、五言古詩の体裁を取る「愛敬歌《あいけいか》」も注目される。「愛敬」とは、仁愛と畏敬の意で、中国の古典では『孝経』に記される重要な道徳である。敬宇は当時の世情に鑑みて、一個人から国政、国際関係まで、この「愛敬」の二字こそが重要であると説く。ただし、その「愛敬」は単に昔の儒教道徳として説かれているのではない。「ソクラテスの妻」の故事を引いて、逆境の中でこそ愛敬の精神が鍛えられるとし、最後は、愛敬こそが「神」の命ずるところだと説くように、より普遍的な問題とされている。ここにも、伝統的な儒教と「神」とを融合させようとする姿勢が読み取れる。ただ、『孝経』や『孟子』など中国古典の言葉を織り交ぜながら説いてきて、最後に突如、「愛敬」が「神」の命ずるところだと言われても、当時の人々の中には違和感を懐く人もいたのではなかろうか。

敬宇の試みは成功したとは言えず、キリスト教の「神」観念は儒教の「天」観念では十分に説明できなかったとされる。(9)もともと古代中国の神観念は、古く殷《いん》王朝では「上帝《じょうてい》」や「天帝」の語で表され、人間に災禍を降すという人格神的要素も持っていた。地震、旱魃、長雨などの災害は、人間の不道徳に対する上帝の懲罰だと考えられていたのである。しかし、次の周《しゅう》王朝に至るとそうした人格神的性格は薄れ、天体の運行や四季のめぐりを規範とした理法的な性格になる。以後、中国での「天」とは、もっぱら声なき理法として機能していたのであり、キリスト教のような人格神とは性格が異なるものであった。敬宇は、そのことに気づいていたのだろう。受洗を境に信仰熱が冷めていったという。

このように、木菟麻呂が「重建懐徳堂意見」「重建水哉館意見」を発表する前にも、キリスト教と儒教の融合を図る試みはあった。漢学者がキリスト教に真摯に向き合い、かつ漢学と折り合いを付けながら受容したいと考えるとき、それは避けては通れない問題となったのである。

ただ、そうした理解は多くの市民に受け容れられるものではなかったであろう。特に江戸時代の漢学塾懐徳堂に強い思い入れのある人々は、むしろ拒絶反応を起こしたのではなかろうか。懐徳堂や水哉館の講堂にキリストやマリアの像が掲げられている風景を想像することはできなかったと思われる。政財界を動かし、市民の共感を得られたのは、日本古来の精神と儒教の理念であった。

三、重建懐徳堂と孔子祭

明治時代の終わり頃に懐徳堂顕彰を大きな運動とすることに成功したのは西村天囚である。天囚は、種子島出身の漢学者・ジャーナリスト。郷里の儒者前田豊山《まえだほうざん》の薫陶を受け、上京して重野安繹・島田篁村の指導を仰ぎ、東京大学に新設された古典講習科に学んだ。中退の後、大阪朝日新聞に入社。その漢文力を活かして活躍した。天囚は大阪の歴史を振り返る中で、かつての大阪町人たちが創設した懐徳堂の重要性に気づき、その顕彰運動を開始した。それは、新聞という媒体を活用し、また、大阪人文会、景社などのネットワークに呼びかける実効的なものでもあった(10)。天囚の主著が『日本宋学史』であることから明らかなように、その思想的基盤は朱子学にあり、この点において天囚の顕彰運動は旧懐徳堂の基本的精神と合致していた。

それでは、この儒教は、仏教や神道とはどのような関係にあったのか。先に、木菟麻呂の懐徳堂再建計画で、儒教とキリスト教の統合が企図されていたことを紹介した。また、その構想こそ木菟麻呂の計画を挫折させる大きな原因になったのではないかと推測した。明治時代の宗教事情として、このキリスト教以外に、さらに仏教と神道についても確認しておく必要があろう。

古代中国で儒教が国教の地位に登りつめたのは漢代である。その後、老荘思想や民間宗教を融合して成立した道教、インドから伝来した仏教の三つが複雑に融合・対立しながら中国思想史を形成していく。その中で、儒教側からは厳しい仏教批判が噴出する。日本においても、仏教は中世以降、学問の重要な担い手であったが、朱子学からは「異端」として排斥された。また明治維新によって神仏分離、廃仏毀釈が行われたことにより、西村天囚の懐徳堂再建構想でも、当初から仏教は念頭になかったと思われる。ただ、明治維新によって、それまでの寺請制度は廃止されたものの、寺院と各家との関係は、特に葬儀と法要を介して続いていくことになる。国家社会の下支えとして仏教は重要な役割を果たしていったのである。

一方、神道は、明治政府が伊勢神宮を頂点とする近代社格《しゃかく》制度を制定し、それぞれの社格に応じて各神社を保護したことにより「国家神道」となった。それは神道がキリスト教や仏教のような意味での宗教ではないと考えられたことによる。神社は地域の生活や文化に密着した「非宗教」施設であり、神話や祭りも教育の一貫と位置づけられたのである。

後述する湯島聖堂の孔子祭において、その祭礼を司ったのは、神田明神の神官であった。学問として受容された儒教と非宗教の神道とは、もともと親和的な関係にあったとも言えよう(11)。

こうした宗教的環境の中、西村天囚の活動は功を奏し、明治四十三年（一九一〇）、懐徳堂記念会が発足、大正二年に財団法人として認可され、大正五年（一九一六）、懐徳堂が再建される（重建懐徳堂）。重建懐徳堂は、江戸時代以来の漢学を基本としながらも、自然科学、社会科学の講義も実施し、近代日本の学校として大阪市民に開放された。

その基幹事業の一つとして、懐徳堂では毎年十月に恒祭《こうさい》が行われていた。歴代教授など物故功労者を儒式により追悼する祭典である。それが十月に行われていたのは、江戸時代の懐徳堂の開学が十月だったのにちなむ。重建懐徳堂ではこの恒祭のほか、講義、講演、出版などの文化事業が活発に行われていた。孔子との関係は、あくまで儒教経典の講読を通じてのものであった。

ところが、大正十一年（一九二二）は、孔子没後二千四百年記念事業として孔子祭を挙行している。

それでは、懐徳堂の歴史において孔子祭はどのように位置づけられるのであろうか。また通例の恒祭との関係はどのように考えられていたのであろうか。残念ながら、懐徳堂記念会には、その詳細な記録が残っていない。懐徳堂の事業については機関誌『懐徳』に彙報として毎年掲載されるが、『懐徳』が創刊されるのは大正十三年（一九二四）で、この時期の活動については不明の点が多いのである。

そこでまずは、当時の新聞報道を確認してみよう。大正十一年十月七日付大阪朝日新聞朝刊は、懐徳堂で翌八日に「孔子二千四百年祭典」が挙行されるとの予告記事を掲載し、同九日付朝刊は、「懐徳堂の孔子祭」の見出しで、三十行を超える長文により、その概要を写真入りで紹介している。

これらによると、十月八日午前十一時から大講堂において懐徳堂先師儒の祭典（恒祭）が行われ、続いて会務報告と表彰修業証書の授与。昼休憩の後、午後一時から孔子祭が執行された。祭主は松山直蔵《まつやまなおぞう》教授、諸役は聴講生が務め、講堂奥の祭壇には孔子の神位を安置した。奏楽の中、幣《へい》・饌《せん》、醴《れい》を献じ、松山教授が祝文を奉読した。その祝文冒頭は次の通りである（十月九日付大阪朝日新聞による。漢字は現行字体に改める）。

> 大正十一年、歳次壬戌、自先聖夫子歿、周甲四十、歴年二千四百、懐徳堂記念会於十月八日、設位於堂上恭修釈菜之礼、教授松山直蔵為祭酒、敢昭告于夫子曰、……。

干支の「壬戌《じんじゅつ》（みずのえいぬ）」は大正十一年（一九二二）、「周甲四十」とは、干支の先頭の「甲子」が四十周したとの意味。干支は六十年で一周するのでその四十倍で「二千四百」年となるのである。

またこの祭典は古記録に従い、迎神《げいしん》、献幣《けんぺい》、献饌《けんせん》、献醴《けんれい》、奉進祝文《ほうしんしゅくぶん》、飲福受胙《いんぷくじゅそ》、徹饌《てっせん》、送神の順序で進んだ。この古記録とは唐の開元年間に始まり我が国に伝わって行われていた釈奠（釈菜《せきさい》）のことである。

小休憩の後、二時半から松山直蔵「論語里仁篇富與貴章」の講義、京都大学の狩野直喜《かのなおき》「孔子伝の一節に就きて」の記念講演があり、午後四時半に散会した。

報道によると、この祭典には、中井木菟麻呂など懐徳堂関係者のほか、京都大学荒木寅三郎《あらきとらさぶろう》総長と博士九名、および東京から西村天囚も参列した。また、大阪、京都、兵庫、奈良各県から中等学校校長および国漢担当教員二百余名が参列し「頗る盛況」であったという。

新聞報道から知られる概要はこの程度である。他の資料も交えて今少し詳細を追ってみることにしよう。

四、孔子没後二千四百年祭の実態

まず報道にある古記録すわなち釈奠について確認したい。「迎神」から「送神」までの内訳については、具体的な内容が報道されておらず、また懐徳堂記念会にもその記録が残されていない。

そこで、釈奠の実態を詳細に伝えている足利学校の記録に依拠しながら推測してみたい。日本最古の学校とされる栃木県の足利学校では、室町時代の関東管領上杉憲実《うえすぎのりざね》（一四一〇～一四六六）が復興した頃にはすでに釈奠が実施されており、その後も毎年挙行され、その詳細な記録も残されている。もっとも、時代によって変化はあったようであり、また足利学校特有の事情として、創始者とされる小野篁《おののたかむら》の祭祀との関係もあったが、基本的には古式が継承されているという。史跡足利学校研究員の市橋一郎氏が釈奠の原義、中国・日本における釈奠の歴史を詳細にまとめていて大変参考になる。(12)

それによれば、本来「釈奠」は獣屍を裂いた犠牲と酒を供えなければならないが、これができるのは天子・諸侯に限られていたので、孔子の弟子門人たちも厳密に言えば、「釈奠」を実行することはできず、その簡略版として、蔬菜を供える「釈菜《せきさい》」が行われていたとする。そして足利学校でも、例えば寛政四年（一七六二）略釈菜式の流れは次のように記録されているという。「参加者参列、迎神、供献、祝文朗読、賜胙飲福、撤供、送神、礼畢」。

「迎神」は聖廟の神位に神をお迎えすること、「供献」は供え物を捧げること、「祝文朗読」は祭主が祝文を奉ること、「賜胙飲福」は供え物を祭主および参列者がいただくこと、「撤供」は供物を撤収し、これにより「礼畢」、すなわち儀礼が終了となるのである。この流れは、大正十一年の懐徳堂の孔子祭でも基本的にはほぼ同じであったと言えよう。

ただ、足利学校では、こうした釈菜挙行に必要なものとして、神位や像、祭礼の器物などが記録されている。供物を盛るための様々な祭器は必須のものであろう。また、釈奠・釈菜は、孔子のみならず「四配」すなわち顔回、曾参、子思、孟子などをもあわせて祀っていた。そのため、孔子および四配の神位や像は神をお迎えするために不可欠なものであった。

令和四年（二〇二二）十一月二十三日に挙行された釈奠でも、基本的には同様であった。当日の式次第により、その流れを記してみよう。

一　開式　鳴鐘三点、祭官に開始を告ぐ
二　盥漱《かんそう》　掌事・祭官は杏壇門前にて盥漱す（手を洗い、口をすすぐ）
三　昇堂　掌事・祭官は東階より昇堂、楹の前に北面す
四　祭官再拝　掌事・祭官は二拝す

五　掌事告辞　掌事は立会人・一般参列者に祭儀執り行うを告ぐ
六　大麻行事　祓主は祓詞《はらえごと》を奏し、膳所・祭官・立会人・一般参列者の順で祓う
七　迎神の儀　祓主は迎神の祝詞を奏し、孔子像・野相公（小野篁公）の順で開扉す
八　供饌の儀　（奏楽）掌事・祭官は祭器（簠・簋・籩・豆・俎の順）で孔子・四配（顔子・曾子・子思子・孟子）に
　　供す
九　執罇の儀　祭官は爵に酒を汲みて供す
十　祭官跪座再拝　掌事・祭官は正面に至り跪座し二拝す
十一　献香　掌事は立って一拝し香を焚《た》く
十二　祝文朗読　掌事（祝）は跪座し祝文を奉上す
十三　祭官再拝　掌事・祭官は立って二拝す
十四　賜胙飲福　（奏楽）掌事は孔子・四配の爵より酒を注ぎ、初献の人に賜う、初献の人はこれを飲酒す
　　（奏楽止む）
十五　礼儀終わる　賛礼は礼儀終わると唱う
十六　送神の儀　祓主は送神の祝詞を奏す
十七　掌事告辞　掌事は立会人・一般参列者に本日の祭儀了るを告ぐ
十八　閉式　鳴鐘二点
十九　退堂　西階より祓主・立会人・祭官の順で退堂す

このように、足利学校では、孔子の像に加えて、祭典を挙行するための祭器類が常備されていることが分かる。また、大成殿には、孔子坐像と小野篁坐像が安置され、四配については孔子像の左右に神位が置かれているほか、別棟の「方丈」には孔子と四配の立像もある。

それでは、孔子を祀る学校として設立されたわけではない懐徳堂において、こうした設備はあったのであろうか。重建懐徳堂は、大阪府から無償提供された三百六十一坪の敷地に建てられた。通りに面した正門を入ると左手に二階建ての事務所棟がある。それを左に見ながら進むと車寄せがあり木造校舎の玄関となる。重厚な屋根瓦が葺かれていた。これを入ると、中央廊下の両側に小講堂が一つずつ、その廊下の突き当たりに大講堂があった。

江戸時代の懐徳堂のような畳の間ではなく、床《ゆか》に椅子・テーブルが置かれていた。その奥の一段高いところに「講壇」（教壇）があった。この様子は図3からもよく分かる。懐徳堂はあくまで教学の場であり、祭祀を前提に建設されたわけではないのである。大正十一年の孔子祭の様子を伝える図4では、この大講堂の机・椅子が取り払われていることに気づく。臨時の祭場とされたのである。懐徳堂に孔子祭祀の場が常設されていたとは言えないであろう。

また経費面について、懐徳堂記念会の財団資料を手がかりに推測してみよう。明治四十三年に創設された懐徳堂記念会は、大正二年に財団法人として認可された。財団法人は、現在でもその事業実態を厳しく監査される。そのため当時も、領収書一枚に至るまで保存していたようである。残念ながら、すべての年度について資料が残っているわけではないが、ちょうどこの孔子祭のあった年については、「証憑《しょうひょう》書類」として膨大な書類が束になって残されている。

それによれば、大正十一年十月の孔子祭関連経費として支出されたのは、おおむね次のような費目であった。

・講演を務めた京都大学教授狩野直喜への謝礼「五拾圓」

図３　重建懐徳堂大講堂内部

図４　孔子祭の様子

・祭典用人足賃延べ十二人分「参拾圓」
・式次第等印刷費「参圓六拾銭」
・奏楽謝礼「参拾参圓五拾銭」
・写真代「貳拾圓」
・記念菓子二百「貳百六拾六圓貳拾銭」
・折詰弁当百二十「六拾四圓」
・孔子祭講演広告料「拾四圓四拾銭」など。

また、この翌年の大正十二年（一九二三）十二月に、懐徳堂講師武内義雄《たけうちよしお》校訂の『論語義疏《ぎそ》』が懐徳堂記念会から刊行されているが、これも孔子没後二千四百年記念事業の一環であった。その経費は前年の十一月、すなわち孔子祭の翌月に、『論語義疏』印刷費前渡金として京都の弘文堂書房に六百円の小切手が振り出されている。興味深いのは、同社より「活字設備費代金」として、その領収書が届いていることである。

当時は活版印刷だったため、一字ずつ活字を組んで版下を作る必要があった。特に古い漢字の字体は通常の印刷物では使用しないため、こうした特殊な印刷物については、その活字を揃えるところから始めなければならなかったのである。弘文堂の領収書に「活字設備費代金」と記されているのはそのためである。

参考までに記すと、同年十月の人件費は計「七百五十七圓拾銭」。内訳は松山直蔵教授二百円、武内義雄講師百円、吉田鋭雄《よしだはやお》書記八十円などとなっている。また光熱費として、ガス代金三十三銭、水道料四円六十六銭、電話料十三円九十三銭、電灯料三十三円八十三銭などを支出している。

このように財団資料を精査してみても、孔子に直接関わる経費は支出していないのである。つまり、新たに孔子の

図5　孔子祭（祭壇に先聖孔子神位）

像を作ったり、記念碑を建てたり、祭器を揃えたりという形跡はない。最も経費がかかったのは記念菓子代金であった。

ただ、当日撮影された記念祭の写真（図5）では、講堂奥を祭壇として、そこに孔子の神位が安置されているように見える。ぎりぎり拡大してみると「先聖孔子神位」の文字が読み取れる。この神位はどうしたのであろう。

この謎を解く鍵が、西村天囚の郷里種子島に残されていた。天囚の手帳（日記）十九冊が西村家に保管されており、その大正十一年の記載によって、この前後の懐徳堂と天囚の動向が知られるのである[13]。

それによると、当時宮内省御用掛として東京在住だった西村天囚は、この孔子祭のために一時大阪に戻った。十月四日、午前九時半発の汽車に乗り、同日夜八時半に大阪着。翌日は大阪の自宅、翌六日は、朝日関係者と会合した後、懐徳堂の茶話会に臨んでいる。そして祭典前日の十月七日（土）の日記には、「書先聖

図６　孔子祭当日の記念写真（二列目中央が吉田鋭雄）

孔子神位」と墨書されている。

つまり、この神位は懐徳堂記念会の依頼により、天囚が自ら墨筆で記したものだったのである。逆に言えば、それまで重建懐徳堂には、祭典に使えるような孔子の神位はなかったということになろう。

また、祭典当日の十月八日（日）は、「霽。午前懐徳師儒祭典、午後孔子祭畢有講演、晩赴大阪ホテル之宴」と記載されている。前日までの雨が上がって晴れ、午前中は師儒祭典すなわち恒祭が挙行され、午後から孔子祭、その後、講演という流れである。さらに夜は大阪ホテルで記念の宴会があったことも分かる。午前中が通常の恒祭で、午後から孔子祭となっているのは、新聞報道とも合致する。[14]**図６**は当日に撮影された記念写真で、祭典実行の中心となった吉田鋭雄が二列目の中央に位置している。

ついでにこの日記に基づき、同年十月二十九日に湯島聖堂で挙行された孔子祭と西村天囚との関係についても言及しておこう。

十月二十九日（日）の日記には、「晴。至湯島聖堂参列孔子祭」と記されている。つまり天囚は、八日の懐徳堂での孔子祭に続き、二十九日の湯島聖堂の孔子祭にも参列しているのである。手帳の記載によると、天囚はその後、上野の日本美術協会の先儒遺墨覧を参観し、夜は帝国ホテルで開催された記念宴会に臨んでいる。

また、湯島聖堂の孔子祭では、祭主を、徳川宗家第十六代当主で斯文会会長の徳川家達公爵が務め、祭文を奉読したが、実は、この祭文を起草したのが他ならぬ天囚だったのである。(15) その文章は以下のような書き出しとなっている。

維大正十一年、歳在玄黓閹茂、自至聖孔子卒二千四百年于茲、斯文會於十月二十九日、謹致祭於聖廟神座之前、會長公爵徳川家達敢昭告于孔子之靈曰、……。(『碩園先生文集』巻三)

この内、「玄黓《げんよく》」は十干の壬の異名、「閹茂《えんも》」は十二支の戌の異名で、「壬戌」は、先の懐徳堂の祭文にもあった通り、大正十一年である。天囚は、同月十九日に「斯文会委員会」に出席したと手帳に記している。湯島聖堂の孔子祭には委員として加わり、祭文の起草についても依頼を受けたのである。手帳の九月末尾の空欄に、天囚は、「文債」として「斯文会孔子祭文」など五件の名を記している。漢文執筆を依頼されることの多かった天囚はいくつもの草稿を抱えていた。湯島聖堂孔子祭の祭文も締め切りに追われて執筆していた様子がうかがえる。

このように、西村天囚が大正十一年の孔子祭に深く関わっていたことが明らかになったのであるが、一方で、懐徳堂自体は、孔子に直接関わる経費を支出したわけではないのである。

その後は懐徳堂において孔子祭は行われず、毎年秋の恒祭や記念事業の際には、従来通り、懐徳堂先師儒・功労者の神位を安置して、祭文を奉読している。懐徳堂の奉祀規定第一条にも、「懐徳堂記念会は本会の事業並に経営維持

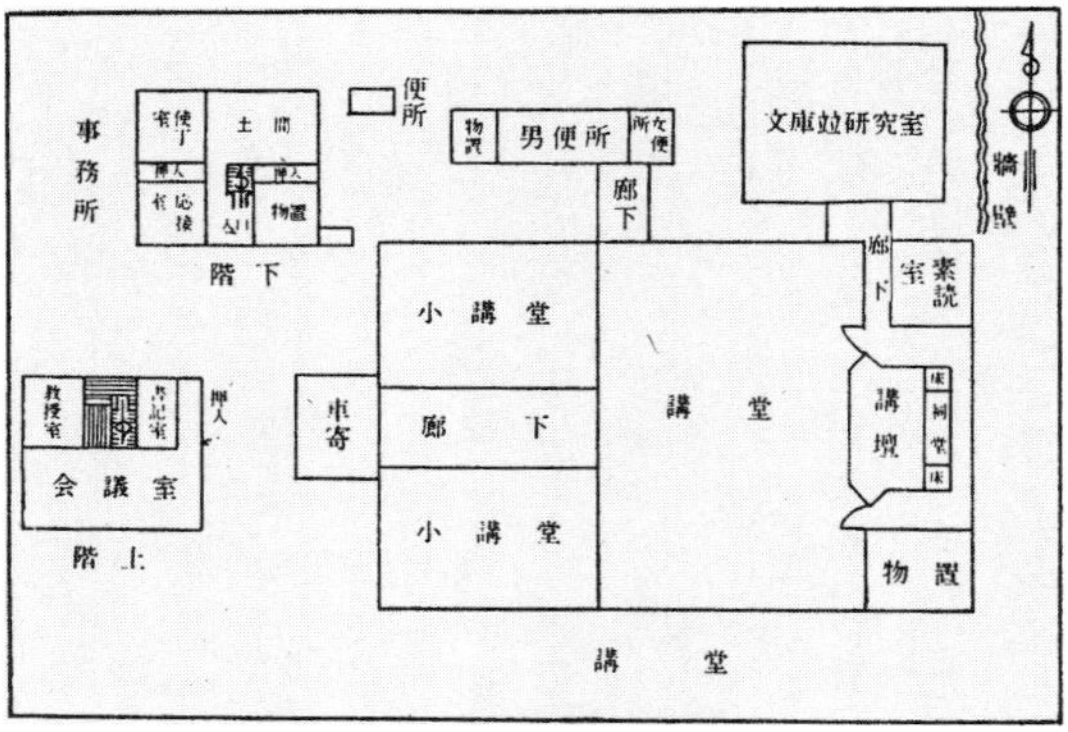

図７　重建懐徳堂平面図

図８　祭文を読む中井木菟麻呂

に功労ありたる物故者を奉祀し毎年一回恒祭を行う」「毎年恒祭執行後碩学《せきがく》を聘して記念講演を行う」と明記されている通りである。このことは重建懐徳堂の平面図（図7）でも確認できる。大講堂の奥に「講壇」があり、その奥には「祠堂」と記されている。

図8は、懐徳堂教授の子孫中井木菟麻呂が家蔵の貴重資料を昭和十四年（一九三九）に懐徳堂記念会に寄贈する際、懐徳堂先師儒・功労者の神位を前に祭文を奉読している様子である。その「祠堂」の扉が開かれ、大きな神位が置かれている。一つは懐徳堂先師儒、もう一つは功労者である。大正十一年の孔子祭で安置されていた孔子の神位がここには見えない。

五、その後の孔子祭

このように懐徳堂の孔子祭とは、孔子没後二千四百年記念事業としての特例であった。逆に言えば、ここにこそ、湯島聖堂や足利学校などとは異なる懐徳堂の特色が認められる。江戸時代以来の商業都市大阪では、商業活動・市民生活の基盤としての倫理道徳が強く意識され、人格形成に資するものとして儒教経典の学習が求められた。その重要な機関として設立されたのが、懐徳堂だったのである。しかもそれは、江戸幕府や明治政府によって提供されたものではなく、大阪町人・市民が自ら創設し維持していたのである。

では、本家の中国において、孔子祭（釈奠）は当時どのように継承されていたのであろうか。

大正十一年は西暦一九二二年、中華民国十一年にあたる。孔子祭が日本で挙行された同年十月頃の新聞報道を参考にしてみよう。十月十八日付朝日新聞は、中国の新聞各紙を引用する形で、当時の中国における孔子の評価を記している。

まず、中華新報に、「孔子は支那の生んだ最大の人格者の一人」「東洋文明建設の最大貢献者」と、依然として孔子が高く評価されていることを紹介する。ただ、当時の高名な思想家章炳麟《しょうへいりん》（号は太炎）の言葉として、「孔子崇拝は……関帝岳飛に及ばない」「孔教は宗教ではなくして支那固有の宗教は寧ろ道教」という論評を紹介する。つまり、当時の中国人にとって、崇拝の対象は、儒教の孔子よりも道教の神々であったという。

一方、儒教と孔子に対する厳しい評価があることも知られる。時事新報には、「孔子崇拝の徒は日に減少」「支那青年の孔子反対は孔子を偶像的に崇拝するに対する反感より来るのである」とある。ただ基本的には、この新聞でも、「現代の思想には完全には適用できないが孔子は支那民族中の大思想家」として一定の評価を下している。ところが、民国日報では、「孔子の政治論は殆ど破産的」「一切の進歩的思想を妨げ」「孔子祭を廃し孔子の廟は学校とし」と孔子崇拝を前近代的なものとして排斥しようとしている。

さらに六年後の一九二八年、すなわち中華民国十七年になると、報道は一層厳しさを増してくる。済南特派員の記事として、「浮かばれぬ孔子」「反聖人熱みなぎり」「いよいよ本年限りの孔子祭」という見出しで、孔子の出身地曲阜でも、猛烈な廃孔子祭運動が起こり、南京（金陵）の大学院から「孔子祭廃止令」が出される中、済南城内の孔子祭が唯一の開催でこれが最後になると報じている。三民主義に抵触するとして、国民政府の存続する限り「その復活は覚束ない」と結んでいる。

その翌年（一九二九）の『懐徳』第七号に掲載された竹内峰治「支那の祀廟」は、中国各地をめぐった紀行であるが、その中で、南京では「孔子廟、貢院等」は、「国民政府首都の建設に没頭して寺院、祀廟の殆ど夫等政府の賑房に当てられ」ていたと説く。また、北京の孔子廟については、「四辺の雑草は生えたるに委して手の行きとどかざる荒廃のさま」と紹介している。

その後も孔子は歴史に翻弄される。一九六〇年代から七〇年代にかけてのいわゆる文化大革命において、孔子は「批林批孔」のスローガンのもと、中国共産党副主席林彪《りんぴょう》（一九〇八〜一九七一）とともに、反革命の象徴として痛烈に批判された。

しかし一転して現代では、曲阜の孔子廟・孔府・孔林が世界遺産に登録され、儒教の力を借りて民衆の道徳性を高めようとする政治運動が展開されるなど、孔子は常に中国の歴史と文化に深く関わってきているのである。

結　語

懐徳堂はもともと孔子を祀る学校として建てられたものではない。大阪町人の学問所として大阪町人が自ら創設したのである。ただ儒教を基本とする漢学塾だったという点で孔子との接点は一貫してあったとは言える。そして一時は、中井竹山によって孔子廟の併設も検討された。また、教学の成果は多くの文献として残された。それが現在、大阪大学懐徳堂文庫五万点の資料となって継承されている。

明治から大正にかけて懐徳堂の再建運動が起った際、大きな役割を果たしたのは西村天囚であった。そして天囚は、大正十一年の孔子祭に深く関わっていた。

重建懐徳堂は昭和二十年三月の大阪大空襲で焼失してしまう。しかし懐徳堂の資料と精神は現在も継承されている。蔵書は大阪大学懐徳堂文庫となり、恒祭は、先師を追悼する「懐徳忌」に形を変えて毎年春に挙行されている。姿形は変わっても、懐徳堂の伝統と精神は今も息づいている。

【関係略年表】


享保九年（一七二四）　大坂の有力町人「五同志」、懐徳堂を創立。初代学主に三宅石庵を招く。

享保十一年（一七二六）　懐徳堂、江戸幕府から官許を得て大坂学問所となる。三宅石庵『論孟首章講義』。

天明八年（一七八八）　老中首座松平定信来阪、中井竹山、大阪城でその諮問に答える。

寛政三年（一七九一）　中井竹山『草茅危言』完成。

寛政四年（一七九二）　市中の大火により懐徳堂類焼。竹山、再建計画を立案。

寛政八年（一七九六）　懐徳堂再建落成。

安政二年（一八五五）　中井木菟麻呂、懐徳堂に生まれる。

慶応元年（一八六五）　西村天囚、種子島に生まれる。

明治二年（一八六九）　懐徳堂閉校。版籍奉還。

明治十六年（一八八三）　西村天囚、東京大学古典講習科に官費生として入学。

明治二十三年（一八九〇）天囚、大阪朝日編集局員となる。

明治二十六年（一八九三）中井木菟麻呂「重建懐徳堂意見」「重建水哉館意見」。

明治四十二年（一九〇九）天囚の主著『日本宋学史』刊行。大阪人文会発足。

明治四十三年（一九一〇）懐徳堂記念会発足。

明治四十四年（一九一一）天囚、大阪の文人サークル「景社」結成。十月五日、中之島公会堂において懐徳堂祭典挙行。

大正二年（一九一三）懐徳堂記念会、財団法人となる。

大正五年（一九一六）天囚、京都帝国大学講師として出講。十月、懐徳堂再建（重建懐徳堂開学）。自らも理事・講師を務める。

大正十一年（一九二二）孔子没後二千四百年記念の孔子祭、十月八日、懐徳堂で挙行。十月二十九日、湯島聖堂で挙行。

昭和二十年（一九四五）重建懐徳堂、大阪大空襲により書庫部分を除き焼失。

昭和二十四年（一九四九）懐徳堂記念会、懐徳堂蔵書を大阪大学に寄贈。「懐徳堂文庫」となる。

令和六年（二〇二四）懐徳堂創設三百年。西村天囚没後百年。


【写真・画像出典】

本稿に掲載した重建懐徳堂関係の写真・画像については以下の関係機関より掲載の許可を得た。

大阪大学人文学研究科（大阪大学懐徳堂文庫）
・懐徳堂寛政年間再建計画図面
・観光院図面
一般財団法人懐徳堂記念会
・重建懐徳堂大講堂内部および孔子祭の写真
・重建懐徳堂平面図

・祭文を読む中井木菟麻呂の写真

注

（1）孔子廟については、拙著『中国の世界遺産を旅する』（中公新書ラクレ、二〇一八年）第二章参照。
（2）以下、懐徳堂の基礎的な情報については、湯浅邦弘編著『増補改訂版懐徳堂事典』（大阪大学出版会、二〇一六年）参照。
（3）この点の詳細については、拙稿「懐徳堂の祭祀空間――中国古礼の受容と展開――」（『懐徳堂研究』、汲古書院、二〇〇七年）参照。
（4）この図面については、拙著『懐徳堂の至宝――大阪の「美」と「学問」をたどる――』（大阪大学出版会、二〇一六年）参照。
（5）「十哲」とは、孔子門人の中で特にすぐれた十人をいう。『論語』先進篇にその名が見え、顔淵・閔子騫・冉伯牛・仲弓・宰我・子貢・冉有・季路・子游・子夏。また、これら十人が、徳行・言語・政事・文学に分類されていることから、「四科十哲」とも言われる。釈奠では、当初、孔子の配享は、「四配」（顔子、曽子、子思子、孟子）とされていたが、時代が降るに従って、配享の数が増えていった。
（6）拙稿「朱子『家礼』と懐徳堂『喪祭私説』」（吾妻重二・朴元在編『朱子家礼と東アジアの文化交渉』、汲古書院、二〇一二年）参照。
（7）日本におけるキリスト教受容の問題については、五野井隆史『日本キリスト教史』（吉川弘文館、一九九〇年）、中村敏『日本キリスト宣教史――ザビエル以前から今日まで』（いのちのことば社、二〇〇九年）参照。
（8）内村鑑三著、鈴木俊郎注『余は如何にして基督教徒となりしや』（岩波文庫、一九二八年）、内村鑑三『キリスト信徒のなぐさめ』（岩波文庫、一九三九年）参照。
（9）中村敬宇におけるキリスト教と儒教の問題については、高橋昌郎『中村敬宇』（吉川弘文館「人物叢書」新装版、一九八八年）参照。

（10）西村天囚の活動と知のネットワークについては、拙著『世界は縮まれり――西村天囚『欧米遊覧記』を読む――』（KADOKAWA、二〇二二年）、および本書第十一章参照。
（11）近代日本の宗教事情については、魚住孝至『日本文化と思想の展開――内と外と』（一般財団法人放送大学振興会、二〇二二年）、羽賀祥二『明治維新と宗教』（法蔵館文庫、二〇二二年）参照。
（12）市橋一郎「足利学校の釈奠」（史跡足利学校研究紀要『学校』第二十号、二〇二二年）参照。
（13）西村天囚の郷里種子島における関係資料の調査については、湯浅邦弘・竹田健二・佐伯薫「西村天囚関係資料調査報告――種子島西村家訪問記――」（『懐徳』第八十六号、二〇一八）、その調査に基づいて作成した資料リストについては、竹田健二・湯浅邦弘・池田光子「西村家所蔵西村天囚関係資料暫定目録（遺著・書画類等）」（『懐徳堂研究』第十二号、二〇二一年）、竹田健二「同・補訂（拓本類）」（『懐徳堂研究』第十三号、二〇二二年）、竹田健二・湯浅邦弘・池田光子「旧西村家所蔵西村天囚関係資料目録――鉄砲館・黎明館に現存する資料について――」（『懐徳堂研究』第十四号、二〇二三年）参照。
（14）大阪ホテルとは、大阪中之島にあった近代的ホテルである。明治三十六年（一九〇三）に大阪で開催された第五回内国勧業博覧会にあわせて同年一月に竣工した。外国人も宿泊できる大阪初の洋式ホテルで、場所は、現在の中之島公会堂の東側にあった。大正時代の終わりに焼失し、その跡地は現在、公会堂前の広場となっている。
（15）この孔子祭以前に西村天囚と徳川家達とに接点があったことについては、注10前掲の拙著『世界は縮まれり――西村天囚『欧米遊覧記』を読む――』参照。

【附記】

懐徳堂の「証憑書類」については、一般財団法人懐徳堂記念会より特別に閲覧の許可を得た。また、資料の重要性と経年劣化に鑑み、電子化保存を提言したところお認めいただき、現存するものでは最も古い大正六年（一九一七）分の計一九六六枚については、懐徳堂記念会において全点PDFファイル化し、続く大正十一年～十五年分の計一八二五枚については、日本学術振興会科学研究費基盤研究Ｂ「日本近代人文学の再構築と漢学の伝統――西村天囚関係新資料の調査研究を中心として――」（A21H00465a）の成果として全点ＰＤＦファイル化を完了した。

第九章　幻の御講書始
――「詩経大雅仮楽篇講義」――

はじめに

大正十三年（一九二四）一月十六日、宮中鳳凰の間において「御講書始」が執り行われた。御講書始は歌会始とともに、毎年正月に挙行される重要な宮中行事の一つである。明治二年（一八六九）に「御講釈始」として始まり、国書、漢書、洋書ごとに斯界の碩学が進講するのである。

大正時代にも継承され、この年の漢書を担当した京都帝国大学教授狩野直喜《かのなおき》は、儒教経典「五経」の内から『尚書』を選び、その堯典の一節を進講した。講義内容は、その六十年後、狩野家に残されていた草稿を基に『御進講録』（みすず書房、一九八四年）として公開されることになる。

そして実は、この御講書始に、漢書の「控」として陪席していた人物がいた。明治・大正時代を代表する漢学者・ジャーナリストの西村天囚である。種子島出身の天囚は、東京大学に新設された古典講習科に学んだ後、大阪朝日新聞に入社して健筆を振るっていた。江戸時代の大阪にあった漢学塾「懐徳堂」の再興にも尽力し、その漢文力と業績により、大正九年（一九二〇）に文学博士の学位を授与され、翌十年には宮内省御用掛を拝命して東京に転居、十三年の御講書始に臨んだのである。

これまで、後醍院良正『西村天囚伝』の簡潔な記述により、天囚が御講書始に陪席していたこと、その準備として毎日声に出して講義の練習をしていたことは知られていた。ただ、御講書始の控とはどのような意味を持っていたのか、天囚が声に出して練習していたというのはどのような講義だったのか、天囚の人生と業績の中で、この体験はどのような意義があったのかなどは、まったく謎に包まれていた。またそもそも、当時の碩学たちが臨んだ御講書始とは、日本の近代史や学術史においてどのような意義があったのだろうか。

本章では、西村天囚の郷里種子島で発見された新資料を基に、こうした問題を検討してみたい。

一、種子島で発見された講義草稿

平成二十九年（二〇一七）から進めている種子島の文化財調査で、天囚の貴重な草稿が数多く発見された。西村家から種子島開発総合センター（鉄砲館）に寄贈されていた天囚関係資料の内、資料番号「8337—家—西—4」、同「8339—家—西—6」、同「8343—家—西—10」、同「8422—家—西—73」、同「8432—家—西—81」と整理されている五つの資料は、この御講書始に関する天囚の自筆草稿であった。

そこでこれらの草稿を、右の資料番号順に草稿A（図1）、草稿B（図2）、草稿C（図3）、草稿D（図4）、草稿E（図5）と仮称して、まずその概要を紹介してみよう。

草稿A「詩經大雅假樂篇講義艸案」（西—4）は、版心に「碩園文稿」と印刷された原稿用紙に墨書されている。原稿は、毎半葉二十字×十行。縦二十四・八㎝×横十六・九㎝。本文十三葉である。

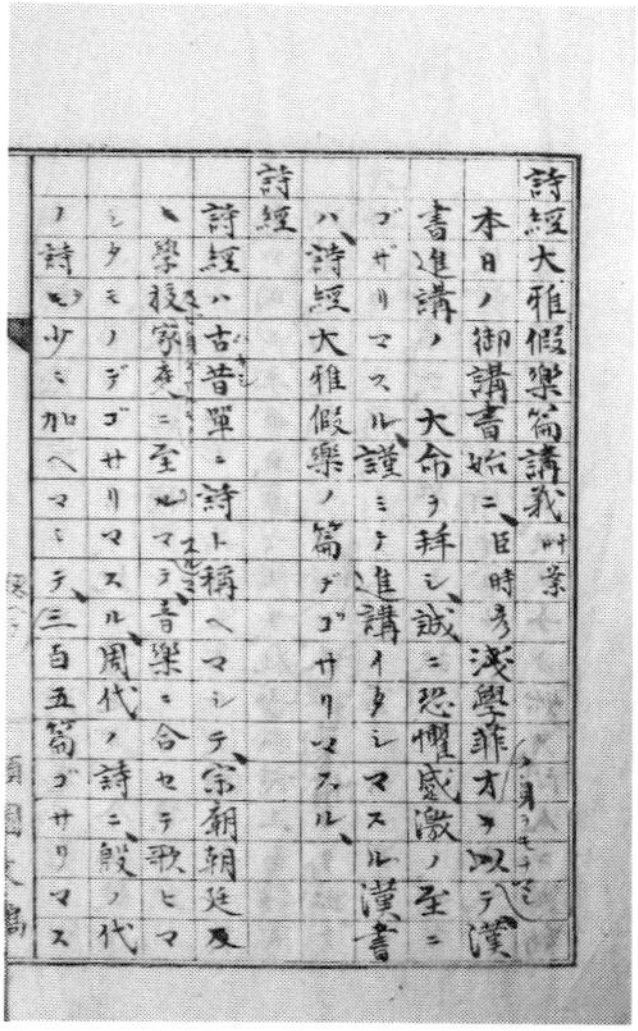
詩經大雅假樂篇講義艸案
本日ノ御講書始ニ臣時彦淺學菲才ヲ以テ漢
書進講ノ大命ヲ拜シ誠ニ恐懼感激ノ至ニ
ゴザリマスル謹ミテ進講イタシマスル漢書
ハ詩經大雅假樂ノ篇デゴザリマスル
詩經
詩經ハ古昔單ニ詩ト稱ヘマシテ宗廟朝廷及
ビ學校家庭ニ至ルマデ音樂ニ合セテ歌ヒマ
シタモノデゴザリマスル周代ノ詩ニ殷ノ代
ノ詩ヲ少シ加ヘマシテ三百五篇ゴザリマス

図１　草稿Ａ「詩經大雅假樂篇講義艸案」

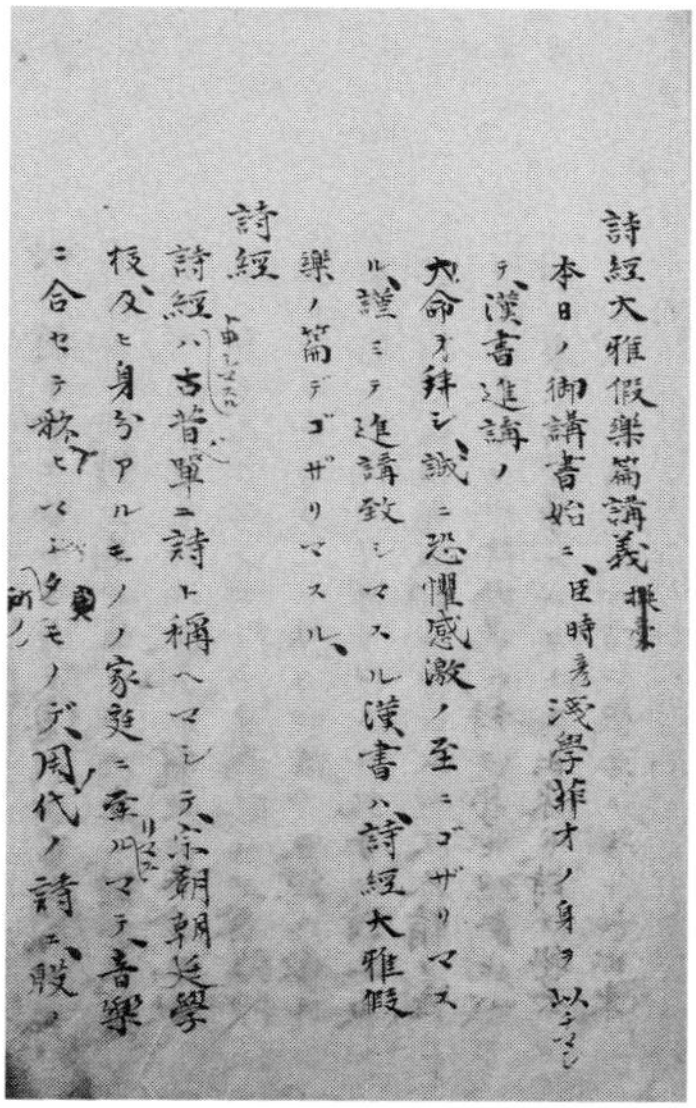
詩經大雅假樂篇講義　艸案
本日ノ御講書始ニ臣時彦淺學菲才ノ身ヲ以
テ漢書進講ノ
大命ヲ拜シ誠ニ恐懼感激ノ至ニゴザリマス
ル謹ミテ進講致シマスル漢書ハ詩經大雅假
樂ノ篇デゴザリマスル
詩經
詩經ハ古昔單ニ詩ト稱ヘマシテ宗廟朝廷學
校及ヒ家庭ニ至ルマデ音樂
ニ合セテ歌ヒマシタモノデ周代ノ詩ニ殷

図２　草稿Ｂ「詩經大雅假樂篇講義」

原稿の表紙には大字で「進講録擬稾」と打ち付け書きされており、末尾に「仮楽四章章六句」「宮内省御用掛文学博士臣西村時彦恭撰」と署名されている。「詩經大雅假樂篇講義艸案」とは、本文冒頭に明記された内題である。この原稿には、自身の朱筆で多くの修正、書き入れがあり、読点も打たれている。

次に、草稿Ｂ「詩經大雅假樂篇講義」（西―6）は、原稿用紙ではなく無罫紙（白紙）に記されている。毎半葉二十字×十行。縦二十八cm×横二十cm。本文十五葉で、

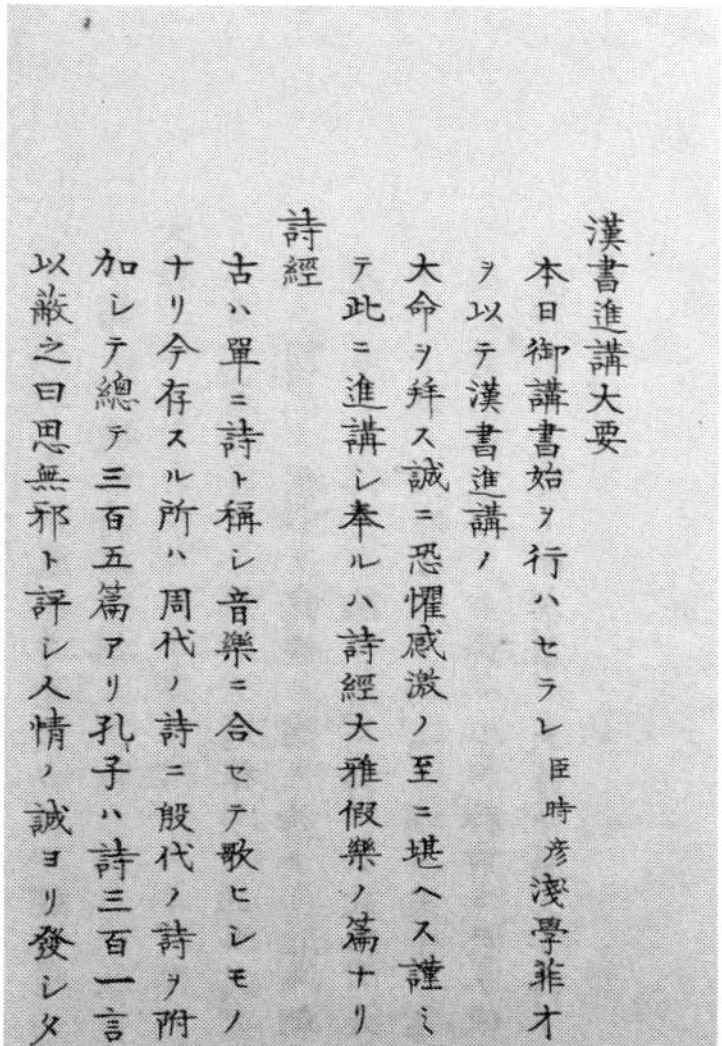
漢書進講大要
本日御講書始ヲ行ハセラレ臣時彦淺學菲才
ヲ以テ漢書進講ノ
大命ヲ拜ス誠ニ恐懼感激ノ至ニ堪ヘス謹ミ
テ此ニ進講シ奉ルハ詩經大雅假樂ノ篇ナリ
詩經
古ハ單ニ詩ト稱シ音樂ニ合セテ歌ヒシモノ
ナリ今存スル所ハ周代ノ詩ニ殷代ノ詩ヲ附
加シテ總テ三百五篇アリ孔子ハ詩三百一言
以蔽之曰思無邪ト評シ人情ノ誠ヨリ發シタ

図３　草稿Ｃ「漢書進講大要」

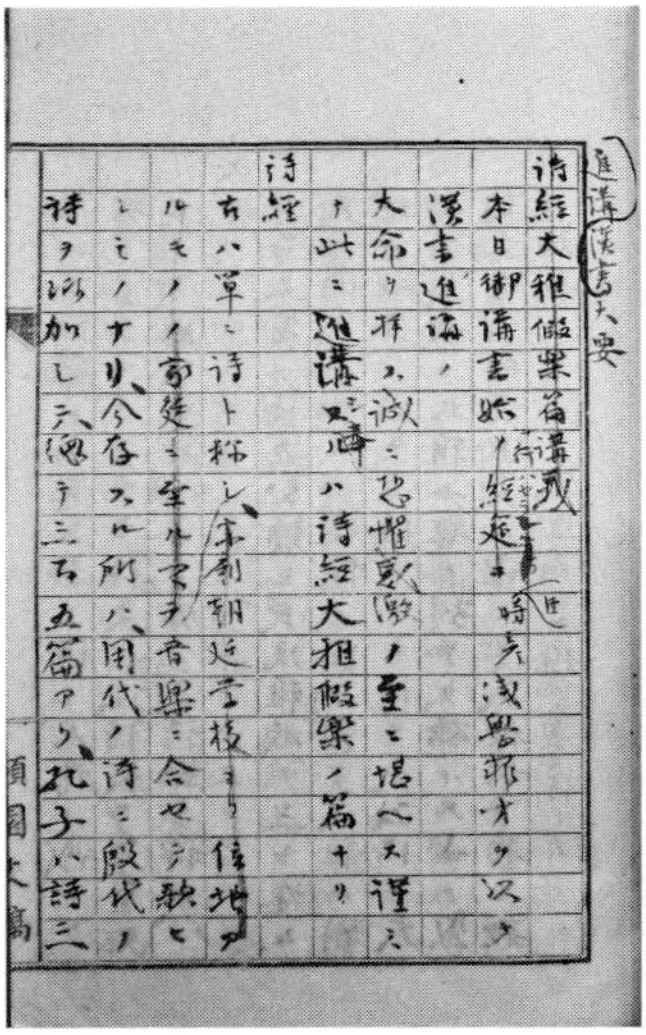

図５　草稿Ｅ「漢書進講大要」

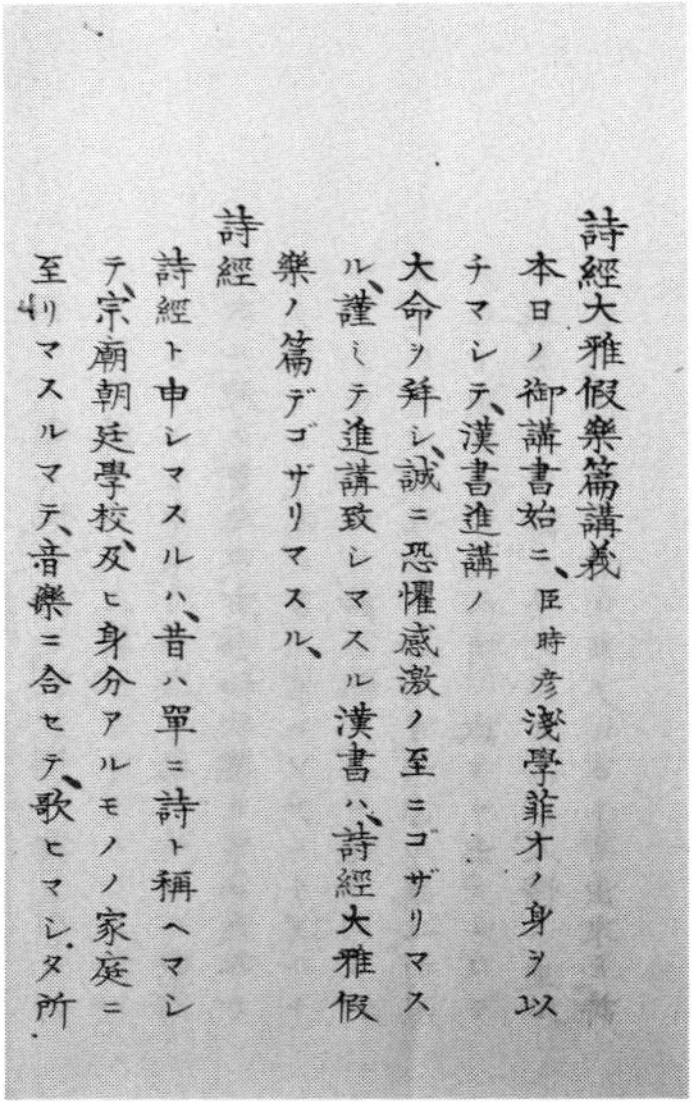

詩經大雅假樂篇講義
本日ノ御講書始ニ、臣時彦淺學菲才ノ身ヲ以
テマシテ、漢書進講ノ
大命ヲ拜シ、誠ニ恐懼感激ノ至ニゴザリマス
ル、謹シテ進講致シマスル漢書ハ、詩經大雅假
樂ノ篇デゴザリマスル、
詩經
詩經ト申シマスルハ、昔ハ單ニ詩ト稱ヘマシ
テ、宗廟朝廷學校及ヒ身分アルモノノ家庭ニ
至リマスルマテ、音樂ニ合セテ、歌ヒマシタ所

図４　草稿Ｄ「詩經大雅假樂篇講義」

Ａよりもやや大型の判型であることが分かる。

表紙に「詩經大雅假樂篇講義」と打ち付け書きしてあり、本文冒頭の内題については、「詩經大雅假樂篇講義擬稾」と記した後、「擬稾」を朱線で見せ消ちにしている。末尾には、「假樂四章章六句」「進講候補」「大正十二年一月宮内省御用掛臣西村時彦」と署名が見える。朱で読点と修正が入っている点はＡ同様であるが、その数は相対的に少ない。

また、草稿Ｃ「漢書進講大要」（西―10）も、大型の無罫紙（白紙）に記されている。毎半葉二十字×十行。縦二十八cm×横二十cmで、本文は八葉である。

表紙に「漢書進講大要」と打ち付け書きし、本文冒頭の内題も「漢書進講大要」となっている。

Ａ・Ｂに比べて謹直な墨筆で記されている。Ａ・Ｂが講義口調（話し言葉）であるのに対して、このＣは文章語（書き言葉）で記されていて、読点はなく、修正も少ない。「大要」とある通り、Ａ・Ｂの内容を文章語でまとめており、そのため、全八葉と分量がやや少なめになっている。

末尾に「大正十三年一月十六日宮内省御用掛西村時彦」と署名しているが、その直前に朱筆で「假樂四章章六句」を挿入している。

これら三つの草稿に対して、草稿DとEは保管の仕方が異なっている。単独ではなく、別の草稿類と一括して綴じられているのである。

草稿D「詩經大雅假樂篇講義」（西―73）は、「秋懐二十律」「屈原賦説」など他の自筆草稿とともに、大型の無罫紙（白紙）に記されている。毎半葉二十字×十行。縦二十八cm×横二十cm。本文十五葉で、判型・書式は草稿Bとほぼ同様である。末尾には「假樂四章章六句」「進講候補」「大正十三年一月宮内省御用掛臣西村時彦」と署名されている。文体は、草稿A・Bと同じく講義口調（話し言葉）である。朱で句点が打たれ、一部加筆修正もあるが、きわめて少ない。

最後に草稿E「漢書進講大要」（西―81）は、「経子簡編補注」「詩説」などの草稿とともに綴じられており、草稿A同様、「碩園文稿」の原稿用紙に記されている。外形寸法は、縦二十五・一cm×横十七・六cmで、本文全七葉。右の諸草稿に比べて、かなり草卒な文字で書かれている印象であるが、文体は草稿Cと同じく、文章語（書き言葉）で、末尾には、「大正十三年一月十六日宮内省御用掛西村時彦」と記されている。朱筆で多くの加筆修正が施されている。

以上五つの草稿を前にして、いくつかの疑問が生じるであろう。まず、A・B・Dは講義口調（話し言葉）、C・Eは文章語（書き言葉）であり、またBが「大正十二年」、C・D・Eが「大正十三年」と記載が異なっているのはなぜかという素朴な疑問である。また、五つの原稿はどのような順番で、いつ書かれたのだろうか。

さらに、天囚が『詩経』大雅仮楽篇を取り上げたのはなぜかというのも興味深い問題である。『詩経』は、もともと周の採詩官によって集められた三千篇もの詩を孔子が三百篇に編集したものであるとの伝承があり、全体は「風《ふう》」

「雅《が》」「頌《しょう》」の三部から成る。「風」は各地方の歌謡で「国風」とも言われ、「雅」は都での雅正な歌で「大雅」と「小雅」に分かれ、「頌」は祭礼の祭に祖先の徳を讃える歌である。天囚はこの内、大雅の仮楽篇を取り上げようとしていたのである。

天囚は優れた漢学者であった。当然のことながら儒教経典を中心とする中国古典には精通していたであろう。中でも、晩年の天囚が『尚書』と『楚辞』の研究を進めていたことはこれまでも知られていた。天囚の旧蔵書は、没後、懐徳堂（重建懐徳堂）に入って「碩園記念文庫」となり、さらに戦後、大阪大学懐徳堂文庫の一部となって現在に至っている。また、近年の種子島での調査によって、天囚による『尚書』と『論語』の注釈書草稿が発見された。これらの古典に、天囚は強く惹かれていたのであろう。

ところが、御講書始という大舞台で天囚が用意していたのは、『詩経』の講義であった。明治・大正時代の御講書始で取り上げられた中国古典としては、『尚書』『論語』『易経』などが目立つ。いずれも儒教の経典で、帝王学を講ずるのにふさわしいと考えられたからであろう。では、天囚が『詩経』を取り上げたのはなぜだろうか。また『詩経』の中から、なぜ大雅の仮楽篇を選んだのであろうか。

二、天囚と御講書始

草稿の検討に入る前に、天囚と御講書始との関係を整理しておこう。本書の序章で紹介したように、種子島の西村家には天囚の手帳（日記）十九冊が残されていた。この内、この御講書始前後の動向を記したと思われる大正十一年から十三年の手帳三冊は大きな手がかりとなろう。一方、宮中の動向については、『大正天皇実録』が公式記録として公開されているので、以下、天囚の手帳の記載と突き合わせながら時系列で整理してみる。

まず、大正天皇は即位後から体調が思わしくなく、大正九年（一九二〇）には、宮内省が天皇の体調悪化を公表した。翌十年の御講書始は実施されず、同年、皇太子裕仁親王（後の昭和天皇）が摂政に就任した。天囚が宮内省御用掛を拝命して東京に転居するのはこの年である。

翌十一年の御講書始は実施されたが、臨席したのは皇后と摂政裕仁親王であった。天囚は、この年の御講書始と歌会始に陪席し、同年末には御講書始講官控の内命を受ける。手帳の該当記述を抜き出してみよう。

・大正十一年（一九二二）一月一日、「午前九時三十分参内、摂政殿下拝賀」
・一月三日、「元始祭参列」
・一月十六日、「午前十時、御講書始陪聴被仰付」
・一月十八日、「午前九時半登省、歌御会始陪聴」
・十二月十一日、「御講書始講官控内命至」
・十二月二十五日、「御講書始候補被仰付旨被申渡」

一月一日の項には、あらかじめ「四方拝」と印刷されている。これは、元旦の早朝、天皇が天地四方を拝し、厄災を払い、五穀豊穣を祈る儀式である。古代中国に起源を持ち、平安時代以来継承されてきた宮中行事である。天囚は、続く三日に元始祭に参列、翌四日は、「史局」（島津家編輯所）の御用始め、十一日は、大東文化学院に出講と、この年も多忙な正月を迎えていた。

一月三日の「元始祭」とは、明治維新後に制定された重要な皇室祭祀で、皇位の始元を祝い、皇祖および祖霊、諸神を祀る儀式である。天囚は宮内省御用掛に就任し、こうした正月行事に臨んだのである。その後、天囚は、十六日の御講書始、十八日の歌会始に陪席している。

翌年の大正十二年も、御講書始は大正天皇の体調悪化により実施されなかった。また天囚も同年正月から体調不良となるが、『詩経』大雅仮楽篇を読み、同年末には再び漢書進講候補となっている。これも関連記述を抜き出してみよう。

・大正十二年（一九二三）一月一日、「参内上賀」
・一月二日、「終日在家、読詩経大雅仮楽篇」
・一月三日、「午前九時出門、至賢所参集所、列座元始祭」
・一月十五日、「発熱八度五分」
・一月十六日、「臥蓐〇熱稍退」
・一月十七日以降も「臥病」
・一月十九日、「臥病、気管支炎」
・一月二十日、「臥病〇御講書始、陪従命至」
・十一月二十日、「拝漢書進講候補」

この年は、一月一日に参内し、二日は終日在宅して『詩経』大雅仮楽篇を読む。翌三日は元始祭に参列。ところが、十五日に三十八度五分の高熱を発し、病に臥す日が続き、十九日には気管支炎を発症した。

そして、その翌年、狩野直喜が漢書進講を務めた大正十三年の御講書始では、摂政裕仁親王が臨席し、天囚は漢書進講の控として陪席した。前年から体調不良であった天囚は、この年も一月からやや体調不良となり、同年七月に享年六十歳で急逝している。日記の関連記述を取り上げてみよう。

・大正十三年（一九二四）一月一日、「午前参内拝賀」
・一月三日、「午前九時四十分賢所参集所集合、参列于元始祭」
・一月四日、「至史局御用始」
・一月十一日、「文化学院始業、種痘、至史局、此日風気」
・一月十二日、「微恙欠勤」
・一月十三日、「終日養痾不出門」
・一月十四日、「終日在家、午前十一時、狩野君山来宿」
・一月十六日、「晴〇午後八時半出門参内、十時入鳳凰間、上経筵。三人講畢、賜餐又賜物。此夜招瀧・小島二君小宴。御講書始」
・一月十七日「頭岑々痛、終日在家」
・一月十八日「在家養病、頭痛岑々」「狩野君山与小島文学士西帰」「篠原医来診」
・一月十九日、「在家養病」「篠崎医生来診」

御講書始との関わりで注目されるのは、一月十四日、「狩野君山来宿」である。「君山」は狩野直喜の号。同年の進講者であった京都大学の狩野直喜が御講書始の二日前に上京し、西村天囚宅に泊まっているのである。これはその前年九月の関東大震災により、首都圏が壊滅的な惨状となり、宿泊施設もほとんど回復していなかったため、狩野は旧知の天囚を頼って宿泊させてもらったのである。(1) 狩野直喜が帰郷したのは御講書始の二日後の一月十八日だったことも分かる。

天囚はこの年も正月から体調不良で、一月十二日には欠勤し、翌日も一日自宅で休養。十六日の御講書始には陪席したものの、翌十七日には再び頭痛に襲われ、翌十八日には医師の往診を仰いでいる。

では、天囚が体調不良をおして陪席した、その控とはどのような役割だったのであろうか。これは文字通り、進講者に万一のことがあった場合、その代役を務めるという意味であったろう。だから天囚は、『詩経』大雅仮楽篇の草稿を準備し、毎日声に出して練習していたのである。

ただ、もう一つ、控には重要な意味合いがあった。それは、原則として翌年の進講者に指名されるということである。皇室研究者の所功氏は、その著『天皇の「まつりごと」』(日本放送出版協会)や『皇室事典』(KADOKAWA)において、御講書始の儀には次年度進講予定者も陪聴することになっている、と説明している。

この原則は大正時代も同様だったのであろうか。大正時代の御講書始については、毎年正月の行事として『大正天皇実録』に明記されている。開催日時、進講者、進講題目などが記載されているほか、巻末の注として、控の進講者名が補記される場合もある。例えば、大正九年一月九日の御講書始について、『大正天皇実録』本文では、次のように記載されている。

午前十時鳳凰間に出御、恒例の如く御講書始の儀あり。東京帝国大学名誉教授富井政章をしてギゾ著「欧州文明史」の概要を、東京帝国大学教授三上参次をして「後水尾天皇の御消息」を、東京帝国大学教授服部宇之吉をして「尚書洪範篇」中の一節を各々進講せしめらる。（『大正天皇実録』補訂版第六（宮内省図書寮編修、岩壁義光補訂、ゆまに書房、二〇二一年）（大正十年〜昭和二年））

これにより、同年の漢書進講を担当したのが東京帝国大学教授服部宇之吉で、その内容は『尚書』洪範の一節であったことが分かる。と同時に、同書の注では、次のように補記されている。

控えの進講者は和書が文学博士松本愛重、漢書が土屋弘、洋書が帝国学士院長穂積陳重の三名。

松本愛重（国書）、土屋弘（漢書）、穂積陳重（洋書）の三名が「控えの進講者」であったという。その翌年の御講書始は大正天皇の体調不良のため開催されていないので、この三名がそのまま翌年の進講を担当したのかは検証できない。しかし、さらにその翌年の大正十一年の御講書始では、国書の松本愛重と洋書の穂積陳重が進講者となっている。漢書については、大正九年に続いて服部宇之吉が担当した。大正十年が開催されていないので、明確なことは言えないが、やはり、前年の進講控が翌年の進講候補者となる原則があったのではなかろうか。漢書について、土屋弘が大正十一年の漢書進講を担当せず、大正九年に続いて服部宇之吉が担当している理由は分からないが、土屋がそれ以前の大正五年、六年、八年にも担当していたという事情が、あるいは関係したかもしれない。

残念ながら、『大正天皇実録』には毎年の進講控が注記されているわけではないので、明確な判断はできない。

ただ、『大正天皇実録』以外に視野を拡大してみると、昭和の初め頃の事例ではあるが、この点を裏付けることができる。国立公文書館に「雑載（自大正十二年至昭和八年）」としてまとめられている文書によると、昭和二年十二月の宮内省通牒として翌昭和三年の「進講」が徳富猪一郎（国書）、高瀬武次郎（漢書）、山崎覚次郎（洋書）の三名、「進講控」が三浦周行（国書）、塩谷温（漢書）、横田秀雄（洋書）と記載されている。実際に、昭和三年の進講は、徳富、高瀬、山崎が務めている。

では、「進講控」の三名は翌四年の進講者となったのかという点であるが、これについては、昭和三年十二月の宮内省通牒として、昭和四年の御講書始の「進講」として三浦、塩谷、横田の三名が明記されており、前年の「進講控」が当年の進講者になっていることが分かる。また、この文書には、「進講控」として黒板勝美（国書）、内藤虎次郎（漢書）、鈴木梅太郎（洋書）の三名が記されている。

実際には、昭和四年の御講書始は開催されなかったが、三浦、塩谷、横田は昭和五年の進講者、黒板、内藤、鈴木は昭和六年の進講を務めている。つまり、そのまま一年後送りとなったのである。

もう一例あげておくと、昭和八年の進講者は、辻善之助（国書）、鈴木虎雄（漢書）、田中館愛橘（洋書）であったが、同年の宮内省文書によると、その年の「進講控」は新村出（国書）、宇野哲人（漢書）、姉崎正治（洋書）とされている。翌昭和九年の御講書始は開催されなかったが、この三名の「進講控」は翌々年の昭和十年の進講者となっている。

すべての年について確認できたわけではないが、前年に控を体験することで翌年の進講の準備にするというのは、きわめて妥当な判断であり、おおよその原則になっていた可能性は高いであろう。

とすれば、西村天囚は、大正十三年の御講書始で狩野直喜の控を務めただけではなく、その翌年の大正十四年の進講候補者でもあったと考えられる。しかし、天囚は控として陪席したその御講書始の半年余り後に急逝した。準備していた『詩経』大雅仮楽篇の講義は幻の進講となったのである。

三、御講書始の草稿

それでは、進講者は講義の草稿をどのように執筆し、また保管していたのであろうか。現在では、宮内庁ホームページによって、毎年の進講の内容を閲覧することができるが、大正時代においては、こうした公開はまだなく、事実、大正十三年の狩野直喜の進講は、その六十年後に『御進講録』としてようやく公開されたのである。狩野直禎「跋」によると、「家蔵せる草稿により、文を起こしたもの」である。とすれば、進講の草稿は、当時にあってはあくまで進講者自身が保管するものであり、宮内省に提出して公開されるというものではなかったのではなかろうか。

この点については、明治・大正時代の進講についての証言が参考になる。法政学者で法務官僚を務めた細川潤次郎は、自身の見聞も踏まえて『明治年中行事』（西川忠亮、一九〇四年）を執筆したが、そこには次のように記されている（以下、傍線は湯浅）。

御講書始は一月六日を以て行わる。六日若し日曜日に値るときは翌七日を以て行わる。其の前宮内大臣より三人の講者に和漢洋の書籍を進講すべき旨を伝う。講者は進講すべき書籍を選み、某章某条と記して宮内省の内事課に送る。御覧に備うべき御本を用意せん為なり。

これによれば、進講者はあらかじめ進講すべき書籍を選び、具体的な箇所を記して宮内省内事課に届け出ることになっていた。宮内省では、それに基づき、テキストを準備したのである。ただここには、講義草稿の提出については何も記されていない。通告するのはテキスト名とその具体的な箇所であり、講義原稿については事前・事後の提出は必要なかったのではなかろうか。

この点は、明治時代の初め頃に連続して漢書進講を担当した元田永孚の証言からも確認される。元田永孚「新年講書始における進講」（朱子学大系十二巻『日本の朱子学（下）』、明徳出版社、一九七五年）には次のような記載が見える。

・為政の首章と新民の伝は講義録を上つり、毎講献上の心算なりと雖も未だ成らざるなり。

・講義録草案皆在り、他日輯めて梓に上て之を乙覧に供せんと欲するなり。但大学明々徳の節と帝鑑図説講義録を欠けり。

・凡そ十九年十九回の進講、唯十九年の一月周官の進講、当日風気に依て欠講せり。故に講義録を献じて其欠を補う。

これによると、元田は『論語』為政篇の冒頭章と『大学』の「新民」の伝について、講義録を献上しようと考えていたものの、それを果たし得なかった。また、講義録の草案自体は手元にあり、他日これらを集めて「乙覧《いつらん》」に供しようと思っていた。「乙覧」とは、天子の読書を意味する「乙夜《いつや》の覧」の略である。古代中国では、日没から夜明けまでの「夜」の時間を甲乙丙丁戊に五分割して五夜または五更と呼び、その二番目の時間帯を「乙夜」と称した。二更、二鼓とも言い、現在の夜十時頃に相当する。天子が昼間は政務で多忙なので、就寝前の乙夜になって書見をした故事にちなむ言葉である。

元田は、十九年間に十九回、進講を担当したが、その内の明治十九年の御講書始は風邪気味で欠講したため、特に講義録を献上してその欠を補ったという。とすれば、講義録の献上は予定していた進講を欠講した場合であり、それ以外は、後日、講義録としてまとめることはあっても、その都度宮内省に提出していたわけではなかったのである。明治四十三年に刊行された吉本襄編纂・徳富猪一郎緒言『元田先生進講録』（民友社、一九一〇年）にも次のようにある。

本書に掲げたる進講録は、嘗て明治三十三年の頃、吉本鐵華氏が『経筵進講録』と題し、先生の令嗣男爵元田永貞君に請うて、其の許諾を得、世に公にしたもの。

やはり進講録草稿は、元田家に保管されていたのであり、それを遺族や関係者が編集して公開しなければ、その内容は同時代人にも分からなかったのである。

その事情をやや詳しく説明しているのが、元田竹彦・海後宗臣編著『元田永孚文書』第二巻（元田文書研究会、一九六九年）である。その解題に次のようにある。

・本巻のように進講録としてまとめた文書が元田家に存在しているのではない。従来元田家においては進講に用いた草案とみられる自筆文書の一部を編集して二冊に綴ってあった。第一は『経筵進講草稿』と題簽して帙にいれた文書で、これは明治五年より明治二十四年に至るまでの新年講書始の進講草案を集録したものである。

・［明治五年進講］……原文書は罫紙六枚……進講録本文の後に続けてある記述は講書始の儀式当日の後に書き加

えたものとみられる。

・［明治九年進講］この進講案は活字版の冊子となっている唯一の文書である。表紙には「論語為政首書講義」と題し、四六版二十頁のものである。この冊子を新年講書始進講の際に使用したかどうかは明らかではない。しかし印刷に付してあるところから、講書始参列者やその他の希望者に配付したとみられる。

元田家にあった講義草稿も、進講録として整然とまとめられていたわけではない。進講の草稿と思われる自筆文書を、ただ二冊に綴って保管していたのである。また明治五年の進講原稿については進講後に加筆したものがあり、明治九年の進講については特例として活字版冊子になっていて、参列者や希望者に配布したとみられるという。進講草稿の取り扱いは様々だったのである。進講時に提示されたり、すぐに公開されたりしたわけではない。

実は、大正十三年の狩野直喜の進講についても、新たな関係資料が得られた。天囚の郷里種子島の西村家に残されている膨大な書簡である。その中に、狩野直喜から天囚に宛てた手紙二十五通がある。大正十三年一月三日付け、すなわち御講書始の十三日前の書簡によると、狩野は進講草稿を天囚に送って批評を仰いでいることが分かる。具体的な草稿と批評の内容は不明であるが、天囚が気づいた点を「御腹蔵なく御示教」下されたことに狩野は感謝の意を伝えている。また、狩野は、「小生の如き浅学菲才のもの」が進講することはきわめて不適当と自覚しているものの、辞退することは「儒臣の身」として不穏当なので大役を務めたいと考えている旨を記す。そして、宮内省の大谷正男《おおたにまさお》書記官（本書第十一章で後述）へは「進講題目丈《だけ》」を弟からすでに届け出たはずであるが、その控えとして提出するものをどのようにすればよいか、「用紙」や「用語」などについて問い合わせの上、ご一報願いたい旨、天囚に依頼している。

また同月の別の書簡では、このたび「尊宅に御厄介に」なることを謝した上で、宮内省書記官から御講書始は一月中旬以降に挙行されると電話にて連絡を受けたものの、元日の大阪朝日新聞では、「東京電話」として一月九日頃に内定したとの記載があるので、あるいは変更があったのか尋ねたこと、またあらかじめ進講内容の要旨を別紙にしたためたので、ご一覧の上、宮内省に提出していただきたい旨を伝えている。加えて、様式などもあろうから甚だ勝手ながら宮内省および官房にて浄書していただき、さらに、進講を予定している『尚書』の本文に句読点訓点を施せとのご沙汰」があれば、はばかりながら加筆していただきたいと依頼している(2)。

これらの書簡によると、狩野直喜は宮内省に進講題目をあらかじめ伝えていたことが分かる。また、進講内容の大意を記した文書については、天囚に批評を求めるとともに、用紙・書式などについて自身は不案内だとして、宮内省御用掛の天囚を通じて問い合わせをしていることも分かる。さらに、正式な様式に従って、その文書を宮内省で清書してほしいと述べ、あわせて、『尚書』の漢文に句読点・訓点が必要な場合は、天囚に加筆してほしいと依頼しているのである。

このように、進講題目とその大意については宮内省に提出することになっていたものの、進講草稿そのものはあくまで進講者の手控えであり、あらかじめ宮内省から所定の様式を通知して提示を求めたものではないと推測されるのである。

またこの事情は御講書始だけではなく、東宮御学問所における進講についても同様であった。猪狩又蔵編纂『倫理御進講草案』（杉浦重剛先生倫理御進講草案刊行会、一九三六年）は次のように記す。

・大正三年五月、可畏くも東宮御学問所御用掛を拝命し、倫理を進講し奉るの光栄に浴し、先生は心身共に捧げまつりて、一意忠節を尽し、前後七カ年の久しきに亘りて、東西古今の事例を取り、精粋を抜き、能く二百数十回の御進講を果たし、常に、皇道日本の精神を以て一環せられたのであります。

・先生が満腔の精神を傾け注がれたる御進講草案二十余巻は、小子の手元に保管してありました。然し是れとても年を経るにつけ、散佚するの恐があります。

皇太子に対する杉浦重剛の倫理進講は七年にもわたり、その進講草案二十余巻があった。しかし、それは同書編纂者の手元に保管してあるものの、いずれ散佚する恐れがあるため刊行を決意したという。

要するに、進講草稿の執筆や保管、その取り扱いに厳格な決まりはなく、家蔵の草稿が後日公開されることはあっても、それはあくまで特殊な事例であったと推測される。

そのことと関連して、草稿の文体もまちまちであった。右に取り上げた吉本襄編纂・徳富猪一郎緒言『元田先生進講録』には、全十五講義が収録されているが、その内、第九「論語貧而無諂章」、第十一「論語知者不惑章」、第十三「書経咸有一徳篇」のみは口語体、それ以外は文章語（だ・である体）となっている。宮内省への提出が必須でないとなれば、草稿はあくまで進講者の手控えなのであり、それを講義口調で書いても、文章語で書いてもよかったのである。

ちなみに、現在の進講者および進講題目は、宮内庁ホームページで、「講書始の儀におけるご進講者及びご進講題目一覧（平成元年以降）」として公開されており、それぞれの講義録も全文閲覧できる。これに基づき、ＫＡＤＯＫＡＷＡ編『天皇皇后両陛下が受けた特別講義』（二〇二〇年）には、平成二十三年から令和二年までの御進講計三十講義が収録されているが、この内、平成二十三年の佐々木毅「政治の精神」と同年の竹市雅俊「動物組織の構築」のみ文章語で、他はすべて講義口調となっている。

講義口調の草稿が多いのは、それが講義を前提にしているからであろう。文章語での記録を強く意識したものではなく、進講のために執筆しているのであるから、それは当然のことであるとも言える。

四、五種草稿の関係

それでは、いよいよ天囚の進講草稿を検討してみよう。まず文体の相違に注目して、講義口調（話し言葉）で記された草稿A・B・Dと文章語で書かれた草稿C・Eとを便宜上二つのグループに分けて、それぞれ考察してみたい。概要を先に述べると、草稿Aに朱筆された多くの加筆修正は、ほぼ草稿Bの本文に反映され、また草稿Bに加えられている修正は、おおむね草稿Dに反映されている。

一例として、冒頭部を取り上げ、比較してみる。天囚の草稿は、漢字カタカナ交じり文となっているが、ここでは便宜上、旧漢字を現行字体にし、カタカナを現代仮名遣いのひらがなに改める。句読点は原則として、草稿に朱で付された読点に基づく。

【草稿A】本日の御講書始に、臣時彦浅学菲才を以て

【草稿B】本日の御講書始に、臣時彦浅学菲才の身を以て

【草稿D】本日の御講書始に、臣時彦浅学菲才の身を以ちまして

草稿Aでは、「浅学菲才を以て」と墨書した後、朱筆で「浅学菲才の身をもちまして」に修正している。草稿Bでは「浅学菲才の身を以て」と墨書した後、さらに、朱筆で「身を以ちまして」に修正している。そして草稿Dはその修正を反映するかのように「身を以ちまして」と記している。修正を重ね、徐々に丁重な表現になっていく様子が分かる。

また、「詩経」の説明の冒頭部は次のようになっている

【草稿A】詩経は古昔《むかし》単に詩と称えまして、宗廟朝廷及び学校家庭に至るまで、音楽に合せて歌いましたものでござりまする。周代の詩に……

【草稿B】詩経は古昔単に詩と称えまして、宗廟朝廷学校、及び身分あるものの家庭に至るまで、音楽に合せて歌いましたもので、周代の詩に……

【草稿D】詩経と申しまするは、昔は単に詩と称えまして、宗廟朝廷学校、及び身分あるものの家庭に至りまするまで、音楽に合せて、歌いました所のもので、周の代の詩に……

草稿Aは右のように「宗廟朝廷及び学校家庭に至るまで」と記した後、朱筆で、「宗廟朝廷学校及び身分あるものの家庭に至りまするまで」と修正している。草稿Bはそれを受けるかのように本文を記した後、さらに「歌いましたもので」の箇所に朱で「所の」を、「周代」の間に「の」を補っている。それらの修正を反映させると、まさに草稿Dのようになる。

続いて、「大雅」の冒頭の一部を取り上げてみよう。

【草稿A】三百五篇の詩を風雅頌の三に類別いたしてござりまするが
【草稿B】三百五篇の詩を、風雅頌の三に類別いたしまするが
【草稿D】三百五篇の詩を、風雅頌の三に類別いたしまするが

草稿Aでは「類別いたしてござりまするが」と墨書した後、朱の見せ消ちで「類別いたしまするが」に訂正している。草稿Bと草稿Dはその修正を受けるようにして、本文を「類別いたしまするが」と墨書している。

もう一箇所、「仮楽」の説明の冒頭部を取り上げてみよう。

【草稿A】仮楽の詩は第一章の首句に、仮楽君子とありまする処から、其の首句の字を取りまして篇の名に致したものでござりまする。此の仮楽の詩は、周の成王を称えた詩であると申伝えて居りまする。
【草稿B】仮楽の詩は第一章の首句に、仮楽君子とござりまする所から、首句の二字を取りまして篇の名に致してありまするが、詩人が周の成王の君徳を称えた詩であると申伝えて居りまする。
【草稿D】仮楽の篇は第一章の首句に、仮楽君子とござりまする所から、首句の二字を取りまして篇の名に致したものでござりまする。此の詩は周の成王の君徳を称えた詩であると申伝えて居りまする。

草稿Aは、このように墨書した後、「仮楽君子とありまする」を「仮楽君子とござりまする」に朱で訂正、「其の首

句」の「其の」を朱で抹消、「たものでござりまする。此の仮楽の詩は」を朱で抹消している。

草稿Bを見ると、この修正がおおむね反映されていることが分かる。ただ、草稿Bにもさらに修正箇所があり、「篇の名に致してありまするが」を朱で訂正し、「篇の名に致したものでござりまするが、此の詩は」とする。草稿Dは、その修正をおおむね反映している。

このように、墨書された本文と朱筆の訂正とを含めて三つの草稿を対比してみると、草稿Aから草稿B、草稿Bから草稿Dへという流れが無理なく想定される。念のため、当該部分について、その修正前後を含めて対照してみよう。

【草稿A修正前】仮楽の詩は第一章の首句に、仮楽君子とありまする処から、其の首句の字を取りまして篇の名に致したものでござりまする。此の仮楽の詩は、周の成王を称えた詩であると申伝えて居りまする。

【草稿A修正後】仮楽の詩は第一章の首句に、仮楽君子とござりまする処から、首句の字を取りまして篇の名に致し、周の成王の君徳を称えました詩であると申伝えて居りまする。

【草稿B修正前】仮楽の詩は第一章の首句に、仮楽君子とござりまする所から、首句の二字を取りまして篇の名に致してありまするが、詩人が周の成王の君徳を称えた詩であると申伝えて居りまする。

【草稿B修正後】仮楽の詩は第一章の首句に、仮楽君子とござりまする所から、首句の字を取りまして篇の名に致したものでござりまするが、此の詩は周の成王の君徳を称えた詩であると申伝えて居りまする。

【草稿D】仮楽の篇は第一章の首句に、仮楽君子とござりまする所から、首句の二字を取りまして篇の名に致したものでござりまする。此の詩は周の成王の君徳を称えた詩であると申伝えて居りまする。

以下、全篇にわたってこの流れを確認することができる。特に、直接、明治天皇、大正天皇に言及する進講末尾部分では、草稿Aがやや簡素であったのに飽き足らなかったのか、草稿Bで大幅に加筆修訂した後、さらにすさまじい朱筆の補訂がある。容易に判読できないほどの修訂であるが、草稿Dは、その修正をおおむね受けるように整然と浄書されているのである。やはり、草稿A→B→Dという前後関係は、まず間違いないであろう。

このことは、草稿欄外の書き入れからも裏付けることができる。草稿Aの第八葉上部欄外と第十葉から十一葉にかけての上部欄外には朱筆の追記がある。これを、草稿B・草稿Dの本文と対照してみよう。まず第八葉である。

【草稿A第八葉欄外追記（朱筆の小字）】我が国の今日を以て申しますれば、明治天皇の定めさせられました憲法、皇室典範、其他詔勅は皆旧章でござります。

【草稿B（本文）】例に御引き申しまするは、恐多くござりまするが、我国の今日を以て申しますれば、明治天皇の御定に相成りました憲法、皇室典範、教育勅語の如き、皆旧章でござります。

【草稿D（本文）】例に御引き申しまするは、恐多くござりまするが、我国の今日を以て申しますれば、明治天皇の御定に相成りました憲法、皇室典範、教育勅語の如き、皆旧章でござります。

草稿Aの欄外に朱筆の小字で加筆されていたものが、草稿Bと草稿Dでは初めから本文として墨筆されている。次も同様である。

【草稿A第十葉・十一葉欄外追記（朱筆の小字）】率由群匹の一句、即ち万民衆庶の心に従い用うると申すことは、支那上代聖人の道でござりまする。天子は天の命を受けて、民を安んずるが天職であると致しまして、天子即ち天の子《みこ》と申し奉るのでござりまする。書経皐陶謨にも、天聰明自我民聰明、天明威自我民明畏と申して居りまする。其心は、天は民の耳と目とを以て耳目と致して、人君の行う所を見聞するものである、天が無道の政を怒りまして罰しまするのは、民の怒りに因ることであると申すので、取も直さず民の心は天の心、天の心は民の心と申すが、漢土聖人の理想にござりまする。万民の心は尤も何を願うかと申しますれば、安んじ息うことを好みまする。先きの内二章は、民を安んずることを王として定められまする故に成王は民の心に従いまして民を安んずることを務められまする。民の心に従うは天の心に従うと同じことでござりまするから、天は之を助けて無疆の福を賜うのでござりまして、周の皇室が天より福を受けまするのは、旧章と万民とに従う結果であることを含蓄して居りまする。

【草稿B（本文）】扨此《さて》の率由群匹の一句、即ち衆庶万民の心に従うと申しまするることは、支那上代聖人の道にござりまして、天子は天の命を受けて、民を安んずることが、天職であると致し、天は天子の行を耳ざとく目ざとく見聞いたし、天職を尽す所の君には幸福を与え、否《しか》らざる者は罪を得ると申しまする。其れ故皐陶謨にも、天聰明自我民聰明と申して居りまする。取も直さず民の心は天の心と申す事になりまする。其で万民の欲する所に従うは、即ち天意に従うことに相成ると申す処から、率由旧章と率由群匹とを対《つい》にいたして、大切な事に陳べて居るのでござりまする。

【草稿D（本文）】扨此《さて》の率由群匹の一句、即ち衆庶万民の心に従うと申しまするることは、支那上代聖人の道にござりまして、天子は天の命を受けて、民を安んずることが、天職であると致し、天は天子の行を耳ざとく目ざとく見聞いたし、天職を尽す所の君には幸福を与え、否《しか》らざる者は咎を得ると申しまする。其れ故皐陶謨にも、天聰明自我民聴明と申して居りまする。取も直さず民の心は天の心と申す事になりまする。其で万民の欲する所に従うは、即ち天意に従うことに相成ると申す処から、率由旧章と率由群匹とを対《つい》にいたして、大切な事に陳べて居るのでござりまする。

天囚は、草稿Aを執筆した後、欄外に小字で大量に加筆した。草稿Bと草稿Dは、そのすべてではないものの、おおむね取り入れ、初めから本文として墨書している。

つまり天囚は、草稿Aをまず執筆し、そこに大幅な加筆を施して、それを基に草稿Bや草稿Dを構想したのである。その逆はあり得ないだろう。もし草稿BやDが先だったとすれば、本文に記したこの部分を、草稿Aでわざわざ取り出し、欄外に小字で朱書きしたということになる。それはきわめて不自然である。やはり草稿Aから草稿B・Dへという前後関係は動かしがたいと思われる。

また草稿Bには、上部欄外の追記は認められないものの、先述の通り、進講末尾に至って、原稿の下部や余白に大きな加筆修正が施されている。この部分について、念のため、一箇所だけ取り上げて確認してみよう。

【草稿A】（該当語句なし）

【草稿B（本文）】子孫千億又は受福無疆と祝福いたして居りまするが、事実は之に伴いませず、成王の孫昭王……

【草稿B欄外修訂（朱筆の小字）】子孫千億又は受福無疆と申すことも出来ぬと申す意味は、言外に現れて居りまする。其の事実上の証拠には、成王の孫昭王……

【草稿D】子孫千億、又は受福無疆と、申すことも出来ぬ、と申す意味は、言外に現れて居りまする。其の事実上の証拠には、成王の孫昭王……

このように、草稿Ａにはもともとなかった文言が草稿Ｂに加筆されており、その本文に対しても、朱筆でかなりの修訂が施されている。それを草稿Ｄが受けて浄書しているのである。やはり、草稿Ａから草稿Ｂ、草稿Ｂから草稿Ｄという流れは間違いないであろう。この前後関係は、末尾の署名からもうかがうことができる。草稿Ａには執筆年月の記載はないが、草稿Ｂは「大正十二年一月」、草稿Ｄは「大正十三年一月」と記すのである。これを素直に受け取れば、やはり草稿Ｂが先、草稿Ｄが後ということになろう。

それでは、もう一つのグループ、すなわち文章語で記載されている草稿Ｃと草稿Ｅはどうであろうか。この二つの草稿は、ともに文章語であるという共通点に加えて、表紙に「漢書進講大要」と記されているという点でも共通している。但し、草稿Ｃは大型の無罫紙（白紙）に整然と書かれているのに対して、草稿Ｅは「碩園文稿」の原稿用紙に、やや草卒な文字で書かれ、多くの修正が施されているという相違が認められる。一例として、まず冒頭部を取り上げてみよう。草稿Ｅには朱筆の修正があるので、それもあわせて記載する。

【草稿Ｃ】漢書進講大要　本日御講書始を行わせられ臣時彦浅学菲才を以て漢書進講の大命を拝す。

【草稿Ｅ】詩経大雅仮楽篇講義　本日御講書始の経筵に時彦浅学菲才を以て漢書進講の大命を拝す。

【草稿Ｅ（修正）】進講漢書大要　本日御講書始を行わせられ臣時彦浅学菲才を以て漢書進講の大命を拝す。

この三者の関係はどのように理解されるであろうか。草稿Ｅは墨筆で記した後、題名（内題）を朱筆で「進講漢書大要」に修正し、さらに校正記号で「進講」と「大要」を入れ替えている。すなわち「漢書進講大要」に訂正するとの意味である。また、「御講書始の経筵に時彦」と記した後、「御講書始を行わせられ臣時彦」に修正している。この修正を反映させるとどうなるか。それがまさに草稿Cの文章となる。

もう一箇所、「詩経」解説の冒頭部を同じように取り上げてみよう。

【草稿C】古は単に詩と称し音楽に合せて歌いしものなり今存する所は周代の詩に殷代の詩を附加して総て三百五篇あり。

【草稿E】古は単に詩と称し、宗廟朝廷学校より位地あるものの家庭に至るまで、音楽に合せて歌いしものなり。今存する所は、周代の詩に殷代の詩を附加して、総て三百五篇あり。

【草稿E（修正）】古は単に詩と称し、音楽に合せて歌いしものなり。今存する所は周代の詩に殷代の詩を附加して、総て三百五篇あり。

これも冒頭部同様、草稿Eの修正をそのまま反映させると草稿Cの文言になる。以下、この関係は、ほぼ全篇にわたって確認される。念のため、進講の末尾も同様に比較してみよう。

【草稿C】御当代に至り、殊更皇室御繁栄あらせられ、子孫千億、穆穆皇皇として、福禄を受けたまう、誠に慶賀の至りに任えず、因て新年の御式に、此の仮楽篇を進講し、謹みて皇室の天壌無疆を祝し奉る。

【草稿E】御当代に至り、皇室御繁栄、子孫千億、穆穆皇皇、天壌無疆の徴、誠に慶賀の至に任えず、因て此の仮楽篇を進講し、皇室の福禄無疆を祝し奉る。

【草稿E（修正）】御当代に至り、殊更皇室御繁栄あらせられ、子孫千億、穆穆皇皇として、福禄を受けたまうこと無疆なり。誠に慶賀の至りに任えず、因て新年の御式に、此の仮楽篇を進講し、謹みて皇室の天壌無疆を祝し奉る。

末尾においても、やはり草稿Eを執筆した後に大幅な修訂が加えられており、その修訂をおおむね反映させると草稿Cになるという関係を確認することができる。

以上のことから、文章語で書かれた二つの草稿の内、草稿Eが先に執筆され、そこに施した修正を受けて浄書されたのが草稿Cであると推測される。ここまでの推論をまとめると、二つのグループ内の草稿の前後関係はそれぞれ次のようにまとめることができる。

講義口調（話し言葉）の草稿　A（原稿用紙）→B（無罫紙）→D（無罫紙）

文章語（書き言葉）の草稿　E（原稿用紙）→C（無罫紙）

このように並べてみて改めて気づくのは、その用紙の違いである。天囚は、この講義草稿に限らず、版心に「景社文稿」や「碩園文稿」などと印刷された原稿用紙に自身の草稿を記している。原稿用紙とは、文字通り、完成版に至る前の「原《もと》」の草稿を下書きし、そこに修正を加えるための用紙である。字数・行数が分かって便利なため、正式な提出用としても使用されるが、天囚は、初期段階の草稿は原稿用紙に墨書し、そこに朱筆・墨筆で修正を加えていった。その後、完成版・提出版を意識した段階になると、原稿用紙ではなく、やや大型の無罫紙（白紙）に執筆した。この原則は、本書第五章で検討した「大阪市公会堂壁記」についても同様であった。内容の分析から導かれたこの仮説は、用紙の違いという点からも裏付けられるのである。

それでは、二つのグループ間の関係はどのように考えられるであろうか。当然のことながら、文章語で書かれた草稿ＥとＣは締まった表現になっている。そのため草稿Ｅ・Ｃの全体分量は草稿Ａ・Ｂ・Ｄに比べてやや少なめになっている。「大要」と称するゆえんである。但し、「大要」とは言っても、要旨のみを箇条書きしたという意味ではない。個々の記述は講義口調の草稿Ａ・Ｂ・Ｄの内容にほぼ対応していることが分かる。より締まった文章語で記し、また内容を分かりやすくために講義口調の草稿で引いていた具体例を入れていないため分量が少なくなっているのである。要するに執筆方針がそもそも異なるのであり、単純に分量の多寡や表現の違いによって前後関係を即断することはできないのである。

ただ、草稿Ｄを踏まえて、草稿Ｅを執筆したのではないかと思われる箇所もある。一例として、「詩経」の解説の冒頭部を検証してみよう。

【草稿Ｄ】詩経と申しまするは、昔は単に詩と称えまして、宗廟朝廷学校、及び身分あるものの家庭に至りまするまで、音楽に合せて、歌いました所のもので、

【草稿Ｅ修正前】古は単に詩と称し、宗廟朝廷学校より位地あるものの家庭に至るまで音楽に合せて歌いしものなり。

【草稿Ｅ修正後】古は単に詩と称し、音楽に合せて歌いしものなり。

このように、草稿Eは、草稿Dにあった「宗廟朝廷学校」および身分ある「家庭」までの要素を意識して、一旦「宗廟朝廷学校より位地あるものの家庭に至るまで」と墨書した後、「大要」であることを踏まえて、それらを朱ですべて削除し、きわめて簡潔な表現にしている。これは草稿Cも同様である。すなわち講義口調の草稿ではやや詳しく記していた箇所につられて、文章語の草稿にも記してみたものの、「大要」の趣旨に照らして、思い切って削除したと考えられるのである。

ただ、その逆の可能性は全くないのかと言えば、そもそも執筆方針が異なるのであるから、断定はできない。そこで、より客観的な手がかりになると思われるのは、草稿末尾の年月日の記載である。改めて対比してみると次のようになる。

【草稿A】（記載なし）
【草稿B】（図6）大正十二年一月
【草稿D】（図7）大正十三年一月
【草稿E】（図8）大正十三年一月十六日
【草稿C】（図9）大正十三年一月十六日

西村家所蔵の日記によると、天囚は大正十一年十二月十一日に「御講書始講官控」の内命を受けている。天囚はこれを受諾し、御講書始が実施されることを前提に草稿を準備したと推測される。それが恐らく草稿AとBであろう。

進講候補
大正十二年一月　宮内省御用掛臣西村時彦

図６　草稿Ｂ末尾

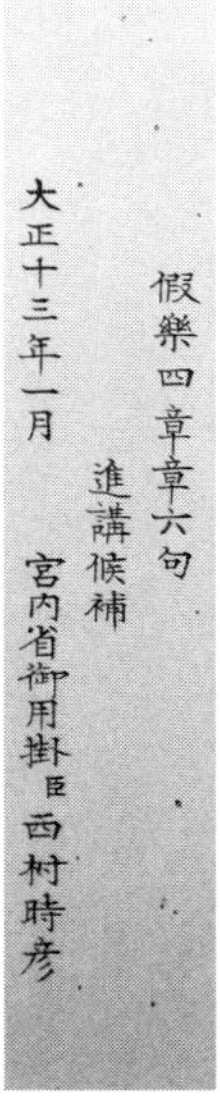
假樂四章章六句
進講候補
大正十三年一月　宮内省御用掛臣西村時彦

図７　草稿Ｄ末尾

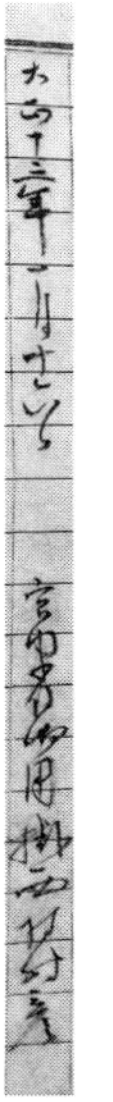
大正十三年一月十六日　宮内省御用掛西村時彦

図８　草稿Ｅ末尾

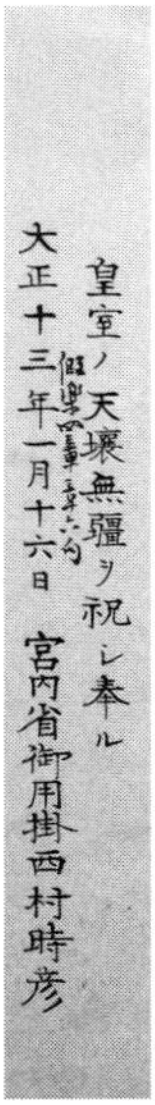
皇室ノ天壌無彊ヲ祝シ奉ル
假樂四章章六句
大正十三年一月十六日　宮内省御用掛西村時彦

図９　草稿Ｃ末尾

しかし、大正十二年の御講書始の儀は中止となった。大正十二年一月二十日付け宮内大臣牧野《まきの》伸顕《のぶあき》の天囚宛書簡が、種子島の西村家に残されている。同年の御講書始中止の通知書である。

日記によれば、天囚は、同年十一月二十日に再び「漢書進講候補」を拝命しているので、この実施されなかった十二年の御講書始が一年後送りとなり、十三年一月の御講書始が実施されたと推測される。そのため、草稿Ｄ・Ｅ・Ｃは「大正十三年」の記載となっているのであろう。つまり、草稿Ｄ・Ｅ・Ｃは、大正十二年の御講書始の中止が決定して以降、翌年の御講書始を念頭に置いて、改めて執筆したものと推定される。

では、草稿Ｄと草稿Ｅ・Ｃとの前後関係はどうであろうか。これも、年月日の記載を手がかりとして一応の推測は可能となる。草稿Ｄには「大正十三年一月」とあるだけで日付の記載はない。これに対して、草稿Ｅ・Ｃは「大正十三年一月十六日」と実際の開催日が記されている。

この開催日が決定したのはいつだったのか。先に取り上げた大正十三年一月の狩野直喜の書簡によれば、宮内省から同年一月中旬以降開催予定の連絡は受けていたものの、直前まで正式な開催日は分からず、一部新聞では一月九日との報道もあった。結果的にこれは誤報で、実際には十六日に開催された。

とすれば、草稿Dは大正十三年の御講書始用に書かれた草稿とは言え、まだ具体的な日付までは分からない段階で執筆されたものであり、草稿EとCは、「一月十六日」という開催日が確定した後に執筆されたものと考えられよう。もしそうであれば、講義口調の草稿A・B・Dのグループが先で、文章語の草稿E・Cがその後というグループ間の前後関係も想定できる。

では、文章語の草稿E・Cはいつ執筆されたのであろうか。講義口調の草稿Dは「大正十三年一月」とあるものの、実際に執筆されたのは前年の大正十二年であろう。講義口調の草稿は、単に書くだけが目的ではなく、それに基づき声に出して練習することが最終目的なのであるから、開催直前に稿了したのでは間に合わない。これに対して、草稿E・Cには「一月十六日」という実際の開催日が記されている。直前までこの実施日は分からなかったのであるから、その執筆は、御講書始開催の直前、または実施後ではないかと推測される。もっとも、末尾の日付の記述のみ後から加筆されたもので、本文はそれより前から書いていたという可能性も残る。そうであれば、講義口調の草稿の内、大正十三年の進講用に執筆した草稿Dと文章語による草稿E・Cとは、一部時間的に重なっていて、相互に参考しながら修正作業を進めたということも想定される。

いずれにしても、御講書始に際して天囚が必須と考えたのは、講義口調の草稿であり、文章語の草稿は、特に宮内省から指示がない限り、進講前までに稿了している必要はなかったとも言える。天囚は、実際の進講で読み上げることを想定して、講義口調の草稿を書き進め、激しい推敲を加えた結果、計三種類の草稿になったのではなかろうか。

また一方、天囚は、自身の進講を端正な文章語の原稿としても残しておきたいと考え、別途、執筆方針を異にする草稿を書いたのではなかろうか。この推測を図示してみよう。

・大正十二年の御講書始にあたり、西村天囚は漢書進講の控に指名される。
　←
・天囚、『詩経』大雅仮楽篇の進講草稿を執筆
　草稿A「詩經大雅假樂篇講義艸案」（年月記載なし）（原稿用紙）
　←
　草稿B「詩經大雅假樂篇講義擬稾」「大正十二年一月」（無罫紙）
　←
・大正天皇の体調不良により、御講書始は中止となる（大正十二年一月二十日付け宮内大臣牧野伸顕からの通知）。
　←
・天囚、翌大正十三年の進講用に改めて草稿を修訂
　草稿D「詩經大雅假樂篇講義」「大正十三年一月」（無罫紙）
　←
・自身の記録として、文章語による「大要」の草稿を執筆

草稿Ｅ「詩經大雅假樂篇講義」改め「進講漢書大要」さらに改め「漢書進講大要」「大正十三年一月十六日」
（原稿用紙）
↓
草稿Ｃ「漢書進講大要」「大正十三年一月十六日」（無罫紙）

なお、現在、これらの草稿を保管している種子島開発総合センター（鉄砲館）は、草稿Ａに年月日の記載がないにもかかわらず、受け入れ後に付けたと思われる仮表紙に「大正十三年」と記入している。これは後醍院良正『西村天囚伝』に、天囚が大正十三年の御講書始に控として陪席したと記載してあり、また他の草稿に大正十三年と明記してあることに引きずられた誤記であろう。五種草稿の中では草稿Ａが最も初期のもので、その修正を受けて書かれたのが草稿Ｂであり、この二つは大正十二年一月の御講書始を想定して書かれたと思われるので、具体的な執筆時期はその前年の大正十一年であろう。そして、大正十二年の御講書始の中止が決まった後、大正十三年の御講書始を念頭に置いて改めて修訂したのが草稿Ｄであったと推測されるのである。天囚が毎日声に出して練習していたと後醍院が証言するのは、恐らくこの草稿Ｄに基づく講義であったと思われる。

五、「詩経大雅仮楽篇講義」の全容

それでは、天囚が準備していた講義とはどのような内容だったのであろうか。以下では、天囚の草稿Ｄを詳しく検討してみたい。草稿Ｄを主体とするのは、講義口調の完成形態に近い修正版だと推測されるからである。他の草稿の全文については本章の末尾に掲載する。

便宜上、原文を八段落に分け、各段落ごとに①②などの通し番号を付して語注を加える。原文の表記については以下のような方針を立てた。

・天囚の草稿は漢字カタカナ交じり文となっているが、旧漢字は現行字体にし、カタカナを現代仮名遣いのひらがなに改める。
・天囚が記している『詩経』の漢文については、天囚自身の訓点に従って、その直後の（　）内に書き下し文を記す。
・天囚自身が付けている読点に基づいて、句読点を加える。
・ルビは、天囚自身が付けているものはすべて付け、その他も読みにくい漢字にはできるだけ付けるようにする。
・清濁点は現代の通用表記に統一する。
・略字・特殊記号などが用いられている場合は、現代の通用表記に改める。
・天囚の加筆修正は、それをおおむね反映した形で再現する。修正前との比較が必要な場合には、該当箇所の語注で説明する。
・草稿で擡頭・空格などが施されている場合には、そのまま反映させる。
・他の草稿との異同で重要な点については、該当箇所の語注で指摘する。

【原文1】

詩経大雅仮楽篇講義

本日の御講書始に、臣時彦《ときつね》浅学菲才の身を以《も》ちまして、漢書①進講の大命②を拝し、誠に恐懼《きょうく》感激の至《いたり》にござりまする③。謹みて進講致しまする漢書は、詩経大雅仮楽《たいがからく》の篇でござりまする。

【語注】

①漢書……漢籍のこと。「国書」に対する称。御講書始は、明治二年正月二十三日に「御講釈始」が挙行されたのを嚆矢とする。はじめは漢書、国書について進講が行われていたが、やがて洋書が加わり、漢書・国書・洋書の三分野について三名の学者が進講していた。これが明治・大正・昭和の中頃まで続いたが、昭和二十八年（一九五三）からは、人文科学・社会科学・自然科学の三分野に改編され、現在に至っている。すなわち、講書始は「講書」の名の通り、もともとは「書」（文献）についての講義であった。そこで、「漢書」についても、『書経』『論語』『易経』など主として儒教経典が対象とされていた。それが人文科学・社会科学・自然科学に再編されたことにより、必ずしも「書」に対するものではなくなり、広くテーマについての講義となった。昭和二十八年以降では、広義の中国思想に関するテーマが講じられたことはあるが、直接、中国古典を講義題目とするものはない。

②大命……天子の命令。大正天皇から、御講書始での進講を仰せつかったことをいう。実際に天囚が拝命していたのは「御講書控」であったが、ここでは、進講を担当するという前提で執筆されている。この「大命」で改行されているのは「擡頭《たいとう》」の礼。貴人への尊敬の意を表すため、文中の名前や敬称を改行して記すこと。もともと唐の律令

制下で法制化され、漢籍で通用していた書式であるが、天囚は自身の草稿でもこの礼を守っていた。ここでは、本文と同じ高さに改行しており、これを「平擡頭（平出《へいしゅつ》）」という。改行して一字上げるのを「単擡頭」、二字上げるのを「双擡頭」という。草稿B・E・Cも同様であるが、草稿Aのみは、ここを擡頭とはせずに、「大命」の前を一字空きとしている。これも同様に敬意を表するもので「空格《くうかく》」という。空格も、平出（改行）に次ぐ表敬表記である。但し、この例のように表敬表現として意図的に空格とする場合のほか、本文が闕文のまま伝えられているため憶測で文字を埋めるのを控えて空白のままとする場合も「空格」というので注意を要する。なお、『御進講録』として公開された狩野直喜の進講草稿にも、擡頭が見られる。

③ござりまする……「まする」は丁寧の助動詞「ます」の古い形。この講義の文末はおおむね「まする」で統一されている。謹厳な口調を意識していたことが分かる。なお、この冒頭部は、同年の狩野直喜の進講ときわめてよく似ている。狩野直喜『御進講録』によると、その冒頭は次のようになっている。

> 今年新春の
> 御講書始に、臣直喜浅学菲才の身を以ちまして、漢書進講の
> 大命を拝し、誠に恐懼感激に任へませぬ次第で御座ります。さて臣が今日謹みて進講し奉りまするは、尚書堯典の起首の第一節、及び第二節で御座ります。

天囚の進講草稿の冒頭部と酷似しているのは、こうした書式（口調）が一部の学者間で共有されていたからではなかろうか。先に紹介したように、種子島の西村家に残されている書簡の中には、この時期の狩野直喜から天囚宛の

ものがあり、そこで狩野は天囚に、この進講の大意を記した草稿を提示し批評を仰いでいる。少なくとも、狩野と天囚の間では、こうした書式（口調）は共有されていたのであろう。

【原文2】

詩経

詩経と申しまするは、昔は単に詩と称《とな》えまして、宗廟《そうびょう》朝廷学校、及び身分あるものの家庭に至りまするまで、音楽に合せて、歌いました所のもので、周の代の詩に、殷の代の詩を少々加えまして、総《すべ》て三百五篇ござりまするが、詩は志を言う①とも申し、詩は志の之《ゆ》く所②とも申しまする。紀《き》の貫之《つらゆき》が、古今和歌集の序には、人の心を種として、万《よろず》の言の葉とぞなれりける③と申して居りまする。詩も歌も、其の趣は同じでござりまする。孔子は詩三百、一言以蔽之、曰思無邪④、と申しまして、人情の誠より出たることを称美いたし、詩を学びますれば、人情に通じまして、親に事《つか》え君に事うることも出来る、詩を学ばねば、政事に通ぜず、四方に使することも出来ぬ⑤と申しまして、詩の教を尊重いたし、其の子を初め、門人にも勧めました⑥ほどでござりまする。其ゆえ後世には詩経と申しまして、経書の一となって居るのでござりまする。

【語注】

①詩は志を言う……内なる志を表すのが詩であるという意味。『尚書』舜典に、「詩は志を言う（詩言志）」。

②詩は志の之く所……内心にあった志を言葉に発したものが詩であるという意味。『詩経』大序に、「詩は志の之く所なり。心に在りては志と為り、言に発しては詩と為る（詩者、志之所之也。在心爲志、發言爲詩）」。

③人の心を種として、万の言の葉とぞなれりける……『古今和歌集』仮名序に見える「やまと歌」の解説。「やまと歌は、人の心を種として、万の言の葉とぞなれりける」とある。古今集の序は、『詩経』に記された「六義」の文学論に大きな影響を受けたとされる。なお、天囚の草稿E・Cでは、この『古今和歌集』については言及していない。講義では、理解を助けるための喩えや関連情報も語ろうとし、「大要」では不要と判断して書かなかったのであろう。

④詩三百、一言以蔽之、曰思無邪……孔子が詩について評した言葉。一言で言えば、詩とは純粋な思いを述べたものであるという意味。『論語』為政篇に、「子曰く、詩三百、一言以て之を蔽《おお》わば、曰く思い邪《よこしま》無し（子曰、詩三百、一言以蔽之、曰思無邪）」とある。

⑤詩を学ばねば政事にも通ぜず、四方に使することも出来ぬ……詩を学ばないと政治に精通することもできず、他国に使者として赴くこともできないという意味。『論語』子路篇に、「詩三百を誦し、これに授くるに政を以てして達せず、四方に使して専対すること能わずんば、多しと雖も亦た奚《なに》を以て為さん（誦詩三百、授之以政不達、使於四方不能専對、雖多亦奚以為）」とある。これは孔子の言葉で、単に多くの詩を形式的に知っているだけでは役に立たず、詩に精通して政治や外交を担当できなければならないと説いたものである。

⑥子を初め、門人にも勧めました……孔子が詩の学習を我が子や門人に勧奨したということ。孔子が詩や礼の学習を子の孔鯉《こうり》（字は伯魚《はくぎょ》）に勧め、弟子の陳亢《ちんこう》がそのことに感銘を受けたということについては、『論語』季氏篇に次のような記載がある。孔子の門人の陳亢（字は子禽）が伯魚に聞いた。「あなたも先生から特別の教えを聞いていますか」。答えて言う、「まだ聞いておりません。ただ、ある時、父が一人立っておりまして、私が小走りに庭を過ぎようとしますと、「詩は学んだか」と聞かれました。「まだです」と答えますと、「詩を学ばないと、しっかりした言

葉を発することはできないぞ」と言われました。そこで私はその場を退いて詩を学びました。また別の日、父が一人立っておりまして、私が小走りに庭を過ぎようとしますと、「礼は学んだか」と聞かれました。「まだです」と答えますと、「礼を学ばないと、人間として立つことはできないぞ」と言われました。そこで私はその場を退いて礼を学びました。しいて言えばこの二つを聞きました」。陳亢は喜んだ。「一つのことを聞いて三つの収穫があった。詩の大切さを聞き、礼の大切さを聞き、そしてまた君子がその子を遠ざけるのを聞いた」。

【原文3】

大雅

大雅と申しまするは、詩の分類上の名でござりまする。三百五篇①の詩を、風雅頌《ふうがしょう》②の三に類別いたしまするが、風は国風と申しまして、諸侯の国々の詩でござりまする。何故風の字を用うるかと申しますれば、上の政事教育が、下々を感化③いたしまして、国々の詩が出来まする。其れは恰《あたか》も風が物を、吹き靡《なび》けまする様なもの、又其の詩を歌いますれば、人の心を感動いたしますることも、風の物を動すようなものである、と申す処《ところ》から、国風と名《なづ》けたものでござりまする。国風は、男女の情を陳《の》べ、又は乱世のさまを、慨《なげ》きました詩もござりまするが、詩の法則といたしまして、発乎情、止乎礼義④、と申す語がござりまする。其れ故に徒《いたずら》に感情にのみ馳《は》せて⑤、礼義の外に逸するようなことはござりませぬ。是は支那古代文学の、尊重すべき点でござりまする。朝廷の政治の得失を陳べました詩を、雅と申しまするが、雅は正しと申す意味、政治には事の大小がござりまする⑥。其れ故、雅の詩も、小雅大雅の二に分類いたしまする。頌と申しまするは、神歌とも申すべきもので、天子の盛徳大業を形容いたしました称辞《たたえごと》を、祭祀の時、神前に於て歌うのでござりまする。風雅頌三体は、姿も調も自ら違いまする。此の仮楽の篇は、大雅に属する詩でござりまする。

【語注】

①三百五篇……『詩経』の篇数。今に伝わる『詩経』は三百五篇から成り、これに篇名のみ残っている六篇を加えると三百十一篇となる。「詩三百」というのは概数である。

②風雅頌……『詩経』関雎の序に「風・賦・比・興・雅・頌」の「六義」を説く。この内、風雅頌は詩の性質による分類、賦比興は詩の表現法による分類である。『古今和歌集』は、これを和歌の原理に転用する。また、これに基づいて命名されたのが、柳沢吉保の庭園「六義園」（東京都文京区駒込）である。なお、天囚は、草稿A・B・Dで「風」について、なぜそもそも「風」と言うのかに遡って詳しく解説しているが、草稿E・Cでは簡略な記述にとどまっている。講義では平板な説明に終始せず、分かりにくいと思われる点については砕いて説明しようと意識していたのであろう。

③上の政事教育が、下々を感化……同じ講義口調の草稿A・Bに比べて、草稿Dは読点がこまめに打たれている。ここも「教育が」の後には文章語として読点は不必要であるようにも思われるが、あえて打たれている。この段落で言えば、他に「恰も風が物を、吹き靡けまする」、「国風は、男女の情を陳べ」、「乱世のさまを、慨きました」、「其れ故、雅の詩も、小雅大雅の二に」なども文章上の必要というよりは、実際の講義を念頭に置いて打たれているように見える。言わば、呼吸や間《ま》（ポーズ）を意識した読点であったと考えられる。

④発乎情、止乎礼義……詩が人の心情に発しながらも礼儀によって制御されているという意味。『詩経』大序に、「故に変風情に発し、礼儀に止まる。情に発するは民の性なり。礼儀に止まるは先王の沢なり（故變風發乎情、止乎禮義。

發乎情、民之性也。止乎禮義、先王之澤也)」とある。なお、「変風」は、『詩経』の邶風《はいふう》以降の詩百三十五篇をいう。大序によれば、周王朝は東遷の後に衰退し、完全な道徳が失われ、その時代の作と考えられる詩が「変風」であるという。それまでの「正風」に対する概念。

⑤徒に感情にのみ馳せて……単に感情にまかせての意。草稿Aではこのあたりの上部欄外に、「詩は人の感情を陳ぶるものであるが其帰着する所は礼儀であると申しまする」と朱筆している。この箇所の解説として加えようとしたのであろうが、草稿B・Dには見えず、結局採用しなかったと思われる。

⑥政治には事の大小がござりまする……草稿Bでは、「り」を誤脱して「ござまする」と記している。草稿Aでは、ここを「政治には自ら大小の別があります」と書いた後、「あ」を「ござ」に墨筆で訂正している。このあたりの表現に迷いがあり、草稿Bの誤脱に影響したものと推測される。草稿Dにはこうした誤脱は見られない。

【原文4】

仮楽

仮楽の篇は、第一章の首句に、仮楽君子とござりまする所から、首句の二字を取りまして、篇の名に致したものでござりまする。此の詩は周の成王《せいおう》①の君徳を、称《たた》えた詩であると申伝えて居りまする。成王は、堯舜と肩を並べて、聖人と称《たた》えられました所の文王の孫、武王の子でござりまする。文王武王の大業を継承いたしまして、守成《しゆせい》②の名君と呼ばれて居りまするが、成王の御代には、民和睦、頌声興③と、史記に見えて居りまする。即ち当時の人民は、成王の徳化を蒙《こうむ》りまして、互に争うことなく、和睦いたし、太平をたたえまする歌が、盛に興りましたので、詩人が其の徳を称美して、周の皇室を祝福いたしました。此の篇が即ち其の詩で、凡そ四章二十四句より成立《なりたち》て居りまする。
詩三百五篇の辞のさまを、賦比興の三体に分ちまするが、賦と申しまするは、うちつけに思う儘《まま》を言い出でまする詩。貫之が、ただごと歌④と申しましたのは、此の体でござりまする。比と申しまするは、物を借り譬《たとえ》を取りて、詩を作りまする。貫之が、たとえ歌と申しましたのは、此の体でござりまする。興の体は、見る物聞く物に感じまして、思い興したるもの。貫之の所謂なずらえ歌でござりまする。前に申述べました風雅頌と、此の賦比興とを合せまして、六義《りくぎ》と申しまするが、此の篇は、直に思う所を言い出でました所の、賦の体でござりまする。

【語注】

①成王……周王朝の第二代王。武王の子。名は誦。幼くして即位したので、叔父の周公旦が七年間摂政を務めた。『史記』周本紀に、「周公政を行うこと七年、成王長じ、周公政を成王に反《かえ》し、北面して群臣の位に就く（周公行政七年、成王長、周公反政成王、北面就羣臣之位）」とある。紀元前十一世紀頃、周王朝の基礎を確立した王とされる。毛序に「仮楽は、成王を嘉《よみ》するなり」とあり、天囚は、この仮楽篇の詩意について、伝統的な解釈に依拠していることが分かる。なお、この草稿Dで読点が頻繁に打たれていることについては前段落でも指摘したが、この段落でも同様であり、ここも「成王の君徳を、称えた詩」と句点が打たれているほか、「たたえまする歌が、盛に興りましたので」、「譬えを取りて、詩を作りまする」、「言い出でました所の、賦の体」など、講義口調を意識したと思われる読点が頻繁に打たれている。以下の段落でも同様なので、以降の指摘は割愛する。

②守成……先祖の完成した事業を継承し守っていくこと。『史記』叔孫通伝に、「夫れ儒者は与《とも》に進取し難く、与に守成すべし（夫儒者難与進取、可与守成）」とある。成王は、文王・武王が築いた周王朝の基礎を見事に継承していった

ので、「守成の名君」とされる。また唐の『貞観政要』は、この「守成」を大きな政治的課題として「創業」と対比し、守成は創業にも増して難しいと説いている。その点については、拙著『貞観政要』（角川ソフィア文庫、二〇一七年）参照。

③民和睦、頌声興……王の善政によって民が打ち解け仲睦まじくなり、そこに称賛の歌声がおこるという意味。『史記』周本紀に、「周官を作り、礼楽を興し正す。度制是に於て改まりて、民和睦《わぼく》し、頌声《しょうせい》興る（作周官、興正禮樂。度制於是改、而民和睦、頌聲興）」と成王の功績を記している。

④ただごと歌……『古今和歌集』仮名序に示された歌の「六義」の一つ。真名序でいう「雅」に相当する。なお、ただごと歌以外の五つは、そえ歌・かぞえ歌・なずらえ歌・たとえ歌・いわい歌。いずれも『詩経』の「六義」を和歌に適用して言ったもの。

【原文5】

仮楽君子、顕顕令徳、宜民宜人、受禄于天、保右命之、自天申之（仮楽する君子は、顕顕たる令徳、民に宜く人に宜く、禄を天に受く、保右して之を命じ、天自《よ》り之を申《かさ》ぬ）

是は第一章でござりまする。仮楽の仮の字は、本と「よみす」と訓《よ》みまする所の、嘉の字でござりまする。後ち同音の字を借用いたして、此の仮の字となって居りまするが、嘉楽①、即ち嘉し楽しむと申しまするは、此の詩の作者、成王の盛徳を嘉して、楽み仰ぎ奉るの意味でござりまする。君子②は、高貴の位に在《おわ》す方、又は有徳の人を称する名でござりまして、後には目上の人、又は位は卑くとも、徳ありて尊敬すべき人を、皆君子と呼びまする。臣下より天子を、君子と申す場合もござりまするが、此の君子は、成王を指したものでござりまする。顕顕は、明白に現わるると申す意味の形容詞、令徳の令は、善の字と同じ意味で、結構なる御徳と申しまするこ と。令徳の二字は一篇の眼目でござりまする。宜民宜人③の宜の字は適当と申すような意味で、中分なきことを申しまる。民の字人の字は、人民とも、民人とも、連ねて書きますれば、同じことでござりまするが、民と人とを、対に致して居るのを見ますれば、二様に差別して居るのでござりまする。即ち民は万民で、人は官職を授くべき賢人でござりまする。其例は、書経の皐陶謨《こうようぼ》の篇に出て居りまする。皐陶と申す賢臣が、帝舜の前に於て、帝王の道を論じました時に、都《ああ》在知人、在安民④、と申して居りまする。帝王の道は民を安んずるを、目的と致しまするが、併し帝王御一人で、国を治めたまう訳に参りませぬ。必ず賢人を選ばれまして、官職を授けられねば相成りませぬ。其故に人を知りて官を授くると、其の任用せられたる賢人と、共に政を行いて、民を安んずるとが、帝王の要道であると、申したのでござりまする。此処の民と申す字、人と申す字は、左ながら皐陶の言葉と、同一の意味に用いたもので、民を安んずるにも宜く、人を知りて任用するにも宜し、と申すのでござりまする。受禄于天の禄は、「さいわい」の意味、保右命之は、天が成王を保《やす》んじ佑《たす》けまして、天子の位を命じたまうこと。自天申之は、天子の御位を命じたまう上に、更に重ね重ねの、賜物があることを申しまする。詩人の言葉を用いまして、此章の大意を申し上げますれば、我心に嘉し楽みて、仰ぎ奉る処の君子成王は、顕顕然と明白に現われたる、善い徳を持たせられまする。其の令徳がおわしますれこそ嘉し楽みて仰ぎ奉るので其の令徳は、民を安んずるにも、適当して中分なく、賢人を択びて、官職を授けらるるにも、中分なきことである。天は民を安んずる所の、聖徳の君を助けたまうものであるが、成王は、宜民宜人の令徳が、在らせらるるに因て、禄《さいわい》を天に受けさせられる。天は成王を保んじ助けて、天子の御位を命ぜられ、其の上に重ね重ねの賜物があると、彼様に申すのでありまする。成王が天祐を得られまする原因は、宜民宜人が為で、宜民宜人は令徳あるが為でござりまする。

【語注】

①嘉楽……嘉《よみ》し楽しむ意。毛伝に、「仮は嘉なり」とある。天囚は草稿Bで、「同音の字を借用」したものと説明した後、一旦墨筆で、草稿Aの通り「中庸又は左伝などに此の詩を引きましたものは皆よみするの嘉の字を用いて居りまする」と記し、それを朱線で抹消している。やや煩瑣になると判断して削除したのであろうが、天囚の指摘する通り、『中庸』第十七章は「詩曰、嘉樂君子、憲憲令德……」と引用して「嘉樂」といい、『春秋左氏伝』襄公二十六年にも「晋侯賦嘉樂」とある。また『孟子』趙岐注にも「詩大雅嘉樂之篇」と見える。なお、草稿Bでは「嘉」字の説明として、「本とよみすと訓みまする所」と書いた後、「よみす」に朱でカギ括弧を加えている。草稿Dでは本文に初めから「よみす」とカギ括弧付きで書かれている。

②君子……高貴の位にいる人。天囚は「君子」の原義を説明した後、有徳の人、目上の人、位は低くても有徳で尊敬に値する人、などすべて「君子」と称されるようになったと説明する。そしてここでの「君子」とは成王を指したものであると説く。古代中国における「君子」の原義、およびその変容については、拙稿「戦国楚簡と儒家思想――「君子」の意味――」(『中国研究集刊』第四十三号、二〇〇七年)、および拙著『論語』(中公新書、二〇一二年)第Ⅱ部参照。

③宜民宜人……民にも宜しく人にも宜しいの意。毛伝に、「民を安んずるに宜しく、人を官にするに宜しきなり」とあり、天囚もこれに基づき民と人とを区別して解釈し、その根拠として『書経』皐陶謨の例をあげる。なお、天囚は草稿Bのこの段落の末尾に、朱筆で「宜民宜人の一句は全篇の眼目でござりまする」と朱筆で加筆している。この草稿Dでも、同じ場所に本文として同様に記載した後、墨線で削除し、この「宜民宜人」の直前の「令徳」の解

説として、「令徳の二字は一篇の眼目でござりまする」と墨筆の小字で挿入している。

④都在知人、在安民……帝王の重要な任務は、人を知ることにあり、また民を安んずることにあるという意味。『書経』皐陶謨に、「皐陶曰く、都《ああ》、人を知るに在り、民を安んずるに在り」と、人と民を区別して説く。これを受けた禹も、「人を知るは則ち哲にして、能く人を官す。民を安んずるは則ち恵にして、黎民之に懐く」と述べる。なお、「皐陶」とは、古代中国の伝説上の人物で、堯舜の時代に司法の官として公正な裁きを行ったとされる。天囚は「皐陶と申す賢臣が、帝舜の前に於て、帝王の道を論じました」と記す。「皐陶謨」は『書経』虞書の一篇。「謨」は「はかる」意で、君臣が相謀《はか》る言を述べるという『書経』の文体の名となっている。

【原文6】

干禄百福、子孫千億、穆穆皇皇、宜君宜王、不愆不忘、率由旧章（禄を干《もと》むれば百福、子孫は千億、穆穆皇皇として、君に宜く王に宜し、愆《あやま》らず忘れず、旧章に率由《しゅつゆう》す）

これは第二章でござりまする。干禄①百福の、禄も福も、「さいわい」と訓《よ》みまする。子孫千億は、数限《かずかぎり》もなき意味、天子穆穆、諸侯皇皇②にと申す詞が、礼記にござりまするが、穆穆は、天子の御有様《みありさま》、奥床《おくゆか》しく、慕《した》わしく居らせらるること、皇皇は、諸侯の態度、盛んに美しきさまの、形容でござりまする。君も王も、同じことで、上御一人を、君王とも申上げまするが、二に分けて申しまする時は、君は諸侯、王は天子でござりまする。周は封建制度でござりまするから、皇長子は、天子の位を継がせられ、諸皇子は、諸侯に為《な》られまするに、其の徳は、其の位に相応いたしまして、中分のないことを、宜君宜王と申して居りまする。不愆は、過失なきこと、不忘は、須臾《しばし》の間も念頭を去らぬこと、率由は、遵《したが》い用うること、旧章は、先王の定められたる国家の法度でござりまする。例に御引き申しまするは、恐多くござりまするが、我国の今日を以て申しますれば③、明治天皇の、御定に相成りました、憲法、皇室典範、教育勅語④の如き、皆旧章でござりまする。

此の章の大意は、前章の、自天申之と申す事実を挙げて、祝福いたすのでござりまするが、禄を賜うと申さずに、禄を干むと申しましたのは、詩人の、深意の存する所でござりまする。天は、徒《いたずら》に福禄を賜うことはござりませぬ。福を受けたいと思いますれば、此方より福を求めばなりませぬ。福を求めまするには、自ら禄を求むる道がござりまする。即ち徳を修めて、天意に叶《かな》いまする様な、行がなくては相成りませぬ。成王には、帝王の徳を備え、民に宜く人に宜き、大人君子の人格でござりまする。其の人格を備えられまするは、即ち禄を干めらるる姿に相成りまして、天意に叶いまする故に、重ね重ね、百の福を賜うのでござりまする。百福の中で、何が第一の福かと申しますれば、御子孫の御繁昌で、千億の数限もなく、万世无疆《ばんせいむきょう》に在らせられまする様にと、祝福いたすのでござりまする。御子孫繁昌は、目出度《めでた》きことながら、愚《おろか》におわしましては、幸福とは申されませぬが、成王の子孫は、穆穆と、奥床しく、気高き御方もあり、皇皇と、盛んに美しき、御方もおわしまして、諸皇子は、諸侯と為らせらるるに適当であり、皇長子は、天子と為りたまうに、適当して居らせられ、些少《いささか》の御過失もなく、須臾《しばし》の間も御失念もなく、先王の定めさせられました、法度を遵奉して、用いられまするであろう、是は誠に聡明なる御子孫で、此より御目出度き、御幸福はないと、詩人が祝福いたしたのでござりまする。

【語注】

①干禄……禄を干《もと》めること。鄭箋に「干は求なり」とある。但し、清末の考証学者兪樾《ゆえつ》は、「干字は疑うらくは千字の誤りならん。千禄百福は、福禄の多きを言うなり（干字疑千字之誤。千禄百福、言福禄之多也）」（『群経平議』）とする。

現在では、これにより「千禄」に改める解釈もあるが、天囚は伝統的な本文に従っている。なお、「干禄」の語は、『論語』為政篇に、孔子の弟子の子張が、「子張禄を干めんことを学ぶ」と見えるが、これは個人が俸禄を求める、士官を求めるの意味。唐の顔元孫の『干禄字書』は、この意に基づいて命名した字書で、官吏登用試験対策のため正しい漢字の字体を示そうとしたものである。一方、天の幸福を求めるという意味では、『詩経』大雅・旱麓に、「豈弟君子、干禄豈弟」と同様に見える。ただ、そこについても、馬瑞辰『毛詩伝箋通釈』が「干禄、疑うらくは千禄形近きの譌（干禄疑千禄形近之譌）」とするなど、「千禄」に改める解釈がある。

②天子穆穆、諸侯皇皇……天子の歩くさまは穆穆（おごそか）で、諸侯は皇皇（おおらか）であるの意。『礼記』曲礼下に、「天子は穆穆たり、諸侯は皇皇たり、大夫は済済たり、士は蹌蹌《そうそう》たり、庶人は僬僬《しょうしょう》たり（天子穆穆。諸侯皇皇。大夫濟濟。士蹌蹌。庶人僬僬）」と見える。

③我国の今日を以て申しますれば……『詩経』原文の直接的な解釈からは離れ、明治・大正時代の日本および皇室について申し上げれば、の意。この「……皆旧章でござりまする」までの部分は草稿Aの欄外に朱で加筆されているものである。草稿B・Dでは、その追記を踏まえ本文として記している。但し、「大要」を記した草稿E・Cにはこの記載は見えない。

④憲法、皇室典範、教育勅語……明治二十二年（一八八九）二月十一日公布、翌年十一月二十九日施行された「大日本帝国憲法」、明治二十二年に施行された皇室に関する制度の規定（旧皇室典範）、明治二十三年、国民道徳の基本と教育理念を明示するために発布された「教育ニ関スル勅語」（教育勅語）。

【原文7】

威儀抑抑、徳音秩秩、無怨無悪、率由群匹、受福無疆、四方之綱（威儀抑抑たり、徳音《とくおん》秩秩たり、怨《うら》むこと無く悪《にく》むこと無く、群匹に率由し、福を受ること疆《かぎ》り無し、四方の綱なり）

これは第三章でござりまする。威儀は、天子の御威光を備えられましたる御行儀で、抑抑は、御行儀礼に合しまして、美しきこと、徳音は、難有き御趣意の、詔勅などを申し、秩秩は、秩序正しく、常道常理に叶はせられたること、無怨無悪は、我が身を省みずして、人を怨み、悪むようなことはないと申しまする。率由は、前章と同じ意義にござりまするが、群匹の匹は、類の字と同意義で、群類は、即ち万民のことでござりまする。四方之綱は、網《あみ》の大縄を申しまする。大綱ありて網の目は、張るのでござりまする。

此の章の大意は、専ら成王の君徳の外に現われたる事実を挙げまして、反覆詠嘆するのでござりまする。成王が、内に持たせらるる所の令徳、顕顕として、外に現われまするることは、其の御風采を拝しても、分ることでありまする。即ち威儀抑抑として、美しく居らせられ、又其の令徳が、御詞に発しましては、難有き御言葉と為り、秩秩然として、大公至正の道理に合わせられる。何事にも自ら我躬《わがみ》を責めて、人を怨みたまわず、公平無私の御心で、人を悪みたまうこともなく、先王の定めさせられたる、法度を遵奉したまう上に、衆庶万民の心に従うて、政を行わせられまする。其れ故に、天の御寵愛を受けられまして、幸福を受けたまうことは際限もなく、四方の大綱と仰がれたまいて、御代を太平に御治めなさるのであると、讃美いたすのでござりまする。○扨《さて》此の率由群匹の一句①、即ち衆庶万民の心に、従うと申しまするることは、支那上代、聖人の道にござりまして、天子は、天の命を受けて、民を安んずることが、天職であると致し、天は天子の行を、耳ざとく、目ざとく見聞いたし、天職を尽す所の君には、幸福を与え、否《しか》らざる者は、咎《とが》を得ると申しまする。其れ故、皐陶謨にも、天聴明自我民聴明②、と申して居りまする。取も直さず民の心は、天の心と申す事になりまする。其で万民の欲する所に従うは、即ち天意に従うことに、相成ると申す処から、率由旧章と、率由群匹とを対《つい》にいたして、大切な事に陳べて居るのでござりまする。

【語注】

①〇扨此の率由群匹の一句……〇以降の文章は、草稿Aにおいて欄外の注として加筆されていたもの。草稿B・Dでは、おおむね本文に組み込んで記載している。また草稿E・Cも概略ながらこの部分を記載している。

②天聴明自我民聴明……天の聡明さは我が民の聡明によるという意味。『書経』皐陶謨に、「天の聡明は、我が民の聡明に自《よ》る。天の明畏は、我が民の明畏に自る（天聰明、自我民聰明。天明畏、自我民明畏）」とある。皐陶は、上と下、天と民が相通じているとし、天の聡明と明畏は民の聡明・明畏によると説く。天囚は草稿Bにおいて、一旦墨筆で「天聰明、自我民聰明。天明畏、自我民明畏」と記した後、後半の「天明畏、自我民明畏」を墨線で抹消している。また、「自」の送り仮名を朱筆で「ヒテ」と記し、「したがう」に訓んでいる。これは、孫星衍『尚書今古文注疏』が「自は従なり」とするのによる。草稿Dはこうした修正を反映し、初めから本文をこのように記している。

【原文8】

之綱之紀、燕及朋友。百辟卿士、媚于天子。不解于位、民之攸塈。（之れ綱之れ紀、燕は朋友に及ぶ。百辟卿士、天子を媚《いつく》しむ。位に解《おこた》らざるは、民の塈《いこ》う攸《ところ》なり）

これは末章でござりまする。之綱は、綱の大縄、之紀は、綱を結びまする小さき糸、燕は宴会のこと、朋友は、群臣を指して申しまする。天子と群臣とは、義を以て申しますれば君臣で、情を以て申しますれば朋友でありまする。

聖明の君は、股肱と頼む群臣を、朋友として、懽《かん》を交えました例が、多くござりまする。百辟の辟は、君と訓じまして、数多の諸侯のこと、卿士は、公卿大夫士の、階級の名の内から、卿士の二を挙げましたもので、百辟卿士は、即ち天子の朋友たる、群臣でござりまする。媚于天子の媚の字は、媚《こ》び諂《へつら》う意味ではござりませぬ。君を愛していつくしむの意味、不解于位の解の字は、立心扁《りっしんべん》の懈と同じ字でござりまする。民之攸塈と訓みまする、塈《き》の字は、万民安定、休息することを申しまする。

此の末章は、専ら宜人宜民の事実を挙げ、人に宜きは、即ち民に宜き所以であると、陳べまして、一篇を結んで居りまする。其の大意は、大縄と、小さき糸とがあってこそ、網は結ばるるようなもので、綱挙り目張り、即ち綱紀を正しまして、太平を致すのは、群臣の力に頼ることである、と申す処から、成王は、群臣を朋友として、御待遇なされ、上御一人が、御宴を游ばすのではなく、朋友としての群臣を、宴会に召させられ、上下の情誼①が、疎通するようにいたされまする。天子より、斯く御親みになりまするに因て、群臣も亦君恩に感激いたし、皆忠愛の誠を抽《ぬき》んでまして、天子を、心の底より、いつくしみ奉るように相成り、自然其の職務を、勤め励みまして、其の位に怠るようなことがござりませぬ。斯様にござりますれば、自ら難有き政治が行われまして、万民は安定休息いたすことが出来まする。成王、及び其の子康王《こうおう》の代には、刑罰を行いませぬこと、四十余年に及んだ②と、申伝えまするほどで、万民永く肩を息めたことは、後世に例《ためし》なき所でござりまする。其の原因を、群臣位に怠らざるに帰し、群臣の位に怠らざるは、成王が、人物の賢不肖を識別して、賢明なる者を信任せらるる所の、令徳に帰しまして、賛美いたしたものでござりまする。

臣謹《つつし》みて按じまするに③、成王の君徳は、学問修養の結果にござりまして、誠意正心の功夫を積まれまして、令徳と為り、令徳が言行に現われまして、威儀抑々徳音秩々と為り、之を万機に施されましては、宜民宜人の成績を致される、其結果は人民安定を致しまする。即ち大学の明徳を明にして、治国平天下の大業を成就せらるるのでござりまして、其根本は成王の君徳に出るのでござりまする。古の詩人は、忠誠の心深く、親切④にござりまして、聖人の道を知て居りまする。其れ故に、成王を称賛いたしまする中にも、規誡《いましめ》の意を含めまして、子孫の心得とも相成まするよう、雅《みや》びたる詩を以ちまして、君徳と、帝王の道とを、陳べて居りまする。人君が、宜人宜民の徳を持たせられねば、子孫千億、又は受福無疆と、申すことも出来ぬ、と申す意味は、言外に現われて居りまする。其の事実上の証拠には、成王の孫昭王《しょうおう》、曾孫穆王《ぼくおう》⑤の如き、先王の旧章に、率由いたしませぬ処から、追々に衰えましたのでござりまする。恐れながら我が
御国⑥に於きましては、万世一系、天壌《あめつち》と窮《きわまり》なき御国体でござりまして、周の世の如き、比較すべきものではござりませぬ。併し此の詩に陳べて居りまする、君徳、帝王の道に至りましては、古今に亘りて、同じことと存じまする。
列聖の深仁厚沢、天祐を保たせたまい、殊に
明治天皇の盛徳大業は、古今にすぐれさせられ、中興の聖天子と仰ぎ奉りまするが、畏くも
聖上陛下⑦には、御践祚《せんそ》⑧以来、
先帝の旧章に率由あらせられ、又屢《しばしば》、御遺業御紹述《しょうじゅつ》の聖旨を、下されましてござりまする。是れ顕々たる令徳、広大にまします処にござりまして、万民安定いたし、誠に難有き次第にござりまする。其故に、天は无疆の幸福を降され、御当代に至りまして、殊更皇室の、御繁栄あらせられ、子孫千億の御有様に渡らせられまして、天壌と窮なくおわしますこと、誠に御目出度儀に存じまする。

仮楽四章章六句

進講候補

大正十三年一月⑧　宮内省御用掛臣西村時彦

【語注】

①上下の情誼……為政者と民との人情や義理。草稿Aではこれに該当する語句がなく、草稿Bは「上下の情交りて」と記した後、朱で修正して、「上下の情徳が疎通するようにいたされまする」としている。草稿Dはこれを受けるが、「情徳」を「情誼」に修正している。また、草稿Bはその直後に墨筆で一旦「群臣にも及び、上下の情交りて、易の地天泰の卦、即ち太平の象を為し」と記した後、大幅に修正し易の話題を削除している。『易経』(『周易』)の「泰」卦(䷊)は、「泰は、小往き大来る。吉にして亨《とお》る(泰、小往大来。吉亨)」。卦象から明らかなように、陰気が下降し、陽気が上昇して陰陽万物が疏通する安泰の卦である。天囚ははじめこの文言を入れようとしたが、『易経』の原理や卦について別途説明しなければならないことに気づき、煩瑣になるため削除したものと思われる。草稿DおよびE・Cにもこの『易経』の話は見えない。

②刑罰を行いませぬこと、四十余年に及んだ……成王とその子康王《こうおう》の治世には四十年余りにわたって刑罰を施行することがなかったという意味。『史記』周本紀に、「太子釗《しょう》遂に立つ。是れ康王為り。康王即位し、偏《あまね》く諸侯に告げ、宣告するに文武の業を以て以て之を申べ、康誥を作る。故に成康の際、天下安寧、刑錯《けいそ》四十余年用いず(太子釗遂立。是為康王。康王即位、徧告諸侯、宣告以文武之業以申之、作康誥。故成康之際、天下安寧、刑錯四十餘年不用)」とある。成王とその子の康王の世は太平の世として「成康の治」と称せられる。

③臣謹みて按じまするに……草稿A・Bでは、これに続いて「古の詩人は」の文章となるが、草稿Dはその間に大量

の加筆をしている。すなわち「成王の君徳は、学問修養の結果にござりまして」から「其根本は成王の君徳に出るのでござりまする」に至る百五十字余りである。欄外上部に小字で朱筆されたもので、ほとんど修正のない草稿Dの中ではきわめて例外的な加筆である。

④親切……思い入れが懇ろで切実であること。「深切」に同じ。

⑤成王の孫昭王、曾孫穆王……周の第四代王の昭王と第五代王の穆王。昭王は、南方の楚の巡狩中に行方不明になり死去したとされる。また、穆王は異民族の犬戎《けんじゅう》の討伐を図るも失敗し、諸侯の離反を招いたので、刑罰を定めた。これにより周の徳が衰えたとされる。天囚は、昭王、穆王が「先王の旧章に率由」しなかったため周の衰退が始まったと説く。なお、『史記』周本紀では、「太子釗遂に立つ。是れ康王為り」、「康王卒し、子昭王瑕立つ」とあり、成王の子が康王、康王の子が昭王とされている。

⑥御国……草稿Bでは直前を一字分空ける「空格」としている。草稿Dでは、たまたま「御国」が行頭にあるため、空格とはしていないが、あるいは擡頭の意識があったかもしれない。この段落では、この他、「列聖」「聖上陛下」「先帝」がそれぞれ「平擡頭」となっている。

⑦聖上陛下……「先帝」に対して今上陛下すなわち大正天皇をいう。但し、大正天皇は即位式の翌年頃から健康状態が悪化していた。大正九年（一九二〇）には宮内省が体調悪化を公表し、翌十年、皇太子裕仁親王（後の昭和天皇）が摂政に就任した。御講書始の儀も、大正九年までは大正天皇臨席にて挙行されたが、大正十年は実施されず、翌十一年は、『大正天皇実録』によると、「十六日、午前十時鳳凰間に於て御講書始の儀あり、皇后、摂政裕仁親王と倶に同所に臨ませらる。……因《ちなみ》に皇后は御講書始に臨ませらるる為め、昨十五日葉山御用邸より東京に還啓あらせられたり」とあり、葉山御用邸に静養中だった大正天皇は臨席していない。また、大正十二年の御講書始の儀は実

施されず、翌十三年の御講書始も、臨席したのは摂政裕仁親王である。

⑧践祚……皇嗣が天子の位に就くこと。「祚」は宗廟の東側の階段。もともと古代中国で、新皇帝がそこを践んで昇り、祭りを主宰することから(『礼記』曲礼下篇)。即位とほぼ同義であるが、日本の歴代天皇の即位においては、三種の神器を継承する践祚の儀と、それを内外に示す即位の礼とに別れ、この二つが様々な理由で同年には行われないこともあった。大正天皇の即位礼は、大正四年(一九一五)に京都御所紫宸殿において行われた。

⑨大正十三年一月……大正十二年の御講書始の儀は中止となった。種子島西村家所蔵の天囚の日記によると、天囚は大正十一年十二月十一日に「御講書始講官控」の内命を受けているので、大正十二年一月の御講書始控用として、まず草稿Aおよびそれを修正した草稿Bを準備したと推測される。また日記によれば、天囚は、翌十二年十一月二十日に「漢書進講候補」を拝命しているので、この実施されなかった十二年の御講書始が一年後送りとなり、十三年一月の御講書始が実施された。天囚の草稿Dはそれを受けて改めて修訂したもので、「大正十三年一月」と記されている。なお、この段落の後半部について、草稿Bは朱筆ですさまじい修正を施している。判読しづらい箇所もあるが、それらを文字に起こしてみると、まさにこの草稿Dの本文となる。やはり、講義口調の草稿としては、この草稿Dが最も後のものであると判断できる。

以上、草稿Dに基づき、天囚の「詩経大雅仮楽篇講義」の全容を確認した。

六、『詩経』大雅仮楽篇の意義

天囚の進講草稿の全容を確認したところで、次の大きな問題に移りたい。それは、天囚がなぜそもそも『詩経』を取り上げたのか、また『詩経』の中でも大雅の仮楽篇を進講しようとしたのはなぜか、という問題である。

これについては、天囚の進講草稿の中に、まずその答えを探してみよう。天囚は、『詩経』の伝統的な解釈に従い、仮楽篇が周の成王を讃える詩だと説いている。語注に解説した通り、「成王」とは周王朝の第二代王である。周王朝を創始した文王の孫、周の初代王の武王の子である。それは紀元前十一世紀頃のことで、この成王によって周王朝の基礎が確立したとされている。

『詩経』は、古代歌謡を記した貴重な文献であるが、もともと三千篇あった詩を孔子が三百篇に編集したという伝承とともに、中国儒教の重要経典「五経」の一つとなった。その際に採用された毛亨《もうこう》・毛萇《もうちょう》による『毛詩《もうし》』テキストと後漢の大儒鄭玄《じょうげん》による注釈とが確固たる地位を占めるに至る。『毛詩』の注釈、すなわち「毛伝」と鄭玄の注釈「鄭箋」とが『詩経』に対する伝統的理解として尊重されてきたのである。その『毛詩』の序に、「仮楽は、成王を嘉《よみ》するなり」とあり、天囚は、この仮楽篇の詩意について、伝統的な立場から解釈していることがわかる。

そして天囚は、この仮楽篇の眼目は、詩中の「令徳」「宜民宜人」の語にあるという。これは成王の優れた徳により、民にも宜しく人にも宜しい世となったの意である。民と人については、毛伝に、「民を安んずるに宜しく、人を官にするに宜しきなり」とあり、天囚もこれに基づき民と人とを区別して解釈している。民と人は要するに「人民」のことで区別はないとする説もあるが、天囚は、被統治者である「民」と官吏に採用される「人」とを区別し、その根拠として『書経』皐陶謨の例をあげる。

その上で、天囚は草稿Bのこの段落末尾に、「宜民宜人の一句は全篇の眼目でござりまする」と、この一句こそ仮楽篇全体の眼目であると朱で加筆し、草稿Dでは、本文に組み込んで、「令徳の二字は全篇の眼目でござりまする」

と明記している。草稿BとDでは表現が若干異なっているが、「民にも宜しく人にも宜しい」という太平の世は、王の優れた徳によって実現されなければならないということで、「令徳」と「宜民宜人」とは不可分の関係にある。王のあり方次第で、民も人も、良くも悪くもなるのである。

そこで天囚は、仮楽篇の最も重要な主旨として、成王に対する称賛と規誡《きかい》があると次のように説く。

古の詩人は、忠誠の心深く、親切にござりまして、聖人の道を知り居りまする。其れ故に、成王を称賛いたしまする中にも、規誡《いましめ》の意を含めまして、子孫の心得とも相成まするよう、雅《みや》びたる詩を以ちまして、君徳と、帝王の道とを、陳べて居りまする。

詩人がこの詩に託したのは、「称賛」と「規誡」であったという。天囚は「規誡」に「いましめ」とルビを付けている。周の成王を守成の王として讃える一方で、成王への規誡をも含む詩。それこそが仮楽篇だったのである。ただ、王への規誡は粗野な言葉で直接的に行ってはならない。「雅びたる詩」によって穏やかに説くから「君徳と帝王の道」が伝わるのである。そのことを天囚は、文章語による草稿E・Cでは、「規諷《きふう》」という語で表現する。

称揚の中に規諷の意を寓し、令徳なければ福徳を受くる能わず、民に宜く人に宜しからざれば、子孫千億の繁栄を為す能わざるを言外に含蓄し、帝王の大道を陳べて以て訓戒と為したる詩人の用意深遠なり。

「規諷」とは、「規諫《きかん》」「諷諫《ふうかん》」の略語である。古代中国では、君主の過ちや不正に対して、臣下がそれを正すことを「諫」（いさめる）と言った。「上過ち有れば則ち之を規諫す（上有過則規諫之）」（『墨子』尚同上篇）と記載される通りである。それは時に言い争いになってでも行われたので、「諫諍《かんそう》」とも言う。ただ、伝統的な儒家の思想では、君主を尊重して臣下はそれとなく諫め、三度諫めて聞き入れられなければそれ以上は言わず引き下がるのが礼だとされていた。前漢の劉向が編集した『説苑』では、諫諍に五つの種類があるとして、その五番目に「諷諫」をあげている。「諷」とは、諷刺の諷で、それとなく遠回しに諫めることである。儒家の理想に合致した諫め方であると言えよう。(3)

こうした「諷」のあり方を受けて、天囚はこの仮楽篇が「称揚の中に規諷の意を寓し」たものであると説く。人民の上に立つ者が「民に宜しく人に宜しく」という意識を常に持たなければ「子孫千億の繁栄」をもたらすことはできない。この詩はそのことを「言外に含蓄」しているというのである。そしてここには、「帝王の大道を陳べて」それを「訓戒」にしようとした詩人の周到な意思があるという。

これこそ、天囚が『詩経』大雅仮楽篇を取り上げた最大の理由であろう。進講は、単に学者の見識を披露する場ではない。古典の講義を通じて、「帝王の大道」を説くという重要な理念があった。そして、『詩経』は王に対する「訓戒」を「規諷」によって伝えることのできる優れた古典なのである。

しかも、仮楽篇で賛美されている成王は、周の第二代王である。ここに天囚は、もう一つの意義を込めているであろう。周の文王武王と成王との関係を、明治天皇と大正天皇とに重ね合わせ、大正天皇を守成の王として賛美し、また規諷するという深遠な意図があったと推測される。天囚が『詩経』を取り上げたのは、単なる文芸鑑賞という観点からではない。近代国家として歩み始めた新生日本とその皇室に対して、深い思慮から『詩経』を取り上げ、また数ある詩の中から特に大雅仮楽篇を選んだのである。

また、大正時代の進講として、『詩経』を取り上げたことには、大正天皇の諱《いみな》（本名）も関わりがあるかもしれない。大正天皇の諱「嘉仁《よしひと》」は『詩経』大雅抑《よく》篇の「爾《なんじ》の威儀を敬み、柔嘉ならざること無かれ（敬爾威儀、無不柔嘉）」から取られたとされる。治者の心得として、自らの威儀を正して、柔和で善良であれという意が込められている。大雅仮楽篇も「成王を嘉みする」詩であった。『詩経』は大正天皇にとってもゆかりの深い古典なのである。

さらに、天囚の師重野《しげの》安繹《やすつぐ》の進講も、あるいは天囚の念頭にあったかもしれない。重野は、明治三十八年（一九〇五）一月の進講で、『詩経』豳風東山篇を取り上げている。天囚自身も、『詩経』自体に関心があったようで、種子島の天囚関係資料の中に、「詩説」「詩義」などと題した自筆草稿が残されている。『詩経』の国風から各篇の詩意や重要語句の意味を漢文で概説したものである。残念ながら執筆時期不明の未完の草稿であるが、天囚が『詩経』の概説書または注釈書を構想していたことが分かる。

この『詩経』を含め、講書始で取り上げられた古典を確認してみよう。やはり儒教経典が圧倒的に多い。宮内庁書陵部編『皇室と御修学』（宮内庁書陵部、二〇一一年）に掲載された「講書始一覧」を参考にして、明治・大正時代の漢書進講で取り上げられた中国古典を計数し、多い順に列挙すると、次のようになる。

『書経』（尚書）	十二
『論語』	十一
『易経』（周易）	十
『大学』	五
『中庸』	五
『詩経』	四

『礼記』　三
『貞観政要』　一
『帝鑑図説』　一

この内、『書経』と『易経』は儒教経典「五経」に含まれる。「明治」「大正」「昭和」「平成」など日本の年号にもなった漢語の出典となる重要経典である。『論語』は孔子とその弟子たちとの言行録で、「五経」には入っていないものの、別格の古典として尊重されてきた。『大学』と『中庸』は、もと「五経」の内の『礼記』中の一篇であったが、南宋の朱子がその重要性に鑑みて独立させ、『論語』『孟子』と並べて「四書」としたことから経典となり、日本に伝来した儒学すなわち朱子学の重要古典となっていた。

『貞観政要』と『帝鑑図説』は時代と性格がやや異なるが、いずれも帝王学の白眉としてよく読まれていた。『貞観政要』は唐の第二代皇帝太宗と臣下たちとの問答を編集したもので、明治神宮宝物殿にも、四書五経などとともに、明治天皇ご使用の漢籍として保管されている。

その『貞観政要』の中にある太宗の言葉に基づいて命名されたのが『帝鑑図説』である。人こそが鑑であるとして『貞観政要』任賢篇は次のように説く。「銅を以て鏡と為せば、以て衣冠を正すべく、古を以て鏡と為せば、以て興替を知るべく、人を以て鏡と為せば、以て得失を明らかにすべし」と。

『帝鑑図説』は、明の万暦帝に仕えた宰相張居正《ちょうきょせい》がこの「鑑」の語に思いを致して編纂した絵入りの故事集である。堯舜以来の王を対象として、上編の「聖哲芳規」に善の模範とすべきもの八十一条、下編の「狂愚覆轍」に悪の戒めとすべき三十六条を掲載している。条数は、『周易』の陰陽の基本数「九」と「六」にちなみ、陽数の九×九で八十

一、陰数の六×六で三十六を意味しているという。

これら古典の本来の性格はさまざまであるが、進講では、いずれも帝王学に資する古典として取り上げられているのであろう。(4)『書経』『論語』などに比べると『詩経』が取り上げられることは少ないが、四例ほどある。その進講者と題目を掲げてみよう。

・明治十三年一月七日　元田永孚　『詩経』国風周南関雎の章
・明治二十五年一月六日　川田剛　『詩経』周頌清廟篇
・明治三十八年一月六日　重野安繹　『詩経』豳風東山篇
・明治三十九年一月六日　三島毅　『詩経』大雅蕩之什江漢篇

このように『詩経』の進講は行われた実績があり、特に、師の重野安繹や東京で親交のあった三島毅(中洲)が『詩経』を取り上げていたことは、天囚にも何らかの影響を与えたのではなかろうか。ただ、それだけが理由ではない。天囚の意図は深遠であった。仮楽篇に込められた「称賛」と「規諷」。それが天囚の心を突き動かし、御講書始という大舞台での講義を構想させたのである。

おわりに

本章では、種子島で発見された西村天囚の自筆草稿「詩経大雅仮楽篇講義」を解読し、幻の御講書始となった天囚の進講を再現してみた。過去の歴史に仮定の話を持ち込むことはできないが、もし大正十三年七月に天囚が急逝しなければ、翌十四年一月十六日の御講書始において、天囚は『詩経』大雅仮楽篇を進講していたはずである。それは歴史に残る名講義となっていたに違いない(5)。

最後に、天囚の進講からやや離れ、近現代の日本と御講書始との関係について言及しておきたい。明治二年に御講釈始として始まった進講は、国書・漢書・洋書の枠でそれぞれの分野の碩学が文字通り「書」を「講」じていた。「講書」とは元来そのような意味である。狩野直喜は『尚書』堯典の一節を講じ、天囚は『詩経』仮楽篇を準備していた。これは国書・洋書も同様であり、例えば国書では、『古事記』『日本書紀』『万葉集』などが取り上げられることが多かった。

漢書の進講を担当する漢学者は、当代一流の学者であることは言うまでもない。ただ、漢文力のみによって進講を指名されたわけではなかろう。その学問分野に関わる業績もさることながら、社会全体への貢献度や影響力、さらには人格・徳性といった点も総合的に勘案されたに違いない。

一方、進講を拝命した側は、それを学者の誉れと感じ、全身全霊を傾けて準備を進めた。杉浦重剛が「心身共に捧げまつりて、一意忠節を尽し」た（『倫理御進講草案』）とされているのは決して大げさな表現ではなかろう。狩野直喜も、「儒臣の身」として進講に臨む決意を天囚に表明していた。それは自身と天皇とが向かい合うという栄誉にとどまらない。古代中国に起源を持つ講学の制度は、文治主義が採られた宋代では、皇帝直属の翰林院において「侍読学士」「侍講学士」の官が置かれた。御講書始の進講者に選ばれるのは、そうした悠久の歴史の上に自らの名を刻むこととなるのである。明治・大正時代の進講では、午前中に三つの講義が行われ、一人の持ち時間は約四十分だったとされている(6)。この短時間の講義に自身の生涯をかけるという意気込みで臨んでいたのであろう。

また御講書始ばかりではない。東宮御学問所や他の皇族方に対する進講、さらには年号の選定、天皇や皇族方の諱の命名など、漢学者は日本の歴史と皇室制度の重要な局面で活躍していたのである。御講書始で取り上げられた漢籍も、単に自身の嗜好する古典ということではなく、日本と皇室にとって今何が最も大切かという深い思慮から選ばれたと推測される。

しかし、あらゆる制度は時代とともに移り変わっていく。御講書始も例外ではない。戦後の昭和二十八年（一九五三）から、従来の国書・漢書・洋書の枠が人文科学・社会科学・自然科学に再編された。また、その三分野から各一名とすると、いわゆる文系が二人、理系が一人となることから、必ずしも各分野から一名ずつでなくてもよいとされるようになった。文系・理系のバランスの問題もさることながら、これにより、御講書始は、必ずしも「書」を「講」ずるものではなくなり、厳密に言うと本来の「講書」の定義を超えた進講も行われるようになっていく。すなわち進講者の専門とする研究テーマについての講義が主流となり、「書」についての講義ではなくなったということである。現に、昭和二十八年以降の人文科学で、明確に中国古典が講義題目となっている進講はない。広く学術的テーマの中で漢籍が取り上げられることはあっても、それまでの講書とはかなり印象が異なるのである。御講書始という名称は継承されたものの、この再編によって、性格はかなり変化したのではなかろうか(7)。

ただ、実はこうした変化は、昭和二十八年の再編で突如生じた現象ではないようである。例えば、天囚とも深い関わりのあった二人の人物の進講題目を取り上げてみよう。一人は内藤湖南である。湖南は、天囚の一歳下の朝日新聞社の同僚で、後に京都帝国大学教授に就任する。退官後の昭和六年一月二十六日の漢書進講で、湖南は「唐杜佑《とゆう》及びその著書（『通典』礼典の一節）」と題して進講した。ここでは、杜佑の『通典』礼典の一節が取り上げられているが、礼典それ自体の解釈と言うよりは、歴史学者としての杜佑とその代表的著作である『通典』について講義したものである。天囚の「詩経大雅仮楽篇講義」とはやや印象が異なるように思われる(8)。

また、武内義雄の進講も湖南と同様の傾向にある。大阪府立図書館の司書を務めていた武内は、天囚の推薦によって懐徳堂の専任講師に就任し、中国留学の後、東北帝国大学教授に転出した。昭和十六年一月二十三日の武内義雄の進講題目は、「日本に於ける論語の学」である。『論語』を取り上げたことは間違いないが、武内の進講は、特定の章の解釈ではなく、日本に伝来した『論語』について、それがどのように研究されてきたかということに主眼があった。

これら湖南、武内らの進講は、具体的な章節、語句の解釈ではなく、自身の古典研究を通じてより大きな思想史的テーマを講ずるものとなっている。すなわち昭和二十八年以前ではあるものの、すでに改編以降の性格変化を先取りしているかのような印象がある。

時代とともに御講書始の姿も変わっていく。戦後の平和な時代、新しい皇室制度のもとでは、直接的な帝王学というよりは、多様な学識、先端的な学問を披瀝する進講が求められるようになったのである。

【附録】

以下では、右の本文では割愛した草稿A、草稿B、草稿E、草稿Cの全文を掲げる。掲載の原則は、草稿Dの場合と同様である。なお、草稿Cに天囚は読点を一切付けていないが、ここでは便宜上、他の草稿を参考にして必要最小限の句読点を施した。

草稿A「詩經大雅假樂篇講義艸案」（西―4）

詩経大雅仮楽篇講義草案

本日の御講書始に、臣時彦浅学菲才の身をもちまして、漢書進講の　大命を拝し、誠に恐懼感激の至にございまする。謹みて進講いたしまする漢書は、詩経大雅仮楽の篇でございまする。

詩経

詩経は古昔《むかし》単に詩と称えまして、宗廟朝廷学校及び身分あるものの家庭に至りまするまで、音楽に合せて歌いましたものでございまする。周代の詩に、殷の代の詩を少々加えまして、総べて三百五篇ございまするが、詩は志を言うとも申し、詩は志の之く所なりとも申しまする。紀の貫之が古今和歌集の序には、人の心を種として、万の言の葉とぞなれりけると申して居りまするが、詩も歌も其趣は同じでございまする。孔子は詩三百、一言以蔽之、曰思無邪と申しまして、人情の誠より作り出でましたることを称美いたし、詩を学びますれば親に事え君に事うることも出来る、詩を学ばねば政事にも通ぜず、四方に使することも出来ぬと申しまして、詩学を尊重いたし、其の子を始め、門人にも勧めましたほどでございまする。其れゆえ後世には詩経と申しまして、経書の一となって居るのでございまする。

大雅

大雅と申しまするは、詩の分類上の名でございまする。三百五篇の詩を風雅頌の三に類別いたしまするが、風は国風と申しまして、諸侯の国々の詩でございまする。何故風の字を用うるかと申しますれば、上の政事教育が、下々を感化いたしまして、国々の詩が出来まする。其れは恰も風が物を吹き靡けまするようなもので、又其の詩を歌いますれば、人の心を感動いたしますることも、風の物を動すようなものであると申す処から、国風と名けたものでございまする。国風は男女の情を陳べ、又は乱世のさまを慨きました詩もございまするが、詩を作るには、発乎情止乎礼義と申す法則がございまする。其れゆえ人情に駆られて、礼義の外に逸するようなことはございませぬ。

（上部欄外に朱筆で、「詩は人の感情を陳ぶるものであるが其帰着する所は礼儀であると申しまする」と記す）是は支那古代文学の尊ぶべき処でござりまする。朝廷の政治の得失を歌いましたものが、雅でござりまするが、雅は正しと申す意味、政治には自ら大小の別がござりまする。其れゆえ、雅をも大雅小雅に分ちまする。頌と申すは神歌とも申すべきもので、天子の盛徳大業を形容いたました称辞《たたえごと》を、祭祀の時、神前に於て歌うのでござりまする。風雅頌三種の詩は、姿も調子も自ら違いまするが、朝廷宗廟に用いまする雅頌は、詞正しく調高きものでござりまする。此の仮楽の篇は、即ち大雅に属する詩でござりまする。

仮楽

仮楽の詩は第一章の首句に、仮楽君子とござりまする処から、首句の字を取りまして篇の名に致し、周の成王の君徳を称えました詩であると申伝えて居りまする。成王は堯舜と肩を並べて聖人と称えられまする文王の孫で、武王の子でござりまする。文王武王の大業を継承致しました所の名君でござりまするが、成王の御代には、民和睦して称声興ると史記に書いてござりまする。即ち人民互に和睦いたしまして、太平をたたえまする歌が盛に興りましたので、詩人が其の徳を称え、周の皇室を祝福致しました。此の篇が即ち其れで、凡四章二十四句より成立って居りまする。詩三百五篇の辞のさまを、賦比興の三体に分ちまするが、賦はうちつけに思う儘を言い出でますること。貫之がただ言歌と申しましたのは、此の体でござりまする。比は直に思う所を言わず、物を借り譬を取りて詩を作りまする。貫之がたとえ歌と申しましたのは此の体でござりまする。興の体は見る物聞く物に感じて思い興したるもの。貫之の所謂なずらえ歌でござりまする。前に述べました風雅頌と、此の賦比興とを合せまして、六義と申しまするが、此の篇は直に思う所を言い出でましたる賦の体でござりまする。

仮楽君子、顕顕令徳、宜民宜人、受禄于天、保右命之、自天申之（仮楽する君子、顕顕たる令徳あり、民に宜く人に宜く、

禄を天に受く、保右して之に命じ、天自《よ》り之を申《かさ》ぬ）

是は第一章でござりまする。仮楽の仮の字は、本と「よみす」と訓みまする処の嘉の字でござりまする。後ち同音の字を借り用いまして此の仮の字となって居りまするが、中庸又は左伝などに、此の詩を引きましたものは、皆よみするの嘉を書いて居りまする。嘉し楽むとは、此の詩の作者が成王の盛徳を嘉して楽みて仰ぎ奉るの意味でござります。君子は高貴の位に在《おわ》します方、又は有徳の人を称する名でござりまして、後には目上の人、又は位は卑くとも徳ありて尊敬すべき人を、皆君子と呼びまする。臣下より天子を君子と呼ぶ場合もござりまする。妻より夫を君子と称する場合もござりまするが、此の君子は成王を指したものでござりまする。顕顕は明白に現われました所の形容詞、令徳の令は善の字と同じ意味で結構なる御徳と申すこと、宜民宜人の宜の字は、適当と申すような意味で、申分なきことを申しまる。民の字人の字は、人民とも民人とも連ねて書きますれば、同じことでござりまするが、民と人とを対句と致して居るのを見ますれば、二様に差別して居るのでござりまする。即ち民は万民で、人は才徳ある賢人と解釈いたしまする。其の例は書経の皐陶謨の篇に出て居りまする。皐陶と申す賢臣が、帝舜の御前に於て、帝王の道を論じました時に都《ああ》在知人在安民と申して居りまする。政は民を安んずることが目的である、併し帝王御一人で政を游ばす訳に参りませぬ。必ず賢人を見抜きまして官に御任用游ばねばならぬ、其ゆえ人を知ると、民を安んずるとの二が、帝王の要道であると申して居りまするが、此の宜民宜人の一句は、即ち民を安んずるにも宜く、人を知りて官に任ずるにも宜しと申す意味でござりまする。受禄于天の禄はさいわいの意味、保右命之は天が成王を保んじ助けまして、天子の位を命じますること。自天申之の申とは、天子の御位を命じました上に、更に重ね重ねの賜物があることを申しまする。

この章の大意を申しますれば、我が心に嘉し楽みて仰ぎ奉る処の君子成王は、顕顕然と明白に現われたる善い徳を持たせられ、其の令徳は民を安んずるにも、賢人を択びて官に任ずるにも、中分なく適当各して居らせらるる、天は民を安ずべき聖徳の君を助けまするが、成王には此の宜民宜人の令徳を持たせらるるに因て、禄を天に受けさせられる。天は成王を保じ助けて天子の御位を命ぜられ、其上に重ね重ねの賜物があると申しまして、其の賜物は第二章に歌うて居ります。

于禄百福、子孫千億、穆穆皇皇、宜君宜王、不愆不忘、率由旧章（禄を干むれば百福、子孫千億、穆穆皇皇として、君に宜し王に宜し、愆《あやま》らず忘れず、旧章に率由《しゅつゆう》せん）

これは第二章でござりまする。于禄百福の禄も福も、此処では同じ「さいわい」を申しまする。子孫千億は数限もなき意味、天子穆穆、諸侯皇皇と申す詞が礼記にござりまするが、穆穆は、天子の御有様奥床しく美しきこと、皇皇は諸侯の態度美しく盛なるさまを、形容したものでござりまする。君も王も同じことでござりまするが、二に分けて申しますれば、此処は君は諸侯、王は天子でござりまする。周は封建制度でござりまするから、長皇子は天子の位を継がせられ、諸皇子は諸侯に為られまするに、其徳其位に相応いたして居ることを申すのでござりまする。不愆は過失なきこと、不忘は須臾《しばし》の間も念頭を去らぬこと、率由は遵奉して用ゆるの義、旧章は先王の定められました処の大法でござりまする。我が国の今日を以て申しますれば、明治天皇の定めさせられました憲法、皇室典範、其他詔勅は皆旧章でござりまする。

此の章に、禄を賜うと申しませずに禄を干むと申しましたのは、詩人の深意の存する所でござりまする。天は徒に福禄を賜うものではありませぬ。福を受けたいと思いますれば、此方より願い求めねばなりませぬが、禄を求めまするには自ら禄を求むる道がござりまする。即ち身に徳を持ちまして、天意に叶いまする様な行がなくては叶いませぬ。成王には帝王の令徳を備えられまして、民に宜しく人に宜き御人格でありまする。其の御人格、即ち禄を干めらるる姿で天意に叶いました故に、一度ならず二度ならず、重ね重ね百の福を与えられまするが、百福の中でも、何が第一の福かと申しますれば、御子孫の御繁昌で、千億の数限もなく、万世無疆に居らせられまする、御子孫繁昌は目出度ことながら、愚におわしましては、幸福とは申されませぬが、成王の御子孫は、穆穆皇皇と盛に美しく、諸皇子は諸侯と為られ、長皇子は天子と為りたまうに適当して居らせられ、些少の御過失もなく、須臾の間も御失念もなく、念念刻刻、先王の定められましたる典範法規を遵奉して用いられまする。これは誠に聡明なる御子孫で、此より目出度き御幸福はないと申すのでござりまする。

威儀抑抑、徳音秩秩、無怨無悪、率由群匹、受福無疆、四方之綱（威儀抑抑たり、徳音秩秩たり、怨むこと無く悪むこと無し、群匹に率由し、福を受ること疆《きわ》無し、四方の綱なり）

これは第三章でござりまする。威儀は天子の御姿、抑抑は御行動礼に合しまして美しきこと、徳音は難有き御趣意の詔勅などを申し、秩秩は秩序正しく常理に叶いましたこと、無怨無悪は、成王は我躬を責めて人を怨まず、又公平無私の心を以て、人を悪みたまうことがないと申しまするること、率由は前章と同じ意味でござりまするが、群匹の匹は類の字と同じ意義で、群類は即ち万民のことでござりまする。四方之綱は国を治むることを網に譬えまして、天子は四方の大綱であると申しまする。

此の章の大意は、専ら民に宜しき事実を挙げたのでござりまする。成王には威儀抑抑と美しく居らせられ、其の臣民に下さるる難有き詔勅などは、秩秩然と正しく常の道理に叶わやられる、天の子《みこ》として民を安んじたまう御責任を感じたびたび何事にも自ら我身の不徳を責めて他を怨みず、公平無私の御心で、人を悪みたもうことなく、先王の定めたまえる法度を遵奉したまう上に、万民衆庶の心に従うて政事を行わせらる、其れ故にに天より福を受けたまうこと疆なく、四方の大綱と為りて、御代を太平に治めらるると申すのでござりまする。

（欄外頭注として書き入れ）

率由群匹の一句、即ち万民衆庶の心に従い用うると申すことは、支那上代聖人の道でござりまする。天子は天の命を受けて、民を安んずるが天職であると致しまして、天子即ち天の子《みこ》と申し奉るのでござりまする。書経皐陶謨にも、天聴明自我民聴明、天明威自我民明畏と申して居りまする。其心は、天は民の耳と目とを以て耳目と致して、人君の行う所を見聞するものである、天が無道の政を怒りまして罪しまするのは、民の怒りに因ることであると申すので、取も直さず民の心は天の心、天の心は民の心と申すが、漢土聖人の理想にござりまする。万民の心は尤も何を願うかと申しますれば、安んじ息うことを好みまする。先きの内二章は、民を安んずることを王として定められまする故に成王は民の心に従いまして民を安んずることを務められまする。民の心に従うは天の心に従うと同じことでござりまするから、天は之を助けて無疆の福を賜うのでござりまして、周の皇室が天より福を受けまするのは、旧章と万民の心とに従う結果であることを含蓄して居りまする。

之綱之紀、燕及朋友。百辟卿士、媚于天子。不解于位、民之攸塈。（之れ綱之れ紀、燕は朋友に及ぶ。百辟卿士、天子を媚《いつく》しむ。位に解《おこた》らざるは、民の塈《いこ》う攸《ところ》）

これは末章で、専ら宜人と申すことを歌い、宜民の意味を以て、一篇を結んで居りまする。

之綱は綱の大縄、之紀は綱を結びまする小さき糸、燕は宴会のこと、朋友は群臣を指しまする。天子と群臣とは、義は是れ君臣、情は則ち朋友で、漢土の聖君は、朋友として群臣を親しみました例が多いのでござりまする。百辟の辟は君で、数多の諸侯を指しまする。卿と士とは、百官中の階級の名、公卿大夫士の内より卿士の二を挙げたもので、百辟卿士は即ち朋友たる群臣で、媚于天子の媚の字は、媚び諂う意味ではござりませぬ。君の愛していつくしむの意味、不解于位の解の字は、立心扁の懈と同じ字で、民之攸塈の塈の字は、万民安定を得まする意味でござりまする。

此の章の大意は、大縄と小さき糸とがあってこそ、綱は結ばれまする、天子は大縄、群臣は小さき糸、綱挙り目張りまして、国を治むることも出来まする。其れ故に成王は群臣を待つに朋友を以し、上御一人が御宴を游ばすのではなく、宴会の御召は、朋友としての群臣にも及びまする。天子より彼様に御親しみになりまするに因て、群臣百官も亦天子の御恩に感激いたし、皆忠愛の誠を抽んでまして、天子を心の底よりいつくしみ奉ることに相成り、自然其の職務を励みいそしみ、位に懈りませぬ。彼様にござりますれば、難有き政治が行われまして、万民安定いたし、其の労苦を休め息うことになりまする。群臣の位に懈らざるが、民の息う所の原因であると申して、成王の令徳を称えたのでござりまする。

臣謹みて按じまするに、古の詩人は忠愛の心深く且つ厚く、親切にござりまするから、成王を称賛いたしまする中にも、規誡《いましめ》の意を含めまして、君徳に関する忠言を上り、御子孫の御心得とも相成りまするように、優しき詞の中に厳正なる理想を陳べて居ります。其れ故に経書に列しまして、教育上尊重いたすことでござりまする。恐れながら

今上陛下御践祚以来、下されました詔勅中に、屢

先帝の遺訓御紹述の思召を拝承いたしまするが、是は

明治天皇の詔勅に、屢

皇祖皇宗の遺訓と仰せられました聖徳と、其の揆を一にして居らせられまする御事でござりまする。即ち不愆不忘率由旧章したまう聖君徳誠に感激に堪えませぬ。子孫千億は、漢土君臣の常に祈願いたす所にござりますれど、事実は之に反しまするが、我が

御国は、万世一系、天壌と窮なり、子孫千億、御繁昌あらせられまするは、列聖の顕顕たる含徳、民に宜く人に宜く、天佑を保たせたまうが故にござりまして、国民の幸福此の上もなく、難有く御目出度き次第に存じまする。

仮楽四章章六句

宮内省御用掛文学博士臣西村時彦恭撰

草稿B「詩經大雅假樂篇講義擬稾」（「擬稾」を見せ消ち）（西―6）

詩経大雅仮楽篇講義（「擬稾」を見せ消ちとする）

本日の御講書始に、臣時彦浅学菲才の身を以ちまして、漢書進講の大命を拝し、誠に恐懼感激の至にござりまする。謹みて進講致しまする漢書は、詩経大雅仮楽の篇でござりまする。

詩経

詩経と申しまするは昔は単に詩と称えまして、宗廟朝廷学校、及び身分あるものの家庭に至りまするまで、音楽に合せて歌いました所のもので、周の代の詩に、殷の代の詩を少々加えまして、総《すべ》て三百五篇ござりまするが、詩は志を言うとも申し、詩は志の之く所とも申しまする。紀の貫之が古今和歌集の序には、人の心を種として、万の言の葉とぞなれりけると申して居りまする。詩も歌も其の趣は同じでござりまする。孔子は、詩三百、一言以蔽之、曰思無邪と申しまして、人情の誠より出たることを称美いたし、詩を学びますれば、人情に通じまして、親に事え君に事うることも出来る、詩を学ばねば政事に通ぜず、四方に使することも出来ぬと申しまして、詩の教を尊重いたし、其の子を初め、門人にも勧めましたほどでござりまする。其ゆえ後世には詩経と申しまして、経書の一となって居るのでござりまする。

大雅

大雅と申しまするは、詩の分類上の名でござりまする。三百五篇の詩を風雅頌の三に類別いたしまするが、風は国風と申しまして、諸侯の国々の詩でござりまする。何故風の字を用うるかと申しますれば、上の政事教育が下々を感化いたしまして、国々の詩が出来まする。其れは恰も風が物を吹き靡けまする様なもの、又其の詩を歌いますれば、人の心を感動いたしますることも、風の物を動すようなものであると申す処から、国風と名けたものでござりまする。国風は男女の情を陳べ、又は乱世のさまを慨《なげ》きました詩もござりまするが、詩の法則といたしまして、発乎情止乎礼義と申す語がござりまする。其れ故に、徒に感情にのみ馳せて、礼義の外に逸するようなことはござりませぬ。是は支那古代文学の尊重すべき点でござりまする。朝廷の政治の得失を陳べました詩を、雅と申しまするが、雅は正しと申す意味、政治には事の大小がござまする。其れ故雅の詩も小雅大雅の二に分類いたしまする。頌と申しまするは、神歌とも申すべきもので、天子の盛徳大業を形容いたしました称辞《たたえごと》を、祭祀の時、神前に於て歌うのでござりまする。風雅頌三体は、姿も調も自ら違いまする。此の仮楽の篇は、大雅に属する詩でござりまする。

仮楽

仮楽の篇第一章の首句に、仮楽君子とござりまする所から、首句の二字を取りまして、篇の名に致したものでござりまする。此の詩は周の成王の君徳を称《たた》えた詩であると申伝えて居りまする。成王は、堯舜と肩を並べて聖人と称《たた》えられました所の文王の孫、武王の子でござりまする。文王武王の大業を継承致しまして、守成の名君と呼ばれて居りまするが、成王の御代には、民和睦頌声興と、史記に見えて居りまする。即ち当時の人民は、成王の徳化を蒙りまして、互に争うことなく、和睦いたし、太平をたたえまする歌が盛に興りましたので、詩人が其の徳を称美して、周の皇室を祝福いたしました。此の篇が即ち其の詩で、凡そ四章二十四句より成立て居りまする。詩三百五篇の辞のさまを、賦比興の三体に分ちまするが、賦と申しまするは、うちつけに思う儘を言い出でまする詩。貫之がただ言歌と申しましたのは、此の体でござりまする。比と申しまするは、物を借り譬を取りて詩を作りまする。貫之がたとえ歌と申しましたのは、此の体でござりまする。興の体は、見る物聞く物に感じまして、思い興したるもの。貫之の所謂なずらえ歌でござりまする。前に申述べました風雅頌と、此の賦比興とを合せまして、六義と申しまするが、此の篇は直に思う所を言い出でました所の賦の体でござりまする。

仮楽君子、顕顕令徳、宜民宜人、受禄于天、保右命之、自天申之（仮楽する君子、顕顕たる令徳、民に宜く人に宜く、禄を天に受く、保右して之に命じ、天自《よ》り之を申す）

是は第一章でござりまする。仮楽の仮の字は、本と「よみす」と訓《よ》みまする嘉の字でござりまする。後ち同音の字を借用いたして此の仮の字となって居りまするが、嘉楽、即ち嘉し楽しむと申しまするは、此の詩の作者、成王の盛徳を嘉して、楽み仰ぎ奉るの意味でござりまする。君子は高貴の位に在《おわ》す方、又は有徳の人を称する名でござりまして、後には目上の人、又は位は卑くとも、徳ありて尊敬すべき人を、皆君子と呼びまする。臣下より天子を君子と申す場合もござりまする。妻より夫を君子と呼ぶ場合もござりまするが、此の君子は、成王を指したものでござりまする。顕顕は明白に現わるると申す意味の形容詞、令徳の令は、善の字と同じ意味で、結構なる御徳と申しますること。宜民宜人の宜の字は適当と申すような意味で、申分なきことを申しまる。民の字人の字は、人民とも、民人とも、連ねて書きますれば、同じことでござりまするが、民と人とを対に致して居るのを見ますれば、二様に差別して居るのでござりまする。即ち民は万民で、人は官職を授くべき賢人でござりまする。其の例は書経の皐陶謨の篇に出て居りまする。皐陶と申す賢臣が、帝舜の前に於て、帝王の道を論じました時に、都《ああ》在知人在安民と申して居りまする。帝王の道は民を安んずるを目的と致しまするが、併し帝王御一人で国を治めたまう訳に参りませぬ。必ず賢人を選ばれまして、官職を授けられねば相成りませぬ。其故に人を知りて官を授くると、其の任用せられたる賢人と共に政を行いて、民を安んずるとが、帝王の要道であると申したのでござりまする。此処の民と申す字、人と申す字は、左ながら皐陶の言葉と同一の意味に用いたもので、民を安んずるにも宜く、人を知りて官に任用するにも宜しと申すのでござりまする。受禄于天の禄は、「さいわい」の意味、保右命之は、天が成王を保んじ佑けまして、天子の位を命じたまうこと。自天申之は、天子の御位を命じたまう上に、更に重ね重ねの賜物があることを申しまする。

詩人の言葉を用いまして、此章の大意を申し上げますれば、我が心に嘉し楽みて仰ぎ奉る処の君子成王は、顕顕然と明白に現われたる善い徳を持たせられ、其の令徳は民を安んずるにも適当して申分なく、賢人を択びて官職を授らるるにも申分なきことである。天は民を安んずる所の聖徳の君を助けたまうものであるが成王は宜民宜人の令徳が在らせらるるに因て、禄《さいわい》を天に受けさせられる。天は成王を保んじ助けて、天子の御位を命ぜられ、其の上に、重ね重ねの賜物があると、彼様に申すのであります。宜民宜人の一句は全篇の眼目でござりまする。

干禄百福、子孫千億、穆穆皇皇、宜君宜王、不愆不忘、率由旧章（禄を干《もと》むれば百福、子孫千億、穆穆皇皇として、君に宜く王に宜し、愆らず忘れず、旧章に率由す）

これは第二章でござりまする。干禄百福の禄も福も、「さいわい」と訓《よ》みまする。子孫千億は、数限もなき意味、天子穆穆、諸侯皇皇と申す詞が礼記にござりまするが、穆穆は天子の御《み》有様《ありさま》、奥床しく、慕わしく居らせれらるること、皇皇は諸侯の態度盛んに美しきさまの形容でござりまする。君も王も同じことで、上御一人を君王とも申上げまするが、二に分けて申しまする時は、君は諸侯、王は天子でござりまする。周は封建制度でござりまするから、皇長子は天子の位を継がせられ、諸皇子は諸侯に為られまするに、其の徳は其の位に相応いたしまして、中分のないことを、宜君宜王と申して居りまする。不愆は過失なきこと、不忘は須臾《しばし》の間も念頭を去らぬこと、率由は遵い用うること、旧章は先王の定められたる国家の法度でござりまする。例に御引き申しまするは、恐多くござりまするが、我国の今日を以て申しますれば、

明治天皇の御定に相成りました憲法、皇室典範、教育勅語の如き、皆旧章でござりまする。

此の章の大意は前章の自天申之と申す事実を挙げて、祝福いたすのでござりまするが、禄を賜うと申さずに、禄を干むと申しましたのは、詩人の深意の存する所でござりまする。天は徒《いたずら》に福禄を賜うことはござりませぬ。福を受けたいと思いますれば、此方より福を求めばなりませぬ。福を求めまするには、自ら禄を求むる道がござりまする。即ち徳を修めて、天意に叶いまする様な行がなくては相成りませぬ。成王には帝王の徳を備え、民に宜く人に宜き大人君子の人格でござりまする。其の人格は即ち禄を干めらるる姿で、天意に叶いました故に、重ね重ね百の福を賜うのでござりまする。百福の中で、何が第一の福かと申しますれば、子孫の繁昌で、千億の数限もなく、万世无疆に在らせられまする様にと、祝福いたすのでござりまする。御子孫繁昌は目出度《めでた》きことながら、愚におわしましては、幸福とは申されませぬが、成王の御子孫は、穆穆と奥床しく気高き御方もあり、皇皇と盛んに美しき御方もおわしまして、諸皇子は諸侯と為らせらるるに適当であり、皇長子は天子と為りたまうに適当して居らせられ、些少《いささか》の御過失もなく、須臾《しばし》の間も御失念なく、先王の定めさせられました法度を遵奉して、用いられまするであろう、是は誠に聡明なる御子孫で、此より御目出度き御幸福はないと、詩人が祝福いたしたのでござりまする。

威儀抑抑、徳音秩秩、無怨無悪、率由群匹、受福無疆、四方之綱（威儀抑抑たり、徳音秩秩たり、怨むこと無く悪むこと無く、群匹に率由し、福を受ること疆り無し、四方の綱なり）

これは第三章でござりまする。威儀は天子の御威光を備えられましたる御行儀で、抑抑は御行儀礼に合しまして美しきこと、徳音は難有き御趣意の詔勅などを申し、秩秩は秩序正しく常道常理に叶わせられたること、無怨無悪は、我が身を省みずして人を怨み悪むようことはないと申しまする。率由は前章と同じ意義にござりまするが、群匹の匹は類の字と同意義で、群類は即ち万民のことでござりまする。四方之綱は、網《あみ》の大縄を申しまする。

此の章の大意は、専ら宜民の事実を挙げまして、反覆詠嘆するのでござりまする。成王が内に持たせらるる所の令徳、顕顕として外に現われまするることは、其の御風采を拝しても分ることであります。即ち威儀抑抑として美しく居らせられ、又其の令徳が御詞に発しましては、難有き御言葉と為りて、秩秩然として大公至正の道理に合わせられる。何事にも自ら我躬を責めて、人を怨みたまわず、公平無私の御心で、人を悪みたまうこともなく、先王の定めさせられたる法度を遵奉したまう上に、衆庶万民の心に従うて、政を行わせられまする。其れ故に天の御寵愛を受けられまして、幸福を受けたまうことは疆もなく、四方の大綱と仰がれたまいて、御代を太平に御治めなさるのであると、讃美いたすのでござりまする。〇扨此の率由群匹の一句、即ち衆庶万民の心に従うと申しますることは、支那上代聖人の道にござりまして、天子は天の命を受けて民を安んずることが、天職であると致し、天は天子の行を耳ざとく目ざとく見聞いたし、天職を尽す所の君には幸福を与え、否らざる者は罪を得ると申しまする。其れ故皐陶謨にも、天聰明自我民聰明と申して居りまする。取も直さず民の心は天の心と申す事になりまする。其で万民の欲する所に従うは、即ち天意に従うことに相成ると申す処から、率由旧章と率由群匹とを対《つい》にいたして、大切な事に陳べて居るのでござりまする。

之綱之紀、燕及朋友。百辟卿士、媚于天子。不解于位、民之攸塈。（之れ綱之れ紀、燕は朋友に及ぶ。百辟卿士、天子を媚《いつく》しむ。位に解らざるは、民の塈《いこ》う攸《ところ》なり）

これは末章でござりまする。之綱は綱の大縄、之紀は綱を結びまする小さき糸、燕は宴会のこと、朋友は群臣を指して申しまする。天子と群臣とは、義を以て申しますれば君臣で、情を以て申しますれば朋友でありまする。聖明の君は、股肱と頼む群臣を朋友として、懽を交えました例が多くござりまする。百辟の辟は君と訓みまして、数多の諸侯のこと、卿士は公卿大夫士の階級の、名の内から、卿士の二を挙げましたもので、百辟卿士は、即ち天子の朋友たる群臣でござりまする。媚于天子の媚の字は、媚び諂う意味ではござませぬ。君を愛していつくしむの意味、不解于位の解の字は、立心扁の懈と同じ字でござりまする。民之攸塈と訓みまする塈の字は、万民安定休息することを申しまする。

此の末章は、専ら宜人宜民の事実を挙げ、人に宜きは即ち民に宜き所以であると陳べまして、一篇を結んで居りまする。其の大意は、大縄と小さき糸とがあってこそ、網は結ばるるようなもので、綱挙り目張りして即ち綱紀を正しまして太平を致すのは、群臣の力に頼ることであると申す処から、成王は群臣を朋友として御待遇なされ、上御一人が御宴を游ばすのではなく、朋友としての群臣を宴会に召させられ、上下の情徳が疏通するようにいたされまする。天子より斯く御親みになりまするに因て、群臣も亦君恩に感激いたし、皆忠愛の誠を抽んでまして、天子を心の底よりいつくしみ奉るように相成り、自然其の職務を勤め励みまして、其の位に怠るようなことがござりませぬ。斯様にござりますれば、自ら難有き政治が行われまして、万民は安定休息いたすことが出来まする。成王及び其の子康王の代には、刑罰を行いませぬこと、四十余年に及んだと申伝えまするほどで、万民永く肩を息めたことは、後世に例《ためし》なき所でござりまする。其の原因を群臣位に怠らざるに帰し、群臣の位に怠らざるは、成王が人物の賢不肖を識別して、賢明なる者を信任せらるる所の令徳に帰しまして、賛美いたしたものでござりまする。

臣謹みて按じまするに、古の詩人は、忠誠の心深く、親切にござりまして、聖人の道を知り居ります。其れ故に、成王を称賛いたしまする中にも、規誡《いましめ》の意を含めまして、子孫の心得とも相成まするよう、雅《みや》びたる詩を以ちまして、君徳と帝王の道とを陳べて居ります。人君が宜人宜民の徳を持たせられねば子孫千億又は受福無疆と申すことも出来ぬと申す意味は、言外に現われて居りまする。其事実上の証拠には、成王の孫昭王、曾孫穆王の如き、先王の旧章に率由いたしませぬ処から、追々に衰えましたのでござりまする。恐れながら我が　御国に於きましては、万世一系天壌《あめつち》と窮なき御国体にござりまして周の世の如き比較すべきものではござりませぬ。併し此の詩に陳べて居りまする君徳帝王の道に至りましては、古今に亘りて同じことと存じまする。

列聖の深仁厚沢、天祐を保たせたまい、殊に明治天皇の盛徳大業は古今にすぐれさせられ、中興の聖天子と仰ぎ奉りまするが畏くも

聖上陛下には、御践祚以来、

先帝の旧章に率由あらせられ又屢御遺業御紹述の聖旨を下されましてござりまする。是れ顕々たる令徳、広大にまします処にござりまして、万民安定いたし、誠に難有き次第にござりまする。其故天は无疆の幸福を降され、御当代に至りまして、殊更皇室御繁栄あらせられ、子孫千億の御有様に渡らせられまして、天壌と窮なくおわしますこと、誠に御目出度儀に存じまする。

仮楽四章章六句

進講候補

大正十二年一月　宮内省御用掛臣西村時彦

草稿E「詩經大雅假樂篇講義」改め「進講漢書大要」さらに改め「漢書進講大要」（西—81）

漢書進講大要

本日御講書始を行わせられ臣時彦浅学菲才を以て漢書進講の大命を拝す。誠に恐懼感激の至に堪えず。謹みて此に進講し奉るは詩経大雅仮楽の篇なり。

詩経

古は単に詩と称し、音楽に合せて歌いしものなり。今存する所は、周代の詩に、殷代の詩を附加して、総て三百五篇あり。孔子は詩三百、一言以蔽之、曰思無邪と評し、人情の誠より発したるを称美して、詩教を尊重せしより、経書の一と為りて、後世詩経と称す。

大雅

三百五篇の詩を分類して、風雅頌の三と為す。風は国風と称して、諸侯の国の詩なり。雅は朝廷の政事の得失を陳べたる詩なり。政治に大小あり、故に大雅小雅の別あり。頌は天子の盛徳大業を形容したる詩にして、神前に於て歌う神歌なり。此の仮楽篇は大雅に属する詩なり。

仮楽

仮楽の篇は、第一章の首句に仮楽君子とあるより、其の語を取りて篇名と為したるものなり。仮楽の詩は、周の成王の君徳を称美して作りたる詩なりと伝う。成王は周の文王の孫、武王の子にして、守成の名君と称せらる。史記に成王を称して、民和睦頌声興と記したり。仮楽篇は、蓋し頌声の一なるべし。当時の詩人成王の徳を称美し、周の皇室を祝福したる者なり。詩三百五篇の文体上の分類を賦比興の三と為す。賦は直に思う所を言い、比は譬喩を取りて之を言い、興は見聞する事物に感じて思い興したる体なり。前述の風雅頌に、此の賦比興を合して、詩の六義と曰う。此の仮楽篇は直に思う所を言える賦の体なり。

仮楽君子、顕顕令徳、宜民宜人、受禄于天、保右命之、自天申之

是れ第一章なり。仮楽の仮の字は、本と嘉の字なり。仮嘉同音なるを以て、仮の字を借用したるなり。嘉楽とは嘉し楽しむこと。此詩の作者、成王の徳を嘉みし楽しみて仰ぎ奉ること、君子は成王を指す。顕顕は令徳の明白に現われたる形容詞、令徳の令は、善と同じ、宜民宜人は、民を治むるにも適当し、賢人を用ちるにも適当したりの意なり。民人人民など連書すれば区別なきも、人と民とを対言するときは、人は賢人にして、民は一般人民を言う。書経皋陶謨の篇に、都在知人在安民と曰へる是なり。人を知るは臣下の賢不肖を知りて官を授くること、民を安ずるは、天子一人にて政を為す能わず、必ず人を知り、賢に任じて民を安んずることを得るなり。此れ宜民宜人は、乃ち書経と同意にして、此詩の眼目なり。受禄于天の禄は、幸福を云う。保右命之は、天が成王を保んじ佑けて、天子の位を命ずること。自天申之は、已に天子の位を命じたる上に、天より重ね重ねの福禄を賜うことなり。

一章の大意は、嘉し楽みて仰ぎ奉る君子成王は、明白に現われたる善き徳あり。其の善き徳は国民を治むるにも適当し、賢人を見分けて官を授け政を為さしむるにも適当せり。故に福禄を天より受くることとなり、天は成王を保んじ佑けて、天子の位を命じ、又其の上に天より重ね重ねの賜物ありとなり。

于禄百福、子孫千億、穆穆皇皇、宜君宜王、不愆不忘、率由旧章

是れ第二章なり。干は求む。禄も福も「さいわい」と訓ず。子孫千億は、数限もなきこと、穆穆は、天子の御有様奥床しく慕わしきこと、皇皇は諸侯の態度盛んに美しき形容なり。君王と連言すれば、御一人なるも、君と王と対に言うときは、王は天子にして、君は諸侯と解す。不愆は過失なきこと、不忘は須臾も失念せぬこと、率由は遵い用うること、旧章は先王の定められたる法度礼楽の如きを言う。

一章の大意は、重ね重ねの賜物は他なし。成王の求め願われたる百千の福禄なり。福禄は子孫多きことより幸福な

るなし。故に千億の子孫を賜い、其の子孫は皆聡明にして穆穆として天子と為るに適当したる方もあり、皇皇として諸侯と為るに適当したる方もあり。皆過失なく失念なく、先王の旧章を遵奉せらる。是よりめでたき福禄はあるまじとの意にして、旧章に率由せらるるが故に福禄を受けらるると申す意味は言外に在り。

威儀抑抑、徳音秩秩、無怨無悪、率由群匹、受福無疆、四方之綱

是れ第三章なり。威儀抑抑は天子の御行儀礼に合して美しきこと、徳音秩秩は天子の御言葉正しく道理に合えること、無怨無悪は、常に自ら省み自ら責めて人を怨み悪むことなきを言う。率由群匹の匹は類に同じ。群類は万民なり。無疆は際限なきこと、四方之綱は網の大縄なり。大綱ありて網の目は張るなり。一章の大意は、成王の威儀備わり徳音正しく、自ら省み自ら責めて、他人を怨み悪むことなく万民の心に率うて政を行わせらるる故に幸福を受けらるること際限なく、永く君位を保ちて四方より大綱と仰がれて、綱紀を正したまうとなり。○率由群匹の句、万民の心に従うと申すことは、支那上代聖人の道なり。書経皐陶謨に、天聰明自我民聰明と言へり。天は民の耳目を以て耳目と為す。故に民の心は則ち天の意なりと為す。民心に従いて政を為すは、天意に従う所以なり。

之綱之紀、燕及朋友。百辟卿士、媚于天子。不解于位、民之攸塈

是れ第四章なり。綱は網の大縄にして、紀は小なる糸なり。大綱と小紀とありて、網は張るなり。故に綱紀を国家の法度に譬えたり。燕は宴会、朋友は群臣を指す。百辟の辟は君にして、諸侯を言う。卿士は卿大夫士なり。百辟卿士は乃ち朋友なり。媚于天子の媚は愛の意にして、不解于位の解は懈に同じく怠なり。民之攸塈の攸は所に同じ、塈は休息なり。

大意は、国家の綱紀を張りて太平を致すは、群臣の力に頼る。故に群臣を朋友として待遇し、御宴に召して歓を交

ゆるなり。如此なれば、群臣必ず天子を愛して、力を其職に尽し、其位に居て怠ることなし。群臣百官其位に怠らざれば、天下大に治まりて、国民の安定休息する所と為るなり。
右四章二十四句は、独り君徳を賛美するのみならず、頌揚の中に規諷の意を寓し、令徳なければ福徳を受くる能わず、民に宜く人に宜しからざれば、子孫千億の繁栄を為す能わざるを言外に含蓄し、帝王の大道を陳べて、以て訓誡と為したる詩人の用意深遠なり。恭く惟うに
聖上陛下には、御践祚以来
先帝の旧章に率由したまい、大業彝訓を紹述あらせられ
聖徳広大顕顕として、民に宜く人に宜し。故に天の保右する所と為り
御当代に至り殊更
皇室御繁栄あらせられ、子孫千億、穆穆皇皇として、福禄を受けたまうこと、無疆なり。誠に慶賀の至に任えず。
因て新年の御式に此の仮楽篇を進講し、謹みて
皇室の天壌無疆を祝し奉る。
大正十三年一月十六日　宮内省御用掛西村時彦

草稿Ｃ「漢書進講大要」（西―10）

漢書進講大要
本日御講書始を行わせられ臣時彦浅学菲才を以て漢書進講の
大命を拝す。誠に恐懼感激の至に堪えず。謹みて此に進講し奉るは詩経大雅仮楽の篇なり。

詩経

古は単に詩と称し、音楽に合せて歌いしものなり。今存する所は、周代の詩に殷代の詩を附加して総て三百五篇あり。孔子は詩三百、一言以蔽之、曰思無邪と評し、人情の誠より発したるを称美して詩教を尊重せしより、経書の一となりて、後世詩経と称す。

大雅

三百五篇の詩を分類して風雅頌の三と為す。風は国風と称して諸侯の国の詩なり。雅は朝廷の政事の得失を陳べたる詩なり。政治に大小あり、故に大雅小雅の別あり。頌は天子の盛徳大業を形容したる詩にして、神前に於て歌う神歌なり。此の仮楽篇は大雅に属する詩なり。

仮楽

仮楽の篇は第一章の首句に、仮楽君子とあるより其の語を取りて篇名と為せし者なり。

仮楽の詩は周の成王の君徳を称美して作りたる詩なりと伝う。成王は周の文王の孫、武王の子にして、守成の名君と称せらる。史記に成王を称して、民和睦頌声興と記したり。仮楽篇は蓋し頌声の一なるべし。当時の詩人、成王の徳を称美し、周の皇室を祝福したる者なり。詩三百五篇の文体上の分類を賦比興の三と為す。賦は直に思う所を言い、比は譬喩を取りて之を言い、興は見聞する事物に感じて思い興したる体なり。前述の風雅頌に此の賦比興を合して詩の六義と曰う。此の仮楽篇は直に思う所を言える賦の体なり。

仮楽君子、顕顕令徳、宜民宜人、受禄于天、保右命之、自天申之

是れ第一章なり。仮楽の仮の字は、本と嘉の字なり。仮嘉同音なるを以て仮の字を借用したるなり。嘉楽とは、此詩の作者、成王の徳を嘉みし、楽しみて仰ぎ奉ること、君子は成王を指す。顕顕は令徳の明白に現われたる形容詞、

令徳の令は善と同じ、宜民宜人は民を治むるにも適当し、賢人を用ちゆるにも適当したりの意なり。民人人民など連書すれば区別なきも、人と民とを対言するときは、人は賢人にして、民は一般人民を言う。書経皐陶謨の篇に、都在知人、在安民と曰へる、是なり。人を知るは臣下の賢不肖を知りて官を授くること、民を安ずるは天子一人にて政を為す能わず、必ず人を知り、賢に任じて民を安んずることを得るなり。此れ宜民宜人は乃ち書経と同意にして、此詩の眼目なり。受禄于天の禄は幸福を云う。保右命之は、天が成王を保んじ佑けて天子の位を命ずること。自天申之は、己に天子の位を命じたる上に、天より重ね重ねの福禄を賜うことなり。

一章の大意は、嘉し楽みて仰ぎ奉る君子成王は、明白に現われたる善き徳あり。其の善き徳は国民を治むるにも適当し、賢人を見分けて官を授け政を為さしむるにも適当せり。故に福禄を天より受くることとなり、天は成王を保んじ佑けて、天子の位を命じ、又其の上に、天より重ね重ねの賜物ありとなり。

于禄百福、子孫千億、穆穆皇皇、宜君宜王、不愆不忘、率由旧章

是れ第二章なり。干は求むること、禄も福も「さいわい」と訓ず。子孫千億は、数限もなきこと、穆穆は、天子の御有様奥床しく慕わしきこと、皇皇は諸侯の態度盛んに美しき形容なり。君王と連言すれば御一人なるも、君と王と対に言うときは、王は天子にして、君は諸侯なり。不愆は過失なきこと、不忘は須臾も失念せぬこと、率由は遵い用うること、旧章は先王の定められたる法度礼楽の如きを言う。

二章の大意は、重ね重ねの賜物は他なし、成王の求め願われたる百千の福禄なり。福禄は子孫多きことより幸福なるはなし。故に千億の子孫を賜い、其の子孫は皆聡明にして穆穆として天子と為るに適当したる方もあり、皇皇として諸侯と為るに適当したる方もあり。皆過失なく失念なく、先王の旧章を遵奉せらる。是よりめでたき福禄はあるまじとの意にして、旧章に率由せらるるが故に福禄を受けらるると申す意味は言外に在り。

威儀抑抑、徳音秩秩、無怨無悪、率由群匹、受福無疆、四方之綱

是れ第三章なり。威儀抑抑は天子の御行儀礼に合して美しきこと、徳音秩秩は天子の御言葉正しく道理に合えること、無怨無悪は常に自ら省み自ら責めて人を怨み悪むことなきを言う。率由群匹の匹は類に同じ。群類は万民なり。無疆は際限なきこと、四方之綱は網の大縄なり。大綱ありて網の目は張るなり。

三章の大意は、成王の内に令徳あり外に芨しては其の威儀備わり、其の徳音正しく、自ら省み自ら責めて他人を怨み悪むことなく万民の心に率うて政を行わせらるる故に幸福を受けらるること際限なく、永く君位を保ちて四方より大綱と仰がれて、綱紀を正したもうとなり。○率由群匹の句、万民の心に従うと申すことは、支那上代聖人の道なり。書経皐陶謨に、天聰明自我民聰明と言へり。天は民の耳目を以て耳目と為す。故に民心に従いて政を為すは、天意に従う所以なりとの意なり。

之綱之紀、燕及朋友。百辟卿士、媚于天子。不解于位、民之攸塈

是れ第四章なり。綱は網の大縄にして、紀は小なる糸なり。大綱と小紀とありて、網は張るなり。故に綱紀を国家の法度に譬えたり。燕は宴会、朋友は群臣を指す。百辟の辟は君にして諸侯を言う。卿士は卿大夫士なり。百辟卿士は乃ち朋友なり。媚于天子の媚は愛の意にして、不解于位の解は懈に同じく怠なり。民之攸塈の攸は所に同じ、塈は休息なり。

大意は、国家の綱紀を張りて太平を致すは、群臣の力に頼る。故に群臣を朋友として待遇し、御宴に召して歓を交ゆるなり。如此なれば、群臣必ず天子を愛して力を其職に尽し、其位に居て怠ることなし。群臣百官其位に怠らざれば、天下大に治まりて、国民の安定休息する所と為るなり。

右四章二十四句は、君王は令徳なかるべからず、令徳あれば言行皆正しく、其事業を施しては群臣力を効し人民安

定して治国平天下の大業を致すを説き、称揚の中に規諷の意を寓し、令徳なければ福徳を受くる能わず、民に宜しく人に宜しからざれば子孫千億の繁栄を為す能わざるを言外に含蓄し、帝王の大道を陳べて以て訓戒と為したる詩人の用意深遠なり。恭く惟うに

聖上陛下には、御践祚以来

先帝の旧章に率由したまい、大業彝訓を紹述あらせられ、

聖徳広大顕顕として、民に宜く人に宜し。故に天の保右する所と為り、

御当代に至り殊更

皇室御繁栄あらせられ、子孫千億、穆穆皇皇として、限なき福禄を受けたまう、誠に慶賀の至りに任えず、因て新年の御式に、此の仮楽篇を進講し、謹みて

皇室の天壌無疆を祝し奉る。

仮楽四章章六句

大正十三年一月十六日　宮内省御用掛西村時彦

注

（1）狩野直喜は明治四十四年に天囚が結成した関西の文人サークル「景社」の同人であった。天囚と狩野の親交は長く続き、大正五年以降、天囚が京都大学に講師として出講するに当たっては狩野の推薦があったとされる。また、大正十一年、大阪の懐徳堂で孔子没後二千四百年記念の孔子祭が挙行されたときには、京都の狩野が招かれて記念講演を行っている。

（2）種子島西村家所蔵の天囚書簡については、平成十六年（二〇〇四）、宮内庁が天囚の皇室関係資料を調査した際に、目録

を作成し、一部マイクロフィルムに収めたが、個々の内容については検討されていない。平成二十九年（二〇一七）に筆者が初めて西村家を訪問して調査した後、現在の西村家のご当主西村貞則氏よりこのマイクロフィルムや日記類を寄託していただき、それをデジタルデータ化した。そして、令和四年（二〇二二）、科研費による共同研究の一環として、この書簡の分析を開始し、令和五年三月二十七日、大阪大学で開催した科研報告会において、二松学舎大学の町泉寿郎教授より、この狩野直喜書簡の内容についてご教示を得た。また、町教授には、天囚の日記についても多くのご教示を得た。

（3）古代中国における諫諍、特に墨家の過激な諫諍の思想、および儒家と墨家の諫諍の違いについては、拙著『諸子百家』（中公新書、二〇〇九年）第四章参照。

（4）なお、同じく『皇室と御修学』には「歴代天皇の読書始一覧」として、平安時代の嵯峨天皇から睦仁親王（明治天皇）まで歴代天皇の「読書始」が列挙されている。これも、取り上げられた漢籍を計数し、多い順に列挙すると、次のようになる。『孝経』（御注孝経、古文孝経を含む）五十一、『史記』十六、『後漢書』八、『文選』二、『群書治要』一。『孝経』が突出して多いのは、御注孝経、古文孝経を含んでいることのほか、この「読書始」は幼年期のものと践祚以後のものとを両方含むからである。一方、明治・大正期の御講書始で最多の『尚書』が「読書始」で一例しかないのは興味深い現象である。これは、経書の学術的評価が変化したというよりは、国政と天皇との関係が影響しているのではなかろうか。長き武家政権の時代と明治維新以降とでは、天皇の地位・役割は大きく変化したのであり、それが読書始・講書始に選定される漢籍にも自ずから影響を与えたと推測される。

（5）講義の良否は、その内容に加えて話しぶりも影響するであろう。天囚の講義・講演が名調子であったことについては多くの証言がある。この点については別の機会に検討することとしたい。

（6）ＫＡＤＯＫＡＷＡ編『天皇皇后両陛下が受けた特別講義』（二〇二〇年）によると、現在の御講書始は一人約十五分とのことである。

（7）これに伴い、明治・大正時代の御講書始の実態がさらに分かりづらくなったという一面もあろう。例えば、狩野直喜の進講録が、その六十年後の昭和五十九年六月に『御進講録』として刊行された際、丸谷才一、木村尚三郎、山崎正和の三氏が同年の『文藝春秋』十二月号において、この書の「鼎談書評」を行っている。そこでは、この狩野直喜の進講を高く評価し、その現代的意義を指摘するなど、読み応えのある書評となっている。しかし一方で、その冒頭、丸谷才一が「大正十三年以降、毎年一月、学者が国書、漢書、洋書の講義を行い、現在に及んでいます。この第一回のとき、漢学の権威である京大教授狩野直喜が書経の冒頭を講じ……」と紹介している。国書、漢書、洋書の分類はすでに明治時代の初めから続いているにもかかわらず、この大正十三年の御講書始がその第一回だと誤った発言をしている。当時を代表する複数の知識人もその誤りに気づかないほど、明治・大正時代は遠くなっていたのである。

（8）福原啓郎「内藤湖南進講考――何故杜佑『通典』がテーマなのか――」（河合文化教育研究所編『研究論集』第十六集、二〇二二年）は、内藤湖南の生涯を四期に分けた上で、最後の「隠棲時期」の湖南の学問傾向を考える一助として進講に着目する。そして、湖南の進講は、歴史家としての杜佑を絶賛し、その進歩史観と民俗学、民族研究法を卓見としてあげる一方、近世の歴史学者を痛切に批判するものであったという。また、湖南の進講は、『通典』の解釈それ自体にあるのではなく、『通典』を使用して唐の杜佑を顕彰することにあり、それは、湖南の京都大学教官時代の業績『支那上古史』と『支那近世史』との間隙を埋めようとする営為であったと指摘する。

【附記】

本章に掲載した西村天囚の御講書始進講の草稿は種子島総合開発センター（鉄砲館）所蔵資料であり、写真撮影・掲載については同センターの許可を得た。厚く御礼申し上げたい。

第十章　未完の大作『論語集釈』

一、天囚自筆草稿『論語集釈』の発見

大正十三年（一九二四）に西村天囚が亡くなった後、その旧蔵書は懐徳堂（重建懐徳堂）に入り「碩園《せきえん》記念文庫」と命名された。碩園は天囚の別号である。戦後、懐徳堂記念会から大阪大学に蔵書が一括寄贈されて「懐徳堂文庫」となり、「碩園記念文庫」はその一角を占めて現在に至っている。

一方、天囚自身の著作も多数にのぼった。「碩園先生著述目録」（『懐徳』第二号、一九二五年）には、天囚の著述が「撰著」「編著」「講義底稿」など十五種に分けて列挙されている。その「撰著」には、『南島偉功伝』『日本宋学史』『尾張敬公』『懐徳堂考』など天囚の代表作が並んでいるが、その十一番目にある『論語集釈』については、これまで、その実物の存在は知られていなかった。

「著述目録」によれば、「論語集釋　自學而至泰伯第八章　未刊」「首に集釋を擧げ、次に折中參看異説私案の四目を立て、其の足らざるところを補はる」とある。つまり、『論語』泰伯篇までの未完の注釈書であり、各章の注釈が「集釋」に続き「折中《せっちゅう》」「參看《さんかん》」「異説」「私案」などに類別されている点に特徴があるという。

天囚の没後百年が近づき、一つの奇跡が起こった。平成二十九年（二〇一七）から天囚の郷里種子島で実施している資料調査で、この草稿が発見されたのである。西村家からほど近い種子島開発総合センターにおいて、題簽に「論語集釈」と記された草稿二冊が確認された。内容は『論語』泰伯篇までの注釈であった。これこそまさに、所在不明となっていた『論語集釈』草稿である。「著述目録」の記載通り、各章の注釈は、「折中」「參看」「異説」「私案」の朱印ごとに類別されている。

この印章自体も、種子島の西村家から発見され、実はこれらが、「私案　異説」の両面印、「參看　折中」の両面印であったことが明らかになった。天囚旧蔵印約百顆の概要については、本書第二章「印章に刻まれた思想」を参照されたい。

それでは、この『論語集釈』はどのような内容で、その特質や意義はどのように考えられるであろうか。

まずその構成を確認してみよう。全二冊で、一冊目の本文は八十七丁、二冊目本文は七十三丁、外形寸法は縦二十七・五cm×横十八・八cm。装丁は五針眼訂法。

一冊目の表紙題簽には、「論語集釋　巻一」とあり、「碩園居士」の丸印が押されている（図1）。ここには、学而、為政、八佾、里仁の四篇が収録されており、全体の序文は見られない。第二冊は、表紙題簽に「論語集釋　巻二」とあり（図2）、公冶長、雍也、述而、泰伯の四篇が収められているが、泰伯は全二十一章中、初めの二章の途中で終わっている（図3）。また全体の跋文も見られない。すなわち『論語』全二十篇の内、泰伯篇初めまでの八篇を収録した未完の草稿である。

外題と内題について補足すると、一冊目の表紙題簽（外題）は「論語集釋　巻一」であるが、学而篇冒頭には「論語集釋巻一」という内題が記され（図4）、また八佾篇冒頭には内題として「論語集釋巻二」と記されている（図5）。

図１　『論語集釈』１冊目表紙

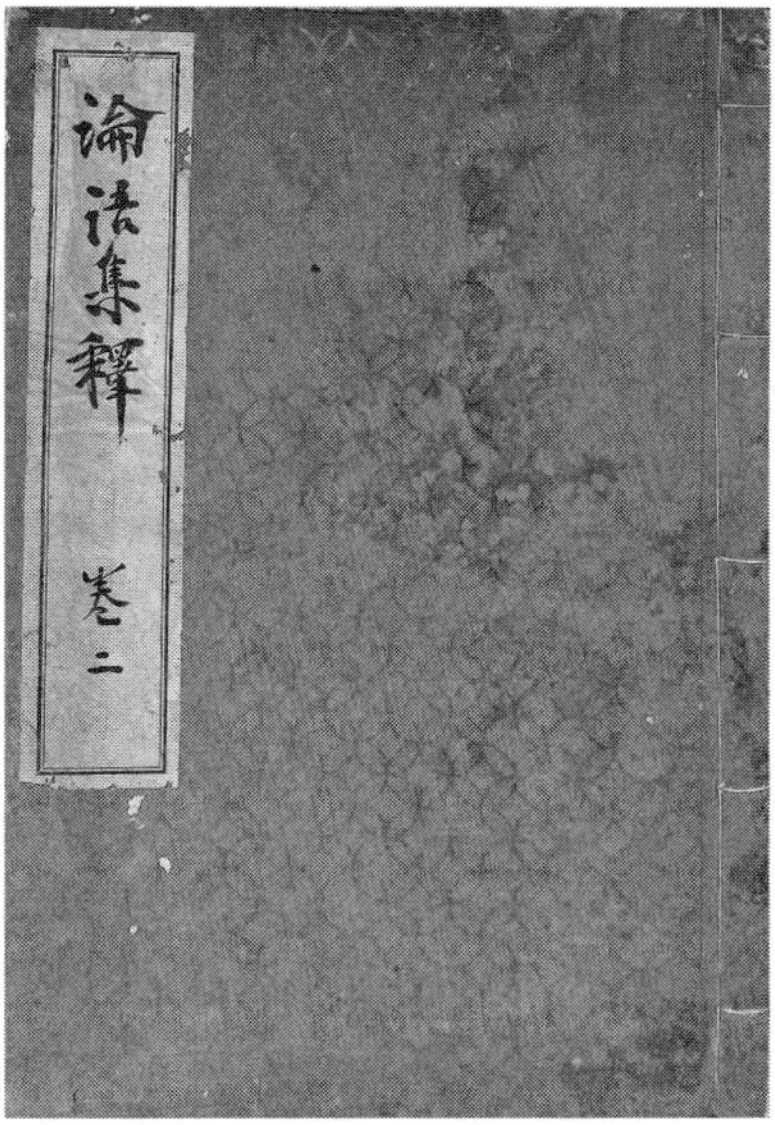

図２　『論語集釈』２冊目表紙

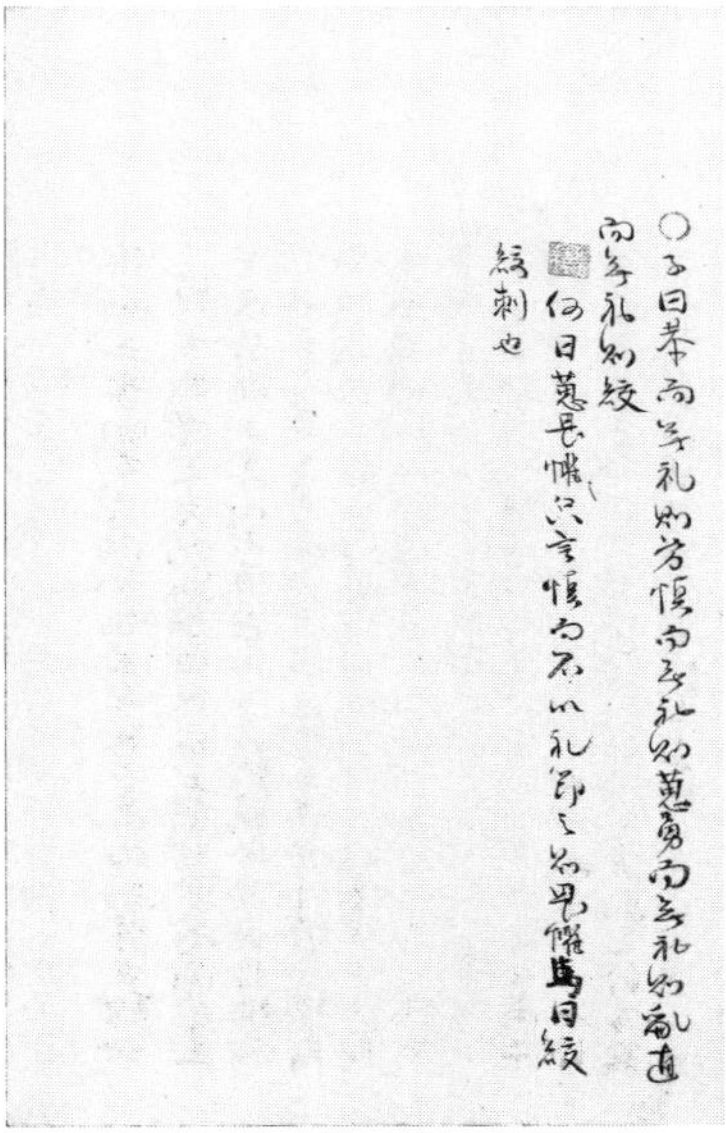

図３　泰伯篇末尾（未完）

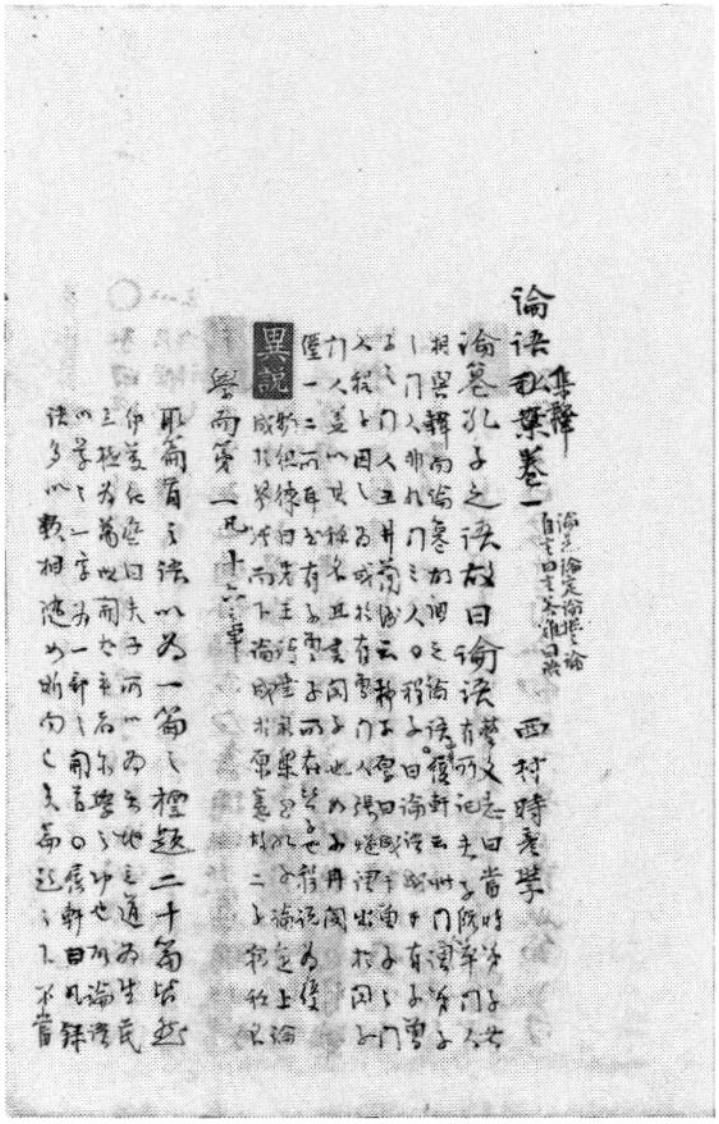

図４　学而篇冒頭部

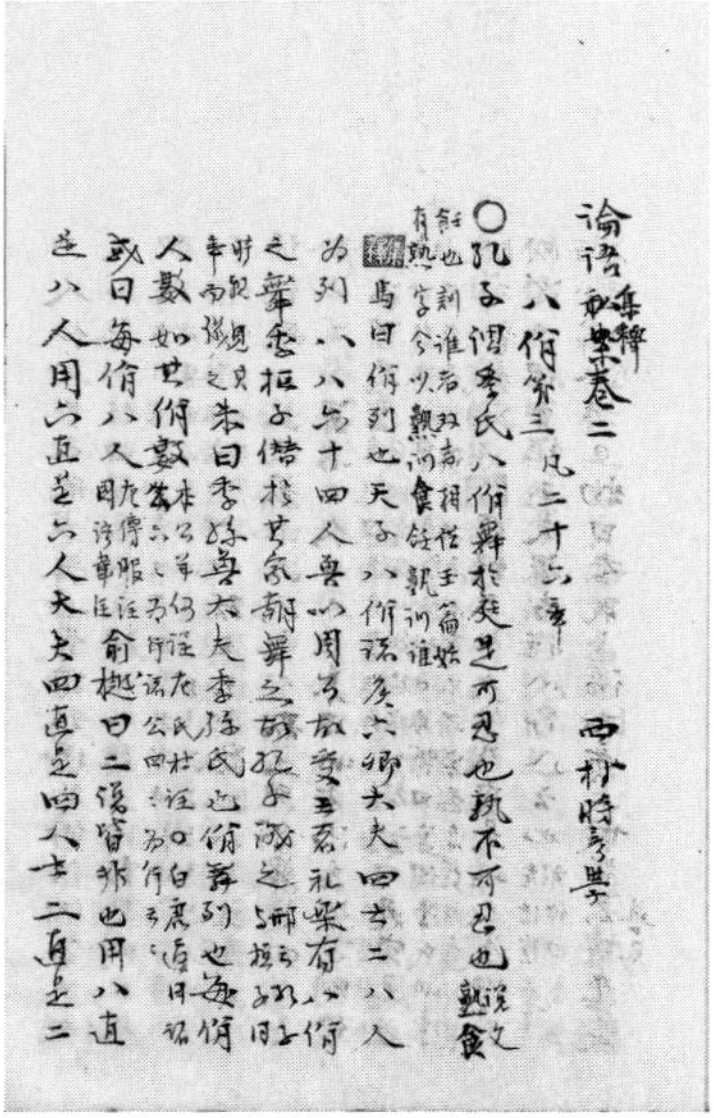

図５　八佾篇冒頭部

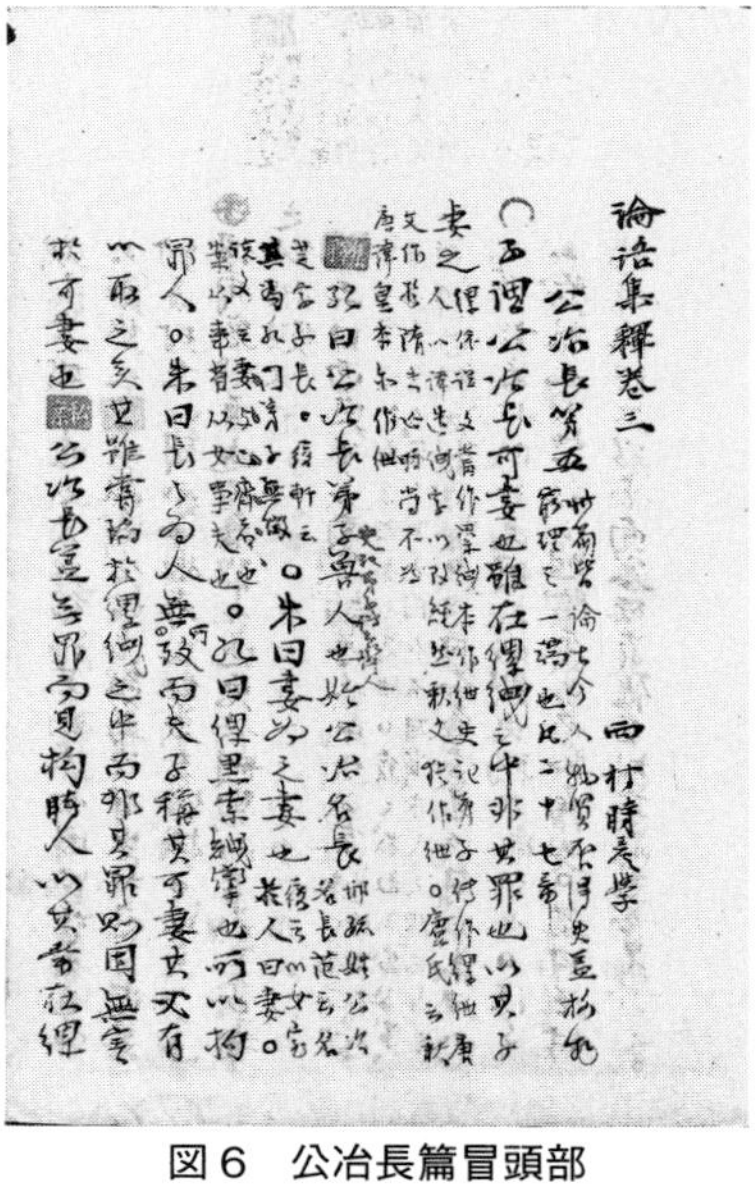

図６　公冶長篇冒頭部

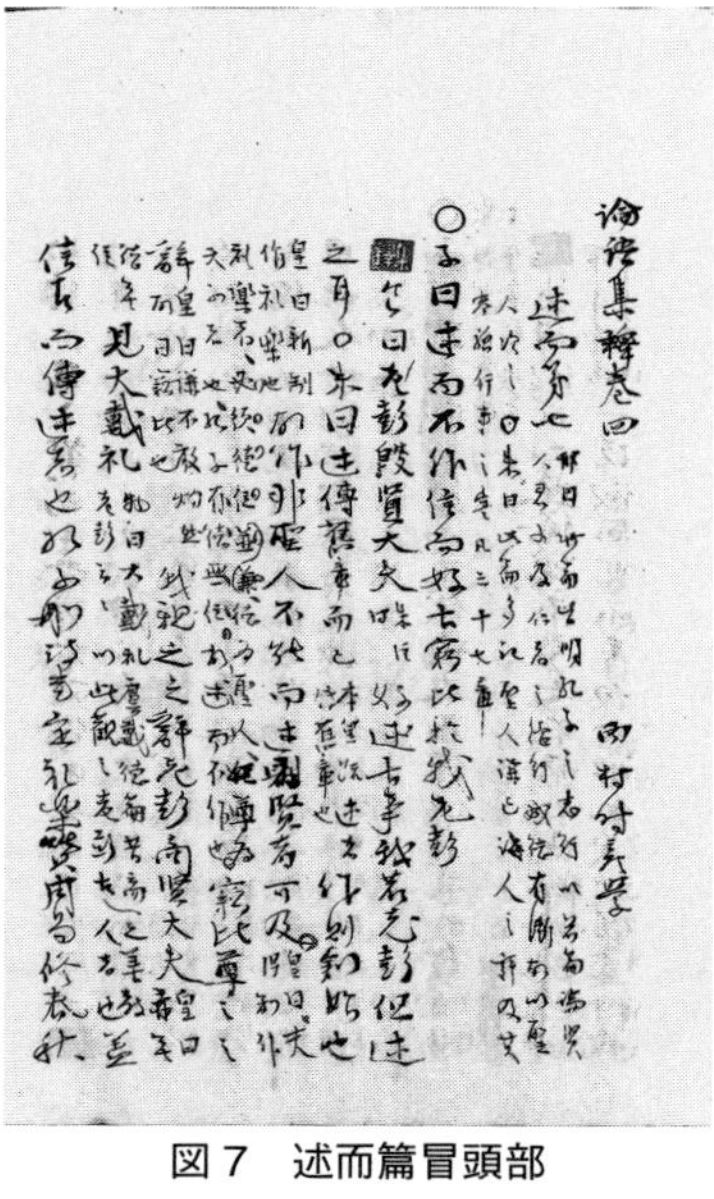

図７　述而篇冒頭部

二冊目も同様で、冒頭の公冶長篇の内題は「論語集釋巻三」（図6）、述而篇の内題は「論語集釋巻四」となっている（図7）。このため外題と内題の巻数表記が合わず、混乱を来す恐れがあるので、ここにあらかじめ整理しておきたい。

一冊目　表紙題簽（外題）「論語集釋　巻一」
　巻一　学而第一、為政第二
　巻二　八佾第三、里仁第四

二冊目　表紙題簽（外題）「論語集釋　巻二」
　巻三　公冶長第五、雍也第六
　巻四　述而第七、泰伯第八

なお、草稿について形式的なことではあるが、二冊目の第七十三丁（泰伯篇末尾）に、「景社文稿」と版心に印刷された原稿用紙が夾まれていた。『論語集釈』の字間、行間が整っているのは、これを下敷きにして書いたからだと推測される。「景社」は天囚が大阪で結成した詩文サークル。すでに本書第一章、第五章でも触れたが、その同人の詳しい情報については本書第十一章参照。

次に、「集釋」という題名について確認してみよう。巻一の冒頭を見ると、内題として「論語私案」と一旦書いた右に、見せ消ちで「集釋」と訂正していることが分かる。一冊目の表紙題簽も、「論語」の次に紙を貼ってそこに「集釋」と記されている。その下には訂正前の「私案」の文字が透けて見える。つまり天囚は、はじめ「論語私案」と題して執筆を始めたが、後に、「論語集釋」に改めたのである。これは一冊目の八佾篇冒頭でも同様に確認される。八佾第三の内題も、「論語私案」と書いた後に、見せ消ちで「論語集釋」と改めている。これに対して、二冊目の表紙題簽は「論語集釋」、また本文冒頭の公冶長篇および巻四冒頭の述而篇の内題も「論語集釋」と記されていて、訂正の跡はない。これにより、「私案」から「集釋」への変更は、一冊目の執筆中または執筆後、二冊目の執筆前であったと推測されるのである。

その原因については、序文や跋文がないので何とも言えないが、「私案」という題名では、自説だけを述べるような印象となることが懸念されたからではなかろうか。実際には、自説を含めて、多くの見解にも目を配るものとなっている。「集釋」こそ題名にふさわしいと考えたのであろう。

「論語集釋」という内題の次に、いずれの巻でも「西村時彦學」と記されている。「學」とは、その文献をしっかり学び修めて注述するという意味。かつて懐徳堂の中井《なかい》履軒《りけん》（一七三二〜一八一七）は、自身の『論語』研究の最終形態である『論語逢原《ほうげん》』に「水哉館学《すいさいかんがく》」と記した。水哉館とは履軒が懐徳堂を離れて開いていた私塾の名であり、「水哉館学」とは、注述の完成を宣言するものである。天囚も同様に自負を込めて記したと想像される。

次に本文の構成を確認してみよう。各章は、まず『論語』の本文を掲げ、その後、朱印で類別しながら注釈を記す、という構成である。その類別の指標は、「異説」であれば、魏の何晏《かあん》の『論語集解《しっかい》』や南宋の朱子の『論語集注《しっちゅう》』など定番の注釈書とは異なる見解、「參看」とは参考として提示する他の見解、などと推測される。

より具体的に検討するために、以下では、一例として、『論語』為政篇の「攻乎異端、斯害也已（異端《いたん》を攻むるは、斯《こ》れ害あるのみ）」を取り上げてみよう。

二、「折中」「參看」「異説」「私案」の意味

この章は、古来、「異端」の解釈をめぐって多様な見解があり、また、江戸時代の懐徳堂においても、自身の学問的立場を表明する重要な章だと意識されていた。天囚『論語集釈』の特徴を探るには都合のよい章だと言えよう。

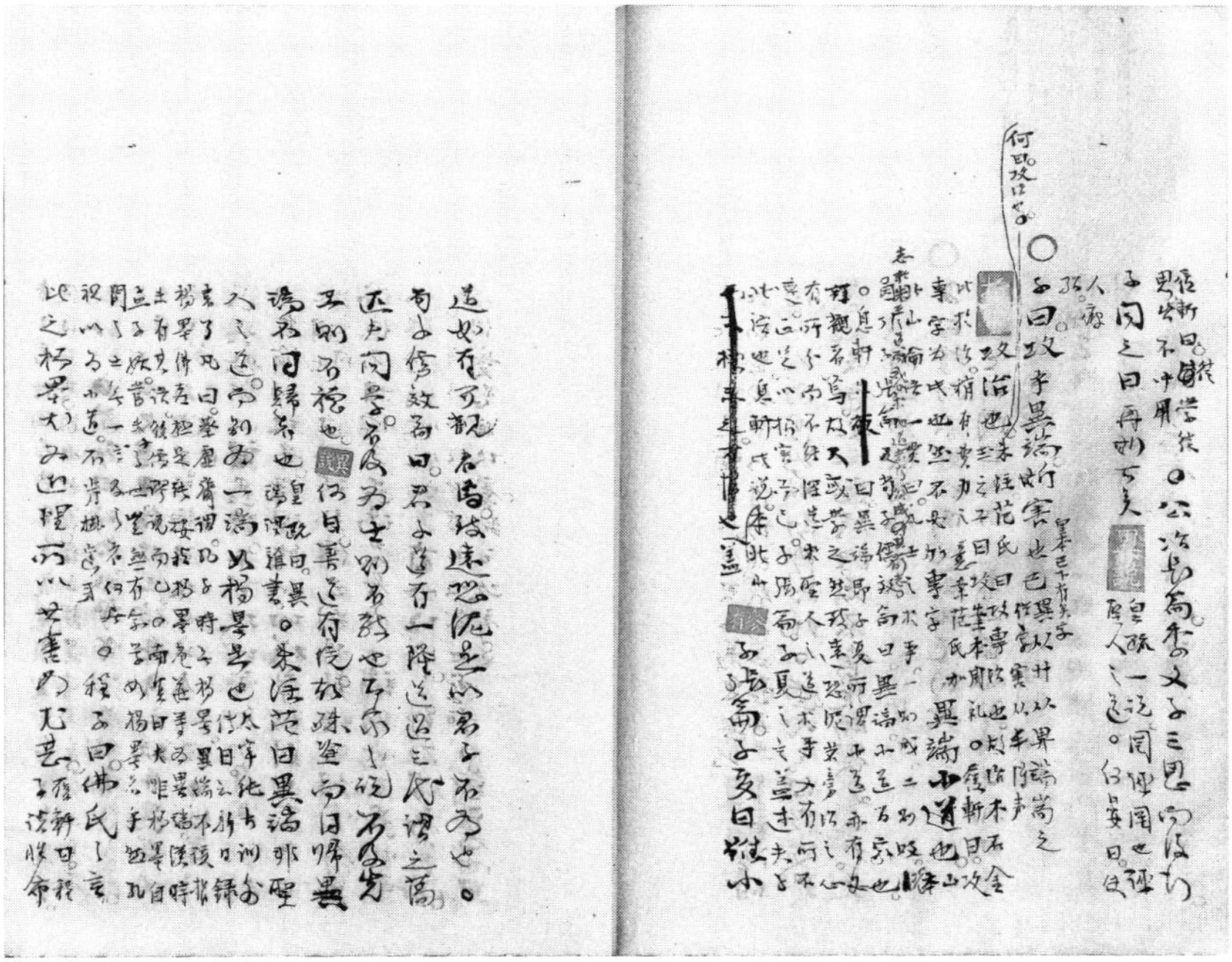

図８　為政篇「攻乎異端」章（1）

以下、便宜上、句読点を付け、漢字は一部通行字体に改める。また、天囚による割注は（　）内に附記する。

まず天囚は朱で○を付け、続いて『論語』の本文を記す（図8）。

○子曰、攻乎異端、斯害也已。（皇本已下有矣字）（異从廾从畀、端耑之借字、害从丯、得声）

これに続いて、長い注釈となるが、まずは、「折中」の朱印（陰刻）を押し、次のように記す。以下、注の類別を表す印記は【　】で表示する。

【折中】攻、治也。（何曰、攻、治也。朱注范氏曰、攻、専治也。故治木石金玉之工曰攻。案本周礼。○履軒曰、攻比於治、稍有費力之意。

案范氏加専字為此也。然不必加専字）

「折中」冒頭の「攻は治なり」とは、魏の何晏の『論語集解』の見解である。この場合は、「異端を攻（おさ）める」の意となる。これに関連して天囚は、朱子『論語集注』引く「范氏」（范祖禹）の説、懐徳堂の中井履軒の説を引いている。

続いて、「異端は小道なり」とし、割注で山本北山《やまもとほくざん》『論語一貫』、安井息軒《やすいそっけん》『論語集説』を引く。山本北山（一七五二～一八一二）は、江戸時代中期の儒学者（折衷学派）、この『論語一貫』の他、特に『孝経』の研究に優れ、「孝経楼主人」とも呼ばれた。安井息軒（一七九九～一八七六）は宮崎の飫肥藩士で、ここに引かれる『論語集説』や『管子纂詁』などすぐれた古典注釈書がある。

異端、小道也。（山本北山論語一貫曰、凡士之於事、一則成、二則敗○況志於先王之道、而貳心於他道者、焉能成其所志○因引子張篇及荀子儒効篇曰異端、小道百家也）。○息軒曰、異端即子夏所謂小道。亦必有可観者焉、故入或学之、然致遠恐泥、若旁治之、必有所分、而不能深造於聖人之道、於事又有所不遠、正足以招害而已、子張篇子夏之言、蓋述夫子此語也。息軒此説、蓋本北山）

この為政篇の「異端」と子張篇の「小道」とを明確に関連づける見解は、懐徳堂の五井蘭洲《ごいらんしゅう》（一六九七～一七六二）にも見えていた。[1] いずれにしても、天囚が中国歴代の主要注釈のみならず、日本の漢学者の説にも充分留意していることが分かる。

ここまでが「折中」であり、その意味は、「折衷」に同じく、軽重を加減して宜しきを得ているという意味であろう。『論語集釈』冒頭の学而篇と為政篇の途中までの各章では、四つの朱印の内、おおむねこの「折中」がはじめに登場する。つまり、「折中」とは、天囚が諸見解をアレンジしたという意味ではなく、その章の注釈として、まずは定番となるような妥当な見解をあげるというものであったと推測される。

次は、「參看」となり、「異端」に関連する「小道」について、『論語』子張篇、『荀子』儒効篇を引用する。現代語では、「参照」「参考」というものであろう。

【參看】子張篇、子夏曰、雖小道必有可觀者焉、致遠恐泥、是以君子不爲也。○荀子儒効篇曰、君子道有一隆、道過三代謂之蕩、匹夫問学、不及為士、則不教也。百家之説、不及先王、則不聴也。

『荀子』儒効篇の引用の内、「先王」となっているところは「後王」の誤記であろう。「後王」は『荀子』の重要概念である。(2)

なお、「參看」の朱印の形が、ここからやや扁平の方形となっている。種子島の西村家に残っていた天囚旧蔵印は縦長の方形印（両面印）であり、天囚『論語集釈』の為政篇「異端」章の「折中」まではそれが使用されている。ところが、以下、「參看」「異説」「私案」印は、やや扁平の印に変わり、それが最後の泰伯篇まで続いている。恐らく天囚は、こうした注釈の類別を示す印を複数持っていて、この『論語集釈』では、途中から扁平の印に変更したのではないかと推測される。その方がスペースを節約できると考えたのであろう。

次からは「異説」で、ここまでの注釈には見られなかった様々な見解を記す。具体的な引用は省略するが、何晏

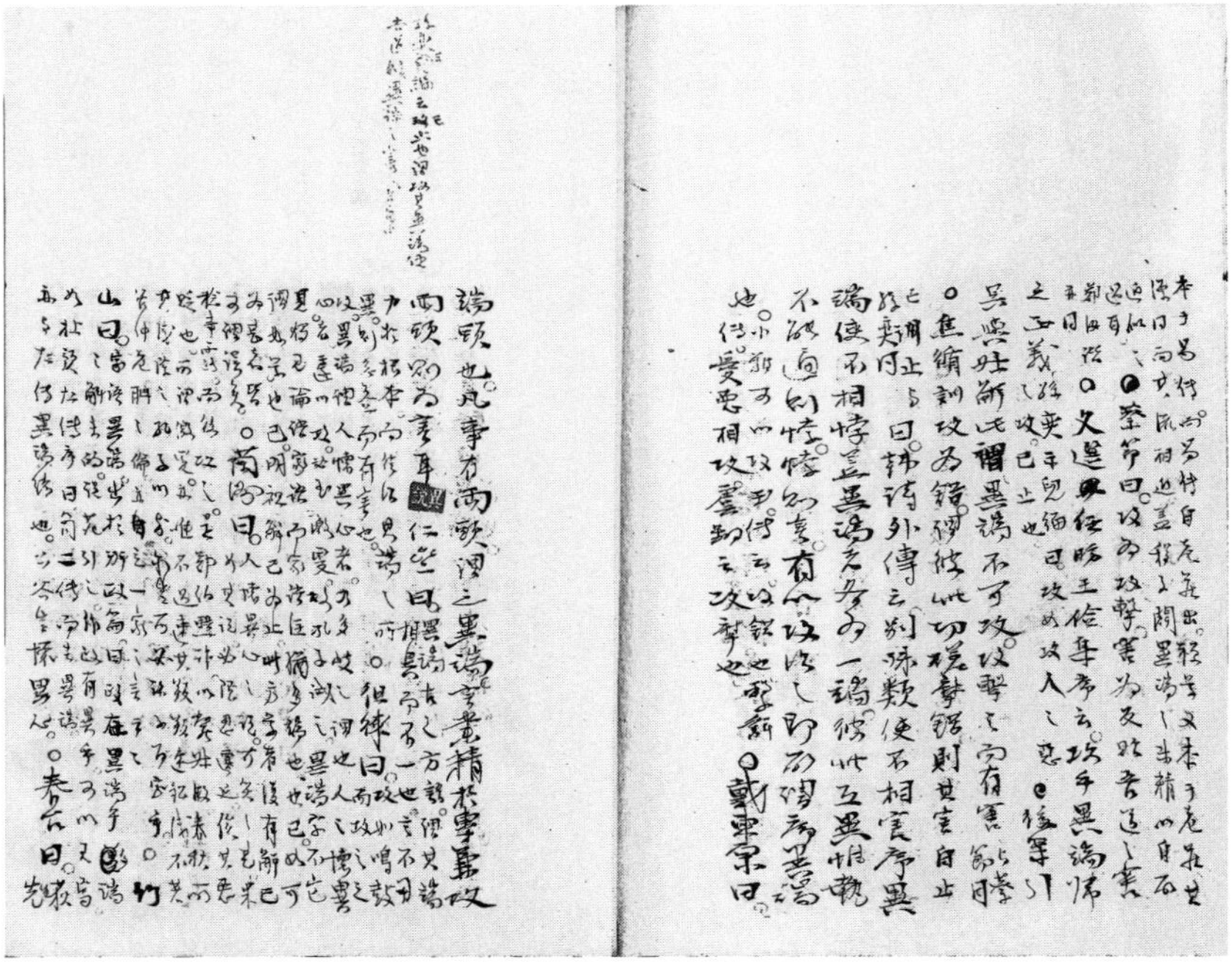

図９　為政篇「攻乎異端」章（2）

『論語集解』、皇侃《おうがん》『論語義疏』、朱子『論語集注』引く范祖禹、太宰春台《だざいしゅんだい》『論語古訓外伝』、亀井南冥『論語語由』、蔡節『論語集説』、黄式三『論語後案』、焦循『論語通釈』などである。

また、「異説」印は、途中でもう一度押されている（図９）。引用が長くなり、「異説」が続いていることを失念したのであろうか。あるいはまた、そこから後はすべて江戸時代の日本の学者の説であるから、ここで再度「異説」印を押し、そのことを明確にしようとしたのかもしれない。いずれにしても、ここで引かれているのは、伊藤仁斎、荻生徂徠、五井蘭洲、中井竹《なかいちく》山《ざん》『非徴』、太宰春台『論語古訓外伝』、山本北山『論語一貫』、中井履軒『論語逢原』、藤澤東《ふじさわとう》畡《がい》、安井息軒などの見解である。

そして最後に「私案」として自身の見解を附記している（図10）。

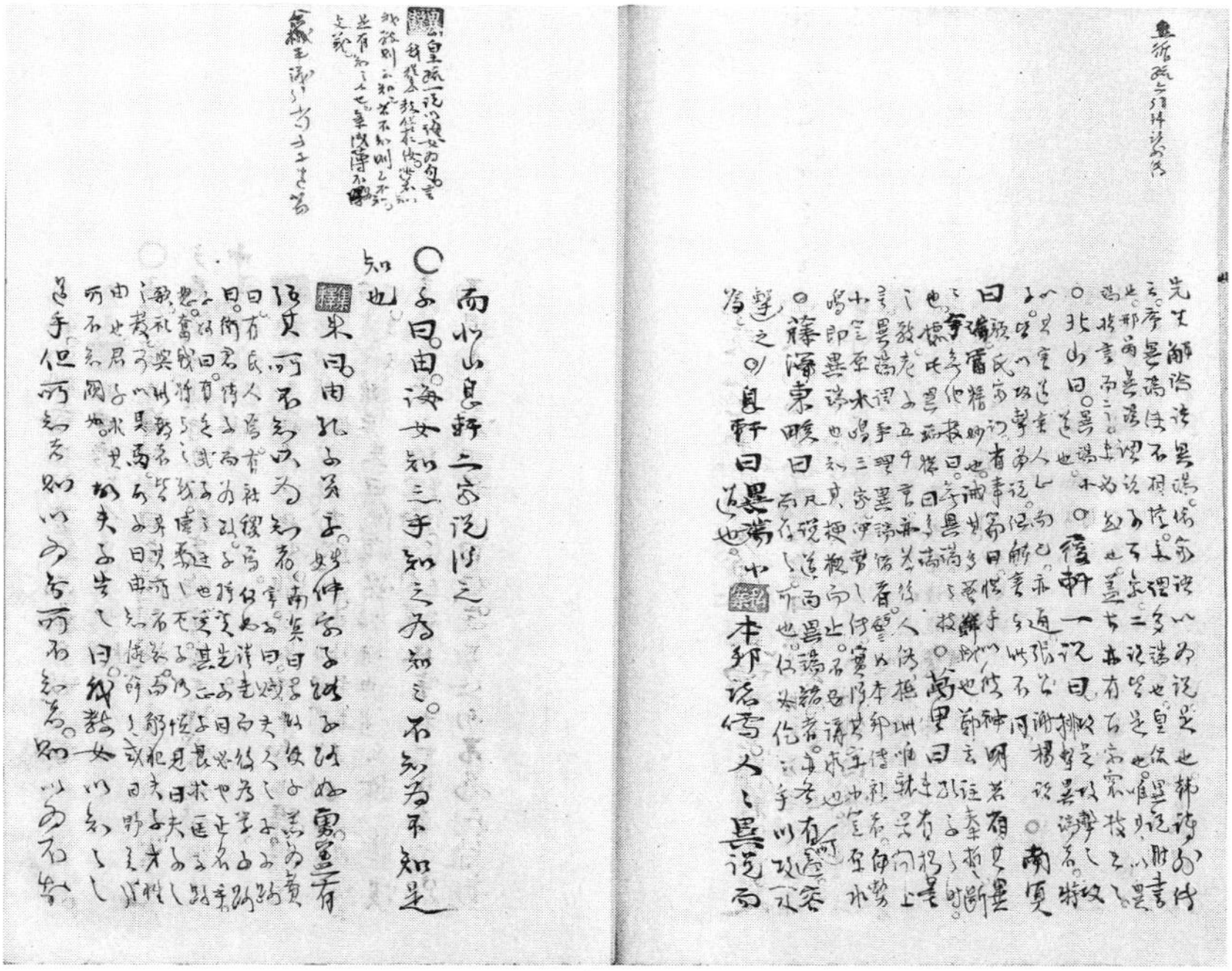

図10　為政篇「攻乎異端」章（3）

【私案】本邦諸儒、人々異説、而竹山息軒二家説得之。

すなわち、本邦諸儒の見解を俯瞰すると人ごとに異説があり、その中では中井竹山と安井息軒の説が妥当であるとするものである。決して自身の主張を声高に唱えるというものではなく、簡潔なコメントを附記したという程度である。この「私案」は、他の章でも、末尾に簡潔に添えられることもあれば、「参看」の後など途中に挿入されることもあれば、そもそもない場合もある。つまり、「私案」とは、特に何かあれば自身の見解を附記するというもので、その章全体に対する天囚の総括という意味ではない。

だからと言って、天囚が何の価値判断もしていないという訳ではない。多くの注釈を「折中」「参看」「異説」などの朱印で区分けし、沈黙の内にそれらを批評しているのである。また、適宜割注を加えて簡潔な補足をする場合もある。『論語集釈』の目的は、その題名通り、多くの注釈の「集釈」にあったと言えよう。

三、近代日本の『論語』解釈

またこのことは、『論語集釈』と江戸時代の懐徳堂との関係についても重要な手がかりを与えている。江戸時代の懐徳堂は、初代学主の三宅石庵《みやけせきあん》（一六六五～一七三〇）が諸学の良い点を何でも取り入れたので、「鵺《ぬえ》学」と揶揄されることもあり、懐徳堂学派の基本的性格が「折衷学派」とされる場合もあった。しかし、五井蘭洲やその弟子の中井竹山・履軒兄弟によって、朱子学を基本とする学風が形成された。これにより、反朱子学の立場をとった荻生徂徠の学派とは厳しい対立関係となる。五井蘭洲『非物篇《ひぶつへん》』、中井竹山『非徴《ひちょう》』は、その題名からも明らかなように、荻生徂徠（物徂徠）の『論語徴《ちょう》』を厳しく批判する内容であった(3)。

この「異端」の章についても同様で、蘭洲・竹山・履軒は、徂徠の「異端」解釈を痛烈に批判している。それは、単に『論語』の語句をめぐる解釈の相違というものではなかった。

そもそも、当時の日本の儒者にとって、「異端」とは第一に仏教を指したであろう。ただ、この『論語』の「異端」は、中国古代において、もともと仏教を意味していた訳ではない。中国や日本に仏教が伝来し、儒教との対立が深まる中で、「異端」の最たる者として仏教が意識されたのである。『論語』のこの条についても、「異端」は、諸子百家や老子、さらには仏教など、後世の注釈者によって、その意味内容を異にした。

そして、懐徳堂学派の人々にとって、諸子百家や仏教以上に強く意識されていたのは、実は、徂徠学派であった。

彼らはこの語に敏感に反応したのである。「異端」は単なる『論語』の一用語なのではない。自らの学問的立場を示す重要な言葉なのであった。

天囚はもちろんこうした懐徳堂学派の立場を充分理解していたであろう。しかし、大正五年（一九一六）、近代日本の学校として再建された懐徳堂において、江戸時代の朱子学対徂徠学という構図は、もはや必要ではなかった。だから天囚は、まず「折中」として何晏『論語集解』を中心とする妥当な見解を取り上げ、「異説」の中に、伊藤仁斎、荻生徂徠、五井蘭洲、中井竹山・履軒、太宰春台、藤澤東畡などの説を併記するのである。この内、太宰春台は徂徠門下の学者、藤澤東畡も徂徠学派で幕末の大阪で泊園《はくえん》書院を開く。つまり懐徳堂とはライバル関係にあった。しかし天囚は、そうした対立にこだわらず、これらの見解を併記し、末尾の「私案」として、本邦儒者に様々な見解があり、中井竹山と安井息軒の解釈が妥当であると簡潔に附記するのである。

このように、西村天囚の『論語集釈』は、江戸時代の学派対立を超えて、近代日本における新たな『論語』解釈を究めようとした力作である。ただ、泰伯篇の初めの二章で終わっていることから考えると、天囚晩年に執筆開始されたものではなかろうか。大正五年の重建懐徳堂開学まで天囚は多忙を極めており、ようやくまとまった時間が取れるようになったのは、大正八年（一九一九）に朝日新聞社を退社した後ではなかったろうか。あるいは、大正十年（一九二一）、東京に転居してから執筆に着手した可能性もある。大正十二年の関東大震災で作業が中断したとも考えられる。『論語集釈』は「未完成」に終わった。

しかし、この草稿は晩年の天囚が『論語』に全力で取り組んでいたことを示すもので、西村天囚研究にとっても、また近代日本漢学史研究においても貴重な資料となることは間違いない。

注

（1）拙稿「懐徳堂学派の『論語』解釈――「異端」の説をめぐって――」（竹田健二編『懐徳堂研究第二集』、汲古書院、二〇一八年）参照。
（2）「後王」および「後王の成名」については、拙著『荀子』（角川ソフィア文庫、二〇二〇年）参照。
（3）拙稿「懐徳堂学派の『論語』注釈――孔子の見た夢――」（湯浅邦弘編『懐徳堂研究』、汲古書院、二〇〇七年）参照。

【附記】

西村天囚『論語集釈』は種子島開発総合開発センター（鉄砲館）所蔵資料である。同センターより原本を一時拝借し、また画像データをご提供いただいた。ご高配に厚く御礼申し上げたい。

第十一章　近代文人の知のネットワーク
――西村天囚関係人物小事典――

はじめに

最後に本章では、西村天囚の知のネットワークを改めて確認してみたい。前章までの論考でも、天囚が多くの文人たちと関わりながら活躍していたことが明らかになった。文章執筆自体は孤独な作業だとは言え、文人の活動は決して孤立したものではない。もちろん、有意義なネットワークを形成するためには、中心人物の学識に加えて人柄も大切である。天囚は「六尺ゆたか」と体格が良く、南国の気風なのか開放的で、誰とでも胸襟を開いて話をしたという。また学問だけではなく実務の能力も抜群で、文会や催事を企画し牽引していった。さらには、他者の苦境をそのままにできない義俠心や細やかな心遣いもあったことが知られている。それらが融合して知のネットワーク形成につながり、天囚の広範な活動を支えていたと推測される。

こうしたネットワークを確認することにより、天囚の思想や活動の特色をより明らかにできるのではなかろうか。具体的な資料として、種子島の西村家に残る天囚関係書簡、関西文人たちとの交流を示す景社関係資料、晩年のネットワークを示す『延徳本大学』の寄贈リスト、『懐徳』第二号掲載の追悼録などを活用したい。近年の新発見資料による情報も盛り込みながら、それぞれ可能な範囲内で解説を加える。五十音順ではないが、関係人物の小事典となるよう努めたい。

一、天囚関係書簡

まず、注目されるのは、種子島の西村家に残る膨大な書簡類である。平成十六年（二〇〇四）、宮内庁により、『昭和天皇実録』編纂作業の一環として、皇室に関係のあった人物の資料調査が実施され、宮内省御用掛を務めた天囚の書簡・文書類もその対象となった。宮内庁の調査結果は『西村家所蔵西村天囚関係資料目録』としてまとめられ、西村家に贈呈された。それによれば、天囚宛書簡五一七件、天囚発信書簡一〇七件、時輔（天囚の弟）宛書簡一九八件、家族宛書簡七一件、その他書類二四七件、などとなっている。

もっとも、書簡があるからといって、その人物と天囚がどのように関わっていたのかは直ちには分からない。手紙の内容やその他の情報を精査してみる必要はあろう。また、書簡の件数の多さが親密度にそのまま比例しているとも限らない。そもそも西村家に残っている書簡がそのすべてであるかどうかも判然としないのである。

しかし、通信手段が充分に発達していなかった当時において手紙のやりとりはきわめて重要なものであり、天囚の交友関係を探る手段の一つとしてまずは書簡の発信人に注目することには一定の意義があろう。もとより、個々の書簡の内容をすべて詳細に分析する必要はある。ただ、それは今後の課題として、まずは天囚が誰と書簡のやりとりをしていたのか、その概要をつかんでみたい。

宮内庁作成の『西村家所蔵西村天囚関係資料目録』は発信人氏名を五十音順に掲げ、一部にはその人物情報が簡潔に附記されている場合もある。しかし、詳しい情報のないままの五十音順では、天囚を中心にどのようなネットワークがあったのかについては分かりにくい。そこで以下では、若干の人物情報を加えつつ、いくつかのグループに再編してみることにする。

以下、（1）懐徳堂関係者、（2）朝日新聞関係者、（3）学界関係者、（4）文人・ジャーナリスト、（5）政治家・実業家・軍人、（6）薩摩・種子島関係者、（7）宮内省関係者、に分類する。あくまで便宜上の分類で、七つのグループは無関係に存在しているのではなく、複数のグループの重なったところに位置している関係者も多い。天囚という存在が、一見無関係のようなグループを磁石のように引きつけていることを示唆しているであろう。

なお、西村家には、天囚宛書簡や天囚の家族宛の書簡の他、天囚が発信した書簡も残されている。これはおそらく控えを取ったものと推測される。これらについても主なものは適宜加えてみよう。書簡の件数については、それぞれの人物情報の末尾（　）内に、「〇通」と記し、家族宛の書簡については「〇〇宛〇通」、天囚発信の書簡については「天囚発信〇通」と記す。

（1）　懐徳堂関係者

第一は、天囚が顕彰・再建に努めた懐徳堂の関係者である。大阪在住時に天囚が最も力を入れたのは懐徳堂の顕彰であり、その努力は重建懐徳堂の開学となって実を結んだ。その関係者からの書簡が多数あるのは当然であろう。主な人物は以下の通りである。ここでは、西村家所蔵の書簡を手がかりにするが、本章の後節で取り上げる関係人物も、その氏名のみは、あらかじめ（　）内に記しておく。この方式は、（2）以下の各項についても同様である。

図1　重建懐徳堂開学25周年の記念写真

永田仁助、今井貫一、小倉正恒、鈴木馬左也、松山直蔵、狩野直喜、内藤湖南、武内義雄、吉田鋭雄、岡山源六、（中井木菟麻呂、財津愛象、稲束猛）

永田《ながた》仁助《にすけ》（一八六三～一九二七）は大阪高津出身。藤澤南岳《ふじさわなんがく》の泊園書院に学び、明治二十二年（一八八九）に大阪府議会議員当選。浪速銀行頭取、貴族院議員を務める。懐徳堂の再建に尽力し、明治四十三年（一九一〇）に設立された懐徳堂記念会の初代理事長に就任した。明治四十四年（一九一一）に挙行した懐徳堂師儒公祭の寄付金の剰余が七千円となり、これを原資に懐徳堂の再興経費に充てることとなった。天囚はその計画を永田に話し、財団法人化への協力を依頼した。懐徳堂記念会が財団法人となり、懐徳堂学舎が再建されたのは、もちろん西村天囚の積極的な活動によるが、その理財面においては永田の貢献がきわめて大きかった。**図1**は昭和十六年（一九四一）十月十一日の恒祭並びに重建懐徳堂二十五年式典の際に玄関前で撮られた写真で、前列向かって右端が永田。前列中央に武内義雄講師、その右隣から順に、京大教授で懐徳堂顧問の狩野直喜、上野精一理事（上野理一の長男で後の朝日社主）、木間瀬策三理事（内務官僚、実業家）、中井木菟麻呂（江戸時代の懐徳堂教授の子孫）と続く。（十七通）

今井貫一《いまいかんいち》（一八七〇～一九四〇）は徳島出身。東京帝国大学史学科卒。住友吉左衛門友純《ともいと》の寄付によって明治三十七年（一九〇四）に開館した大阪府立図書館の初代館長を務めた。西村天囚、渡辺霞亭、磯野秋渚らとともに大阪人文会を創設し、この活動が懐徳堂の再建に直接つながっていく。懐徳堂記念会初代理事の一人となり、大阪市立美術館館長も務めた。今井と天囚との出会いは、今井が府立図書館長として大阪に赴任してきた時である。当時、府立図書館の蔵書はまだ少なかったが、天囚の仲介で、朝日新聞社から『古今図書集成』『群書類聚』など和漢の図書二千四百冊、ドイツ書二百六十冊などの寄贈があり、図書館の充実につながった。また天囚が広瀬旭荘《ひろせきょくそう》の伝記を朝日新聞に連載するため、大分県日田《ひた》の広瀬家から借用していた関係書を、住友総理事の鈴木馬左也《すずきまさや》、朝日新聞社長の村山龍平の支援を得て筆写し、その筆写本を図書館に収めたという。（二通）

小倉正恒《おぐらまさつね》（一八七五～一九六一）は金沢出身の実業家、政治家。号は簡斎。東京帝国大学卒業後、内務省に入る。退官して住友に入り、大正十年（一九二一）、住友本社常務理事、昭和五年（一九三〇）、住友合資会社総理事に就任し、住友グループの最高経営者となる。この間、懐徳堂記念会第二代理事長を務める。また、第二次近衛内閣で国務大臣、第三次近衛内閣で大蔵大臣を務めた。（三通）

鈴木馬左也《すずきまさや》（一八六一～一九二二）は日向国高鍋藩家老の家の出身。帝国大学法科大学を卒業後、内務省に入り、愛媛県、大阪府などの書記官を歴任した。その際に住友家の知遇を得、明治二十九年（一八九六）、住友家副支配人となる。明治三十七年（一九〇四）、総理事に就任し、住友吉左衛門友純《ともいと》を補佐して住友家の発展に寄与した。天囚の奔走により明治四十三年（一九一〇）に設立された懐徳堂記念会は、代表発起人を住友吉左衛門が務めていた。その関係で住友家との関係は深かったものと思われる。以来、現在に至るまで住友グループは懐徳堂記念会の法人会員として懐徳堂の事業を強力に支えている。企業による文化支援、いわゆる「メセナ活動」の代表的な事例であろう。（三通）

松山直蔵《まつやまなおぞう》（一八七一～一九二七）は明石出身の漢学者。字は子方、号は春城。東京帝国大学に入り島田篁村《しまだこうそん》に師事した。また、嘉納治五郎の講道館に入って柔道を学ぶ。大学院では重野安繹・井上哲次郎に学ぶ。東京高等師範学校附属中学校講師、東京陸軍地方幼年学校教授、広島高等師範教授を経て、大正五年（一九一六）、再興された懐徳堂の初代教授に就任した。懐徳堂では、その建学理念に基づき、豊かな学識とともに高潔な人格を持つ教授として松山を招聘した。西村天囚とは再建した懐徳堂の将来について意見交換し、「書庫研究室の建築」「文科講義の拡張」「講演集の発行」「斯学専門学者の養成」の四つが共有されていたという（松山直蔵「碩園先生を追憶するまま」（『碩園先生追悼録』））。昭和二年（一九二七）、『北宋五子哲学』で博士号を取得した。北宋の五子とは、中国北宋時代の五人の思想家周敦頤《しゅうとんい》、邵雍《しょうよう》、張載《ちょうさい》、程顥《ていこう》、程頤《ていい》。これら五人の思想を受け、南宋の朱熹は新たな儒学「朱子学」の体系を構築した。江戸時代の正統教学とされたのは、この朱子学である。図2は、大正十年（一九二一）、天囚が東京に赴任する前に、懐徳堂玄関前で撮られた記念写真で、前列中央が天囚、その向かって左隣が松山直蔵、右隣に武内義雄、今井貫一、吉田鋭雄と続く。（一通）

狩野直喜《かのなおき》（一八六八～一九四七）の書簡が二十三通と突出して多いのは、これまでの章でも触れたように狩野と天囚との親密な関係が背景にある。狩野は熊本出身の中国学者で、号は君山《くんざん》。東京帝国大学文科大学漢学科に入り、島田篁村に考証学を学ぶ。明治三十四年（一九〇一）、上海遊学中に天囚と初めて出会い、以後長い交流が続いた。明治三十九年（一九〇六）、京都帝国大学文科大学教授に就任。明治四十三年（一九一〇）、敦煌文書調査のため内藤湖南らと

図２　天囚東京赴任時の懐徳堂での記念写真

ともに北京に赴いた。後、東方文化研究所（現・京都大学人文科学研究所）初代所長を務める。大正五年（一九一六）に再興された懐徳堂にも出講した時期があり、天囚が京都大学に出講する際には狩野が天囚を推薦した。また大正十三年（一九二四）の御講書始では、狩野が漢書の進講を担当し、天囚はその控として陪席した。狩野は進講に際して、その要旨草稿の添削を、当時宮内省御用掛だった天囚に依頼していることがこれらの書簡から明らかになった。この点の詳細については本書第九章参照。（二十三通）

内藤《ないとう》湖南《こなん》（一八六六～一九三四）は秋田出身のジャーナリスト、東洋史学者（図3）。名は虎次郎《とらじろう》。字は炳卿《へいけい》。秋田師範学校卒業。約十年間ジャーナリストを務め、その間、大阪朝日新聞社で論説を担当した。朝日入社は明治二十七年（一八九四）。二年後に一旦退社した後、明治三十三年（一九〇〇）に再入社。三十九年（一九〇六）に退社し、

図３　内藤湖南

翌年、京都帝国大学に講師として迎えられ、二年後に教授に就任。西村天囚とは朝日新聞社の同僚、狩野直喜とは京大の同僚、という関係になる。また天囚が創設した「景社」の同人でもあり、懐徳堂にも出講した時期がある。著書『中国近世史』『支那史学史』などにより、日本における新しい中国研究を開拓した。唐代と宋代の間に中国史の重要な画期があるとする「唐宋変革論」は特に有名である。（六通）

武内義雄《たけうちよしお》（一八九〇～一九四九）は三重県内部村の真宗高田派の学僧・武内義淵の子として生まれた。京都帝国大学で狩野直喜に学び、清朝考証学の学風を身につける。卒業後、大阪府立図書館に勤務していたが、天囚の招きで懐徳堂講師となる。懐徳堂の後継者として期待されていたが、中国留学を経て、大正十二年（一九二三）、東北帝国大学に転出した。天囚の主著『日本宋学史』は明治四十二年（一九〇九）に初版が刊行された後、昭和二十六年（一九五一）に朝日文庫の一冊として復刊されるが、その際、この武内が巻末に解題を記している。武内は、明治四十二年（一九〇九）、大阪朝日に連載された「宋学の首唱」によって天囚の名を知り、その後、大正三年（一九一四）、天囚が府立図書館に来館した際、今井貫一館長に天囚を紹介され、その場で景社への入会を勧められた。翌年初めて景社の会合に出席し、規約となっている近作の草稿を提出したところ、天囚は微笑みながら批評を加え、また永田輝明、籾山逸也、岡山源六など参加者にも回覧・批評されて戻ってきたところ、思いがけず称賛の言葉も書き添えられていたという。武内はこれ以降、天囚を師として仰ぎ、また親のように敬愛していくことになる。（四通）

吉田鋭雄《よしだはやお》（一八七九～一九四九）は、号は北山《ほくざん》。明治十二年（一八七九）大阪市生まれ。明治三十八年（一九〇五）、漢

図4　王揖唐来堂記念の写真

学と速記の才を持って大阪朝日新聞社に入る。大正五年（一九一六）に重建懐徳堂が開学すると、その技術を買われて懐徳堂書記に就任した。朝日新聞社や懐徳堂では天囚の講演をしばしば速記によって記録している。その後、助教授に就任。図4は、昭和九年（一九三四）、清末民初の政治家、軍人として知られる王揖唐《おうゆうとう》の一行が懐徳堂を視察した際、玄関で撮影された記念写真。中央髭の人物が王、その向かって左隣が今井貫一、その左が秋月胤継講師、その後ろが当時助教授の吉田鋭雄である。吉田は、昭和二十年の大阪大空襲で講堂が焼失した後、懐徳堂最後の教授に就任した。逝去後、その旧蔵書約四千四百冊が大阪大学に寄贈され、懐徳堂文庫内の「北山文庫」となって現在に至っている。大正十三年（一九二四）当時は、文部省在外研究員として中国滞在中で、天囚の訃報は北京の新聞で知った。（一通）

岡山源六《おかやまげんろく》（一八七五～一九三八）は本名泉、鹿児島鹿屋《かのや》出身（図5）。源六は通称、字は子本、号は雲介。明治三十四年（一九〇一）、滞在中の上海で西村天囚の知遇を

図5　岡山源六講師

得、天囚の弟子として研鑽に努めることになる。中国貴州の貴陽師範学堂講師となり、中国を放浪した後に帰国。明治四十四年（一九一一）、大阪朝日新聞社に入る。漢詩の才により大阪北摂の漢詩社「呉山社《ござんしゃ》」にも加わった。朝日新聞退社後、昭和七年（一九三二）に重建懐徳堂の講師に就任した。岡山源六については、白井順「西村天囚の門人・岡山源六――その中国貴陽時代を中心に――」（『懐徳』第八十七号、二〇一九年）が参考となる。（八通）

（2）朝日新聞関係者

次は、天囚が三十年間勤務した朝日新聞の関係者である。もっとも、同じ社屋で顔を見合わせていた同僚とは、一々書簡で連絡をとる必要はなかったかもしれない。しかし、東京朝日の関係者、あるいは天囚が東京に移ってからの大阪朝日関係者との文通はあったようで、多数の関係者の書簡が残っている。

村山龍平、上野理一、池辺三山、磯野秋渚、岡野養之助、小川定明、木崎愛吉、小池信美、後醍院正六、高橋健三、土屋大夢、野田九浦、本多精一、牧巻次郎、松崎鶴雄、本吉欠伸、籾山逸也、山内愚僊、弓削田精一、渡邊勝、（石橋白羊、花田比露思、藤澤一燈、本多雪堂、高原蟹堂、夏目漱石、杉村廣太郎、佐藤真一、清瀬規矩雄、長谷川如是閑、鳥居素川、緒方竹虎、大江素天、原田棟一郎）

村山龍平《むらやまりょうへい》（一八五〇～一九三三）は朝日新聞の社主・社長。号は玄庵《げんあん》、香雪《こうせつ》。伊勢国田丸《たまる》（現在の三重県度会郡《わたらいぐん》）出身。

大阪に出て、明治十二年（一八七九）、鳴尾出身の木村平八の誘いを受け朝日新聞の創刊に参加。明治十四年（一八八一）からは上野理一と共同経営者となる。明治二十一年（一八八八）、東京に進出して「東京朝日新聞」を発行。また美術にも関心を持ち、高級美術雑誌『国華』を創刊。茶人としても有名で、日本、中国の古美術コレクションが現在、大阪中之島の朝日新聞ビルに隣接する「中之島香雪美術館」に展示されている。村山が天囚のことを知ったのは、天囚の出世作『屑屋の籠』を読んだことによる。その荘重な文章を高く評価し、こういう文章を書ける人を養成したいとの思いで、懐徳堂の再建にも協力したという。（時輔宛一通）

上野《うえの》理一《りいち》（一八四八～一九一九）は、号は有竹《ゆうちく》。丹波国篠山《ささやま》町（現在の兵庫県丹波篠山市）出身。明治十三年（一八八〇）、朝日新聞社入社。その後、村山龍平と共同経営者となり、明治四十一年（一九〇八）に東西両朝日を合併して朝日新聞合資会社とし、村山と一年交替で社長を務める。懐徳堂記念会発起人の一人。大正七年（一九一八）の白虹事件に際し、村山の辞任によって急遽社長となり、事態収拾にあたった。白虹事件については本書第六章参照。（十一通）

池辺《いけべ》三山《さんざん》（一八六四～一九一二）は肥後出身のジャーナリスト。名は吉太郎、別号に鉄崑崙。上京し、中村敬宇の私塾同人社や慶応義塾に学ぶ。大阪朝日新聞、東京朝日新聞の主筆を務める。二葉亭四迷や夏目漱石を招き、小説連載を実現させた。また、明治三十二年（一八九九）に東京・大阪間の長距離電話が開通したのを受け、東西朝日新聞社の連絡強化を見据えて専任の電話速記者を置いた。（二通）

磯野《いその》秋渚《しゅうしょ》（一八六二～一九三三）は伊賀上野の出身。名は惟秋《いしゅう》、字は秋卿、通称は於《お》菟介《とすけ》、秋渚は号。幼年期から漢詩に親しみ、明治二十四年（一八九一）、「なにはがた」の同人となり、二十九年（一八九六）、大阪朝日新聞に入社。天囚の同僚となり、天囚が結成した文人サークル「景社」の同人でもあった。漢詩人、書家としても活躍した。磯野と天囚の交流は長く、その名や号についてのエピソードも天囚から聞いていた。「時彦」は「ときひこ」ではなく

「ときつね」と読むこと、号の「天囚」は若い頃、借金の取り立てに苦しんだ時彦が「ああ僕は天の囚と」と嘆いたことにちなむもので、『春秋公羊伝』序の疏にある意味、すなわち古代中国の周王とは無縁であること、晩年の号「碩園」は、その生地種子島の大園《おおぞの》にちなむことなどである。（十通）

岡野養之助《おかのようのすけ》（一八七八～一九四九）は大阪出身のジャーナリスト。号は告天子《こくてんし》。大阪朝日新聞社編集局主幹、論説委員、取締役。明治三十七年（一九〇四）、朝鮮に渡り、日露戦争の開戦第一報を打電した記者として知られる。明治四十三年（一九一〇）、天囚とともに世界一周会に特派員として参加。世界一周から帰国した直後のいわゆる「日韓併合」に際して、現地特派員としても活躍した。昭和十四年（一九三九）からは社史の編集にあたる。「筆を執れば鬼才縦横」と称されていた。岡野は長年、社内で天囚と机を並べていて次のようなことを感じたという。天囚が真面目なこと、大きな常識の持ち主であること、名利に淡泊であること、官僚的なことが嫌いで、東京よりも大阪の方が性分に合っていたこと、意外にも実務的能力が高いこと、などである。（二通）

小川定明《おがわていめい》（一八八五～一九一九）は尾張藩士の子として江戸藩邸で生まれた。号は樵僊。明治十二年（一八七九）、甲府で「かなめ新聞」を主宰。峡中新報、静岡新聞などを経て、明治二十五年（一八九二）、大阪朝日新聞社に入る。従軍記者として、台湾出兵、日清戦争、義和団事変、日露戦争などを取材した。この書簡一通は、天囚の弟時輔《ときすけ》死去のお悔やみである。（一通）

木崎愛吉《きざきあいきち》（一八六五～一九四四）は天囚と同時代の朝日新聞記者、歴史家である。大阪生まれ。号は好尚。明治二十六年（一八九三）、大阪朝日新聞社に入る。天囚が結成した大阪人文会や景社の同人でもあった。金石文《きんせきぶん》（金属器や石に記された古文字）に詳しく、朝日新聞を退社した後の大正十年（一九二一）に刊行した『大日本金石史』で学士院賞を受賞した。退社後の金石文研究ですっかり蓄えをなくし、天囚から生活費の支援を受け、これを泣いて受け取った

図６　小池信美

図７　後醍院正六・良正親子

ことを告白している。また、頼山陽の研究を続け、光吉元次《みつよしもとじ》郎《ろう》とともに、昭和二年（一九二七）、『頼山陽書翰集』を刊行、昭和七年（一九三二）、木崎愛吉・頼成一編『頼山陽全書』（頼山陽先生遺蹟顕彰会）を刊行している。（二通）

小池信美《こいけしんび》（一八七三～一九一五）は東京生まれ（図６）。旧白河藩士須藤家の次男であったが、親戚の小池家を継いだ。上海に渡って中国語を修め、日清戦争時には通訳として従軍した。明治三十六年（一九〇三）、大阪朝日新聞社に入り、辛亥革命の際には漢口《かんこう》（湖北省武漢）に特派され通信に努めた。天囚より八歳年下の同僚となる。明治四十年（一九〇七）、大阪朝日が主催した比叡山大講演会を『叡山講演集』としてまとめ、また明治四十四年（一九一一）、天囚も登壇した夏期巡回講演会を『朝日講演集』として編集した。大正四年（一九一五）、四十三歳で亡くなった際の葬儀では、天囚が友人総代を務め、村山龍平社長の弔辞を代読している。（天囚発信一通）

後醍院正六《ごだいいんせいろく》（一八七一～一九三二）は盛岡出身のジャーナリスト（図７）。号は盧山《ろざん》。明治二十五年（一八九二）、東京専門学校卒。鹿児島県加世田町の後醍院家の養嗣子となる。明治二十九年（一八九六）、東京朝日新聞社に入り、翌年、台湾日々新聞編集長。明治三十八年（一九〇五）、大阪朝日新聞社に入り、京都支局長、社会部副部長、調査部長、学芸部長などを務める。大正五年（一九一六）、その妻孝子が逝去した際の葬儀では、内藤湖南と西村天囚が友人総代となっている。大正七年（一九一八）の白虹事件では、いち早く記事の不穏に気づいた（本書第六章参照）。後に『西村天囚伝』を執筆する後醍院良正は正六の長男で、当時は東京朝日新聞学芸部勤務。後醍院親子と天囚とは親密な交流を続けたようで、種子島の西村家には、後醍院親子の写真が何枚も残されている。（一通）

高橋健三《たかはしけんぞう》（一八五五～一八九八）は江戸の生まれ。明治二十二年（一八八九）、官報局長となり、その翌年、朝日新聞社が高橋をフランスに特派し、イポリット・オギュスト・マリノニ（一八二三～一九〇四）発明の紙型鉛版方式の輪転機「マリノニ型輪転機」を購入、秘密のうちに日本に運ばせたという。これにより新聞印刷の高速化が促進された。明治二十五年（一八九二）、大阪朝日新聞客員、論説担当、主筆。明治二十九年（一八九六）、松方内閣書記官長、岡倉天心らと美術雑誌『国華』を創刊した。（八通）

土屋大夢《つちやたいむ》（一八六六～一九三二）は豊後国日出《ひじ》藩出身のジャーナリスト。名は元作《もとさく》。号の「大夢」は、胡蝶の夢で知られる『荘子』に由来する。明治維新後、東京、大阪の学校を転々とした後、渡米し美術品の取引に関わった。帰国後、時事新報、毎日新聞社を経て、朝日新聞社に入り、天囚の同僚となった。後に、論説委員兼顧問、出版部長などを歴任。土屋は海外旅行の経験が豊富で、明治四十一年（一九〇八）の第一回世界一周会に参加しており、その経験と語学力から第二回の特派員にもなって「総世話役」に任命され、天囚たち会員からも大いに頼られる存在であった。土屋は、自身と天囚とは性格が正反対であったとした上で、それでも彼を深く敬愛したのは、天囚が常に多くの人々のために尽くしたからだと述懐している。（一通）

野田九浦《のだきゅうほ》（一八七九〜一九七一）は東京生まれの日本画家。祖父は儒学者の野田笛浦《てきほ》。東京美術学校に入るが、美術学校騒動（岡倉天心排斥運動）により退学。寺崎広業の天籟画塾に学び、また白馬会研究所で黒田清輝に学ぶ。明治四十年（一九〇七）、第一回文展で「日蓮聖人の辻説法」が二等賞受賞。大阪朝日新聞社に入り、夏目漱石「坑夫」の挿絵などを描いた。（一通）

本多精一《ほんだせいいち》（一八七一〜一九二〇）は武生《たけお》藩（福井）家老本多鼎介の子。号は雪堂。東京帝国大学卒。同志社大学講師を経て、明治三十二年（一八九九）、大阪朝日新聞に入り論説、経済面などを担当する。朝日退社後、東京日日新聞の社長・主筆となるが、明治四十四年（一九一一）、再び大阪朝日の東京駐在客員となり、同年八月の夏期巡回講演会には、西村天囚、夏目漱石らとともに講師として参加。大正七年（一九一八）の白虹事件後、大阪朝日に復帰し、主筆格となる。経済通として知られ、『地方財政問題』『新日本の経済』『財政問題百話』などの著書がある。（三通）

図８　牧巻次郎

牧巻次郎《まきまきじろう》（一八六八〜一九一五）は天囚と同年代の新聞記者（図８）。美作（岡山）出身。号は放浪《ほうろう》。備前の閑谷学校に学び、東京専門学校（現・早稲田大学）卒後、上海の東亜時報記者を経て、明治三十一年（一八九八）、大阪朝日新聞入社。上海特派員、北京特派員を経て、明治三十八年（一九〇五）から大阪朝日通信課長などを務める。明治四十三年（一九一〇）、西村天囚が「世界一周会」の特派員として出発する際、牧は同僚として神戸港まで見送りに来ている。天囚は、ロンドン滞在中にお土産リストを作成していて、その中に牧の名が見えることが、天囚の郷里種子島の西村家に残されていた手帳によって最近確認された。親しい間柄であったことが分かる。景社の同人でもあった。大正四年に四十八歳で亡くなった際には、天囚が弔辞を執筆し、新聞の訃報には「友人総代」として村山龍平、上野理一に続いて天囚の名が記されている。（五通）

松崎鶴雄《まつざきつるお》（一八六八～一九四九）は熊本細川藩士の子。号は柔甫、柔父。ドイツ協会学校、熊本洋学校に学ぶ。後、同郷の漢学者竹添進一郎《たけぞえしんいちろう》（号は井井《せいせい》）について漢学を学ぶ。鹿児島師範学校英語教師などを経て、明治四十一年（一九〇八）、大阪朝日新聞の通信員を兼ねて中国留学。葉徳輝・王先謙などに儒学を学び、大正九年（一九二〇）、大連の満鉄図書館司書となり、柔父会と称して社員に中国文学を教えた。（一通）

本吉欠伸《もとよしけつしん》（一八六五～一八九七）は小倉生まれの小説家。旧姓堺、本名は乙槌。社会主義者の堺利彦の兄にあたる。慶應義塾に学んだ後、大阪に移り、小説を発表して天囚の目にとまる。明治二十四年（一八九一）、天囚らの浪華文学会に参加。朝日新聞社に入り小説を執筆した。（一通）

籾山逸也《もみやまいつや》（一八五五～一九一九）は尾張出身のジャーナリスト。字は季才、号は衣洲。上京し、成島柳北、依田学海らに師事して漢詩文を学ぶ。明治二十三年（一八九〇）、東京朝日新聞姉妹紙「国会」創刊とともに漢詩選者として朝日入社、明治三十年（一八九七）、「台湾日報」入社、児玉源太郎総督の知遇を得る。天囚らと文人サークル「景社」を結成し、帰国後、本格的な活動を開始する。（二通）

山内愚僊《やまうちぐぜん》（一八六六～一九二七）は江戸出身の洋画家。本名貞郎。高橋由一、五姓田芳柳、渡辺文三郎らに学び、明治二十二年（一八八九）、天囚と意気投合して関西に移り、翌年、大阪朝日新聞に入社、挿絵を担当した。大阪の洋画界で活躍し、関西美術院を創立した。号の「愚僊（または愚仙）」は天囚の命名による。天囚とのつきあいは長く、天囚がよく借金したこと、それも人のために借金したこと、同郷の子弟のために学費の面倒を見ていたこと、人の世話

図９　弓削田精一

図10　渡邊勝

を徹底してやったことなどを回想し、要するに「薩摩武士に漢学を注入したもの」が天囚であると批評する。（二通）

弓削《ゆげ》田《た》精一《せいいち》（一八七〇～一九三七）は群馬県生まれのジャーナリスト（図９）。号は秋江《しゅうこう》。同志社に学び、東京新報、報知新聞などを経て、明治三十年（一八九七）、朝日新聞社に入り、日露戦争の従軍記者として活躍、後に政治部長を務める。天囚には実子がなかったので、西村時三《ときぞう》の三男時教《ときのり》を養子に迎え、また、平山家の娘あつ子を養女としたが、そのあつ子の夫となったのが弓削田精一である。天囚より五歳年下で、朝日新聞社内では「天囚の義弟」と呼ばれていた。（天囚発信二通）

渡邊《わたなべ》勝《まさる》（一八六四～一九二六）は尾張藩士の子（図10）。号は霞亭《かてい》。若くして名古屋でジャーナリストとしての活動を始め、明治二十三年（一八九〇）、大阪朝日新聞社に入り、連載小説を執筆。西村天囚、本吉欠伸らとともに、同人誌『なにはがた』を創刊した。書画・骨董にも詳しく美術評論も行った。（二通）

（3） 学界関係者

続いて、漢学を中心とする学者たちである。初めの六名は、天囚と同じく、東京大学古典講習科に入った学生であり、後にそれぞれ斯界を代表する学者となっている。

古典講習科とは、明治十年（一八七七）に創設された東京大学が、和漢学衰退の状況を憂えて文学部附属科として特設したものである。明治十五年（一八八二）、国学を内容とする古典講習科が新設され、続いて漢学を内容とする支那古典講習科が翌年に新設され、前者を甲部、後者を乙部と呼んだ。

天囚が入学したのは、この内の乙部第一期。修業年限は四年、官費生十五名、私費生二十五名の計四十名が定員で、応募者は百六十名であった。翌年、甲部、乙部はそれぞれ「国書課」「漢書課」と改称され、第二期の募集を行った。これにより、天囚ら明治十六年（一八八三）入学生は漢書課前期、翌十七年入学生は漢書課後期と呼ばれた。

しかし、当時、世の中全体の洋学傾斜や経済的基盤の弱さなど様々な理由で、この古典講習科は長続きせず、十八年には学生募集を停止するとともに官費制度が廃止される。これにより、天囚は卒業を待たずに退学した。古典講習科はわずか二期生を出しただけで姿を消したのである。ただ、そうした短い期間の間に、国書課、漢書課とも、その後の日本の学界を支える人材を輩出した。天囚も長くこれらの人々と交流を続けていくこととなる。

市村瓚次郎、瀧川亀太郎、長尾雨山、萩野由之、林泰輔、深井鑑一郎

荒木寅三郎、内田遠湖、落合為誠、菊池大麓、日下寛、小牧昌業、佐久節、塩谷時敏、重野安繹、重野紹一郎、

島田鈞一、瀧精一、橋本循、服部宇之吉、濱尾新、牧野謙次郎、松下禎二、三上参次、星野恒、本田幸介、（島

田篁村、三島中洲、中村敬宇、岡田正之、安井小太郎、塩谷温、服部宇之吉、小牧健夫、宇野哲人、高瀬武次郎、鈴木虎雄、北里龍堂、山口常察、山田準）

市村《いちむら》瓚《さん》次郎《じろう》（一八六四～一九四七）は東洋史学者。字は圭卿、号は器堂、筑波山人。常陸国出身。東京大学古典講習科漢書課前期で、瀧川亀太郎、岡田正之、西村天囚、林泰輔、深井鑑一郎らは同期生である。卒業後は、学習院、帝国大学教授を歴任。国学院大学学長も務める。著書に『東洋史要』『東洋史統』。本書第九章で考察したように、大正十三年（一九二四）の御講書始で漢書の控を務めた西村天囚は、順当に行けば翌年の進講者となる可能性もあったが、同年急逝したため、大正十四年の御講書始で漢書進講者となったのは、この市村瓚次郎であった。進講したのは、『論語』為政篇である。（一通）

図11　瀧川亀太郎

瀧川《たきがわ》亀《かめ》太郎《たろう》（一八六五～一九四六）は島根出身の漢学者（図11）。字は資《すけ》言《のぶ》、号は君山《くんざん》。東京大学古典講習科で天囚の同期生。第二高等学校教授、大東文化学院教授を歴任。郷里の島根県松江に瀧川が晩年を過ごした武家屋敷の旧宅が現存し、その庭の一角に、吉川幸次郎撰文、小川環樹書の「瀧川君山先生故居碑」が建っている。主著に『史記』研究の最高傑作とされる『史記会注考証』がある。書簡九通の内、一通は関東大震災の見舞い状である。写真は種子島の西村家に残されていたもので、中央

が瀧川、アルバムには、左が「令夫人」、右が「令息」と注記されている。（九通）

長尾《ながお》雨山《うざん》（一八六四〜一九四二）は高松出身の漢学者、書画家、篆刻家。名は甲。通称は槙太郎。高松藩士の子として生まれ、東京大学古典講習科漢書課後期卒。明治三十年（一八九七）、熊本の第五高等学校に勤務、夏目漱石の同僚となり、明治三十二年（一八九九）、東京高等師範学校教授に就任。後、退官し、上海に移住。商務印書館の編集顧問となり、また、中華民国二年（一九一三）、篆刻家の呉昌碩《ごしょうせき》が社長を務めた西冷印社《せいれいいんしゃ》にも参加した。帰国後は京都に在住し、内藤湖南や狩野直喜、辛亥革命で日本に亡命していた羅振玉らと親交を結んだ。天囚の遺墨を雨山が鑑定していたことについては、本書第一章参照。（四通）

萩野《はぎの》由之《よしゆき》（一八六〇〜一九二四）は佐渡出身の国文学者。東京大学古典講習科国書課前期卒。同期には松本愛重、安井小太郎がいた（ただし、安井は中退）。東京帝大教授。退官後は宮内省図書寮勤務。大正五年（一九一六）十月十五日の懐徳堂開学式に招かれ、西村天囚、荒木寅三郎（後述）とともに記念講演を行っている。（三通）

林《はやし》泰輔《たいすけ》（一八五四〜一九二二）は下総出身の漢学者。号は進斎。東京大学古典講習科漢書課前期卒。東京高等師範学校講師を経て教授。殷墟出土の甲骨文字に着目し、その先駆的研究者となった。中国の羅振玉にも影響を与える。著書に『周公と其時代』『亀甲獣骨文字』などがある。（三通）

深井《ふかい》鑑一郎《かんいちろう》（一八六五〜一九四三）は武蔵国岩槻生まれの儒学者。東京大学古典講習科漢書課前期卒。福島師範学校教諭、皇典講究所教師などを歴任。東京府立第四中学校（現在の都立戸山高校）の校長を長く務め、漢文教科書の編纂も行った。昭和十六年（一九四一）、教え子の井上源之丞（凸版印刷社長）とともに城北中学校を創立、同校の初代理事長・学校長に就任した。（一通）

以上が古典講習科の同学で、ここからは広く学界関係者となる。

荒木寅三郎《あらきとらさぶろう》（一八六六〜一九四二）は群馬出身の医学者。東京帝国大学卒。ドイツ留学を経て、京都帝国大学教授。医化学専攻。天囚出講時の京都帝国大学総長である。その後、学習院院長、枢密顧問官を歴任。明治四十年（一九〇七）、大阪朝日新聞社主催の比叡山大講演会で「生体を構成せる元素」と題して講演している。また荒木は、大正五年十月十五日、再建された懐徳堂（重建《ちょうけん》懐徳堂）の開学記念講演会で、西村天囚と東京帝国大学教授萩野由之《はぎのよしゆき》に続いて「懐徳堂の開堂を賀す」と題して挨拶し、世の中の人々は「殖産興業」を卑《いや》しみ「儒者は世事に迂遠《うえん》」だというがそれは大きな誤解で、正当な手段によって殖産興業に励むのは儒学の教えるところだと、懐徳堂と儒学の意義を説いている。これは儒学の実学的一面を正しく捉えた見解で、朱子学や懐徳堂の理念も、「修己治人《しゅうこちじん》（己を修め人を治む）」すなわち自己修養とそれに基づく治世への貢献であった。この書簡一通は、後述する『延徳本《えんとくぼん》大学』受贈の礼状である。

内田遠湖《うちだえんこ》（一八五四〜一九四四）は遠江《とおとうみ》国浜松出身の漢学者。名は周平《しゅうへい》、字は仲準、遠湖は号である。明治十年（一八七七）、東京大学医学部予科入学、後、明治十八年（一八八五）、文科大学支那哲学選科に転入学し、島田篁村の指導を受けた。天囚との関わりはすでにこの頃からあった。明治二十年（一八八七）、井上円了が創設した哲学館（現・東洋大学）の教授となる。また、創設間もない大東文化学院の教授を務め、牧野謙次郎（後述）らとともに漢学を教えた。著書に『寛政三博士の学勲』『遠湖文髄』などがある。

落合為誠《おちあいためのぶ》（一八六七〜一九四二）は肥後出身の漢詩人。号は東郭。大正天皇の侍従を務めた。旧蔵書約三千五百点が熊本大学「落合文庫」となっている。第五高校教授時代に長尾雨山、夏目漱石と同僚であった。（一通）

菊池大麓《きくちだいろく》（一八五五〜一九一七）は蘭学者の箕作秋坪《みつくりしゅうへい》の子で、数学者。東京帝国大学理科大学長・総長、文部次官・大臣、学習院長、京都帝国大学総長などを歴任した。この書簡一通は天囚著『日本宋学史』受贈の礼状である。（一通）

日下寛《くさかひろし》（一八五二〜一九二六）は下総国古河出身の漢学者。号は勺水《しゃくすい》。漢学を川田甕江《かわたおうこう》、重野安繹らに学び、のち修

図12　小牧昌業

史局で史料編纂掛となり、東京帝大史学科講師を兼務。種子島の西村家で発見された資料の中に、石濱純太郎の「奉日下勺水先生書」があり、石濱が天囚にこの草稿の添削を求めていたことが分かった。（二通）

小牧昌業《こまきまさなり》（一八四三〜一九二二）は元薩摩藩士の漢学者、官僚（図12）。号は桜泉《おうせん》。藩校造士館教員を務め、維新後、首相秘書官、奈良県知事、帝国奈良博物館長などを歴任した。天囚の師でもある重野安繹との交流もあり、その学識により文学博士の称号を得、大正天皇の侍講を務めた。天囚が明治四十三年（一九一〇）、世界一周旅行に出かける際、送別の書を贈ったことが天囚の『欧米遊覧記』に記されている。天囚が結成した「景社」の顧問格で、天囚からの依頼により「大阪市公会堂壁記」草稿を修訂したことについては本書第五章参照。（二十一通）

佐久節《さくみさお》（一八八二〜一九六一）は茨城県出身の中国文学者。東京帝大卒で、一高教授、日本女子大学教授を務めた。著作に『唐詩選新釈』『漢詩大観』。（一通）

塩谷時敏《しおのやときとし》（一八五五〜一九二五）は幕府儒官の塩谷簣山《きざん》の子。号は青山《せいざん》。昌平黌教授の塩谷宕陰《とういん》は伯父に当たる。昌平黌に学び、維新後は芳野金陵、島田篁村、中村敬宇らに師事。第一高等中学校教授。その子の塩谷温（一八七八〜一九六二）は、中国文学者で東京帝国大学教授となり、天囚とも交流のあったことが、天囚の日記から知られる。（一通）

重野《しげの》安繹《やすつぐ》（一八二七〜一九一〇）は薩摩出身の漢学者、歴史学者。号は成斎。昌平黌に藩費留学し、藩校造士館訓導師となる。再び上京し、太政官正院修史局・修史館で修史事業にあたり、『大日本編年史』などの編纂に努める。明

図 13　重野安繹

図 14　重野安繹親子

治十四年（一八八一）、東京大学教授。実証的史学を創始し、日本の近代史学の基礎を築いた。天囚の父城之助、天囚の師前田豊山、同郷の小牧桜泉らとの親交もあり、上京した天囚が師事した恩師である。明治四十年（一九〇七）、ウィーンの万国学士会総会に出席した帰途、シベリア鉄道で満洲に入った際、天囚の案内によって中国各地をめぐり、張之洞ら中国要人とも会合した。図13は奉天で撮影された写真で、重野をはさんで左が天囚、右が朝日新聞社の岡野養之助である。後ろに見えるのは北陵。正式名称は昭陵《しょうりょう》で、清の初代皇帝太宗ホンタイジとその皇后の陵墓である。また重野は当時、漢学の第一人者として碑文や文書の撰文を依頼されることも多く、三菱財閥の二代目総帥岩崎《いわさき》弥《や》之助《のすけ》の書斎の号「静《せい》嘉《か》」は、重野が『詩経』大雅・既酔篇の「籩豆静嘉」から命名したもので、現在の静嘉堂文庫の由来となっている。種子島の天囚関係資料の中に、明治四十一年四月付けの「故岩崎男爵晩年右文ノ事歴」と称する小冊子があり、岩崎晩年の主要蔵書を解説している。この筆者は「静嘉堂文庫員識」となっているが、ここに天囚の朱筆の書入れがあることから、天囚が撰文したものか、あるいは添削を求められたものであると考えられる。また、明治三十七年（一九〇四）、第十五代住友吉左衛門の寄附により建設された大阪図書館（現・大阪府立中之島図書館）には、重野の撰文による「建館寄附記」の銅版が掲げられている。種子島の西村家に重野発信の書簡が見えないのはやや不可解であるが、あるいは天囚が別置していた可能性もあろう。（天囚発信一通）

重野紹一郎《しげのしょういちろう》（一八六七〜）は天囚が東京で師事した重野安繹の長男、東京外国語学校教授でフランス文学者。図14は西村家に残る重野親子の写真である。（二通）

島田鈞一《しまだきんいち》（一八六六〜一九三七）は天囚が東京で師事した島田篁村の長男。父・篁村や藤澤南岳に学び、明治十七年（一八八四）、東京大学古典講習科漢書課後期入学。山田準（後述）、長尾雨山と同期生であった。明治二十七年（一八九四）、第一高等学校教授就任。昭和四年（一九二九）、東京文理科大学教授。著書に、『春秋左氏伝新講』『論語全解』など。（二通）

瀧精一《たきせいいち》（一八七三〜一九四五）は東洋美術史学者。号は節庵、拙庵。日本画家の瀧和亭《かてい》の長男。明治三十四年（一九〇一）から美術雑誌『国華』の主幹を務める。また朝日新聞客員として美術評を紙上に発表するなど天囚とは親しい間柄であった。大正三年（一九一四）、東京帝国大学教授に就任した。大正十二年の関東大震災では自宅を焼失し、皇居前広場の仮設テントで生活することとなり、それを知った天囚はすぐに瀧を迎えに行って五反田にあった天囚の自宅に瀧一家を迎え入れたという。（八通）

橋本循《はしもとじゅん》（一八九〇〜一九八八）は福井出身の中国文学者。号は蘆北《ろほく》。京都帝国大学卒。立命館大学教授。その業績と遺志を受け継いで平成元年（一九八九）に財団法人橋本循記念会が設立され、優れた学術研究に対して「蘆北賞」を授与している。余談ではあるが、筆者（湯浅）は平成十五年（二〇〇三）、大阪大学中国哲学研究室が編集する学術誌『中国研究集刊』の代表者として、この蘆北賞を受賞した。（西村時教宛一通）

服部《はっとり》宇《う》之吉《のきち》（一八六七〜一九三九）は中国哲学研究者。陸奥二本松藩士の家に生まれる。東京帝国大学哲学科卒業。

北京の京師大学堂（北京大学の前身）の開設に関わり、近代的な中国哲学研究の基礎を築いた。明治三十五年（一九〇二）、東京帝国大学教授。明治四十二年（一九〇九）から大正五年（一九一六）にかけて冨山房《ふざんぼう》から刊行された漢籍注釈書シリーズ『漢文大系』の全体編集責任者を務めた。大正十年（一九二三）の関東大震災で湯島聖堂が焼失すると、服部はその再建にも尽力した。湯島聖堂仰高門前の「湯島聖堂」の石碑は服部の揮毫による。（四通）

濱尾新《はまおあらた》（一八四九～一九二五）は但馬豊岡藩士。文部省勤務。明治十年（一八七七）、東京大学設立時に法理文三学部綜理補として同郷の加藤弘之を補佐。天囚が古典講習科に在籍していた当時、東京大学初代綜理を務める。（一通）

牧野謙次郎《まきのけんじろう》（一八六二～一九三七）は高松出身の漢学者。号は藻洲。祖父は高松藩の江戸藩邸教授の牧野黙庵、父は藩校教授の牧野松村。藤澤南岳の泊園書院に学ぶ。早稲田大学教授、東洋文化学会理事などを務め、大東文化学院の設立にも関わった。『漢籍国字解全書』の中心的メンバーでもある。『漢籍国字解全書』とは、早稲田大学出版部が明治四十二年（一九〇九）から大正六年（一九一七）にかけて刊行した漢籍注釈書シリーズ全四十五巻であり、明治末年頃の漢籍叢書として冨山房の『漢文大系』と双璧をなした。（一通）

松下禎二《まつしたていじ》（一八七五～一九三二）は薩摩出身の医学者。ドイツ留学を経て、京都帝国大学教授に就任。衛生学・微生物学を担当した。後、衆議院議員。（一通）

三上参次《みかみさんじ》（一八六五～一九三九）は播磨国出身の歴史学者。東京帝国大学卒業後、編年史編纂掛編纂助手嘱託となり、『白河楽翁公と徳川時代』を刊行。後、東京帝国大学教授。『大日本史料』『大日本古文書』の編集事業に努め、『明治天皇御紀』の編修にも尽力。明治四十年（一九〇七）、大阪朝日新聞社が主催した比叡山大講演会では、「国史と叡山」と題して講演した。（二通）

星野恒《ほしのひさし》（一八三九～一九一七）は越後出身の漢学者。号は豊城。江戸に出て、塩谷宕陰に学ぶ。太政官修史館に入り、

『大日本編年史』の編纂に従事。東京帝国大学臨時編年史編纂係となり、重野安繹、久米邦武らとその編纂を進めた。また教授となり、国史、漢文講座を担当した。（一通）

本田幸介《ほんだこうすけ》（一八六四～一九三〇）は鹿児島藩士野村盛秀の子。農学者。東京帝国大学教授、九州帝国大学教授、帝室林野局長官などを歴任。退官後、宮中顧問官を務める。（一通）

（4）文人・ジャーナリスト

以上の（1）から（3）は天囚のネットワークの中核であると言えよう。もちろんこれ以外にも関係者は多い。それらを（4）として列挙してみよう。多くは、朝日新聞以外のジャーナリスト、新聞関係以外の文人である。

石井金陵、堺利彦、柴四朗、菅楯彦、杉渓言長、田中常憲、佃与次郎、徳川頼倫、中江兆民、林田炭翁、水原堯榮、光吉元次郎、本山彦一、Poultney Bigelow（ポールトニー・ビグロー）、（御船綱手、内田魯庵、徳富猪一郎）

石井金陵《いしいきんりょう》（一八四二～一九二六）は備前出身で当時大阪在住の南画家。名は俊。市川東谿・岡本秋暉に師事し、中国の元・明代の画法を学んで南宗画に由来する新境地を開いた。（三通）

堺利彦《さかいとしひこ》（一八七一～一九三三）は豊前《ぶぜん》出身の社会主義者。前出の本吉欠伸の弟。天囚の「浪華文学会」に参加。その後、「万朝報」記者を経て「平民新聞」を発行し、非戦論・社会主義運動を展開した。明治三十四年（一九〇一）、日本社会党を結成した。（二通）

柴四朗《しばしろう》（一八五三～一九二二）は上総国（千葉県）出身の小説家、ジャーナリスト。号は東海散士《とうかいさんし》。陸軍大将柴五郎の兄。アメリカ留学を経て、政治小説『佳人之奇遇』を発表。大阪毎日新聞初代主筆を務めた。明治二十五年（一八九二）から衆議院議員も務めた。（一通）

菅楯彦《すがたてひこ》（一八七八〜一九六三）は鳥取出身の日本画家。本名は藤太郎。宇田川文海や渡邊霞亭らの新聞小説の挿絵を描く。情趣ある浪速風俗画を描き、初の大阪市名誉市民。大阪の風俗、芸能、祭礼などを描いた作品が多く、「浪速文人図」（大阪府立中之島図書館蔵）では、近世大阪にゆかりのある井原西鶴、片山北海、近松門左衛門、大塩平八郎などとともに懐徳堂の中井履軒を描いている。（二通）

杉渓言長《すぎたにときなが》（一八六五〜一九三四）は京都の公家の家に生まれる。号は六橋。興福寺妙徳院住職。男爵。明治二十三年（一八九〇）、貴族院議員の男爵議員。南画家・書家としても知られる。（一通）

田中常憲《たなかつねのり》（一八七三〜一九六〇）は鹿児島出身の教育者・歌人。長野県上田中学校、大阪の天王寺中学校、大分県竹田中学校、福岡県朝倉中学校教員、田川中学校校長、京都府福知山中学校長、桃山中学校長などを歴任。歌人としても有名で、多くの歌集も出している。種子島の西村天囚関係資料の中に、「紀和紀行」と題する田中の自筆草稿が残されている。これは、明治三十八年（一九〇五）八月に、田中常憲が大和と紀州を旅した際の紀行を原稿用紙三枚ほどに漢文で記し、その添削を天囚に依頼したものである。（二通）

佃与次《つくだよじ》郎《ろう》（一八六六〜一九三一）は群馬県館林《たてばやし》の生まれ。上京後すぐに速記の修業を始め、明治二十年（一八八七）に東京日日新聞入社。翌年、女子速記法研究会を創設し、「佃式」と呼ばれる速記術を広めた（後「佃速記塾」と改称）。その後、衆議院速記課主任、朝日新聞社速記顧問などを務める。この佃に学んだのが、朝日新聞社の速記者高畠政《たかはたまさ》之《の》助《すけ》（一八七六〜一九二六）である。高畠は、館林藩士の太河内家に生まれ、後に高畠姓を継ぎ、同郷の佃与次郎に師事して速記術を学び、明治二十七年（一八九四）、十九歳で貴族院技手（速記者）となり、明治三十九年（一九〇六）に大阪朝日新聞社に入って速記者として活躍した。明治四十年（一九〇七）の比叡山大講演会や明治四十四年（一九一一）、天囚や夏目漱石が登壇した夏期巡回講演会の速記も務めた。（一通）

徳川頼倫《とくがわよりみち》（一八七二～一九二五）は紀州徳川家第十五代当主。侯爵。貴族院議員、宗秩寮総裁などを務める。ケンブリッジ大学留学を経て帰国後、日本初の西洋式施設図書館「南葵《なんき》文庫」を創設した。（二通）

中江兆民《なかえちょうみん》（一八四七～一九〇一）は土佐藩出身の民権思想家・政治家。名は篤介。フランス留学を経て帰国後、私塾仏蘭西学舎を開く。明治十四年（一八八一）、「東洋自由新聞」創刊。明治二十年（一八八七）、保安条例により東京追放となり、明治二十二年（一八八九）、第一回衆議院議員に当選、後に国民党を結成した。兆民の代表作『三酔人経綸問答』と天囚の出世作『屑屋の籠』の趣向が類似している点については、本書の序章参照。（一通）

林田炭翁《はやしだたんおう》（一八七三～一九五五）は摂津国池田出身の政治家、郷土史家、漢詩人。本名は松三郎。炭翁は号。池田史談会を創設。池田町長を務める。昭和四年（一九二九）編集・刊行の『箕山勝遊詩文集』には、長尾雨山、稲束猛が序を寄せ、広瀬旭荘、田中桐江門下の荒木秋江、荒木蘭皐らの詩二百四編と箕山に関する文を収録する。「箕山」とは、大阪北摂の滝で有名な箕面山《みのおやま》のことである。（一通）

水原堯榮《みずはらぎようえい》（一八九〇～一九六五）は和歌山県那賀郡出身の真言宗僧侶。明治三十五年（一九〇二）得度、高野山金剛峯寺庵主・高野山真言宗管長を務める。大増正・高野版の研究を進め、『高野山見存蔵経目録』『高野版の研究』『金剛峯寺年中行事』などを刊行した。（二通）

光吉元《みつよしもと》次郎《じろう》（一八六七～一九二六）は、字は子大、号は迂後。肥前佐賀藩士族の子として生まれる。長崎外国語学校英語部卒業後、慶應義塾に入学。卒業後は、日本綿花株式会社に入り、インド、アメリカなどを歴訪。外国語能力を活かして翻訳書『国家社会論』（原著者はウィリアム・ドーソン）、『移住論』（原著者はリッチモンド・スミス）を刊行する一方、頼山陽の研究にも傾注し、『日本外史評注』を執筆、さらに徳富蘇峰、木崎愛吉とともに『頼山陽書翰集』の編纂に当たる。木崎との関係もあって、天囚の「景社」に入会したと推測される。大正四年（一九一五）の入会時は四十八歳。『頼山陽書翰集』の刊行を目前にして急逝した。その子夏弥《なつや》は、翻訳家・絵本研究家として知られ、「岩波の子どもの本」絵本シリーズを石井桃子とともに立ち上げる。元次郎と夏弥の伝記については、澤田精一『光吉夏弥――戦後絵本の源流――』（岩波書店、二〇二一年）が参考になる。（二通）

本山彦一《もとやまひこいち》（一八五三～一九三二）は肥後出身の新聞経営者。藩校時習館《じしゅうかん》に学び、上京して箕作秋坪《みのつくりしゅうへい》の三叉学舎に入る。福澤諭吉の知遇を得、学費の支援を受けた。「大阪新報」、「時事新報」などを経て、明治三十六年（一九〇三）、毎日新聞社長に就任。朝日新聞と並ぶ二大新聞に成長させた。朝日新聞主筆時代の天囚は、ライバル紙毎日との記事を比較し、「朝毎東電比較概況」を作って優劣を分析していた。明治三十八年（一九〇五）五月十五日から二十一日までの一週間について、朝日・毎日の両紙を比較し、特ダネの有無や記事の特色などについて考察したものである。この資料は天囚の自筆草稿で、種子島の西村家で発見された。（一通）

Poultney Bigelow（ポールトニー・ビグロー、一八五五～一九五四）はニューヨーク生まれのジャーナリスト、歴史家。父はニューヨーク・イブニング・ポスト紙の共同経営者であるジョン・ビグロー。エール大学入学後、東洋へ航海するが、日本沖で難破。中国、アフリカ、インドなどを歴訪。卒業後は、ニューヨークやロンドンを拠点に執筆活動を展開する。この書簡は一九一〇年五月十九日、すなわち天囚が世界一周会でアメリカ周遊中に送られたものである。（一通）

（5）政治家・実業家・軍人

天囚は、ジャーナリスト・漢学者であったから、上記のような文人の関係者が多かったのは当然であるが、一方で、

図15　浅見又蔵

政治家・実業家、さらには軍人との関係もあったことが以下のような書簡発信者から推測される。

浅見又蔵、池原鹿之助、上山英一郎、宇佐美勝夫、小川鉎吉、置塩藤四郎、風見章、九鬼隆一、小村寿太郎、小山健三、阪本釤之助、白岩龍平、菅沼達吉、田中義一、中野正剛、西村捨三、平賀敏、平山成信、福島安正、前田正名、南楠太郎、宗方小太郎、森下博、安川敬一郎、渡邊千代三郎、（島津忠重、島津忠秀、安川敬一郎、小西宗次、岡幸七郎）

浅見又蔵《あさみまたぞう》（一八七六～一九五三）は滋賀県長浜生まれの実業家（図15）。先代の又蔵（一八三九～一九〇〇）は、長浜の縮緬《ちりめん》製造業の浅見家に養子に入って事業の拡大に貢献し、また鉄道や水上交通の重要性にもいち早く気づき、琵琶湖の水運と鉄道とを長浜で結びつけた交通の充実発展にも努めた。その事業を継承したのが二代目浅見又蔵である。明治三十三年（一九〇〇）、初代又蔵の逝去にともなって太湖汽船取締役に就任し、明治三十九年（一九〇六）には頭取に就任している。天囚らとともに明治四十三年（一九一〇）の世界一周会に参加した。その際、又蔵が欧米の水運や港湾施設に興味を示したことについては、拙著『世界は縮まれり――西村天囚『欧米遊覧記』を読む――』（ＫＡＤＯＫＡＷＡ、二〇二二年）参照。（二通）

池原鹿之助《いけはらしかのすけ》（一八七一～一九三五）は愛媛県出身の実業家。東京法学院（現・中央大学）卒。第二代大阪市長鶴原定吉《つるはらさだきち》

の時、助役に就任。明治三十七年（一九〇四）、藤田組理事。大正九年（一九二〇）、日本水道衛生工事を設立して取締役となる。（六通）

上山英一郎《うえやまえいいちろう》（一八六二～一九四三）は紀伊国有田《ありだ》郡出身の実業家。蜜柑農家に生まれる。除虫菊、渦巻き型蚊取り線香発案者。明治二十五年（一八九二）、除虫菊栽培の努力が大阪朝日新聞ほか各紙に取り上げられ注目を集める。明治三十八年（一九〇五）、大日本除虫菊貿易合資会社を創業、明治四十三年（一九一〇）、蚊取り線香「金鳥香」にちなむ「金鳥」を商標登録した。シンボルマークに鶏が描かれているのは、「鶏口牛後（鶏口となるも牛後となるなかれ）」（『史記』蘇秦列伝）を信条としているからであるという。現在、同社ホームページで、「金鳥創業者上山英一郎物語」のラジオドラマ全四話を聴くことができる。種子島の西村家所蔵の天囚宛書簡は、大正五年（一九一六）七月四日の日付が入っており、天囚が作成したと思われる上山の業績紹介文に対して、上山自身が若干の加筆修正をして送り返したものである。当時としては珍しく、社名、鶏や線香のロゴ、氏名などが印刷された特製便箋に自筆で記されている。海外貿易を強く意識したものと見え、便箋の上部には、「EIICHIRO UEYAMA」「PRODUCER & MANUFACTURE」「COCK BRAND」など英文が印刷されている。（一通）

宇佐美勝夫《うさみかつお》（一八六九～一九四二）は米沢出身の官僚、政治家。帝国大学法科大学卒。内務省に入り、以後、富山県知事、東京府知事、貴族院勅選議員などを歴任した。（一通）

小川鉎吉《おがわぜんきち》（一八五六～一九一九）は名古屋出身の実業家。大学南校《なんこう》に学び、米国留学。帰国後文部省に入り、後、三菱汽船の横浜・長崎・神戸・ロンドンなどの支店長、取締役を歴任。また明治精糖を設立し会長を務めた。なお、大学南校とは、東京大学の源流の一つとなった官立洋学校である。明治維新後、新政府は旧幕府の昌平学校（旧昌平坂学問所）を大学校に改組し、開成学校、医学校（旧種痘所）などを再興してその分局とした。大学南校とは、この内の

開成学校が、本校である大学校の南に位置していることから命名されたものである。（一通）

置塩藤四郎《おしおとうしろう》は号は維裕。東海道島田宿の下本陣を担った置塩藤四郎家が代々世襲した。その子置塩章《おしおあきら》（一八八一〜一九六八）は関西で活躍した建築家である。（一通）

風見章《かざみあきら》（一八八六〜一九六一）は茨城出身の政治家。早稲田大学卒。在学中に中野正剛、緒方竹虎らと親交する。大阪朝日新聞社記者などを経て、信濃毎日新聞主筆。立憲民政党、国民同盟、日本社会党所属の衆議院議員。第一次近衛内閣で内閣書記官長、第二次近衛内閣で司法大臣を務めた。（天囚発信一通）

九鬼隆一《くきりゅういち》（一八五二〜一九三一）は美術行政官。摂津国三田《さんだ》出身。慶應義塾で福澤諭吉に学ぶ。文部省に入り、文部少輔に昇任。駐米特命全権公使として渡米後、図書頭、臨時全国宝物取調委員長、宮中顧問官、帝国博物館総長を歴任。美術行政に尽力。哲学者の九鬼周造はその四男である。（一通）

小村寿太郎《こむらじゅたろう》（一八五五〜一九一一）は日向飫肥《おび》藩（宮崎）出身の外交官。藩校振徳堂に学ぶ。文部省第一回留学生として渡米。第一次桂内閣の外務大臣を務め、日英同盟締結に尽力した。日露戦争後のポーツマス講和会議で全権として臨み日露講和条約を締結。西村家所蔵の書簡は、天囚発信書簡の写しで、内容は、天囚が明治四十三年（一九一〇）の世界一周会でヴェニスのサンタマリア寺院で日本使節に関する古碑を発見したことを知らせるもの。天囚の世界一周旅行と小村寿太郎との関係については、拙著『世界は縮まれり——西村天囚『欧米遊覧記』を読む——』（KADOKAWA、二〇二二年）参照。（天囚発信一通）

小山健三《こやまけんぞう》（一八五六〜一九二三）は武蔵国埼玉郡出身の実業家。大阪高麗橋に本店のあった三十四銀行（後の三和銀行、現三菱UFJ銀行）頭取、貴族院議員。東の渋沢栄一、西の小山健三と言われた金融界の重鎮である。（六通）

阪本釤之助《さかもとさんのすけ》（一八五七〜一九三六）は尾張国愛知郡の永井匡威の三男として生まれる。永井荷風の叔父に当たる。内務官僚、福井県知事、鹿児島県知事、名古屋市長などを歴任。詩文に優れ、号は蘋園。天囚が桂庵玄樹など薩南学派の顕彰に努めたのは、この阪本が鹿児島県知事在職中に天囚を支援したことにもよる。桂庵玄樹と薩南学派については本章の『延徳本大学』の項で後述。（一通）

白岩龍平《しらいわりゅうへい》（一八七〇～一九四二）は美作国吉野郡（岡山県英田郡）出身の実業家。日清戦争終結後、上海・蘇州・杭州間の大東汽船会社を興し、明治三十六年（一九〇三）には湖南省の湖南汽船会社、後、日清汽船会社を創立した。一方、東亜同文会《とうあどうぶんかい》の創立にも参画し、日中友好に尽力した。東亜同文会とは、明治三十一年（一八九八）に設立されたアジア主義団体。近衛篤麿《このえあつまろ》（近衛文麿《ふみまろ》の父）を会長とし、外国に対して優越的立場を取りつつ「支那保全」を掲げ、後に上海の東亜同文書院を創設した。（一通）

菅沼達吉《すがぬまたつきち》（一八六一～一九一五）は仙台藩大目付森泰次郎の子。伯父成島柳北《なるしまりゅうほく》や箕作秋坪《みのつくりしゅうへい》に漢学・英語学を学ぶ。日本銀行大阪支店長、山口銀行頭取、大阪市高級助役、大阪電燈取締役などを歴任した。（一通封筒のみ）

田中義一《たなかぎいち》（一八六四～一九二九）は第二十六代内閣総理大臣。長州藩士の家に生まれる。陸軍大学校卒後、日清戦争に出征。原敬内閣で陸軍大臣を務める。最終階級は陸軍大将。退役後、政友会内閣で首相を務め、外相を兼務した。（一通）

中野正剛《なかのせいごう》（一八八六～一九四三）は福岡出身の政治家。早稲田大学卒業後、東京朝日新聞記者を経て衆議院議員。後、憲政会、立憲民政党を経て、安達謙蔵《あだちけんぞう》らと国民同盟を結成。国家社会主義を信奉し東方会を結成。解散後、大政翼賛会常任総務。後、東条英機首相と対立し、倒閣容疑で逮捕される。釈放後、日本刀で切腹自殺した。（三通）

西村捨三《にしむらすてぞう》（一八四三～一九〇八）は彦根藩士西村又次郎の子。藩校弘道館で学び、江戸に留学。戊辰戦争に従軍。明治維新後は、内務省書記官、沖縄県令などを経て、明治二十二年（一八八九）、第六代大阪府知事、明治三十年（一八九七）、大阪築港事務所初代所長に就任した。その尽力により整備された大阪港について記念碑が建立され、その碑文

図16　福島安正（左）と天囚

は西村天囚の撰文によるが、残念ながら、その石碑自体は現存しない。また、西村捨三の没後にその銅像が建立された際、天囚はその碑文「故大阪府知事西村君銅像記」を記している。この銅像は、現在も天保山公園内にある。（一通）

平賀敏《ひらがさとし》（一八五九～一九三一）は江戸駿河台生まれの実業家。慶應義塾入塾。明治二十二年（一八八九）、宮内省に入って東宮職秘書掛を務め、その後、三井銀行に入り、明治三十年（一八九七）、大阪支店長就任。鉄道、百貨店、宝塚歌劇団などの阪急東宝グループの創始者として知られる小林一三《こばやしいちぞう》とともに箕面有馬電気鉄道（後の阪急電鉄）を創立して社長に就任、関西経済の発展に寄与した。（一通）

平山成信《ひらやまなりのぶ》（一八五四～一九二九）は江戸出身の官僚、政治家。明治四年、左院に出任。明治六年（一八七三）、ウィーン万博に事務官として出張。大蔵省書記官、元老院権大書記官、第一次松方内閣書記官長、大蔵省官房長、宮中顧問官、枢密顧問官などを歴任。日本赤十字社社長も務める。（一通）

福島安正《ふくしまやすまさ》（一八五二～一九一九）は長野出身の陸軍軍人（図16）。最終階級は陸軍大将。西南戦争では山県有朋の伝令使を務める。明治二十年（一八八七）、ドイツ公使館附武官となり、明治二十五年（一八九二）から一年余りを費やして、ベルリンからウラジオストクまでシベリア単騎横断を敢行（シベリア横断中に中佐に昇進）。天囚は朝日新聞社から特派され、その単独取材を朝日新聞に連載した後、『単騎遠征録』として刊行した。書簡四通の内一通は、この『単騎遠征録』に添える写真についてのものである。その後、清国では、日清戦争での敗北を受けて反日の気運が高まった。この状況を視察し憂慮した福島中佐は、日清の融和については、その主導者である湖広総督張之洞《ちょうしどう》を説得する以外にないと陸軍参謀本部次長川上操六《かわかみそうろく》中将に報告した。そこで明治三十年（一八九七）、陸軍参謀の宇都宮太郎大尉に加え、天囚が親善使節の一員として抜擢され渡清することになった。その渡清については本書第一章参照。（四通）

前田正名《まえだまさな》（一八五〇～一九二一）は鹿児島出身の経済官僚、地方産業振興運動指導者。フランス農商務省勤務、帰国後、内務省御用掛。山梨県知事、農務省次官、元老院議官、貴族院勅選議員などを歴任した。後、地方産業振興運動を指導。日本実業会会頭として全国遊説の際、「今日の急務は、国是《こくぜ》、県是、郡是《ぐんぜ》、村是を定むるにあり」と演説し、これに感動した京都府綾部《あやべ》出身の実業家波多野鶴吉《はたのつるきち》が明治二十九年（一八九六）に創業したのが、「郡是製糸株式会社」（現在のグンゼ）である。明治四十三年（一九一〇）、天囚たち世界一周会がロシアのサンクトペテルブルクに到着した際、渡欧中だった前田は、大使館関係者や留学生とともに一行を駅に出迎えた。（一通）

南楠太郎《みなみくすたろう》（一八六一～一九三六）は紀伊海草郡出身の実業家。明治四十四年（一九一一）、和歌山紡織を設立し社長となる。（一通）

宗方小太郎《むなかたこたろう》（一八六四～一九二三）は熊本出身の実業家。海軍軍令部嘱託。東洋協会幹事、東亜同文会評議員を務める。明治十七年（一八八四）、清国に渡り、内地を巡遊。日清戦争時には海軍嘱託として情報収集活動に従事。その功績により、明治二十七年（一八九四）十月五日、民間人としては異例ながら明治天皇に単独拝謁を許されている。天囚らとともに明治四十三年（一九一〇）の世界一周会に参加。ハワイのダイアモンドヘッドや真珠湾の状況を視察するなど、諜報活動が目的だったのではないかと推測される。この点の詳細については、拙著『世界は縮まれり――西村天囚『欧米遊覧記』を読む――』（KADOKAWA、二〇二二年）参照。（二通封筒のみ）

森下博《もりしたひろし》（一八六九～一九四三）は広島の鞆《とも》町（現・福山市）出身の実業家。大阪に出て、泊園書院に学びながら丁稚奉公に務めた。明治二十六年（一八九三）、薬種商「森下南陽堂」を創業。日清戦争で台湾に出征した際、現地で、万病に効き携帯に便利な丸薬があることを知り、明治三十八年（一九〇五）、和漢の生薬を配合した口中清涼剤「仁丹《じんたん》」を発売した。日刊各紙への積極的な広告宣伝で森下仁丹の名が広まった。儒教の徳目「仁」と丸薬を表す「丹」とを合わせた商品名は、当時大阪の漢学者として高名であった藤澤南岳や西村天囚に意見を求めて命名されたものと言われる。朝日新聞社主催の「世界一周会」には、その壮挙に対して、団体・個人から多くの寄付・餞別が寄せられたが、森下は船・車酔いの予防にもなるとして仁丹を寄贈した。（一通）

安川敬一郎《やすかわけいいちろう》（一八四九～一九三四）は筑前（福岡）出身の実業家。安川財閥の創立者。慶應義塾中退の後、炭坑経営に従事。明治十年（一八七七）、石炭販売の安川商店設立、明治四十一年（一九〇八）、明治鉱業株式合資会社を設立して社長に就任。石炭で財を成した筑豊御三家の一人。安川電機、九州製鋼、黒崎窯業などを設立した。（五通）

渡邊千代三郎《わたなべちよさぶろう》（一八六五～一九三六）は美濃国（岐阜）出身の実業家。東京帝国大学卒。明治二十四年（一八九一）、明治銀行に入り、アメリカ、メキシコなどに派遣され、銀貨幣制度視察。後、大阪に移り、西成鉄道、大阪瓦斯、南海鉄道社長、貴族院議員などを歴任した。（三通）

（6）薩摩・種子島関係者

天囚は若くして郷里種子島を離れたが、その後も、孝養を尽くし、同郷の人々と親密な交流を続けていたことが知られている。また、種子島は薩摩との関係が深く、天囚の父城之助や前田豊山も、薩摩出身の重野安繹や小牧桜泉と親交があった。天囚自身もそうした薩摩閥の支援を得ていたことが、これらの書簡から推測される。以下はそうした関係者である。

愛甲兼達、井筒嘉次郎、今井兼利、大久保利武、大迫尚道、河内礼蔵、税所篤、坂元貞二、坂元八郎太、高山公通、種子島守時、寺田望南、西村浅子、西村幸子、西村時輔、西村時三、羽生俊助、日高壮之丞、平山寛蔵、平山優子、樋渡清廉、前田豊山、牧野伸顕、松方正義、松方幸次郎、山田直矢、山名次郎、山之内一次、（中井桜洲、森友諒、牧瀬祐次郎、羽生操、島津忠重、島津忠秀、種子島月川、平山武靖、沖雄熊、松方巌、笹川満堯、谷山初七郎、有馬純彦、西村時直、前田幸麿、最上宏）

愛甲兼達《あいこうかねさと》（一八六二～一九二八）は薩摩出身の実業家。鹿児島師範学校で教職を勤めた後、勧倹貯蓄銀行（現・鹿児島銀行）、日本水電（現・九州電力）などの取締役、十五銀行（浪速銀行）頭取などを務めた。出身地の財部《たからべ》郷（現・鹿児島県曽於市財部町）に奨学金を設け、郷土の人材育成を支援した。天囚は愛甲の祖先のために「愛甲氏先徳碑」「愛甲喜春先生碑銘」を撰文している。愛甲喜春（一六〇五～一六九七）は薩摩志布志の出身で、屋久島出身の儒学者泊如竹《とまりじよちく》に学び、後に島津光久の侍講を務めている。（二通）

井筒嘉次郎《いづつかじろう》（一八八〇～一九三二）は種子島出身の力士。しこ名は、種子ケ島、星甲《ほしかぶと》、錦洋《にしきなだ》などを経て「西ノ海」。井筒は年寄名である。旧名は牧瀬休八《まきせきゆうはち》、後、近藤姓となる。大正五年（一九一六）春、第二十五代横綱に昇進。種子島の西之表市内の日典寺《につてんじ》に、二十一代木村庄之助の書による顕彰碑が建立されている。またこれとは別に、大正六年三月、西ノ海が横綱となって帰郷したのを機に、天囚が「力士西海報恩碑」の漢文を記している。天囚はその草稿の標題を手書きで「追孝報恩碑」と修正している。それは、西ノ海が横綱に昇進し、種子島に凱旋した際、すでに両親は亡くなっており、その恩に報いるため石碑の建立を思い立って天囚に撰文を依頼したことから、天囚がその「孝」

図17　西ノ海

の精神に感動したことによる。天囚はこの碑文で力士としての西ノ海を顕彰するとともに、その「報恩」の気持ちを高く評価した。碑文の末尾は「怪力は得易《えやす》く孝は得難し」と結ばれている。種子島の西村家には、この西ノ海の婚礼の写真、西ノ海と天囚ら種子島関係者との記念写真などが残されている。図17に見える化粧まわしのデザインは、三角を三つ重ねたもので、これは種子島氏の家紋「三《みつ》鱗《うろこ》」である。種子島出身者の親睦会を「三鱗会」といい、関西には「京阪神三鱗会」もあった。この書簡一通は大正十一年（一九二二）、年寄「井筒」名による。天囚が宮内省御用掛に就任したことに対する栄転祝いである。なお、「年寄」とは、関取以上の力士が引退後または現役中に年寄名跡を襲名・継承した者で、相撲協会の運営や各部屋の力士養成に当たる。「年寄」にならないと、現役引退後は相撲協会の正規の構成員とはなれない。年寄の枠は歴史的な経緯から固定されており、昭和十七年（一九四二）以降の定員は百五名である。現役時の成績や日本国籍の保有、協会の承認などの要件を満たす必要がある。西ノ海が「井筒」を襲名したのは、現役中の明治四十二年（一九〇九）である。このように現役の力士が同時に年寄株を持つことを「二枚鑑札《にまいかんさつ》」と言う。（一通）

今井《いまい》兼利《かねとし》（一八三五～一八九〇）は薩摩出身の陸軍軍人。幕末維新の際には、薩英戦争、禁門の変、戊辰戦争、西南戦争などに参戦した。最終階級は陸軍少将。明治二十一年（一八八八）、大阪鎮台司令官高島鞆之助中将らと大阪偕行社附属小学校（後、追手門学院）を創設した。（二通）

大久保《おおくぼ》利武《としたけ》（一八六五～一九四三）は天囚と同年生まれの官僚、政治家。大久保利通の三男である。後述の牧野伸顕の弟。台湾総督府、内務省に勤務し、鳥取、大分、埼玉、大阪などの府県知事を歴任した。大正六年（一九一七）からは貴族院議員を務めた。（一通）

大迫尚道《おおさこなおみち》（一八五四～一九三四）は薩摩出身の陸軍軍人。大迫尚敏《なおとし》陸軍大将の弟。明治二十二年（一八八九）、ドイツに留学し、ドイツ公使館付武官となる。日清日露戦争に参戦。日露戦争の奉天会戦で第二軍参謀長として指揮する。最終階級は陸軍大将。（一通）

図18　西ノ海を囲む記念写真

河内礼蔵《かわちれいぞう》（一八六二～一九二七）は種子島出身の陸軍軍人。最終階級は陸軍中将。前田豊山の尽力によって創設された種子島準中学校の第一期卒業生。上京して、陸軍士官学校卒。日清日露戦争に参戦。河内は豊山門下の天囚の才能を高く評価し、また自身は「大将にならんでもよか」と述べるなど恬淡な人柄であったという。図18は、種子島出身の横綱西ノ海を囲む記念写真で、後列左から天囚、西ノ海、弓削田精一、前列左から天囚夫人の幸子、河内礼蔵、羽生俊助（後述）である。西ノ海の身長は「六尺一寸」（一八五cm）、天囚は「六尺」（一八〇cm）。天囚が力士に劣らぬ堂々たる体格だったことがこの写真からも分かる。（一通）

税所篤《さいしょあつし》（一八二七～一九一〇）は元薩摩藩士。青年期から西郷隆盛、大久保利通らと親交があり、明治維新後、県知事・県令、元老院議官、宮中顧問官、枢密顧問官などを歴任。子爵となる。西郷、大久保とともに薩南の三傑と称された。（一通）

坂元貞二《さかもとていじ》（一八八〇～一九七四）は鹿児島県士族脇田寛の二男。海軍兵学校卒。最終階級は海軍少将。（一通）

坂元八郎太《さかもとはちろうた》（一八五三～一八九四）は鹿児島出身の海軍軍人。最終階級は海軍少佐。明治十年（一八七七）、西南戦争に出征。明治二十七年（一八九四）、砲艦「赤城」（昭和二年に竣工する空母赤城とは同名であるが別艦）の艦長に就任、日清戦争に参戦し、黄海海戦で奮闘の末に戦死した。この時の奮戦をもとに、日本画家の水野年方による「帝国赤城艦長阪本少佐奮戦」が描かれ、「坂元少佐（赤城の奮戦）」という軍歌が作られた。この二通は明治二十三年（一八九〇）五月と翌二十四年二月のもので、いずれも坂元がロシアに出張し、ロシア艦に乗船していた時のものである。（二通）

図19　種子島守時

高山公通《たかやまきみみち》（一八六七～一九四〇）は鹿児島出身の陸軍軍人。最終階級は陸軍中将。陸軍士官学校、陸軍大学校卒。日露戦争に出征した。（一通）

種子島守時《たねがしまもりとき》（一八七九～一九二九）は種子島氏第二十七代当主（図19）。先代の当主で兄の時丸が夭逝したため、わずか七歳で家督を継ぎ、前田豊山がその後見役を務めることになった。明治三十三年（一九〇〇）、華族に列せられ、男爵に叙せられた。守時の授爵について豊山と天囚が尽力したことについては本書第一章参照。（四通）

寺田望南（一八四九～一九二九）は薩摩出身の官吏・蔵書家。名は弘。明治の初めに文部省に入ったが、西郷隆盛の下野に伴い帰郷した。その後は、古書の収集、売買などに努めた。天囚は、この寺田からたびたび古書を購入していたようで、日記にも「午後寺田望南至。求售賈似道本閣帖、価五十円、不得已購蔵之」（大正十一年五月四日）、「訪寺

図21　浅子（左）と幸子

図20　家族写真

田望南、購活版尚書」（同八月二日）、「寺田翁携文中子而来訪」（大正十二年二月二日）などと見えている。（三通）

西村あさ（浅子）（一八四〇～一九二七）は天囚の母。種子島西之表の士族平山伝一郎の娘。前田豊山の従姉妹にあたる。夫城之助が早逝したため女手一つで天囚・時輔の兄弟を育てた。（三通）（天囚発信十六通）

西村さち（幸子）（一八七四～一九二九）は天囚の妻。三原経倫の娘。三枚の家族写真の内、図20は天囚の左隣が浅子、後列中央が幸子。図21は浅子（左）と幸子。針仕事であろうか、お針箱の後ろに朝日新聞が見える。図22は大阪松ヶ枝町の自宅縁側で撮られたもので、天囚の隣が幸子、天囚の後ろが浅子である。（一通）（天囚発信四十五通）

西村時輔《ときすけ》（一八六七～一八九四）は天囚の二歳下の弟（図23）。父城之助が亡くなった時はまだ母の胎内にあった。十八歳で上京し、明治二十三年（一八九〇）、明治法律学校卒。鹿児島新聞主筆を経て、明治二十五年（一八九二）、大阪朝日新聞社に入る。明治二十七年（一八九四）、日清戦争取材のため出張していた朝鮮でマラリアに罹り、さらにチフスを併発して死去した。遺骨が神戸港に帰ってきた時、迎えに来た天囚は、ただただ声を上げて泣いたという。（十通）（天囚発信二十通）

図23　西村時輔

図22　松ヶ枝町の自宅にて

図25　羽生俊助（左）と天囚

図24　弓を射る西村時三と天囚、種子島守時

西村時三《ときぞう》（一八四七〜？）は天囚の養子となった時教《ときのり》の実父。時三の祖先は種子島氏の家老であった上妻《こうづま》氏である。天囚には実子がなかったので、明治四十年（一九〇七）に養子縁組届が出されている。図24は種子島の西村家に残る写真で、時三（右）と天囚、種子島守時（左）の三人が弓を射るものである。（四通）

羽生俊助《はぶしゅんすけ》（一八六四〜？）は、種子島出身の陸軍軍人（図25）。最終階級は陸軍大佐。天囚より一つ上で、天囚と同じく前田豊山に学んだ。さらに鹿児島に渡り、鍋島六郎に漢学を学ぶ。上京して、陸軍士官学校入学。日清日露戦争に参戦。明治四十年（一九〇七）に陸軍中佐に昇進。明治四十三年（一九一〇）、天囚が世界一周会で出発する際、当時在住の姫路から神戸港まで見送りに来たことが、天囚の『欧米遊覧記』に記されている。著書に『驚天動地世界大戦史』の大冊がある。（二通）

日高壮之丞《ひだかそうのじょう》（一八四八〜一九三二）は鹿児島出身の海軍軍人。最終階級は海軍大将。海軍兵学校卒。西南戦争、日清戦争、日露戦争で軍功をあげる。日清戦争では巡洋艦「橋立」艦長。東郷平八郎に代わり舞鶴鎮守府長官を務めた。（二通）

図26　平山寛蔵

平山寛蔵《ひらやまかんぞう》（一八三二〜一九〇八）は天囚の伯父（図26）。天囚の母浅子の兄。種子島西之表出身。号は椒垣。種子島の船奉行、町奉行を務める。明治維新後は西之表の戸長。西南戦争への対応により鹿児島県から表彰される。明治二十七年（一八九四）、寛蔵らは三島汽船会社を創設し、種子島・屋久島・口永良部島《くちのえらぶじま》を結ぶ航路を開拓した。『種子島家譜』編纂局長。『鉄砲伝来記』の著者平山武章は寛蔵の孫にあたる。（八通）

図27　平山優子

平山ゆふ（優子）（一八〇九～一八九四）は天囚の祖母（図27）。浅子の母。種子島藩士平山伝一郎（号は西海）の妻。好学で和漢の史伝に通じ、特に和歌に優れていた。天囚の母浅子とともに、父を亡くした幼少の天囚を養育した。天囚の著『老媼物語《ろうおう》』は、冒頭この優子について述べ、養育してくれたことに深く感謝している。優子は天囚を前田豊山のもとに通学させ、天囚は帰宅すると、優子の前で復習するのを日課にしていたという。そして種子島は古より文学が開けているが、まだ女性のための訓育書がないので、優子から聴いた種子島の優れた女性の伝記をまとめて「教草《おしえぐさ》」にしたいとの思いでこの本を編纂したという。（二通）

樋渡清廉《ひわたしきよかど》（一八七〇～一九五三）は鹿児島知覧《ちらん》出身の教育者。早稲田専門学校第一期生。鹿児島県立第一鹿児島中学（現在の鶴丸高校）の国漢教師を三十六年間務めた。沖永良部島の西郷隆盛碑など、多くの碑文を撰文。昭和十年（一九三五）、鹿児島県史編纂協議会員となる。（二通）

前田豊山《まえだほうざん》（一八三二～一九一二）は郷里種子島における天囚の師である。名は宗成、通称は譲蔵《じょうぞう》。豊山は号。天囚の母浅子の従兄にあたるので西村家とは遠戚になる。島主の種子島家に仕える。父の前田宗恭《むねやす》（紫州）と薩摩藩儒の宮《みや》内維清《うちこれきよ》に朱子学を学び、天囚の父城之助、薩摩の重野安繹などとも交流した。天囚は早くに父を亡くし豊山の薫陶を受けて育った。『種子島家譜』の編纂に従事。明治十一年（一八七八）、種子島準中学校を創設。明治十九年（一八八六）、種子島家第二十七代当主守時《もりとき》の後見人となり、その授爵に尽力する。晩年失明するが、郷里の教育文化に貢献

図28　前田豊山町葬

し、「種子島聖人」と称され、明治三十六年（一九〇三）に藍綬褒章を受ける。逝去の際には町葬が行われた（図28）。豊山の遺墨、ならびに守時授爵に至る経緯については本書第一章参照。（二通）

牧野伸顕《まきののぶあき》（一八六三～一九四九）は薩摩出身の政治家。維新三傑の一人大久保利通の子。吉田茂の岳父にあたる。明治四年（一八七一）、岩倉使節団に随行。帰国後に外務省に入り、ロンドン日本公使館勤務、法制局参事官などを歴任。第一次西園寺内閣の文部大臣。大正八年（一九一九）のパリ講和会議に西園寺らと日本全権として出席。翌々年、宮内大臣に就任した。天囚とほぼ同世代で、薩摩関係者として早くから交流があったようであるが、書簡はすべて大正十一年（一九二二）から十三年まで。牧野が宮内大臣、天囚が宮内省御用掛の時のもので、大正十二年一月二十日付け書簡は同年の御講書始中止の通知である。天囚と御講書始については、本書第九章参照。（十二通）

松方正義《まつかたまさよし》（一八三五～一九二四）は第四代と第六代の内閣総理大臣。薩摩藩士の子として生まれる。文久二年（一八六二）、島津久光に随行して京、江戸に赴く。慶応二年（一八六六）、島津藩の軍艦掛となり、薩長同盟にも貢献。明治維新後は政界で活躍し、内閣制度発足と同時に大蔵大臣に就任。二度にわたり内閣総理大臣を務めた。明治三十六年（一九〇三）、枢密院顧問官、大正六年（一九一七）、内大臣となり、閣外から影響力を持ち続けた。天囚が大正十年（一九二一）に宮内省御用掛に任ぜられた際には、この松方の斡旋があったとされる。天囚よりは三十歳年長ではあるが、同じ薩摩関係者として後輩の天囚に大きな期待を寄せていたことが分かる。天囚の日記によると、大正十二年の関東大震災によって松方邸は倒壊し、天囚はすぐに見舞いに行っている。また翌十三年三月、松方が危篤になった際、天囚は関係者とともに急ぎ自動車で駆けつけるが、病がやや持ち直して安堵したという。しかし、同年七月二日に松方は亡くなり、その後を追うようにして天囚も七月二十九日に逝去した。（五通）

松方幸次郎《まつかたこうじろう》（一八六六～一九五〇）は鹿児島出身の実業家、政治家、美術収集家。松方正義の三男。エール大学、ソルボンヌ大学卒。明治二十四年、第一次松方内閣で首相秘書官。明治二十九年（一八九六）、川崎造船所初代社長に就任。神戸瓦斯、神戸新聞、川崎汽船、国際汽船、九州電気鉄道など多くの会社の社長・重役を務めた。明治四十五年（一九一二）、衆議院議員に当選。ヨーロッパで絵画・彫刻・浮世絵などを収集し、「松方コレクション」として知られる。（一通）

山田直矢《やまだなおや》（一八六〇～一九三九）は薩摩出身の鉱山学者、経営者。鹿児島藩士の子。東京帝国大学卒。帝大教授を経て、三井鉱山株式会社に入り、三池炭鉱経営に従事。石狩石炭社長、北海道製紙社長を兼務した。（一通）

山名次郎《やまなじろう》（一八六四～一九五七）は薩摩出身の教育者、実業家。慶應義塾卒。福澤諭吉の推薦で北海道尋常師範学校長となる。その後、実業界に転じ、千代田火災保険会社取締役などに就任。母校慶応義塾の評議員も務めた。（一通）

山之内一次《やまのうちかずじ》（一八六六～一九三二）は薩摩出身の官僚、政治家。東京帝国大学卒。内務省に入り、地方官などを歴任。大正十二年（一九二三）、第二次山本権兵衛内閣で鉄道大臣、島津家臨時調査所委員を務める。（一通）

（7）宮内省関係者

天囚は、大正十年（一九二一）、宮内省御用掛を拝命し、大阪から東京に転居した。皇室関係の詔勅や文書の起草に務め、大正十三年（一九二四）の御講書始では漢書控として陪席した。また宮内省職員に漢籍の講義もしている。宮内省関係者を取り上げてみよう。

上野季三郎、大谷正男、香川秀五郎、白根松介、武井守成、戸田氏秀、波多野敬直、（平田東助、入江為守、関屋貞三郎、田中常憲、谷山初七郎、有馬純彦、最上宏）

上野季三郎《うえのすえさぶろう》（一八六四～一九三三）は出羽出身の官僚。東京商業高等学校卒後、外交官となり、サンフランシスコ領事館書記官、ドイツ公使館書記などを歴任。後、宮内省に移り、宮内大臣秘書官、式部官、大膳頭《だいぜんのかみ》などを務める。大膳頭は宮内省管轄の一部局で天皇の供御・饗宴などを司る大膳寮の長官である。（一通）

大谷正男《おおたにまさお》（一八八四～一九六七）は東京出身の宮内官僚、貴族院議員。東京帝国大学卒。大蔵省を経て、大正三年（一九一四）宮内省に入り、宮内大臣秘書官、勅任参事官、内蔵頭《くらのかみ》、宮内次官などを歴任した。内蔵頭とは、皇室の会計を管掌する蔵内寮《くらりょう》の長官。（三通）

香川秀五郎《かがわしゅうごろう》（一八五五～一九三二）は名は景之。東京出身。祖父は歌人で「桂園派」を創始した香川景樹《かげき》、父は景恒《かげつね》。御歌所《おうたどころ》を拠点とする桂園派を継承した。山階宮附事務官、御歌所参候《さんこう》を務めた。御歌所参候とは、天皇・皇族の御製や歌御会などを担当する御歌所の職員。（一通）

白根松介《しらねまつすけ》（一八八六～一九八三）は宮内官僚、政治家。内務官僚白根専一の子。男爵を襲爵。宮内省で内匠頭《うちのたくみのかみ》、内蔵頭、宮内次官などを歴任。後、貴族院議員、日本赤十字社常任理事を務めた。内匠頭とは、皇室の土木、工匠、庭園などを担当する内匠寮の長官。（二通）

武井守成《たけいもりしげ》（一八九〇～一九四九）は鳥取出身の政治家・官僚で枢密顧問官なども務めた武井守正の子。東京外国語学校イタリア語科卒。イタリア留学を経て、宮内庁に勤務。祭典・儀礼を担当する式部の長、雅楽を担当する楽部の長などを歴任。その間、ギターやマンドリン曲の作曲に努め、楽団の指揮者も務めた。（一通）

戸田氏秀《とだうじひで》（一八八二〜一九二四）は群馬の高崎藩主大河内輝声《おおこうちてるな》の子。宮内省に入り、東宮職《とうぐうしょく》主事、東宮職庶務課長、宮内事務官兼式部官などを務めた。東宮職は皇太子に関する事務を担当する部署。（一通）

波多野《はたの》敬直《よしなお》（一八五〇〜一九二二）は肥前小城藩藩士の子。藩校興譲館《こうじょうかん》で学ぶ。司法省に入り、司法次官、第一次桂内閣の司法大臣などを務める。後、貴族院議員、大正三年（一九一四）には宮内大臣に就任し、昭憲皇太后の御大葬、大正天皇の即位大礼、御大葬などに対処した。（二通）

この他、歌会始奉行からの一通がある。大正十一年（一九二二）一月六日付けで、歌会始披講陪席の件である。本書第九章で明らかにしたように、天囚は同年一月十八日、午前九時半に登省し、歌会始を陪聴している。

以上、種子島の西村家に残る天囚関係書簡を取り上げ、便宜上、（1）から（7）に分類して関係人物を確認してみた。天囚が新聞社に勤めるジャーナリストであったから当然とも言えようが、通常ではなかなか構築できないような広範なネットワークを形成し、意外な人物とも関わりを持っていたことが分かる。

なお、この書簡リストには含まれていないが、本書第四章で取り上げた画家の御船綱手を（4）の重要な関係者として加えておきたい。御船とは世界一周会で百四日間の旅を共にし、帰国後、その画帖「欧山米水帖」でも関わりがあった。

その他、（1）の懐徳堂関係者、（2）の朝日新聞関係者、（3）の学界関係者、（5）政治家・実業家・軍人、（6）の薩摩・種子島関係者について若干の補足をしておこう。

まず（1）の懐徳堂関係者として、中井木菟麻呂《なかいつぐまろ》は天囚との関係が深かった重要人物である。本書第八章でも解説したように、木菟麻呂は、江戸時代の懐徳堂で歴代教授を務めた中井氏の子孫で、明治二年（一八六九）の懐徳堂閉校後、その資料を大切に保管し、後に懐徳堂記念会に寄贈した。現在、大阪大学懐徳堂文庫として収蔵されている貴重資料の内、特に中井竹山・履軒らの自筆稿本や器物類が散逸することなく継承されたのは、この木菟麻呂の功績である。その木菟麻呂に宛てた天囚の書簡が、平成二十年（二〇〇八）、大阪谷町《たにまち》の誓願寺《せいがんじ》で発見された。誓願寺は、懐徳堂歴代教授の菩提寺で、書簡が残されていた経緯は未詳であるが、二十七点の書簡が確認されている。内二点は付記・追記のため、書簡数としては二十五通となる。木菟麻呂と天囚は、懐徳堂の顕彰・再建を巡って交流し、天囚が『懐徳堂考』を執筆する際、木菟麻呂に資料提供を求めたりしている。

また、種子島西村家での資料調査で、その木菟麻呂が天囚に贈った書幅が発見された。天囚は、大正十年（一九二一）、宮内省御用掛に任ぜられ、十月三日、大阪から東京五反田下大崎の島津邸役宅に移った。この書には、「大正十年秋九月」とあるので、天囚の東京赴任に際して贈ったものであることが分かる。中井木菟麻呂を（1）懐徳堂関係者に加えておく。なお、懐徳堂再建に対する木菟麻呂と天囚の意識の違いについては、本書第八章参照。

次に、（2）の朝日新聞関係者についても補足してみよう。同じ勤務先の同僚には、改まって書簡を送ることもなかったかもしれないが、当然、関係者として把握しておく必要はある。ここでは特に、明治四十四年（一九一一）、天囚とともに夏期巡回講演会に参加したメンバーを取り上げておきたい。この講演会は、その四年前の明治四十年（一九〇七）に同じく大阪朝日新聞社が主催した比叡山大講演会とともに、近代日本を代表する大規模な講演会の一つである。

期間は、明治四十四年七月二十三日から八月十八日で、講演を担当したのは、いずれも朝日新聞の社員であった。その中から、これまでに名前があがっていない主な人物を簡潔に紹介してみよう。

石橋白羊《いしばしはくよう》（一八七一～一九二七）は本名為之助《ためのすけ》。大阪出身。米国留学を経て、当時は、大阪朝日新聞記者。在職中に衆議院議員となり、その後、神戸市長も務めた。この巡回講演会では、その政治経済の知識と経験を活かして、「巴《パ》奈《ナ》馬《マ》運河」「最新式の軍艦」「日米の関係」「日英同盟の改訂」などの時事的な講演を行っている。

花田比露思《はなだひろし》（一八八二～一九六七）は本名大五郎。京都帝国大学法科卒後、大阪朝日新聞入社。調査部長兼論説委員を務める。大正七年（一九一八）の白虹《はっこう》事件で辞任。その後、和歌山高商校長、福岡商大、大分大、別府大学長などを歴任した。歌人としても活躍し、歌集・歌論集がある。出身地の福岡県朝倉市のホームページによれば、号の「比露思」は、大五郎の「大」を「ひろし」と読ませ、夏目漱石の小説『草枕』にある「秋づけば尾花が上に置く露の消ぬべくも吾は思ほゆるかも」という万葉の歌から付けたという。白虹事件については本書第六章参照。

藤澤一燈《ふじさわいっとう》（一八八二～一九三〇）は本名穆《ぼく》。京都帝国大学経済科卒後、この講演会の前年の明治四十三年（一九一〇）に大阪朝日新聞入社。その三年前、在学中の明治四十年の比叡山大講演会の参加者名簿に名が見える。比叡山では受講生として、この夏期巡回講演会では講師として参加したのである。演題は「空中世界の実現」。交通機関における航空機の重要性について説いている。大正五年（一九一六）に一旦退社したが、同八年に再入社し、論説委員、調査部長などを歴任した。

本多雪堂《ほんだせつどう》（一八七一～一九二〇）は本名精一。武生《たけお》藩（福井県）の出身で、東京帝大卒業後、同志社大学講師を経て大阪朝日新聞に入社。一旦退社して欧米視察の後、東京日日新聞の社長・主筆となる。この講演会が行われた明治四十四年には、再び大阪朝日の東京駐在客員となっていた。経済通の法学博士として知られ、『地方財政問題』『新日本の経済』『財政問題百話』などの著書がある。大正七年（一九一八）、白虹事件によって朝日新聞社の幹部が総退陣したのを受けて編集局に復帰し、主筆格となった。

高原蟠堂《たかはらかいどう》は本名操《みさお》。明治八年（一八七五）、福岡県筑紫郡生まれ。明治三十四年に東京帝国大学文科大学哲学科卒業、後、明治三十九年（一九〇六）、京都帝国大学法科大学を卒業し、大阪朝日新聞入社。明治四十年の比叡山講演会では記者として活躍し、この年の夏期巡回講演会では講師となり、自身の樺太視察を踏まえた内容を講演している。

夏目漱石（一八六七～一九一六）については周知のことなので詳述しないが、念のため、この講演会前後を中心に附言しておけば次の通りである。本名金之助。慶応三年生まれで、天囚より二歳年下である。文芸誌『ホトトギス』に、『吾輩は猫である』を発表したのが明治三十八年（一九〇五）。翌年、同誌に『坊っちゃん』を、翌々年の明治四十年に『野分』を発表している。

同年四月、すべての教職を辞し、朝日新聞社に入社して作家活動を本格的に開始。『虞美人草』『三四郎』などの連載小説を朝日新聞に掲載していく。明治四十三年（一九一〇）六月、『門』の連載を終え、胃潰瘍となり入院。修善寺温泉で転地療養するが吐血して一時危篤となる。そして四十四年（一九一一）が、この夏期巡回講演会である。漱石は第三班の講師として、明石、和歌山、堺を巡回し、八月十八日は、天囚たちと合流して大阪中之島公会堂の大講演会に臨んだのである。その後、漱石は胃潰瘍が再発し、入院している。すなわち、漱石の体調悪化の時期とこの講演会とは重なっている。

この他に、朝日新聞関係者として、杉村楚人冠、佐藤真一、清瀬規矩雄、長谷川如是閑、鳥居素川、緒方竹虎の五名を追加しておこう。杉村、佐藤、清瀬、長谷川は世界一周会関係者でもある。

杉村《すぎむら》楚人冠《そじんかん》（一八七二～一九四五）、名は廣太郎《こうたろう》。楚人冠は号である。在日アメリカ公使館通訳を経て、明治三十六年（一九〇三）、東京朝日新聞に入社。外国駐在経験を活かして世界一周会を企画し、第一回世界一周会に随行して、帰国後、その紀行文を『半球周遊』としてまとめている。それによれば、第一回世界一周会終了後、杉村楚人冠が来阪して、大阪朝日で第二回世界一周会についての会議が行われ、特派員として天囚が推薦を受けたという。号の「楚人冠」は『史記』項羽《こうう》本紀の故事に基づく。明治三十二年（一八九九）から米国公使館の通訳を始めた杉村は、入館の際、シルクハットをかぶっていったが、その様子を自嘲気味に「粗野な楚人《そひと》のかぶる冠」と感じてこの号を付けたという。秦の始皇帝亡きあと、項羽は、覇権を争った劉邦を一旦退け、首都咸陽《かんよう》を焼き払った。その時、臣下から「この関中《かんちゅう》は中原《ちゅうげん》を制することのできる要衝なので、ここを根拠地とすべきです」という進言を受けたが、「故郷の楚《そ》に凱旋しないのは、夜道に錦《にしき》の服を着て歩くようなものだ、誰も成功を知ってくれない」と拒絶した。それを聞いたある人が、「楚人は、沐猴《もくこう》にして冠するのみ」、つまりサルのような田舎者が冠をかぶっているだけだと言ったところ、怒った項羽はその者を煮殺してしまったという。こうした故事に基づく号である。

佐藤真一《さとうしんいち》（一八六八～一九一四）は、号は北江《ほっこう》。盛岡出身。明治十七年（一八八四）、創刊されたばかりの「岩手新聞」記者となり、後、東京朝日の記者、編集長を務めた。当時まだ無名だった石川啄木を校正係で採用したことでも知られる。二十年にわたる編集長時代、怨嗟《えんさ》の声を聞いたことがなく、「東朝《とうちょう》の珍将《ちんしょう》」「名編集長」と称せられた。第二回世界一周会では、西村天囚とともに「通信」の任務に当たる。号の「北江」は出身地盛岡市内を流れる北上川にちなむ。

清瀬規矩雄《きよせきくお》（一八七八～一九四四）は、号は乾坤生《けんこんせい》。明治三十年（一八九七）から欧米各国に留学して法学・経済学を学び、サンフランシスコで「日米新聞」の記者となっていた。第二回世界一周会が横浜を出港した時点では朝日新聞社サンフランシスコ特派通信員を務めており、清瀬は現地で一団に合流した。十数年の米国滞在で、「英語を操《あやつ》ること邦語《ほうご》（日本語）のごとく、内外交渉の用務は一瞬にして処理できる」と称されていた。

長谷川如是閑《はせがわにょぜかん》（一八七五～一九六九）、本名は萬次郎、如是閑は号である。明治三十一年（一八九八）に東京法学院

図29　朝日新聞関係者（鳥居素川・天囚・土屋）

（中央大学の前身）を卒業した後、日本新聞社を経て、明治四十一年（一九〇八）、大阪朝日新聞社に入社。日英博覧会取材のため、明治四十三年四月から八月までロンドンに滞在していた。帰国後は、天囚の命名による「天声人語」の執筆も担当した。号の「如是閑」は、当時、多忙を極めていた長谷川について、友人がせめて名前だけでもと「是《か》くの如《ごと》く閑《ひま》なり」と名付けたのが由来であるという。

鳥居素川《とりいそせん》（一八六七～一九二八）は本名赫雄《てるお》。熊本出身。明治三十年（一八九七）に大阪朝日新聞社に入り、明治四十四年から三十六年にかけて社費によりヨーロッパ留学。主にドイツのベルリンに滞在した。後、編集局長となり、民本主義の論陣を張ったが、大正七年（一九一八）の白虹事件で引責辞任し、退社後、大正日日新聞を創刊した。白虹事件については本書第六章参照。朝日社内においてリベラル派の鳥居と保守派の西村天囚とは対立していたように捉えられているが、主義主張についてはともかく、社員同士としての関係は必ずしも対立的ではなかったようで、種子島の西村家には、天囚と一緒に写る鳥居素川の写真も複数枚残されている。図29で右の庭石に足をおろすのが鳥居、縁側の左から二番目が土屋大夢（前出）、三番目が天囚である。

緒方竹虎《おがたたけとら》（一八八八～一九五六）の姓は、その先祖が大阪の緒方洪庵の適塾に入門して緒方姓を与えられたことによるという。早稲田大学専門部卒業後、明治四十四年（一九一一）、中野正剛（前出）に誘われて大阪朝日新聞入社。新元号「大正」をスクープした。大正七年（一九一八）の白虹事件後、主筆となった本多雪堂（前出）のもとで論説を担当し、後、朝日新聞社副社長・

主筆となり、また政界に転出し、自由党総裁、自由民主党総裁代行委員、国務大臣、情報局総裁、内閣書記官長、内閣官房長官、副総理などを歴任した。

（3）の学界関係者では、島田篁村、三島中洲、中村敬宇を補足しておきたい。

島田篁村《しまだこうそん》（一八三八〜一八九八）は江戸生まれの漢学者。名は重礼、字は敬甫、篁村は号である。海保漁村、安積艮斎、昌平黌の塩谷宕陰に学ぶ。下谷に家塾「双桂精舎」を開く。上京した天囚が重野安繹の勧めで通ったのは、この島田の私塾である。明治十四年（一八八一）、東京大学教授となる。宋学（朱子学）を基本としながらも、漢唐の漢学（古注学）と清朝考証学とを併用し、漢学の近代化に貢献した。天囚の基本的な学問傾向は、この島田篁村との出会いが契機となって形成されていったと言えよう。

三島中洲《みしまちゅうしゅう》（一八三一〜一九一九）は、備中国窪屋郡中島村（現・岡山県倉敷市）生まれの漢学者。名は毅、字は遠叔、通称は貞一郎。中洲は号である。備中松山藩の山田方谷、伊勢津藩の斎藤拙堂に儒学を学び、昌平黌で佐藤一斎や安積艮斎に師事した後、藩校有終館の学頭となる。明治十年（一八七七）、二松学舎大学の前身となる漢学塾二松学舎を創設し、翌年、東京師範学校漢学教授となる。明治四十五年（一九一二）、宮内省御用掛を拝命し、大正四年（一九一五）、宮中顧問官となる。

中村敬宇《なかむらけいう》（一八三二〜一八九一）は、名は正直《まさなお》、敬宇は号。江戸に生まれ、昌平坂学問所で佐藤一斎に学び、後にその教授も務めるが、明治維新後は、徳川慶喜の後に徳川宗家を継いだ家達《いえさと》に従って静岡に移り、静岡学問所教授となる。一方、慶応二年（一八六六）から一年半ほどイギリス留学の経験もあり、明治七年（一八七四）にキリスト教の洗礼を受けている。西洋社会に触れた敬宇は、西洋列強の強さの背景に敬虔なキリスト教信仰があり、それが彼らの道徳性の淵源にもなっていると感じた。また、留学経験から、女子教育・幼児教育などの重要性にも気づいた。その思想を表明したものとして、有名な「敬天愛人説《けいてんあいじん》」がある。天囚との関わりは、三島中洲と同じく、重野安繹を通じた文会において天囚を指導したことに始まる。その思想については、本書第八章で言及した。

（5）政治家・実業家・軍人の項目で、渋沢栄一（一八四〇～一九三一）を補足しておこう。残念ながら、西村天囚関係資料として、渋沢栄一との直接的な関係をうかがわせる物的証拠は見つかっていない。しかし、本書第五章「大阪市公会堂壁記の成立」で取り上げたように、新公会堂の建設について渋沢と天囚とは深く関わっており、いつかの時点で接点があったと推測される。また、本書第八章「懐徳堂の孔子祭」で考察したように、孔子没後二千四百年記念の孔子祭が湯島聖堂で挙行された際、天囚は斯文会の委員としてその運営に関与していたが、渋沢栄一はその斯文会顧問であった。ここでも何らかの関わりがあったと思われる。

（6）の薩摩・種子島関係者は今後の調査でさらに判明してくる人物も多いと思われるが、ここでは、中井桜洲、森友諒、牧瀬祐次郎、羽生操を取り上げておきたい。

中井桜洲《なかいおうしゅう》（一八三九～一八九四）は、幼名は休之進、通称は弘。薩摩藩士で、藩校造士館に学んだが、十八歳で脱藩して京都へ行き、後藤象二郎や坂本龍馬と交流、彼らの資金でイギリスへ密航留学した。帰国後、宇和島藩に仕え、さらに滋賀県知事・元老院議官・京都府知事などを歴任した。詩文に長じ、中国の古典『詩経』小雅・鹿鳴《ろくめい》の詩に基づいて、明治十六年（一八八三）竣工の西洋館を「鹿鳴館」と命名した。滋賀県知事時代に、ちょうど東京から関西に移ってきた天囚を、自身が創刊した大津の「さざ浪新聞」に迎えた。天囚のジャーナリストとしての活動は、この中井との出会いによって開かれたと言ってよい。

森友諒《もりゆうりょう》（一八五九～一九三七）は、種子島西之表出身。上京して海兵隊に入隊するも、明治九年（一八七六）の廃止により帰郷。翌年、十八歳で西南戦争に従軍。最後は鹿児島の城山に籠もるが、城山陥落により捕虜となり取り調べ

図30　牧瀬祐次郎

を受けた後、放免となる。帰郷し、種子島学校に入学。明治十二年（一八七九）、西南戦争の戦没者を悼む招魂碑の建立に尽力した。この石碑の漢文は天囚の撰文で、西之表市内東町玉川《たまがわ》の地に建つことから「玉川招魂碑」と呼ばれている。森は戦役の前、武運長久を伊勢神宮に祈願してあったので、七歳年下の天囚を伴い、報謝のため伊勢神宮の参詣を経て上京した。天囚はこの上京で、前田豊山の添書を持って重野安繹に面会し、重野の紹介で島田篁村の塾に入る。森は、同郷の河内礼蔵（前出）も入校していた陸軍士官学校入学を希望するが、両親に反対されて断念した。明治二十年（一八八七）に帰郷して以後は、前田豊山とともに島民の教育にあたり、明治二十三年（一八九〇）には種子島家第二十七代守時の教育係となる。その後、北種子村長、県会議員などを務めた。大正十五年（一九二六）には、前田豊山の遺文を編集した『豊山遺稿』を刊行、昭和二年（一九二七）には、遠藤家彦との共編で、『種子屋久先賢伝』を刊行し、種子島氏の開祖平信基以下、種子島・屋久島関係者百一名を取り上げ解説している。この中には前田豊山、西村天囚も含まれている。

牧瀬《まきせ》祐次郎《ゆうじろう》（一九〇一～一九四四）は種子島西之表出身。天囚の計らいで鹿児島に出て、小学校教員大牟礼つるの指導を受ける。京都帝国大学卒業後、三菱商事に入社。ロンドン・パリで勤務した後、昭和十年（一九三五）帰国して大阪勤務。二年後にローマ支店長として再び渡欧。戦況悪化により帰国困難となり、昭和十九年（一九四四）、北イタリアでパルチザンに襲われ落命。妻は三人の子供を連れて逃避行を続けた後に帰国した。天囚と牧瀬家とには親交があったようで、種子島の西村家のアルバムには、祐次郎結婚の際の写真（図30）と、その兄の祐紀一家の写真が貼っである。祐紀も天囚を頼って大阪に出て、高槻《たかつき》に住んでいた。天囚の日記の大正十一年一月五日の項には、「牧瀬祐紀西帰」とあるので、この年の正月にかけて牧瀬祐紀が上京して天囚宅を訪問し、五日に大阪に帰って行ったことが分かる。もっとも、祐次郎が結婚したのは、昭和四年（一九二九）なので、この婚礼の写真は天囚没後に祐次郎が天囚の遺族に贈ったものと推測される。なお、『第二次世界大戦下の欧州邦人（イタリア編）』（銀河書籍、二〇二一年）は、戦時下のイタリアに暮らした日本人の体験記を掲載するが、その中に、牧瀬一家のことが紹介されている。

羽生操《はぶみさお》（一八九一～一九七六）も種子島西之表出身で、島内の国上《くにがみ》小学校や榕城《ようじょう》小学校の代用教員を務めた後、大正七年（一九一八）に上京。その際、大阪に立ち寄り、西村天囚から、東京朝日の緒方竹虎宛ての紹介状をもらい、博文館に入社して編集者となった。博文館は、明治二十年（一八八七）創業の東京の出版社で、社名は伊藤博文にちなむ。明治二十八年（一八九五）、初の総合雑誌『太陽』を創刊し、当時最大の出版社として隆盛をきわめた。羽生はここで、はじめ「中学世界」の編集に携わり、後に「家庭雑誌」「新趣味」なども担当した。またその後、日本女子高等学院教授となって国文学を担当し、昭和三年（一九二八）には「万朝報《よろずちょうほう》」特派員として渡欧した。その際に、パリで牧瀬佑次郎と出会い、牧瀬の人柄について、「いかにも誠実な人柄」「落ち着いた、機転の利く青年紳士だった」と述べている。また羽生は牧瀬に、天囚との思い出（自身の失敗談）を語り、大正九年（一九二〇）に天囚が文学博士となったのを知り、上京の際のお礼状をまだ出していないことを恥じて、博士号取得のお祝いと緒方竹虎に紹介してもらったことのお礼とを兼ねて手紙を出したところ、すぐに天囚から返信が届き、まったく恐縮したと述べている。羽生はその後、著述活動に入り、著書『マルコ・ポーロの冒険』『太平洋のかけはし』や翻訳書を刊行した。

なお、これ以外に、西村家所蔵書簡には、中国人と見られる人名もあるが、これについては、本章の後節で、清末・民国初期の関係人物を取り上げる際にまとめて確認してみよう。

二、関西文人たちとの交流

次に、関西文人たちとの具体的な交流を示すものとして、「景社」関係資料を取り上げてみよう。景社については、本書の中でもたびたび取り上げてきたので、詳細は繰り返さないが、天囚が明治四十四年（一九一一）に結成した文会である。同年、天囚が執筆した規約「景社同約」（『碩園先生文集』巻三）によれば、結社の精神は、『論語』の「以文会友（文を以て友を会す）」によるという。また、会の名前の由来は、同人がみな大阪市北区の「菅廟」（天満宮）付近に住んでいたことから、天神様を景して（仰ぎ慕って）その「賽日」（祭日）の毎月二十五日の夜に会合することにちなむという。同人は、自作の漢詩文を持ち寄り、互いに添削しあったり、即興の詩を作ったりしていた。本格的な活動は、籾山逸也の帰国を待って大正四年（一九一五）から始まった。

その活動を示す資料としては、天囚が執筆した右の「景社同約」、大正五年二月の「景社題名記」（『碩園先生文集』巻三）があり、さらに同人の名簿と毎回の活動を持ち回りで記録した『景社紀事』（大阪大学石濱文庫所収）がある。また、「景社題名第三」という寄せ書きが種子島の西村家に残されていたことについても、すでに本書第一章、第五章で述べた通りである。

ここでは、その「景社題名第三」に署名していた人々を改めて確認してみたい。この「景社題名第三」の題字は狩野直喜が揮毫しているが、それに続く署名人は記載順に以下の十四名である。

永田暉明、磯野維秋、長尾甲、西邨時彦、内藤虎、光吉元、狩野直喜、本田成之、武内義雄、青木正児、岡崎文

夫、石濵純太郎、藤林廣超、神田喜一郎

前節までですでに紹介した人物も多い。「長尾甲」は長尾雨山、天囚は「西邨」と表記している。「内藤虎」は内藤湖南、「光吉元」は光吉元次郎である。磯野秋渚、狩野直喜、武内義雄も前出である。これらを除く七名について簡潔に紹介してみよう。

永田暉明《ながたてるあき》（一八三八～一九二三）は旧蓮池《はすのいけ》藩士。蓮池藩は佐賀藩の支藩である。字は士哲、号は碧桐。幕末に湯島聖堂に学び、明治維新後は、蓮池大参事、神埼郡長、県会議員を経て明治二十九年（一八九六）、佐賀市長に就任。詩文の才に優れ、明治三十七年（一九〇四）、芙蓉詩社を起こした。大正四年（一九一五）の景社入会時は神戸在住で、七十四歳の最年長であったため、この「景社題名第三」でも筆頭に署名したと思われる。

本田成之《ほんだしげゆき》（一八八二～一九四五）は岐阜出身の漢学者、書画家。字は孟彦、号は風軒。京都帝国大学支那哲学科卒。神宮皇学館教授、龍谷大学教授を歴任した。大正五年（一九一六）の景社入会時は三十五歳。著書に『支那近世哲学史考』の他、富岡鉄斎に師事して『富岡鉄斎と南画』の著もある。

青木正児《あおきまさる》（一八八七～一九六四）は山口出身の中国学者。字は君雅、号は迷陽。京都帝国大学支那文学科卒。大正五年の景社入会時は三十歳。景社同人の狩野直喜、内藤湖南は京大での師にあたり、京都支那学の発展に貢献した。後、東北帝国大学教授、京都帝国大学教授を歴任した。明清演劇史の研究書『支那近世戯曲史』がある。

岡崎文夫《おかざきふみお》（一八八八～一九五〇）は富山出身の東洋史学者。字は煥卿、号は桜洲。京都帝国大学史学科卒。大正五年（一九一六）の景社入会時は二十九歳。後、東北帝国大学教授。師の内藤湖南の唐宋変革論を継承し、『魏晋南北朝通史』を著した。

図31　最後の懐徳堂恒祭

石濵《いしはま》純太郎《じゅんたろう》（一八八八～一九六八）は大阪出身の東洋史学者。字は士粋。大阪の漢学塾泊園書院で学び、大正十一年（一九二二）、大阪外国語学校（現在の大阪大学外国語学部）蒙古語部に入学、翌年には、泊園書院の漢学の講師として出講している。大正十五年（一九二六）、関西大学専門部講師となり、後、教授に就任。その旧蔵書は大阪外国語大学を経て現在、大阪大学図書館に「石濵文庫」として収蔵されている。『景社紀事』も石濵文庫所蔵資料である。著書に『支那学論攷』『東洋学の話』『富永仲基』『浪華儒林伝』など。天囚と石濵の出会いには、東大古典講習科同期生の岡田正之が関与している。天囚は岡田から、大阪の住吉《すみよし》に石濵という秀才がいて卒業論文を漢文で書いたと知らされ、わざわざ石濵のもとに出向いて景社への入会を勧めた。石濵はこれに感激し、すぐに入会したという。後に、懐徳堂記念会の事業運営委員も務めた。

図31は、昭和二十八年（一九五三）十月二十四日、懐徳堂の焼け跡で行われた最後の恒祭の時の写真。後ろに焼け残った鉄筋コンクリート造りの研究室・書庫棟が見える。ここに収蔵されていて災禍を免れた書籍など三万六千点が大阪大学

に寄贈され、「懐徳堂文庫」となって現在に至っている。前列向かって左から三番目が小倉正恒理事長、その左が上野精一理事、その間に立っているのが石濵である。ちなみに、大阪大空襲によって拠点を失った懐徳堂は、昭和二十四年に書庫内の資料を一括して大阪大学に寄贈し、以後は阪大とともに懐徳堂事業を継続していくこととなった。そのため、この写真には数名の阪大関係者も写っている。前列左端は桑田芳蔵事業運営委員（阪大文学部長）、前列の小倉理事長の右隣が今村荒男理事（阪大総長）、後列右から五番目が阪大教授の桑田六郎（東洋史学）、その左が同じく阪大教授の木村英一で、ともに事業運営委員であった。ちなみに、大阪大学中国哲学研究室の初代教授がこの木村で、二代目が森三樹三郎、三代目が日原利国、四代目が加地伸行、五代目が筆者（湯浅）。いずれも懐徳堂記念会の事業や懐徳堂文庫の整理調査、懐徳堂の研究に尽力した。

藤林《ふじばやし》廣超《こうちょう》（一八八八～一九八四）は京都出身の中国文学者、真宗大谷派僧侶。京都帝国大学支那文学科卒。大正五年（一九一六）の景社入会時は二十九歳。後、同志社大学教授。翻訳書に『鏡花縁　則天武后外伝』がある。

神田《かんだ》喜《き》一郎《いちろう》（一八九七～一九八四）は京都出身の東洋史学者。号は鬯盦《ちょうあん》。京都帝国大学支那史学科在学中に西村天囚の講義を受講している。大正五年（一九一六）の景社入会時は二十歳で最年少。卒業後の大正十五年（一九二六）、宮内省図書寮嘱託として漢籍の調査に当たり、その後、台北帝国大学、大谷大学などを経て、京都国立博物館初代館長に就任した。著書に『東洋学説林』『敦煌学五十年』などがある。その旧蔵書は大谷大学に寄贈され、昭和六十三年（一九八八）、大谷大学図書館編『神田鬯盦博士寄贈図書目録』が刊行された。

以上が「景社題名第三」の署名人であるが、この内、本田成之以下は、大正四年または五年の景社入会時年齢が三十歳以下の若手となる。また、石濵は大正五年四月入会、本田、青木、岡崎、藤林、神田は同年七月に揃って入会している。景社が本格的に始動した大正四年時点で顧問格の小牧桜泉は七十二歳、永田暉明は七十四歳。この二人は年長で別格と言えよう。また、長尾雨山五十二歳、西村天囚五十一歳、内藤湖南五十歳、狩野直喜四十九歳で、このあたりがほぼ同輩である。従って、この「景社題名第三」の署名はおおむね年齢順に並んでおり、その世代も七十代から二十代までとかなりの幅があったことが分かる。天囚が目指したのは、世代を超えて互いに忌憚なく文章添削をし合うサークルの結成であり、この年齢構成という点でもその性格を読み取ることができよう。

この「景社題名第三」の会合は、大正五年七月十六日に京都で開催されたもので参加者は右の十四名であったが、景社の同人名簿を掲載する『景社紀事』には、小牧桜泉を含めて三十人の名が記されている。「景社題名第三」に署名していた人物を除き、主な同人をあげると、籾山逸也、木崎愛吉、牧巻次郎、岡山泉（源六）、武内義雄、波多野寧、富岡謙蔵、吉田鋭雄、藤澤章などがいる。この内、これまでに名前があがっている人を除き、主な人物三名について簡潔に紹介してみよう。

植田政蔵は河内の人。景社入会時は三十歳。もともと新聞記者志望で天囚に面会を求めたが、天囚はそれを断って勉学することを勧めた。その後、籾山逸也の紹介で景社に入る。それは景社が本格的に活動を開始した頃で、毎月二十五日、天満宮客殿で文章の添削を受け、新入会員の文章は常に添削で真っ赤になっていたという。植田自身もある時、箕面山観楓の記を書いたところ、自身見慣れた景色だったので形容詞ばかりを連ねた空疎なものになり、天囚から「この文余りに実を失す。批評の限りにあらず」と大きな字で批評され、それが籾山逸也、長尾雨山、藤澤黄坡などに回覧され、大笑いの種になったという逸話を自身告白している（『碩園先生追悼録』所収「思ひ出での記」）。その後、印刷業に転じ、石濵純太郎が大正十四年（一九二五）の懐徳堂夏季講演会で講じた内容を『敦煌石室の遺書』として刊行する際、その印刷を担当している。

富岡謙蔵《とみおかけんぞう》（一八七三～一九一八）は、画家・儒学者として著名な富岡鉄斎の子。京都生まれ。号は桃華。東洋史学者。

京都帝国大学講師に就任し、内藤湖南、狩野直喜らとともに京都学派の一翼を担う。著書に、邪馬台国畿内説の先駆的業績『古鏡の研究』がある。謙蔵の伝記については、『富岡謙蔵生誕一四〇年記念鉄斎と謙蔵』（鉄斎美術館、二〇一三年）が詳しい。

藤澤《ふじさわ》章（章次郎《しょうじろう》）（一八七六～一九七八）は大阪出身の漢学者。字は士明、号は黄坡《こうは》。藤澤南岳《なんがく》の子である。明治二十九年（一八九六）、東京高等師範学校卒。帰阪の後、祖父の藤澤東畡《とうがい》が開いた泊園書院を継承し、漢学の普及に努めた。昭和四年（一九二九）、関西大学教授に就任。なお、この黄坡の義弟として泊園書院の発展に努めたのが、右にも名前のあがっていた石濵純太郎である。

なお、同人として名簿にあがっている訳ではないが、特別参加した人の中にも重要人物がいる。『景社紀事』によると、大正五年（一九一六）四月十日の会合は、大阪天満宮を会場として長尾雨山の特別講演があり、「上野有竹《ゆうちく》」と「小川簡斎」も参加した。有竹は前出の朝日新聞社長上野理一。簡斎は百三十銀行副頭取、阪神電鉄取締の小川為次《ためじ》郎《ろう》である。

また大正六年三月二十日の会合には「小島祐馬《おじますけま》」「那波利貞《なばとしさだ》」の参加があった。小島（一八八一～一九六六）は高知出身。東洋史・中国社会思想史が専門で、京都帝国大学卒。当時三十七歳で、同志社大学法学部教授に就任するのはその翌年。後に京都帝国大学教授となった。大正十三年（一九二四）一月の御講書始で狩野直喜が進講者として東京に赴いた際、小島は狩野に同行したようで、十六日の御講書始が終わった夜には、天囚の知己で当時東大教授だった瀧節庵（精一）とともに天囚宅に招かれて夕食をともにし、二日後の十八日に狩野とともに京都に帰ったことが天囚の日記に記されている。那波（一八九〇～一九七〇）も東洋史学者で、徳島藩儒の家の出身。当時二十八歳で京都帝国大学の大学院生であった。後、京都帝国大学教授となる。

以上、「景社」の関係者を簡潔に紹介してきたが、このように、天囚の結成した文人サークルは、関西を代表する学者、漢詩人、ジャーナリストなどで構成されており、きわめて優れた文人の集まりであったことが分かる。当時はまだ二十代の若手も、その後、日本の中国学・東洋学を担う碩学となっていった。広く日本近代の学術史の上でも特筆すべき人々が集っていたと言えよう。天囚はその中心人物として、知のネットワークを牽引していたのである。

なお、これ以外に、関西文人とのネットワークを示すものとして、京都で開催された「大正癸丑蘭亭会《きちゅうらんていかい》」がある。残念ながら、種子島・大阪とも天囚側には、これに関する資料は残されていないが、参考までに補足してみよう。

この会合は、大正二年（一九一三）すなわち癸丑（みずのとうし）の年に書道の発展と普及を目的として、内藤湖南が主催して開いたもので、二十八人の発起人が名を連ねた。「蘭亭会」という名称は、書聖「王羲之」を讃え、その書法を研究するとの意味である。王羲之は、永和九年（三五三）、会稽山の麓の名勝「蘭亭」に名士を招き、曲水の宴を催した。その際に作られた詩集の序文として王羲之が行書で書いたのが、有名な「蘭亭序」である。京都の蘭亭会は、王羲之を追悼して曲水の宴を催す修祭《しゅうさい》が南禅寺の天授庵で挙行され、関係資料の展覧会が岡崎の京都府立図書館で開催された。

その発起人の一人が西村天囚であった。また発起人の中には、これまで取り上げてきた関西文人の名も多く見える。磯野秋渚、富岡鉄斎、富岡桃華（謙蔵）、小川簡斎（為次郎）、村山香雪（龍平）、藤澤南岳、鈴木馬左也などである。これ以外の発起人を参考までに少し紹介してみよう。

小川琢治《おがわたくじ》（一八七〇～一九四一）。号は如舟。紀伊国田辺藩の儒学者の家に生まれる。地質学者・地理学者となり、京都帝国大学教授。理学博士。その子の貝塚茂樹は東洋史学者、湯川秀樹は物理学者で日本人初のノーベル賞受賞者である。

緒方正清《おがたまさきよ》（一八六四～一九一九）は、讃岐出身の産婦人科医。旧姓は中村。緒方洪庵の四女の夫緒方拙斎《せっさい》の養子となる。帝国大学卒業後、ドイツなどに留学し、帰国後、緒方病院の産婦人科長となり、また緒方婦人科病院を設立した。

桑原隲蔵《くわばらじつぞう》（一八七〇～一九三一）は、福井出身の東洋史学者。清国留学後、京都帝国大学教授。実証的な東洋史学を尊重し、東西交流史研究に努めた。内藤湖南や狩野直喜らとともに京都派東洋史学を確立した。

湯浅吉郎《ゆあさきちろう》（一八五八～一九四三）。号は半月《はんげつ》。上野国碓氷《うすい》郡安中（現・群馬県安中市）の出身。同志社大学卒業。聖書学者・図書館学者。渡米してエール大学に留学、帰国後、同志社大学教授となる。当時は、蘭亭会の展覧会会場であった京都府立図書館の館長を務めていた。詩人としても知られ、詩集『半月集』がある。

芝川又右衛門《しばかわまたえもん》（一八五三～一九三八）は、摂津出身の実業家。号は得斎。生家は両替商、外国雑家貿易商で、大阪中之島に第一商社を設立。得斎はその家督を継ぎ、貿易事業を営む豪商となった。蔵書家としても知られ、漢詩、和歌、茶道などもよくした。

この他、鈴木虎雄（号は豹軒）、中国人の羅振玉、王国維なども参加しているが、これらの人物については、次節の「晩年のネットワーク」で取り上げてみたい。

また京都では、この蘭亭会に続いて、長尾雨山・富岡謙蔵が主催した「寿蘇会《じゅそかい》」という芸術家たちの集いもあった。寿蘇会は詩文と書画の技法を研鑽するための会合で、大正五年から計五回、京都の円山公園内の料亭「左阿彌《さあみ》」で開催された。会の名称は北宋の文人蘇軾《そしょく》（蘇東坡）にちなむ。長尾・富岡は先述の通り、天囚が主催した「景社」の同人でもあった。天囚はこの会のために「乙卯《いつぼう》寿蘇録序」という漢文を寄せている。「乙卯」（きのとう）は陰暦の大正四年。第一回寿蘇会は大正五年一月二十三日に開催されたが、陰暦では大正四年十二月十九日にあたるため、この第一回会合を「大正乙卯寿蘇会」と呼んでいた。天囚は、こうした会合にも参加しており、京都の文人たちと親密な関係を築いていたことが分かる。

これら京都の文人たちのネットワークについては、陶徳民編『大正癸丑蘭亭会への懐古と継承――関西大学図書館内藤文庫所蔵品を中心に――』（関西大学出版部、二〇一三年）、および同氏の『内藤湖南の人脈と影響――関西大学内藤文庫所蔵還暦祝賀及び葬祭関連資料に見る』（関西大学出版部、二〇二一年）が詳しい。

三、晩年のネットワーク

第三に、晩年のネットワークを示す資料として、「延徳本大学頌贈名簿《えんとくぼんだいがくしょうぞうめいぼ》」と『碩園先生追悼録』を取り上げてみよう。

（1）関東大震災と「延徳本大学頌贈名簿」

「延徳本大学頌贈名簿」は、種子島の西村家で発見された天囚の自筆資料で、横長のメモ帳に他の草稿とともに綴じられていたものである。「頌」は褒め称える、賛美の意。寄贈先に対する敬意を込めた表現であろう。

『延徳本大学』とは、室町時代後期の臨済宗の僧で薩南《さつなん》学派の祖とされる桂庵玄樹《けいあんげんじゅ》（一四二七～一五〇八）が延徳四年（一四九二）に重刊した朱子の『大学章句』である。桂庵玄樹は、長門国出身の僧で、六歳の時に京都の南禅寺に入り、応仁元年（一四六七）、当時の明国に渡り朱子学を学んで帰国したが、応仁の乱（一四六七～一四七七）のため、京都から石見国《いわみのくに》に逃れ、さらに文明十年（一四七八）、薩摩に逃れて朱子学を講じた。薩摩では、この桂庵玄樹を祖として、室町時代後期から江戸時代前期にかけて儒学が栄え、これを薩南学派と呼んだ。その具体的な事業の一つが『大学章句』の重刊である。

もともと漢代以降の儒学では「五経」経典が重視されていた。『易経』『書経』『詩経』『礼記』『春秋』ごとに博士官が置かれ、儒教は国教となっていたが、その後、民間宗教の中から台頭した道教、インドから伝来した仏教などに押されて、相対的に儒教の地位は低下していた。そうした中で、南宋の朱子は、従来の儒教を再構築し、「五経」に代わって『大学』『中庸』『論語』『孟子』の「四書」を選定した。孔子孟子の教えを直接うかがい知ることのできる重要経典と考えたのである。その際、朱子は従来のテキストを章句に分け、独自の解釈を施したので、それぞれ『大学章句』『中庸章句』などと呼ばれた。日本に伝来したのは、この「四書」を経典とする朱子学である。中でも、『大学』は「修身斉家治国平天下」という儒家の理想を説くもので、「四書」の中でも最初に読むべき経典として重視されていた。

桂庵玄樹は、文明十三年（一四八一）、薩摩の第十一代当主島津《しまづ》忠昌《ただまさ》、その子で第十四代当主の勝久に仕えた国老伊《い》地知重貞《じちしげさだ》（?〜一五二七）とともに『大学章句』を刊行して宋学の普及に努めた。その十一年余り後に重刊したのが延徳本である。

この『延徳本大学』は、文明本が散逸したこともあり、日本における宋学の開始を象徴する重視な資料となった。江戸時代、昌平黌の儒官であった佐藤一斎《さとういっさい》は、桂庵玄樹の墓碑銘を撰文しているが、伊地知重貞の子孫にあたる武士の伊地知潜隠《せんいん》（一七八二〜一八六七）、名は季安《すえやす》から延徳本を示され、大いに驚いて昌平黌祭酒《さいしゅ》（大学頭《だいがくのかみ》）の林述斎《はやしじゅっさい》に知らせた。述斎はただちにその筆写を命じ、筆写された一本が昌平黌に収められた。これはその後、明治時代の内閣文庫を経て、現在、国立公文書館所蔵となっている。

伊地知潜隠が持っていた延徳本も、その後失われてしまったが、旧蔵の別本がその孫娘の夫となった種子島月川《たねがしまげっせん》（虎之助）に渡っており、天囚はそれを譲り受けたのである。月川と天囚とは又従兄弟の関係になる。

主著『日本宋学史』などの研究業績により文学博士号を取得した天囚は、日本における宋学の開始を象徴する『延徳本大学』の復刊を計画し、大正十二年（一九二三）、百部を影印して同志に頒布しようとした。天囚の日記によると、同年五月十一日に「跋」（後書き）の草稿を書き始め、六月十一日に版元の博文堂に「序」を渡し、七月七日に最終的な「跋」を書き終えている。

しかし、折からの関東大震災により、この計画は頓挫した。相模湾海底を震源とするマグニチュード七・九の首都直下型地震により、当時の東京市の約四割が焼失、七割の人が家を失い、死者・行方不明者十万五千人という未曾有の大災害が発生したのである。天囚の日記や後醍院良正『西村天囚伝』を参考にして、この大震災と天囚、および『延徳本大学』との関係を追ってみよう。以下、かぎ括弧内は日記の記述を抽出したものである。

九月一日（土）は「晴、熱」。残暑の厳しい日であった。天囚は平常通り宮内省に登省するが、「午前十一時五十分」（正確には、十一時五十八分）、最大震度七の大地震が発生する。激しい揺れは十分以上も続いた。この時、天囚は宮内省の食堂にいた。ちょうど昼食前の火を使う時間帯でもあり、各地で火災が発生する。「火災尋起」。「尋」は、ついで。それに続いて次々にの意。関東大震災による火災は、地震直後から主に東京市の東部、すなわち本所、両国、深川、下谷、浅草、神田、日本橋、京橋など、隅田川の両岸地区に同時多発的に発生し、多くの人が焼死したとされるが、宮内省のあった皇居付近でもすぐに火災が発生したことが知られる。皇居近くで炎上した大きな建物としては、帝室林野管理局、帝国劇場、警視庁などが知られている。天囚は午後二時に退省し、徒歩で帰宅する。たどり着いたのは午後四時。

当時、天囚の住まいはどこにあったのか。第二章で紹介した天囚の住所印には、「東京市外下大崎」とあった。正式には、東京府荏原郡《えばらぐん》大崎町の字《あざ》「下大崎」で、現在の五反田駅周辺地区である。もともと丘陵地帯にあった上大崎

図 32　島津家編輯所

村、下大崎村などが明治二十二年（一八八九）の市制・町村制の施行により統合されて大崎村となり、さらに明治四十一年、大崎町となった。

天囚は長く大阪市北区松ヶ枝町に住んでいたが、大正十年（一九二一）に宮内省御用掛を拝命し、一家をあげて東京に転居した。入居したのは、島津公爵邸の役宅（官舎）であった。天囚は、その前年の大正九年、「公爵島津家臨時編輯所」の編集長に任ぜられていた。この編輯所とは、島津家が明治十年代から始めていた修史事業を、明治三十年頃に本格化するために設立した歴史編纂所で、初代総裁を、薩摩出身の漢学者・官僚の小牧桜泉《こまきおうせん》が務め、その後を天囚が継いだのである。桜泉と天囚との関係については、本書の第五章でもすでに述べた。編輯所は初め東京市芝区（現在の港区の一部）の白金三《しろかねさん》光町《こうちょう》、大正時代には島津公爵邸の一角に置かれた。図32は、その編輯所で撮影された写真である。天囚は前列中央に洋服を着て座っており、右上の大きな枠内に礼服姿の小牧桜泉が写っている。桜泉は大正十一年（一九二二）十月二十五日に逝去しているので、それ以降の写真であるかもしれない。

当時の東京市は、明治二十二年の市制施行により十五区からなり、現在の東京二十三区よりもかなり狭かった。元の編輯所のあった芝区は市内であったが、新宿、渋谷など現在の主要ターミナルがある西部地区、天囚のいた五反田など南西部は、まだ東京市に含まれていなかった。住所印に「東京市外」とあるのはそのためである。日記には「徒歩」とあり、この時点ですでに交通機関も不通になっていることが分かる。当時、山手線は五反田まで開通していたものの、都電や東急池上線が五反田まで延伸されるのはもう少し後になってからである。大地震によって送電施設が破壊され、すぐに機能不全となった。天囚は、宮内省から五反田まで十km近くの道のりを歩いて帰ったのである。その日の夜も余震が続き、火災は益々広がっていく。「地屢震、火災益大」。

翌九月二日（日）、「晴」「火熱益熾」。この日は登省せず、天囚は五反田の役宅にいたはずであるが、東京の南西部でも火災による熱波が感じられたことが知られる。夜になっても火災は止まらず、爆音もしきりに起こる。「爆音頻起」。またこの夜には、朝鮮人が襲ってくるという流言飛語も伝わってきた。「訛言《かげん》鮮人来襲」。天囚はこれを「訛」、すなわち偽りの噂と冷静に記しているが、大地震の翌日には、すでにこうした風説が蔓延していた様子が知られる。後にこの流言は全く根拠のないものであったことが判明するが、横浜方面から真っ先に伝わってきたのが、東京府の南西部であり、天囚のいた荏原郡はまさにその該当地区であった。「火熱」に「鮮人来襲」の噂も加わり、近隣の人々も避難を開始する。

避難場所は、小高い丘の上にあった島津公爵邸の庭園である。「老少皆集邸園」。天囚も母浅子を背負って避難する。「予亦奉家慈《かじ》登山」。日記の「登山」とは、島津邸が丘の上にあったからであろう。現在の大崎駅から五反田駅にかけての丘陵地帯は「城南五山」と呼ばれ、五つの高台からなる高級住宅街であるが、もともとは、江戸時代の大名屋敷が連なる地で、明治維新以後も、西郷従道、伊藤博文、岩崎久弥などの著名人の邸宅が並んでいた。その丘の一つに島津公爵邸があったことから、現在も「島津山」の呼称が残っている。天囚が避難したのは、この高台である。ちなみに、この島津公爵邸は、戦後の昭和二十年、GHQに接収されて進駐軍の将校宿舎となり、解除後の昭和三十七年（一九六二）、清泉《せいせん》女子大学が土地・建物を購入して、横須賀にあった学舎を移転し、現在に至っている。

そして、この日、治安維持のため戒厳令が発令された。戒厳令が東京府と神奈川県の全域に適用されるのは、翌三日からであったが、東京市と荏原郡など府下の五郡には、早くも二日に適用されている。天囚の二日の日記には「戒厳令」と明記されており、そのことを裏付けている。

翌三日（月）、「晴」。天囚は早朝、宮内省に行き、令旨《りょうじ》を起草する。「早天登省、草令旨」。「令旨」とは、皇太子の命令を書き記した文書のこと。第九章に記した通り、大正天皇は体調不良が続き、大正十年からは、皇太子裕仁親王（後の昭和天皇）が摂政を務めていた。大震災発生にあたり、天囚はただちに摂政の令旨を起草したのである。その日は午後四時に早退。流言は益々拡大し、自警団が組織される。「謡言紛出、自警団起」。天囚は、松方邸（松方正義）、小牧邸（小牧桜泉）など関係先を見舞う。小牧は大震災前にすでに逝去していたが、天囚はその遺族を見舞ったのである。

日記はまだ続く。関東大震災の火災は主に三日間とされており、天囚の日記でも九月四日以降には火災の記述は見えない。しかし、九月五日にも「余震」、七日になってようやく「余震稍微」と記されている。交通機関も寸断されたままで、天囚は九月八日、起草した詔書を携えて人力車で宮内省に赴く。この詔書は九月十一日の東京朝日朝刊第一面に「風教刷新の詔書」として掲載された。余震はすっかり収まったわけではなく、十月一日には「地震三回」、三日には「此夜強震」の記載がある。

大震災によって多くの建物が倒壊、焼失したが、天囚宅は直接の被災は免れた。その火災で前出の友人瀧節庵も焼け出され、瀧一家は皇居前広場の仮設テントの中で暮らしていた。そのことを知った天囚はすぐに迎えに行き、瀧は天囚宅に十日余り滞在することになる。当時はまだ行政による防災対策は不十分で、消火活動は自主的に行わなければならず、また避難場所の指定などもなかった。上野公園には五十万人、皇居前広場には三十万人が避難した。その後、天囚の計らいで、島津家の役宅の一つを借りることができ、そこで瀧一家はしばらく暮らすことになったという。

それでは、『延徳本大学』の影印出版を請け負っていた出版社や印刷所はどこにあったのか。天囚は前記のような経緯で『延徳本大学』を入手し、百部限定で影印刊行しようとした。日記記載の通り、大正十二年七月までには、その序・跋を執筆し終え、版元の博文堂に渡している。その跋文には「大正癸亥六月」と記されていた。「癸亥（みずのとい）」は大正十二年。

その印刷を請け負ったのは、東京市下谷区中根岸町の武田勝之助である。武田は、博文堂と提携していた小川一眞《おがわかずまさ》の小川写真製版所の元従業員であった。小川は博文堂を創業した原田庄左衛門の子で、近代日本の写真技術の発展に寄与し、帝室技芸員にも任命された人物である。その小川に関わりのあった武田は、明治三十年代頃は芝区浜松町に印刷所を構え、『延徳本大学』影印の頃には下谷区中根岸町にいた。下谷も関東大震災の火災被害があった地区である。武田の印刷所が焼失したのかは定かではないが、いずれにしても、もう刊行どころではなくなったのであろう。この時点では、まだ装丁と編綴（製本）は完了していなかった。この年の刊行は残念ながら中止となったのである。

ただ幸いなことに影印の原版は残っていたので、翌大正十三年、天囚は前年に執筆していた跋文の後に「甲子三月」の短い識語を加えて再度刊行を目指した。同年七月に天囚は急逝したのでその完成と頒布を見届けることはできなかったが、生前に作成していた「頒贈名簿」に従って予定通り寄贈されたのである。奥付には、「大正十三年四月廿四日印刷（非売品）」、著作兼発行として「西村時彦」、印刷者として「武田勝之助」の名が貼紙に記されている。この寄贈主となったのは、天囚の養子時教《ときのり》である。「大正十三年九月」の年月の入った寄贈挨拶状が種子島に残されている。そこには、生前の天囚の遺志を嗣《つ》いで『延徳本大学』を進呈する旨が記されている。西村時教（一八九三～一九五五）は、明治四十年（一九〇七）、実子に恵まれなかった天囚の養子となり、天囚没後、家督を継ぐことになった。

この寄贈用百部には、末尾に縦長の朱印で「第〇號」と連番が打たれていた。現在、天囚の関係資料を保管する鹿児島県西之表市の種子島開発総合センターには、この内の「第四號」「第八六號」「第八九號」のほか、「第　號」と番号の入っていない『延徳本大学』の計四本が残っている。これらには扉の部分に「大正甲子碩園景印百部」と印刷されている。「甲子（きのえね）」は大正十三年、「碩園」は天囚の晩年の号である。

なお、影印の底本となった『延徳本大学』、すなわち天囚が種子島月川から譲り受けた本はどうなったのか。これは天囚没後に懐徳堂記念会（重建懐徳堂）に入り、戦後、他の天囚旧蔵書とともに大阪大学懐徳堂文庫に収められた。懐徳堂文庫は、江戸の享保年間に懐徳堂が開学して以来の関係資料、および大正時代に再建された懐徳堂の蔵書など約五万点からなるが、その中でも『延徳本大学』は成立が最も古い資料となる。現在、文庫の中でも最重要資料の一つとされているのはそのためである。

一方、天囚は、『延徳本大学』を、寄贈用とは別にさらに百部影印し販売することについて、生前に博文堂と契約を交わしていた。

天囚と博文堂との関係は長い。序章で述べた通り、学生時代の天囚は、出世作の『屑屋の籠』をはじめ、初期の小説をこの博文堂から刊行していた。博文堂は、忍《おし》藩（現・埼玉県行田市）出身の原田庄左衛門（一八五五～一九三八）（号は梅逸）が創業した出版社で、明治時代には多くの刊行物を出版する。天囚とも交流のあった柴四朗《しばしろう》（東海散士）の『佳人之奇遇』も、その一つである。しかし、明治二十年代後半頃から徐々に業績不振となり、後を継いだ庄左衛門別に興す。油谷は東京美術学校（東京芸大の前身）に学んだ洋画家でもあり、中国の文化財の複製も手がけた。（号は大観）の長男の悟朗が東京の会社を引き継ぐとともに、弟の油谷達《あぶらやたつ》が大阪で古書画の作品などを出版する会社を

当時の東京の社屋は京橋区八官町《はちかんちょう》に、大阪の社屋は西区靭《うつぼ》にあった。京橋は、関東大震災の火災被害が最も甚大な地区の一つである。建物の倒壊に加えて大火災も発生し、出版事業どころではなくなった。しかしその翌年、博文堂は天囚との約束に基づき、新たに百部を影印して刊行したのである。

このように、『延徳本大学』は、大正十二年に刊行を予定したものの関東大震災で刊行中止となり、その翌年の大正十三年に寄贈用百部が影印刊行され、さらにその翌年の大正十四年に博文堂から追加の百部が影印刊行された。その扉には、十三年版とはやや異なって「大正甲子初夏碩園再印百部」と印刷され、末尾には、天囚の跋・識語の後に、東京大学古典講習科以来の知友であった岡田正之が記した「大正乙丑九月」の識語も加えられた。「乙丑（きのとうし）」は大正十四年である。

また、奥付には、「大正十四年十二月七日印刷、十二月十一日発行」とあり、著作権者として「原田悟朗」、印刷者として「武田勝之助」、発行所として東京京橋の「博文堂」と大阪の「博文堂合資会社」とが連名で記載されている。ここに天囚の名が見えないのは、この時点で天囚は逝去しており、生前の契約に基づき、博文堂の出版物として刊行したものだからであろう。奥付部分には、博文堂の検印「博文堂検」が割り印として押されている。

この間の事情を改めて時系列で整理してみよう。

大正十二年（一九二三）（癸亥）

・西村天囚、『延徳本大学』の影印刊行を企画。

・五月十一日、「跋」執筆開始。
・六月十一日、版元の博文堂に「序」を渡す。
・七月七日、「跋」稿了。
・九月一日、関東大震災。この時点で装丁と編綴は未了。刊行中止。
大正十三年（一九二四）（甲子）
・三月、跋の後に「甲子三月」の識語を加え、再度刊行を目指す。
・七月二十九日、天囚逝去。
・影印『延徳本大学』刊行。扉に「大正甲子碩園景印百部」、末尾に天囚の「大正癸亥六月」の跋と「甲子三月」の識語。奥付は「大正十三年四月廿四日印刷（非売品）」。
・九月、西村時教、「頌贈名簿」に従って寄贈。
大正十四年（一九二五）（乙丑）
・博文堂、生前の天囚との約束に基づき、さらに百部を影印し刊行販売。扉に「大正甲子初夏碩園再印百部」、天囚の跋と識語の後に岡田正之の「乙丑九月」の識語を加える。奥付は「大正十四年十二月七日印刷」「十二月十一日発行」。

『延徳本大学』の影印刊行は、こうした複雑な経緯を辿ることとなったが、いずれにしても西村家で発見されたこの名簿は、大正十三年に百部限定で刊行された影印本『延徳本大学』の寄贈先を示した貴重な資料であった。全体は、「東京」「大阪」「鹿児島」「仙台」「各地方」「学校図書館」「支那」の七つに大別され、各々寄贈先名が列挙されている。

以下、この寄贈先リストに名前のあがっている人を確認してみよう。部数は天囚の記した数値であるが、リストには朱筆や墨筆で加筆または削除されている場合もあり、実際の人数と異なるものもある。

まず「東京」は「二十七部」として以下の名前が記載されている。

島津公爵、島津公、松方公爵、牧野宮相、平田内大臣、入江侍従長、関屋次官、上野大膳頭、重野紹一郎、島田釣一、大久保利武、山之内一次、岡田正之、市村瓚次郎、安井小太郎、塩谷温、服部宇之吉、岩崎宰、寺田弘、梅園良正、小牧健夫、宇野哲人、内田魯庵、徳富猪一郎、河内礼蔵、羽生俊助

東京関係では、すでに西村家所蔵書簡の発信者として名前のあがっていた人も多いが、簡潔に補足してみよう。

「島津公爵」とあるのは当時東京在住の島津《しまづ》忠重《ただしげ》（一八八六～一九六八）。明治三十一年（一八九八）、家督を相続し公爵を襲爵した。鹿児島から上京し、学習院に編入。明治三十七年（一九〇四）、海軍兵学校入学。明治四十四年（一九一一）、貴族院公爵議員に就任。イギリス留学を経て、この『延徳本大学』刊行の時期には、海軍中佐に昇任していた。それに続いて「島津公」とあるのは、忠重の長男で、島津宗家第三十一代当主となる島津忠秀《ただひで》のことと思われる。種子島は島津家と関わりが深く、この名簿でも筆頭にあがっているのであろう。

次に、「松方公爵」とあるのは前出の松方正義。鹿児島出身の政治家で、内閣総理大臣を二度務めた。『延徳本大学』刊行時は元老であった。天囚と松方家に交流があったことについては、拙著『世界は縮まれり――西村天囚『欧米遊覧記』を読む――』（ＫＡＤＯＫＡＷＡ、二〇二二年）でも紹介した。

「牧野宮相」は前出の牧野伸顕。大久保利通の次男で、牧野家を継いだ。岩倉使節団の一員として大久保に随行し、外務省入省を皮切りに要職を務め、『延徳本大学』刊行時は宮内大臣であった。宮内省御用掛であった天囚とは公務での関わりが深かったと推測される。

「平田内大臣」は平田東助《ひらたとうすけ》（一八四九～一九二五）。米沢出身の官僚、政治家で、農商務大臣、内務大臣、内大臣を歴任した。内大臣就任は大正十一年（一九二二）である。内大臣とは、明治十八年（一八八五）の内閣制度発足時に、宮中に設置された官職で、天皇の詔勅など宮中文書の事務を担当した。宮内省御用掛として詔勅の起草に関わった天囚との関係が深かったと思われる。

「入江侍従長」は入江為守《いりえためもり》（一八六八～一九三六）。冷泉為理《れいぜいためただ》の四男で、後に入江家の養子となった。明治三十年（一八九七）から貴族院議員。『延徳本大学』刊行当時は東宮侍従長であった。昭和天皇即位により侍従次長に就任。その子相政《すけまさ》は昭和天皇の侍従長を長く務めた。

「関屋次官」とは関屋貞三郎《せきやていざぶろう》（一八七五～一九五〇）。栃木県足利出身の官僚・政治家で、大正六年（一九一七）、朝鮮総督府中枢院書記官長兼朝鮮総督府学務局長、同八年（一九一九）、静岡県知事、そして同十年（一九二一）から宮内次官を務めていた。

「上野大膳頭」は前出の上野季三郎。出羽国由利郡出身の外交官、宮内官僚。サンフランシスコ領事などを経て、明治四十二年（一九〇九）、宮内大臣秘書官兼式部官、大正三年（一九一四）、大膳寮勤務宮内事務官兼務、そして大正六年（一九一七）に大膳頭に就任した。

ここまでは、旧薩摩関係者および宮内省の関係者である。この内、「入江侍従長」と「上野大膳頭」は朱筆で行間に挿入されているので、後から追加されたものと思われる。

次に、「重野紹一郎」と「島田釣一」はいずれも前出。それぞれ天囚の東京の師である重野安繹と島田篁村の子である。

次の二人は再び鹿児島関係者である。「大久保利武」は前出。天囚と同年の生まれで、大久保利通の三男、前出の

図33　岡田正之一家

牧野伸顕の弟にあたる。台湾総督府、内務省に勤務し、鳥取、大分、埼玉、大阪などの府県知事を歴任した。大正六年からは貴族院議員を務める。

「山之内一次」も前出。鹿児島出身の政治家で、東京帝国大学卒後、内務省に入り、法制局参事官、内務書記官などを歴任した。また、逓信省鉄道局長や北海道長官も務め、大正二年（一九一三）、第一次山本権兵衛内閣の書記官長となる。

次からは漢学関係者である。

「岡田《おかだ》正之《まさゆき》」（一八六四～一九二七）は富山出身の漢学者（図33）。字は君格、号は剣西。十八歳で上京し、重野安繹に学んだ後、東京大学古典講習科漢書課前期に入り、天囚の同期生となる。卒業後、帝国大学史料編纂、陸軍幼年学校教授、学習院教授などを経て東京帝国大学教授。岡田は、関東大震災後にこの『延徳本大学』が出版された際、巻末に識語を記している。天囚は岡田と親しかったようで、種子島の西村家には、岡田正之一家の写真が残されている。

「市村瓚次郎」は前出。東京大学古典講習科の天囚の同期生で、後、東京帝国大学教授。市村は大正十四年（一九二五）一月の御講書始を担当して『論語』為政篇を進講する。その翌年の御講書始を担当したのが右の岡田正之で、『論語』学而篇を進講した。

「安井《やすい》小太郎《こたろう》」（一八五八～一九三八）は江戸出身の漢学者。号は朴堂。その母は、飫肥藩（宮崎）出身の漢学者安井《やすい》息軒《そっけん》（一七九九～一八七六）の長女で、父は息軒の門人中村貞太郎。すなわち小太郎は息軒の外孫にあたる。父が尊皇攘夷運動で獄死した後、母方の息軒に引き取られた。島田篁村に学び、東京大学古典講習科国書課前期入学。中退後、学習院、第一高等学校、大東文化学院教授などを歴任。昭和七年（一九三二）一月の御講書始で『尚書』を進講した。

「塩谷温《しおのやおん》」（一八七八〜一九六二）は東京出身の中国文学者。東京帝大で漢学科に学び、後、東京帝大教授に就任、支那文学講座を長く担当した。元明清時代の戯曲小説研究の分野を開拓し、『支那文学概論講話』などを著した。前出の塩谷時敏の長男である。

「服部宇之吉」は前出。大正七年（一九一八）、九年、十一年の御講書始を担当した。それぞれの進講内容は、七年が『尚書』虞書・皐陶謨、九年が同・周書・洪範、十一年が『論語』為政篇である。

「梅園良正」は讃岐出身の書家で、号は方竹。当時、宮内大臣官房秘書課嘱託の書家で、天囚の日記にもしばしば登場する。大阪の阿倍野墓地にある第十二代大阪府知事高崎親章の墓碑は、大正九年（一九二〇）九月、西村天囚撰文、梅園良正書并題表である（『稿本大阪訪碑録』（『浪華叢書』第十巻、浪華叢書刊行会、一九二九年））。天囚の日記と梅園の回想によれば、天囚は、亡くなる年の四月二十日、早朝に起き、梅園良正と、元同僚で金石文研究家の木崎好尚（愛吉）らと池袋駅で待ち合わせ、西武鉄道仏子駅で下車、入間川北岸の円照寺まで散策し石碑の拓本をとっている。これが天囚最後の遠出となった。

「小牧健夫《こまきたけお》」（一八八二〜一九六〇）はドイツ文学者。その父は、天囚が師事した小牧桜泉である。東京生まれ。東京帝国大学卒。四高、三高、学習院、水戸高、武蔵高教授などを経て、九州帝国大学法文学部教授。ドイツロマン派文学研究の大家として知られ、著書・翻訳書多数。

「宇野哲人《うのてつと》」（一八七五〜一九七四）は熊本出身の中国哲学研究者。当時は東京帝国大学教授。著書に『支那哲学史講話』『論語新釈』など。清国留学の体験を『清国文明記』として刊行したことについては、本書第一章参照。

「内田魯庵《うちだろあん》」(一八六八～一九二九)は天囚と同時期の評論家、翻訳家、小説家。文芸評論家として活躍し、二葉亭四迷とも親交があった。

「徳富猪一郎《とくとみいいちろう》」(一八六三～一九五七)は「蘇峰《そほう》」の号で知られる熊本出身の評論家。小説『不如帰』で有名な徳富蘆花《ろか》の兄。国民新聞社を設立し「国民新聞」を創刊。松方正義内閣の内務省勅任参事官にも就任している。当時執筆していた日本通史の大著『近世日本国民史』で帝国学士院恩賜賞を受賞した。

次に、「京都」は「十部」。三名分は朱や墨筆で抹消されているので、実際には「狩野直喜、内藤炳卿、荒木寅三郎、高瀬武次郎、鈴木豹軒、神田喜一郎、長尾雨山」の七名である。狩野直喜、内藤湖南、荒木寅三郎、神田喜一郎、長尾雨山は前述。「内藤炳卿」とあるのは湖南の字である。これ以外の二名について補足してみよう。

「高瀬武次郎《たかせたけじろう》」(一八六九～一九五〇)は讃岐出身の陽明学者。旧姓は佐々木、号は惺軒。東北帝国大学卒。明治四十年(一九〇七)、京都帝国大学助教授に就任。中国留学を経て教授昇任。後、立命館大学文学部長などを務める。陽明学研究者として知られ、著書に『日本之陽明学』など。旧蔵書は九州大学の「高瀬文庫」となっている。重建懐徳堂の定期学術講義の講師を務めた時期もあり、「老子評論」「陸象山の学説」「周易概論」などを講じた。

「鈴木虎雄《すずきとらお》」(一八七八～一九六三)は新潟出身の中国文学者。号は豹軒《ひょうけん》、葯房《やくぼう》。東京帝国大学卒。東京高等師範学校教授を経て京都帝国大学助教授、大正八年(一九一九)、教授に昇任。著書に『支那詩論史』『賦史大要』など。自らも漢詩、和歌を創作した。

続いて「大阪」は「十四部」。「永田仁助、松山直蔵、財津愛象、稲束、吉田鋭雄、住友吉左衛門、愛甲兼達、小倉正恒、上野精一、村山龍平、磯野於菟介、石濱純太郎、藤澤章次郎、今井貫一」の十四人である。ほぼ前出の人名で、懐徳堂関係者および朝日新聞関係者である。「磯野於菟介」は前出の磯野秋渚。既出以外の二名を補足してみよう。

いずれも重建懐徳堂の教員である。

「財津愛象《たからづあいぞう》」（一八八五～一九三一）は熊本出身の漢学者（図34）。広島高等師範学校卒。母校で教鞭を執った後、大阪高等学校教授。大正十二年（一九二三）、懐徳堂講師となり、初代教授松山直蔵の逝去の後、昭和四年（一九二九）に教授に就任した。しかし就任わずか二年で逝去。その後、懐徳堂は昭和二十年（一九四五）の大阪大空襲で全焼するまで、教授不在が続いた。天囚没後の『碩園先生追悼録』では、南河内郡天見《あまみ》村（現在の河内長野市）の相宅宰蔵との交流を紹介している。天囚は休暇の際、この相宅家にしばしば通い、その関係で天囚の遺墨が多く残されており、天囚はここからさらに南海電車で高野山に登ったこともあるという。また天囚が母浅子の孝養に努めたことを特に記し、春秋の彼岸の頃には母とともに四天王寺に参詣し、毎年、有馬温泉に湯治に連れて行き、また東京転居後の関東大震災では、天囚が自ら母を背負って避難したことなどを紹介している。

図34　財津愛象

「稲束」とあるのは「稲束猛《いなつかたけし》」（一八八九～一九二七）。大阪池田町出身の漢学者、郷土史家。京都帝国大学卒。大正十二年（一九二三）、懐徳堂講師となる。中学校時代から、天囚が大阪朝日新聞に発表する記事を読んでいたという。郷里にゆかりのある文人を研究し、吉田鋭雄と共著で『池田人物誌』を刊行している。『碩園先生追悼録』では、大正十二年（一九二三）八月に天囚とはじめて出会ったことを紹介している。それまで稲束は、同郷の吉田鋭雄や京都の橋本循から天囚の高名は聞き及んでいたものの、謦咳に接したことはなかった。

京都大学の支那学会大会ではじめて天囚の『楚辞』の講演を聴き、振り返れば、これが天囚最後の学術講演であったという。同年、稲束が懐徳堂講師となって天囚と再会した折、かつて天囚が同志に配布していた『懐徳堂考』を出版社から刊行するよう進言したところ、天囚は、それ以外にも未定稿の「狩猟考」があると述べたという。これが種子島で発見された狩猟に関する草稿である（本書序章参照）。また稲束は、天囚没後の五十日祭が終わった頃、天囚の遺族から『延徳本大学』が郵送されてきたことを感謝の言葉とともに紹介している。

さらに、「鹿児島」は「八部」。実際には「種子島男爵、種子島月川（三部）、山田準、平山武靖、沖雄熊」の五名である。

「種子島男爵」は前出の種子島家第二十七代守時。

「種子島月川」も前出。この『延徳本大学』を影印するに当たり、その写本を天囚に提供した人物である。そのためであろう、天囚は特に「三部」と寄贈部数を指定している。

「山田準」（一八六七～一九五二）は備中（岡山）出身の漢学者。本姓は木村、字は士表。号の済斎《せいさい》は、二松学舎の三島中洲による命名とされる。本姓は木村。陽明学者の山田方谷の孫娘と結婚。かつて方谷が学頭を務めた郷里の藩校有終館《ゆうしゅうかん》、二松学舎に学んだ後、東京大学古典講習科入学。天囚は漢書課前期（明治十六年）入学、山田は漢書課後期（明治十七年）入学である。卒業後、五高（熊本）、七高（鹿児島）教授などを経て、昭和二年（一九二七）、二松学舎学長、翌年、二松学舎専門学校の初代校長、大東文化学院教授を兼任する。その旧蔵書や草稿などが二松学舎大学「山田文庫」となっている。また、郷里で『山田方谷全集』を刊行。山田方谷とその方谷に学んだ三島中洲の学を継承した。山田がここで「鹿児島」の名簿に掲載されているのは、当時、鹿児島の第七高等学校造士館にいたからである。

なお山田準は、大正十五年（一九二六）刊行の森友諒編『豊山遺稿』の序文を執筆している。その時点で、重野安繹

図35　平山武靖一家

や西村天囚はすでに逝去していた。

「平山武靖」は平山伝一郎（西海）の孫（図35）。伝一郎の子の平山寛蔵（前出）の次男で、西村天囚とは縁戚にあたる。天囚はこのリストで、「平山武燮《たけやす》」を見せ消ちにして、「平山武靖」に改めている。「武燮」は寛蔵の長男である。また、『西之表市史』編纂委員長を務めた武章と武緝とはともに寛蔵の孫で、従兄弟になる。

次に、「仙台」は「瀧川亀太郎、武内義雄」の「二部」で、いずれも前出。当時、瀧川は第二高等学校教授、武内は東北帝国大学教授であった。ゆかりの人物二人がいる仙台に、天囚は旅行したことがある。天囚の日記によると、大正十二年（一九二三）八月二十一日の朝九時、武内義雄が東京に天囚を迎えに来て、午後一時の汽車で東京発。夜十時に仙台に到着し、瀧川の出迎えを受ける。翌日から、愛宕山、中尊寺、松島、瑞巌寺、塩竈などの名所を巡る。碑文に並々ならぬ興味を持っていた天囚は、松島の雄島《おしま》南端にある「頼《らい》賢碑《けんひ》」も観ている。これは妙覚庵主頼賢の徳行を讃えるため、その弟子たちが徳治二年（一三〇七）に建立した古碑である。

なお、天囚の仙台旅行は当初計画では、もうしばらく続くはずであったが、二十五日、当地の「河北新報」で加藤友三郎首相が病のため二十四日に逝去したことを知り、宮内省の白根秘書官（前出の白根松介）に電報を打って、急遽、夕方五時五十分発の夜行列車に乗り、翌二十六日の朝五時、東京に帰着した。内田康哉外務大臣が内閣総理大臣を臨時兼任したものの、正式な首相のいないまま、未曾有の大災害関東大震災が発生するのは、その一週間後のことであった。

この他、「各地方」として「安川敬一郎（福岡）、武藤長平（福岡）、日高実容（和歌山）、田中常憲、岡山源六」の「五部」。（　）内は天囚が附記した地名である。

「安川敬一郎」は前出。「武藤長平《むとうちょうへい》」（一八七九〜一九三八）は、明治三十九年（一九〇六）、東京帝国大学支那文学科卒。明治四十一年（一九〇八）、第七高等学校造士館教授、福岡高等学校教授を経て、広島高等師範学校教授。当時は福岡在住。著書に『西南文運史論』がある。後、昭和九年（一九三四）から逝去の年の十三年まで懐徳堂の講師も務めた。

「田中常憲」（一八七三〜）は鹿児島波留《はる》（現・阿久根市）出身の教育者。長野県上田中学校、大阪府天王寺中学校、大分県竹田中学校、福岡県朝倉中学校などに勤務した。その後、福岡県の田川中学校校長、京都府の福知山中学校長、桃山中学校長を歴任。歌人としても有名で、上田中学在職時に「信州男児の歌」、桃山中学在職時に「桃陵健児の歌」を作り、また母校の阿久根小学校の校歌も作詞している（阿久根市ホームページによる）。著書に『大日本明倫歌詳釈』『精神振作詔書詳解』などがある。「精神振作詔書」とは、大正十二年（一九二三）十一月、大正天皇の名で摂政宮（後の昭和天皇）が発した詔書で、関東大震災後の国民精神の疲弊を受けて、その奮起を訴えたものであり、その名文は、宮内省御用掛であった天囚の起草による。

なお、前出の「岡山源六」が「地方」にあがっているのは、大正二年（一九一三）から、朝日新聞奉天支局長として奉天（現在の瀋陽）にいたからである。

次に、「学校図書館」として「十九部」。必ずしも学校に限らず、図書館・資料館をあげている。図書寮、帝国図書館、東大図書館、東洋文化学院、国学院大学、大阪府立図書館、懐徳堂、天満宮文庫、京大図

書館、東北大図書館、神宮皇学館、尚古集成館、造士館、鹿児島県立図書館、榕城高等小学校、大阪朝日新聞社、鹿児島新聞社、鹿児島朝日新聞社、山口図書館

このうち、「図書寮《ずしょりょう》」は現在の宮内庁書陵部、「帝国図書館」は国立国会図書館の前身である。四番目にあがっている「東洋文化学院」はおそらく「大東文化学院」の誤記であろう。このことは、後述のように「大東文化学院」からの受贈礼状が西村家に届いていることからも推測される。本書第一章でも述べた通り、東京に移ってからの天囚は、創設間もない大東文化学院にも出講して漢文を教えていた。大東文化学院は、大正十二年（一九二三）二月に設立された大東文化協会が基盤となり、文部省の設置認可を受けて翌十三年に私立専門学校として開校した学校である。初代総裁に平沼騏一郎が就任した。現在の大東文化大学の前身である。ただ天囚がこのように記した背景として、「東洋文化学会」の存在が注目される。東洋の古典と文化の研究を目的に、大正十年（一九二一）、大隈重信を初代会長として設立された。無窮会の外郭団体である。この学会は、漢学を専攻する専門学校の創設を目指しており、その流れがやがて大東文化学院創設につながっていった。従って、天囚の中では、この二つの組織が混在していたのかもしれない。

「天満宮文庫」は天囚が長く住んでいた大阪市北区松ヶ枝町近くの大阪天満宮の境内にある御文庫である。その目録として『大阪天満宮御文庫漢籍分類目録』『大阪天満宮御文庫国書分類目録』がある。天囚は文会「景社」を結成し、原則として毎月二十五日の天満宮祭礼の日に集まって同人たちと漢詩文の研鑽に努めていた。

「神宮皇学館」は、明治十五年（一八八二）に伊勢神宮の関連学校として設立された神官養成学校である。明治三十六年（一九〇三）、内務省所管の官立専門学校となり、高等神職、国語・漢文・歴史などの教員を多数養成した。第二次世界大戦後に廃校となったが、昭和三十七年（一九六二）、私立の皇学館大学として復活し現在に至っている。昭和

五年（一九三〇）に神宮皇学館長となり、また後に皇学館大学初代学長となった平田貫一《ひらたかんいち》（一八八三〜一九七一）は、薩摩の宮之城町（現・さつま町）出身の内務官僚、神職であり、天囚が神宮皇学館を寄贈リストに載せたのは、この平田との関係があったからかもしれない。

「尚古集成館《しょうこしゅうせいかん》」は、薩摩藩の第二十八代当主島津斉彬《しまづなりあきら》が始めた集成館事業の一環として、大正十二年（一九二三）五月に開館した。慶応元年（一八六五）、機械工場として竣工した集成館がその前身である。本館は国の重要文化財となっており、隣接する仙巌園《せんがんえん》は元薩摩藩島津家の別邸である。天囚は、開館後の同年七月、島津公爵の委嘱を受けて尚古集成館に赴いている。滞在中は、江戸時代の薩摩を代表する絵師木村探元《きむらたんげん》（一六七九〜一七六七）の遺墨を観覧し、種子島出身者の親睦会「三鱗会」（前出）にも出席した。その往復とも、途中で大阪に立ち寄り、後醍院親子と面会し、懐徳堂の会議にも臨んでいる。

「造士館《ぞうしかん》」は、旧制第七高等学校造士館のこと。明治三十四年（一九〇一）の設立で、薩摩藩の藩校に由来する。安永二年（一七七三）、島津重豪《しげひで》が昌平黌にならって藩校を設立し、天明六年（一七八六）に造士館と命名した。当時ここには天囚の関係者として山田準（前出）が在籍していた。

「榕城《ようじょう》高等小学校」は、鹿児島県西之表市立榕城小学校の前身。この名称は明治二十五年（一八九二）からで、現在、この校庭の一角には、天囚撰文の前田豊山石碑が建てられている。榕城の「榕」とは「あこう」。西之表市の木にも指定されている「アコウ」にちなむ。もともとここには、種子島氏の居城があり、現在も、その石垣と土塁の一部が残っている。アコウの木は、枝が垂れ下がって地につき、そこから根を生じてさらに太い幹を形成する。

「鹿児島朝日新聞社」は現在の南日本新聞社の前身。大正二年（一九一三）、鹿児島実業新聞が大阪朝日新聞社傘下に入り、鹿児島朝日新聞社と改称した。

「山口図書館」は、明治三十六年（一九〇三）開館の公立図書館。天囚との直接的な関わりについては未詳であるが、公立の図書館としては画期的な取り組みが見られる。開設時に児童閲覧席を設置していたこと、明治四十年（一九〇七）に公開書架を設置したこと、二年後の明治四十二年に、当時、図書の分類・配架の基準とされた帝国図書館八門分類法から山口図書館分類法に変更したことなどである。

なお、天囚は、慶応大学、早稲田図書館、日本大学、九大図書館、北大図書館を記した後、見せ消ちで削除している。

これらの寄贈先から受贈の礼状も届いている。現時点で種子島の西村家書簡の中に確認できるものは以下の通りである。

（機関・公人から）東京帝国大学附属図書館、大東文化学院、国学院大学、大阪府立図書館、懐徳堂記念会、天満宮社務所、東北帝国大学附属図書館、尚古集成館長山口平吉、鹿児島県立図書館、宮内省宗秩寮総裁侯爵徳川頼倫、宮内大臣子爵牧野伸顕

（個人から）沖雄熊、島田鈞一、関屋貞三郎、内田貢、徳富（徳富蘇峰と思われる）、狩野直喜、鈴木虎雄、神田喜一郎、財津愛象、磯野惟秋、住友吉左衛門、宇野哲人、今井貫一

多くは、大正十三年の秋頃に発信されたもので、宛先は天囚養子の時教となっている。これは、同年に再刊した『延徳本大学』を、天囚没後、その遺志を受けて西村家がリストに基づいて寄贈し、天囚の葬儀が懐徳堂で儒式で行われ、また五十日祭が終了した頃に送られてきたことによる。

さらに興味深いのは「支那」として「羅振玉（叔蘊）、董康（綬経）、王国維（静）、陳宝琛、陳三立」の「五部」があがっていることである。（　）内は天囚の附記である。

「羅振玉《らしんぎょく》」（一八六六〜一九四〇）は清末から中華民国初期の考証学者・金石学者。字は叔蘊、号は雪堂。浙江省出身。一九一一年（明治四十四年）、辛亥革命により日本に亡命。一九一九年（大正八年）まで京都に滞在し、内藤湖南など京都帝国大学の中国学研究者と交流した。その間、大正二年の「癸丑蘭亭会」にも、王国維とともに出席している。甲骨学や敦煌学を開拓し、また故宮（紫禁城）に収められていた明清の档案《とうあん》（公文書）の保存などの業績が高く評価されている。天囚との関わりは、この京都滞在時で、円山公園内の料亭左阿彌《さあみ》で開催された帰国送別会にも、上野理一、犬養毅、富岡鉄斎、荒木寅三郎、狩野直喜、内藤湖南、長尾雨山、磯野秋渚らとともに天囚も参加している。

「董康《とうこう》」（一八六七〜一九四七）は清末から中華民国の政治家・法学者。字は授経、号は誦芬主人。光緒十六年（一八九〇）の進士。刑部主事となる。辛亥革命後日本に留学し、法律を学ぶ。帰国後、北京大理院院長、修訂法律館総裁、司法総長など政府の要職を歴任した。清末の法律家沈家本《しんかほん》（一八四〇〜一九一三）の後継者として、日本の司法制度を視察し、近代中国の法整備に尽力する。天囚との交流は、明治三十年から三十一年にかけて天囚が清国出張した頃に始まっているようである。その出張の際の詩文集『天囚遊草』に序文を寄せたのが、この董康である。天囚を「是雄傑也」と評し、また「博貫経史、倚馬萬言」と称える。「倚馬」とは、『世説新語』文学篇に出典のある言葉。晋の袁《えん》虎《こ》が馬に寄りかかっている間に七枚もの長文を作ったという故事にちなむ語で、きわめて優れた文才のことを言う。

「王国維《おうこくい》」（一八七七〜一九二七）は清末から中華民国初期の学者、詩人。字は静安、号は観堂。浙江省出身。羅振玉主宰の東文学社で日本語、英語などを学ぶ。一九〇一年（明治三十四年）東京物理学校に留学。辛亥革命後は羅振玉に従って日本に亡命し、五年間京都に滞在した。文学の他、考古学、甲骨学、音韻学など多くの業績を残した。

「陳宝琛《ちんほうちん》」（一八四八〜一九三五）は中国清末の官僚・詩人・歴史家。字は伯潜、号は弢庵、陶庵、諡号は文忠。福州府（現在の福建省）出身。一八六八年の進士。翰林侍読を務める。一八八一年、翰林院侍講学士となり、『穆宗本紀』

の編纂にあたる。一九一一年、宣統帝溥儀の帝師となる。翌年、清朝が倒れ、溥儀が紫禁城を退去し天津に赴くと同行したが、満州国への誘いは拒絶した。

「陳三立《ちんさんりつ》」（一八五三～一九三七）は清末から中華民国初期の詩人。字は伯厳、号は散原。広西省出身。光緒十二年（一八八六）の進士。吏部主事となる。父親の陳宝箴とともに変法派の知識人で、康有為、梁啓超、譚嗣同らに同調し、戊戌政変によって失脚した。その後は詩作と著述に専念。古詩派の詩風「同光体」で知られる。「同光」は清末の「同治」「光緒」の年号にちなむ。歴史学者として有名な陳寅恪《ちんいんかく》はその子である。

この他にも、西村家所蔵の書簡や遺墨により、天囚と中国との関係を補足することができる。以下に主な人物をあげてみよう。

まず、張之洞《ちょうしどう》（一八三七～一九〇九）である。本書の中でもすでに名前があがっていたが、この張之洞の書が種子島の西村家で発見された。天囚に贈ったもので、「録司馬公迂書　西邨尊兄有道雅正弟張之洞」とある。右上の関防印（陰刻）は「壺公」（張之洞の号の一つ）、落款は、「即此是学」（陽刻）、「南皮張之洞字孝達印」（陰刻）である。

張之洞は、清末の有名な学者・政治家で、西洋近代の科学技術を導入して清の国力増強を図った運動、すなわち「洋務運動」の推進派として知られる。この書は、天囚が明治三十年（一八九七）十二月から翌年二月にかけて、日清親善使節の特命を帯びて渡清した際、張之洞から贈られたものである。天囚は筆談によって日清友好の重要性を力説した。この説得は功を奏し、清国側は視察団六名、留学生八名を日本に派遣することになった。

また、明治四十年（一九〇七）八月、恩師重野安繹がウィーンの万国学士院会議に帝国学士院を代表して出席した後、シベリア経由で帰国する際、天囚は奉天で重野を出迎えるため再び渡清した。北京・漢口・武昌を案内したとされるが、その折、重野と張之洞との会談も斡旋している。かねてより顔見知りの天囚も同席し、世界の文化発展に貢献しようとの意見で一致したという。

次に、清国の学者や学生との交流を裏付ける資料も発見された。西村家所蔵書簡の中にも名が見える蔣黼《しょうほ》である。蔣黼（一八六六～一九一一）は清末の学者で、一九〇九年、ペリオが敦煌で入手したいわゆる敦煌莫高窟蔵経洞写本をもとに、『沙洲文録』『敦煌石室遺書』などを編纂した敦煌学の先駆者。蘇州呉県の人。日本への留学経験を『浮海日記』（後に『東游日記』と改題）にまとめている。

また、西村家には、この蔣黼が揮毫した書も残されていた。落款に「光緒癸卯五月呉縣蔣黼書」とあるので、一九〇三年（清の光緒二十九年、明治三十六年）五月の作。書中に「相見大阪城」とあるが、この年の三月から七月、大阪で第五回内国勧業博覧会が開催されている。当時の日本は、近代化を目指して欧米の先進諸国に倣い、こうした博覧会を開催していた。蔣黼の来日時期は、この博覧会の期間に重なり、内藤湖南などと親交したことが知られているが、この書により西村天囚との交流も確認されるのである。書中に「与天囚先生別五年矣」とあることから、明治三十年から三十一年にかけて天囚が渡清した際に会合し、それから五年後の思いを綴ったものであろう。

さらに興味深いのは、三名の中国人が天囚に贈ったと思われる聯（漢文を対にして書いたもの）が発見されたことである。それぞれ、「西村時彦仁兄大人雅正」「中華蔡衛生拝書」、「西村時彦詩翁雅属」「華教弟楊子荃書」、「西村時彦先生法家正之」「華教弟楊寿山書」とある。この内、一番目の書には「遍遊中外地」とあるので、彼らが中国人留学生で、来日の際、天囚と交流したのではないかと推測される。

なお、直接面識があったかどうか未詳であるものの、特に注目されるのは、兪樾《ゆえつ》（一八二一～一九〇七）との関係である。清末を代表する考証学者兪樾については、すでに本書の第二章でも紹介した。大阪の西村家に兪樾の「讀騒廬」扁額（図36）が掲げられていたことから分かるように、天囚は『楚辞』の研究とテキスト収集に努めていた。それらの収集本は重建懐徳堂の「碩園記念文庫」を経て、現在、大阪大学懐徳堂文庫に「楚辞百種」として収められている。

また、西村家所蔵資料の中に、兪樾書「楓橋夜泊」詩の拓本も発見された。唐の詩人張継の七言絶句「楓橋夜泊」は、「月落ち烏啼いて霜天に満つ」で始まる名詩で、旅愁の孤独を詠ったものとして古来日本でもよく知られていた。さらに、種子島の八板《やいた》家に伝わっていた天囚旧蔵資料がこのほど西之表市に寄贈された。これは、兪樾が「福寿」の二字を大書したもので、落款に「曲園居士兪樾書時年八十弌」と記されている。「弌」は「一」の異体字。「曲園」は兪樾の号。兪樾は八十七歳で亡くなっているので、晩年の書である。八板家はもともと島主種子島氏の御典医の家柄で、後に八板藤兵衛（一八二八～一九二三）が家老職も務めた。その藤兵衛は天囚より三十七歳年上であったが、従兄同士の関係になり、顔立ちも似ていたという。天囚は、この書を何らかの機会に入手し、自ら箱書に「兪曲園福寿二大字堂福　艸不除軒珍蔵」と記した。「艸不除軒《そうふじょけん》」は天囚の別号である（本書第二章・第四章参照）。「珍蔵」とあるように、天囚の旧蔵資料の中でも特別に大切にしていたものと推測される。種子島の西村家に残されているアルバムには、中之島の大阪ホテルで開催された西村家・下村家結婚披露宴の記念写真（図37）が貼られており、そこに、この「福寿」書が掲げられているのが分かる。慶事にふさわしいとして披露されたものであろう。これが八板家に寄贈されたものであるとすれば、天囚と藤兵衛とが特に親しい間柄にあった

図36　大阪松ヶ枝町の書斎に掲げられた「讀騒廬」扁額

図 37　「福寿」書

からではなかろうか。このように兪樾と天囚とを結ぶ複数の資料が種子島に残っているのである。

いずれにしても、天囚のネットワークが日本国内にとどまらず、中国にも及んでいたことは重要である。天囚は漢籍を通じて中国古来の思想と文化を学ぶ一方、文書・筆談によって中国の文人たちと交流していたのである。

（2）天囚の逝去と『碩園先生追悼録』

次に、『碩園先生追悼録』を取り上げる。これはすでに本書の序章でも活用した資料で、大正十三年（一九二四）七月の天囚の逝去を受けて、懐徳堂がその翌年の『懐徳』第二号を追悼録として刊行したものである。その本編には、関係者五十六名の追悼文が掲載されている。すでに前出の人も多いが、さらに天囚のネットワークとして注目される人物もいるので取り上げてみたい。まずは、その全員の名前を掲げる。（　）内は、この追悼録に掲載されている肩書き、★印は現時点で、情報未確認の人である。

北里龍堂、小西宗次、安井小太郎（第一高等学校教授）、磯野秋渚、河内礼蔵（陸軍中将）、★掘田蘇山、愛甲兼達（十五銀行重役）、土屋大夢（大阪時事新報顧問）、木崎愛吉、後醍院盧山（大阪朝日新聞記者）、岡山源六、大江素天（大阪朝日新聞記者）、中井木菟麿、田中常憲（福知山中学校長）、松方巌（公爵）、大谷正男（宮内省書記官）、羽生俊助、狩野直喜（京都帝国大学教授文学博士）、瀧川亀太郎（第二高等学校教授）、笹川満堯、★河内久彦、★岡田英、★肥後鉄二、岡野告天子、★八板正二、谷山初七郎（第一高等学校教授）、★玉利七二、有馬純彦、松浦嘉三郎、鮫島宗也、緒方竹虎（東京朝日新聞記者）、★平山竹斎、今井貫一（大阪府立図書館長）、西村時直（千葉高等園芸学校）、★坂元静一（大阪朝日新聞記者）、梅園良正、山内愚僊、前田幸磨、永田仁助（懐徳堂記念会理事長）、村山龍平（朝日新聞社長）、藤澤章（黄坡）、原田棟一郎（大阪朝日新聞記者）、内田周平（大東文化学院教授）、★植田政蔵、岡幸七郎、山口察常、最上宏（白雷）、武内義雄（東北帝国大学教授）、財津愛象（大阪高等学校教授）、吉田鋭雄（懐徳堂講師）、稲束猛（懐徳堂講師）、松山直蔵（懐徳堂教授）、後醍院良正（熊本五校生）、★太田勘兵衛（懐徳堂聴講生）

『懐徳』第六号、★葛城春成

前出のものを除き、主な人物について簡潔に説明してみよう。

北里龍堂《きたさとりゅうどう》（一八七〇～一九六〇）は本名北里闌《たけし》。熊本出身の言語学者、歌人で、北里柴三郎の従弟にあたる。この追悼文では、天囚の仲介で朝日新聞社の上野理一の母堂の歌集を編纂することになり、その序文の原稿を天囚に渡した時の逸話を紹介している。天囚は北里に、文章は実際に声に出して読んでみて「渋滞」がないのがよいと助言したという。天囚の文章論をうかがう逸話として興味深い。

小西宗次は大阪の実業家。大正十二年（一九二三）、大阪木綿業組合関係の功労者を顕彰するため、「大阪木綿業記念碑」を建立することになり、その委員となった小西は、磯野秋渚の仲介を得て、当時、天囚の勤務先であった東京の「島津家家史編纂所」に赴き、天囚に撰文を依頼した。この追悼文では、天囚が当時宮内省御用掛として多忙を極めていたにもかかわらず、黙考の末に一言「諾」と答え、快諾したことを紹介している。石碑は今も大阪の四天王寺域内（墓地南側）にある。

大江《おおえ》素天《そてん》（一八七六〜一九五〇）は本名大江理三郎《りさぶろう》。朝日新聞社の天囚の同僚。大正三年（一九一四）八月、第一次大戦により日本がドイツに宣戦布告し、ドイツ租借地の山東省に上陸したのを受け、従軍記者として青島に渡り、戦況報告を朝日新聞に送稿した。社内では、天囚の自筆原稿を多く収集していた。机は、西村天囚と牧巻次郎の間、渡邊霞亭の真向かいにあったという。この追悼文では、天囚のモットーが「人のために謀《はか》って忠なり」であったと述べている。これは『論語』学而篇に見える曾子《そうし》の言葉「吾、日に三たび吾が身を省《かえりみ》る。人の為《ため》に謀りて忠ならざるか。朋友と交わりて信ならざるか、習わざるを伝えしか」に基づくものであろう。

松方巖《まつかたいわお》（一八六二〜一九四二）は鹿児島出身の実業家。前出の松方正義の長男、松方幸次郎の長兄である。父正義の死去に伴い、大正十三年（一九二四）、公爵を襲爵し、貴族院公爵議員に就任。十五銀行頭取、横浜正金銀行取締役、帝国倉庫運輸取締役などを務めた。

笹川満尭《ささがわみつたか》（一八九七〜一九六八）は種子島の第二代熊毛文学会会長。大正七年（一九一八）二十歳の時、大阪の西村天囚を訪れ、新聞記者になりたいと頼んだが、天囚は、収入が不安定で家族が難儀するからとたしなめ、代わりに浪花銀行を紹介したという。その後、中国に渡り、鍼医の勉強をしながら、同好の士とともに短歌の会を行う。終戦後に帰郷し、毎日新聞記者と鍼医をする。町議会議員、市農協監査役、初代福祉事務所長などを歴任する。昭和三十七年（一九六二）、鮫島宗美訳《さめじまむねよし》として刊行された『種子島家譜』全六冊（熊毛文学会、謄写版）に熊毛文学会会長として後記を記している。『種子島家譜』は、種子島氏第二十八代の時望《ときもち》の発案により、家蔵の漢文による家譜全八十九巻を基に、一般への普及を目指して編纂が開始されたものである。しかし、鹿児島歴史研究会の協力を得るため前半四十巻を搬入していた鹿児島大学が市内の火災で類焼し、全四十巻中三十一巻を焼失してしまう。そこで、東京大学史料編纂所所蔵の筆写本などを手がかりに全体を復元しつつ、当時、種子島高校教諭の鮫島宗美（一九一一～一九八〇）が漢文を書き下して謄写版として完成した。この追悼文では、天囚の親孝行が有名であったこと、また天囚が大阪の「支那料理」の店で知人や子弟をしばしばもてなしたことを紹介している。

谷山初七郎《たにやましよしちろう》（一八六四～一九二九）は鹿児島加治木《かじき》町出身の教育者。県内小中学校の教諭・校長を務め、旧制加治木中学校の創設に尽力した。また、西村天囚『日本宋学史』でも取り上げられる南浦文之《なんぽぶんし》（文之和尚）について、その墓が加治木の安国寺にあることを発見するなど、郷土史に貢献した。この追悼文では、明治三十二年（一八九九）に上京した折、重野安繹から、前田豊山と西村天囚が種子島守時の授爵に奔走し、天囚が『南島偉功伝』を執筆したことを聞いて大いに感動したことを述べている。

有馬純彦《ありますみひこ》（一八九〇～一九四四）は鹿児島出身の陸軍軍人。明治四十五年（一九一二）、陸軍士官学校卒。この当時は陸軍歩兵少尉。昭和十九年（一九四四）戦死により、陸軍少将となる。この追悼文では、同郷の小牧桜泉と西村天囚が続いて島津家編輯所の編纂長に就任したことを大いに誇りに思うと述べている。また東京在住の天囚が多忙の中でも近郊の史跡を探り石碑の拓本を取るのを楽しみにしていたと回想する。そして、大正十三年（一九二四）三月、天囚が有馬らを含む数名を従えて、埼玉県飯能《はんのう》の某寺を訪問し、建長年間頃の石碑を発見して大いに喜び、これが天囚の近郊史跡探訪の最後であったと述べる。西村家所蔵の天囚手帳によれば、天囚が東京近郊に出かけたのは、同年四月に埼玉県入間市の円照寺を訪問したのが最後であった。後醍院良正『西村天囚伝』は三月が最後であったと述べているが、それはこの有馬の記述に基づいていた可能性がある。

松浦嘉三郎《まつうらかさぶろう》は明治二十九年（一八九六）大阪生まれ。上海の東亜同文書院の公費生となり、卒業後、京都帝国大学に選科生として入学。大正九年（一九二〇）に支那史学科を卒業した。その後、京都東山中学教諭、北京の「順天時報」記者などを経て、昭和四年（一九二九）、東方文化学院京都研究所（京大人文科学研究所の前身）の研究員となり、同研究所が中国から大量の図書を受け入れる際の責任者となった。この追悼文では、京大に出講していた天囚の講義の思い出を語っている。神田喜一郎（前出）に誘われ授業に出てみると、天囚は非常に熱心に、音吐朗々、抑揚に富んだ、きわめて快活な調子で講義を進めたという。また、天囚は紋付きの和服で、腰には矢立《やたて》を差し、書き物をする時には、必ず矢立の筆を取りだし悠々と墨を付け、決して万年筆や鉛筆は使わなかったという。

鮫島宗也は種子島出身。明治三十一年頃に大阪ではじめて天囚と出会う。その後、外務省に入り、さらに大正三年（一九一四）、三井物産入社。大阪支店詰となって天囚との交流が頻繁になった。鮫島は、天囚が世界一周会に一度参加しただけであるにもかかわらず、欧米の事情に驚くほど精通していたと語っている。当時の漢学者の中には東洋のことには通じていても西洋のことには理解がない人が多かったのに対して、天囚が広範な視野を持ち、世界の趨勢をよく観察していたことに驚嘆している。そして、天囚の言葉「出発点が正しければ精神上の苦痛がない」を自身の座右の銘にしているという。

西村時直は前田豊山の孫娘琴子の夫である。前田豊山が晩年失明し、また嗣子が事業に失敗したことなどを聞いた天囚は、ただちに帰郷し、一週間余りも前田家にあって、当時八十四歳の豊山の世話に努め、また豊山から長孫の琴子の養育を委託されると梅田高等女学校への転入手続きをするなど、前田家のために尽くした。大正五年（一九一六）、その琴子と結婚したのが、この時直である。この追悼文では、大正十一年（一九二二）春、時直が熊本県農学校から千葉高等園芸学校に転任することになり、東京に赴いた際の思い出を綴っている。千葉への転任を天囚は自分のことのように喜び、東京駅までわざわざ夫婦で出迎えに来てくれたという。また、東京駅から天囚の自宅のあった五反田まで電車で移動する際、懐からリンゴと小刀を出して皮をむき、時直の子供に与え、その喜ぶ顔に見入っていたという。時直はこのささいなできごとに、天囚の無限の情愛を感じたという。

前田幸磨は前田豊山の養嗣子である。豊山には実子がなかったので、幸磨は八歳の時、前田家に養子として入った。この追悼文では、種子島を出た後の天囚のめざましい活躍に、豊山も常に嘆称していたこと、種子島守時の授爵の件で豊山が上京した際、天囚は水戸、鎌倉、江ノ島、多摩川、目黒などの名所を案内し、晩年失明した豊山が、その時の思い出を終生忘れることのできない快楽であったと幸磨にしばしば語っていたことなどを紹介している。

原田棟一郎《はらだとういちろう》（一八八〇～一九四四）は大阪出身のジャーナリスト。号は夢龜。明治三十二年（一八九九）、大阪朝日新聞社に入り、上海やニューヨークの特派員、編集主幹などを務める。著書に『米国新聞史論』など。大正十三年（一九二四）七月三十一日付け朝日新聞に天囚生前の「思い出」を記し、その中で、天囚が「天声人語」を命名した経緯を紹介している。それによると、初め朝日新聞の短評には決まった名がなく、その時々の思いつきで命名していたが、原田が天囚に「何か好い見出しはありませぬか」と相談したところ、提示されたのが「天声人語」であったという。また、この追悼文では、天囚が陶淵明の詩を好んでいたことを紹介している。天囚の揮毫した陶淵明の詩については本書第一章参照。

内田周平《うちだしゅうへい》は前出の内田遠湖である。

岡幸七郎《おかこうしちろう》（一八六八～一九二七）は肥前平戸出身の実業家。清国に渡り、日露戦争時には通訳として従軍。後、中国の漢口（武漢）に滞在し、「漢口日報」を発行した。その頃、日清戦争後の両国関係を打開するため、天囚は、陸軍参謀の宇都宮大尉とともに漢口に特派され岡に面会している。天囚は得意の漢文で張之洞と筆談交渉し、中国側から視察団と留学生の来日を実現させている。

山口常察《やまぐちじょうさつ》（一八八二〜一九四八）は愛知県安城出身の中国哲学研究者。東京帝国大学卒。大正十一年（一九二二）、東京高等師範教授。後、大正大学教授となる。この追悼文では、天囚の東京移転後に、斯文会《しぶんかい》の活動で同席したことを紹介する。斯文会については、本書第八章でも触れたが、明治十三年（一八八〇）、東洋の学術文化の復興を意図した岩倉具視、谷干城らが創設した「斯文学会」を母体とし、大正七年（一九一八）公益財団法人斯文会となって発展したものである。大正十一年（一九二二）の湯島聖堂での孔子祭で、天囚が斯文会の求めに応じてその祭文を撰文していたことについてはすでに述べた。山口は当時この斯文会の役員で、天囚の活動を目の当たりにしている。天囚が記念祭の準備と運営に貢献したこと、また協賛を得るための記者招待会では、大きな体を折り曲げて丁重にお辞儀をしたことなどを紹介し、孔子祭の成功は天囚の人格に負うところが大きかったと述懐している。

図 38　最上宏

最上宏《もがみひろし》（一八八三〜一九六一）は初代西之表町長（図38）。号は白雷。その胸像が西之表市役所の前庭に設置されている。制作者は鹿児島出身の彫刻家で文化勲章受賞者の中村晋也《なかむらしんや》である。最上は明治十六年、種子島生まれ。長崎医学専門学校卒業後、帰郷し、医者を務めながら、鹿児島県会議員、西之表町長、西之表市長などを歴任した。また、島の医薬品を自給するため「南州製薬会社」を設立。その薬袋やレッテルを印刷する必要が生じたため、大阪に赴き西村天囚の紹介を得て、印刷機、活字機械を購入した。その印刷機を使って、大正十一年（一九二二）、「熊毛新聞」も創刊している。この追悼文では、大阪での天囚の活躍を種子島から仰ぎ見て、「朝日の天囚か、天囚の朝日か」の感があったという。また、天囚が日頃、郷里の学生に向かって、「種子島（出身）だということを隠してはならぬ。種子島だというのを恥ずかしがるのは種子島に生まれて種子島を知らぬからである」と述べていたという。また、母の浅子に対する親孝行や、恩師の前田豊山に対する報恩も、端から見ていて涙のこぼれるほどであったと述べる。

おわりに

この章では、これまでの考察の補足として、西村天囚の関係人物について確認し、それらがどのようなネットワークを形成していたのかについて分析してみた。それぞれの人物については簡略な説明にとどまり、また遺漏もあるかと思われるが、おおむね主要な人物とそのネットワークについては把握できたと考える。

種子島に生まれた天囚は、一念発起して上京し、東京大学に新設された古典講習科に学んだ。官費制度廃止によって退学して大阪に移り、朝日新聞社での活動は三十年に及んだ。その間の大きな出来事として、清国への出張、世界一周会での欧米周遊、そして懐徳堂の顕彰と再興があった。その懐徳堂や京都帝国大学の教壇にも立ち、晩年は再び東京に移って島津家編輯所長や宮内省御用掛の重責を務めた。きわめて濃厚な六十年の人生だったと言える。漢学者として、またジャーナリストとしての活動は、多くの交友関係を築くことになった。具体的な資料のみからでも、右のように、懐徳堂関係者、朝日新聞関係者、学界関係者、文人・ジャーナリスト、政治家・実業家・軍人、薩摩・種子島関係者、宮内省関係者、そして清末・民初期の中国人と、多くのネットワークが確認される。

「徳は孤ならず。必ず隣《となり》有り」と述べたのは孔子であった（『論語』里仁篇）。天囚はその学力と人格により、有意義な「隣」を得た。またそれらの人々に支えられながら、近代日本の学術史、ジャーナリズム史に巨大な足跡を残したのである。

【参考文献】

本章の執筆に際しては多くの文献を参考にした。その主なものを以下に掲げる。

・懐徳堂堂友会編『碩園先生追悼録』（『懐徳』第二号、一九二五年）
・後醍院良正『西村天囚伝』（朝日新聞社社史編修室、一九六七年）
・西村天囚『日本宋学史』（杉本梁江堂、一九〇九年）
・西村天囚著、菰口治校注『九州の儒者たち』（海鳥社、一九九一年）
・小池信美編『叡山講演集』（大阪朝日新聞社、一九〇七年）
・小池信美編『朝日講演集』（朝日新聞合資会社、一九一一年）
・朝日新聞百年史編修委員会編『朝日新聞社史明治篇』（朝日新聞社、一九九〇年）
・朝日新聞百年史編修委員会編『朝日新聞社史資料篇』（朝日新聞社、一九九五年）
・朝日新聞社社史編修室編『朝日新聞の九十年』（朝日新聞社、一九六九年）
・三善貞司編『大阪史蹟辞典』（清文堂、一九八六年）
・三善貞司編『大阪人物辞典』（清文堂出版、二〇〇〇年）
・「角川日本地名大辞典」編纂委員会編『角川日本地名大辞典27大阪府』（角川書店、一九八三年）
・関西・大阪21世紀協会編著『なにわ大坂をつくった100人』（澪標、二〇一九年）

・竹田健二『市民大学の誕生――大坂学問所懐徳堂の再興――』（大阪大学出版会、二〇一〇年）
・陶徳民『内藤湖南の人脈と影響』（関西大学出版部、二〇二一年）
・陶徳民編『大正癸丑蘭亭会への懐古と継承――関西大学図書館内藤文庫所蔵品を中心に――』（関西大学出版部、二〇一三年）
・陶徳民編著『内藤湖南の人脈と影響――関西大学内藤文庫所蔵還暦祝賀及び葬祭関連資料に見る』（関西大学出版部、二〇二二年）
・大阪中之島美術館ほか編『大阪の日本画』（展覧会図録解説、二〇二三年）
・浅川隼『日本速記五十年史』（日本速記協会、一九三四年）
・竹林貫一編『漢学者伝記集成』（名著刊行会、一九六九年）
・長澤規矩也監修・長澤孝三編『改訂増補漢文学者総覧』（汲古書院、二〇一一年）
・笠井助治『近世藩校の綜合的研究』（吉川弘文館、一九六〇年）
・大石学『近世藩制・藩校大事典』（吉川弘文館、二〇〇六年）
・近藤春雄『日本漢文学大事典』（明治書院、一九八五年）
・町泉寿郎「二松学舎所蔵の西村天囚関係資料にみる古典講習科の人々との交流」（『二松学舎大学東アジア学術総合研究所集刊』第五十三集、二〇二三年）
・秦郁彦『日本陸海軍総合事典第二版』（東京大学出版会、二〇〇五年）
・鹿児島県姓氏家系大辞典編纂委員会『角川日本姓氏歴史人物大辞典46鹿児島県姓氏家系大辞典』（角川書店、一九九四年）
・鮫島宗美訳『種子島家譜』第六巻（熊毛文学会、一九六二年）
・柳田桃太郎『種子島の人』（一九七五年）
・平山武章『鉄砲伝来記』（八重垣書房、一九六九年）
・平山武章『鉄砲伝来考』（和田書店、一九八三年）
・井元正流『種子島人物伝』（南方新社、二〇〇三年）

・井元正流『種子島今むかし』（八重垣書房、一九九四年）
・村川元子『松寿院――種子島の女殿様――』（南方新社、二〇一四年）
・西之表市史編さん委員会編『西之表市史』上下巻（二〇二四年、西之表市）
・南種子町郷土史編纂委員会編『南種子町郷土史』（南種子町、一九八七年）
・徐友春主編『民国人物大辞典』（河北人民出版社、二〇〇七年）
・吉村昭『関東大震災』（文藝春秋社、一九七三年）
・研谷紀夫「明治後期における博文堂の写真出版事業」（『映像学』一〇八、二〇二二年）
・「ＫＩＮＣＨＯ」ホームページ
・「森下仁丹」ホームページ
・湯浅邦弘編著『増補版懐徳堂事典』（大阪大学出版会、二〇一六年）
・湯浅邦弘『世界は縮まれり――西村天囚『欧米遊覧記』を読む――』（ＫＡＤＯＫＡＷＡ、二〇二二年）

【附記】

本章に掲載した写真の内、重建懐徳堂に関わる写真、具体的には「重建懐徳堂開学二十五周年の記念写真」「天囚東京赴任時の懐徳堂での記念写真」「王揖唐来堂記念の写真」「岡山源六」「最後の懐徳堂恒祭」「財津愛象」は一般財団法人懐徳堂記念会所蔵写真であり、それ以外の多くの人物写真はすべて種子島西村家所蔵写真である。掲載については、それぞれ許可を得た。厚く御礼申し上げたい。

終　章　「文会」の変容と近代人文学の形成

今から二千五百年前、「友」とは何かと問われた孔子は、こう答えた。「忠告して之を善道《ぜんどう》し、不可なれば則ち止《や》む」（『論語』顔淵篇）と。真心によって告げ、善の方へと導く。それでも従わないときは、もう何もしない。孔子にとって交友関係とは、何より善徳によって保持されるものであった。

また『論語』はこれに続いて、弟子の曾子の言葉を次のように記す。「君子は文を以て友を会し、友を以て仁を輔《たす》く」と。君子は文事を媒介として友人と交わり、またその交友関係によって互いの人徳向上を助け合うというのである。顔淵篇末尾に連続して置かれたこの二章は、意味的に通底し響き合うものがあろう。

以来、この二章の言葉に思いを致した文人たちは、「文会」によって親睦を深めてきた。「文会」という熟語そのものは、中国でも日本でも古くから見られるが、日本近世における「文会」の一つの先進地は大阪だったのではなかろうか。

大阪は、商人たちが築いた富の上に学術文化が花開くという異色の都市であった。西村天囚が復興を目指した懐徳堂こそは、それを象徴する漢学塾である。享保九年（一七二四）、この学校を創設したのは、江戸幕府でも大阪町奉行でもなく、また著名な学者たちでもなかった。五同志と呼ばれる大阪の有力町人たちが自ら出資し、学舎を提供して設立したのである。

その五同志は、拠出した基金を運用して利益を稼ぎ、商人の才覚を発揮して懐徳堂の経済的基盤を作った。その一人道明寺屋吉左衛門《どうみようじやきちざえもん》（一六八四～一七三九）は、名を富永徳通《とみながのりみち》、号を芳春《ほうしゆん》といった。当時有数の大商人である一方、漢学者の五井持軒《ごいじけん》や三宅石庵《みやけせきあん》に学んだ好学の人でもあった。『出定後語《しゆつじようこうご》』の加上説《かじよう》で知られる学者富永仲基《とみながなかもと》（一七一五～一七四六）はその三男である。

同じく町人学者として有名なのは山片蟠桃《やまがたばんとう》（一七四八～一八二一）である。本名は長谷川有躬。播磨出身で大阪に出て升屋《ますや》別家の久兵衛の養子になり、後に本家の支配番頭として活躍するかたわら懐徳堂にも通った。時代を先駆ける無鬼論や地動説などを説き、懐徳堂の諸葛氏《しよかつし》（諸葛孔明）と呼ばれた。

また、鴻池又四郎《こうのいけまたしろう》も五同志の一人で、豪商鴻池の分家として大名の蔵元や掛屋を勤めるかたわら、三宅石庵の私塾に入門し、懐徳堂の創設と運営にも関わった。その鴻池家の別家《べつけ》として暖簾《のれん》分けを許され、草間家の女婿となったのが草間直方《くさまなおかた》（一七五三～一八三一）である。直方は懐徳堂で中井竹山・履軒に学び、商人として山片蟠桃と同時期に大坂で活躍するとともに、我が国初の貨幣史である『三貨図彙《さんかずい》』を著した。「三貨」とは、金・銀・銭（銅銭）の三つの通貨である。『三貨図彙』は、明治七年（一八七四）に『大日本貨幣史』が編纂される際、貴重な資料として活用された。

このように近世大阪の有力町人たちは、その富を文化に活かそうと努めた。また自ら進んで文化人であろうとしたのである。これは当時の江戸や京都とも違う、独特の文化風土であったと言えよう。

ただし、懐徳堂は基本的には朱子学の学校であり、「文会」そのものではない。一般に連想される文会とは、詩文サロンのような緩やかな組織であり、漢詩文を読んだり書いたりするだけではなく、書画骨董や篆刻を鑑賞し、茶や香を楽しんだりする文化人の集まりである。

そうした意味での「文会」としては、大阪の混沌社《こんとんしゃ》という詩文サロンをあげることができる。主宰したのは越後出身の片山北海《かたやまほっかい》。延享二年（一七四五）、大阪に出て、漢学と詩文を講じた。混沌社には、頼春水、尾藤二洲、古賀精里、葛子琴《かつしきん》などの社友がいた。頼春水は山陽の父で広島藩儒、後、昌平黌の儒員となった。尾藤二洲、古賀精里も、昌平黌で「寛政の三博士」と呼ばれた。彼らはいわゆる漢学者であるが、葛子琴は医者の家に生まれ、漢詩人として、また篆刻家としても著名な文人であり、その存在は、このサロンの性格をよく表しているであろう。混沌社は片山北海の没後まもなく消滅してしまうが、それはこのサロンが特別な規約も会費もない自由な組織だったことにもよる。

さらに、近世大阪の文人として名高いのは、画家、本草学者、蔵書家としても知られる木村蒹葭堂《きむらけんかどう》（一七三六～一八〇二）であろう。大阪堀江の酒造業の家に生まれ、通称は坪井屋吉右衛門。詩文を片山北海に学び、混沌社に参加した。珍奇物のコレクターとしても有名で、地方から大阪へやってくる文人で蒹葭堂を訪《と》わない者はいないと言われるほどであった。

このように近世大阪では、文人および文会の活動が顕著に見られるが、それは、商人たちがその経済力を背景に、学術文化を深く愛したからである。また大阪出身者であれ、他国からの移住者であれ、学者や文化人を優遇したことも大きな要因である。そもそも文化的環境を維持するためには、書籍、書画、文具など物的基盤も必要であるが、加えて文人を温かく迎える気風、さらには精神的、時間的ゆとりも必須であろう。それらを生み出すのが富であった。近世の大阪文化はその上に花咲いたのである。

明治時代に入ると、武士の教養を支えてきた藩校は閉鎖され、幕末維新期の混乱によって多くの私塾も継続が困難となった。懐徳堂も明治二年（一八六九）に閉校となる。しかし、混乱を乗り越えて存続した私塾もあり、また新たに誕生した文会もあった。

上京した西村天囚は、重野安繹の紹介で島田篁村の双桂精舎に通った。これは島田が明治二年（一八六九）に開いた私塾で、明治六年に認可を得て教則と学課を定め、寄宿生を置いた。その学課は九級に分かれ、素読《そどく》を主とする初級、『日本外史』や『十八史略』を読む第八級から、『周礼』『儀礼』『資治通鑑』などを精読する最上位の第一級まで、毎年春秋の二度、試験によりクラス分けが行われた。このあたりは、幕末大阪の適塾とよく似た厳しさである。双桂精舎の主な塾生には、本書の中で天囚関係人物としても紹介した安井小太郎、瀧川亀太郎のほか、後に内閣総理大臣となる原敬などがいた。

また天囚は、重野安繹に連れられて麗沢社《れいたくしゃ》の会合に参加したことがある。麗沢社とは、幕末の尊攘派小山春山《おやましゅんざん》、幕末維新の医師・漢学者村山拙軒《むらやませつけん》らが明治の初めに起こした文会で、その後、重野が主宰し、時には清人の参加もあった。明治時代の漢文会として最長寿のものとされる。その同人は、幕末に生まれ、各地の藩校・私塾などで漢学の教養を身につけたという共通点を持っていた。重野安繹、小牧昌業（桜泉）の他、藤野正啓《ふじのまさひら》（一八二六～一八八八）、岡鹿《おかろく》門《もん》（一八三三～一九一四）などの同人もみなそうである。藤野は伊予松山藩出身の漢学者、号は海南、太政官修史局編修として重野とともに幕末史の叙述を担当した。修史局とは、明治八年（一八七五）、太政官に設置されたもので、日本の編年史編纂のため、諸藩の漢学者・文章家を集めることになった。岡は重野と昌平黌の同門である。

また、麗沢社に先立つ明治初の文会としては、「旧雨社《きゅううしゃ》」があり、明治五年（一八七二）、藤野南海が重野安繹、岡鹿門、小野湖山らと創始したものである。[1] 小野は、近江出身の漢詩人で、大沼枕山《おおぬまちんざん》、鱸松塘《すずきしょうとう》とともに「明治の三詩人」と称された。三河吉田藩の儒者となって藩政にも関わり、天保年間には、水戸に赴き、藤田東湖・武田耕雲斎らと交友していたところ安政の大獄が起こり、吉田藩は湖山の身を城内に幽閉した。明治維新以後は、一時国政にも参画したが、廃藩置県以降は東京で隠居生活を送っていた。その際に関わったのが、この旧雨社である。

この文会は、毎月一回、不忍池の長酡亭《ちょうだてい》に集まって互いの詩文を品評し合い、特に文章については重野が、詩については小野が批評した。もともとは友人のみ数名で組織されていたが、後に参加者が十数名になったことにより、本来の目的から外れて、談話飲食のような会となってしまったため、ここから重野らが独立して作ったのが麗沢社である。後に旧雨社本体を合併することになる。麗沢社の同人は、右にあがっている人の他、天囚との関わりも深い小牧桜泉、日下勺水などがいた。ここでは席上一文が課され、草稿に重野が批評を加えた。各自の修正版が完成した後、ようやく酒食に移ったという。

若き日の天囚はこの文会に出て衝撃を受けた。重野や小牧らの大家が互いの文章を忌憚なく批評添削し合っていたからである。そして、切磋琢磨の重要性を痛感した[2]。この麗沢社は、文会の中でも漢学に特化した組織であり、また相互研鑽の度合いが強かったと想像される。重野安繹が構想したのは、江戸時代までの私塾的性格を持つ厳格な文会だったのかもしれない。大阪の懐徳堂も適塾も、漢学塾か蘭学塾かの違いはあれ、明確な目的と規約を掲げ、それに賛同する塾生が集う場であった。

ただ、明治初期の文会はさまざまであった。書画を持ち寄って鑑賞したり、揮毫したり、茶や香を楽しんだりという文化サロンも依然として流行していた。それらの参加者に共通していたのは、近世文人の性格を色濃く残している点である。文人は幕末期に特定の師弟関係の中で薫陶を受け、彼らが集った文会は、漢詩文、書画、篆刻、茶、香などの教養を基にした文化交流の場であった。近世大阪の混沌社がそうであったように、それは、豊かな文化と教養のサロンであり、また共通基盤の上に立つ文人たちの私的で閉鎖的な世界だったとも言える。

こうした文会はその後どうなったのか。西洋近代文明の流入とともに、漢学に対する洋学が台頭する。また、国公立・私立の学校が次々に設立されて行った。こうなると、旧来の文会の様相は徐々に変容し、また解体されて行くこととなる。

それを象徴するのが、書と画と印の分離である。(3) それまでの文会で鑑賞される絵画には漢詩や落款が添えられ、また揮毫した人の号などを刻んだ印も鈐印されていた。それらは本来一体となった総合文化であった。しかし、絵画は絵画として、漢詩文は漢詩文として分離独立していき、印章はその附属としてかろうじて継承されるか、または篆刻の技術を持つ特定の人々のみの専門性の高い文化となっていく。また仲間内の鑑賞ではなく、それぞれの異なる発表の場において公開されていくようになる。例えば新聞社が主催する展覧会、出版社が請け負って刊行する漢詩文集や印譜、美術雑誌など。

新たな文人たちは、このように解体されていく文会に属さなくても、学校という新たな組織の中で近代的教育を受けることができるようになった。また、メディアの発達により、文会を経由しなくても情報のやりとりができるようになった。通信や鉄道の発達、時計による厳格な生活リズムの確立も、それに拍車をかけたであろう。ゆったりと時の流れる悠長なサロンは時代に合わなくなっていったのである。

そうした中で、重野安繹は近代的史学を開拓し、西村天囚はさらにジャーナリストとしての広範なネットワークを活かして新たな文会を組織した。

重野は、旧雨社と麗沢社の両方に関わっているが、その組織の違いは文会の名称からも推測される。「旧雨」は、杜甫の「秋述」詩に基づくものであるとすれば、古いなじみの友の意。「旧」と「友」の音が類似していることにちなむ、一種のしゃれ言葉である。「麗沢」も朋を意味する語であるが、こちらは『周易』兌卦の言葉に基づくもので、あい連なる二つの沢が互いに潤すという意味。後に「麗沢講習」という成語になり、朋友があい扶《たす》けあって学び徳を修めるという意味になった。

こうした意味を重野が強く意識していたとしたら、「旧雨社」は、酒食をともにするような古なじみの会であったのに対して、「麗沢社」はより強く相互研鑽を意識した文会であったと想像される。重野が構想したのは、もちろん後者であろう。

さらに天囚の創設した文会は、その組織の外にも成果を発信していく点に特徴があった。東京から関西に移った天囚は、手始めに浪華文学会を創設するが、その会は発足と同時に『なにはがた』という機関誌を発行し、そこに同人たちの作品を次々に掲載して行ったのである。当初から、成果の公開という明確な意図があったと言えよう。彼らは閉鎖的な世界に籠もってはいなかった。

また、今井貫一らと組織した大阪人文会や、磯野秋渚らと創設した景社も、基本的には文学や漢詩文の会ではあったが、決して同人たちだけの閉ざされた世界ではなく、次世代を担う若者たちの入会も促し、その中から懐徳堂の再興に見られるような開かれた活動が精力的に推進されたのである。これは明治三十五年（一九〇二）に安井息軒門下の人々が創設した「以文会《いぶんかい》」との決定的な違いでもあろう。以文会は会員をわずか八名に限定し、欠員が出なければ新規入会はできなかったのである。

景社結成の意図は、その「以文会」と同じく「文を以て友を会す（以文會友）」にあった。会合の目的は文を媒介とした交友である。しかし、決して芸術鑑賞や飲食談話のための会ではなかった。そのため、志ある者の入会は拒むことなく、新参であれ古参であれ、年齢に関係なく参加者は必ず一篇の近作を持参し、また席上で一小品を課して相互に批評し合うこととした[4]。

このような規約を天囚がわざわざ設けたのは、それまでの文会がまだ近世的性格を脱し切れず、中には、ゆっくりと書画を鑑賞したり、酒食をともにしつつ談話するのが目的であるかのようなサロンも多かったからではなかろうか。

この新たな規約に対して、顧問格の小牧桜泉は「感服に勝《た》えず」と述べたという（『景社紀事』）。それは、後輩を思いやる激励の言であったかもしれないが、一方では、自身の世代とは明らかに異なる文会を天囚が構想したことに対して素直に感激した言葉とも受け取れる。天囚は、文会という形態は踏襲しながらも、その内実については事実上の変革を目指したのである。

しかし、近世的文会が直ちに消滅したのではない。漢詩文の教養は明治維新以後も強く求められ、文化の下支えとなってむしろ流行した一面もある。天囚も、近世的文会が持っていた魅力については十分に知っていたであろう。彼自身、本書第一章や第二章で確認したように、多くの書を揮毫し、またそれに鈐印するための夥《おびただ》しい印章を持っていた。景社の構成員についても、磯野秋渚や内藤湖南は、天囚と同じくジャーナリスト・漢学者と言える文人であったが、同人の立場・所属は一様ではなく、狩野直喜のような大学教授もいれば、長尾雨山のように、むしろそうした教育研究組織からは距離を置く人もいた。雨山は、漢学者、書画家、篆刻者などさまざまに呼ばれる知の巨人であるが、それは近世的文人から伝わってきた幅広い教養を包括していた証《あかし》であり、景社の性格の一面を表すものでもあった。そうした良い意味での混沌の中から近代日本の新たな文化が立ち上がっていくのである。

ここに、天囚の立ち位置を確認することもできるであろう。幕末から明治へと時代はうなりをあげて変化していった。その時、漢学者には大きく分けて二つの反応が見られる。一つは、旧来の漢学やそれが尊重されていた時代を懐かしみ、その意識から脱することのできなかった人々である。彼らは、旧文化の継承者という意味では貴重な存在であったが、悪く言えば、頭の固い頑なな老人として時代から取り残されていく一面もあった。一方、洋学傾斜の時流に乗ろうとした人々は、漢学の伝統を軽視し、あるいはそれに背を向けようとさえした。しかし、旧来の漢学から近代の新たな人文学への展開は、いずれにしても、そうした両極端な立場では実現しなかったであろう。

天囚は、こうした時代の変革期に生まれ、その過渡期にあって「温故知新」的立場で時代を牽引したと言えるのではなかろうか。それはちょうど、江戸時代末期に教育を受け明治時代前半を駆け抜けた一世代前の文人たちが表舞台から姿を消していく時期に合致している。と同時に、文会の姿が変容し、また解体されていく一時期にも相当している。文会は、近世的サロンから、近代的サークルへ、そして天囚が構想したようなネットワークへと大きく変容していった。

旧来の漢学が近代における新たな人文学へと展開していく過程は、こうした文会の変容として捉えることも可能であろう。ただ、時代の推移は必然であったとしても、自動的に支障なく移行できたというわけではない。その移行の時期に、見事な走者がいたからこそ、バトンはつながったのである。

天囚がそうした走者になり得たのは、その才能、人格、努力によるが、彼自身が構築したネットワークに支えられたという一面もある。また、生まれ故郷種子島が、もともと外洋に開けた島で、開明的風土と気質を持っていたことも影響したであろう。一方、青年期に酒のために生活を乱し、東京を離れて移住した大阪の地が自由闊達な土地柄で自身の性向に合致していたことも重要であったと思われる。

また、天囚は書斎に閉じこもる学者ではなかった。ジャーナリストとして常に世界の動向に目を向けていた。特命を帯びて三度清国を訪問したこと、世界一周旅行の機会を得て、欧米主要都市を視察したこと、懐徳堂の復興運動や宮内省勤務を通じて、多くの文人や政財界の有力者たちと交流したことも、天囚を狭い漢学の桎梏から解き放ったのである。こうした天囚の活躍は、旧来の漢学が近代の人文学へと飛翔していく、その一つの象徴だったと言えるのではなかろうか。

注

（1）明治時代の文会「旧雨社」「麗沢社」については、財団法人斯文会『斯文六十年史』（斯文会、一九二九年）参照。また、旧雨社の同人であった森春濤《もりしゅんとう》が編集した『旧雨詩抄』（光玉堂、一八七七年）には、創設者の一人藤野正啓が序文「旧雨社記」を寄せている。藤野は江戸時代末期の弘化年間（一八四五～一八四八）に遡ってその成立の由来を説明している。それによると、藤野がはじめて江戸に出たのは弘化のはじめ。時代はまだ「恬熙《てんき》」（安静で落ち着いていること）で、詩文の才を持った文人が多くいたという。しかしその後、嘉永、安政、万延、文久と、幕末の世相が緊迫していく中で、尊皇攘夷が声高に唱えられ、「間雅《かんが》（しとやかでみやび）の趣」はなくなってしまった。明治維新となっても戦乱の殺伐とした気風は残っていたが、藤野は重野、岡らを誘い、新たな「文酒の社」を組織したという。それが「旧雨社」である。尊皇攘夷を叫ぶ政治結社のような要素を払拭した藤野たちではあったが、ここに「酒」の字がある点は、近世的文会の性格を表すものとして興味深い。

（2）西村天囚「景社題名記」（『碩園先生遺集』巻三）に、「彦少時從先師成齋先生列于麗澤文社之末、觀先師及海南鹿門櫻泉諸先生每文成互相點竄、而知世所謂大家鴻匠猶且就正朋友磨礪匪懈如此、此其文章博大、固非偶然也」とある。

（3）こうした総合文化の分離、細分化については、高橋利郎「近代文人とそのいとなみ」（成田山書道美術館監修『近代文人のいとなみ』、淡交社、二〇〇六年）参照。

（4）西村天囚「景社同約」（『碩園先生遺集』巻三）に、「何故結社、以文會友也。……輪次會集同人之宅、秉燭夜游、小酌無妨、但宗旨在切劘、不在飲啖、是以主人供食蔬菜糲亦可、勿戲謔、勿酔酗、篤志之士来者不拒、必須懐近業一篇、席上又課以一小品、互相評隲、指摘疵瑕、宜直言、不宜腹誹」とある。こうした新たな「文会」が近代人文学の形成に大きな影響を与えたことは間違いない。但し、近代的教育制度と各種学校の整備、さらには図書館、博物館、公会堂などの建設、大規模な講演会やそれを実現するための交通機関、宿泊施設、会場設備などの発達も見逃せない要因である。天囚は景社を結成した同年の明治四十四年（一九一一）に、大阪中之島公会堂での講演「大阪の威厳」でこうした点についても力説している。これについては別の機会に詳しく検討してみたい。

結　語

大正五年（一九一六）、松山直蔵は広島高等師範教授の職を辞し、再建された懐徳堂の初代教授に就任した。未知数の民間学校への赴任には、大きな不安もあったであろう。しかし松山は、西村天囚の熱意と誠意に共感した。天囚は、世道人心の荒廃を憂え、江戸時代の大阪学問所懐徳堂をモデルに新たな近代的学校を創設したいと願った。その教授には、豊かな学識に加えて高潔な人格が必要であると考え、松山を招聘したのである。以来、松山と天囚は、懐徳堂の運営や将来についてしばしば意見を交わす同志となった。

大正十年（一九二一）、天囚の宮内省御用掛就任が内定した頃、松山と天囚は晩餐を共にした。その席で天囚は、このたびの宮内省赴任は、懐徳堂のこともあるのでと辞退したが、松方正義からのたっての勧めでもあり、また、年に二三度は懐徳堂への出講もできるという条件付きだったので、やむを得ず受諾したと告白する。そして、いずれは大阪に戻りたいと考え、すでに阿倍野に墓地も購入してあるので、晩年は是非とも大阪で暮らしたいと述べた。

松山は、こうした秘話を、天囚の没後、その追悼文の中で紹介した。大正十三年（一九二四）、懐徳堂の機関誌『懐徳』が創刊され、学校の運営は軌道に乗ったかに見えた。しかし、まさにその年の夏、天囚が急逝したのである。翌年の『懐徳』第二号は、急遽『碩園先生追悼録』として刊行された。そこに五十六名もの関係者が追悼文を寄せている。原稿締切まで間がなかったこともあり、ほとんどの人は二～三頁の短文に思いを託したが、松山だけは十一頁にわたって天囚への思いを綴った。懐徳堂の同志として、その思い出は尽きなかったのである。

そして松山は、懐徳堂の事業は微々たるものではあるが、大阪文化に多大の貢献をなし、いずれ百年の後には必ず識者の認めるところになるだろうと述べる。また懐徳堂再興の原動力は、間違いなく西村天囚であったと明言する。その天囚が急逝した。松山は、追悼文の最後をこう締めくくる。

懐徳堂先師儒《せんしじゅ》が百五十年後に表章《ひょうしょう》せられたように、百年二百年の後には、必《かならず》や君の功績が大《おおい》に表章せらるる時が来ることと思う。

天囚は、三宅石庵、五井蘭洲、中井竹山、履軒といった偉大な町人学者がいたことを百五十年後に明らかにし、懐徳堂という誇るべき大阪の文化があったことを顕彰した。そして、その天囚自身も、百年後、二百年後に必ず「表章」されるであろうと予言している。

本書はそうした「表章」にはほど遠い、ささやかな著作である。西村天囚研究の基盤の一端を整備しようとしたものに過ぎない。ただ、奇しくも天囚没後百年に当たり、こうした著作を刊行できたことは、長く懐徳堂研究を続けてきた筆者にとっては運命的なできごとであった。松山が予言する本格的な「表章」が今後続々と現れることを期待したい。

西村天囚研究　Ａ５判上製・全六巻

1　**近代人文学の形成——西村天囚の生涯と業績——**　湯浅邦弘著
ISBN 978-4-7629-4271-6　６３６頁　本体１４０００円　24年9月刊

2　**大阪の威厳——講演で読み解く近代日本——**　湯浅邦弘著
ISBN 978-4-7629-4272-3

3　**西村天囚研究——新資料の発見・整理と展望——**　竹田健二編
（執筆者　竹田健二・湯浅邦弘・池田光子・佐伯薫）
ISBN 978-4-7629-4273-0　３００頁　本体１１０００円　25年2月刊予定

4　**西村天囚と近代日中文化交渉**　陶徳民著
ISBN 978-4-7629-4274-7

5　**西村天囚の懐徳堂研究**　竹田健二著
ISBN 978-4-7629-4275-4

6　**西村天囚の日記と書簡**　町泉寿郎著
ISBN 978-4-7629-4276-1

（表示価格は二〇二四年九月現在の本体価格）

—汲古書院刊—

著者紹介

湯浅　邦弘（ゆあさ　くにひろ）

1957 年、島根県出雲市生まれ。大阪大学名誉教授。博士（文学）。

懐徳堂・西村天囚に関わる著書に、『世界は縮まれり――西村天囚『欧米遊覧記』を読む――』（KADOKAWA、2022 年）、『儒教の名句――『四書句辨』を読み解く――』上下巻（編著、汲古書院、上巻 2020 年、下巻 2021 年）、『増補改訂版懐徳堂事典』（編著、大阪大学出版会、2016 年）、『懐徳堂研究』（編著、汲古書院、2007 年）ほか。

中国思想に関わる著書に、『竹簡学――中国古代思想の探究――』（大阪大学出版会、2014 年）、『清華簡研究』（編著、汲古書院、2017 年）、『戦いの神――中国古代兵学の展開――』（研文出版、2007 年）ほか。

中国古典に関する訳注書・概説書に、『諸子百家』『菜根譚』（中公新書）、『孫子・三十六計』『貞観政要』『荀子』（角川ソフィア文庫）、『入門 老荘思想』『軍国日本と『孫子』』（ちくま新書）、『概説中国思想史』『中国思想基本用語集』（編著、ミネルヴァ書房）など多数。

西村天囚研究　第一巻

近代人文学の形成
――西村天囚の生涯と業績――

二〇二四年九月二十四日　発行

著　者　湯　浅　邦　弘
発行者　三　井　久　人
整　版
印　刷　㈱　理　想　社

発行所　汲　古　書　院
〒101-0065 東京都千代田区西神田二―四―三
電　話〇三（三二六五）九七六四
FＡX〇三（三二二二）一八四五

ISBN978-4-7629-4271-6　C3321

西村天囚研究第一卷

近代人文學的形成
——西村天囚的生涯與業績——

目　錄

要　旨

作為即將刊行的系列圖書「西村天囚研究」的第一卷，本書展現了代表近代日本的漢學家・記者西村天囚的生涯與業績，並且，對於傳統的日本漢學被重組為新的近代人文學之過程進行了考察。在考察天囚的生涯與主要業績時，本書還採用了一些尚未被披露的新資料。全書以序章、本論全十一章、終章的形式展開分析。

在序章中，首先參考了先行文獻，對天囚的生涯以及著作的已知內容加以確認，並對於由此導出的研究課題加以整理。在確認天囚波瀾壯闊的生涯以及數量龐大的著作的同時，也注意到了還存在眾多尚未解決的課題。

本論的第一章與第二章，基本通過上述資料對於天囚的生涯進行了解析。在第一章「遺墨述說的漢學傳統」中，通過天囚與其在種子島的恩師前田豊山的書法進行了考察。書法作品，有時凝縮了作者的思想以及生涯。通過解讀在種子島所發現的遺墨，判明了豊山與天囚的思想，以及漢學的傳統。

在第二章「印章中所刻的思想」中，對於在種子島西村家發現的百餘顆天囚旧藏印進行了解讀。用作書法的關防以及落款而鈐印的印章及藏書印，也包含了該文人的理想以及願景。天囚又有怎樣的理想與願景？另外，現在大阪大學懷德堂文庫中天囚的旧藏書中也均蓋有藏書印。其與天囚的關係也極為引人關注。

不過，以上二章中所涉及的書法與印章，在迄今為止的西村天囚研究中卻幾乎並未引起重視。的確，現在的人文系研究者的業績，需要通過所刊行的論文以及著書來進行評判。但是在日本人的漢文能力急速低下之前，所謂文人特別是漢學家的教養，除了讀漢文以外，還包括寫漢文，以及書畫篆刻等周邊的文化。因此可以預見，此類書法以及印章，也將成為天囚研究的重要材料。

從第三章以下，大致以時間序列進行配置。值得注意的是，天囚的後半生，無論是其作為記者，還是漢學家，均是最為精彩的時期。其中，天囚在 44 歲時，進行環球一周旅行的壯舉將在兩章中進行考察。

第三章「直面西洋近代的漢學者」與第四章「西村天囚『歐米遊覧記』與御

船綱手「歐山米水帖」」。有關明治四十三年（1910）的世界一周旅行，拙著『世界は縮まれり——西村天囚『歐米遊覧記』を讀む——』（KADOKAWA，2022年）中已有詳盡的分析，而在此第三章中，則考察了作為漢學家的天囚在遊歴歐美諸國時如何直面近代西洋文明，在第四章中，聚焦在該旅行中同行的日本畫家御船綱手，將其歸國後所描寫的「世界周遊實写　歐山米水帖」與天囚的『歐米遊覧記』進行對照，通過畫帖與紀行兩方面對該旅行的實際狀況進行考察。

第五章「大阪市公會堂壁記的成立」，則以大正七年（1918）竣工的大阪市中央公會堂的銅版壁記為對象，考察了發現於種子島的天囚的親筆草稿。廣為人知的中之島公會堂，在竣工開業之際設置了大型的記念銅版，而起草其銘文的其實為天囚。在種子島留有六種天囚的親筆草稿，從中可見天囚苦心推敲直至近乎完成形態的過程。另外，因在此過程中受到了文會同人們的批評，所以天囚還謙虛地汲取了部分修正意見。從当時文人們的相互研鑽的觀點上也頗為矚目。

第六章「白虹事件與西村天囚」，則以天囚作為一名記者所涉及的重要事件「白虹事件」進行考察。天囚在大正五年（1916）以降，還執教於懷德堂及京都大學，雖然天囚已從新聞編集第一線退居幕後，但在大正七年，大阪朝日新聞因「白虹事件」而陷入廢刊危機之際，天囚曾被邀請回歸，以進行事後處理。本章具體探討了天囚與該事件的關聯。此外，還對於該事件名稱之由來的「白虹貫日」四字成語的意思進行了考察。

第七章「鉄砲傳來紀功碑文的成立」，是再次基於新資料而進行的考察。大正十年（1921），為紀念 1543 年鉄砲的傳來，在種子島南端的門倉岬建立了記念石碑。眾所周知該碑文的撰者即為天囚，而近來又新發現了天囚的兩種親筆書寫的草稿，由此，便可以分析碑文的成立過程。本章通過考察，體現了天囚在執筆碑文時高漲的激情，以及對故鄉種子島的思念之情。

與懷德堂相關且需要注意的是，大正十一年（1922）的孔子祭。同年恰為中國古代孔子逝去二千四百周年，在全國主要的漢學系統教育機構中均進行了孔子祭。第八章「孔子祭與西村天囚」中，通過在懷德堂及湯島聖堂中舉行的孔子祭與天囚的關聯，對近代日本的學問與宗教問題進行了考察。

在第九章「夢幻的御講書始」中，主要對轉移至東京並出任宮內省御用掛階

段的天囚進行了考察。在大正十三年（1924）一月的御講書始中，天囚作為漢書進講的候補陪席參加，但其詳情至今不明。後在種子島發現了天囚當時的講義草稿，本章則基於該講義草稿，對作為漢學家的天囚進行了考察。此外，還回顧了日本御講書始的歷史，對於天囚為何採用『詩經』的大雅假樂篇進行了考察。

第十章「未完的大作『論語集釋』」，也基於新發現的資料進行了考察。天囚曾計劃編撰『論語』的註釋書，但其詳情卻一向不明所以。然而，通過近年的調查，在種子島發現了上下兩冊未完成的天囚親筆草稿『論語集釋』。由此可見，如同對待『楚辭』『尚書』一樣，天囚對『論語』也傾注了極大的心血，並持續編撰了其注釋書。通過分析該草稿，明確了天囚對於經書注釋的基本立場。

最後的第十一章「近代文人的知識網絡」中，重新對天囚的知識網絡進行了確認。其相關人員遍佈種子島、鹿児島、東京、大阪、京都、以及中國等國内外眾多地區，正是由於天囚的人品與學識才得以構築如此知識網絡，也正是得到了眾人的支持，天囚豐富多彩的社會活動才得以實現。

其中，天囚組織並牽引的文會具有重大的意義。終章「「文會」的変容與近代人文學的形成」，將對於在傳統的漢學發展為新的近代人文學的過程中，天囚與文會所起到的作用有所言及。

本書不拘泥於文獻資料，而是將新發現的書法作品、印章、碑文、草稿等均作為了考察對象，同時也跳出了小說家、記者、漢學家等框架對人物進行了分析。這也正是本書的整體特色所在。

索　引

事項索引

さ行

た行

人名索引

ま行

や行